COMENTÁRIOS
AO
CÓDIGO DE PROCESSO CIVIL

CARLOS FRANCISCO DE OLIVEIRA LOPES DO REGO
PROCURADOR-GERAL ADJUNTO

COMENTÁRIOS
AO
CÓDIGO DE PROCESSO CIVIL

VOLUME II

ART. 801.º A ART. 1528.º

ALMEDINA

TÍTULO:	COMENTÁRIOS AO CÓDIGO DE PROCESSO CIVIL
AUTOR:	CARLOS FRANCISCO DE OLIVEIRA LOPES DO REGO
EDITOR:	LIVRARIA ALMEDINA – COIMBRA www.almedina.net
LIVRARIAS:	LIVRARIA ALMEDINA ARCO DE ALMEDINA, 15 TELEF. 239 851900 FAX 239 851901 3004-509 COIMBRA – PORTUGAL livraria@almedina.net LIVRARIA ALMEDINA ARRÁBIDA SHOPPING, LOJA 158 PRACETA HENRIQUE MOREIRA AFURADA 4400-475 V. N. GAIA – PORTUGAL arrabida@almedina.net LIVRARIA ALMEDINA – PORTO R. DE CEUTA, 79 TELEF. 22 2059773 FAX 22 2039497 4050-191 PORTO – PORTUGAL porto@almedina.net EDIÇÕES GLOBO, LDA. R. S. FILIPE NERY, 37-A (AO RATO) TELEF. 21 3857619 FAX 21 3844661 1250-225 LISBOA – PORTUGAL globo@almedina.net LIVRARIA ALMEDINA ATRIUM SALDANHA LOJAS 71 A 74 PRAÇA DUQUE DE SALDANHA, 1 TELEF. 213712690 atrium@almedina.net LIVRARIA ALMEDINA – BRAGA CAMPUS DE GUALTAR, UNIVERSIDADE DO MINHO, 4700-320 BRAGA TELEF. 253678822 braga@almedina.net
EXECUÇÃO GRÁFICA:	G.C. – GRÁFICA DE COIMBRA, LDA. PALHEIRA – ASSAFARGE 3001-453 COIMBRA producao@graficadecoimbra.pt JUNHO, 2004
DEPÓSITO LEGAL:	213681/04

Toda a reprodução desta obra, por fotocópia ou outro qualquer processo, sem prévia autorização escrita do Editor, é ilícita e passível de procedimento judicial contra o infractor.

TÍTULO III
Do processo de execução

SUBTÍTULO I
Das disposições gerais

ARTIGO 801.º
Âmbito de aplicação

As disposições subsequentes aplicam-se, na falta de disposição especial em contrário e em tudo o que se mostre compatível, a todas as espécies e formas de processo executivo.

Disposição inalterada pelo DL n.º 38/03.
I – A regra que constava deste preceito, na redacção anterior ao DL n.º 329-A/95, passou a constar do art. 466.º, n.º 1, que determina a aplicação subsidiária ao processo de execução das normas do processo declaratório, compatíveis com a específica natureza da acção declarativa.
II – Daí que este artigo tenha passado a dispor sobre diferente matéria: a aplicabilidade das "disposições gerais" aqui estabelecidas a todas as espécies e formas de processo executivo, salvo se existir disposição especial em contrário.

ARTIGO 802.º
Requisitos da obrigação exequenda

A execução principia pelas diligências, a requerer pelo exequente, destinadas a tornar a obrigação certa, exigível e líquida, se o não for em face do título executivo.

Disposição inalterada pelo DL n.º 38/03.

A nova redacção deste preceito visa acentuar que as diligências destinadas a tornar certa (art. 803.º), exigível (art. 804.º) e líquida (art. 805.º) a obrigação exequenda já se situam no âmbito do processo executivo, constituindo uma fase introdutória da execução, desencadeada pelo exequente.

ARTIGO 803.º
Escolha da prestação na obrigação alternativa

1 – Quando a obrigação seja alternativa e pertença ao devedor a escolha da prestação, é este notificado para, no prazo de 10 dias, se outro não tiver sido fixado pelas partes, declarar por qual das prestações opta.

2 – Na falta de declaração, a execução segue quanto à prestação que o credor escolha.

3 – Cabendo a escolha a terceiro, é este notificado para a efectuar; na falta de escolha pelo terceiro, bem como no caso de haver vários devedores e não ser possível formar maioria quanto à escolha, é esta efectuada pelo tribunal, a requerimento do exequente, aplicando-se, com as necessárias adaptações, o disposto no artigo 1429.º

I – Face à nova redacção dada pelo Decreto-Lei n.º 38/03 a este preceito legal, tratando-se de obrigação **alternativa**, se couber ao **credor-exequente** a escolha da prestação, deve esta ser por ele realizada no próprio requerimento executivo, nos termos previstos na alínea c) do n.º 3 do artigo 810.º do Código de Processo Civil.

Se, pelo contrário, pertencer ao **devedor-executado** a escolha da prestação, o n.º 1 estabelece uma alteração relevante ao regime anteriormente em vigor, ao **prescindir da intervenção judicial** na **fixação do prazo** para tal **escolha** (o que implicou a concomitante alteração, introduzida ao artigo 548.º do Código Civil, eliminando-se a referência ao "*prazo que lhe for fixado pelo tribunal*"): a lei fixa um prazo subsidiário de 10 dias para o executado realizar a escolha da prestação que lhe compete, se outro não tiver sido fixado pelas partes, mantendo-se o efeito cominatório, estabelecido no n.º 2, para os casos em que o devedor não realize tempestivamente a escolha que lhe compete fazer, declarando por qual das prestações opta.

Tal prazo conta-se naturalmente da **notificação oficiosa** a que alude o n.º 1, a realizar pelo agente de execução, nos termos do n.º 1 do artigo 808.º: na verdade, mesmo nos casos em que deva ter lugar a prolação de despacho liminar nos termos do artigo 812.º, não se prevê que deva ser o juiz a ordenar a notificação do devedor para a escolha da prestação.

Caberá, deste modo, ao agente de execução, face ao requerimento executivo, verificar qual o prazo aplicável, o que normalmente implicará análise das cláusulas do negócio jurídico subjacente ao título executivo, de modo a confirmar se não foi fixado algum prazo específico pelas partes; e proceder, de seguida, à notificação prevista no n.º 1, devendo naturalmente advertir, nos termos gerais (artigo 228.º, n.º 3), o notificando, quer do prazo de que beneficia para exercitar o direito de escolha, quer do efeito cominatório, prescrito no n.º 2, para a "*falta de declaração*".

Afigura-se que esta notificação deverá ser **pessoal**, nos termos previstos no artigo 256.º do Código de Processo Civil, não devendo ser-lhe aplicado o normal regime das "*notificações em processos pendentes*", que pressupõem a prévia citação do interessado e o consequente conhecimento ou cognoscibilidade de que pende contra ele determinada causa: na verdade, neste caso, a notificação precede necessariamente a citação do executado.

II – Quando a escolha da prestação couber a **terceiro**, ou, pertencendo ao devedor, não for possível formar maioria quanto a ela, foi mantido inteiramente o regime que constava do n.º 3 do artigo 803.º, implicando a intervenção judicial, no quadro do processo de jurisdição voluntária instituído pelo artigo 1429.º do Código de Processo Civil.

ARTIGO 804.º
Obrigação condicional ou dependente de prestação

1 – Quando a obrigação esteja dependente de condição suspensiva ou de uma prestação por parte do credor ou de terceiro, incumbe ao credor provar documentalmente, perante o agente de execução, que se verificou a condição ou que se efectuou ou ofereceu a prestação.

2 – Quando a prova não possa ser feita por documentos, o credor, ao requerer a execução, oferece as respectivas provas, que são logo sumariamente produzidas perante o juiz, a menos que este entenda necessário ouvir o devedor; neste caso, o devedor é citado com a advertência de que, na falta de contestação, se considerará verificada a condição ou efectuada ou oferecida a prestação, nos termos do requerimento executivo, salvo o disposto no artigo 485.º

3 – A contestação do executado só pode ter lugar em oposição à execução.

4 – Os n.ºˢ 7 e 8 do artigo 805.º aplicam-se, com as necessárias adaptações, quando se execute obrigação que só parcialmente seja exigível.

I – Face à nova redacção dada a este preceito legal pelo Decreto-Lei n.º 38/03, quando do título executivo conste uma **obrigação condicional** ou **dependente da prestação** por parte do credor ou de terceiro, estabelece-se uma dualidade de regimes, consoante a **prova** da condição suspensiva ou da realização da prestação se possa fazer por **documentos** ou implique, pelo contrário, a produção e valoração de outros meios probatórios.

No primeiro caso – suficiência da prova **documental** – **dispensa-se a intervenção do juiz**, cumprindo ao exequente provar o facto que condiciona a exigibilidade do débito exequendo perante o **agente de execução** (n.º 1).

Face à letra do n.º 1 deste artigo 804.º, poderia parecer que a apreciação da prova documental apresentada seria sempre da competência do agente de execução – mesmo nos casos em que devesse ter lugar a prolação de despacho liminar; propendemos, no entanto, para uma interpretação correctiva do preceito, segundo a qual caberá ao juiz, no próprio despacho liminar, pronunciar-se sobre a suficiência da prova documental apresentada pelo exequente, conjuntamente com o requerimento executivo: na verdade, sendo a demonstração da exigibilidade um requisito essencial da obrigação exequenda, não faria sentido que o juiz – dispondo de todos os elementos necessários para valorar tal matéria no despacho liminar que deve proferir – deixasse de se pronunciar sobre ela, aguardando uma ulterior pronúncia do agente executivo (e que, naturalmente, poderia ser objecto de reclamação, nos termos do artigo 809.º, n.º 1, alínea c).

Aliás, a eventual insuficiência da prova documental junta pelo exequente para demonstrar a verificação da condição implica que o executado disponha da possibilidade de ulterior oposição, nos termos do artigo 814.º, alínea e) – não fazendo sentido que o juiz pudesse proferir despacho de citação do executado quando fosse patente (face à prova documental liminarmente apresentada) que a obrigação ainda não era, afinal, exigível.

Deste modo, sempre que o juiz deva proferir despacho liminar na execução deve, ele próprio, apreciar a prova documental apresentada pelo exequente como meio de demonstração da exigibilidade da obrigação, pressupondo a opção pela citação um juízo acerca da suficiência de tal prova. E, considerando o juiz os documentos insuficientes para a demonstração da exigibilidade da dívida, deverá proferir despacho de aperfeiçoamento, nos termos do artigo 812.º, n.º 4, convidando o exequente, nomeadamente, a suprir a insuficiência através de outros meios probatórios, passando-se, por essa via, ao procedimento regulado no n.º 2 deste artigo 804.º.

II – Quando a demonstração da exigibilidade do débito exequendo não possa ser feita por simples prova documental, a tramitação do incidente envolve a necessária **intervenção do juiz**, já que a tarefa de livre apreciação das provas e a resolução das questões de direito subjacentes à exigibilidade da obrigação transcendem o âmbito das competências possíveis do agente executivo, assumindo contornos claramente jurisdicionais.

Assim, o exequente deve **oferecer as provas** de que dispõe com o próprio **requerimento** executivo, nos termos do artigo 804.º, n.º 2; neste caso, o processo é **sempre** sujeito a **despacho liminar** do juiz, nos termos do artigo 812.º-A, n.º 2, alínea b), já que a tramitação subsequente depende de uma opção jurisdicional acerca da necessidade de **audição** do devedor.

Se o juiz prescindir de tal audição, as provas são logo sumariamente produzidas perante ele, que, de seguida, as valora, em termos de considerar ou não suprida a originária inexigibilidade de débito exequendo – e determinando, conforme os casos, o prosseguimento da execução ou a respectiva rejeição, nos termos do n.º 5 do artigo 812.º. Se, pelo contrário, o juiz entender que – face, nomeadamente, à complexidade do caso ou à dificuldade na valoração das provas – é problemática a sua apreciação ponderada sem o **contraditório** do devedor, ordenará a **citação** deste (se, naturalmente, no momento do despacho liminar, não ocorrerem outras situações justificativas, nos termos gerais, de indeferimento ou aperfeiçoamento do requerimento executivo), nos termos do n.º 6 do artigo 812.º, cabendo-lhe o ónus de cumular a contestação ao incidente com a oposição à execução (artigo 804.º, n.º 3).

III – De notar que este regime, ora instituído pelo Decreto-Lei n.º 38/03, envolve diferença significativa relativamente ao que constava da anterior redacção do preceito, em que a audição "*incidental*" do executado sobre o facto que condiciona a exigibilidade do débito não se cumulava com a ulterior oposição, mediante embargos de executado, cuja admissibilidade permanecia intocada, mesmo após a audição do executado sobre a estrita questão da exigibilidade da dívida.

O regime ora estabelecido acaba por ser análogo ao que sempre vigorou no âmbito da liquidação, em que, efectivamente, já se estabelecia o ónus da cumulação de oposições, à liquidação e à execução, na sequência da imediata citação do executado.

IV – O n.º 2 estabelece, na sua segunda parte, um **efeito cominatório** específico para a falta de contestação do executado: considerar-se verificada a condição ou efectuada ou oferecida a prestação, nos termos do requerimento executivo, sem prejuízo das excepções ao efeito cominatório da revelia em processo declaratório, nos termos do artigo 485.º – e devendo o citando ser expressamente advertido, quer deste efeito cominatório, quer do ónus de cumulação da contestação com a oposição à execução que pretenda deduzir.

V – O n.º 4 mantém o regime constante da anterior redacção do artigo 810.º, n.º 2, facultando a possibilidade de execução imediata da parte da obrigação que seja logo exigível e a ulterior cumulação, na pendência da execução originária, da parte que ainda não fosse exigível, nos termos já previstos para liquidação.

VI – A nova redacção deste preceito eliminou o regime que constava do n.º 3, anterior à edição do Decreto-Lei n.º 38/03, segundo o qual, quando a inexigibilidade do débito derivasse apenas da falta de interpelação ou do facto de não ter sido pedido o pagamento no domicílio do devedor, a obrigação se vencia com a citação do executado.

É evidente que, no essencial, tal regime se mantém, por força do estipulado no artigo 805.º, n.º 1, do Código Civil, que confere plena relevância à **interpelação judicial** – a qual, como é óbvio, se poderá naturalmente consubstanciar na **citação** para o processo executivo.

Importa, porém, realçar um aspecto relevante, decorrente da nova estrutura do processo executivo, no que respeita ao **diferimento** possível do **contraditório** do executado, nos casos previstos, nomeadamente, nos artigos 812.º-A, n.º 1, alíneas c) e d), e 812.º-B: não sendo obviamente legítimo lançar mão de diligências tipicamente executivas (realização da penhora) sem que o crédito exequendo esteja vencido, é evidente que – nos casos em que ocorre diferimento do contraditório do executado para momento posterior à efectivação da penhora – terá o credor de proceder à interpelação extrajudicial do devedor, antes de iniciada a instância executiva.

ARTIGO 805.º
Liquidação

1 – Sempre que for ilíquida a quantia em dívida, o exequente deve especificar os valores que considera compreendidos na prestação devida e concluir o requerimento executivo com um pedido líquido.

2 – Quando a execução compreenda juros que continuem a vencer-se, a liquidação deles é feita, a final, pela secretaria, em face do título executivo e dos documentos que o exequente ofereça em conformidade com ele ou, sendo caso disso, em função das taxas legais de juros de mora aplicáveis.

3 – A secretaria liquida ainda, a final, a sanção pecuniária compulsória que seja devida.

4 – Quando, não sendo o título executivo uma sentença, a liquidação não dependa de simples cálculo aritmético, o executado é logo citado para a contestar, em oposição à execução, com a advertência de que, na falta de contestação, a obrigação se considera fixada nos termos do requerimento executivo, salvo o disposto no artigo 485.º; havendo contestação ou sendo a revelia inoperante, aplicam-se os n.ºˢ 3 e 4 do artigo 380.º

5 – A liquidação por árbitros, quando deva ter lugar para o efeito de execução fundada em título diverso de sentença, realiza-se, nos termos do artigo 380.º-A, antes de apresentado o requerimento executivo; a nomeação é feita nos termos aplicáveis à arbitragem voluntária, cabendo, porém, ao juiz presidente do tribunal da execução a competência supletiva aí atribuída ao presidente do tribunal da relação.

6 – Quando a iliquidez da obrigação resulte de esta ter por objecto mediato uma universalidade e o autor não possa concretizar os elementos que a compõem, a liquidação tem lugar em momento imediatamente posterior à apreensão, precedendo a entrega ao exequente.

7 – Se uma parte da obrigação for ilíquida e outra líquida, pode esta executar-se imediatamente.

8 – Requerendo-se a execução imediata da parte líquida, a liquidação da outra parte pode ser feita na pendência da mesma execução, nos mesmos termos em que é possível a liquidação inicial.

I – Este preceito, na redacção emergente do Decreto-Lei n.º 38/03, regula, nos n.ºˢ 1 a 4, a liquidação como preliminar da acção executiva, abrangendo:

– a liquidação de sentença que contenha condenação genérica, quando a liquidação da obrigação dependa de simples cálculo aritmético (cfr. artigo 47.º, n.º 5);

10

– a liquidação de título extra-judicial (quer ela dependa ou não de simples cálculo aritmético).

O n.º 1 é aplicável a qualquer destas hipóteses ou situações: sendo **ilíquida** a quantia em dívida, cabe ao exequente o ónus de **especificar os valores** que considera compreendidos na prestação devida, concluindo o requerimento executivo com um **pedido líquido**.

A tramitação subsequente é que se revela perfeitamente diversificada, consoante a liquidação depende de mero cálculo aritmético ou pressupõe um **litígio** substancial sobre tal matéria.

No primeiro caso, a liquidação *"esgota-se"* com a operação de liquidação no requerimento executivo, continuando, porém, o n.º 2 a determinar que – no caso de **juros vincendos** – a liquidação total e definitiva é feita, a final, pela secretaria, em face do título e documentos complementarmente oferecidos pelo exequente.

Tendo sido eliminado o regime simplificado que constava do n.º 3 da anterior redacção do artigo 805.º, – que permitia uma decisão liminar e sumária sobre o momento a partir do qual haviam de ser contados os juros – se tal momento não resultar dos documentos oferecidos pelo exequente, terá de se lançar mão do procedimento previsto no n.º 4, para os casos de litígio sobre a matéria da liquidação.

A parte final do n.º 2 deste artigo 805.º veio permitir a liquidação oficiosa dos juros vincendos em função – não apenas do título e documentos oferecidos em conformidade com ele – mas também em função das *"taxas legais de juros de mora aplicáveis"*, como consequência da ampliação do âmbito do título executivo, operada pelo n.º 2 do artigo 46.º do Código de Processo Civil.

II – O n.º 3 estendeu o regime de liquidação, a final, pela secretaria à sanção pecuniária compulsória que seja devida, nomeadamente por força do disposto no artigo 829.º-A, n.º 4, do Código Civil.

III – Nos casos em que – por a liquidação não depender de mera operação aritmética – possa ocorrer um **litígio** substancial sobre a liquidação do título executivo extrajudicial, o n.º 4 manteve – no essencial – a tramitação que constava da anterior redacção dos artigos 806.º a 808.º.

Assim, o executado é **logo citado** para contestar a liquidação, sendo – neste caso – a citação efectuada **previamente, sem necessidade de despacho liminar**, nos termos da alínea b) do n.º 7 do artigo 812.º.

A contestação à liquidação é feita no âmbito da **oposição à execução** – mantendo-se, deste modo, o regime anteriormente em vigor, segundo o qual o executado tinha o ónus de cumular a oposição à liquidação com a oposição à execução (então consubstanciada na dedução dos embargos de executado, substituídos agora pela oposição prevista no artigo 813.º, n.º 1).

A citação deve **advertir** o executado, não apenas do efeito cominatório atribuído à falta de contestação, mas também – nos termos gerais – do ónus de cumulação de contestação à liquidação com a oposição à execução e do prazo em que esta deve ser deduzida.

No caso de **revelia operante** (por não ocorrer nenhuma das situações previstas no artigo 485.º), mantém-se o **efeito cominatório** pleno que constava já da anterior redacção do n.º 1 do artigo 807.º: fixação da obrigação nos termos do requerimento executivo.

Se o réu contestar ou a revelia dever considerar-se inoperante, mantém-se (através da remissão para os n.ºs 3 e 4 do artigo 380.º) o regime anteriormente em vigor: processamento do litígio segundo os termos subsequentes do processo sumário e indagação oficiosa pelo tribunal, nos casos de insuficiência das provas produzidas pelos litigantes.

Apesar de o texto actual do artigo 805.º não conter as normas que constavam da anterior redacção do artigo 808.º, as soluções aqui contidas têm de continuar, no essencial, a valer: assim, como é evidente, se o executado cumular efectivamente a oposição à liquidação com a oposição à execução – e esta última for admitida, nos termos do artigo 817.º – toda a matéria global do litígio é apreciada e dirimida conjuntamente, segundo os termos do processo sumário de declaração, aplicáveis em ambos os casos (artigos 805.º, n.º 4, 380.º, n.º 3 e 817.º, n.º 2). E se a oposição à execução for liminarmente indeferida, nos termos do n.º 1 do artigo 817.º, é evidente que prossegue apenas o litígio relativo à liquidação, também processado nos termos do processo sumário, por força da remissão para o n.º 3 do artigo 380.º do Código de Processo Civil.

IV – O n.º 5 dispõe acerca da tramitação aplicável aos casos em que, por força de lei especial ou de convenção das partes, deva ter lugar a liquidação arbitral de obrigação fundada em título diverso da sentença, remetendo para o processamento previsto no artigo 380.º-A.

Inexistindo, neste caso, como é óbvio, processo declaratório anterior e já findo, irá ocasionar-se um **incidente autónomo** que precede necessariamente a instauração da acção executiva, nos termos do n.º 5 do artigo 805.º do Código de Processo Civil.

A lei dispõe que a nomeação dos árbitros é feita – não nos termos previstos para a dos peritos – mas nos aplicáveis à arbitragem voluntária, o que determina a aplicabilidade do preceituado nos artigos 6.º e segs da Lei n.º 31/86, de 29 de Agosto, competindo, porém, ao juiz presidente do tribunal com competência executiva para o título em causa o exercício da competência supletiva, atribuída ao presidente do Tribunal da Relação no artigo 12.º, n.º 1, da citada Lei da Arbitragem Voluntária.

V – O regime prescrito no n.º 6 tem de ser articulado com o estatuído no artigo 471.º, n.º 2, ao admitir que a liquidação da universalidade se processe em conformidade com o preceituado neste n.º 6, apenas se consumando no momento processual imediatamente posterior à apreensão dos bens.

A lei de processo é omissa sobre a exacta tramitação da controvérsia que poderá naturalmente ocorrer entre as partes acerca da liquidação ou concretização dos bens compreendidos na universalidade.

Cabe naturalmente ao exequente especificar os elementos que considere compreendidos na universalidade, no prazo geral contado do conhecimento da apreensão dos bens, precedendo a respectiva entrega ao exequente – e aplicando-se à ulterior tramitação do **incidente** o regime previsto nos artigos 302.º a 304.º do Código de Processo Civil (e não as regras do processo sumário, previstas nos artigos 805.º, n.º 4, e 380.º, n.º 3); se, porém, tiver sido concomitantemente deduzida oposição à execução (nos casos em que ocorre diferimento do contraditório do executado para momento ulterior à penhora) ou oposição à penhora, afigura-se que – por aplicação analógica do disposto no artigo 380.º, n.º 2 – deverá proceder-se a uma instrução e julgamento conjuntos, apreciando-se simultaneamente toda a controvérsia entre as partes em sede de possíveis oposições à execução, à penhora e à liquidação.

VI – O regime constante dos n.ᵒˢ 7 e 8 corresponde, no essen-cial, ao que constava da anterior redacção dos n.ᵒˢ 1 e 2 do artigo 810.°; porém, no caso de liquidação complementar, na pendência da mesma execução, da parte ilíquida da obrigação exequenda, o n.° 8 prescinde da tramitação por apenso, mandando aplicar inteiramente as regras que regulam a liquidação inicial.

ARTIGO 806.°
Registo informático de execuções

1 – O registo informático de execuções contém o rol dos processos de execução pendentes e, relativamente a cada um deles, a seguinte informação:
   a) Identificação do processo;
   b) Identificação do agente de execução;
   c) Identificação das partes, nos termos da alínea *a*) do n.° 1 do artigo 467.° e incluindo ainda, sempre que possível, o número de identificação de pessoa colectiva, a filiação e os números de bilhete de identidade e de identificação fiscal;
   d) Pedido;
   e) Bens indicados para penhora;
   f) Bens penhorados;
   g) Identificação dos créditos reclamados.

2 – Do mesmo registo consta também o rol das execuções findas ou suspensas, mencionando-se, além dos elementos referidos no número anterior:
   a) A extinção com pagamento integral;
   b) A extinção com pagamento parcial;
   c) A suspensão da instância por não se terem encontrado bens penhoráveis, nos termos do disposto no n.° 3 do artigo 832.° e no n.° 6 do artigo 833.°

3 – Os dados constantes dos números anteriores são introduzidos diariamente pela secretaria de execução.

4 – Na sequência de despacho judicial, procede-se ainda à introdução dos seguintes dados:
   a) A declaração de insolvência e a nomeação de um administrador da insolvência, bem como o encerramento do processo especial de insolvência;
   b) O arquivamento do processo executivo de trabalho, por não se terem encontrado bens para penhora.

5 – Os dados previstos no número anterior são acompanhados das informações referidas nas alíneas *a)* e *c)* do n.º 1.

I – Rectificado pelo Decreto-Lei n.º 199/03 e alterado pelo DL n.º 53/04. O Decreto-Lei n.º 38/03 prevê e institui um registo informático de execuções, com vista a garantir a publicidade mínima dos processos de tal natureza e a permitir a formulação pelos interessados de um juízo minimamente seguro acerca da viabilidade prática de instauração de execuções, alicerçado na provável situação patrimonial do devedor, obstando ainda à dispersão por vários processos executivos de sucessivas penhoras sobre os mesmos bens.

II – De tal registo deverão constar:
 – as execuções pendentes (n.º 1)
 – as execuções findas ou suspensas – n.º 2 – (nomeadamente nos casos em que se frustraram, no todo ou em parte);
 – os processos de insolvência bem como as execuções laborais frustradas (n.º 4), dependendo, porém, a inscrição destes processos de despacho judicial.

III – O registo informático de execuções é regulado pelo Decreto-Lei n.º 201/03, de 10 de Setembro.

IV – A aplicação no tempo do regime que consubstancia o registo informático de execuções está previsto no artigo 16.º do Decreto-Lei n.º 201/03, sendo imediatamente aplicável às execuções *"novas"* e prevendo-se o prazo de 1 ano para a inscrição de todos os dados atinentes às restantes execuções, pendentes em 15 de Setembro.

ARTIGO 807.º
Acesso e consulta

1 – A rectificação ou actualização dos dados inscritos no registo informático de execuções pode ser requerida pelo respectivo titular, a todo o tempo.

2 – A menção de a execução ter findado com pagamento parcial ou ter sido suspensa, nos termos das alíneas *b)* e *c)* do n.º 2 do artigo anterior, pode ser eliminada a requerimento do devedor, logo que este prove o cumprimento da obrigação.

3 – A consulta do registo informático de execuções pode ser efectuada:
 a) Por magistrado judicial ou do Ministério Público;
 b) Por pessoa capaz de exercer o mandato judicial ou solicitador de execução, mediante exibição de título executivo contra o titular dos dados, antes de proposta a acção executiva;
 c) Pelo mandatário constituído ou pelo agente de execução designado;

d) Pelo titular dos dados;
e) Por quem tenha relação contratual ou pré-contratual com o titular dos dados ou revele outro interesse atendível na consulta, mediante consentimento do titular ou autorização dada pela entidade indicada no diploma previsto no número seguinte.
4 – O registo informático de execuções é regulado em diploma próprio.

I – Os n.ᵒˢ 1 e 2 concedem ao interessado (devedor) a facilidade de fazer reflectir no registo informático a real e actual situação quanto aos dados que nele figuram, invocando e demonstrando, nomeadamente, o pagamento extrajudicial do débito exequendo (cfr. n.º 2).

II – O n.º 3 dispõe sobre a legitimidade para a consulta do registo, permitindo-a – não apenas ao titular dos dados (alínea d) e aos magistrados (alínea a) e mandatários constituídos ou agente de execução designado (alínea c) – mas também a qualquer pessoa capaz de exercer o mandato judicial ou a solicitador de execução, na fase pré-executiva, exibindo título executivo contra o titular dos dados (alínea b).

Por sua vez, a alínea e) permite a consulta dos dados com vista à prossecução de finalidades que ultrapassam os estritos fins de processo executivo (pendente ou a instaurar), garantindo a solvabilidade das partes em relação contratual ou pré-contratual.

III – O regime de acesso ao registo informático é o previsto e regulado no Decreto-Lei n.º 201/03, condicionando a autorização judicial o acesso previsto na alínea e) do n.º 3 (artigo 11.º), facultando um acesso directo aos magistrados (artigo 9.º) e – nos restantes casos – fazendo depender a emissão do certificado de apreciação pelo oficial de justiça (artigo 10.º).

O mesmo diploma legal estabelece – em articulação com a portaria n.º 985-B/03, de 15 de Setembro – o procedimento burocrático formal de acesso ao registo informático.

ARTIGO 808.º
Agente de execução

1 – Cabe ao agente de execução, salvo quando a lei determine diversamente, efectuar todas as diligências do processo de execução, incluindo citações, notificações e publicações, sob controlo do juiz, nos termos do n.º 1 do artigo seguinte.

2 – As funções de agente de execução são desempenhadas por solicitador de execução, designado pelo exequente ou pela secretaria, de entre os inscritos na comarca e nas comarcas limítrofes, ou, na sua falta, de entre os inscritos em outra comarca do mesmo círculo judicial; não havendo solicitador de execução inscrito no círculo ou ocorrendo outra causa de impossibilidade, são essas funções, com excepção das especificamente atribuídas

ao solicitador de execução, desempenhadas por oficial de justiça, determinado segundo as regras da distribuição.

3 – Nas execuções por custas, o agente de execução é sempre um oficial de justiça.

4 – O solicitador de execução designado só pode ser destituído por decisão do juiz de execução, oficiosamente ou a requerimento do exequente, com fundamento em actuação processual dolosa ou negligente ou em violação grave de dever que lhe seja imposto pelo respectivo estatuto, o que será comunicado à Câmara dos Solicitadores.

5 – As diligências que implicariam deslocação para fora da área da comarca da execução e suas limítrofes, ou da área metropolitana de Lisboa ou Porto no caso de comarca nela integrada, são, salvo impossibilidade ou grave dificuldade, efectuadas, a solicitação do agente de execução designado e, sendo este solicitador, sob sua responsabilidade, por agente de execução dessa área; a solicitação do oficial de justiça é dirigida à secretaria do tribunal da comarca da área da diligência, pelo meio que, nos termos do n.º 5 do artigo 176.º, se revele mais eficaz.

6 – O solicitador de execução pode, sob sua responsabilidade, promover a realização de diligências, que não constituam acto de penhora, venda, pagamento ou outro de natureza executiva, por empregado ao seu serviço, credenciado pela Câmara dos Solicitadores nos termos do n.º 4 do artigo 161.º

7 – Na prática de diligências junto do executado, de organismos oficiais ou de terceiros, e sem prejuízo da emissão de certidão pela secretaria, o solicitador de execução identifica-se com o recibo de entrega do requerimento executivo em que tenha aposto a sua assinatura ou com a exibição da notificação referida no n.º 2 do artigo 811.º-A.

I – Os n.ºs 2 e 7 foram rectificados pela Declaração de Rectificação n.º 5/C/2003, de 30 de Abril.

II – Institui a nova figura do **agente de execução**, a quem passam a competir todas as diligências do processo de execução que – por desprovidas de natureza materialmente jurisdicional – não se situem no âmbito das competências do juiz, tipificadas no artigo 809.º.

Tais competências do agente de execução são, porém, sempre exercidas sob o genérico e *"difuso"* controlo judicial, decorrente da atribuição ao juiz de execução do *"poder geral de controlo do processo"*.

Não se reservam, deste modo, ao agente executivo apenas os *"actos externos"*, de natureza estritamente executiva, mas todos os actos do processo, incluindo naturalmente os próprios *"actos de secretaria"* e de cumprimento dos despachos ou decisões do juiz de execução.

É, porém, necessário articular a competência do agente executivo com as competências que o Código continua a cometer à **secretaria** – desde logo, onde estiver instalada, a *"secretaria"*, prevista no artigo 121.º-A da Lei n.º 3/99, apenas estando, de início, instalada pela portaria n.º 969/03, de 13 de Setembro, a Secretaria-Geral de Execução das Varas Cíveis, dos Juízos Cíveis e dos Juízos de Pequena Instância Cível de Lisboa – (justificando-se esta autonomia mesmo nos casos em que o agente de execução seja um oficial de justiça): desde logo, na fase liminar do processo, enquanto não está investido o agente executivo (cfr., artigos 811.º, 811.º-A e 832.º, n.º 1); e, bem assim, em fases ulteriores do processo, perante normas que atribuem determinadas funções (v.g. de depositário de bens ou valores) à secretaria (e não ao agente de execução/funcionário de justiça) – cfr., artigos 860.º, n.º 1, 861.º, n.º 2, 905.º, n.º 4, 906.º, n.º 4; cfr., ainda o artigo 916.º, n.º 2. Para além disto, é evidente que caberá à secretaria a articulação da actividade do tribunal com a do agente de execução/solicitador de execução, levando ao conhecimento deste e tornando-lhe prontamente acessível qualquer vicissitude processual (v.g., despacho proferido pelo juiz) que se possa repercutir no exercício das respectivas competências.

Quanto à forma das comunicações e mensagens a trocar entre a secretaria e agente executivo *"externo"*, cfr. o Decreto-Lei n.º 202/03, de 10 de Setembro.

Afigura-se, por outro lado, que deverão continuar a competir à secretaria (e não ao agente executivo), nos termos gerais, todos os *"actos de secretaria"* (artigo 161.º) e notificações a praticar nos enxertos declaratórios que sejam tramitados segundo as regras do processo declarativo, ordinário ou sumário – por os mesmos extravazarem o âmbito das diligências do processo de execução, propriamente dito.

III – O agente de execução tem um estatuto heterogéneo, consoante tais funções estejam cometidas a um *"agente externo"*, o **solicitador de execução** – ou a um **oficial de justiça**.

a) No primeiro caso, estamos confrontados com uma inovatória figura, cujo estatuto é definido nos artigos 116.º e seguintes do Estatuto da Câmara dos Solicitadores, aprovado pelo Decreto-Lei n.º 88/2003, de 26 de Abril: trata-se de um profissional liberal independente, sujeito a um específico regime de incompatibilidades e impedimentos (que lhe veda, nomeadamente, o exercício do mandato judicial na acção executiva, o exercício de funções por conta de entidade empregadora ou a intervenção em processos executivos quando haja participado na obtenção do título executivo ou representado alguma das partes em precedente acção) chamado a cooperar com o tribunal na realização de todos os actos do processo executivo não cometidos ao juiz ou à secretaria (e, em certos casos, mesmo de actos do processo declaratório – cfr., o regime da citação), por designação do exequente (por ele aceite, nos termos do artigo 810.º, n.º 6) ou, subsidiariamente, da secretaria, sujeito – na sua actividade processual – ao controlo genérico do juiz (que o pode destituir), à fiscalização – nos aspectos deontológicos e profissionais – da Câmara dos Solicitadores e vendo ainda a sua conduta processual sindicada pelas partes, particularmente pelo exequente (de quem, todavia, não é mandatário), legitimado para requerer a respectiva destituição judicial com fundamento em *"justa causa"* – e devendo obrigatoriamente praticar as tarifas aprovadas pela Portaria n.º 708/03, de 4 de Agosto.

17

b) No segundo caso, o agente executivo é um *"normal"* funcionário da secretaria judicial onde pende o processo, com duas especificidades relevantes quanto ao sistema actual:

– alargamento da sua competência a *"todas as diligências do processo de execução"* que não estejam reservadas ao juiz e a lei não atribua *"especificamente"* ao solicitador de execução, passando, deste modo, a incumbir ao funcionário uma verdadeira tarefa de gestão do processo em tudo o que não se configure como materialmente jurisdicional;

– atribuição, formal e *"pessoalizada"*, do processo executivo, através da aplicação das *"regras da distribuição"* (aparentemente, em termos análogos aos que determinam a designação da secção, vara ou juízo em que o processo há-de correr, nos termos dos artigos 209.º e seguintes).

Tal regime – que constava da parte final do n.º 2 deste preceito – foi reformulado substancialmente pela portaria n.º 946/03, de 6 de Setembro, que *"dispensou"* esta *"segunda distribuição"* do processo, estabelecendo que o agente de execução é o escrivão de direito da secção onde ocorre termos o processo executivo, o qual pode delegar a execução dos actos noutro oficial de justiça da mesma secção.

Nos anteriores projectos de reforma da acção executiva, atribuía-se ao solicitador de execução competência para as execuções fundadas em títulos executivos dotados de maior fiabilidade (e em que se prescindia, em maior grau, de uma intervenção judicial): decisão judicial, título formado em processo de injunção, documentos com intervenção ou reconhecimento notarial – competindo ao oficial de justiça o processamento das demais execuções, fundadas nos restantes títulos.

Foi diversa a opção formulada pelo presente diploma, outorgando – em princípio – ao solicitador de execução competência para todas as execuções instauradas posteriormente a 15 de Setembro de 2003, independentemente do título executivo em que se fundam. A intervenção do agente executivo/oficial de justiça ficou, assim, reservada às execuções por custas e, subsidiariamente, àquelas acções executivas em que se revele impossível a designação do solicitador de execução, por inexistir algum de tais agentes executivos na área do círculo, ocorrer algumas das causas de incompatibilidades e impedimentos, por parte dos inscritos, ou ter sido deduzido *"pedido de escusa"*, nos termos do artigo 122.º do Estatuto da Câmara dos Solicitadores, obtendo a suspensão do ónus de aceitar novos processos.

IV – A designação do solicitador de execução cabe, em primeira linha, ao exequente, devendo constar do próprio requerimento executivo (artigo 810.º, n.º 3, alínea e)).

Não sendo feita tal designação, ou ficando a mesma sem efeito, por o designado não declarar tempestivamente quem a aceitou (artigo 810.º, n.º 6), é subsidiariamente feita pela secretaria, nos termos do artigo 811.º-A.

A designação só pode incidir sobre solicitador de execução inscrito na comarca ou em comarca limítrofe ou, na sua falta, de entre os inscritos em qualquer comarca do círculo judicial.

Se não houver nenhum solicitador de execução inscrito na área do círculo judicial ou o (ou os) que existirem estiverem impossibilitados de intervir na execução (em consequência, nomeadamente, do deferimento do requerimento da suspensão da aceitação

Livro III – Do processo   art. 808.º

de novos processos ou de pedidos de escusa, nos termos previstos no artigo 122.º do Estatuto da Câmara dos Solicitadores), são as funções de agente de execução exercidas por oficial de justiça, – salvo no que se refere a actos que a lei especificadamente reserve exclusivamente ao solicitador de execução (cfr., v.g., artigos 837.º, n.º 2, 839.º, n.º 1, 843.º, n.º 3, 860.º, n.º 1, 861.º, n.º 2, 905.º, n.º 4, 906.º, n.º 4).

V – O n.º 3 deste artigo 808.º prescreve que nas **execuções por custas** (interpretando-se esta expressão como abrangendo todas as execuções a que seja aplicável o processo regulado nos artigos 116.º e seguintes do Código das Custas Judiciais, visando a cobrança, não apenas de custas, mas de multas, coimas ou outros valores contados – cfr., artigos 491.º, n.º 2, do Código Processo Penal e 89.º do Decreto-Lei n.º 433/82, de 27 de Outubro) o agente de execução é sempre um oficial de justiça (e nunca, portanto, um solicitador de execução).

VI – O n.º 4 deste artigo 808.º prevê e regula a possibilidade de **destituição judicial** do solicitador de execução, carecendo de articular-se com o artigo 130.º do Estatuto da Câmara dos Solicitadores.

Infere-se, desde logo, deste preceito que não é possível ao exequente destituir unilateralmente o solicitador que haja designado (o que demonstra que não há uma relação de mandato subjacente a tal designação).

A destituição situa-se no âmbito da competência do juiz de execução e pode ser determinada oficiosamente (por iniciativa própria do tribunal ou naturalmente por sugestão do executado ou de qualquer outra parte ou interveniente do processo executivo) ou a requerimento fundamentado do exequente (que normalmente o terá designado no requerimento executivo).

A destituição judicial pressupõe sempre a existência de *"justa causa"*: actuação processual dolosa ou negligente ou violação grave de dever estatutário. Tais deveres são especificados no artigo 123.º do Estatuto da Câmara dos Solicitadores e envolvem (para além dos deveres gerais enunciados no artigo 109.º) os deveres específicos dos solicitadores de execução (especificados no artigo 123.º), bem como aqueles cuja violação implica infracção disciplinar, nos termos do artigo 134.º. A destituição judicial poderá, deste modo, fundar-se em comportamentos tais como a negligência na prática dos actos processuais que lhe competem, o desrespeito dos prazos legais ou judiciais, a violação de deveres deontológicos do cargo, a não submissão a despacho ou autorização judicial de matérias compreendidas no artigo 809.º ou o não cumprimento preciso das decisões judiciais proferidas, a não prestação ao tribunal ou ao exequente dos esclarecimentos ou informações que lhe forem determinados ou solicitados (cfr., artigo 134.º, n.º 2, alínea h) do Estatuto), a não prestação de contas da actividade realizada, ou a pronta entrega de quantias, objectos ou documentos, a não aplicação das tarifas aprovadas (artigo 126.º do referido Estatuto), o irregular recurso a funcionários ou colaboradores (cfr., artigo 134.º, n.º 2, alínea j) do Estatuto) a ausência de endereço electrónico ou a falta de seguro de responsabilidade civil, a detecção de irregularidades nas contas-cliente (artigos 124.º/125.º do Estatuto), a verificação da existência de incompatibilidade ou impedimento (v.g. exercício de mandato judicial em processo executivo, exercício da função por conta de entidade empregadora, desenvolvimento de actividades não forenses no seu escritório, participação na obtenção de título executivo ou representação judicial de al-

19

guma das partes nos últimos dois anos) inibidoras do exercício da função de solicitadores de execução, nos termos dos artigos 120.º e 121.º do respectivo Estatuto.

A destituição judicial é imediatamente comunicada à secção regional deontológica da Câmara dos Solicitadores, implicando a obrigatória instauração de processo disciplinar; e admite recurso, a interpor pelo solicitador, em um grau, a subir imediatamente, em separado e com efeito meramente devolutivo (artigo 130.º do Estatuto da Câmara dos Solicitadores, cujo n.º 2 determina a aplicação, neste caso, do regime estabelecido no artigo 129.º para a substituição do solicitador de execução).

Na verdade – e paralelamente à ocorrência de **destituição judicial** – o referido artigo 129.º prevê a **substituição** do solicitador de execução, nos casos de:
– morte ou incapacidade definitiva;
– requerimento de cessação das funções nessa especialidade;
– suspensão por período superior a 10 dias ou aplicação da pena de expulsão.

Nestes casos, cabe ao conselho regional indicar o solicitador/ /substituto, no prazo de 10 dias, se entretanto o exequente não designar logo outro solicitador de execução; ao substituto são entregues os arquivos, registos e suportes informáticos, os bens móveis de que o primitivo solicitador era depositário, bem como os saldos das contas-clientes e a qualidade de fiel depositário nas causas pendentes.

Cabe ao solicitador substituto apresentar à secção regional deontológica relatório sobre a situação dos processos, com os respectivos acertos de contas, devendo instaurar--se processo disciplinar sempre que se indiciem irregularidades.

VII – Infere-se do preceituado no n.º 5 que o agente de execução está legitimado para realizar os actos da sua competência, não apenas na área da circunscrição judicial do tribunal onde pende a execução, mas também:
– na área das respectivas comarcas limítrofes;
– em toda a área metropolitana de Lisboa e Porto, no caso de comarca nela integrada (cfr., sobre situações paralelas, quanto aos funcionários da secretaria, o artigo 162.º).

Quando as diligências a realizar pelo agente executivo excedam aquelas áreas, procurou o preceito institucionalizar um regime desformalizado, que prescinde da expedição de carta precatória. Assim, sendo agente execuvivo o solicitador de execução, a diligência será realizada – em regra – a solicitação deste – e sob a sua responsabilidade – por outro agente executivo (em princípio, outro solicitador de execução) dessa área; se tal função for exercida por oficial de justiça, a solicitação será feita, de modo informal, nos termos do artigo 176.º, n.º 5, à secretaria do tribunal da área em que deve ocorrer a diligência.

Para além desta situação – em que o solicitador de execução "*depreca*" informalmente certa diligência ao agente executivo competente em razão do território – o artigo 128.º do Estatuto da Câmara dos Solicitadores **admite** a possibilidade de **delegação** de actos noutro solicitador de execução, mantendo-se a responsabilidade solidária de ambos e devendo comunicar tal facto ao exequente e ao tribunal. Tal delegação não pode exceder o prazo máximo de 60 dias, salvo se existir autorização expressamente concedida pela secção regional deontológica, nomeadamente com fundamento em incapacidade temporária do solicitador de execução.

VIII – O n.º 6 permite que o solicitador de execução "*delegue*", sob sua responsabilidade, em empregado ao seu serviço – credenciado em termos análogos que estão previstos no artigo 161.º, n.º 4, relativamente aos mandatários – a realização de determinadas diligências processuais que não constituam actos de penhora, venda, pagamento ou "*outro de natureza executiva*" (para além de actos puramente tabelares ou burocráticos, parece que será possível cometer ao empregado do solicitador de execução a feitura de citações e notificações, a realização de quaisquer consultas prévias à penhora, a administração dos bens depositados – cfr., artigo 843.º, n.º 3, etc.).

Constitui infracção disciplinar o facto consistente em contratar ou manter funcionários ou colaboradores sem cumprir os regulamentos existentes (artigo 134.º, n.º 2, alínea j), do Estatuto da Câmara dos Solicitadores).

IX – O n.º 7 prevê uma forma simplificada e desformalizada de certificação da qualidade de solicitador de execução, com vista a credenciar o agente executivo aquando da realização de diligências perante quaisquer pessoas ou entidades: o recibo de entrega do requerimento executivo, por ele assinado, nos termos do artigo 810.º, n.º 6, ou a notificação referida no n.º 2 do artigo 811.º-A.

X – A portaria n.º 708/03, de 4 de Agosto, estabelece a remuneração e o reembolso das despesas do solicitador de execução, enquanto agente executivo.

ARTIGO 809.º
Juiz de execução

1 – Sem prejuízo do poder geral de controlo do processo e de outras intervenções especificamente estabelecidas, compete ao juiz de execução:

a) Proferir despacho liminar, quando deva ter lugar;

b) Julgar a oposição à execução e à penhora, bem como verificar e graduar os créditos, no prazo máximo de três meses contados da oposição ou reclamação;

c) Julgar a reclamação de acto de agente de execução, no prazo de cinco dias;

d) Decidir outras questões suscitadas pelo agente de execução, pelas partes ou por terceiros intervenientes, no prazo de cinco dias.

2 – Quando o requerimento da parte seja manifestamente injustificado, pode o juiz aplicar multa.

I – Rectificado pela Declaração de rectificação n.º 5/C/2003, de 30 de Abril.

II – Procura aligeirar a intervenção do juiz, operando alguma "*desjudicialização*" no âmbito da tramitação do processo executivo, de modo a circunscrevê-la, no essencial, à prática de actos materialmente jurisdicionais: apreciação liminar do requerimento executivo, quando a lei a preveja, e julgamento dos litígios atinentes à oposição à execução ou à penhora e à verificação e graduação de créditos (alíneas a), b) e c) do n.º 1).

Para além destes actos, tipicamente previstos na lei, é atribuído ao juiz:
– competência para proferir a *"última palavra"* sobre quaisquer matérias que hajam sido primeiramente decididas pelo agente executivo, na sequência de reclamação deduzida pelo interessado, e para dirimir quaisquer questões suscitadas pelo agente executivo, pelas partes ou por quaisquer terceiros intervenientes na causa;
– outorga de um poder geral de controlo do processo – que lhe permite apreciar e sindicar, mesmo oficiosamente, a actuação de todos os intervenientes do processo – *"maxime"* do agente executivo (artigos 809.º, n.º 1, e 808.º, n.º 1), reconduzindo-a, sempre que necessário, à prossecução dos fins do processo e da correcta administração da justiça.

III – Para além das intervenções tipificadas no n.º 1 do artigo 809.º, numerosos preceitos legais estabelecem intervenções específicas do juiz, consideradas pelo legislador – pelo seu relevo – como detendo natureza jurisdicional – desde logo, no que respeita à dispensa judicial de determinados sigilos ou confidencialidades, nos termos do artigo 519.º-A (cfr., artigos 833.º, n.º 3, e 861.º-A, n.º 1) ou à tutela de direitos do executado (desde logo, o direito à inviolabilidade do domicílio – artigos 840.º, n.ºs 2 e 3, e 848.º, n.º 3). Cfr., ainda os artigos 824.º, n.ºs 4 e 5, 838.º, n.º 4, 842.º-A, n.º 2, 843.º, n.º 2, 848.º, n.º 2, 856.º, n.º 5, 862.º, n.º 4, 871.º, 875.º, n.º 7, 876.º, n.º 3, 880.º, n.º 4, 886.º--A, n.º 5, 886.º-C, n.º 1, 889.º, n.º 3, 893.º, 898.º, n.º 1, 901.º-A, 904.º-c), 905.º, n.º 2, 907.º, n.º 1, 908.º.

IV – Para além da eliminação de intervenções puramente burocratizadas e tabelares do juiz (algumas das quais era discutível que decorressem dos textos legais anteriormente vigentes), a nova tramitação do processo executivo circunscreveu os casos em que tem lugar à prolação de despacho liminar, eliminou, em regra, o despacho determinativo da penhora e dispensou substancialmente a intervenção judicial na fase da venda de bens móveis, atribuindo ao agente executivo a tarefa de fixar o valor-base de bens a vender e a modalidade de venda (mas mantendo, no essencial, a intervenção judicial no âmbito da venda de imóveis mediante propostas em carta fechada).

De salientar, porém, que, em muitos casos, terá de ocorrer uma intervenção judicial prévia ou concomitante à penhora (mesmo nos processos que não comportam despacho liminar) com vista, v.g., a autorizar o acesso do agente de execução a dados confidenciais (artigo 833.º, n.º 3), a autorizar a entrada coerciva na casa de habitação do executado (artigo 840.º, n.º 2, e 848.º, n.º 3), a permitir a penhora de depósitos bancários (artigo 861.º-A, n.º 1) ou a fixar, a requerimento dos interessados, a parte penhorável de rendimentos ou vencimentos (artigo 824.º, n.ºs 4 e 5).

Por outro lado – e como consequência do sistema de tipificação das intervenções do juiz, acolhido claramente pelo legislador – decorrerá, a nosso ver, que não pertencem ao juiz – mas, em regra, ao agente executivo (artigo 808.º, n.º 1) – quaisquer competências, decorrentes da tramitação do processo executivo, que lhe não estejam expressa ou especificadamente reservadas (independentemente de um juízo do intérprete e aplicador da lei acerca da sua relevância para o processo e para os interessados).

V – Os prazos curtos, previstos no n.º 1 deste preceito para a dirimição judicial das questões, pressupõem uma disponibilidade do juiz de execução – que, na filosofia da reforma, seria – em muitos casos – o juiz colocado num tribunal de competência executiva específica (artigos 64.º, n.º 2, 96.º, n.º 1, alínea g), e 102.º-A da Lei n.º 3/99, de 13 de janeiro).

A não implementação das normas de organização judiciária que prevêm tais juízos de competência específica irá naturalmente originar que continuem a caber ao juiz do tribunal de competência genérica (artigo 77.º, n.º 1, alínea c) da Lei n.º 3/99) ou da vara ou juízo cível as intervenções jurisdicionais no âmbito do processo executivo.

VI – O n.º 2 deste artigo faculta ao juiz a condenação em multa da parte que formule requerimento manifestamente injustificado, sendo aplicável à sua determinação o disposto na alínea b) do artigo 102.º do Código de Custas Judiciais.

Como é evidente, a possibilidade outorgada ao juiz por este preceito não consome a possibilidade de a conduta da parte – pela sua gravidade – ser subsumível, nos termos gerais, à litigância de má fé, aplicando-se então o preceituado nos artigos 456.º e seguintes.

SUBTÍTULO II
Da execução para pagamento de quantia certa

CAPÍTULO ÚNICO
Do processo comum

SECÇÃO I
Fase introdutória

ARTIGO 810.º
Requerimento executivo

1 – O requerimento executivo, dirigido ao tribunal de execução, é assinado pelo mandatário constituído ou, não sendo o patrocínio obrigatório e não tendo o exequente constituído mandatário, pelo próprio exequente.

2 – O requerimento executivo consta de modelo aprovado por decreto-lei.

3 – O requerimento executivo deve conter os seguintes elementos, além dos referidos nas alíneas b), c), e) e f) do n.º 1 do artigo 467.º, bem como na alínea c) do n.º 1 do artigo 806.º:

a) Indicação do fim da execução;

b) Exposição sucinta dos factos que fundamentam o pedido, quando não constem do título executivo;

c) Liquidação da obrigação, nos termos do n.º 1 do artigo 805.º, e escolha da prestação, quando ela caiba ao credor;

d) Indicação, sempre que possível, do empregador do executado, das contas bancárias de que o executado seja titular e dos seus bens, bem como dos ónus e encargos que sobre estes incidam;

e) Designação do solicitador de execução, nos termos do n.º 2 do artigo 808.º;

f) Pedido de dispensa da citação prévia do executado, nos termos do n.º 2 do artigo 812.º-B.

4 – Sem prejuízo da apresentação de outros documentos, o requerimento executivo deve, além do referido no n.º 3 do artigo 467.º, ser acompanhado do título executivo e dos documentos ou títulos que tenha sido possível obter relativamente aos bens penhoráveis indicados.

5 – Na indicação dos bens a penhorar, deve o exequente, tanto quanto possível:

a) Quanto aos prédios, indicar a sua denominação ou número de polícia, se os tiverem, ou a sua situação e confrontações, o artigo matricial e o número da descrição, se estiverem descritos no registo predial;

b) Quanto aos móveis, designar o lugar em que se encontram e fazer a sua especificação;

c) Quanto aos créditos, declarar a identidade do devedor, o montante, a natureza e a origem da dívida, o título de que constam, as garantias existentes e a data do vencimento;

d) Quanto aos direitos a bens indivisos, indicar o administrador e os comproprietários, bem como a quota-parte que neles pertence ao executado.

6 – A designação do solicitador de execução fica sem efeito se ele não declarar que a aceita, no próprio requerimento executivo ou em requerimento avulso a apresentar no prazo de cinco dias.

I – Ao requerimento executivo são tendencialmente aplicáveis os requisitos da petição inicial, elencados pelo artigo 467.º, n.º 1, com as especificidades constantes do n.º 3 deste artigo 810.º.

Assim, o n.º 1 deste preceito não contém qualquer disposição inovatória, limitando-se a estatuir que:

– como qualquer petição, o requerimento executivo é dirigido à secretaria do tribunal de execução (ou seja: a pretendida *"desjudicialização"* do processo executivo não

implica, na versão final da reforma, que tal processo não decorra no tribunal – e sob a égide do poder geral de controlo do processo pelo juiz);
– à assinatura de tal peça processual aplicam-se as regras gerais: deverá ser assinada pelo mandatário constituído ou – se o patrocínio não for obrigatório, nos termos do artigo 60.º e o exequente optar pleitear por si – pelo próprio exequente.

Veja-se, todavia, a possibilidade de o solicitador de execução designado assinar também o requerimento executivo, como forma de aceitação da designação pelo exequente, nos termos do n.º 6 deste preceito.

Por sua vez, o Decreto-Lei n.º 200/03, de 10 de Setembro aprovou o modelo de requerimento executivo, impondo a sua apresentação através do formato digital previsto na portaria n.º 985-A/03, de 15 de Setembro, sem prejuízo da dispensa de apresentação electrónica, para as partes que não tenham constituído mandatário, cominando o pagamento de multa à parte que, estando obrigada à apresentação por via electrónica, o fazer apenas em suporte de papel, sem alegação e prova de justo impedimento. A portaria n.º 985-C/03, de 15 de Setembro, regula o pagamento da taxa de justiça, devida pela apresentação do requerimento executivo, mediante estampilha.

II – As principais especificidades do requerimento executivo consistem:

a) no ónus de – na identificação das partes – serem incluídas em tal peça processual os elementos previstos na alínea c) do n.º 1 do artigo 806.º, *"sempre que possível"*: o número de identificação de pessoa colectiva, a filiação, os números de bilhete de identidade e de identificação fiscal;

b) especificação – além da forma do processo – do fim da execução;

c) a especificidade da acção executiva, assente necessariamente no título executivo, leva, em regra, a que não caiba ao exequente o ónus de *"expor os factos e as razões de direito que servem de fundamento à acção"*. Porém, tal ónus de alegação dos factos que servem de *"causa petendi"* ressurge nos casos em que eles não constem integralmente do título executivo, cabendo então ao exequente a exposição sucinta da matéria de facto que fundamenta a pretensão executiva.

Tal situação verifica-se, de forma paradigmática, nos casos em que o título se configura como um documento meramente recognitivo da dívida exequenda (*"maxime"*, um título cambiário prescrito), incumbindo ao exequente a articulação dos factos consubstanciadores do negócio causal subjacente, de modo a identificar cabalmente o objecto do processo e a facultar o contraditório ao executado.

Como se afirma, v.g., nos acórdãos do Supremo Tribunal de Justiça de 18/1//01 e de 30/1/01 (in *CJ*, I/2001, págs. 71 e 85) prescrita a obrigação cambiária, poderá o título (ao menos no domínio das relações imediatas) valer como documento particular consubstanciador da obrigação subjacente, desde que a respectiva causa seja invocada no requerimento executivo, de modo a poder ser impugnada pelo executado.

A não articulação dos factos consubstanciadores da invocação da relação subjacente no próprio requerimento inicial da execução preclude a possibilidade de ela ser feita ulteriormente, no decurso do processo, por tal implicar uma alteração inadmissível da causa de pedir (cfr., ainda o acórdão do Supremo Tribunal de Justiça de 18/6/2002, in *CJ*, II/2002, pág. 113).

d) Incumbe ao exequente remover, no requerimento executivo, as circunstâncias que obstam a que a obrigação seja certa, líquida e exigível – procedendo, nomeadamente à liquidação da obrigação, nos termos do n.º 1 do artigo 805.º (e invocando a matéria de facto pertinente, quando a liquidação não dependa de "*simples cálculo aritmético*") ou realizando a escolha da prestação, na obrigação alternativa, quando ela caiba ao credor.

e) Eliminada a nomeação de bens à penhora, cabe ao exequente a indicação dos bens penhoráveis do executado, cabendo-lhe – "*sempre que possível*" – indicar o respectivo empregador, as contas bancárias de que o executado seja titular e os seus bens, com referência aos ónus e encargos que sobre eles incidam, e com as especificações enumeradas no n.º 5 deste preceito.

Note-se, todavia, que este ónus de indicação e especificação de bens penhoráveis é substancialmente atenuado pela referência legal à "*cláusula do possível*", da qual decorre que o exequente não poderá ser sancionado processualmente pela ausência de indicações, ao menos quando justifica que, sem culpa da sua parte, não tem possibilidade de cumprir cabalmente tal encargo (e cabendo então ao solicitador de execução, através da actividade processual prevista no artigo 833.º, suprir a dificuldade sentida pelo exequente).

f) Cabe ao exequente o ónus de designar o solicitador de execução, nos termos do n.º 2 do artigo 808.º, cabendo, todavia, à secretaria o encargo de suprir a eventual omissão, nos termos do artigo 811.º-A;

g) Quando o exequente pretenda obter a dispensa de citação prévia do executado, deverá formular tal pretensão e invocar os factos pertinentes, nos termos do n.º 2 do artigo 812.º-B, juntando os meios de prova.

III – Relativamente à instrução documental do requerimento executivo, deve o exequente apresentar ou remeter à secretaria judicial o título executivo, os respectivos documentos complementares, as provas que devam ser indicadas nesse momento processual (cfr., v.g. artigo 812-B, n.º 2, parte final, artigo 804.º, n.º 1) e os títulos relativos aos bens penhoráveis indicados. Se o requerimento executivo tiver sido apresentado por via electrónica, tais documentos serão entregues nos termos do artigo 3.º, n.º 3, do Decreto-Lei n.º 200/03.

IV – O artigo 134.º, n.º 2, alínea a) do Estatuto da Câmara dos Solicitadores considera infracção disciplinar do solicitador de execução "*a recusa, sem fundamento, do exercício das suas funções*".

Tal regime não parece, porém, ser aplicável perante uma simples designação pelo exequente, conferindo o n.º 6 deste artigo 810.º ao solicitador de execução designado a faculdade de aceitar ou não tal designação da parte – sendo, aliás, necessária a aceitação expressa do exercício de tal tarefa no processo, mediante declaração incluída no próprio requerimento executivo ou a apresentação de requerimento avulso complementar, no prazo de 5 dias (contados da entrada em juízo do requerimento executivo).

Deste modo, como estatui o n.º 3 do artigo 122.º do Estatuto da Câmara dos Solicitadores, tal dever de exercício do cargo só ocorre posteriormente a uma aceitação da designação da parte ou a uma nomeação oficiosa da secretaria – só cessando com a invocação e deferimento do pedido de escusa, nos termos dos n.ºs 3 a 5 de tal preceito legal.

ARTIGO 811.º
Recusa do requerimento

1 – A secretaria recusa receber o requerimento quando:
a) Não conste do modelo ou omita algum dos requisitos impostos pelo n.º 3 do artigo 810.º;
b) Não seja apresentado o título executivo ou seja manifesta a insuficiência do título apresentado;
c) Se verifique omissão prevista nas alíneas *f*), *g*) e *h*) do n.º 1 do artigo 474.º

2 – Do acto de recusa cabe reclamação para o juiz, cuja decisão é irrecorrível, salvo quando se funde na insuficiência do título ou na falta de exposição dos factos.

3 – O exequente pode apresentar outro requerimento executivo ou o documento em falta nos 10 dias subsequentes à recusa de recebimento ou à notificação da decisão judicial que a confirme, considerando-se o novo requerimento apresentado na data em que o primeiro tenha sido apresentado em juízo.

I – Prevê a recusa do requerimento executivo pela secretaria, funcionando como norma paralela ao artigo 474.º, que prevê idêntica possibilidade quanto à petição inicial.

De salientar que a possibilidade de recusa do requerimento executivo não ocorre apenas quando estejam em causa deficiências puramente formais ou *"ostensivas"* do acto, podendo fundar-se, nomeadamente:

– na manifesta insuficiência do título executivo apresentado (parecendo-nos evidente, por maioria de razão, que neste conceito – usado pela alínea b) do n.º 1 do artigo 811.º – se incluirá a *"falta"* de título executivo – cfr. Artigo 812.º, n.º 2, alínea a): ou seja, tanto valerá a falta *"absoluta"* como a falta *"relativa"* (ou insuficiência) de título executivo: na verdade, não estando em causa a mera omissão de junção material do título executivo, saber se o documento junto com o requerimento do exequente preenche ou não os requisitos do artigo 46.º implicará, em muitos casos, um juízo substancial, envolvendo conhecimentos jurídicos;

– na falta de exposição dos factos que fundamentam o pedido executivo e não constam do título: também aqui este juízo será, em muitos casos, substancial, pressupondo a dirimição de questões juridicamente relevantes (v.g., ligadas à exequibilidade de títulos cambiários já prescritos ou desprovidos da plenitude dos requisitos formais impostos pela respectiva Lei Uniforme).

III – Por outro lado, parece-nos manifesto que a norma que consta da alínea a) do n.º 1 deste artigo 811.º, na parte em que determina a recusa da secretaria sempre que o requerimento omita algum dos requisitos impostos pelo n.º 3 do artigo 810.º, terá de ser objecto de interpretação correctiva, já que o próprio Código:

– por um lado, estabelece que a falta de designação de solicitador de execução (alínea e) do referido n.º 3) é suprida oficiosamente pela secretaria, nos termos do artigo 811.º-A;

– por outro lado, que o ónus da parte, no que se refere à indicação e especificação de bens penhoráveis, é sensivelmente atenuado através do recurso à *"cláusula do possível"* (o que implica, desde logo, que não deva ser rejeitado o requerimento executivo quando o exequente alegue uma impossibilidade prática de cumprir integralmente tais exigências legais).

IV – No que se refere à impugnação pela parte do acto de recusa pela secretaria – e relativamente à situação paralela, regulada no artigo 475.º – importa notar que a decisão judicial da reclamação é, em regra, definitiva – apenas se admitindo a interposição de recurso em duas situações (precisamente, a nosso ver, aquelas em que o fundamento da recusa pode configurar-se como baseado numa apreciação substancial):

– a *"insuficiência"* do título (que, como atrás se referiu, deve incluir a inexequibilidade *"absoluta"* do documento que a parte juntou ao requerimento executivo), por violação dos requisitos especificados no artigo 46.º;

– a invocada *"falta de exposição de factos"*, nos casos em que esta deva ocorrer (factos complementares ao título, invocação dos fundamentos fácticos da liquidação que se não reconduz a mera operação aritmética, insuficiência da matéria de facto alegada como suporte do pedido de dispensa da citação prévia, etc.).

Afigura-se que, nestes casos, em que a lei admite a interposição do recurso, deverá aplicar-se subsidiariamente o regime constante do n.º 2 do artigo 475.º, só sendo possível o agravo até à Relação e sendo o mesmo independente do valor da causa, aplicando-se à tramitação respectiva o disposto no artigo 234.º-A.

V – O disposto no n.º 3 deste artigo equivale ao preceituado no artigo 476.º, outorgando ao exequente o benefício que ali se concede ao autor.

ARTIGO 811.º-A
Designação do solicitador de execução pela secretaria

1 – Não tendo o exequente designado o solicitador de execução ou ficando a designação sem efeito, é esta feita pela secretaria, segundo a escala constante da lista informática para o efeito fornecida pela Câmara dos Solicitadores.

2 – O solicitador de execução designado nos termos do número anterior é notificado pela secretaria da sua designação.

Prevê a designação pela secretaria do solicitador de execução, como forma de suprimento da omissão do exequente ou da caducidade de tal designação, por não ter ocorrido aceitação, nos termos do n.º 6 do artigo 810.º.

Neste caso, o solicitador da execução, oficiosamente designado, é notificado pela própria secretaria e está obrigado a exercer o cargo, salvo deferimento do pedido de escusa, tempestivamente deduzido, nos termos do artigo 122.º, n.ºs 3 a 5 do Estatuto da Câmara dos Solicitadores.

ARTIGO 811.º-B

Revogado pelo DL 38/2003, de 8 de Março.

ARTIGO 812.º
Despacho liminar e citação prévia

1 – Sem prejuízo do disposto no n.º 1 do artigo 812.º-A, o processo é concluso ao juiz para despacho liminar.

2 – O juiz indefere liminarmente o requerimento executivo quando:

a) Seja manifesta a falta ou insuficiência do título e a secretaria não tenha recusado o requerimento;

b) Ocorram excepções dilatórias, não supríveis, de conhecimento oficioso;

c) Fundando-se a execução em título negocial, seja manifesto, face aos elementos constantes dos autos, a inexistência de factos constitutivos ou a existência de factos impeditivos ou extintivos da obrigação exequenda que ao juiz seja lícito conhecer.

3 – É admitido o indeferimento parcial, designadamente quanto à parte do pedido que exceder os limites constantes do título executivo.

4 – Fora dos casos previstos no n.º 2, o juiz convida o exequente a suprir as irregularidades do requerimento executivo, bem como a sanar a falta de pressupostos, aplicando-se, com as necessárias adaptações, o disposto no n.º 2 do artigo 265.º

5 – Não sendo o vício suprido ou a falta corrigida dentro do prazo marcado, é indeferido o requerimento executivo.

6 – Quando o processo deva prosseguir e, no caso do n.º 2 do artigo 804.º, o devedor deva ser ouvido, o juiz profere despacho de citação do executado para, no prazo de 20 dias, pagar ou opor-se à execução.

7 – A citação é previamente efectuada, sem necessidade de despacho liminar:

a) Quando, em execução movida apenas contra o devedor subsidiário,

o exequente não tenha pedido a dispensa da citação prévia;
   b) No caso do n.º 4 do artigo 805.º;
   c) Nas execuções fundadas em título extrajudicial de empréstimo contraído para aquisição de habitação própria hipotecada em garantia.

I – Rectificado pelo Decreto-Lei n.º 199/03. Apesar de o processo comum de execução seguir "*forma única*" (artigo 465.º), não é homogénea a – algo complexa – tramitação da fase liminar do processo executivo, prevendo-se quatro tramitações alternativas:
   a) prolação de despacho liminar e citação do executado, prévia à penhora (artigo 812.º, n.os 1 a 6);
   b) citação prévia do executado, feita oficiosamente pela secretaria sem precedência de despacho liminar (artigo 812.º, n.º 7);
   c) dispensa de despacho liminar e de citação – prévia à penhora – do executado (artigo 812.º-A, n.º 1, e 812.º-B, n.º 1);
   d) despacho liminar, com apreciação jurisdicional do pedido de dispensa de citação prévia do executado (artigo 812.º-B, n.º 3).

II – Assim, a tramitação-tipo (embora eivada de excepções) parece ser a que consta dos n.os 1 a 6 do artigo 812.º: o processo originado pelo requerimento executivo que não haja sido recusado pela secretaria é concluso ao juiz, que pode:
   – indeferi-lo liminarmente, no todo ou em parte (artigo 812.º, n.os 2 e 3);
   – proferir despacho de aperfeiçoamento (artigo 812.º, n.os 4 e 5);
   – ordenar a citação do executado, se o processo dever prosseguir (artigo 812.º, n.º 6).

É mantido o regime do indeferimento liminar, correspondendo os n.os 2 e 3 ao estabelecido no artigo 811.º-A, na anterior redacção.

O mesmo ocorre com o despacho de aperfeiçoamento, correspondendo os n.os 4 e 5 ao – ora revogado – artigo 811.º-B (apenas se explicitando que o aperfeiçoamento pode naturalmente reportar-se também ao suprimento da falta de pressupostos processuais, como, aliás, já decorria da remissão para o n.º 2 do artigo 265.º).

Finalmente, se o processo dever prosseguir, o juiz determina a citação do executado para – no prazo de 20 dias – pagar ou opor-se à execução: o regime estabelecido no n.º 6 deste artigo corresponde ao que constava do n.º 1 do artigo 811.º, na anterior redacção, com a alteração decorrente da eliminação da nomeação de bens à penhora pelo executado, cumprindo, deste modo, apenas a este pagar ou deduzir oposição à execução. Por sua vez, foi alterado o regime que constava do artigo 234.º, n.º 4, alínea e), apenas se condicionando a citação a prévio despacho liminar do juiz nos casos em que tal apreciação deva efectivamente ter lugar.

No novo figurino da acção executiva, é o exequente que tem o ónus de, logo no requerimento executivo, indicar os bens penhoráveis do executado que conheça, cooperando, dessa forma, com as tarefas de averiguação e penhora cometidas ulteriormente ao agente executivo. E se forem, porventura, indicados bens que o executado – previamente citado – considere serem, no todo ou em parte, impenhoráveis?

Neste caso, não poderá ser deduzida oposição à penhora, incidente que os artigos 863.º-A e 863.º-B apenas consentem em momento ulterior à efectivação da penhora. E não parece possível suscitar a questão da impenhorabilidade no âmbito da oposição à execução, face aos fundamentos tipificados nos artigos 814.º/816.º. O interesse em antecipar cautelarmente a questão da invocada impenhorabilidade – de relevo particular, face à inexistência, no novo modelo de tramitação, de um despacho determinativo da penhora – poderá ser, a nosso ver, acautelado através do regime prescrito no artigo 809.º, n.º 1, alínea d), suscitando o interessado a decisão judicial da questão, de modo a prevenir a feitura de uma penhora – alegadamente ilegal – pelo agente de execução.

III – Prevê-se ainda a prolação do despacho de citação do executado na situação especificamente regulada no n.º 2 do artigo 804.º: se a demonstração da verificação da condição suspensiva ou da realização da contraprestação depender de prova não documental, o juiz determina a citação do executado sempre que considere que não basta a produção sumária de tais meios probatórios, sendo indispensável a uma correcta valoração do caso o imediato contraditório do devedor – que, neste caso, é citado para contestar, quer tal matéria, quer a própria execução (n.º 3 do artigo 804.º). Tal regime ditou a eliminação da hipótese de notificação que estava prevista na primeira parte do n.º 2 do artigo 811.º, na redacção anterior.

IV – O n.º 7 deste artigo 812.º prevê três hipóteses em que – diferentemente da regra que constava do artigo 234.º, n.º 4, alínea e), na anterior redacção – a citação prévia do executado é feita oficiosamente pelo agente de execução (artigo 808.º, n.º 1), nos termos gerais.

Tal citação oficiosa (não precedida de despacho liminar) tem lugar em três hipóteses, perfeitamente heterogéneas, com fundamento e justificações diferenciadas:
– citação oficiosa do devedor subsidiário contra o qual a execução é movida (não figurando como executado o devedor principal), salvo se o exequente tiver formulado o pedido de dispensa (judicial) da respectiva citação prévia, nos termos previstos nos artigos 812.º-B, n.ºs 2 e 3, e 810.º, n.º 3, alínea f);
– citação oficiosa do executado, quando o título executivo extrajudicial incorporar uma obrigação ilíquida, não dependendo a liquidação de simples cálculo aritmético, facultando-se-lhe o contraditório, quer quanto à execução, quer quanto à liquidação feita pelo exequente, nos termos do n.º 4 do artigo 805.º;
– citação oficiosa do executado quando a execução se funde em título extrajudicial de empréstimo para aquisição de habitação própria, hipotecada em garantia (entendendo-se, deste modo, que – apesar da intervenção notarial no título, – a relevância dos interesses em causa não permite dispensar o contraditório prévio do executado, antes de ser feita a penhora).

V – O regime, algo complexo, estabelecido quanto às execuções movidas contra *"devedor subsidiário"* obriga a convocar a alínea a) do n.º 7 deste artigo 812.º, a alínea a) do n.º 2 do artigo 812.º-A (conjugado com os n.ºs 2 e 3 do artigo 812.º-B) e o disposto no artigo 828.º, quanto à *"penhorabilidade subsidiária"*.

Assim, as novas disposições estabelecem uma distinção fundamental entre:
– as hipóteses em que o devedor subsidiário é o único executado: neste caso, o devedor subsidiário terá de ser sempre citado antes de serem penhorados os seus bens,

31

salvo se o exequente tiver fundadamente invocado justo receio de perda da garantia patrimonial e o juiz houver deferido tal pretensão, dispensando a citação prévia; nesta última hipótese, é evidente que – perante a necessidade de uma pronúncia jurisdicional sobre o pedido do exequente – há necessariamente despacho liminar (artigo 812.º-A, n.º 2, alínea a); não sendo formulado tal pedido pelo exequente, nos termos do artigo 810.º, n.º 3, alínea f), o devedor subsidiário (único executado) é citado oficiosamente para a execução, de modo a poder eventualmente invocar o benefício da excussão prévia de que disponha.

Importa, pois, ter em conta que:

– a citação prévia (obrigatória) do devedor subsidiário só tem lugar quando a execução haja sido movida apenas contra ele;

– terá lugar qualquer que seja a natureza do título executivo; mesmo que se trate de sentença, parece que terá sempre lugar a citação prévia do devedor subsidiário/único executado (o que constitui alteração relevante ao regime anteriormente em vigor, que dispensava sempre a citação (prévia à penhora)) no âmbito do *"processo sumário"*;

– poderá suscitar algumas dúvidas a precisa delimitação do conceito de *"devedor subsidiário"* (cuja concretização caberá, aliás, em primeira linha ao agente executivo, ao realizar a sua citação prévia e oficiosa). Assim, afigura-se que apenas poderão enquadrar-se neste conceito normativo (a interpretar em conexão com o artigo 828.º) os casos de pluralidade de devedores, em que um deles goza do benefício da excussão prévia, face ao regime da relação material controvertida, não sendo de incluir os casos de *"solidariedade imprópria"*, em que o débito é inteiramente exigível a ambos os devedores (embora o que o haja satisfeito goze integralmente de direito de regresso sobre o devedor principal e definitivo da obrigação).

VI – A citação do executado – a efectuar pelo agente de execução (artigo 808.º, n.º 1) – tem lugar nos *"termos gerais"* (artigo 864.º, n.º 1), o que nos remete para o preceituado nos artigos 233.º e seguintes: será feita, em princípio, por via postal e – frustando-se esta – mediante contacto pessoal do agente de execução com o citando, nos termos do artigo 239.º.

ARTIGO 812.º-A
Dispensa do despacho liminar

1 – Sem prejuízo do disposto no n.º 2, não tem lugar o despacho liminar nas execuções baseadas em:

a) Decisão judicial ou arbitral;

b) Requerimento de injunção no qual tenha sido aposta a fórmula executória;

c) Documento exarado ou autenticado por notário, ou documento particular com reconhecimento presencial da assinatura do devedor, desde que:

O montante da dívida não exceda a alçada do tribunal da relação e seja apresentado documento comprovativo da interpelação do devedor, quando tal fosse necessário ao vencimento da obrigação;

Excedendo o montante da dívida a alçada do tribunal da relação, o exequente mostre ter exigido o cumprimento por notificação judicial avulsa;

d) Qualquer título de obrigação pecuniária vencida de montante não superior à alçada do tribunal da relação, desde que a penhora não recaia sobre bem imóvel, estabelecimento comercial, direito real menor que sobre eles incida ou quinhão em património que os inclua.

2 – Há, porém, sempre despacho liminar:

a) Nas execuções movidas apenas contra o devedor subsidiário, em que o exequente tenha requerido que a penhora seja efectuada sem prévia citação do executado;

b) No caso do n.º 2 do artigo 804.º

3 – Nas execuções dispensadas de despacho liminar, o funcionário judicial deve suscitar a intervenção do juiz quando:

a) Duvide da suficiência do título ou da interpelação ou notificação do devedor;

b) Suspeite que se verifica uma das situações previstas nas alíneas *b*) e *c*) do n.º 2 e no n.º 4 do artigo 812.º;

c) Pedida a execução de sentença arbitral, duvide de que o litígio pudesse ser cometido à decisão por árbitros, quer por estar submetido, por lei especial, exclusivamente a tribunal judicial ou a arbitragem necessária, quer por o direito litigioso não ser disponível pelo seu titular.

I – Prevê – em articulação com o n.º 7 do artigo 812.º e com o n.º 1 do artigo 812.º-B – as situações em que ocorre dispensa do despacho liminar e da citação do executado, prévia à efectivação da penhora.

Nestes casos, requerida a execução – e não exercitado pela secretaria o poder-dever de recusar o requerimento executivo (artigo 811.º) ou de suscitar à apreciação do juiz as questões elencadas no n.º 3 deste artigo 812.º-A – tem lugar a imediata penhora dos bens do executado, sem que ocorra prolação de despacho liminar, contraditório prévio do executado e despacho determinativo da penhora pelo juiz.

Tal forma simplificada de tramitação executiva (que pode postergar os interesses do executado, não só privado do contraditório prévio, mas também, ao contrário do que sucedia nas antigas execuções sumárias, da prévia apreciação jurisdicional, quer dos pressupostos da acção executiva, quer da penhorabilidade dos bens indicados) é reservada – numa normação algo complexa – aos títulos executivos que se consideram dotados de maior fiabilidade:

a) decisão judicial ou arbitral (em muitos casos, todavia, não transitada em julgado, atento o regime estabelecido no artigo 692.º);

b) requerimento de injunção com aposição da fórmula executória (procedimento actualmente não reservado apenas aos *"pequenos débitos"*, dada a ampliação emergente do disposto no Decreto-Lei n.º 32/2003, de 17 de Fevereiro, no que toca à sua aplicabilidade a quaisquer obrigações emergentes de *"transacções comerciais"*;

c) documento autêntico ou autenticado ou documento particular com reconhecimento presencial da assinatura do devedor; neste caso, a dispensa de despacho liminar depende, porém, da verificação de condições complementares alternativas; assim:

c1 – se o montante da dívida não exceder a alçada da Relação, o exequente tem o ónus de apresentar documento comprovativo da interpelação do devedor, quando de tal acto dependa o vencimento da obrigação: como é evidente, a dispensa da citação prévia implica a impossibilidade de ocorrência de *"interpelação judicial"* anteriormente à penhora, não podendo naturalmente admitir-se a efectivação da penhora quando a dívida exequenda não está vencida e é exigível;

c2 – se o montante da dívida exceder a alçada da Relação, impõe-se (em qualquer caso, quer a obrigação seja pura ou dependente de interpelação) que o exequente que pretenda beneficiar da dispensa, quer do despacho liminar, quer do contraditório prévio do executado, haja exigido o cumprimento por notificação judicial avulsa, demonstrando--o nos autos.

II – A alínea d) do n.º 1 deste preceito legal prevê idêntica tramitação simplificada (com dispensa, quer da valoração judicial do requerimento executivo, quer do contraditório do executado, prévio à penhora) quando o título executivo integre uma *"obrigação pecuniária vencida"*, de montante não superior à alçada da Relação, desde que a penhora não incida sobre imóvel, estabelecimento comercial ou direito real menor ou quinhão em património que incida sobre ou inclua bens daquela natureza.

Este preceito derroga o regime que constava do artigo 1.º do Decreto-Lei n.º 274/97, de 8 de Outubro, em que se mandavam seguir os termos do *"processo sumário"* as execuções baseadas em títulos executivos extrajudiciais, de valor não superior à alçada da 1.ª instância e desde que a penhora só atingisse móveis (não objecto de penhor), com excepção do estabelecimento comercial.

A dispensa (agora, não apenas do contraditório prévio do executado, mas também de qualquer intervenção liminar do juiz) verifica-se sempre que o montante da execução não exceda a alçada da Relação (e não a da 1.ª instância), não se prevendo – face à indicação do exequente – a ocorrência de penhora sobre imóveis ou estabelecimento comercial – e equiparando-se, para este efeito, à penhora de imóveis ou do estabelecimento comercial a de direito real menor que sobre eles incida ou de quinhão em património que os inclua.

Como é evidente, esta forma simplificada de tramitação só pode ter cabimento enquanto não for necessário penhorar imóveis ou o estabelecimento comercial (o que, muitas vezes, será relativamente imprevisível na fase liminar do processo); poderá, deste modo, suceder um fenómeno processual algo estranho: uma execução que começou por dispensar a intervenção liminar do juiz (na pressuposição de que apenas iria atingir bens móveis) tem de retornar ao momento do despacho liminar quando – frustrada a penhora dos móveis indicados – se constatar que é indispensável à satisfação do direito do credor agredir imóveis ou o estabelecimento comercial.

III – Independentemente da natureza do título, do valor da dívida e da categoria de bens a penhorar, há sempre despacho liminar nas hipóteses previstas no n.º 2:
– tratar-se de execução movida apenas contra devedor subsidiário, sendo deduzido o requerimento a que alude o artigo 810.º, n.º 3, alínea f) – cuja apreciação é naturalmente cometida ao juiz, a quem compete dispensar ou não a citação prévia do devedor subsidiário, nos termos do artigo 812.º-B, n.ºs 2 e 3;
– estar em causa a verificação da condição suspensiva ou da realização da contraprestação, como "*conditio*" da exigibilidade da obrigação exequenda, não dependendo tal prova de meros documentos – e cabendo ao juiz, neste caso, decidir sobre a necessidade do contraditório do devedor sobre tais meios probatórios, determinando a sua citação ou optando pela mera apreciação sumária das provas.

IV – Em consonância com o regime previsto no artigo 234.º-A, n.º 5, prevê-se a possibilidade de a secretaria suscitar oficiosamente a intervenção do juiz, nos casos em que está dispensado o despacho liminar, mas ocorrem presumivelmente situações que deveriam ditar indeferimento liminar (insuficiência do título e casos previstos nas alíneas b e c) do artigo 812.º, n.º 2) ou a prolação de um convite ao aperfeiçoamento (situações previstas no artigo 812.º, n.º 4).

Para além disto, prevê-se ainda expressamente a possibilidade de a secretaria suscitar a intervenção do juiz:
– quando duvide da interpelação ou notificação do devedor, previstas na alínea c) do n.º 1 deste preceito como "*conditio*" da dispensa do despacho liminar;
– quando haja fundamento para oposição à execução baseada em decisão arbitral, por não se verificarem os requisitos de convenção de arbitragem prevista no artigo 1.º, n.º 1, da Lei n.º 31/86, de 29 de Agosto (matéria que obviamente poderia ser conhecida pelo juiz no âmbito do despacho liminar que lhe cumprisse emitir).

A suscitação das questões pela secretaria – nalguns casos envolvendo manifestamente "*questões de direito*" – irá naturalmente – se exercitada – possibilitar ao juiz o uso do poder que lhe é conferido pelo artigo 820.º, n.º 1.

ARTIGO 812.º-B
Dispensa da citação prévia

1 – Fora dos casos referidos no n.º 7 do artigo 812.º, a penhora é efectuada sem citação prévia do executado quando não há lugar a despacho liminar.

2 – Nas execuções em que tem lugar despacho liminar, bem como nas movidas contra o devedor subsidiário, o exequente pode requerer que a penhora seja efectuada sem a citação prévia do executado, tendo para o efeito de alegar factos que justifiquem o receio de perda da garantia patrimonial do seu crédito e oferecer de imediato os meios de prova.

3 – No caso previsto no número anterior, o juiz, produzidas as provas, dispensa a citação prévia do executado quando se mostre justificado o alegado receio de perda da garantia patrimonial do crédito exequendo; a dispensa tem sempre lugar quando, no registo informático de execuções, conste a menção da frustração, total ou parcial, de anterior acção executiva movida contra o executado.

4 – Ocorrendo especial dificuldade em a efectuar, designadamente por ausência do citando em parte certa, o juiz pode dispensar a citação prévia, a requerimento superveniente do exequente, quando, nos termos do número anterior, a demora justifique o justo receio de perda da garantia patrimonial do crédito.

I – O n.º 1 estabelece o princípio – já atrás referido – segundo o qual à dispensa legal de despacho liminar do juiz corresponde a dispensa de citação prévia do executado – conduzindo, deste modo, a um processamento-tipo extremamente simplificado na fase liminar da execução: apresentação do requerimento executivo e – não havendo recusa deste pela secretaria, nem devendo ocorrer alguma intervenção específica do juiz (com vista, nomeadamente, a permitir determinadas diligências na fase da penhora, v.g., de depósitos bancários, de autorização de entrada na casa de habitação do executado, de autorização para consulta de dados pessoais) – tem lugar a realização da penhora, nos termos do n.º 1 do artigo 832.º.

As excepções a esta regra da "*dupla dispensa*" (de intervenção do juiz e de contraditório prévio do executado) são as que constam do n.º 7 do artigo 812.º, em que tem lugar a citação oficiosa do executado pelo agente de execução, sem que haja prévio despacho do juiz.

II – O n.º 2 prevê a possibilidade de dispensa – ponderada, casuística e prudencial pelo juiz – da citação do executado antes de ser realizada a penhora, com fundamento em "*justa causa*", invocada pelo exequente no requerimento executivo: risco de perda da garantia patrimonial do crédito como consequência provável e adequada de se dar prévio conhecimento ao executado do requerimento executivo (artigo 810.º, n.º 3, alínea f)) e de se lhe facultar o contraditório, anteriormente à efectivação da penhora.

A lógica que subjaz a este regime é, pois, análoga à do arresto, traduzindo-se numa espécie de "*enxerto*" na fase liminar da execução de uma providência cautelar, visando a imediata apreensão de bens do executado, sem audiência da parte contrária, com vista a prevenir um risco, razoável e fundado, de ocultação ou dissipação do seu património, durante a pendência da execução na fase liminar.

Este procedimento está previsto a propósito de duas situações processuais:

– em todas aquelas em que tem lugar a prolação de despacho liminar, nos termos genericamente previstos no artigo 812.º, n.º 1;

– nas execuções movidas apenas contra o devedor subsidiário, apresentando o exequente o requerimento previsto no artigo 810.º, n.º 3, alínea f) – cfr., artigo 812.º-A, n.º 2, alínea a) – impondo-se naturalmente a prolação de despacho liminar, em que o juiz aprecia os fundamentos alegados como causa da pretendida dispensa de citação prévia.

Daqui parece decorrer que não será possível a formulação deste pedido nos casos previstos no artigo 812.º, n.º 7, alíneas b) e c), obstando à dispensa do contraditório prévio, por um lado, a iliquidez da obrigação exequenda; e, no segundo caso, o facto de o crédito exequendo estar plausivelmente garantido por hipoteca.

Já será, porém, admissível a dispensa de citação prévia no caso previsto no n.º 2 do artigo 804.º, em que (artigo 812.º-A, n.º 2, alínea b) há sempre despacho liminar, podendo o exequente requerer que o juiz, ao ponderar sobre a necessidade de audição do devedor, pondere (não apenas a complexidade das questões fácticas ou probatórias suscitadas), mas também o risco de frustração do crédito.

O credor que pretenda obter esta verdadeira medida cautelar tem o ónus de alegar factos que justifiquem o receio de perda da garantia patrimonial (mostrando que a normal demora – e o conhecimento imediato pelo executado da pendência da execução – são, em termos de probabilidade adequada, geradores do risco de ocultação ou dissipação de bens, pondo plausivelmente em causa a eficácia dos ulteriores diligências de penhora), cabendo-lhe ainda oferecer, no próprio requerimento executivo, as provas dos factos alegados.

III – Tal ónus do exequente é, porém, dispensado, nos termos da segunda parte do n.º 3 deste artigo, numa situação específica: constar do registo informático de execuções, regulado no artigo 806.º, a menção de frustração, total ou parcial, de anterior acção executiva movida contra o executado: neste caso, presume-se, sem mais, o receio fundado de perda da garantia patrimonial, dispensando o juiz a citação prévia à penhora, desde que esteja documentada a frustração da precedente acção executiva.

Admitimos que, neste caso, – e em desvio ao princípio dispositivo – ao juiz seja lícito dispensar a citação prévia, mesmo que o exequente nada haja requerido, desde que esteja documentada nos autos a referida frustração da precedente acção: na verdade, por um lado, o artigo 810.º, n.º 3, alínea f) apenas se reporta ao pedido de dispensa da citação prévia *"nos termos do n.º 2 deste artigo 812.º-B (e a situação que nos ocupa está prevista no n.º 3);* por outro lado, a imperatividade deste preceito (*"a dispensa [da citação prévia] tem sempre lugar"*...) parece apontar para a *"oficiosidade"* de tal decisão.

Nos restantes casos, em que o exequente está efectivamente onerado com o ónus de alegação e prova referido no n.º 2 deste preceito, a dispensa da audição prévia de executado vai depender de uma apreciação jurisdicional da concludência dos factos e do carácter convincente das provas (afigurando-se que à respectiva produção e decisão judicial deverão aplicar-se as regras gerais dos incidentes da instância).

IV – O n.º 4 prevê a dedução superveniente do pedido de dispensa da citação prévia do executado, fundada, neste caso, na anormal morosidade no consumar de tal acto e nos riscos de frustração da garantia patrimonial do credor.

Este regime poderá conduzir, não apenas à dispensa da citação edital do executado (possibilitada pelo n.º 1 do artigo 864.º) – em termos idênticos aos previstos no artigo 385.º, n.º 3) – mas também da sua citação pessoal, nos casos em que ele esteja ausente *"em parte certa"* e a morosidade do procedimento crie risco fundado de ocultação ou dissipação de bens.

SECÇÃO II
Oposição à execução

ARTIGO 813.º
Oposição à execução e à penhora

1 – O executado pode opor-se à execução no prazo de 20 dias a contar da citação, seja esta efectuada antes ou depois da penhora.

2 – Com a oposição à execução cumula-se a oposição à penhora que o executado, que antes dela não tenha sido citado, pretenda deduzir, nos termos do artigo 863.º-A.

3 – Quando a matéria da oposição seja superveniente, o prazo conta-se a partir do dia em que ocorra o respectivo facto ou dele tenha conhecimento o opoente.

4 – Não é aplicável à oposição o disposto no n.º 2 do artigo 486.º

I – Continua naturalmente a prever-se a existência de um mecanismo processual especificamente destinado a possibilitar a dedução de oposição à execução por parte do executado – abandonando-se, todavia, a tradicional denominação *"embargos"*, substituída pela oposição à execução.

Mantém-se o prazo de 20 dias para deduzir tal oposição, tal como decorria do preceituado no n.º 1 do artigo 816.º, na redacção anterior.

A unificação das formas de processo executivo comum levou a incluir nesta norma o regime que constava do artigo 926.º, na anterior redacção, prevendo a simultaneidade das oposições à execução e à penhora, nos casos em que não tenha ocorrido citação prévia do executado – e a consequente absorção dos termos da oposição à penhora pelos da oposição à execução que também haja sido deduzida (cfr., artigo 863.º-B, n.º 2).

Sobre a eventual cumulação das oposições à execução e à liquidação cfr., artigo 805.º, n.º 4).

II – Mantém-se o regime da oposição superveniente que constava da anterior redacção do n.º 2 do artigo 816.º. E o n.º 4 equivale ao que estava estatuído no n.º 3 do artigo 816.º, na redacção antecedente.

ARTIGO 814.º
Fundamentos de oposição à execução baseada em sentença

Fundando-se a execução em sentença, a oposição só pode ter algum dos fundamentos seguintes:

a) Inexistência ou inexequibilidade do título;

b) Falsidade do processo ou do traslado ou infidelidade deste, quando uma ou outra influa nos termos da execução;

c) Falta de qualquer pressuposto processual de que dependa a regularidade da instância executiva, sem prejuízo do seu suprimento;

d) Falta ou nulidade da citação para a acção declarativa quando o réu não tenha intervindo no processo;

e) Incerteza, inexigibilidade ou iliquidez da obrigação exequenda, não supridas na fase introdutória da execução;

f) Caso julgado anterior à sentença que se executa;

g) Qualquer facto extintivo ou modificativo da obrigação, desde que seja posterior ao encerramento da discussão no processo de declaração e se prove por documento. A prescrição do direito ou da obrigação pode ser provada por qualquer meio;

h) Tratando-se de sentença homologatória de confissão ou transacção, qualquer causa de nulidade ou anulabilidade desses actos.

I – Estabelece os fundamentos possíveis da oposição à execução baseada em sentença, reproduzindo as alíneas a) a g) da anterior redacção do artigo 813.º.

II – A alínea h) incorpora o regime que constava do n.º 2 do artigo 815.º, na redacção anterior, já que a situação aí prevista – atenta a existência de sentença homologatória – se situa no âmbito da execução baseada em decisão judicial.

III – Sobre a questão de saber se, fixado definitivamente na acção declarativa o valor da indemnização devida pela seguradora, em valor superior ao que resulta dos limites legais ou das regras do seguro obrigatório, será viável a esta deduzir ainda oposição à execução, com fundamento na referida limitação da sua responsabilidade – entendendo tal questão como precludida – cf. Acs do STJ de 29/1/98, in CJ I/98, pág. 46 e da Rel. in CJ V/02, pág. 241.

ARTIGO 815.º
Fundamentos de oposição à execução baseada em decisão arbitral

São fundamentos de oposição à execução baseada em sentença arbitral não só os previstos no artigo anterior mas também aqueles em que pode basear-se a anulação judicial da mesma decisão.

Corresponde ao n.º 1 do artigo 814.º, na sua anterior redacção.

A situação que estava prevista no n.º 2 desse preceito legal passou a constar do artigo 812.º-A, n.º 3, alínea c), legitimando a suscitação ao juiz pelo funcionário judicial das questões atinentes à inadmissibilidade da convenção de arbitragem, nos termos previstos, desde logo no artigo 1.º, n.º 1, da Lei de Arbitragem Voluntária.

É, porém, manifesto que competirá sempre ao juiz – havendo intervenção liminar no processo – conhecer oficiosamente de tal causa de nulidade da convenção (sendo, aliás, pouco plausível que o funcionário judicial se aperceba das complexas questões de direito que poderão estar subjacentes à nulidade da convenção arbitral).

ARTIGO 816.º
Fundamentos de oposição à execução baseada noutro título

Não se baseando a execução em sentença, além dos fundamentos de oposição especificados no artigo 814.º, na parte em que sejam aplicáveis, podem ser alegados quaisquer outros que seria lícito deduzir como defesa no processo de declaração.

Corresponde ao regime constante do n.º 1 do artigo 815.º, na redacção anterior, resultante da reforma de 1995/96, que:

I – Ampliou para 20 dias o prazo de dedução dos embargos.

II – O n.º 3 põe termo às dúvidas que se suscitaram na doutrina e jurisprudência sobre a aplicabilidade, em sede de embargos, da prorrogação do prazo para contestar, que resultava do preceituado no n.º 2 do art. 486.º, esclarecendo que, no caso de pluralidade de executados, cada um deles terá de deduzir os respectivos embargos – que não são uma pura "contestação" – no prazo legal, contado da sua própria citação, sem lhe aproveitar o prazo de que beneficiem outros executados, citados em data ulterior.

ARTIGO 817.º
Termos da oposição à execução

1 – A oposição à execução corre por apenso, sendo indeferida liminarmente quando:

a) Tiver sido deduzida fora do prazo;
b) O fundamento não se ajustar ao disposto nos artigos 814.º a 816.º;
c) For manifestamente improcedente.

2 – Se for recebida a oposição, o exequente é notificado para contestar, dentro do prazo de 20 dias, seguindo-se, sem mais articulados, os termos do processo sumário de declaração.

3 – À falta de contestação é aplicável o disposto no n.º 1 do artigo 484.º e no artigo 485.º, não se considerando, porém, confessados os factos que es-

tiverem em oposição com os expressamente alegados pelo exequente no requerimento executivo.

4 – A procedência da oposição à execução extingue a execução, no todo ou em parte.

I – Os n.ºs 1 a 3 correspondem, no essencial, ao regime que – para os *"embargos de executado"* – estava estabelecido no artigo 817.º, na sua redacção anterior, com uma alteração relevante: a oposição à execução segue, finda a fase dos articulados, sempre os termos do processo sumário de declaração (deixando, pois, a forma do procedimento de estar conexionada com o valor dos interesses controvertidos).

II – O n.º 4 veio estabelecer que a procedência da oposição do executado extingue a execução, no todo ou em parte.

Não nos parece totalmente claro o sentido desta norma: directamente, o efeito extintivo da instância executiva (e a destruição ou ilisão da presunção da existência do direito, associada ao título executivo) é inquestionável (e já resultava implicitamente, apesar do silêncio da lei anterior).

Será, porém, sustentável que a nova redacção deste n.º 4, pretenda negar à decisão proferida sobre a oposição de mérito do executado os atributos do caso julgado material – como decorrência de alguma diminuição do relevo do princípio do contraditório, por o processamento da oposição ser necessariamente segundo os termos do processo declarativo sumário, independentemente dos valores em causa?

A ser este o entendimento – que retira valor extra-processual, fora do processo executivo, à decisão de mérito, proferida sobre a oposição – serão reais os inconvenientes em termos de eficácia e economia processual, ao facultar-se ao credor que viu a sua pretensão executiva naufragar a eventualidade de propor acção condenatória, mesmo que com idêntica *"causa petendi"* (sobrelevando tal inconveniente prático manifestamente a vantagem inerente à tramitação da oposição segundo a forma sumária).

ARTIGO 818.º
Efeito do recebimento da oposição

1 – Havendo lugar à citação prévia do executado, o recebimento da oposição só suspende o processo de execução quando o opoente preste caução ou quando, tendo o opoente impugnado a assinatura do documento particular e apresentado documento que constitua princípio de prova, o juiz, ouvido o exequente, entenda que se justifica a suspensão.

2 – Não havendo lugar à citação prévia, o recebimento da oposição suspende o processo de execução, sem prejuízo do reforço ou da substituição da penhora.

3 – A execução suspensa prosseguirá se a oposição estiver parada durante mais de 30 dias, por negligência do opoente em promover os seus termos.

4 – Quando a execução prossiga, nem o exequente nem qualquer outro credor pode obter pagamento, na pendência da oposição, sem prestar caução.

I – Rectificado pela declaração de rectificação n.º 5-C/2003, de 30 de Abril.

II – No que respeita aos efeitos do recebimento da oposição sobre o processamento ulterior da execução, este preceito estabelece uma diferenciação fundamental, consoante tenha ou não havido citação prévia do executado.

Assim, se houve citação prévia do executado, mantém-se, no essencial, o regime que constava da anterior redacção do preceito: o recebimento da oposição só suspende o andamento da execução quando o exequente preste caução. Mantém-se identicamente o regime que constava da anterior redacção do n.º 2, para a execução fundada em documento particular sem a assinatura presencialmente reconhecida (se ocorrer tal reconhecimento, não terá, em regra, lugar o despacho liminar, nem a citação prévia, nos termos do artigo 812.º-A, n.º 1, alínea c): impugnada a assinatura do documento particular e apresentado documento que constitua princípio de prova, o juiz – ouvido o exequente – decide, em termos prudenciais, sobre se se justifica ou não a suspensão do processo executivo (naturalmente mesmo sem prestação de caução pelo opoente).

III – Pelo contrário – n.º 2 – se não houver lugar a citação prévia do executado, o recebimento da oposição suspende o ulterior andamento da execução, apenas sendo possível ao exequente – garantido pela penhora já efectivada – requerer o respectivo reforço ou substituição, nos casos previstos no artigo 834.º, n.º 3.

IV – A eliminação da expressa referência ao "*requerimento*" do executado//opoente a pedir a suspensão (e a indispensável prestação de caução) que constava do anterior n.º 1 do artigo, bem como o desaparecimento da norma constante da anterior redacção o n.º 3 deste preceito (prevendo a suspensão decretada após citação dos credores) poderá tornar duvidosa a possibilidade de se requerer a suspensão da execução apenas em momento ulterior ao da dedução da oposição, parecendo apontar para a simultaneidade da dedução da oposição do executado e do requerimento e prestação da caução, que condiciona a paralização do processo executivo.

De qualquer modo – e mesmo que se admita o pedido tardio de prestação de caução pelo executado/opoente – a suspensão da execução que dele decorre abrangerá agora o próprio apenso de verificação e graduação de créditos.

V – Apesar de se não reproduzir o n.º 4 da anterior redacção deste preceito, parece-nos evidente que o regime que daí constava mantém actualidade: a oposição meramente parcial não impede que a parcela da execução não abrangida possa prosseguir os seus termos normais.

VI – Os n.os 3 e 4 reproduzem o regime que constava do n.º 5 do artigo 818.º e do artigo 819.º, na anterior redacção.

ARTIGO 819.º
Responsabilidade do exequente

Procedendo a oposição à execução sem que tenha tido lugar a citação prévia do executado, o exequente responde pelos danos a este culposamente causados e incorre em multa correspondente a 10% do valor da execução, ou da parte dela que tenha sido objecto de oposição, mas não inferior a 10 UC nem superior ao dobro do máximo da taxa de justiça, quando não tenha agido com a prudência normal, sem prejuízo da responsabilidade criminal em que possa também incorrer.

I – Em termos paralelos aos que estão previstos, em sede de procedimentos cautelares, no artigo 390.º, n.º 1, estabelece-se a possibilidade de aplicação de sanções processuais ao exequente que – obtendo penhora sem prévia citação do executado – veja proceder a oposição à execução por este deduzida – e inferindo-se de tal facto que instaurou execução sem que tenha agido com a prudência normal: ressarcimento dos danos causados ao executado com a injustificada efectivação e manutenção da penhora e multa, a graduar dentro dos limites tabelados neste preceito.

Note-se que este regime será aplicável, não apenas nos casos em que o exequente requereu a dispensa da citação prévia, nos termos do artigo 812.º-B, n.º 2, mas também nos casos em que – nos termos do artigo 812.º-A – tal diferimento do contraditório decorre directamente da lei de processo.

Este regime específico de responsabilidade do exequente não parece, por outro lado, ser aplicável aos casos de procedência da oposição à penhora (mesmo quando se pudesse imputar ao exequente a indicação, com culpa, de bens impenhoráveis).

II – Não é totalmente clara a articulação deste regime com o da litigância de má-fé: afigura-se que a aplicação deste artigo 819.º e do artigo 456.º nunca poderá ser cumulativa, prevalecendo – nos casos mais graves – naturalmente a litigância de má-fé (e sendo aplicável o disposto neste artigo 819.º nos casos em que não existe dolo do exequente ou negligência suficientemente grave para resultar preenchido, pelos critérios gerais, tal figura da litigância de má-fé).

ARTIGO 820.º
Rejeição e aperfeiçoamento

1 – Sem prejuízo do disposto no n.º 1 do artigo 812.º, o juiz pode conhecer oficiosamente das questões a que aludem os n.ºˢ 2 e 4 do mesmo artigo, bem como a alínea c) do n.º 3 do artigo 812.º-A, até ao primeiro acto de transmissão de bens penhorados.

2 – Rejeitada a execução ou não sendo o vício suprido ou a falta corrigida, a execução extingue-se, ordenando-se o levantamento da penhora, sem prejuízo de prosseguir com objecto restrito quando a rejeição for parcial.

I – Rectificado pela declaração de rectificação n.º 5-C/2003, de 30 de Abril.
II – O n.º 1 mantém a ampla possibilidade de rejeição oficiosa da execução, com fundamento nos motivos que justificariam a prolação de despacho de indeferimento liminar (artigos 812.º, n.º 2, e 812.º-A, n.º 3, alínea c)). Tal rejeição justificar-se-à naturalmente nos casos em que não está prevista a prolação de despacho liminar pelo juiz; mas poderá continuar a verificar-se também naquelas hipóteses em que – tendo tido lugar tal intervenção judicial – o juiz não haja detectado e apreciado, nesse momento processual, o facto ou circunstância que logo condenaria ao insucesso a acção executiva.
Amplia-se, porém, tal possibilidade de conhecimento oficioso "*tardio*" aos casos e situações que deveriam conduzir à prolação de um despacho de aperfeiçoamento, nos termos do n.º 4 do artigo 812.º.
III – O termo final para o exercício de tal poder de cognição oficiosa passa a ser o primeiro acto de transmissão de bens penhorados (já que desaparece o despacho que ordena a realização da venda).
O exercício dos poderes de cognição oficiosa das excepções e irregularidades poderá ocorrer a propósito de qualquer intervenção judicial "*atípica*" no processo executivo: ou em consequência de suscitação de questão ou reclamação, nos termos das alíneas c) e d) do n.º 1 do artigo 809.º; ou – mais circunstancialmente – a propósito de qualquer intervenção ocasional ou pontual, especificamente prevista nas fases da penhora ou da venda, desde que o juiz se aperceba de tais vícios – cfr., artigo 809.º.
O regime aqui previsto – conexionado com a dispensa de intervenção judicial liminar em múltiplos casos – implicará que ao juiz passe a caber, na sua primeira intervenção no processo, o exercício sistemático de uma tarefa de análise global da regularidade do processado anterior e de verificação dos pressupostos da acção.
Assim, por exemplo, ao intervir na venda de imóveis mediante propostas em carta fechada, deverá o juiz verificar da regularidade da instância executiva (em que não foi proferido despacho liminar nem deduzida oposição), de modo a actuar este poder-dever até à aceitação das propostas e consumação da venda (podendo, neste caso, ocorrer – nesta adiantada fase processual – a prolação de um convite ao aperfeiçoamento do requerimento executivo ou um indeferimento "*liminar*" deste..).
IV – O n.º 2 dispõe sobre os efeitos do conhecimento judicial "*tardio*" das questões elencadas no n.º 1, estabelecendo naturalmente regime análogo ao que ocorre nos casos de indeferimento liminar ou não acatamento do convite ao aperfeiçoamento: extinção da instância executiva (no todo ou em parte), com levantamento da penhora entretanto já realizada.

SECÇÃO III
Penhora

SUBSECÇÃO I
Bens que podem ser penhorados

ARTIGO 821.º
Objecto da execução

1 – Estão sujeitos à execução todos os bens do devedor susceptíveis de penhora que, nos termos da lei substantiva, respondem pela dívida exequenda.

2 – Nos casos especialmente previstos na lei, podem ser penhorados bens de terceiro, desde que a execução tenha sido movida contra ele.

3 – A penhora limita-se aos bens necessários ao pagamento da dívida exequenda e das despesas previsíveis da execução, as quais se presumem, para o efeito de realização da penhora e sem prejuízo de ulterior liquidação, no valor de 20%, 10% e 5% do valor da execução, consoante, respectivamente, este caiba na alçada do tribunal da comarca, a exceda, sem exceder o valor de quatro vezes a alçada do tribunal da relação, ou seja superior a este último valor.

I – Os n.ᵒˢ 1 e 2 permanecem inalterados pelo DL n.º 38/03.

II – O n.º 3 formula expressamente o princípio da proporcionalidade da penhora, incluindo no valor dos bens necessários ao pagamento, não apenas a dívida exequenda, mas também o valor das despesas previsíveis da execução – estabelecendo uma inovatória presunção para o cálculo destas, graduando-as conforme o valor da execução e os valores das alçadas.

ARTIGO 822.º
Bens absoluta ou totalmente impenhoráveis

São absolutamente impenhoráveis, além dos bens isentos de penhora por disposição especial:

a) As coisas ou direitos inalienáveis;
b) Os bens do domínio público do Estado e das restantes pessoas colectivas públicas;

c) Os objectos cuja apreensão seja ofensiva dos bons costumes ou careça de justificação económica, pelo seu diminuto valor venal;

d) Os objectos especialmente destinados ao exercício de culto público;

e) Os túmulos;

f) Os bens imprescindíveis a qualquer economia doméstica que se encontrem na residência permanente do executado, salvo se se tratar de execução destinada ao pagamento do preço da respectiva aquisição ou do custo da sua reparação;

g) Os instrumentos indispensáveis aos deficientes e os objectos destinados ao tratamento de doentes.

I – Reformula o regime da impenhorabilidade absoluta ou total, tendo o DL 180/96 estabelecido algumas alterações de pormenor relativamente ao texto emergente do DL 329-A/95.

II – Mantém-se naturalmente a impenhorabilidade absoluta dos bens isentos de penhora por disposição especial da lei e das coisas ou direitos inalienáveis. Prevê-se, porém, expressamente a impenhorabilidade dos bens do domínio público do Estado, das regiões autónomas e das autarquias locais, já que a respectiva inalienabilidade deve considerar-se ínsita no regime material resultante do preceituado no art. 84.º da Constituição.

III – Mantém-se a impenhorabilidade dos objectos cuja apreensão seja ofensiva dos bons costumes ou careça de justificação económica – em correspondência com o que resultava da alínea *a)* do n.º 1 e do n.º 2 do preceito, na sua anterior redacção.

IV – Apenas se consideram absolutamente impenhoráveis os objectos especialmente destinados ao exercício de culto público, deixando de se qualificar como impenhoráveis as capelas particulares, derrogando assim o regime que resultava do n.º 3 do preceito, na sua anterior redacção.

Por outro lado, não se consideram absolutamente impenhoráveis os edifícios em que, de forma acidental, se exerça o culto público, já que – pelo menos em certos casos – será duvidoso que estes tenham uma especial, essencial e objectiva destinação a tal fim.

V – Reformula-se o regime que constava das alíneas *f)* e *g)* do n.º 1 do preceito, na sua redacção anterior, especificando que são impenhoráveis os bens que sejam imprescindíveis a uma qualquer economia doméstica – isto é, de que não seja razoável privar o executado e seu agregado familiar, já que – perante os padrões e as condições sociais e económicas "médias" – seria inexigível privar o devedor de tais bens ou utensílios para assegurar a realização do interesse do credor.

Exige-se, porém, que tais bens se encontrem na residência permanente do executado; e faz-se cessar a impenhorabilidade – por se não justificar, nesse caso, o específico juízo de inexigibilidade da privação do bem – quando a execução esteja directamente conexionada com a aquisição ou reparação daquele.

VI – O mesmo juízo de inexigibilidade da privação do bem levou a considerar expressamente (alínea *g*) impenhoráveis os instrumentos indispensáveis aos deficientes, bem como objectos destinados ao tratamento de doentes.

VII – Disposição inalterada pelo DL n.º 38/03.
VIII – O Acórdão do Tribunal Constitucional n.º 649/99 (in *Acórdãos do Tribunal Constitucional*, 45.º volume, pág. 485) julgou não inconstitucional o conjunto normativo que se extrai da conjugação dos preceitos constantes do n.º 1 do artigo 821.º e da alínea f) do artigo 822.º do Código de Processo Civil, enquanto entendido no sentido de a penhora poder recair sobre bens móveis que se encontrem na residência do executado e que não sejam imprescindíveis à sua economia doméstica e sobre o imóvel onde essa residência e um estabelecimento comercial se situem.

ARTIGO 823.º
Bens relativamente impenhoráveis

1 – Estão isentos de penhora, salvo tratando-se de execução para pagamento de dívida com garantia real, os bens do Estado e das restantes pessoas colectivas públicas, de entidades concessionárias de obras ou serviços públicos ou de pessoas colectivas de utilidade pública, que se encontrem especialmente afectados à realização de fins de utilidade pública.

2 – Estão também isentos de penhora os instrumentos de trabalho e os objectos indispensáveis ao exercício da actividade ou formação profissional do executado, salvo se:

a) O executado os indicar para penhora;

b) A execução se destinar ao pagamento do preço da sua aquisição ou do custo da sua reparação;

c) Forem penhorados como elementos corpóreos de um estabelecimento comercial.

I – Procede a uma reformulação dos regimes da impenhorabilidade relativa e da penhorabilidade parcial, que eram regulados conjuntamente neste preceito, na redacção anterior à reforma.

II – O n.º 1 mantém a impenhorabilidade relativa dos bens que se encontrem no domínio privado de pessoas colectivas públicas, de entidades concessionárias de obras ou serviços públicos e de pessoas colectivas de utilidade pública. Relativamente ao regime que resultava da alínea *a)* do n.º 1 deste preceito, estabeleceu-se que:

– a impenhorabilidade relativa (que não é invocável em execuções para entrega de coisa certa ou para pagamento de dívida com garantia real) pressupõe que os bens em causa estejam especial e efectivamente afectados à (actual) realização de fins de utilidade pública;

– o regime da impenhorabilidade relativa aqui prescrito é idêntico para os bens do Estado e do território de Macau e para os de que sejam titulares as restantes pessoas colectivas atrás enumeradas: deste modo, esclarece-se que os bens do domínio privado do

Estado que não estejam especial e efectivamente adstritos à realização de fins de utilidade pública podem ser penhorados em execução destinada ao pagamento de quantia certa – já que neste caso se não justifica o sacrifício do direito do exequente, realizado em homenagem à satisfação actual do interesse público pelos bens que pretendia penhorar.

III – O n.º 2 regulamenta e clarifica a impenhorabilidade que constava da alínea d) do n.º 1 deste preceito, na redacção anterior ao DL 329-A/95. Assim, para além de tal impenhorabilidade dos bens ou instrumentos indispensáveis ao exercício de actividade profissional ceder quando sejam voluntariamente oferecidos à execução pelo próprio executado ou quando esta se funde no pagamento do preço da respectiva aquisição ou reparação, deixa-se claro que a impenhorabilidade não é invocável quando o exequente pretenda penhorar o próprio estabelecimento comercial em que, como elementos corpóreos, estão integrados, ampliando o que já constava do n.º 3 do preceito, na sua redacção anterior.

IV – Foi eliminada a injustificada impenhorabilidade relativa de títulos e certificados da dívida pública, que era regulada na alínea b) do n.º 1 e no n.º 2 deste preceito, na sua anterior redacção.

Por outro lado, a situação que estava tipificada na alínea c) do n.º 1, passou a estar abrangida pela "cláusula geral" constante da alínea f) do art. 822.º, por os "géneros" aí referenciados serem bens imprescindíveis à economia doméstica do executado.

V – No Ac. n.º 378/99, de 22 de Junho, o TC julgou não inconstitucional a norma do art. 823.º, n.º 1, al. a), na redacção anterior à emergente do DL n.º 329-A/95, quando interpretada no sentido de que estão isentos de penhora todos os bens pertencentes ao Estado, salvo em execução para entrega de coisa certa ou para pagamento de dívida com garantia real.

VI – Em quaisquer execuções, mesmo que de sentença, contra o Estado carece, porém, o exequente de, numa fase pré-processual, diligenciar pela cobrança através da "requisição" orçamental prevista no art. 12.º do DL 256-A/77, de 17/6, em conjugação com o art. 74.º do DL 267/85, de 16/6.

VII – São pouco relevantes as alterações estabelecidas pelo DL n.º 38/03 nos n.ºs 1 e 2, alínea a) deste preceito: elimina-se a referência ao *"território de Macau; deixa de se referenciar a "execução para entrega de coisa certa""* (cuja previsão passa a caber no artigo 930.º, n.º 1, parte final) e substituiu-se a referência à *"nomeação à penhora"* pela indicação para penhora pelo executado.

ARTIGO 824.º
Bens parcialmente penhoráveis

1 – São impenhoráveis:

a) Dois terços dos vencimentos, salários ou prestações de natureza semelhante, auferidos pelo executado;

b) Dois terços das prestações periódicas pagas a título de aposentação ou de outra qualquer regalia social, seguro, indemnização por acidente ou renda vitalícia, ou de quaisquer outras pensões de natureza semelhante.

2 – A impenhorabilidade prescrita no número anterior tem como limite máximo o montante equivalente a três salários mínimos nacionais à data de cada apreensão e como limite mínimo, quando o executado não tenha outro rendimento e o crédito exequendo não seja de alimentos, o montante equivalente a um salário mínimo nacional.

3 – Na penhora de dinheiro ou de saldo bancário de conta à ordem, é impenhorável o valor global correspondente a um salário mínimo nacional.

4 – Ponderados o montante e a natureza do crédito exequendo, bem como as necessidades do executado e do seu agregado familiar, pode o juiz, excepcionalmente, reduzir, por período que considere razoável, a parte penhorável dos rendimentos e mesmo, por período não superior a um ano, isentá-los de penhora.

5 – Pode igualmente o juiz, a requerimento do exequente e ponderados o montante e a natureza do crédito exequendo, bem como o estilo de vida e as necessidades do executado e do seu agregado familiar, afastar o disposto no n.º 3 e reduzir o limite mínimo imposto no n.º 2, salvo no caso de pensão ou regalia social.

I – No âmbito da precedente redacção deste preceito legal, o Tribunal Constitucional:

– declarou, com força obrigatória geral, a inconstitucionalidade, por violação do princípio da dignidade humana, do artigo 824.º, n.º 1, alínea b), em conjugação com o n.º 2 do preceito, na parte em que permite a penhora até 1/3 das prestações periódicas, pagas ao executado – que não é titular de outros bens penhoráveis suficientes para satisfazer a dívida exequenda – a título de regalia social ou de pensão, cujo valor global não seja superior ao salário mínimo nacional (acórdão n.º 177/02, in *Acórdãos do Tribunal Constitucional*, 52.º vol., pág. 259);

– julgou inconstitucional a norma constante dos artigos 821.º, n.º 1, e 824.º, n.º 1, alínea a), na interpretação segundo a qual seriam penhoráveis as quantias percebidas a título de rendimento mínimo garantido (acórdão n.º 62/02, in *Acórdãos do Tribunal Constitucional*, 52.º vol., pág. 317).

II – Introduzem-se com o DL n.º 38/03 alterações relevantes no regime da penhorabilidade parcial de vencimentos e pensões.

Assim, em primeiro lugar (e para dispensar a tabelar intervenção do juiz, antes de realizada a penhora de tais rendimentos) prescinde-se da fixação judicial prudencial da parte penhorável destes rendimentos, tal como estava previsto no n.º 2, na anterior redacção do preceito.

A intervenção do juiz (prevista agora nos n.os 4 e 5) será ulterior e *"correctiva"* dos resultados alcançados, numa primeira linha, através da aplicação *"automática"* (pelo agente executivo) das regras constantes dos n.os 1 e 2 do preceito.

III – Em segundo lugar, a regra da impenhorabilidade de 2/3 dos vencimentos ou pensões deixa de valer, em termos gerais, passando a estar conexionada com o montante de tais rendimentos do executado. Assim, a referida impenhorabilidade parcial passa a ter, tabelarmente:
– um limite máximo, equivalente a três salários mínimos nacionais à data de cada apreensão (o que significa que passará a ser inteiramente penhorável a parcela dos ditos rendimentos que ultrapassem a soma de três salários mínimos, permitindo ao exequente agredir, com muito maior intensidade, os rendimentos do trabalho ou de pensões sociais de montantes elevados);
– um limite mínimo – equivalente ao salário mínimo nacional – o qual, todavia, depende da verificação de duas condições: não ter o executado outro rendimento senão a percepção do salário mínimo e o crédito exequendo não ser de alimentos por ele devidos; não se permite, deste modo – ao menos, sem ulterior decisão, prudencial e casuística, do juiz (cfr., n.° 5) – a agressão, pelo agente de execução, do valor do salário mínimo, percebido pelo executado, devendo ser penhorados ou os outros bens de que ele, porventura, seja titular, ou os restantes rendimentos que excedam tal mínimo de subsistência – só assim não sendo se o crédito exequendo for de alimentos.
Em consonância com a garantia deste mínimo de subsistência do executado, o n.° 3 estabelece a impenhorabilidade do dinheiro ou do saldo bancário de conta à ordem até ao montante correspondente a um salário mínimo nacional (não exceptuando, sequer, neste caso, a existência de um crédito de alimentos).

IV – O n.° 4 vem permitir ao juiz – neste caso, naturalmente a solicitação do executado – adequar ulteriormente o montante dos valores penhorados pelo agente de execução às circunstâncias particulares e específicas do caso, afastando os limites genericamente estabelecidos no n.° 1 e na primeira parte do n.° 2: assim, será possível ao juiz – ponderados o montante e a natureza do crédito e as necessidades do executado e do seu agregado familiar – proceder a uma casuística adequação do regime genericamente previsto em sede de penhorabilidade parcial:
– reduzindo a parte penhorável dos rendimentos (isto é, estabelecendo, por exemplo, que apenas será penhorável a parcela de 1/6 dos vencimentos ou pensões auferidas, ou que a impenhorabilidade irá abranger uma parcela de tais rendimentos, mesmo na parte excedente a três salários mínimos nacionais); de salientar, todavia, que esta *"redução"* só pode ter lugar por período que o juiz considere razoável, não podendo, deste modo, a vantagem concedida ao executado ser temporalmente irrestrita;
– isentando, na totalidade, de penhora tais rendimentos do executado, mesmo nos casos em que estes excedam o limite mínimo previsto na segunda parte do n.° 2: o valor equivalente a um salário mínimo nacional (ou estabelecendo, porventura, a intocabilidade deste valor, mesmo em casos em que o executado tenha outros bens ou rendimentos, além da percepção do salário mínimo) – sem que tal isenção possa exceder o período de 1 ano.

V – O n.° 5 permite ao juiz a realização de idêntica operação de adequação às circunstâncias do caso, agora a requerimento – e no interesse – dos exequentes, valorando, prudencial e globalmente, o montante e a natureza do crédito, o *"estilo de vida"* e as necessidades do executado e seu agregado familiar, facultando-lhe:

– o afastamento do disposto no n.º 3, de modo a que a penhora incida sobre dinheiro ou depósito bancário, cujo valor não exceda o do salário mínimo;
– a redução do limite mínimo imposto no n.º 2, isto é, permitindo que a penhora incida sobre o próprio valor do salário mínimo auferido pelo executado a título de vencimento ou salário (mesmo no caso de o executado não ter outros bens ou rendimentos); porém – e em consonância com a jurisprudência do Tribunal Constitucional – estabelece-se que tal redução do limite mínimo não é admissível nos casos previstos na alínea b) do n.º 1, por se tratar de pensão ou regalia social que não excede o valor daquele salário mínimo.

Da parte final do n.º 5 decorre, pois, a possibilidade de – por decisão judicial prudencial e casuística – ser penhorado montante que afecta a percepção de quantia equivalente ao salário mínimo nacional: parece-nos, porém, evidente que tal decisão só será justificável em situações excepcionais (nomeadamente, quando o débito em causa estiver manifestamente conexionado com a satisfação de necessidades básicas de subsistência do próprio agregado familiar do executado ou em que as necessidades fundamentais deste estão asseguradas por outra via que não a percepção do valor do salário mínimo).

VI – De salientar que, pelo ac. n.º 96/04, de 11/2 (in DR II, 1/4/04), a 1.ª Secção do TC julgou, por maioria, inconstitucional, por violação dos arts. 1.º, 59.º, n.º 2, alínea a) e 63.º, n.ºs 1 e 3 da Constituição, a norma que resulta da conjugação do disposto na alínea a) do n.º 1 e no n.º 2 do art. 824.º do CPC, na redacção emergente da reforma de 1995/96, na parte em que permite a penhora de uma parcela do salário do executado, que não é titular de outros bens penhoráveis para satisfazer a dívida exequenda, e na medida em que priva o executado da disponibilidade do rendimento mensal correspondente ao salário mínimo nacional. Tal decisão – que amplia o âmbito da inconstitucionalidade anteriormente verificada em sede de penhora de pensões ou rendimentos sociais cujo valor não excedesse o salário mínimo (deixando o TC em aberto a problemática de ser a obrigação exequenda uma obrigação de alimentos ou contraída para assegurar as necessidades básicas do executado) – poderá suscitar dúvidas sobre a conformidade à Constituição do preceituado no actual n.º 5 deste artigo, ao consentir ao juiz a prolação de decisão prudencial que permita a penhora de montante que afecte a percepção do salário mínimo.

ARTIGO 824.º-A
Impenhorabilidade de quantias pecuniárias ou depósitos bancários

São impenhoráveis a quantia em dinheiro ou o depósito bancário resultantes da satisfação de crédito impenhorável, nos mesmos termos em que o era o crédito originariamente existente.

Preceito inalterado pelo DL n.º 38/03.
Cfr., a situação prevista no n.º 3 do artigo 824.º.

ARTIGO 825.º
Penhora de bens comuns do casal

1 – Quando, em execução movida contra um só dos cônjuges, sejam penhorados bens comuns do casal, por não se conhecerem bens suficientes próprios do executado, cita-se o cônjuge do executado para, no prazo de que dispõe para a oposição, requerer a separação de bens ou juntar certidão comprovativa da pendência de acção em que a separação já tenha sido requerida.

2 – Quando o exequente tenha fundamentadamente alegado que a dívida, constante de título diverso de sentença, é comum, é ainda o cônjuge do executado citado para, em alternativa e no mesmo prazo, declarar se aceita a comunicabilidade da dívida, baseada no fundamento alegado, com a cominação de, se nada disser, a dívida ser considerada comum, para os efeitos da execução e sem prejuízo da oposição que contra ela deduza.

3 – Quando a dívida for considerada comum, nos termos do número anterior, a execução prossegue também contra o cônjuge não executado, cujos bens próprios podem nela ser subsidiariamente penhorados; se, antes dos bens comuns, tiverem sido penhorados os seus bens próprios e houver bens comuns suficientes, pode o executado inicial requerer a substituição dos bens penhorados.

4 – Tendo o cônjuge recusado a comunicabilidade, mas não tendo requerido a separação de bens nem apresentado certidão de acção pendente, a execução prossegue sobre os bens comuns.

5 – Não tendo o exequente invocado a comunicabilidade da dívida, nos termos do n.º 2, pode qualquer dos cônjuges, no prazo da oposição, requerer a separação de bens ou juntar a certidão de acção pendente, sob pena de a execução prosseguir nos bens penhorados.

6 – Pode também o executado, no mesmo prazo, alegar fundamentadamente que a dívida, constante de título diverso de sentença, é comum, caso em que o cônjuge não executado, se não tiver requerido a separação de bens, é notificado nos termos e para os efeitos do n.º 2, aplicando-se os n.ºs 3 e 4, se não houver oposição do exequente.

7 – Apensado o requerimento em que se pede a separação, ou junta a certidão, a execução fica suspensa até à partilha; se, por esta, os bens penhorados não couberem ao executado, podem ser penhorados outros que lhe tenham cabido, permanecendo a anterior penhora até à nova apreensão.

I – O regime constante dos n.ºs 1, 5 e 7 mantém-se, sem alterações essenciais: é admissível a penhora de bens comuns do casal na execução movida contra um só dos cônjuges, citando-se o cônjuge do executado para requerer a separação de bens ou juntar certidão comprovativa da pendência de acção em que tal separação já haja sido requerida, sob pena de a execução prosseguir sobre os bens comuns penhorados.

As únicas alterações introduzidas neste mecanismo processual foram:

– a eliminação da necessidade de a citação do cônjuge ser pedida pelo exequente no acto de nomeação à penhora: eliminado tal acto, não se exige idêntico requerimento aquando da indicação de bens penhoráveis, prevista no artigo 810.°, n.° 3, alínea d) – sendo, deste modo, a citação do cônjuge do executado realizada oficiosamente pelo agente executivo, nos termos do artigo 864.°, sempre que a penhora haja incidido sobre bem comum;

– o prazo outorgado para requerer a separação de bens (ou provar a pendência da acção de separação) passa a coincidir com o da oposição à execução (artigo 813.°, n.° 1) – eliminando-se, deste modo, o prazo específico de 15 dias, previsto na redacção anterior do n.° 2 deste artigo;

– acentua-se expressamente que a penhora dos bens comuns só é possível quando se não conheçam *"bens suficientes próprios do executado"*; a responsabilização de bens comuns do casal, no âmbito da execução movida contra um só dos cônjuges, configura-se, pois, como sendo sempre subsidiária, relativamente à dos bens próprios do executado, independentemente da natureza substantiva (comunicável ou incomunicável) do débito exequendo. Assim, se for executado apenas o cônjuge A – único sujeito passivo que figura no título executivo – por um débito que substantivamente seria de ter como *"comunicável"*, nos termos do artigo 1691.° do Código Civil (v.g., por ter sido eventualmente contraído em proveito comum do casal ou visando ocorrer aos encargos normais da vida familiar), a penhora dos bens comuns está condicionada à inexistência ou insuficiência de bens próprios do executado.

Afigura-se, porém, que este regime não afasta a aplicabilidade do n.° 2 do artigo 1696.° do Código Civil, ao responsabilizar determinadas categorias de bens *"ao mesmo tempo que os bens próprios do cônjuge devedor"* (sendo, deste modo, possível penhorar logo, v.g., um bem levado pelo executado para o casal, sem previamente se indagar exaustivamente da inexistência ou insuficiência de bens próprios do executado).

II – A grande inovação, introduzida no regime da penhora de bens comuns do casal na execução movida contra o único cônjuge que figura como devedor no título executivo, é a que se traduz em instituir um procedimento incidental, requerido por exequente ou executado, visando a criação de um título executivo contra ambos os cônjuges, sempre que se alegue que – substantivamente – a dívida que consta do título dado à execução é, afinal, comunicável.

Tal mecanismo processual – destinado a aproximar os regimes substantivo e processual da responsabilidade dos bens do casal – implicou, porém, por evidentes razões práticas, o estabelecimento de um limite: a dirimição da questão suscitada quanto à pretensa comunicabilidade do débito exequendo faz-se exclusivamente perante a alegação (e o eventual silêncio) das partes, não envolvendo nunca a produção de prova sobre tal matéria (sob pena de acabar sistematicamente por se enxertar na acção executiva, fundada em título extrajudicial, um litígio substantivo sobre a natureza do débito exequendo – e sendo certo que o credor/exequente é alheio à questão da comunicabilidade da dívida, quando o título se haja formado sem a intervenção de ambos os cônjuges).

Este regime de ampliação incidental do âmbito (subjectivo) do título executivo (permitindo às partes ilidir a espécie de *"presunção"* de incomunicabilidade da dívida em cujo título executivo originário figura como único devedor apenas um dos cônjuges) só é possível quando a execução se funde em título executivo extrajudicial – considerando, naturalmente, o legislador que, no caso de anterior prolação de sentença condenatória, tal questão deveria ter sido necessariamente suscitada e debatida no âmbito do processo declaratório.

III – O n.º 2 prevê a tramitação a seguir quando seja o exequente a suscitar a questão da comunicabilidade da dívida – cumprindo-lhe fazê-lo no âmbito do requerimento executivo alegando *"fundamentadamente"* a matéria de facto (e não os puros conceitos normativos ou conclusivos) em que se funda a pretensa comunicabilidade, nos termos da lei civil (expondo especificadamente tal matéria, integradora da *"causa petendi"*, nos termos da alínea b) do n.º 3 do artigo 810.º).

Neste caso, o agente de execução irá citar o cônjuge do executado para, nos termos do artigo 864.º, n.º 3, alínea a), parte final, declarar se aceita a comunicabilidade da dívida, com base no concreto e específico fundamento invocado, com a cominação de que, se nada disser no prazo legal (o da oposição à execução), a dívida ser considerada comum.

A parte final do n.º 2 acentua dois aspectos relevantes deste novo regime:
– por um lado, a posição que o executado tome acerca da comunicabilidade não preclude a dedução de oposição fundada na invocação de outros meios de defesa (nomeadamente, os ligados à existência *"objectiva"* do débito);
– por outro lado, que tal consideração da dívida como comum se circunscreve aos *"efeitos da execução"* (sendo, deste modo, duvidoso que tal *"aceitação"* da comunicabilidade seja dotada de valor extra-processual, nomeadamente em termos de constituir efeito análogo ao caso julgado material).

A citação do cônjuge do executado tem, naturalmente, lugar apenas após a efectivação da penhora, nos termos do artigo 864.º, n.º 3, alínea a) – beneficiando o citando *"em alternativa"* das possibilidades de, no prazo da oposição à execução, requerer a separação de bens (ou provar a pendência de acção em que a mesma já haja sido requerida) ou recusar a comunicabilidade, invocada pelo exequente.

Parece-nos evidente que só o silêncio – e a total inércia do executado – é que deverão conduzir ao efeito cominatório, previsto no n.º 2 deste artigo: se o cônjuge não recusar expressamente a pretendida qualificação da dívida como comum, mas vier tempestivamente requerer a separação de bens, parece-nos evidente que tal actuação processual só poderá ter o sentido de não aceitação da comunicabilidade da dívida.

No caso contrário – recusa expressa da comunicabilidade – o n.º 4 faz incidir um ónus adicional sobre o cônjuge citado: o de requerer, no prazo legal, a separação de bens (ou juntar certidão de acção pendente), sob pena de a execução prosseguir sobre os bens comuns penhorados.

IV – O n.º 3 regula os efeitos da procedência do pedido incidental de verificação da comunicabilidade da dívida, como extensão do âmbito do título à responsabilidade do cônjuge, contra quem a execução irá também prosseguir; desta *"ampliação subjectiva"* da instância executiva irá decorrer uma aproximação da efectivação da responsabilidade pelo débito exequendo às normas substantivas do Código Civil: poderão ser abrangidos pela penhora, não apenas todos os bens comuns do casal, mas também, subsidiariamente, os bens próprios de qualquer dos cônjuges, nos termos do artigo 1695.º do Código Civil.

Se tiverem sido penhorados também bens próprios do executado originário (insuficientes, todavia, para integral satisfação do débito exequendo, tendo sido necessária a penhora também de bens comuns, nos termos do n.º 1 deste artigo), é-lhe facultado o direito de requerer a substituição de tais bens próprios, pelos bens comuns suficientes – bens comuns esses que respondem, nos termos da lei civil, prioritariamente pela dívida tida na execução como *"comum"*.

V – O n.º 6 permite a dedução deste incidente – visando a ampliação do âmbito subjectivo do título executivo – ao executado originário, alegando *"fundamentadamente"* que a dívida, constante de título extra-judicial, é substantivamente comum (apesar de nele figurar como único devedor).

Tal pretensão deve ser deduzida no prazo da oposição à execução – visando naturalmente fazer incidir a responsabilidade pelo débito exequendo prioritariamente sobre os bens comuns do casal.

Apesar de, na sua regulamentação, o legislador remeter, no essencial, para os n.ºs 2, 3 e 4 deste artigo, importa ponderar algumas especificidades decorrentes de a suscitação do incidente ter sido feita pelo executado. Assim:

– a suscitação da questão da comunicabilidade poderá, neste caso, preceder a penhora – naturalmente nos casos em que a tramitação da causa comportar a *"citação prévia"* do executado (cfr., artigo 812.º) – cabendo-lhe o ónus de, no prazo de oposição à execução, articular os factos que, no seu entendimento, suportam a pretendida comunicabilidade;

– a tramitação ulterior do incidente apenas se verificará, porém, em momento ulterior à efectivação da penhora (como parece decorrer do facto de se associar a notificação do cônjuge à dedução do requerimento de separação de bens): tal implicará a possibilidade de o agente executivo penhorar bens próprios do cônjuge/executado, apesar de este ter formulado, na oposição à execução – previamente deduzida – o incidente de comunicabilidade;

– se o incidente foi suscitado em oposição deduzida previamente à penhora e foram penhorados bens comuns, parece-nos que a notificação do cônjuge, aqui prevista, se diluirá na respectiva citação, imposta pelo artigo 864.º, n.º 3, alínea a); pelo contrário, quando a oposição à execução for subsequente à penhora, a notificação aqui prevista ganhará autonomia processual (já que naturalmente o executado poderá suscitar a questão de comunicabilidade apenas no termo do prazo de 20 dias, de que beneficia para deduzir oposição) – ficando, porém, o incidente precludido quando, sendo penhorados bens comuns, seja requerida a separação de bens (facto que revela a rejeição da pretendida comunicabilidade);

– o incidente de comunicabilidade poderá ser suscitado, a nosso ver, pelo executado, mesmo que só hajam sido penhorados os seus bens próprios, presumivelmente suficientes para o pagamento da dívida – visando-se precisamente, neste caso, responsabilizar prioritariamente pela dívida os bens comuns do casal; em qualquer caso, e por força do princípio dispositivo, o prosseguimento do incidente depende sempre da não oposição do exequente; assim – e por razões de evidente economia processual – parece que só deverá proceder-se à notificação do cônjuge do executado se, ouvido previamente o exequente, este não deduzir (no prazo geral de 10 dias) oposição ao pedido de ampliação da instância, deduzido pelo executado.

VI – O regime estabelecido no n.º 7 coincide, no essencial, com o prescrito na anterior redacção do n.º 3, eliminando-se apenas a referência a nova nomeação de bens à penhora (acto eliminado pela reforma) e prevendo-se expressamente que a anterior penhora de bens comuns se mantém até à nova apreensão dos bens que venham a caber ao cônjuge executado.

ARTIGO 826.º
Penhora em caso de comunhão ou compropriedade

1 – Sem prejuízo do disposto no n.º 4 do artigo 862.º, na execução movida apenas contra algum ou alguns dos contitulares de património autónomo ou bem indiviso, não podem ser penhorados os bens compreendidos no património comum ou uma fracção de qualquer deles, nem uma parte especificada do bem indiviso.

2 – Quando, em execuções diversas, sejam penhorados todos os quinhões no património autónomo ou todos os direitos sobre o bem indiviso, realiza-se uma única venda, no âmbito do processo em que se tenha efectuado a primeira penhora, com posterior divisão do produto obtido.

I – O n.º 1 mantém o anterior regime, apenas se ressalvando que será naturalmente possível penhorar a totalidade do quinhão patrimonial ou do bem indiviso quando haja sido accionada a coligação possibilitada pela alínea c) do n.º 1 do artigo 58.º, sendo demandados todos os contitulares ou consortes ou quando todos eles hajam feito a declaração prevista nos n.os 2 e 4 do artigo 862.º.

II – O n.º 2 contempla um dos vários mecanismos processuais que visam propiciar a venda unitária do património comum ou bem indiviso. Assim, mesmo que as partes não hajam lançado mão da possibilidade de coligação prevista no artigo 58.º, n.º 1, alínea c), nem tenha ocorrido a declaração, por parte dos contitulares, prevista no artigo 862.º, n.os 2 e 4, terá sempre lugar a realização de uma única venda do bem ou património comum, a efectuar no âmbito do processo em que se tenha efectuado a primeira penhora, com posterior divisão, segundo as regras de direito material, do produto ali obtido.

ARTIGO 827.º
Bens a penhorar na execução contra o herdeiro

1 – Na execução movida contra o herdeiro só podem penhorar-se os bens que ele tenha recebido do autor da herança.

2 – Quando a penhora recaia sobre outros bens, o executado pode requerer que seja levantada, indicando ao mesmo tempo os bens da herança que tenha em seu poder.
O requerimento é deferido se, ouvido o exequente, este não fizer oposição.

3 – Opondo-se o exequente ao levantamento da penhora, o executado só pode obtê-lo, tendo a herança sido aceite pura e simplesmente, desde que alegue e prove:
a) Que os bens penhorados não provieram da herança;
b) Que não recebeu da herança mais bens do que aqueles que indicou ou, se recebeu mais, que os outros foram todos aplicados em solver encargos dela.

Disposição inalterada pelo DL n.º 38/03.

ARTIGO 828.º
Penhorabilidade subsidiária

1 – Na execução movida contra o devedor principal e o devedor subsidiário que deva ser previamente citado, não podem ser penhorados os bens deste, enquanto não estiverem excutidos todos os bens do devedor principal; a citação do devedor subsidiário só precede a excussão quando o exequente o requeira, tendo, neste caso, o devedor subsidiário o ónus de invocar o benefício da excussão, no prazo da oposição à execução.

2 – Instaurada a execução apenas contra o devedor subsidiário e invocando este o benefício da excussão prévia, pode o exequente requerer, no mesmo processo, execução contra o devedor principal, promovendo a penhora dos bens deste.

3 – Se o devedor subsidiário não tiver sido previamente citado, só é admissível a penhora dos seus bens:
a) Sendo a execução intentada contra o devedor principal e o subsidiário, depois de excutidos todos os bens do primeiro, salvo se se provar que o devedor subsidiário renunciou ao benefício da excussão;
b) Sendo a execução movida apenas contra o devedor subsidiário, quando se mostre que não tem bens o devedor principal ou se prove que

57

o devedor subsidiário renunciou ao benefício da excussão prévia, sem prejuízo do estabelecido no número seguinte.

4 – No caso previsto na alínea *b*) do número anterior, o executado pode invocar o benefício da excussão prévia em oposição à penhora, requerendo o respectivo levantamento quando, havendo bens do devedor principal, o exequente não haja requerido contra ele execução, no prazo de 10 dias a contar da notificação de que foi deduzida a referida oposição, ou quando seja manifesto que a penhora efectuada sobre bens do devedor principal é suficiente para a realização dos fins da execução.

5 – Se a execução tiver sido movida apenas contra o devedor principal e os bens deste se revelarem insuficientes, pode o exequente requerer, no mesmo processo, execução contra o devedor subsidiário.

6 – Para os efeitos dos números anteriores, o devedor subsidiário tem a faculdade de indicar bens do devedor principal que hajam sido adquiridos posteriormente à penhora ou que não fossem conhecidos.

7 – Quando a responsabilidade de certos bens pela dívida exequenda depender da verificação da falta ou insuficiência de outros, pode o exequente promover logo a penhora dos bens que respondem subsidiariamente pela dívida, desde que demonstre a insuficiência manifesta dos que por ela deviam responder prioritariamente.

I – É substancialmente reformulado – e em termos de alguma complexidade normativa – o regime da penhorabilidade subsidiária, com vista a tutelar, de forma adequada, os interesses do devedor subsidiário contra quem seja instaurada a execução, (particularmente nos casos em que as novas regras gerais sobre a fase liminar do processo conduziriam à dispensa do seu contraditório prévio).

Importa traçar uma distinção fundamental entre os casos em que o devedor subsidiário é o único executado e aqueles em que a execução é movida contra o devedor principal e o devedor subsidiário.

II – Sendo a execução movida contra o devedor principal e o devedor subsidiário, este preceito distingue os casos em que o devedor subsidiário deva ser previamente citado (n.º 1) daqueles em que está dispensada a respectiva citação prévia (n.º 3, alínea a)).

No primeiro caso (v.g., execução fundada em mero documento particular sem assinatura reconhecida e sem que o exequente haja invocado o risco de insolvabilidade, nos termos do artigo 812.º-B, n.os 2 e 3), o n.º 1 mantém a regra de que não podem ser penhorados bens do devedor subsidiário enquanto não estiverem excutidos todos os bens do devedor principal (identicamente executado na causa): estabelece, porém, a segunda parte do n.º 1 que a citação do devedor subsidiário só precede a excussão quando o exequente o requeira, apenas neste caso incidindo sobre o devedor subsidiário o ónus de invocar o benefício da excussão, no prazo de oposição à execução. Deste modo – e ao contrário do que ocorria no regime prescrito na anterior redacção do preceito, há – em regra – uma dilação temporal no momento em que ocorrerá a citação do devedor subsidiário, a qual apenas terá lugar no momento processual em que já estiver consumada a excussão dos bens do devedor principal.

a) Só haverá, portanto, citação conjunta dos devedores principal e subsidiário quando o exequente o requerer (sem que, para tal, aparentemente, tenha de deduzir qualquer fundamentação) – e cabendo, neste caso, ao devedor subsidiário o ónus de invocar o benefício da excussão no prazo de oposição à execução.

Implica isto, a nosso ver, que o regime prescrito na anterior redacção do n.º 1 deste artigo 828.º só se continuará a aplicar, nos seus precisos termos, quando o exequente requerer a citação *"imediata"* do devedor subsidiário. Se o exequente não requerer tal citação, ela apenas ocorrerá quando estiver processualmente verificada e consumada a situação de insuficiência do património do devedor principal, estando, portanto já ultrapassada e precludida a questão do *"benefício da excussão prévia"*.

b) Se o devedor subsidiário – executado conjuntamente com o devedor principal – não dever ser citado previamente à penhora (face ao regime geral que passa a vigorar: v.g., execução fundada em documento autêntico ou autenticado, ou em mero documento particular, tendo, todavia, o exequente obtido procedência quanto ao pedido de dispensa de citação prévia, nos termos do artigo 812.º-B, n.º 2), os bens do devedor subsidiário (que, neste caso, como é óbvio, não tem qualquer oportunidade de invocar antecipadamente o benefício da excussão prévia) só podem ser atingidos depois de excutidos todos os bens do devedor principal, salvo se o exequente demonstrar que o devedor subsidiário renunciou ao benefício da excussão.

III – Sendo a execução movida apenas contra o devedor subsidiário, em regra, este deverá sempre ser citado previamente à penhora (cfr., artigo 812.º, n.º 7, alínea a)), qualquer que seja a natureza e a *"fiabilidade"* do título executivo (afigura-se que terá lugar tal citação prévia mesmo que a execução se funde em sentença condenatória, proferida contra o devedor subsidiário). Só assim não será quando o exequente tiver deduzido – e for julgado procedente – o pedido a que aludem os n.ºs 2 e 3 do artigo 812.º-B – cfr., artigo 812.º-A, n.º 2, alínea a).

Nesta situação (fundada no risco de ocultação ou dissipação de bens pelo devedor subsidiário) incumbirá ao exequente provar, – como *"conditio"* da penhora – nos termos da alínea b) do n.º 3 deste artigo 828.º, que o devedor subsidiário renunciou ao benefício de excussão ou que não existem bens suficientes do devedor principal.

Neste caso – e perante a impossibilidade processual de o devedor subsidiário deduzir defesa anteriormente à efectivação da penhora dos seus próprios bens (aí exercendo o contraditório, relativamente à alegação pelo exequente da verificação dos pressupostos de que depende a imediata agressão ao património do devedor subsidiário) – o n.º 4 deste artigo faculta-lhe a dedução de tal defesa, supervenientemente à penhora, no âmbito da oposição que deduza contra este acto, invocando então o benefício da excussão prévia com vista a obter o levantamento da penhora efectuada.

Invocando o devedor subsidiário o benefício da excussão em oposição à penhora, e requerendo o respectivo levantamento, com base na alegação de existirem bens suficientes do devedor principal, recai sobre o exequente o ónus de requerer execução – no mesmo processo (n.º 2 deste artigo) – contra o devedor principal, no prazo de 10 dias a

59

contar da notificação de que foi deduzida oposição à penhora pelo devedor subsidiário (cfr., artigo 863.º-B, n.º 2), salvo se demonstrar que não existem bens do devedor principal, opondo-se ao pedido de levantamento da penhora. A oposição à penhora, deduzida pelo devedor subsidiário com este específico fundamento, procederá quando o exequente não cumpra tempestivamente tal ónus (requerendo, em 10 dias, execução contra o devedor principal que tenha bens) ou quando, em tal execução, obtenha penhora suficiente para garantir o crédito exequendo e realizar os fins da execução.

IV – O n.º 2 reproduz, no essencial, o regime que já contava da redacção anterior, permitindo ao exequente que apenas tratou de mover a execução contra o devedor subsidiário a possibilidade de a ampliar ao devedor principal, sempre que o executado originário invoque o benefício da excussão (ou, naturalmente, se verifique que os bens do devedor subsidiário são insuficientes): a única alteração foi a eliminação da referência à respectiva "*citação para integral pagamento*", substituída pela referência à promoção da penhora, como decorrência de nem sempre ter lugar a citação prévia do executado.

V – O estatuído no n.º 5 corresponde inteiramente ao regime que constava da anterior redacção do n.º 3 do preceito, facultando a ampliação subjectiva da instância executiva ao devedor subsidiário, nos casos de insuficiência do património do devedor principal, inicialmente executado.

VI – O n.º 6 reproduz, no essencial, o regime que constava da anterior redacção do n.º 4, permitindo – em qualquer das situações reguladas neste artigo – ao devedor subsidiário a indicação de bens do devedor principal, objectiva ou subjectivamente supervenientes à penhora dos bens do devedor subsidiário.

VII – O n.º 7 reproduz inteiramente o regime que constava do n.º 5 da anterior redacção do preceito, reportado aos casos em que a responsabilidade de certo património pela dívida exequenda depende – não da prévia excussão dos bens integrados noutro património – mas tão-somente da verificação da insuficiência dos bens que asseguram prioritariamente o cumprimento, sendo lícito ao exequente promover a penhora dos bens que integram o património onerado com a responsabilidade subsidiária logo que demonstre a referida insuficiência.

ARTIGO 829.º

Revogado pelo DL 38/2003, de 8 de Março.

Prevê-se expressamente a revogação deste preceito, como decorrência do estatuído no Decreto-Lei n.º 201/98, de 10 de Julho.

ARTIGO 830.º
Penhora de mercadorias carregadas em navio

1 – Ainda que o navio já esteja despachado para viagem, efectuada a penhora de mercadorias carregadas, pode ser autorizada a sua descarga se o credor satisfizer por inteiro o frete em dívida, as despesas de carga, estiva, desarrumação, sobredemora e descarga ou prestar caução ao pagamento dessas despesas.

2 – Considera-se despachado para viagem o navio logo que esteja em poder do respectivo capitão o desembaraço passado pela capitania do porto.

3 – Oferecida a caução, sobre a sua idoneidade é ouvido o capitão, que dirá, dentro de cinco dias, o que se lhe oferecer.

4 – Autorizada a descarga, faz-se o averbamento respectivo no conhecimento pertencente ao capitão e comunica-se o facto à capitania do porto.

Considerávamos duvidosa a subsistência deste preceito legal, face à plena possibilidade de penhora e arresto, nos termos gerais, do navio e das mercadorias, mesmo que despachado para viagem.
Porém, ele é mantido em vigor, transpondo-se para o actual n.º 2 o regime que constava do n.º 4 do artigo 829.º.

ARTIGO 831.º
Apreensão de bens em poder de terceiro

1 – Os bens do executado são apreendidos ainda que, por qualquer título, se encontrem em poder de terceiro, sem prejuízo, porém, dos direitos que a este seja lícito opor ao exequente.

2 – No acto de apreensão, indaga-se se o terceiro tem os bens em seu poder por via de penhor ou de direito de retenção e, em caso afirmativo, anota-se o respectivo domicílio para efeito de posterior citação.

I – A redacção deste preceito, emergente do DL n.º 329-A/95, visou clarificar a questão da admissibilidade e do âmbito da penhora quando os bens que dela são objecto estiverem na posse ou detenção de terceiro. Assim:
– continua naturalmente a estabelecer-se que o simples facto de os bens a penhorar estarem em poder de terceiro não preclude, sem mais, a admissibilidade da penhora;
– porém, a parte final do preceito determina que a penhora não pode atingir os direitos que ao terceiro seja lícito opor ao exequente – sendo naturalmente o direito substantivo que estabelece as regras de hierarquia e prevalência entre o crédito do exequente

(de que resulta o direito a penhorar bens do devedor, como reflexo da garantia geral das obrigações) e a posse ou o direito, real ou pessoal, invocado pelo terceiro em cujo poder se encontra o bem em causa.

Em suma: a mera detenção material dos bens a penhorar por terceiro não obsta à realização da penhora. Porém, a admissibilidade ou o âmbito desta poderá ser afectada pela invocação pelo terceiro de um direito que – sendo oponível ao exequente, segundo as regras do direito material – prevalece sobre o direito deste a efectivar a garantia geral do crédito de que é titular.

Assim, v.g., enquanto é inquestionável que a locação dos bens que o exequente pretende penhorar restringe o âmbito da diligência (que terá de respeitar a situação jurídica do locatário e a consequente oneração dos bens que dela resulta), já se nos afigura que a mera titularidade de um direito pessoal de gozo, fundado em comodato ou depósito, não será oponível ao credor exequente, não inviabilizando a penhora integral dos bens (da qual resultará a impossibilidade de subsistência da relação creditória em causa, e o consequente e eventual direito de indemnização do titular do direito pessoal de gozo).

II – É evidente que a circunstância de a penhora atingir direitos de terceiro, oponíveis ao exequente, faculta ao respectivo titular a dedução de embargos de terceiro, na medida da inadmissibilidade ou do "excesso" da penhora (arts. 351.° e seguintes), já que tal direito se configura naturalmente como "incompatível" com a realização ou com o âmbito do acto de apreensão de bens efectuada.

III – Adita-se pelo Decreto-Lei n.° 38/03 o n.° 2, estabelecendo para o agente de execução que proceda à penhora o dever de indagar qual o título por que estavam os bens em poder de terceiro, com vista a possibilitar a citação pessoal de credores com garantia real conhecida (artigo 864.°, n.° 3, alínea b)) que não consta do registo: penhor e direito de retenção.

SUBSECÇÃO II
Disposições gerais

ARTIGO 832.°
Consulta prévia

1 – As diligências para a penhora têm início após a apresentação do requerimento de execução que dispense o despacho liminar e a citação prévia do executado, seguida, sendo caso disso, da notificação referida no n.° 2 do artigo 811.°-A; nos outros casos, iniciam-se, mediante notificação da secretaria ao solicitador de execução, depois de proferido despacho que dispense a citação prévia ou de decorrido, sem oposição do executado previamente citado ou com oposição que não suspenda a execução, o prazo estabelecido no n.° 6 do artigo 812.°, ou, suspendendo-se a execução, após ser julgada improcedente a oposição deduzida.

2 – Antes de proceder à penhora, o agente de execução consulta o registo informático de execuções, procedendo seguidamente nos termos dos n.ᵒˢ 3 e 4.

3 – Quando contra o executado tenha sido movida execução terminada sem integral pagamento, têm lugar as diligências previstas no n.º 1 do artigo seguinte, após o que o exequente é notificado, sendo caso disso, para indicar bens penhoráveis no prazo de 30 dias, suspendendo-se a instância se nenhum bem for encontrado.

4 – Quando contra o executado penda um processo de execução para pagamento de quantia certa, para ele é remetido o requerimento executivo, desde que estejam reunidos os seguintes requisitos:

a) O exequente seja titular de um direito real de garantia sobre bem penhorado nesse processo, que não seja um privilégio creditório geral;

b) No mesmo processo ainda não tenha sido proferida a sentença de graduação.

5 – Quando, no momento da remessa, o processo pendente já esteja na fase do concurso de credores, o requerimento executivo vale como reclamação, assumindo o exequente a posição de reclamante; caso contrário, constitui-se coligação de exequentes.

6 – Não havendo lugar à suspensão da instância nem à remessa, a secretaria inscreve no registo informático de execuções os dados referidos no n.º 1 do artigo 806.º

I – O novo modelo de processo executivo comporta a eliminação do despacho determinativo da penhora. A realização de diligências para penhora pelo agente de execução terá lugar:

a) não havendo despacho liminar nem contraditório prévio do executado, logo que fique estabilizada processualmente a designação do agente de execução (o que, nos casos em que se não haja consumado a designação feita pelo exequente, implicará a designação subsidiária pela secretaria do solicitador de execução, nos termos do artigo 811.º-A e a respectiva notificação); caberá, pois, ao solicitador de execução que haja aceite a designação do exequente proceder de imediato às diligências para a penhora.

b) nos casos em que a tramitação do processo comporte a prolação de despacho liminar ou a citação prévia do executado, quando a secretaria notifique o solicitador de execução de que estão ultrapassadas as vicissitudes inerentes à fase introdutória ou liminar do processo executivo, em consequência de:

– o juiz ter dispensado a citação prévia do executado, nos termos do artigo 812.º-B, n.ᵒˢ 2 e 3;

– ter decorrido o prazo de 20 dias para o executado pagar ou deduzir oposição à execução, sem que este o haja feito;

– ter sido deduzida oposição à execução que, todavia, (artigo 818.º, n.º 1) não suspende o andamento do processo;
– ter sido julgada improcedente a oposição deduzida à execução – e que, nos termos do referido artigo 818.º, n.º 1, suspendeu o andamento do processo.

O agente de execução tanto poderá ser um solicitador de execução como um funcionário a quem o processo haja sido distribuído.

É manifesto que, nesta segunda hipótese, não carece a secretaria de fazer qualquer notificação específica, cabendo ao agente de execução/funcionário de justiça controlar oficiosamente o andamento da fase liminar do processo.

II – Como diligência preliminar à penhora, o n.º 2 prescreve o dever de o agente executivo consultar o registo informático de execuções, previsto no artigo 806.º, de modo a averiguar se contra o executado estão registadas precedentes acções executivas:

a) se verificar que contra o executado já correu termos uma anterior execução, terminada sem integral pagamento, deve o agente de execução proceder a todas as diligências úteis à identificação ou localização de bens, obtendo, para tal, autorização judicial, quando o acesso a tais dados estiver sujeito a um regime de confidencialidade (artigo 833.º, n.os 1 e 3). Se tais diligências se frustrarem, é notificado o exequente para indicar bens penhoráveis, no prazo de 30 dias, suspendendo-se a instância se não forem encontrados bens;

b) se verificar que está pendente contra o executado uma outra execução para pagamento de quantia certa, o agente de execução remete para tal processo o requerimento executivo, desde que este possa valer como efectivação de um crédito dotado de garantia real e tal remessa se possa ainda configurar como tempestiva – evitando, assim, a realização de uma segunda penhora – o que pressupõe:

– que o exequente seja titular de um direito real de garantia sobre um bem já penhorado nesse processo, que se não configure como mero privilégio creditório geral (desprovido de sequela);

– que não haja já sido proferida sentença de graduação dos créditos com garantia real reclamados e verificados.

III – Consoante o estado em que se encontre, no momento da remessa, o processo de execução pendente, o requerimento executivo remetido pelo agente de execução valerá (n.º 5):

– como reclamação de créditos, se já estiver na fase de concurso de credores;
– como causa de coligação superveniente de exequentes, se ainda não tiver atingido tal fase processual, nos termos previstos no artigo 58.º, n.º 4.

IV – Não devendo ocorrer a suspensão da instância, prevista no n.º 3, parte final, ou a remessa do requerimento executivo para a outra execução pendente, nos termos dos n.os 4 e 5, a secretaria inscreve no registo informático de execuções os dados referidos no n.º 1 do artigo 806.º, passando-se às *"diligências subsequentes"* à penhora (tal como ocorrerá nos casos em que não for localizada no registo informático qualquer execução, frustrada ou pendente, contra o mesmo executado).

ARTIGO 833.º
Diligências subsequentes

1 – A realização da penhora é precedida de todas as diligências úteis à identificação ou localização de bens penhoráveis, procedendo-se, sempre que necessário, à consulta das bases de dados da segurança social, das conservatórias do registo e de outros registos ou arquivos semelhantes.

2 – Os serviços referidos no número anterior devem fornecer ao agente de execução, pelo meio mais célere e no prazo de 10 dias, os elementos de que disponham sobre a identificação e a localização dos bens do executado.

3 – A consulta de declarações e outros elementos protegidos pelo sigilo fiscal, bem como de outros dados sujeitos a regime de confidencialidade, fica sujeita a despacho judicial de autorização, aplicando-se o n.º 2 do artigo 519.º-A, com as necessárias adaptações.

4 – Não sendo encontrados bens penhoráveis, é notificado o exequente para se pronunciar no prazo de 10 dias, sendo penhorados os bens que ele indique.

5 – Se o exequente não indicar bens penhoráveis, o executado é citado para, ainda que se oponha à execução, pagar ou indicar bens para penhora, no prazo de 10 dias, com a advertência das consequências de uma declaração falsa ou da falta de declaração, nos termos do n.º 7, e a indicação de que pode, no mesmo prazo, opor-se à execução; a citação é substituída por notificação quando tenha tido lugar a citação prévia.

6 – Se o executado não pagar nem indicar bens para penhora, suspende-se a instância, enquanto o exequente não requerer algum acto de que dependa o andamento do processo.

7 – Quando posteriormente se verifique que tinha bens penhoráveis o devedor que não haja feito qualquer declaração, ou haja feito declaração falsa de que tenha resultado o não apuramento de bens suficientes para satisfação da obrigação, fica ele sujeito a sanção pecuniária compulsória, no montante de 1% da dívida ao mês, desde a data da omissão até à descoberta dos bens.

I – Rectificado pela declaração de rectificação n.º 5-C/2003, de 30 de Abril.

II – O n.º 1 deste artigo estabelece, para o agente de execução, um dever de realização de todas as *"diligências úteis"* à identificação ou localização de bens penhoráveis (tal regime absorve o que constava do artigo 837.º-A, n.º 1, na anterior redacção, dispensando aparentemente a invocação pelo exequente de *"séria dificuldade"* na identificação e descoberta de bens penhoráveis).

Não é perfeitamente clara a articulação deste regime com o ónus – que, aparentemente, continua a recair sobre o exequente – de indicar bens penhoráveis, logo no requerimento executivo (artigo 810.º, n.º 3, alínea d), e n.º 5).

Afigura-se que – desde logo, por força do princípio dispositivo – se o exequente tiver cumprido adequadamente tal ónus, deverá o agente de execução começar por tentar a penhora dos bens indicados, salvo se a indicação não respeitar o princípio da proporcionalidade, nos termos do n.º 1 do artigo 834.º (e destinando-se, neste caso, as diligências *"preliminares"* à penhora apenas a suprir alguma deficiência na precisa especificação ou localização de bens indicados como penhoráveis).

Se, pelo contrário, o exequente não tiver elementos bastantes para indicar, com um mínimo de precisão, quaisquer bens penhoráveis (o que, a nosso ver, deverá ser por ele alegado justificadamente, sob pena de o requerimento executivo ser recusado, nos termos do artigo 811.º, n.º 1, alínea a) cumprirá ao agente executivo proceder de pleno à averiguação oficiosa dos bens, porventura existentes, devendo munir-se de autorização judicial sempre que pretenda ter acesso a quaisquer dados protegidos por sigilo fiscal ou regime de confidencialidade, aplicando-se o disposto no n.º 2 do artigo 519.º-A – e ocorrendo, deste modo, uma intervenção judicial, específica e pontual, nas diligências preliminares da penhora.

A remissão para o disposto no artigo 519.º-A parece apontar para que a dispensa judicial, aqui prevista, apenas tenha lugar quando o dever de confidencialidade impenda sobre dados *"na disponibilidade de serviços administrativos"*: no entanto, se a indagação acerca da existência de bens penhoráveis impuser, porventura, uma quebra de *"sigilo profissional"* de que sejam titulares outras entidades (não administrativas), afigura-se que nada obstará a que tal sigilo possa vir a ser dispensado, nos termos previstos no n.º 4 do artigo 519.º, através do procedimento aí previsto, por remissão para o disposto nas normas processuais penais que regem sobre tal matéria.

Os serviços administrativos consultados devem fornecer ao agente de execução, pelo meio mais célere e no prazo de 10 dias, os elementos de que disponham sobre a situação patrimonial do executado: do n.º 2 deste preceito parece decorrer a dispensa do pagamento de quaisquer taxas ou emolumentos por esta consulta das bases e envio de elementos – e sendo naturalmente a recusa de colaboração eventualmente sancionável – por decisão judicial – nos termos do n.º 2, primeira parte, do artigo 519.º.

III – Os n.ºs 4 a 7 regulam a frustração da execução, pela impossibilidade de – mesmo através da averiguação oficiosa do agente executivo – serem identificados bens penhoráveis.

Assim:

– não sendo encontrado qualquer bem penhorável, é notificado pelo agente de execução o exequente, dando-se-lhe a faculdade de indicar, neste momento, bens penhoráveis (suprindo ou completando a originária indicação no próprio requerimento executivo);

– se o exequente não indicar bens penhoráveis (ou, naturalmente, se os indicados não forem encontrados) o executado é citado (ou notificado, se ocorreu já citação prévia) para pagar ou indicar bens para penhora, no prazo de 10 dias, com a cominação prevista no n.º 7 e a indicação de que pode, no mesmo prazo, opor-se à execução; importará notar que, neste caso, o executado, mesmo que se pretenda opor à execução, deverá indicar

bens penhoráveis (tal indicação tem lugar ainda que se oponha à execução); por outro lado, este preceito reduz para 10 dias o prazo de oposição, relativamente ao que está previsto no n.º 1 do artigo 813.º (20 dias);
— se o executado nada fizer, suspende-se a instância executiva, até que o exequente requeira acto de que dependa o seu prosseguimento (nomeadamente, a invocação da existência — objectiva ou subjectivamente superveniente — de bens penhoráveis);
— o n.º 7 estabelece, para a recusa de cooperação do devedor/executado no apuramento da sua situação patrimonial, uma específica sanção processual (que parece substituir a condenação por litigância de má fé, que estava prevista no n.º 2 do artigo 837.º-A): a aplicação de sanção pecuniária compulsória, no montante de 1% da dívida ao mês, desde a data da omissão até à superveniente descoberta dos bens penhoráveis por ele ocultados;
— o artigo 837.º estabelece o procedimento do agente executivo no caso de frustração da penhora.

ARTIGO 834.º
Ordem de realização da penhora

1 — A penhora começa pelos bens cujo valor pecuniário seja de mais fácil realização e se mostre adequado ao montante do crédito do exequente.

2 — Ainda que não se adeqúe, por excesso, ao montante do crédito exequendo, é admissível a penhora de bens imóveis ou do estabelecimento comercial, quando a penhora de outros bens presumivelmente não permita a satisfação integral do credor no prazo de seis meses.

3 — A penhora pode ser reforçada ou substituída nos seguintes casos:

a) Quando o executado requeira, no prazo da oposição à penhora, a substituição dos bens penhorados por outros que igualmente assegurem os fins da execução, desde que a isso não se oponha fundadamente o exequente;

b) Quando seja ou se torne manifesta a insuficiência dos bens penhorados;

c) Quando os bens penhorados não sejam livres e desembaraçados e o executado tenha outros que o sejam;

d) Quando sejam recebidos embargos de terceiro contra a penhora, ou seja a execução sobre os bens suspensa por oposição a esta deduzida pelo executado;

e) Quando o exequente desista da penhora, por sobre os bens penhorados incidir penhora anterior;

f) Quando o devedor subsidiário, não previamente citado, invoque o benefício da excussão prévia.

4 — Em caso de substituição, e sem prejuízo do disposto no n.º 4 do artigo 828.º, só depois da nova penhora é levantada a que incide sobre os bens substituídos.

5 – O executado que se oponha à execução pode, no acto da oposição, requerer a substituição da penhora por caução idónea que igualmente garanta os fins da execução.

I – Abandona-se justificadamente a existência de uma ordem na realização da penhora, ligada à natureza dos bens ou à sua localização – substituindo-se o regime que constava da anterior redacção deste preceito por uma cláusula geral, a concretizar pelo agente executivo; a penhora de quaisquer bens ou direitos depende de:
– um juízo de adequação do valor do bem penhorado ao montante do crédito;
– um juízo sobre a facilidade de realização pecuniária do bem penhorado.
Como restrições a esta ampla *"discricionariedade"* na escolha de bens a penhorar, cfr., os casos previstos no n.º 2 do artigo 834.º e no artigo 835.º.

II – O n.º 2 vem atenuar a exigência de adequação entre o valor do bem penhorado e o montante do crédito exequendo, introduzindo uma outra variável: o tempo necessário para integral satisfação do credor, quando, em primeira linha, apenas devessem ser penhorados bens ou rendimentos periódicos (aparentemente adequados ao valor do direito do credor).
Assim, pode proceder-se à penhora de imóveis ou do estabelecimento comercial quando o pagamento do credor – apenas através da penhora de rendimentos periódicos – imponha um prazo para o ressarcimento integral superior a 6 meses.

III – O n.º 3 estabelece os casos em que pode ocorrer reforço ou substituição da penhora – correspondendo a alínea a) ao regime constante da anterior redacção do artigo 926.º, n.º 2 (condicionando-se agora a substituição à não oposição fundada do exequente e valendo tal possibilidade para todas as execuções, independentemente da natureza do título executivo); as alíneas b) a e) correspondem, no essencial, ao regime que estava previsto nas alíneas a) a d) do n.º 2 da anterior redacção do artigo 836.º. A alínea f) tem de conexionar-se com o estatuído no artigo 828.º, n.º 4, sendo a substituição de bens consequência do levantamento da penhora dos bens do devedor subsidiário, que haviam sido penhorados antes de este ter tido oportunidade processual de invocar o benefício da excussão prévia.

IV – Com vista a garantir o interesse do credor, o n.º 4 prescreve que – nos casos de substituição – só depois de efectuada nova penhora tem lugar o levantamento – a determinar pelo agente executivo, nos termos do n.º 1 do artigo 808.º – da que incide sobre os bens substituídos.
Estabelece-se, porém, que este regime não contende com o especialmente previsto no artigo 828.º, n.º 4, em que – face à inércia do exequente em requerer execução contra o devedor principal – o devedor subsidiário que invoca o benefício da excussão pode requerer o levantamento da penhora dos seus bens, logo que consumado o prazo de 10 dias, aí previsto.

V – Outorga-se ao executado que deduza oposição à execução a faculdade de requerer a substituição da penhora, já efectuada, por caução idónea, em termos análogos aos previstos, em sede de procedimentos cautelares, no n.º 3 do artigo 387.º (garantindo, por esta via, a disponibilidade dos bens que haviam sido penhorados enquanto durar a execução). Tal substituição, porém, terá de ser requerida *"no acto de oposição"* à execução (não sendo, deste modo, possível a apresentação de um requerimento autónomo ulterior).

ARTIGO 835.º
Bens onerados com garantia real e bens indivisos

1 – Executando-se dívida com garantia real que onere bens pertencentes ao devedor, a penhora inicia-se pelos bens sobre que incida a garantia e só pode recair noutros quando se reconheça a insuficiência deles para conseguir o fim da execução.

2 – Quando a penhora de quinhão em património autónomo ou de direito sobre bem indiviso permita a utilização do mecanismo do n.º 2 do artigo 826.º e tal for conveniente para os fins da execução, a penhora começa por esse bem.

I – O n.º 1 mantém a obrigatoriedade de, no caso de bens onerados com garantia real, pertencentes ao devedor, a penhora se iniciar pelos bens sobre que incide a garantia (apenas se eliminando a referência ao acto de nomeação à penhora, ora desaparecido).

II – O n.º 2 prevê uma nova causa de possível prioridade na efectivação da penhora, em casos de comunhão ou compropriedade, de modo a propiciar, sempre que possível e conveniente, a penhora de todos os quinhões de um património autónomo ou de todos os direitos sobre um bem indiviso – levando a que seja vendido na execução, não apenas a quota ou fracção ideal de cada um dos contitulares ou comproprietários, mas o próprio bem, *"objectivamente"* considerado.

Deixa-se, porém, neste caso, a prioridade da penhora de todas as quotas ou quinhões na dependência de um juízo de conveniência a formular, em primeira linha, pelo agente de execução, nos termos gerais.

ARTIGO 836.º
Auto de penhora

Da penhora lavra-se auto, constante de impresso de modelo aprovado por portaria do Ministro da Justiça.

Prevê que a penhora consta sempre de *"auto"* – qualquer que seja a natureza dos bens penhorados – sujeito a impresso de modelo aprovado por portaria: a portaria n.º 700/03, de 31 de Julho.

ARTIGO 837.º
Frustração da penhora

1 – Se, no prazo de 30 dias a contar das notificações referidas no n.º 1 do artigo 832.º, ou no de 10 dias a contar da indicação de bens pelo exequente, nos termos do n.º 4 do artigo 833.º, não tiver penhorado bens suficientes, o agente de execução entrega ao exequente um relatório com a discriminação de todas as diligências efectuadas e do motivo da frustração da penhora.

2 – O relatório elaborado pelo solicitador de execução, nos termos do número anterior, é igualmente enviado à secretaria de execução e à Câmara dos Solicitadores.

I – Estabelece o dever do agente executivo de prestar informação ao exequente sobre a sua actuação, no que respeita à averiguação da existência de bens penhoráveis, no caso de frustração da penhora (e que, quando não seja satisfatoriamente cumprido, poderá determinar o pedido de destituição judicial, nos termos do artigo 808.º, n.º 4).

As diligências para penhora deverão consumar-se no prazo de 30 dias – cumprindo ao agente de execução apresentar ao exequente relatório com discriminação das diligências efectuadas e do motivo da frustração (total ou parcial) da penhora, tornando controlável ou sindicável pela parte a sua actuação processual.

Tal relatório apenas está expressamente previsto quando ocorram as *"notificações referidas no n.º 1 do artigo 832.º"* – parecendo-nos, porém, evidente que ele deve também ocorrer quando se frustre a penhora num caso em que não tenha havido qualquer *"notificação"*, por desnecessária: é o caso de, numa execução dispensada de despacho liminar e de contraditório prévio do executado, o solicitador de execução, designado pelo exequente, ter aceite a designação, nos termos do n.º 6 do artigo 810.º.

A apresentação do relatório está identicamente prevista no caso de indicação superveniente de bens pelo exequente, nos termos do n.º 4 do artigo 833.º, estando, neste caso, encurtado para 10 dias o prazo para o agente executivo actuar, quanto à penhora de tais bens.

II – O dever de prestação de informação ao exequente, quanto à actividade processual e indagatória que precedeu a frustração da penhora, tem lugar, quer o agente executivo seja um solicitador de execução, quer se trate de funcionário de justiça.

Porém – no primeiro caso – a fiscalização, profissional e deontológica, exercida pela Câmara dos Solicitadores, determina o envio do relatório a tal entidade.

E o carácter *"externo"* do agente executivo impõe também, neste caso, a remessa do relatório à secretaria de execução (de modo a que o juiz possa, desde logo, exercer os seus poderes gerais de controlo do processo e da actividade processual do solicitador de execução).

ARTIGO 837.º-A

Revogado pelo DL 38/2003, de 8 de Março.

SUBSECÇÃO III
Penhora de bens imóveis

ARTIGO 838.º
Realização da penhora de coisas imóveis

1 – Sem prejuízo de também poder ser feita nos termos gerais do registo predial, a penhora de coisas imóveis realiza-se por comunicação electrónica à conservatória do registo predial competente, a qual vale como apresentação para o efeito da inscrição no registo.

2 – Inscrita a penhora e observado o disposto no n.º 5, a conservatória do registo predial envia ao agente de execução o certificado do registo e a certidão dos ónus que incidam sobre os bens penhorados.

3 – Seguidamente, o agente de execução lavra o auto de penhora e procede à afixação, na porta ou noutro local visível do imóvel penhorado, de um edital, constante de modelo aprovado por portaria do Ministro da Justiça.

4 – O registo meramente provisório da penhora não obsta a que a execução prossiga, não se fazendo, porém, a adjudicação dos bens penhorados, a consignação judicial dos seus rendimentos ou a respectiva venda sem que o registo se haja convertido em definitivo; pode, porém, o juiz da execução, ponderados os motivos da provisoriedade, decidir que a execução não prossiga, se perante ele a questão for suscitada.

5 – O registo da penhora tem natureza urgente e importa a imediata feitura dos registos anteriormente requeridos sobre o bem penhorado.

6 – A apresentação perde eficácia se, no prazo de 15 dias, o exequente, que para o efeito é logo notificado pela conservatória, não pagar o respectivo preparo, ou não o fizer, no mesmo prazo, o agente de execução.

7 – A notificação determinada no número anterior é efectuada ao mandatário do exequente, quando este o tenha constituído na execução, sendo a respectiva identificação e domicílio profissional fornecidos à conservatória no acto de comunicação referido no n.º 1.

I – Rectificado pela declaração de rectificação n.º 5-C/2003, de 30 de Abril.

II – Prevê, no n.º 1, duas formas alternativas para o agente de execução – a quem passa a estar cometida esta incumbência, em substituição do exequente – proceder ao registo da penhora de imóveis (que naturalmente deixa de depender de despacho ou determinação judicial):

– mediante comunicação electrónica à conservatória competente, valendo tal acto como apresentação – e precedendo o mesmo a própria feitura no processo do auto de penhora: o registo passará, deste modo, a surgir como *"constitutivo"*, confundindo-se a forma do acto processual com a forma da apresentação registral (cfr. n.º 3);

– nos termos gerais do registo predial, em conformidade com o preceituado no artigo 41.º do Código de Registo Predial, a requerimento dos interessados, em impresso de modelo oficial, entregue pessoalmente ou remetido por via postal: neste caso – e, pelo menos, enquanto não for alterado o Código de Registo Predial, – parece-nos evidente que a feitura do auto de penhora terá de preceder o pedido de registo, sob pena de este carecer de objecto, já que o disposto na parte final do n.º 1 deste artigo apenas parece ser aplicável à forma de transmissão electrónica.

Nos termos do n.º 5, o registo da penhora é urgente e importa a imediata feitura de quaisquer registos precedentemente requeridos – visando-se com este regime obstar a que eventuais atrasos das conservatórias se reflictam negativamente no andamento da execução: a nosso ver, este regime de celeridade na feitura do registo será aplicável qualquer que haja sido a forma de apresentação do requerimento na conservatória.

III – Consumado o registo da penhora, a conservatória remete ao agente executivo o *"certificado"* (ou nota) de registo e a certidão dos ónus ou encargos inscritos, o que irá possibilitar as citações previstas no artigo 864.º.

Só após o recebimento destes elementos terá lugar a elaboração do auto de penhora e a sua publicitação específica, mediante edital afixado no imóvel penhorado – cfr., modelo aprovado pela Portaria n.º 700/03, de 31 de Julho – (como atrás se referiu, este regime só nos parece aplicável no caso em que o registo, requerido mediante comunicação electrónica, é *"constitutivo"* e incorpora a própria forma do acto processual).

IV – Embora a feitura do registo incumba ao agente executivo, continua a recair sobre o exequente o ónus de fazer o respectivo preparo. Daí que – nos n.ºs 6 e 7 – se tenha instituído um complexo sistema de notificações, visando advertir o exequente ou o seu mandatário de tal ónus, com a cominação de a apresentação ficar precludida e a sua *"eficácia"* – isto é a sua oponibilidade a terceiros – se perder.

Este regime suscita, porém, numerosas dúvidas:

– como articular o prazo de 15 dias, previsto no n.º 6, com a *"urgência"* legalmente atribuída à feitura do registo da penhora (e que implicaria que o registo devesse ser feito no prazo de 15 dias a contar da apresentação)? A nosso ver, só faz sentido inscrever a penhora no registo predial quando o preparo haja sido liquidado pelo interessado (parecendo apontar nesse sentido a rectificação introduzida no n.º 6, dizendo que a *"apresentação"* – e não o *"registo"* – perde eficácia face a um não pagamento tempestivo;

– qual o regime desta notificação? Afigura-se que a conservatória (e uma vez que ela se insere na tramitação de uma causa pendente) deverá fazê-la nos termos das notificações às partes em processos pendentes (artigo 253.º/255.º);

– o regime aqui previsto – e que, a nosso ver, decorre prioritariamente da transferência para o agente executivo da incumbência de realizar o registo da penhora – terá de ser aplicado mesmo que este haja sido requerido *"nos termos gerais do registo predial"*, o que implica que o agente de execução deva ter comunicado à conservatória a identidade e o domicílio profissional do mandatário do exequente;

– não existe qualquer dever por parte do agente de execução de pagar o preparo: a possibilidade prevista na parte final do n.º 6, terá de perspectivar-se como verdadeiro acto de gestão de negócios, praticado no interesse e em substituição do exequente.

V – Competirá, naturalmente, ao agente de execução (solicitador de execução ou oficial de justiça) com a indispensável cooperação do exequente – para além da apresentação do requerimento do registo da penhora ou da feitura da *"comunicação electrónica"* – a apresentação de todos os documentos necessários (desde logo, o documento matricial actualizado), bem como a remoção de todas as *"dúvidas"* colocadas pelo conservador – e que obstam à definitividade do registo.

O n.º 4 mantém, no essencial, o regime que constava da anterior redacção do n.º 6, permitindo que a execução prossiga até à fase da venda com base num registo provisório da penhora. Porém – e como decorrência da restrição à intervenção do juiz no processamento da causa – a regra passará a ser o prosseguimento da execução, só tendo lugar a sua paralisação quando a questão da inconveniência do prosseguimento for colocada perante o juiz e por ele decidida, nomeadamente ao abrigo das competências previstas no artigo 809.º, n.º 1, alíneas c) e d).

VI – Sobre o âmbito da protecção registral cf. art. 819.º do CC e – no que se refere à determinação do conceito de "terceiros", para efeitos de registo, o ac. de uniformização de jurisprudência do STJ 3/99, de 10 de Julho e o art. 5.º, n.º 4, do C. Reg. Predial.

ARTIGO 839.º
Depositário

1 – É constituído depositário dos bens o agente de execução ou, nas execuções distribuídas a oficial de justiça, pessoa por este designada, salvo se o exequente consentir que seja depositário o próprio executado ou ocorrer alguma das seguintes circunstâncias:

a) O bem penhorado ser a casa de habitação efectiva do executado, caso em que é este o depositário;

b) O bem estar arrendado, caso em que é depositário o arrendatário;

c) O bem ser objecto de direito de retenção, em consequência de incumprimento contratual judicialmente verificado, caso em que é depositário o retentor.

2 – Estando o mesmo prédio arrendado a mais de uma pessoa, de entre elas se escolherá o depositário, que cobrará as rendas dos outros arrendatários.

3 – Sem prejuízo do disposto no n.º 3 do artigo 861.º, as rendas em dinheiro são depositadas em instituição de crédito, à ordem do solicitador de execução ou, na sua falta, da secretaria, à medida que se vençam ou se cobrem.

I – Como decorrência das amplas competências atribuídas ao agente de execução, estabelece o n.º 1, primeira parte, que será depositário do imóvel penhorado o agente executivo que seja solicitador de execução.

Se a execução estiver distribuída a oficial de justiça, cabe a este designar o depositário (deixando naturalmente de ter lugar a intervenção judicial em tal designação) – mantendo-se a regra de que só é possível a designação como depositário do próprio executado se o exequente der o seu consentimento.

As alíneas a) b) e c) prevêem três situações em que – por disposição imperativa da lei – tem de ser nomeado depositário o próprio executado (valendo elas, obviamente, quer no caso de a execução estar cometida a solicitador de execução, quer a oficial de justiça):

– a primeira hipótese é a de o imóvel penhorado ser a casa de habitação *"efectiva"* do executado (correspondendo, deste modo, a uma ampliação da tutela do direito de habitação, já prevista na anterior redacção do artigo 840.º, n.º 4, estabelecendo-se, porém, agora que o executado permanece sempre na dita habitação, embora na veste de depositário);

– a segunda situação – alínea b) do n.º 1 e n.º 2 – corresponde à que estava prevista no artigo 841.º, ora revogado, sendo nomeado depositário o arrendatário do prédio penhorado;

– a terceira situação, prevista na alínea c) do n.º 1, reporta-se à existência de direito de retenção, prevendo que se nomeie depositário o retentor, mas apenas no caso de o incumprimento contratual que fundamenta tal garantia real, nomeadamente nos termos do artigo 755.º, n.º 1, alínea f), do Código Civil, estar *"judicialmente verificado"*: implica isto que o retentor só será depositário do imóvel penhorado quando tiver obtido decisão judicial que (mesmo que ainda não haja transitado em julgado) reconheça o incumprimento, gerador do direito de retenção; se ainda não tiver ocorrido a prolação de qualquer decisão judicial sobre o incumprimento contratual, o bem será entregue, ou ao solicitador de execução, ou a depositário nomeado pelo oficial de justiça/agente executivo, sendo o retentor, neste caso, necessariamente desapossado do imóvel penhorado.

Parece-nos, todavia, que esta *"entrega"* da coisa ao depositário não implicará a extinção do direito de retenção, prevista na parte final do artigo 761.º do Código Civil: na verdade, não faria sentido deixar a subsistência da garantia real do retentor na dependência da propositura – e, particularmente – do andamento mais ou menos célere da acção de incumprimento – subsistindo deste modo a garantia real inerente, apesar do desapossamento, consequente à penhora.

II – O n.º 3 – ressalvando expressamente a possibilidade de entrega directa ao exequente do valor das rendas depositadas – permite o seu depósito em qualquer instituição de crédito e à ordem do solicitador de execução; se, porém, o agente executivo for um oficial de justiça, os depósitos ficam à ordem da secretaria (e já não do próprio agente de execução).

ARTIGO 840.º
Entrega efectiva

1 – Sem prejuízo do disposto nos n.ᵒˢ 1 e 2 do artigo anterior, o depositário deve tomar posse efectiva do imóvel.

2 – Quando as portas estejam fechadas ou seja oposta alguma resistência, bem como quando haja receio justificado de que tal se verifique, o agente de execução requer ao juiz que determine a requisição do auxílio da força pública, arrombando-se aquelas, se necessário, e lavrando-se auto da ocorrência.

3 – Quando a diligência deva efectuar-se em casa habitada ou numa sua dependência fechada, só pode realizar-se entre as 7 e as 21 horas, devendo o agente de execução entregar cópia do auto de penhora a quem tiver a disponibilidade do lugar em que a diligência se realiza, o qual pode assistir à diligência e fazer-se acompanhar ou substituir por pessoa da sua confiança que, sem delonga, se apresente no local.

I – Corresponde, no essencial, ao regime que já constava do preceito, implicando – salvo nos casos previstos no preceito anterior, em que se ressalva o direito do executado a permanecer, como depositário, no imóvel penhorado – que o depositário deve tomar "*posse efectiva*" daquele.

II – A inexistência de despacho determinativo da penhora – e a necessidade de garantir direitos fundamentais, "*maxime*" o princípio da inviolabilidade do domicílio – implica naturalmente que a entrada coerciva no imóvel penhorado dependa de decisão judicial (permitindo-se ao agente executivo a colocação ao juiz da necessidade de requisição da força pública para efectivar tal entrada coerciva, com base um juízo de probabilidade razoável acerca da possível resistência do executado).

III – A alteração introduzida no n.º 3 limitou-se a prever que – naturalmente – é o agente executivo que realiza a diligência, entregando cópia do auto de penhora a quem tiver a disponibilidade do local (e não de cópia do despacho determinativo da penhora, que actualmente inexiste).

ARTIGO 841.º

Revogado pelo DL 38/2003, de 8 de Março.

ARTIGO 842.º
Extensão da penhora – Penhora de frutos

1 – A penhora abrange o prédio com todas as suas partes integrantes e os seus frutos, naturais ou civis, desde que não sejam expressamente excluídos e nenhum privilégio exista sobre eles.

2 – Os frutos pendentes podem ser penhorados em separado, como coisas móveis, contanto que não falte mais de um mês para a época normal da colheita; se assim suceder, a penhora do prédio não os abrange, mas podem ser novamente penhorados em separado, sem prejuízo da penhora anterior.

Disposição imodificada pelo DL n.º 38/03.

ARTIGO 842.º-A
Divisão do prédio penhorado

1 – Quando o imóvel penhorado for divisível e o seu valor exceder manifestamente o da dívida exequenda e dos créditos reclamados, pode o executado requerer autorização para proceder ao seu fraccionamento, sem prejuízo do prosseguimento da execução.

2 – A penhora mantém-se sobre todo o prédio, mesmo após a divisão, salvo se, a requerimento do executado e ouvidos os demais interessados, o juiz autorizar o levantamento da penhora sobre algum dos imóveis resultantes da divisão, com fundamento na manifesta suficiência do valor dos restantes para a satisfação do crédito do exequente e dos credores reclamantes.

I – Este preceito, introduzido pelo DL n.º 329-A/95, como decorrência do princípio da proporcionalidade da penhora vem permitir ao executado a eventual divisão ou fraccionamento do imóvel originariamente penhorado – a realizar naturalmente fora do processo de execução, pela forma pertinente e legalmente adequada e sem prejuízo dos direitos do exequente e do normal prosseguimento da execução.

Assim, v.g., penhorado prédio misto cujo valor global excede manifestamente os créditos do exequente e dos credores reclamantes, será lícito ao executado pedir autorização ao juiz da causa para – perante as entidades administrativas competentes – proceder ao destacamento da parte rústica, cujo valor assegura integralmente tais créditos.

II – O regime estabelecido garante plenamente os interesses dos credores, já que:
– a autorização concedida não contende com o normal prosseguimento da execução;
– a divisão ou fraccionamento obtidos não afectam, só por si, a subsistência da penhora sobre a totalidade do imóvel, dependendo a redução do objecto da penhora de decisão judicial, proferida após contraditório dos interessados e fundada na manifesta suficiência dos bens que subsistem penhorados.

III – O n.º 3 do art. 886.º-B faculta ao executado a apresentação de requerimento, com vista a que a venda se inicie por algum dos prédios resultantes do fraccionamento ou divisão realizada.

IV – Disposição imodificada pelo DL n.º 38/03, mantendo-se a competência do juiz, prevista no n.º 2, para autorizar o levantamento da penhora sobre algum ou alguns dos prédios resultantes da divisão. Porém, do preceituado no n.º 1 do artigo 808.º resultará que a "*autorização*" para a divisão, prevista no n.º 1, incumbirá, em primeira linha, ao agente de execução.

ARTIGO 843.º
Administração dos bens depositados

1 – Além dos deveres gerais do depositário, incumbe ao depositário judicial o dever de administrar os bens com a diligência e zelo de um bom pai de família e com a obrigação de prestar contas.

2 – Na falta de acordo entre o exequente e o executado sobre o modo de explorar os bens penhorados, o juiz decidirá, ouvido o depositário e feitas as diligências necessárias.

3 – O solicitador de execução pode socorrer-se, na administração dos bens, de colaboradores, que actuam sob sua responsabilidade.

O DL n.º 329-A/95 eliminou o arrendamento como forma normal de exploração dos imóveis penhorados, cumprindo ao juiz decidir, em concreto, sobre tal matéria – e tendo em conta que a estabilidade de uma relação locatícia poderá ser dificilmente compatível com a precária exploração dos bens penhorados, durante a pendência da execução.

O n.º 3 aditado pelo DL n.º 38/03, limitou-se a estabelecer a possibilidade de o solicitador de execução se socorrer de colaboradores na administração dos bens penhorados, em concretização do regime previsto no artigo 808.º, n.º 6.

ARTIGO 844.º

Revogado pelo DL 38/2003, de 8 de Março.

ARTIGO 845.º
Remoção do depositário

1 – Será removido, a requerimento de qualquer interessado, o depositário que, não sendo o solicitador de execução, deixe de cumprir os deveres do seu cargo.

2 – O depositário é notificado para responder, observando-se o disposto nos artigos 302.º a 304.º

3 – O depositário pode pedir escusa do cargo, ocorrendo motivo atendível.

A única alteração introduzida pelo DL n.º 38/03 consistiu em excluir do procedimento incidental de remoção do depositário o solicitador de execução que, no processo, exerça tal função: como é evidente, neste caso a destituição só poderá ocorrer através do procedimento tipificado no artigo 808.º, n.º 4.

Por outro lado, da remissão para os termos dos incidentes da instância (artigos 302.º/304.º) parece decorrer que o procedimento de destituição do *"normal"* depositário (que não seja solicitador de execução) continua a ser da competência do juiz (e não do agente executivo).

ARTIGO 846.º
Conversão do arresto em penhora

Quando os bens estejam arrestados, converte-se o arresto em penhora e faz-se no registo predial o respectivo averbamento, aplicando-se o disposto no artigo 838.º

No sentido de que não obsta à conversão aqui prevista o facto de terem sido deduzidos e estarem pendentes embargos ao arresto, atenta a diferença entre as finalidades do arresto e da penhora, vide Ac. Rel. in CJ II/99 pág. 191.

Como decorrência dos amplos poderes conferidos ao agente de execução, passa a competir-lhe a conversão do arresto em penhora (eliminando-se a referência ao *"despacho"* que estava previsto na anterior redacção do preceito). À feitura, por conversão, do registo da penhora é aplicável o disposto no artigo 838.º.

ARTIGO 847.º
Levantamento de penhora

1 – O executado pode requerer o levantamento da penhora e a condenação do exequente nas custas a que deu causa se, por negligência deste, a execução tiver estado parada nos seis meses anteriores ao requerimento.

2 – A execução não deixa de considerar-se parada pelo facto de o processo ser remetido à conta ou de serem pagas custas contadas.

3 – Passados três meses sobre o início da actuação negligente do exequente e enquanto não for requerido o levantamento da penhora, pode qualquer credor, cujo crédito esteja vencido e tenha sido reclamado para ser pago pelo produto da venda dos bens penhorados, substituir-se ao exequente na prática do acto que ele tenha negligenciado, aplicando-se, com as adaptações necessárias, o n.º 3 do artigo 920.º, até que o exequente retome a prática normal dos actos executivos subsequentes.

I – Como consequência de ampla competência do agente de execução (artigo 808.º, n.º 1) é a este que incumbirá, em primeira linha, determinar o levantamento da penhora (cfr., sobre situação paralela, o artigo 888.º), salvo se for requerida condenação do exequente nas custas, o que envolve necessária intervenção do juiz.

II – O n.º 3 vem criar uma nova situação de substituição do exequente negligente por um credor reclamante, dotado de garantia real, que passa a impulsionar o processo, em termos análogos aos previstos no artigo 920.º, n.º 3 (com a particularidade de neste caso, a execução ainda não estar extinta). O período de tempestiva a apresentação de tal requerimento é o que se medeia entre os três meses posteriores *"ao início da actuação negligente do exequente"* e o momento em que o executado requeira o levantamento da penhora, nos termos do n.º 1. A legitimidade do credor depende da titularidade de um crédito vencido, já reclamado, para ser pago pelo produto da venda dos bens penhorados sobre que incide a garantia – mantendo-se a substituição até que o exequente retome a prática normal dos actos executivos subsequentes.

SUBSECÇÃO IV
Penhora de bens móveis

ARTIGO 848.º
Penhora de coisas móveis não sujeitas a registo

1 – A penhora de coisas móveis não sujeitas a registo é realizada com a efectiva apreensão dos bens e a sua imediata remoção para depó-

sitos, assumindo o agente de execução que efectuou a diligência a qualidade de fiel depositário.

2 – Presume-se pertencerem ao executado os bens encontrados em seu poder, podendo a presunção, feita a penhora, ser ilidida perante o juiz, mediante prova documental inequívoca do direito de terceiro, sem prejuízo dos embargos de terceiro.

3 – Quando, para a realização da penhora, haja que forçar a entrada no domicílio do executado ou de terceiro, bem como quando haja receio justificado de que tal se verifique, o agente de execução requer ao juiz que determine a requisição do auxílio da força pública, lavrando-se auto da ocorrência.

4 – O dinheiro, papéis de crédito, pedras e metais preciosos que sejam apreendidos são depositados em instituição de crédito, à ordem do solicitador de execução ou, na sua falta, da secretaria.

I – O preceito passa a ser apenas aplicável à penhora de móveis não sujeitos a registo, estando a penhora de coisas móveis sujeitas a registo prevista e regulada no artigo 851.º.

II – O n.º 1 mantém a regra de que a penhora envolve a efectiva apreensão dos bens, prescrevendo ainda a sua imediata remoção para *"depósitos"*, onde ulteriormente poderão ser vendidos, nos termos do artigo 907.º-A – e assumindo o agente de execução a qualidade de fiel depositário (desaparecendo, assim, a designação do depositário que constava da anterior redacção do n.º 2, bem como a possibilidade de exercer tal função o próprio executado).

III – O n.º 2 estabelece a presunção de que pertencem ao executado todos os bens encontrados *"em seu poder"*, devendo, consequentemente, o agente de execução realizar a penhora, mesmo que – como *"ocorrência anómala"* – se pretenda que os bens detidos pelo executado pertencem a terceiro (substituindo, deste modo, o regime que constava da anterior redacção do artigo 832.º). Faculta-se, todavia a ilisão, por procedimento simples e incidental, de tal presunção de titularidade dos bens penhorados, nomeadamente por iniciativa do terceiro que se arroga a titularidade, apresentando, para tal, *"prova documental inequívoca"* do seu direito – e sendo da competência do juiz a dirimição de tal litígio.

A não suscitação ou a improcedência do incidente não preclude a possibilidade de o terceiro lançar mão dos embargos de terceiro (tendo necessariamente de os usar quando carecer de produzir outros meios probatórios, que não a prova documental *"inequívoca"*, aqui prevista).

IV – A entrada coerciva no domicílio do executado ou de terceiro, detentor dos bens, para efectivar a penhora depende naturalmente de decisão judicial, solicitada pelo agente de execução, em termos análogos aos previstos no artigo 840.º, n.º 2.

V – O n.º 4 prevê o depósito de dinheiro, papéis de crédito e pedras e metais preciosos em qualquer instituição de crédito, à ordem do solicitador de execução ou – sendo agente executivo o oficial de justiça – da secretaria judicial, em termos idênticos aos previstos no artigo 839.º, n.º 3.

VI – A rigidez da regra do n.º 1 poderá suscitar dificuldades práticas, não apenas nos casos em que a natureza do bem penhorado inviabilizar a sua remoção para outro local, como também naqueles em que a inexistência de depósitos "públicos" e a recusa do exequente em adiantar as quantias necessárias à remoção para depósitos "privados" torna injustificável a responsabilidade do agente executivo pela conservação de um bem que acaba por permanecer sob o controlo do executado. Afigura-se, deste modo, ser indepensável proceder a uma interpretação correctiva do n.º 1, de acordo com o princípio de adequação, permitindo, nomeadamente, nos casos de impossibilidade manifesta da remoção dos bens, a nomeação de um depositário (que, em muitos casos, não havendo depósitos "públicos", acabará por ter de ser o próprio executado).

ARTIGO 848.º-A
Cooperação do exequente na realização da penhora

1 – O exequente pode cooperar com o agente de execução na realização da penhora, facultando os meios necessários à apreensão de coisas móveis.

2 – As despesas comprovadamente suportadas com a cooperação a que se refere o número anterior gozam da garantia prevista no artigo 455.º

O n.º 1 limita-se a prever que a cooperação do exequente passa a ser com o agente executivo, a quem incumbe realizar a penhora.

ARTIGO 849.º
Auto de penhora

1 – Da penhora lavra-se auto, em que se regista a hora da diligência, se relacionam os bens por verbas numeradas e se indica, sempre que possível, o valor aproximado de cada verba.

2 – O valor de cada verba é fixado pelo agente de execução a quem incumbe a realização da penhora, o qual pode recorrer à ajuda de um perito em caso de avaliação que dependa de conhecimentos especializados.

3 – Se a penhora não puder ser concluída em um só dia, faz-se a imposição de selos nas portas das casas em que se encontrem os bens não relacionados e tomam-se as providências necessárias à sua guarda, em termos de a diligência prosseguir regularmente no 1.º dia útil.

4 – *Revogado*.

I – Rectificado pela declaração de rectificação n.º 5-C/03, de 30 de Abril (revogação do n.º 4 do preceito).

II – A alteração introduzida no n.º 2 é meramente consequencial de a feitura da penhora estar cometida ao agente de execução, a quem compete naturalmente fixar o valor de cada verba.

ARTIGO 850.º
Obstáculos à realização da penhora

1 – Se o executado, ou quem o represente, se recusar a abrir quaisquer portas ou móveis, ou se a casa estiver deserta e as portas e móveis se encontrarem fechados, observar se-á o disposto no artigo 840.º

2 – O executado ou a pessoa que ocultar alguma coisa com o fim de a subtrair à penhora fica sujeito às sanções correspondentes à litigância de má fé, sem prejuízo da responsabilidade criminal em que possa incorrer.

3 – O agente de execução que, no acto da penhora, suspeite da sonegação, insta pela apresentação das coisas ocultadas e adverte a pessoa da responsabilidade em que incorre com o facto da ocultação.

O Dl n.º 38/03 introduz alterações de pormenor nos n.ºs 2 e 3, submetendo às sanções previstas no n.º 2 do artigo qualquer pessoa que oculte bens (e não apenas a pessoa "*da casa*") e atribuindo naturalmente ao agente de execução a competência para instar os responsáveis, nos termos do n.º 3.

ARTIGO 851.º
Penhora de coisas móveis sujeitas a registo

1 – À penhora de coisas móveis sujeitas a registo aplica-se, com as devidas adaptações, o disposto no artigo 838.º

2 – A penhora de veículo automóvel é seguida de imobilização, designadamente através da imposição de selos e, quando possível, da apreensão dos respectivos documentos; a apreensão pode ser efectuada por qualquer autoridade administrativa ou policial, nos termos prescritos na legislação especial para a apreensão de veículo automóvel requerida por credor hipotecário; o veículo apenas é removido quando necessário ou, na falta de oposição à penhora, quando conveniente.

3 – O modelo dos selos é aprovado por portaria do Ministro da Justiça.

4 – A penhora de navio despachado para viagem é seguida de notificação à capitania, para que esta apreenda os respectivos documentos e impeça a saída.

5 – A penhora de aeronave é seguida de notificação à autoridade de controlo de operações do local onde ela se encontra estacionada, à qual cabe apreender os respectivos documentos.

I – O n.º 1 manda aplicar à penhora de móveis sujeitos a registo o regime previsto no artigo 838.º (do qual decorre que, em princípio, o auto de penhora será posterior ao registo "*constitutivo*", operado por comunicação electrónica à conservatória).

II – O n.º 2 altera o regime de apreensão do veículo automóvel, que constava da anterior redacção dos n.ᵒˢ 5 do artigo 848.º e 4 do artigo 849.º: para além da precedência na feitura do registo "*constitutivo*", nos termos do artigo 838.º, n.º 1, dispensa-se a efectiva apreensão e subsequente depósito do veículo, substituído pela sua imobilização (feita por qualquer autoridade administrativa ou policial), mediante imposição de selos, – cfr., Portaria n.º 700/03, de 31 de Julho – dispensando-se – em regra – a remoção da viatura penhorada e imobilizada. Sendo "necessário" ou "conveniente" proceder à apreensão material da viatura ou documentos respectivos, é aplicável o preceituado no DL n.º 54/75, de 12/2.

III – Os n.ᵒˢ 4 e 5 prescrevem a feitura das comunicações adequadas a obstar à saída de navios ou aeronaves penhoradas.

ARTIGO 852.º
Modo de fazer navegar o navio penhorado

1 – O depositário de navio penhorado pode fazê-lo navegar se o executado e o exequente estiverem de acordo e preceder autorização judicial.

2 – Requerida a autorização, serão notificados aqueles interessados, se ainda não tiverem dado o seu assentimento, para responderem em cinco dias.

Se for concedida a autorização, avisar-se-á, por ofício, a capitania do porto.

Disposição imodificada pelo DL n.º 38/03.

ARTIGO 853.º
Modo de qualquer credor fazer navegar o navio penhorado

1 – Independentemente de acordo entre o exequente e o executado, pode aquele, ou qualquer dos credores com garantia sobre o navio penhorado, requerer que este continue a navegar até ser vendido, contanto que preste caução e faça o seguro usual contra riscos.

2 – A caução deve assegurar os outros créditos que tenham garantia sobre o navio penhorado e as custas do processo.

3 – Sobre a idoneidade da caução e a suficiência do seguro são ouvidos o capitão do navio e os titulares dos créditos que cumpre acautelar.

4 – Se o requerimento for deferido, é o navio entregue ao requerente, que fica na posição de depositário, e dá-se conhecimento do facto à capitania do porto.

Disposição imodificada pelo DL n.º 38/03.

ARTIGO 854.º
Dever de apresentação dos bens

1 – O depositário é obrigado a apresentar, quando lhe for ordenado, os bens que tenha recebido, salvo o disposto nos artigos anteriores.

2 – Se os não apresentar dentro de cinco dias e não justificar a falta, é logo ordenado arresto em bens do depositário suficientes para garantir o valor do depósito e das custas e despesas acrescidas, sem prejuízo de procedimento criminal; ao mesmo tempo é executado, no próprio processo, para o pagamento daquele valor e acréscimos.

3 – O arresto é levantado logo que o pagamento esteja feito, ou os bens apresentados, acrescidos do depósito da quantia de custas e despesas, que será imediatamente calculada.

Preceito inalterado – apenas se impondo notar que, em regra, o depositário – sujeito às sanções aqui previstas – será o próprio agente de execução (cfr. artigos 839.º, n.º 1, e 848.º, n.º 1).

ARTIGO 855.º
Aplicação das disposições relativas à penhora de imóveis

É aplicável, subsidiariamente, à penhora de bens móveis o disposto, na subsecção anterior, para a penhora dos imóveis.

Preceito inalterado pelo DL n.º 38/03.

SUBSECÇÃO V
Penhora de direitos

ARTIGO 856.º
Penhora de créditos

1 – A penhora de créditos consiste na notificação ao devedor, feita com as formalidades da citação pessoal e sujeita ao regime desta, de que o crédito fica à ordem do agente de execução.

2 – Cumpre ao devedor declarar se o crédito existe, quais as garantias que o acompanham, em que data se vence e quaisquer outras circunstâncias que possam interessar à execução. Não podendo ser feitas no acto da notificação, serão as declarações prestadas, por meio de termo ou de simples requerimento, no prazo de 10 dias, prorrogável com fundamento justificado.

3 – Se o devedor nada disser, entende-se que ele reconhece a existência da obrigação, nos termos da indicação do crédito à penhora.

4 – Se faltar conscientemente à verdade, o devedor incorre na responsabilidade do litigante de má fé.

5 – O exequente, o executado e os credores reclamantes podem requerer ao juiz a prática, ou a autorização para a prática, dos actos que se afigurem indispensáveis à conservação do direito de crédito penhorado.

6 – Se o crédito estiver garantido por penhor, faz-se apreensão do objecto deste, aplicando-se as disposições relativas à penhora de coisas móveis, ou faz-se a transferência do direito para a execução; se estiver garantido por hipoteca, faz-se no registo o averbamento da penhora.

I – O n.º 1 – para além de explicitar que o crédito penhorado fica à ordem do agente de execução – vem estabelecer que a notificação ao devedor, em que se consubstancia a penhora (e atentos os gravosos efeitos cominatórios que o n.º 3 continua a prescrever) é feita com as formalidades da citação pessoal e sujeita ao regime desta.

II – O n.º 2 estabelece – como prazo normal para o devedor prestar as declarações, aí previstas – o de 10 dias, admitindo, porém, a sua prorrogação, mediante fundamento justificado (e parecendo que este será, em primeira linha, decidido pelo agente de execução, nos termos do artigo 808.º, n.º 1).

III – O n.º 3 mantém o efeito cominatório para o silêncio do devedor, apenas substituindo a *"nomeação à penhora"* pela indicação do crédito à penhora. O preceito carece, todavia, de ser articulado com a norma constante do n.º 4 do artigo 860.º. De salientar que o Tribunal Constitucional, no acórdão n.º 6/2001 (in ***Acórdãos do Tribunal Constitucional***, 49.º vol., pág. 83), considerou não inconstitucional esta norma, na interpretação segundo a qual não tendo o devedor declarado se o crédito existe, se entende que reconheceu a obrigação, nos termos indicados pelo exequente.

Cf. sobre o efeito cominatório aplicável ao devedor que omita qualquer declaração – no âmbito da anterior redacção do preceito – o Assento do STJ de 25/11/93 (in BMJ 431, 25).

IV – O n.º 5 mantém a possibilidade de as partes requererem a prática – ou a autorização para praticarem – quaisquer actos indispensáveis à conservação do crédito penhorado – continuando tal decisão a estar cometida ao juiz.

V – Os n.ºs 4 e 6 permanecem sem alterações.

VI – Sobre a inoponibilidade à execução de actos extintivos do crédito penhorado, por causa dependente da vontade do executado ou do seu devedor, cfr. art. 820.º do CC.

ARTIGO 857.º
Penhora de títulos de crédito

1 – A penhora de direitos incorporados em títulos de crédito e valores mobiliários titulados não abrangidos pelo n.º 12 do artigo 861.º-A realiza-se mediante a apreensão do título, ordenando-se ainda, sempre que possível, o averbamento do ónus resultante da penhora.

2 – Se o direito incorporado no título tiver natureza obrigacional, cumprir-se-á ainda o disposto acerca da penhora de direitos de crédito.

3 – Os títulos de crédito apreendidos são depositados em instituição de crédito, à ordem do solicitador de execução ou, na sua falta, da secretaria.

I – Rectificado pela declaração de rectificação n.º 5-C/2003, de 30 de Abril.

II – Inclui no regime, previsto neste preceito, a penhora dos valores mobiliários titulados, não abrangidos pelo disposto no n.º 12 do artigo 861.º-A (os integrados em sistema centralizado, registados ou depositados em intermediário financeiro ou registados junto do respectivo emitente).

III – O n.º 3 permite o depósito dos títulos ou valores penhorados em qualquer instituição de crédito, à ordem do solicitador de execução ou – sendo agente executivo o oficial de justiça – da secretaria.

IV – A matéria que constava do n.º 4 passou a estar regulada no artigo 861.º-A, n.º 12.

ARTIGO 858.º
Termos a seguir quando o devedor negue a existência do crédito

1 – Se o devedor contestar a existência do crédito, são notificados o exequente e o executado para se pronunciarem, no prazo de 10 dias, devendo o exequente declarar se mantém a penhora ou desiste dela.

2 – Se o exequente mantiver a penhora, o crédito passa a considerar-se litigioso e como tal será adjudicado ou transmitido.

Elimina-se através do DL n.º 38/03 a audiência (oral) dos interessados, substituída pela notificação ao exequente e executado para se pronunciarem por escrito sobre a contestação deduzida pelo devedor do crédito penhorado, devendo – em tal resposta – o exequente declarar logo se mantém a penhora – passando o crédito penhorado a ser litigioso – ou se desiste dela.

ARTIGO 859.º
Termos a seguir quando o devedor alegue que a obrigação está dependente de prestação do executado

1 – Se o devedor declarar que a exigibilidade da obrigação depende de prestação a efectuar pelo executado e este confirmar a declaração, é notificado o executado para que, dentro de 15 dias, satisfaça a prestação.

2 – Quando o executado não cumpra, pode o exequente ou o devedor exigir o cumprimento, promovendo a respectiva execução. Pode também o exequente substituir-se ao executado na prestação, ficando neste caso sub--rogado nos direitos do devedor.

3 – Se o executado impugnar a declaração do devedor e não for possível fazer cessar a divergência, observar-se-á, com as modificações necessárias, o disposto no artigo anterior.

4 – Nos casos a que se refere o n.º 2, pode a prestação ser exigida, por apenso no mesmo processo, sem necessidade de citação do exe-

cutado, servindo de título executivo o despacho que haja ordenado o cumprimento da prestação.

A alteração introduzida no n.º 1 limita-se a alargar para 15 dias o prazo para que o executado satisfaça a prestação de que depende a exigibilidade do crédito penhorado.

ARTIGO 860.º
Depósito ou entrega da prestação devida

1 – Logo que a dívida se vença, o devedor que não a haja contestado é obrigado a depositar a respectiva importância em instituição de crédito, à ordem do solicitador de execução ou, na sua falta, da secretaria, e a apresentar no processo o documento do depósito, ou a entregar a coisa devida ao agente de execução, que funcionará como seu depositário.

2 – Se o crédito já estiver vendido ou adjudicado e a aquisição tiver sido notificada ao devedor, será a prestação entregue ao respectivo adquirente.

3 – Não sendo cumprida a obrigação, pode o exequente ou o adquirente exigir a prestação, servindo de título executivo a declaração de reconhecimento do devedor, a notificação efectuada e a falta de declaração ou o título de aquisição do crédito.

4 – Verificando-se, em oposição à execução, no caso do n.º 3 do artigo 856.º, que o crédito não existia, o devedor responde pelos danos causados, nos termos gerais, liquidando-se a sua responsabilidade na própria oposição, quando o exequente faça valer na contestação o direito à indemnização.

5 – É aplicável o disposto no n.º 3 do artigo 861.º

I – As alterações introduzidas nos n.ºs 1 a 3 são meramente consequenciais da nova fisionomia do processo executivo:
– o depósito da quantia devida pode ser efectuado em qualquer instituição de crédito, à ordem do solicitador, da execução ou, na sua falta, da secretaria (n.º 1);
– a entrega da coisa devida é feita (não ao exequente) mas ao agente de execução, que funcionará como seu depositário (n.º 1, parte final);
– eliminado o despacho determinativo da penhora, o título executivo para se exigir o cumprimento da obrigação passa a ser integrado pela declaração de reconhecimento do devedor ou – no silêncio deste – a certificação da notificação efectuada e da falta de declaração do devedor (n.º 3).

II – O n.º 4 contém disposição nova, atenuando o efeito cominatório – de reconhecimento do débito – que o n.º 3 do artigo 856.º faz impender sobre o devedor.

Assim, se – apesar de tal reconhecimento tácito – a obrigação não for cumprida, tornando necessário ao exequente ou adquirente lançar mão do regime estatuído no n.º 3, parece ser possível ao devedor, apesar do efeito associado ao seu silêncio anterior, deduzir oposição à execução, com fundamento na inexistência do crédito.

Neste caso – e apesar da improcedência da execução contra si movida – é cominada ao devedor a obrigação de ressarcir o exequente pelos danos causados pela sua negligente actuação processual (que não carece, porém, de constituir litigância de má fé), sendo tal responsabilidade civil reconhecida e liquidada no âmbito da oposição à execução deduzida, desde que o exequente a invoque na contestação que deduza.

III – O Decreto-Lei n.º 199/03 aditou a norma do n.º 5 deste preceito, facultando a entrega ao exequente das quantias depositadas, verificadas que sejam as condições previstas no n.º 3 do artigo 861.º.

ARTIGO 860.º-A
Penhora de direitos ou expectativas de aquisição

1 – À penhora de direitos ou expectativas de aquisição de bens determinados pelo executado aplica-se, com as adaptações necessárias, o preceituado nos artigos antecedentes acerca da penhora de créditos.

2 – Quando o objecto a adquirir for uma coisa que esteja na posse ou detenção do executado, cumprir-se-á ainda o previsto nos artigos referentes à penhora de imóves ou de móveis, conforme o caso.

3 – Consumada a aquisição, a penhora passa a incidir sobre o próprio bem transmitido.

Disposição inalterada pelo DL n.º 38/03.

I – Consagra expressamente a admissibilidade de a penhora recair sobre direitos ou meras expectativas de aquisição de bens determinados pelo executado, adoptando alguns traços do regime que a doutrina já vinha sustentando (cfr. Lebre de Freitas, A acção executiva, pág. 208).

II – A efectivação da penhora (v.g. de bens vendidos com reserva de propriedade) pressupõe, neste caso, não apenas a notificação do (ainda) titular dos bens a transmitir (em termos análogos aos que caracterizam a penhora de créditos), mas também a apreensão material do bem móvel a adquirir, se já estiver na posse ou detenção do executado, titular da expectativa de aquisição, ou a sua entrega a um depositário, se se tratar de coisa imóvel.

É manifesto que, neste caso, o âmbito de penhora se circunscreve ao direito ou expectativa de aquisição de que é titular o executado, não afectando o direito de propriedade de que goza o transmitente ou alienante.

III – O n.º 3 estabelece que, consumada a aquisição (v.g., com o integral pagamento ds valores que a condicionavam), a penhora passa automaticamente a incidir sobre o bem ou coisa transmitida, que ficará, deste modo, a garantir o crédito exequendo com a anterioridade resultante da data de realização da penhora.

ARTIGO 861.º
Penhora de rendas, abonos, vencimentos ou salários

1 – Quando a penhora recaia sobre rendas, abonos, vencimentos, salários ou outros rendimentos periódicos, é notificado o locatário, o empregador ou a entidade que os deva pagar para que faça, nas quantias devidas, o desconto correspondente ao crédito penhorado e proceda ao depósito em instituição de crédito.

2 – As quantias depositadas ficam à ordem do solicitador de execução ou, na sua falta, da secretaria, mantendo-se indisponíveis até ao termo do prazo para a oposição do executado, caso este se não oponha, ou, caso contrário, até ao trânsito em julgado da decisão que sobre ela recaia.

3 – Findo o prazo de oposição, se esta não tiver sido deduzida, ou julgada a oposição improcedente, o exequente pode requerer que lhe sejam entregues as quantias depositadas, que não garantam crédito reclamado, até ao valor da dívida exequenda, depois de descontado o montante relativo a despesas de execução referido no n.º 3 do artigo 821.º

I – Estabelece um regime específico e simplificado para a penhora de quaisquer créditos emergentes de rendimentos periódicos do executado (alargando o que estava previsto, na anterior redacção do preceito, para vencimentos de funcionários públicos): notificação da entidade que deva pagar tais quantias periódicas para proceder ao desconto correspondente ao crédito penhorado e depositá-lo em instituição de crédito, à ordem do solicitador de execução ou – sendo agente executivo o oficial de justiça – da secretaria.

O alargamento do âmbito de aplicação do preceito tornará, naturalmente, em muitos casos, necessário ter presente a aplicação subsidiária do regime da penhora de créditos – nomeadamente a possibilidade de a entidade que processa os rendimentos periódicos poder questionar a existência do crédito e a eventualidade de – não sendo feito o depósito – ser accionado o mecanismo prescrito no artigo 860.º, n.º 3.

II – As quantias periodicamente depositadas permanecem "*indisponíveis*" até ao termo do prazo para a oposição de executado ou – sendo esta deduzida – até ao trânsito em julgado da decisão que a julgue improcedente.

A partir deste momento processual – em que se torna incontrovertível a existência do débito exequendo – pode o exequente requerer que lhe vão sendo entregues – mesmo antes do termo da execução – as quantias depositadas, até ao valor da dívida exequenda, desde que tal adjudicação não afecte crédito com garantia real reclamado e estejam asseguradas as quantias relativas às despesas de execução, nos termos do n.º 3 do artigo 821.º.

A apreciação deste requerimento, visando a imediata adjudicação da parcela depositada dos rendimentos periódicos, não é reservada ao juiz, incumbindo, assim, nos termos gerais, ao agente executivo.

ARTIGO 861.º-A
Penhora de depósitos bancários

1 – A penhora que incida sobre depósito existente em instituição legalmente autorizada a recebê-lo é feita, preferentemente, por comunicação electrónica e mediante despacho judicial, que poderá integrar-se no despacho liminar, quando o houver, aplicando-se as regras referentes à penhora de créditos, com as especialidades constantes dos números seguintes.

2 – Sendo vários os titulares do depósito, a penhora incide sobre a quota-parte do executado na conta comum, presumindo-se que as quotas são iguais.

3 – Quando não seja possível identificar adequadamente a conta bancária, é penhorada a parte do executado nos saldos de todos os depósitos existentes na instituição ou instituições notificadas, até ao limite estabelecido no n.º 3 do artigo 821.º; se, notificadas várias instituições, este limite se mostrar excedido, cabe ao agente de execução a ele reduzir a penhora efectuada.

4 – Para os efeitos do número anterior, são sucessivamente observados, pela entidade notificada e pelo agente de execução, os seguintes critérios de preferência na escolha da conta ou contas cujos saldos são penhorados:

a) Preferem as contas de que o executado seja único titular àquelas de que seja contitular e, entre estas, as que têm menor número de titulares àquelas de que o executado é primeiro titular;

b) As contas de depósito a prazo preferem às contas de depósito à ordem.

5 – A notificação é feita directamente às instituições de crédito, com a menção expressa de que o saldo existente, ou a quota-parte do executado nesse saldo, fica cativo desde a data da notificação e, sem prejuízo do disposto no n.º 8, só é movimentável pelo agente de execução, até ao limite estabelecido no n.º 3 do artigo 821.º

6 – Além de conter a identificação exigida pelo n.º 7 do artigo 808.º, a notificação identifica o executado, indicando o seu nome, domicílio ou

sede, quando conhecido, número de bilhete de identidade ou documento equivalente e número de identificação fiscal; não constitui nulidade a falta de indicação de apenas um dos dois últimos elementos, sem prejuízo de para ambos se proceder nos termos do n.º 3 do artigo 833.º

7 – As entidades notificadas devem, no prazo de 15 dias, comunicar ao agente de execução o montante dos saldos existentes, ou a inexistência de conta ou saldo; seguidamente, comunicam ao executado a penhora efectuada.

8 – O saldo penhorado pode, porém, ser afectado, quer em benefício, quer em prejuízo do exequente, em consequência de:

a) Operações de crédito decorrentes do lançamento de valores anteriormente entregues e ainda não creditados na conta à data da penhora;

b) Operações de débito decorrentes da apresentação a pagamento, em data anterior à penhora, de cheques ou realização de pagamentos ou levantamentos cujas importâncias hajam sido efectivamente creditadas aos respectivos beneficiários em data anterior à penhora.

9 – Sem prejuízo do disposto no número anterior, a instituição é responsável pelos saldos bancários nela existentes à data da notificação e fornecerá ao tribunal extracto onde constem todas as operações que afectem os depósitos penhorados após a realização da penhora.

10 – Às instituições que prestem colaboração ao tribunal nos termos deste artigo é devida uma remuneração pelos serviços prestados na averiguação da existência das contas bancárias e na efectivação da penhora dos saldos existentes, a qual constitui encargo nos termos e para os efeitos do Código das Custas Judiciais.

11 – Findo o prazo de oposição, se esta não tiver sido deduzida, ou julgada a oposição improcedente, o exequente pode requerer que lhe sejam entregues as quantias penhoradas, que não garantam crédito reclamado, até ao valor da dívida exequenda, depois de descontado o montante relativo a despesas de execução referido no n.º 3 do artigo 821.º

12 – Com excepção da alínea *b)* do n.º 4, os números anteriores aplicam-se, com as necessárias adaptações, à penhora de valores mobiliários, escriturais ou titulados, integrados em sistema centralizado, registados ou depositados em intermediário financeiro ou registados junto do respectivo emitente.

I – Rectificado pela declaração de rectificação n.º 5-C/2003, de 30 de Abril.

II – Reformula-se substancialmente o regime da penhora de depósitos bancários. Assim, o n.º 1 especifica que a notificação (directa) da instituição detentora do depósito deve ser feita *"preferentemente"* por comunicação electrónica (que tornará indiscutível o preciso momento em que se consumou a notificação que consubstancia a penhora).

Por outro lado, articula-se o regime de tal penhora com a estrutura da fase liminar do processo executivo: como a penhora de depósitos bancários (especialmente no caso de insuficiente especificação do depósito a penhorar) pode contender com o sigilo bancário, estabelece-se que tal acto depende de despacho do juiz – prevendo-se, deste modo, um caso em que a penhora continua a depender de um despacho determinativo. Havendo despacho liminar e estando indicados, como bens penhoráveis, depósitos bancários, tal despacho determinativo integrar-se-à no próprio despacho liminar. Nos outros casos, estaremos perante uma intervenção *"atípica"* do juiz, devendo naturalmente, antes de autorizar a penhora do depósito bancário, o juiz valorar as questões a que alude o artigo 820.°, ponderando ainda a justificabilidade (em termos de proporcionalidade e adequação) da possível quebra do sigilo bancário, ínsita no procedimento a que alude o n.° 3 deste preceito legal.

III – O n.° 3 substitui o regime que constava do n.° 6 do preceito, na sua anterior redacção, para o caso – extremamente frequente – de o exequente não dispor de elementos bastantes para identificar adequadamente as contas bancárias e os respectivos saldos a penhorar, eliminando a intervenção preliminar do Banco de Portugal, aí prevista, e destinada a tentar apurar os elementos e informações que o exequente desconhecia.

Assim, neste caso, procede-se a uma espécie de penhora *"genérica"* dos saldos de todos os depósitos hipoteticamente existentes nas instituições de crédito a notificar – feita, de algum modo, *"às cegas"*, por se ignorar se e onde existem depósitos e qual o respectivo saldo.

Não parece obviamente razoável que o exequente (desconhecedor de quaisquer elementos relevantes sobre a efectiva titularidade e existência de depósitos bancários do executado) requeira sistematicamente (e em qualquer execução) o accionamento do mecanismo previsto neste n.° 3, traduzido numa tabelar notificação de todas as entidades bancárias existentes para penhorarem quaisquer saldos hipoteticamente associados a contas de que o executado seja titular: caberá naturalmente ao juiz, ao proferir o despacho determinativo da penhora, valorar da razoabilidade e proporcionalidade de tal procedimento, já que o mesmo (para além de implicar, na prática, uma devassa generalizada de todas as contas e saldos bancários do executado) terá custos burocráticos relevantes, devendo ponderar, antes de o autorizar, a natureza e o montante da dívida exequenda e a possível existência de outros bens penhoráveis, mais facilmente identificáveis e apreensíveis (na verdade, embora se revele particularmente simples e eficaz a penhora e pagamento, quando as contas bancárias sejam conhecidas, as dificuldades inerentes a uma indagação sistemática, junto de uma significativa pluralidade de instituições financeiras, no caso de o exequente não dispor de quaisquer dados relevantes, tornarão impraticável e desaconselhável a adopção sistemática deste procedimento).

Cumprirá, pois, ao juiz delimitar o universo das entidades bancárias a notificar, em função das informações prestadas pelo exequente e dos custos burocráticos de tal operação, face ao montante e natureza da dívida exequenda.

Autorizada a penhora nestes termos – relativamente a depósitos e saldos puramente hipotéticos – serão penhorados os saldos de todos os depósitos existentes na instituição ou instituições notificadas.

Como, neste caso, cada instituição bancária ignora o resultado da diligência concomitantemente feita junto das outras instituições da banca, pode facilmente alcançar-se a penhora de valores substancialmente superiores ao débito exequendo – cumprindo ao agente executivo – e não ao juiz, como estava previsto na anterior redacção do n.º 7 – fazer respeitar, o mais brevemente possível, o princípio da proporcionalidade da penhora, reduzindo-a aos seus justos limites, em função dos critérios previstos no n.º 4 (preferência pelas contas em regime de exclusiva titularidade do executado, ou com menor número de titulares, e pelos depósitos a prazo).

IV – A notificação para penhora é, deste modo, (n.º 5) feita pelo agente executivo sempre directamente às instituições de crédito, com a menção expressa de que o saldo (ou quota-parte do executado nesse saldo) fica cativo e indisponível desde a data em que a notificação se consumou, sem prejuízo do preceituado no n.º 8 (que reproduz a norma que constava da anterior redacção do n.º 3).

Por força do princípio da proporcionalidade da penhora, o saldo penhorado só pode ser movimentado pelo agente de execução até ao limite do n.º 3 do artigo 821.º (devendo ainda este, como se referiu, no caso de pluralidade de penhoras, reduzi-las ao justo limite).

O n.º 6 estabelece quais os requisitos da notificação da entidade (ou entidades) bancárias: identificação do agente de execução e do executado, indicando-se o seu nome, domicílio ou sede, quando conhecido, número de bilhete de identidade (ou documento equivalente) e número de identificação fiscal – de modo a prevenir o risco de lesão grave de direitos de terceiros, confundidos com o executado.

Porém, a parte final do n.º 6 permite a indicação, em alternativa, dos documentos de identificação civil e fiscal (se não estiverem ambos disponíveis), devendo o agente executivo diligenciar posteriormente pela obtenção do elemento em falta, nos termos dos n.ºs 1 e 3 do artigo 833.º.

V – Tal como estava previsto na anterior redacção do n.º 2 do preceito, estabelece-se para as instituições bancárias notificadas um dever de comunicação – agora ao agente de execução – no prazo máximo de 15 dias, da existência de contas e do saldo penhorado, cabendo à própria entidade bancária (e não ao tribunal) notificar o executado da penhora realizada, advertindo-o da indisponibilidade daí resultante.

A instituição bancária é responsável pelos saldos existentes "*à data da notificação*", devendo fornecer "*ao tribunal*" (e não ao agente executivo) extracto de onde constem todas as operações, posteriores à realização da penhora (n.º 9).

VI – O n.º 10 estabelece o direito à remuneração das instituições pela cooperação com o tribunal na averiguação da existência de depósitos e saldos e na efectivação da penhora e diligências subse-quentes, a qual constitui encargo, nos termos do Código de Custas Judiciais (artigo 32.º, n.º 5 do Código das Custas Judiciais, na redacção do Decreto-Lei n.º 324/03).

VII – O n.º 11 estabelece um regime de adjudicação ou entrega ao exequente das quantias pecuniárias constantes dos saldos penhorados, em termos idênticos aos previstos no artigo 861.º, n.º 3 – logo que esteja precludida (ou haja sido julgada improcedente) a oposição à execução.

VIII – O n.º 12 manda aplicar o regime da penhora de depósitos bancários, com as adaptações necessárias, à penhora de valores mobiliários integrados em sistema centralizado, registados ou depositados em intermediários financeiros.

ARTIGO 862.º
Penhora de direito a bens indivisos e de quotas em sociedades

1 – Se a penhora tiver por objecto quinhão em património autónomo ou direito a bem indiviso não sujeito a registo, a diligência consiste unicamente na notificação do facto ao administrador dos bens, se o houver, e aos contitulares, com a expressa advertência de que o direito do executado fica à ordem do agente de execução, desde a data da primeira notificação efectuada.

2 – É lícito aos notificados fazer as declarações que entendam quanto ao direito do executado e ao modo de o tornar efectivo, podendo ainda os contitulares dizer se pretendem que a venda tenha por objecto todo o património ou a totalidade do bem.

3 – Quando o direito seja contestado, a penhora subsistirá ou cessará conforme a resolução do exequente e do executado, nos termos do artigo 858.º

4 – Quando todos os contitulares façam a declaração prevista na segunda parte do n.º 2, procede-se à venda do património ou do bem na sua totalidade, salvo se o juiz, para tal solicitado, o entender inconveniente para o fim da execução.

5 – O disposto nos números anteriores é aplicável, com as necessárias adaptações, à penhora do direito real de habitação periódica e de outros direitos reais cujo objecto não deva ser apreendido, nos termos previstos na subsecção anterior.

6 – Na penhora de quota em sociedade, além da comunicação à conservatória de registo competente, nos termos do n.º 1 do artigo 838.º, é feita a notificação da sociedade, aplicando-se o disposto no Código das Sociedades Comerciais quanto à execução da quota.

I – Mantém, no essencial, o regime da penhora do direito a bens indivisos, destacando e autonomizando (n.º 5) a penhora de quotas em sociedades, regulada no art. 239.º do Cód. Sociedades Comerciais.

II – Rectificado pela declaração de rectificação n.º 5-C/2003, de 30 de Abril.

III – O n.º 1 esclarece – como já estava implícito na anterior redacção do preceito – que este regime é aplicável, quer à penhora do direito a bens indivisos, quer à de quinhão em património autónomo – excluindo, porém, os casos em que neles se compreendam bens sujeitos a registo: neste caso, a penhora não se esgota na mera notificação ao administrador dos bens e contitulares, envolvendo ainda a feitura de imediato registo, nos termos previstos nos artigos 838.º, n.º 1, e 851.º, n.º 1.

Estabelece ainda que a penhora se consuma com a *"primeira notificação efectuada"*, quer ao administrador, quer aos contitulares, ficando – nesse momento – o direito à ordem do agente de execução (e não do *"tribunal"*, como antes se previa).

IV – A parte final do n.º 2 conexiona-se com o novo regime estabelecido no n.º 4, visando permitir a venda do património comum ou do bem indiviso na totalidade, sempre que todos contitulares manifestem tal vontade – salvo se o juiz (solicitado nos termos do artigo 809.º, n.º 1, alíneas c) ou d)) entender que, excepcionalmente, a venda conjunta de todo o bem ou património indiviso é inconvenientemente para os fins da execução.

V – Relativamente ao regime de penhora de quota em sociedade, o n.º 6 prevê que a sua consumação envolve – não apenas a notificação à sociedade – mas também o imediato registo, em termos idênticos aos previstos no n.º 1 do artigo 838.º.

ARTIGO 862.º-A
Penhora de estabelecimento comercial

1 – A penhora do estabelecimento comercial faz-se por auto, no qual se relacionam os bens que essencialmente o integram, aplicando-se ainda o disposto para a penhora de créditos, se do estabelecimento fizerem parte bens dessa natureza, incluindo o direito ao arrendamento.

2 – A penhora do estabelecimento comercial não obsta a que possa prosseguir o seu funcionamento normal, sob gestão do executado, nomeando-se, sempre que necessário, quem a fiscalize, ao qual se aplicam, com as necessárias adaptações, os preceitos referentes ao depositário.

3 – Quando, porém, o exequente fundadamente se oponha a que o executado prossiga na gestão do estabelecimento, designar-se-á administrador, com poderes para proceder à respectiva gestão ordinária.

4 – Se estiver paralisada ou dever ser suspensa a actividade do estabelecimento penhorado, designar-se-á depositário para a mera administração dos bens nele compreendidos.

5 – A penhora do direito ao estabelecimento comercial não afecta a penhora anteriormente realizada sobre bens que o integram, mas impede a penhora posterior sobre bens nele compreendidos.

6 – Se estiverem compreendidos no estabelecimento bens ou direitos cuja oneração a lei sujeita a registo, deve o exequente promovê-lo,

nos termos gerais, quando pretenda impedir que sobre eles possa recair penhora ulterior.

I – Regulamenta, em termos inovatórios, a penhora do estabelecimento comercial, considerado como universalidade, fundando-se, desde logo, no regime que era proposto no art. 654.º do Ant. 1993.

II – A penhora do estabelecimento realiza-se por auto, no qual, a requerimento do exequente, se relacionam os bens que essencialmente o integram – isto é, os que pelo seu valor ou natureza verdadeiramente caracterizam o estabelecimento ou empresa em causa.

Se da universalidade fizerem parte direitos de crédito, notificar-se-á ainda o devedor, nos termos gerais previstos no art. 856.º.

Por razões de evidente economia processual, poderá o juiz determinar que se proceda imediatamente à avaliação pericial do estabelecimento, com vista ao apuramento do valor para efeitos de ulterior trespasse (n.º 2).

III – Os n.ºs 3, 4 e 5 regulamentam os efeitos da penhora sobre o prosseguimento da actividade económica da empresa que consubstancia o estabelecimento comercial penhorado. Assim:

a) este poderá prosseguir o seu normal funcionamento, sob gestão do próprio executado, fiscalizada, quando necessário, por pessoa ou entidade judicialmente designada (n.º 3);

b) quando o executado não mereça confiança para realizar tal gestão, designar-se-á, a requerimento do exequente, quem administre o estabelecimento, de modo a que a empresa possa prosseguir com a sua normal actividade (n.º 4);

c) finalmente, se já estiver paralisada, à data da penhora, a actividade económica em causa, ou se esta tiver de vir a ser suspensa, designar-se-á mero depositário para administrar os bens que integram o estabelecimento.

IV – Os n.ºs 6 e 7 articulam a penhora da universalidade "estabelecimento comercial" com a eventual penhora de bens que concretamente integram o estabelecimento ou empresa.

Assim, a penhora de elementos singulares, integrados no estabelecimento, não é naturalmente afectada pela ulterior penhora deste, considerado como universalidade.

Por outro lado, a penhora do estabelecimento implica que não possam ser ulterior e autonomamente penhorados quaisquer elementos singulares que façam parte do estabelecimento, "maxime" os bens que essencialmente o integram e foram relacionados no auto que consubstancia a penhora. Porém, (n.º 7) se estiverem compreendidos no estabelecimento, considerado como universalidade, bens ou direitos sujeitos a registo, a eficácia da sua inclusão na penhora do estabelecimento depende da efectivação do registo, a cargo do exequente, sob pena de outros credores (confiando, porventura, no conteúdo do registo) poderem proceder à ulterior penhora de tais elementos singulares.

V – O STJ (Ac. in BMJ 463, pág. 525) considerou – em caso de penhora do direito ao arrendamento e ao trespasse do estabelecimento comercial – que, não afectando tal penhora o direito de propriedade do senhorio, continua o executado obrigado ao pagamento das rendas, mantendo o senhorio o direito ao despejo, se nem o executado, nem o fiel depositário, nem o exequente pagarem as ditas rendas – não se aplicando a esta situação o regime de inoponibilidade estabelecido no art. 820.º do C. Civil.

VI – A nova redacção do n.º 1, resultante do DL n.º 38/03, torna automática e obrigatória a feitura de auto de penhora, visando o relacionamento dos bens que, no essencial, integram o estabelecimento comercial – deixando tal relacionamento de estar dependente de requerimento do exequente. Por outro lado, estabelece-se expressamente que o direito ao trespasse e arrendamento (eventualmente incluído no estabelecimento comercial) fica sujeito ao regime da penhora de créditos (envolvendo, deste modo, a feitura de notificação ao senhorio).

VII – É eliminada a intervenção judicial que constava da anterior redacção do preceito, facultando ao juiz a determinação de uma avaliação pericial do estabelecimento penhorado – cabendo, eventualmente, a iniciativa de tal diligência ao agente executivo, nos termos do artigo 886.º-A, n.º 3.

VIII – De salientar que o n.º 6 mantém, como encargo do exequente, a feitura do registo sobre bens ou direitos compreendidos no estabelecimento penhorado, não transferindo esta competência para o agente de execução.

ARTIGO 863.º
Disposições aplicáveis à penhora de direitos

É subsidiariamente aplicável à penhora de direitos o disposto nas subsecções anteriores para a penhora das coisas imóveis e das coisas móveis.

Disposição inalterada pelo DL n.º 38/03.

SUBSECÇÃO VI
Oposição à penhora

ARTIGO 863.º-A
Fundamentos da oposição

1 – Sendo penhorados bens pertencentes ao executado, pode este opor-se à penhora com algum dos seguintes fundamentos:

a) Inadmissibilidade da penhora dos bens concretamente apreendidos ou da extensão com que ela foi realizada;

b) Imediata penhora de bens que só subsidiariamente respondam pela dívida exequenda;

c) Incidência da penhora sobre bens que, não respondendo, nos termos do direito substantivo, pela dívida exequenda, não deviam ter sido atingidos pela diligência.

2 – Quando a oposição se funde na existência de patrimónios separados, deve o executado indicar logo os bens, integrados no património autónomo que responde pela dívida exequenda, que tenha em seu poder e estejam sujeitos à penhora.

I – Institui, com vista à efectiva tutela dos legítimos interesses do executado, uma forma específica de oposição, de natureza incidental, à penhora ilegalmente efectuada – procedendo-se, deste modo, a uma radical separação entre a oposição à penhora por parte de terceiros (incluída no âmbito dos embargos de terceiro – arts. 351.º e segs.) e a oposição ao acto de penhora por parte do executado, regulada neste preceito.

O executado deixa, pois, de ser qualificado, em certos casos, como terceiro para efeitos de dedução de embargos, como ocorria face ao preceituado no art. 1037.º, n.º 2, parte final.

II – Cabem, pois, no incidente regulado neste preceito todas as situações em que a penhora efectivada se configura como legalmente inadmissível, no todo ou em parte, por atingir ilegitimamente direitos do executado, podendo tal ilegalidade resultar:

a) da violação dos limites impostos pela lei de processo à penhorabilidade dos bens, nomeadamente nos arts. 822.º a 824.º e em disposições de função análoga;

b) de não haver sido respeitada norma que considera como meramente subsidiária a penhorabilidade de certos bens do sujeito passivo da execução, condicionando-a à prévia execussão de outro património ou à verificação de insuficiência dos bens que respondem prioritariamente pela dívida exequenda;

c) de a penhora haver postergado as normas de direito material que, criando um regime de autonomia ou separação de patrimónios, ligam ou vinculam especificamente determinados bens à responsabilidade por certas dívidas.

III – A pretensão deduzida pelo executado neste incidente visa obter a declaração da ilegalidade da penhora e alcançar o seu levantamento, pressupondo naturalmente que as questões suscitadas não hajam sido expressamente apreciadas e decididas no despacho que ordenou a penhora: se assim foi, o meio adequado para o executado se opor ao conteúdo de tal despacho é a respectiva impugnação, em via de recurso, de modo a obstar que se possa formar caso julgado formal sobre a questão, porventura ilegalmente dirimida pelo juiz.

No sentido de que o despacho que ordena a penhora não faz caso julgado relativamente a questões emergentes de elementos que então não constavam dos autos, nem haviam sido colocados ao juiz, vide Ac. Rel. in CJ V/98, pág. 173.

IV – Alterado pelo DL 38/03 e rectificado pela declaração de rectificação n.º 5--C/2003, de 30 de Abril.

V – A alteração introduzida no n.º 1 do preceito é meramente consequencial as eliminação do despacho determinativo da penhora, tornando, em regra, impossível a verificação da hipótese aí prevista (a questão suscitada já se mostrar dirimida em decisão do juiz, contra o qual teria a parte interessada de reagir mediante recurso). É, porém evidente que continuará a verificar-se a possibilidade de a parte vencida agravar da decisão do juiz nos casos em que (como ocorre na penhora de depósitos bancários) a penhora depende de uma valoração judicial.

VI – O n.º 2 reproduz o preceito que constava do n.º 3 do artigo 863.º-B, na sua redacção anterior, criando para o executado cuja oposição se funda na existência de patrimónios separados o ónus de indicação dos bens que, respondendo pela dívida, tenha em seu poder: se o não fizer, mesmo após convite ao suprimento da omissão, afigura-se que a oposição não deverá prosseguir.

ARTIGO 863.º-B
Processamento do incidente

1 – A oposição é apresentada:
 a) No prazo de 20 dias a contar da citação, quando esta é efectuada após a penhora;
 b) No prazo de 10 dias a contar da notificação do acto da penhora, quando a citação o anteceda.

2 – Quando não se cumule com a oposição à execução, nos termos do n.º 2 do artigo 813.º, o incidente de oposição à penhora segue os termos dos artigos 303.º e 304.º, aplicando-se ainda, com as necessárias adaptações, o disposto nos n.ºˢ 1 e 3 do artigo 817.º

3 – A execução só é suspensa se o executado prestar caução; a suspensão circunscreve-se aos bens a que a oposição respeita, podendo a execução prosseguir sobre outros bens que sejam penhorados.

4 – A procedência da oposição à penhora determina o levantamento desta.

I – As alterações introduzidas neste preceito são, no essencial, consequência da nova fisionomia da fase liminar do processo executivo, levando a que, em muitos casos, o executado só seja citado após consumada a penhora, devendo cumular consequentemente (como sucedia no anterior processo sumário) a oposição à execução e à penhora (e diluindo-se então a tramitação desta no processamento da oposição à execução).

Assim, se houver cumulação de oposições, elas são deduzidas conjuntamente no prazo de 20 dias a contar da citação – cfr., artigo 813.º, n.ºˢ 1 e 2.

Quando tenha havido citação prévia, o incidente de oposição à penhora é deduzido no prazo de 10 dias a contar da notificação do acto da penhora, seguindo os termos dos artigos 303.º e 304.º.

Estabelece-se, porém, a aplicabilidade do disposto nos n.ºˢ 1 e 3 do artigo 817.º, o que implica o processamento *"por apenso"*, a possibilidade de rejeição liminar, com os fundamentos ali previstos, e a aplicabilidade à revelia do exequente do regime cominatório previsto no n.º 3 de tal artigo.

II – Regula-se expressamente, no n.º 3, o efeito do recebimento da oposição à penhora sobre o andamento do processo executivo (alcançando-se solução idêntica à que, a nosso ver, já resultava de remissão que o anterior n.º 2 fazia para o *"disposto no artigo 818.º"*): a execução só é suspensa, quanto aos bens a que a oposição se reporta, se o executado prestar caução.

III – A procedência da oposição à penhora determina o levantamento desta (n.º 4).

SECÇÃO IV
Citações e concurso de credores

SUBSECÇÃO I
Citações

ARTIGO 864.º
Citações

1 – A citação do executado, do cônjuge e dos credores é efectuada nos termos gerais; mas só a do executado pode ter lugar editalmente.

2 – O agente de execução cita o executado no acto da penhora, sempre que ele esteja presente, ou, não estando, no prazo de cinco dias contados da realização da última penhora.

3 – No mesmo prazo, o agente de execução cita:

a) O cônjuge do executado, quando a penhora tenha recaído sobre bens imóveis ou estabelecimento comercial que o executado não possa alienar livremente, ou sobre bens comuns do casal, para os efeitos constantes do artigo seguinte, e, sendo caso disso, para declarar se aceita a comunicabilidade da dívida, nos termos do artigo 825.º;

b) O credores que sejam titulares de direito real de garantia, registado ou conhecido, para reclamarem o pagamento dos seus créditos;

c) As entidades referidas nas leis fiscais, com vista à defesa dos possíveis direitos da Fazenda Nacional;

d) O Instituto de Gestão Financeira da Segurança Social, com vista à defesa dos direitos da segurança social.

4 – Sendo penhorados abonos, vencimentos ou salários, a citação tem lugar ao mesmo tempo que a notificação ao empregador do executado de que deve reter determinada quantia a penhorar.

5 – Juntamente com os elementos exigidos pelo artigo 235.º, com as necessárias adaptações, é entregue ao citando cópia do auto de penhora.

6 – Ao executado é comunicado que, no prazo da oposição e sob pena de condenação como litigante de má fé, nos termos gerais, deve indicar os direitos, ónus e encargos não registáveis que recaiam sobre o bem penhorado, bem como os respectivos titulares, e que pode requerer a substituição dos bens penhorados ou a substituição da penhora por caução, nas condições e nos termos da alínea *a*) do n.º 3 e do n.º 5 do artigo 834.º

7 – A citação do executado é substituída por notificação quando tenha tido lugar a citação prévia, bem como quando, citado o executado para a execução de determinado título, se cumule depois, no mesmo processo, a execução de outro título, aplicando-se, neste caso, o artigo 235.º, devidamente adaptado, sem prejuízo de a notificação se fazer na pessoa do mandatário, quando constituído.

8 – Os credores a favor de quem exista o registo de algum direito real de garantia sobre os bens penhorados são citados no domicílio que conste do registo, salvo se tiverem outro domicílio conhecido.

9 – Os titulares de direito real de garantia sobre bem não sujeito a registo são citados no domicílio que tenha sido indicado no acto da penhora ou que seja indicado pelo executado.

10 – A falta das citações prescritas tem o mesmo efeito que a falta de citação do réu, mas não importa a anulação das vendas, adjudicações, remições ou pagamentos já efectuados, dos quais o exequente não haja sido exclusivo beneficiário, ficando salvo à pessoa que devia ter sido citada o direito de ser indemnizada, pelo exequente ou outro credor pago em vez dela, segundo as regras do enriquecimento sem causa, sem prejuízo da responsabilidade civil, nos termos gerais, da pessoa a quem seja imputável a falta de citação.

I – Rectificado pela declaração de rectificação n.º 5-C/2003, de 30/4.

II – O n.º 1 regula, em termos genéricos, a matéria das citações no processo executivo (abrangendo, apesar da sua colocação sistemática, a própria citação prévia do executado, processada nos termos do artigo 812.º, n.º 6).

Importa analisar os problemas da forma da citação, da competência para a realizar e do momento em que – no que se refere ao executado – ela deve verificar-se.

No que respeita à forma e formalidades da citação, o n.º 1 deste preceito remete para os "*termos gerais*", o que implica a aplicação do regime estatuído nos artigos 233.º e segs.: citação feita primeiramente mediante carta registada com aviso de recepção e – subsidiariamente – através de contacto pessoal com o citando.

É banida a citação edital das partes, com excepção do executado – importando notar que, mesmo quanto a este, nos termos do artigo 812.º-B, n.º 4, está prevista a possibilidade de – no caso de ausência (mesmo em parte certa) – o juiz prescindir da respectiva citação prévia.

Quanto à competência para realizar a citação, parece evidente que:
– as citações posteriores à penhora, reguladas no n.º 2 deste preceito, são da competência do agente de execução (importando notar que, como é evidente, não serão feitas necessariamente pelo solicitador de execução, nos termos dos artigos 233.º, n.º 2, alínea b) e 239.º): prioritariamente, deverá naturalmente o agente de execução remeter ao citando carta registada com aviso de recepção, nos termos do artigo 236.º – e só quando tal diligência se frustrar terá lugar a citação mediante contacto pessoal, prevista no artigo 239.º;
– relativamente à citação prévia (subsequente à prolação de despacho liminar ou à verificação das situações que determinam a feitura de citação oficiosa (artigo 812.º, n.ºs 6 e 7) poderá suscitar-se a dúvida sobre se a aplicabilidade dos *"termos gerais"* conduzirá a atribuir à secretaria competência para citar o executado (expedindo, desde logo, a carta registada com aviso de recepção, nos termos previstos na parte geral do Código – cfr. artigo 234.º, n.º 1); ou se, pelo contrário, a norma constante do artigo 808.º n.º 1 – ao atribuir ao agente de execução competência para todas as diligências do processo de execução, *"incluindo citações"*, não determinará antes a competência deste para a citação prévia do executado.

Propendemos para este entendimento, já que nos parece dever prevalecer a norma constante do n.º 1 do artigo 808.º, competindo, deste modo, ao agente de execução o cumprimento do despacho de citação (ou a feitura de citação oficiosa), expedindo logo a carta registada com aviso de recepção.

III – Quanto ao momento em que deve ser citado o executado, encontramos quatro situações possíveis:
– citação prévia (isto é, anterior à penhora), na sequência de despacho liminar ou da verificação de uma das situações tipificadas no artigo 812.º, n.º 7, que obrigam a citar oficiosamente o executado;
– citação originada por uma presumível situação de frustração da penhora, face à não localização de bens pelo agente executivo e pela inércia do exequente em indicar (pela segunda vez) bens penhoráveis, realizada nos termos do artigo 833.º, n.º 5;
– citação posterior à efectivação da penhora, nos termos do n.º 2 deste artigo;
– citação do devedor subsidiário, posterior à excussão dos bens do devedor principal, no caso previsto no artigo 825.º, n.º 1, segunda parte, segundo o qual a citação do devedor subsidiário só precede a excussão dos bens do devedor principal quando o exequente o requeira.

Assim, neste caso, se o exequente nada requereu, a citação do devedor subsidiário só ocorrerá numa fase muito adiantada do processamento da execução, após excussão dos bens do devedor principal (e constatação da insuficiência patrimonial deste) – embora antes de ser agredido o património do devedor subsidiário, também ele executado.

IV – Nos termos do n.º 2, a citação do executado só terá lugar depois de consumada a penhora de todos os bens que devam ser atingidos pela diligência. Assim, se o montante do débito exequendo exigir a prática de sucessivos actos de penhora de múltiplos bens, só com a *"última penhora"* efectivada se torna oportuno citar o executado, no prazo máximo de 5 dias, contados da consumação da diligência. Afigura-se que esta

103

regra deverá aplicar-se mesmo no caso de o executado *"estar presente"* – só se fazendo a citação se tal *"presença"* se verificar aquando da *"realização da última penhora"* pelo agente executivo: de outro modo, seria impossível unificar numa única tramitação a oposição à execução e a oposição a (todas) as penhoras efectuadas pelo agente executivo, nos termos impostos pelo artigo 813.º, n.º 2.

Parece, porém, evidente que a interpretação do conceito de *"última penhora"* não abarcará as hipóteses de reforço ou substituição, previstas no n.º 3 do artigo 834.º, implicando apenas a consumação dos actos de penhora de todos os bens, inicialmente indicados pelo exequente no requerimento executivo, ou cuja existência for apurada pelo agente de execução, no seguimento das diligências preliminares previstas no artigo 833.º, n.º 1.

V – Os n.ºs 4, 5 e 6 deste artigo prescrevem determinadas especificidades a observar na citação do executado que seja efectivada em momento ulterior à penhora. Assim:

– se forem penhorados abonos, vencimentos ou salários, a citação (por via postal registada, nos termos do artigo 236.º) tem lugar ao mesmo tempo que a notificação da entidade empregadora, feita nos termos do artigo 861.º: este regime pressupõe, porém, que a penhora de vencimentos seja a *"última penhora"*, nos termos do n.º 2, de tal modo que – devendo, v.g., penhorar-se também determinado bem móvel do executado – só com a consumação desta terá lugar a citação (n.º 4);

– para além dos elementos a transmitir ao citado, previstos no artigo 235.º (e naturalmente adequados à específica tramitação do processo executivo) terá de entregar-se ou remeter-se ao citando cópia do auto de penhora, a fim de lhe facultar a oportunidade para cumular a obrigatória oposição à execução com a oposição à penhora (n.º 5);

– impõe-se (n.º 6) ao executado o dever de – no prazo de oposição (e, naturalmente, mesmo que a não deduza) – indicar os direitos, ónus e encargos não registáveis que incidam sobre o bem ou bens penhoráveis (penhor, direito de retenção, privilégios creditórios, etc.), de modo a possibilitar a citação pessoal de tais credores que – na sequência dessa indicação – passam a ser *"conhecidos"* no processo.

O incumprimento de tal dever sujeita o executado às sanções da litigância de má fé, nos termos gerais. Como decorrência de tal dever, estabelece-se que a citação do executado, posterior à penhora, deve conter (além dos elementos constantes do n.º 5) a advertência expressa deste dever de informação e da sanção decorrente do seu incumprimento; e sendo ainda advertindo do direito de requerer a substituição dos bens penhorados ou a substituição da penhora por caução, nos termos da alínea a) do n.º 3 e do n.º 5 do artigo 834.º.

VI – O n.º 7 estabelece que a citação do executado é naturalmente substituída por notificação do acto da penhora quando tenha tido lugar a citação prévia ou ocorra cumulação, no mesmo processo, de execução de outro título, mantendo, deste modo, o regime que já constava do n.º 2 do artigo 811.º, na redacção anterior. Porém – e com vista a reforçar as garantias do executado, nesta segunda hipótese (em que ocorre uma ampliação do objecto da execução), – estabelece-se agora que à notificação é aplicável o disposto no artigo 235.º, devendo conter os elementos aí previstos, adequados à especificidade do processo executivo; ao não se remeter, porém, para o artigo 256.º, parece que esta notificação não terá de ser *"pessoal"*, o que determinará a sua feitura por carta registada, nos termos dos artigos 253.º ou 254.º (e devendo, neste caso, como refere a parte final do preceito, a notificação ser feita ao mandatário, quando constituído).

VII – No prazo de 5 dias, contados da realização da última pe-nhora, deve o agente de execução citar também, nos termos do n.º 3:

a) o cônjuge do executado, quando se verifique uma de três hipóteses:

– ter a penhora recaído sobre imóveis ou sobre o estabelecimento comercial que o executado não possa alienar livremente, nos termos do artigo 1682.º-A do Código Civil;

– ter a penhora incidido sobre bens comuns do casal, a fim de – desde logo – facultar ao cônjuge do executado a possibilidade de fazer valer o direito à separação de bens, nos termos dos n.ᵒˢ 1 e 5 do artigo 825.º;

– incidir a penhora sobre bens comuns e ter o exequente deduzido o requerimento incidental, visando reconhecer a comunicabilidade da dívida, previsto no artigo 825.º, n.º 2, a fim de lhe facultar a aceitação ou a impugnação da pretensa comunicabilidade do débito exequendo, nos termos dos n.ᵒˢ 2 e 3 do artigo 825.º.

b) Os credores que sejam titulares de direito real de garantia, registado ou conhecido, para deduzirem a pertinente reclamação. De salientar que, neste caso, deixa de ter lugar a citação edital dos credores, com garantia real, desconhecidos, só se citando:

– os que constam da certidão dos ónus, remetida nos termos do artigo 838.º n.º 2;

– os que sejam "*conhecidos*" no processo, nomeadamente em consequência da indagação feita no acto da penhora pelo agente executivo, nos termos do artigo 831.º, n.º 2, ou em consequência do cumprimento pelo executado do dever de indicação, previsto no n.º 6 deste preceito legal;

c) a Administração fiscal e o Instituto de Gestão Financeira da Segurança Social, com vista a garantir os respectivos direitos da Fazenda Nacional e da Segurança Social, em particular os privilégios creditórios que – não constando do registo – não poderiam originar uma citação, nos termos da alínea b).

A citação da Segurança Social, prevista na alínea d), é consequência do entendimento segundo o qual o Ministério Público carece de legitimidade para representar em juízo os institutos públicos "*autónomos*" que integram o sistema de segurança social, – diversos do Estado Administração Central – revelando-se consequentemente ineficaz o procedimento que se traduzia em as "*entidades previstas nas leis fiscais*" remeterem ao Ministério Público certidão de onde constassem débitos aos Centros Regionais de Segurança Social.

IX – Os n.ᵒˢ 8 e 9 dispõem sobre o regime de citação (pessoal) dos credores com garantia real: citação no domicílio que conste do registo, salvo se constar dos autos outro domicílio conhecido (coincidindo, deste modo, o n.º 8 com a anterior redacção do n.º 2, primeira parte, deste artigo); tratando-se de garantias reais não registáveis, a citação terá lugar no domicílio apurado pelo agente de execução (nos termos do artigo 831.º, n.º 2) ou indicado pelo executado (nos termos do n.º 6 deste artigo).

X – O n.º 10 mantém – no essencial – o regime constante da anterior redacção do n.º 3 deste artigo, limitativo do efeito anulatório da falta das citações prescritas, introduzindo, porém, alteração relevante no que se refere à natureza do direito de que goza o titular do direito precludido em consequência da falta de citação.

Importa notar que as *"citações prescritas"*, aqui referidas, serão apenas as que constam do n.º 3, não se aplicando este regime à falta de citação do executado (cfr. artigo 909.º, n.º 1, alínea b).

No que respeita à natureza do direito de que goza o interessado cuja citação foi omitida, a parte final deste preceito opera uma distinção:

– relativamente ao exequente (ou ao credor com garantia real, pago prioritariamente, em inversão às regras substantivas de hierarquização das garantias reais), o interessado preterido terá apenas um direito de indemnização segundo as regras do enriquecimento sem causa, nos termos do artigo 473.º e segs. do Código Civil;

– relativamente à pessoa a quem seja imputável a falta de citação (agente de execução que a omitiu, funcionário da conservatória que remeteu incorrecta certidão dos ónus ou encargos), já funcionam as regras da responsabilidade civil (artigos 562.º e segs. do Código Civil), havendo naturalmente uma situação de concurso ideal ou aparente entre ambas as pretensões ressarcitórias.

Se o juiz tiver intervenção na venda (nomeadamente, porque esta se processa mediante propostas em carta fechada), deverá naturalmente verificar o adequado cumprimento das citações impostas por este artigo, conhecendo oficiosamente – não apenas das questões mencionadas no artigo 820.º – mas também (nos termos do artigo 202.º) da eventual falta de citação dos interessados.

De salientar que – face à anterior redacção do n.º 3 – o Tribunal Constitucional, no acórdão n.º 77/2002 (in **Acórdãos do Tribunal Constitucional**, 52.º vol., pág. 381) entendeu que tal norma não era inconstitucional, na interpretação segundo a qual a omissão do acto destinado à convocação dos credores e subsequente verificação de créditos, em execução hipotecária, cuja instância fora julgada extinta, e que prosseguia sob o impulso do Ministério Público, para cobrança das custas em dívida, não importava anulação da venda do imóvel, entretanto efectuada, sobre o qual recaía o ónus real caducado, de que o primitivo exequente era titular.

ARTIGO 864.º-A
Estatuto processual do cônjuge do executado

O cônjuge do executado, citado nos termos da alínea *a*) do n.º 3 do artigo anterior, é admitido a deduzir, no prazo de 10 dias, ou até ao termo do prazo concedido ao executado, se terminar depois daquele, oposição à execução ou à penhora e a exercer, no apenso de verificação e graduação de créditos e na fase do pagamento, todos os direitos que a lei processual confere ao executado, sem prejuízo de poder também requerer a separação dos bens do casal, nos termos do n.º 5 do artigo 825.º, quando a penhora recaia sobre bens comuns.

I – Rectificado pela declaração de rectificação n.º 5-C/2003, de 30 de Abril, e alterado pelo Decreto-Lei n.º 199/03, de 10 de Setembro, rectificado pela declaração de rectificação n.º 16-B/03, de 31 de Outubro.

II – Amplia os poderes de intervenção processual do cônjuge do executado, citado nos termos da alínea a) do n.º 3 do artigo 864.º, relativamente ao que estava previsto na anterior redacção do artigo 864.º-B, ora revogado. Assim:
– confere-se o amplo estatuto de parte principal na execução também ao cônjuge meeiro, cuja citação se funda no regime do artigo 825.º (e não apenas no caso de penhora de imóveis ou do estabelecimento comercial, indisponíveis pelo cônjuge executado);
– outorga-se ao cônjuge, em qualquer daquelas situações, a possibilidade de deduzir oposição, quer à penhora, quer à execução; tal faculdade pode ser exercida no prazo de 10 dias ou até ao termo do prazo concedido ao executado, se terminar depois dele;
– faculta-se ao cônjuge, em qualquer caso, a possibilidade de actuar, como parte principal, quer no apenso de verificação e graduação de créditos, quer na fase do pagamento;
– para além desta ampla e genérica faculdade de actuação como parte principal, refere o preceito uma outra possibilidade de intervenção específica do cônjuge citado, requerendo a separação de bens do casal, nos termos do artigo 825.º, n.º 5 (que exercerá, naturalmente, quando não pretenda questionar a legalidade da penhora dos bens comuns, pretendendo apenas resguardar a respectiva meação).

ARTIGO 864.º-B

Revogado pelo DL 38/2003, de 8 de Março.

SUBSECÇÃO II
Concurso de credores

ARTIGO 865.º
Reclamação dos créditos

1 – Só o credor que goze de garantia real sobre os bens penhorados pode reclamar, pelo produto destes, o pagamento dos respectivos créditos.

2 – A reclamação tem por base um título exequível e é deduzida no prazo de 15 dias, a contar da citação do reclamante.

3 – Os titulares de direitos reais de garantia que não tenham sido citados podem reclamar espontaneamente o seu crédito até à transmissão dos bens penhorados.

4 – Não é admitida a reclamação do credor com privilégio creditório geral, mobiliário ou imobiliário, quando:

a) A penhora tenha incidido sobre bem só parcialmente penhorável, nos termos do artigo 824.º, renda, outro rendimento periódico, ou veículo automóvel; ou

b) Sendo o crédito do exequente inferior a 190 UC, a penhora tenha incidido sobre moeda corrente, nacional ou estrangeira, depósito bancário em dinheiro; ou

c) Sendo o crédito do exequente inferior a 190 UC, este requeira procedentemente a consignação de rendimentos, ou a adjudicação, em dação em cumprimento, do direito de crédito no qual a penhora tenha incidido, antes de convocados os credores.

5 – Quando, ao abrigo do n.º 3, reclame o seu crédito quem tenha obtido penhora sobre os mesmos bens em outra execução, esta é sustada quanto a esses bens, quando não tenha tido já lugar sustação nos termos do artigo 871.º

6 – A ressalva constante do n.º 4 não se aplica aos privilégios creditórios dos trabalhadores.

7 – O credor é admitido à execução, ainda que o crédito não esteja vencido; mas se a obrigação for incerta ou ilíquida, torná-la-á certa ou líquida pelos meios de que dispõe o exequente.

8 – As reclamações são autuadas num único apenso ao processo de execução.

I – Rectificado pela declaração de rectificação n.º 5-C/2003, de 30 de Abril.

II – O n.º 2 eliminou o regime especial que a segunda parte deste preceito estabelecia quanto às reclamações de créditos da Fazenda Nacional, ampliando o prazo de que beneficiava o Ministério Público (agora sujeito ao prazo geral de 15 dias, contado da citação das entidades fiscais – que terão de passar a remeter ao Ministério Público com particular celeridade as certidões de dívidas, sob pena de preclusão da reclamação).

III – O n.º 3 contempla a possibilidade de reclamação espontânea, até à transmissão dos bens, de garantias reais, por parte dos credores que não hajam sido citados (reproduzindo o regime que constava da anterior redacção do n.º 2 do artigo 864.º-A) – configurando-se este regime como consequência da eliminação da citação edital dos credores desconhecidos.

Deste modo, os titulares de créditos com garantia real que não constam do registo, nem são conhecidos no processo, podem nele intervir espontaneamente, até à transmissão dos bens penhorados, se por qualquer forma tiverem conhecimento da pendência da causa. Esta possibilidade – n.º 5 – é estendida a qualquer credor que haja obtido penhora sobre os mesmos bens, mesmo fora do quadro normativo definido pelo artigo 871.º, implicando a reclamação espontânea a sustação (total ou parcial) da outra execução.

IV – O n.º 4 vem precluir a possibilidade de reclamação de privilégios creditórios gerais, mobiliários ou imobiliários, ressalvando, todavia, (n.º 6) os privilégios creditórios dos trabalhadores – decorrentes do estatuído na Lei n.º 17/86, de 14 de Junho, reforçados com as alterações introduzidas pela Lei n.º 96/01, de 20 de Agosto – em função de um complexo sistema que atende à natureza dos bens penhorados, ao montante do crédito do exequente e à existência de certas vicissitudes processuais na fase do pagamento. Assim, não é admitida a reclamação do crédito garantido pelo privilégio creditório geral:

a) se a penhora tiver incidido sobre vencimentos, salários ou prestações sociais previstas no artigo 824.º, rendas ou outros rendimentos periódicos (artigo 861.º) ou sobre veículo automóvel (artigo 851.º, n.º 2);

b) se a penhora incidir sobre moeda corrente, nacional ou estrangeira, ou depósito bancário em dinheiro – mas neste caso apenas quando o crédito do exequente for inferior a 190 UC;

c) se o exequente – titular de crédito inferior a 190 UC – obteve, antes da convocação de credores, a consignação de rendimentos (artigos 879.º e segs) ou a adjudicação (em dação em cumprimento) do direito de crédito penhorado (nos termos do artigo 875.º, n.ºs 5 a 7).

A legitimação *"substantiva"* deste regime restritivo quanto à efectivação do privilégio creditório geral assenta na nova redacção do n.º 2 do artigo 749.º do Código Civil, *"delegando"* na lei de processo o estabelecimento dos limites ao objecto, oponibilidade e invocação dos privilégios gerais.

Este regime será aplicável, não apenas quanto à inviabilidade da reclamação espontânea dos créditos privilegiados (nos termos do n.º 3, já que os titulares de tais garantias não serão normalmente citados pessoalmente), mas também à reclamação de tais garantias quando os respectivos credores – entidades públicas – hajam sido citados nos termos do artigo 864.º, n.º 3, alíneas c) e d) – ficando vedado à Administração Fiscal e à Segurança Social a efectivação no processo dos respectivos privilégios creditórios gerais, quando ocorram as situações tipificadas no n.º 4 deste preceito.

Este novo regime – limitativo da invocabilidade dos privilégios creditórios gerais – vem substituir o que constava do artigo 864.º-A do Código de Processo Civil (na sua anterior redacção) e dos artigos 2.º do Decreto-Lei n.º 274/97, de 8 de Outubro, e 21.º do Regime aprovado pelo Decreto-Lei n.º 269/98, de 1 de Setembro.

V – A sensível atenuação da tutela dos interesses do titular de privilégio creditório geral, mobiliário ou imobiliário, envolveu ainda a limitação estabelecida no n.º 3 do artigo 873.º, aplicável aos casos em que foi admitida a sua reclamação na execução.

Por outro lado, o Tribunal Constitucional tem declarado inconstitucionais as normas – constantes de leis avulsas – que outorgam a entidades públicas Administração Fiscal e Segurança Social privilégios imobiliários gerais, dotados de sequela e prevalência sobre outros direitos reais de garantia, (a hipoteca, no caso) mesmo que anteriormente constituídos – cfr., acórdãos n.ºs 362/02 e 363/02, in *Diário da República*, I Série-A, de 16 de Outubro de 2002. Cf. ainda o ac. 387/02, proferido no domínio da fiscalização concreta, em que se julgou inconstitucional a norma constante do art. 7.º. b), do DL n.º 437/78, de 28/12, enquanto atributiva de um privilégio imobiliário geral, prevalecendo sobre a hipoteca anterior, ao Instituto de Emprego e Formação Profissional.

A nova redacção dada ao artigo 751.º do Código Civil vem estabelecer que o regime (reforçado) de sequela e prevalência dos privilégios imobiliários apenas se aplica aos que foram *"especiais"* – aplicando-se, consequentemente, aos privilégios imobiliários gerais (decorrentes de leis avulsas e nunca do Código Civil – cfr., artigo 735.º, n.º 3, do Código Civil) o regime constante do n.º 1 do artigo 749.º do Código Civil.

De salientar que – no recente acórdão n.º 498/03 – o Tribunal Constitucional julgou não inconstitucional a norma constante da alínea b) do n.º 1 do artigo 12.º da Lei n.º 17/86, de 14 de Junho, na interpretação segundo a qual o privilégio imobiliário geral conferido aos créditos emergentes de contrato individual de trabalho prefere à hipoteca, nos termos do artigo 751.º do Código Civil.

E, no acórdão n.º 193/03, in **Diário da República**, II Série, de 2 de Julho de 2003, considerou o Tribunal Constitucional, em fiscalização concreta, que não violava qualquer princípio constitucional a oponibilidade ao credor, cuja garantia decorria do prioritário registo da penhora sobre determinado imóvel, do privilégio geral, outorgado à Segurança Social pelo artigo 11.º do Decreto-Lei n.º 103/80, de 8 de Maio.

VI – Os n.ºs 7 e 8 reproduzem o regime que constava da anterior redacção dos n.ºs 3 e 4 deste artigo. De salientar que – no caso de obrigação ilíquida, proveniente de condenação judicial, o credor reclamante terá de a liquidar no âmbito do processo declaratório, nos termos previstos nos arts. 378.º a 380.º, não podendo naturalmente ser prejudicado pela eventual demora na liquidação incidental naquela causa.

ARTIGO 866.º
Impugnação dos créditos reclamados

1 – Findo o prazo para a reclamação de créditos, ou apresentada reclamação nos termos do n.º 3 do artigo 865.º, dela são notificados o executado, o exequente e os credores reclamantes; à notificação ao executado aplica-se o artigo 235.º, devidamente adaptado, sem prejuízo de a notificação se fazer na pessoa do mandatário, quando constituído.

2 – As reclamações podem ser impugnadas pelo exequente e pelo executado no prazo de 15 dias, a contar da respectiva notificação.

3 – Também dentro do prazo de 15 dias, a contar da respectiva notificação, podem os restantes credores impugnar os créditos garantidos por bens sobre os quais tenham invocado também qualquer direito real de garantia, incluindo o crédito exequendo, bem como as garantias reais invocadas, quer pelo exequente, quer pelos outros credores.

4 – A impugnação pode ter por fundamento qualquer das causas que extinguem ou modificam a obrigação ou que impedem a sua existência.

5 – Se o crédito estiver reconhecido por sentença que tenha força de caso julgado em relação ao impugnante, a impugnação só pode basear-se em algum dos fundamentos mencionados nos artigos 814.º e 815.º, na parte em que forem aplicáveis.

I – Rectificado pela declaração de rectificação n.º 5-C/2003, de 30 de Abril.

II – O n.º 1 eliminou a prolação de despacho liminar sobre as reclamações de créditos (embora a parte final do n.º 4 do artigo 868.º continue a fazer referência à *"rejeição liminar da reclamação"*).

O exercício do contraditório sobre as reclamações apresentadas só tem lugar após ter findado o prazo para todas as reclamações serem deduzidas – só nesse momento se procedendo à notificação do executado, exequente e credores reclamantes – para as impugnarem, querendo.

À semelhança do preceituado no artigo 864.º, n.º 7, impõe-se um formalismo específico na notificação da reclamação ao executado, devendo esta conter as menções referidas no artigo 235.º: no entanto, e porque se não remete para o regime das *"notificações pessoais"* (artigo 256.º), parece que ao formalismo desta notificação se aplicará o preceituado nos artigos 253.º/255.º (simples carta registada, contendo os referidos elementos informativos), especificando, aliás, o preceito que tal notificação pode ser feita ao mandatário constituído.

Quando a reclamação seja deduzida fora do momento proces-sual *"normal"*, através da dedução – espontânea – da pretensão do credor com garantia real, nos termos do artigo 865.º, n.º 3, as notificações para exercício do contraditório terão naturalmente lugar à medida que tais reclamações ocasionais sejam, porventura, deduzidas, já que não existe um momento processual típico para as apresentar (apenas se estabelece, como termo final absoluto, o acto de *"transmissão dos bens penhorados"*).

III – O n.º 2 mantém o prazo de 15 dias para o exequente e o executado impugnarem as reclamações de créditos, contando-se tal prazo naturalmente do momento da respectiva notificação.

Altera-se, porém, (n.º 3) o regime processual aplicável às impugnações deduzidas pelos restantes credores reclamantes, que passam a beneficiar de um prazo próprio (também de 15 dias), contado da respectiva notificação, para exercerem o contraditório (deixando, deste modo, de estar sujeitos ao prazo concedido ao exequente).

Estabelece-se, por outro lado, expressamente que a legitimidade do credor reclamante abarca a eventual impugnação de todos os demais créditos e garantias reais que incidam sobre o bem objecto da garantia real por eles invocada, incluindo o crédito do exequente, garantido, quer pela penhora, quer por outra garantia real.

IV – Os n.ºs 4 e 5 correspondem, no essencial, ao regime que estava previsto na anterior redacção do n.º 4, apenas se explicitando que a limitação dos fundamentos possíveis da impugnação, quando o crédito estiver reconhecido por sentença, está dependente da invocabilidade da força do caso julgado (decorrente dos seus limites objectivos e subjectivos) quanto ao impugnante – optando-se, deste modo, pela tutela mais ampla dos interesses do credor reclamante, só limitando o contraditório por ele plenamente exercido quando estiver vinculado pela autoridade do caso julgado, formado na precedente causa.

111

ARTIGO 867.º
Resposta do reclamante

O credor cujo crédito haja sido impugnado mediante defesa por excepção pode responder nos 10 dias seguintes à notificação das impugnações apresentadas.

Disposição inalterada pelo DL n.º 38/03.

ARTIGO 868.º
Termos posteriores – Verificação e graduação dos créditos

1 – Se a verificação de algum dos créditos impugnados estiver dependente de produção de prova, seguir-se-ão os termos do processo sumário de declaração, posteriores aos articulados; o despacho saneador declarará, porém, reconhecidos os créditos que o puderem ser, embora a graduação de todos fique para a sentença final.

2 – Se nenhum dos créditos for impugnado ou a verificação dos impugnados não depender de prova a produzir, proferir-se-á logo sentença que conheça da sua existência e os gradue com o crédito do exequente, sem prejuízo do disposto no n.º 4.

3 – Quando algum dos créditos graduados não esteja vencido, a sentença de graduação determinará que, na conta final para pagamento, se efectue o desconto correspondente ao benefício da antecipação.

4 – Haver-se-ão como reconhecidos os créditos e as respectivas garantias reais que não forem impugnados, sem prejuízo das excepções ao efeito cominatório da revelia, vigentes em processo declarativo, ou do conhecimento das questões que deviam ter implicado rejeição liminar da reclamação.

5 – O juiz pode suspender os termos do apenso de verificação e graduação de créditos posteriores aos articulados, até à realização da venda, quando considere provável que o produto desta não ultrapassará o valor das custas da própria execução.

6 – A graduação será refeita se vier a ser verificado algum crédito que, depois dela, seja reclamado nos termos do n.º 3 do artigo 865.º

I – Com vista a simplificar a tramitação do procedimento de reclamação, verificação e graduação de créditos, o n.º 1, na redacção emergente do DL n.º 180/96, considera sempre aplicáveis, à fase ulterior aos articulados, os termos do processo sumário, independentemente do valor do crédito cuja verificação está em causa.

II – Da conjugação dos n.ᵒˢ 2 e 4 deste preceito resulta sensivelmente atenuado o efeito cominatório associado à não impugnação dos créditos e respectivas garantias reais, objecto de reclamação. Assim:
   a) excepcionam-se de tal efeito cominatório as situações de isenção ao efeito cominatório da revelia, consagradas nos arts. 484.º e 485.º;
   b) estabelece-se que a eventual não apreciação, em sede de despacho liminar, nos termos do art. 866.º, n.º 1, de certa questão que obstava à admissão de reclamação (v.g., a manifesta inexistência dos pressupostos de admissibilidade da garantia real invocada) não preclude que o juiz ulteriormente a rejeite, ainda que as partes não tenham impugnado tal reclamação: não fazia, na verdade, sentido que o juiz ficasse vinculado a "graduar" créditos manifestamente desprovidos de garantia real, só pelo facto de não ter notado tal circunstância aquando da prolação do despacho liminar e as partes não terem suscitado adequadamente tal questão.

III – Como concretização do princípio da adequação formal – e por evidentes razões de economia processual – faculta-se ao juiz a suspensão do procedimento de verificação e graduação de créditos, posteriores à fase dos articulados, quando pareça plausível que o produto da venda não ultrapassará o valor das custas da execução, que dela saem precípuas.

IV – Como atrás de salientou, a parte final do n.º 4 na redacção do DL n.º 38/03, mantém referência à *"rejeição liminar da reclamação"*, apesar de o n.º 1 do artigo 866.º ter eliminado o despacho liminar proferido sobre as reclamações apresentadas – tendo, consequentemente, de se interpretar tal menção, de forma restritiva, em consonância com a possibilidade aberta pelo artigo 812.º-A, n.º 3, surgindo tal rejeição liminar na sequência da iniciativa do funcionário judicial.

V – O n.º 6 é consequência da possibilidade de dedução de reclamações espontâneas tardias, implicando naturalmente e even-tualidade de – até à transmissão dos bens – a sentença de graduação não estar absolutamente consolidada, podendo ter de ser refeita em função da invocação superveniente de outras garantias reais, por parte dos credores que não foram citados.

ARTIGO 869.º
Direito do credor que tiver acção pendente ou a propor contra o executado

1 – O credor que não esteja munido de título exequível pode requerer, dentro do prazo facultado para a reclamação de créditos, que a graduação dos créditos, relativamente aos bens abrangidos pela sua garantia, aguarde a obtenção do título em falta.

2 – Recebido o requerimento referido no número anterior, é notificado o executado para, no prazo de 10 dias, se pronunciar sobre a existência do crédito invocado.

3 – Se o executado reconhecer a existência do crédito, considera-se formado o título executivo e reclamado o crédito nos termos do requerimento do credor, sem prejuízo da sua impugnação pelo exequente e restantes credores; o mesmo sucede quando o executado nada diga e não esteja pendente acção declarativa para a respectiva apreciação.

4 – Quando o executado negue a existência do crédito, o credor obtém na acção própria sentença exequível, reclamando seguidamente o crédito na execução.

5 – O exequente e os credores interessados são réus na acção, provocando o requerente a sua intervenção principal, nos termos dos artigos 325.º e seguintes, quando a acção esteja pendente à data do requerimento.

6 – O requerimento não obsta à venda ou adjudicação dos bens, nem à verificação dos créditos reclamados, mas o requerente é admitido a exercer no processo os mesmos direitos que competem ao credor cuja reclamação tenha sido admitida.

7 – Os efeitos do requerimento caducam se:

a) Dentro de 20 dias a contar da notificação de que o executado negou a existência do crédito, não for apresentada certidão comprovativa da pendência da acção;

b) O exequente provar que não se observou o disposto no n.º 5, que a acção foi julgada improcedente ou que esteve parada durante 30 dias, por negligência do autor, depois do requerimento a que este artigo se refere;

c) Dentro de 15 dias a contar do trânsito em julgado da decisão, dela não for apresentada certidão.

I – Rectificado pela declaração de rectificação n.º 5-C/03, de 30 de Abril.

II – A principal inovação introduzida neste preceito consiste na possibilidade de o credor, não munido de título executivo, o obter incidentalmente, no âmbito da própria execução (em termos análogos aos estabelecidos para o reconhecimento da comunicabilidade da dívida conjugal, no artigo 825.º).

Note-se que este requerimento terá naturalmente de conter a indicação e especificação de uma causa de pedir, cumprindo ao credor requerente (não apenas pedir tabelarmente a suspensão da graduação de créditos) mas invocar, fundada e circunstancialmente, qual a causa do crédito invocado e da garantia real de que o mesmo beneficia; (não carece, porém, obviamente de indicar provas não documentais, já que o contraditório, no incidente originado, não envolve qualquer fase de instrução e discussão, sendo decidido exclusivamente em função do comportamento processual assumido pelo requerido).

Afigura-se, por outro lado, que a dedução deste meio incidental de formação de título executivo pode ter lugar mesmo quando esteja pendente acção declarativa para reconhecimento do crédito invocado: a única especificidade é que, neste caso, como decorre do estatuído na parte final do n.º 3, o silêncio do executado não produz qualquer efeito cominatório; porém, se – apesar da pendência da acção declarativa – o executado reconhecer a existência do crédito, forma-se, sem mais, título executivo (que poderá naturalmente tornar, no todo ou em parte, inútil o prosseguimento do litígio na acção declaratória).

Este regime implica que deva recair sobre o credor requerente do incidente o ónus de – em termos de boa fé processual – esclarecer acerca da eventual pendência da acção declaratória, como condição para se poder valorar adequadamente o eventual silêncio do executado.

III – Apresentado o requerimento, é o executado notificado para, em 10 dias, exercer o contraditório sobre a pretensão do requerente (pensamos que a feitura desta notificação cabe ao agente de execução, já que este incidente se situa ainda no âmbito do processo executivo, nos termos da genérica previsão constante do artigo 808.º, n.º 1).

IV – Se o executado reconhecer tempestivamente a existência do crédito, considera-se formado o título executivo (mesmo que estivesse pendente acção declarativa autónoma sobre a matéria) e reclamado o crédito nos termos do requerimento do credor, aceite expressamente pelo executado. Neste caso, serão notificados exequente e demais credores reclamantes para exercerem o contraditório, nos termos do artigo 866.º.

Por outro lado, o silêncio do executado tem – salvo no caso de pendência de acção declarativa autónoma para a apreciação do crédito invocado – efeito cominatório pleno, valendo como reconhecimento (tácito) da pretensão do autor – e envolvendo a formação do pretendido título executivo.

V – Quando o executado negue a existência do crédito invocado, tal requerimento é notificado ao credor requerente, originando para ele o ónus de – em termos semelhantes aos anteriormente previstos – propor a pertinente acção condenatória, reclamando, de seguida, o crédito na execução, com base no título executivo judicial ali formado (cfr., n.º 7, alíneas a) e c) deste preceito).

O n.º 5 mantém a regra específica de litisconsórcio que constava da anterior redacção do n.º 2: a acção a propor deve ser dirigida contra todas as partes no processo executivo (executado, exequente e demais credores reclamantes interessados); se a acção já estava pendente, o facto de o executado não ter reconhecido expressamente o crédito invocado determinará para o credor o ónus de requerer a intervenção principal dos mesmos interessados, alargando o contraditório, de modo a tornar definitiva a formação do título executivo.

O n.º 6 reproduz regime constante da anterior redacção do n.º 3.

VI – Os efeitos do requerimento caducam (ocorrendo a consequente preclusão da garantia real invocada) nas hipóteses tipificadas no n.º 7:

– não ser apresentada, nos 20 dias subsequentes à notificação de que o executado negou a existência do crédito, certidão comprovativa da pendência da acção declaratória, destinada a reconhecê-lo;

– o exequente provar que o requerente não observou a regra de legitimidade, prevista no n.º 5, que a acção improcedeu ou que esteve parada, por negligência do autor, durante 30 dias, após dedução do requerimento previsto no n.º 1;

115

— o credor não ter apresentado certidão da decisão que formou o título executivo, no prazo de 15 dias contados do respectivo trânsito em julgado, fazendo deste modo valer na execução o seu direito.

ARTIGO 870.º
Suspensão da execução nos casos de falência

Qualquer credor pode obter a suspensão da execução, a fim de impedir os pagamentos, mostrando que foi requerido processo especial de recuperação da empresa ou de falência do executado.

I – Corresponde ao regime que constava do n.º 2 deste preceito, na redacção anterior ao DL n.º 329-A/95, permitindo a qualquer credor obter a suspensão de execução singular pendente, mostrando que foi requerido processo especial de recuperação da empresa ou de falência do executado, incompatível com o pagamento do exequente e demais credores reclamantes naquela execução.

A especificidade deste processo invializa, por outro lado, o aproveitamento e conversão da execução singular, que constava do n.º 1 do preceito, na sua anterior redacção. Sobre os problemas suscitados pela conversão da execução em falência, anteriormente prevista, cfr. Ac. STJ in BMJ 462, pág. 360.

II – Face ao preceituado no CPEREF (aprovado pelo DL 132/93 e alterado pelo DL 315/98, a pendência do processo de recuperação (art. 29.º) e a declaração de falência (art. 154.º) determinam a suspensão imediata das execuções pendentes contra o devedor.

III – Preceito inalterado pelo DL n.º 38/03, carecendo de ser articulado com o actual Código da Insolvência e da Recuperação de Empresas, aprovado pelo DL n.º 53/04, de 18 de Março – Cf. arts. 85.º, 88.º e 89.º, relativos aos "efeitos processuais" de declaração de insolvência sobre as acções de conteúdo patrimonial do insolvente.

ARTIGO 871.º
Pluralidade de execuções sobre os mesmos bens

Pendendo mais de uma execução sobre os mesmos bens, é sustada, quanto a estes, aquela em que a penhora tenha sido posterior, mediante informação do agente de execução, a fornecer ao juiz nos 10 dias imediatos à realização da segunda penhora ou ao conhecimento da penhora anterior, ou, a todo o tempo, a requerimento do exequente, do executado ou de credor citado para reclamar o seu crédito.

I – Mantém a regra segundo a qual, pendendo mais de uma execução sobre os mesmos bens, deve ser sustada (no todo ou em parte) – por decisão judicial – a execução em que a penhora tiver sido posterior.

Note-se que a aplicação deste regime passou, todavia, a ser residual, face ao estatuído no artigo 832.º, n.ºs 4 e 5, segundo o qual o requerimento executivo é oficiosamente remetido para a execução já pendente à data da sua apresentação, desde que o exequente seja titular de um direito real de garantia e se verifiquem os demais pressupostos aí previstos, – prevenindo-se, desta forma, a realização de dupla penhora.

A decisão de sustação da execução em que a penhora for posterior é tomada com base:
– em informação prestada, em 10 dias, pelo agente executivo que procedeu á segunda penhora;
– à superveniência do conhecimento da penhora anterior;
– a requerimento – a todo o tempo – do exequente, executado ou credor reclamante.

A precedência da penhora de bens sujeitos a registo dependerá, naturalmente, do momento em que for feita a comunicação a que alude o n.º 1 do artigo 838.º (sendo irrelevante o momento em que, posteriormente, for lavrado o auto de penhora, meramente confirmativo).

II – O regime procedimental estabelecido para a reclamação do crédito na execução em que a penhora é mais antiga passou, porém, a ser diverso do que estava regulado na anterior redacção do n.º 2 do preceito – em consequência de se ter eliminado o prazo peremptório de 15 dias, contado da notificação do despacho de sustação da execução em que a penhora era posterior.

Assim, se o credor, beneficiário da segunda penhora, não tiver sido citado pessoalmente, nos termos do artigo 864.º, n.º 3, alínea b), pode reclamar o seu crédito – garantido pela penhora ulterior dos mesmos bens – nos termos genericamente previstos nos n.ºs 3 e 5 do artigo 865.º – isto é, até à transmissão dos bens penhorados.

Tal reclamação – que parece não depender da prolação de prévio despacho de sustação – determina (n.º 5 do artigo 865.º) a sustação imediata da execução em que a penhora é mais recente, mesmo que – por deficiência da informação prevista neste artigo 871.º – não tivesse sido já previamente determinada a paralização do processo.

Por outro lado – e como decorre do preceituado no artigo 834.º, n.º 3, alínea e) – mantém-se a possibilidade de, na execução sustada, o exequente desistir da penhora dos bens já apreendidos no precedente processo, indicando outros em sua substituição.

O preceito não reproduz o n.º 4, que constava da sua anterior redacção, permitindo a graduação das custas da execução sustada na execução mais antiga, passando tal matéria a estar regulada no artigo 455.º, parte final.

III – Permanece por resolver o problema da articulação entre a execução cível e o processo fiscal, quando hajam sido penhorados os mesmos bens em ambas as causas (possibilidade que decorre da declarada inconstitucionalidade do art. 300.º do CPT, através do ac. 451/95 do TC) – cf. Ac. STJ de 31/3/98, in BMJ 475, 594 e os Acs do TC n.º 51/99 (in Acs. TC 42.º vol., pág. 243) e 238/99 (in Acs. TC, 43.º vol., pág. 463), em que se julgou não inconstitucional a aplicação do regime "normal" da sustação da execução cível, apesar das dificuldades manifestas de o creedor fazer valer o seu direito na execução fiscal.

SECÇÃO V
Pagamento

SUBSECÇÃO I
Modos de pagamento

ARTIGO 872.º
Modos de o efectuar

1 – O pagamento pode ser feito pela entrega de dinheiro, pela adjudicação dos bens penhorados, pela consignação judicial dos seus rendimentos ou pelo produto da respectiva venda.

2 – É admitido o pagamento em prestações da dívida exequenda, nos termos previstos nos artigos 882.º a 885.º

Disposição inalterada pelo DL n.º 38/03.

ARTIGO 873.º
Termos em que pode ser efectuado

1 – As diligências necessárias para a realização do pagamento efectuam-se independentemente do prosseguimento do apenso da verificação e graduação de créditos, mas só depois de findo o prazo para a sua reclamação; exceptua-se a consignação de rendimentos, que pode ser requerida pelo exequente e deferida logo a seguir à penhora.

2 – O credor reclamante só pode ser pago na execução pelos bens sobre que tiver garantia e conforme a graduação do seu crédito.

3 – Sem prejuízo da exclusão do n.º 4 do artigo 865.º, a quantia a receber pelo credor com privilégio creditório geral, mobiliário ou imobiliário, é reduzida até 50% do remanescente do produto da venda, deduzidas as custas da execução e as quantias a pagar aos credores que devam ser graduados

antes do exequente, na medida do necessário ao pagamento de 50% do crédito do exequente, até que este receba o valor correspondente a 250 UC.

4 – O disposto no n.º 3 não se aplica aos privilégios creditórios dos trabalhadores.

I – São meramente consequenciais as alterações introduzidas nos n.ºˢ 1 e 2 do preceito, visando adequá-los à supressão do despacho liminar no apenso de verificação de créditos e à eliminação da citação edital dos credores desconhecidos, conduzindo à ampla possibilidade de os mesmos reclamarem espontaneamente os seus direitos na execução.

II – É perfeitamente inovatório o regime constante dos n.ºˢ 3 e 4 do preceito, visando limitar o âmbito e a oponibilidade ao exequente de privilégios creditórios gerais, mobiliários ou imobiliários.

Tal regime:
– não contende com a mais drástica e total preclusão da oponibilidade de alguns desses privilégios gerais, nos termos previstos no n.º 4 do artigo 865.º;
– não é aplicável aos privilégios creditórios dos trabalhadores, em termos paralelos aos previstos no artigo 865.º, n.º 6.

No complexo sistema instituído, com vista a evitar que as legítimas expectativas do exequente (que teve a iniciativa processual de instaurar execução, suportando os custos e despesas inerentes) sejam totalmente defraudadas através da invocação de privilégios gerais *ocultos*, procura garantir-se-lhe o (tendencial) recebimento de, pelo menos 50% do seu crédito, garantindo-se, todavia, ao credor privilegiado o montante máximo de 50% do remanescente do produto da venda, após dedução das custas e das quantias a pagar aos titulares de direitos reais de garantia, precedentemente graduados; porém, tal garantia do exequente não excederá determinado *tecto*, o valor correspondente a 250 UC, (o que implica que este regime não se aplicará, na prática, a credores comuns que executam quantias muito elevadas, sofrendo – a partir do referido limite máximo – o pleno concurso dos credores privilegiados).

SUBSECÇÃO II
Entrega de dinheiro

ARTIGO 874.º
Pagamento por entrega de dinheiro

1 – Tendo a penhora recaído em moeda corrente, depósito bancário em dinheiro ou outro direito de crédito pecuniário cuja importância tenha sido depositada, o exequente ou qualquer credor que deva preteri-lo é pago do seu crédito pelo dinheiro existente.

2 – Constitui entrega de dinheiro o pagamento por cheque ou transferência bancária.

Considera-se incluído no regime do pagamento por entrega de dinheiro o caso em que a penhora recaíu sobre depósito bancário em dinheiro, acrescentando o n.º 2 que constitui *"entrega em dinheiro"*, para este efeito, o pagamento por cheque ou transferência bancária.

SUBSECÇÃO III
Adjudicação

ARTIGO 875.º
Requerimento para adjudicação

1 – O exequente pode pretender que bens penhorados, não compreendidos nos artigos 902.º e 903.º, lhe sejam adjudicados para pagamento, total ou parcial, do crédito.

2 – O mesmo pode fazer qualquer credor reclamante, em relação aos bens sobre os quais tenha invocado garantia; mas, se já houver sido proferida sentença de graduação de créditos, a pretensão do requerente só é atendida quando o seu crédito haja sido reconhecido e graduado.

3 – O requerente deve indicar o preço que oferece, não podendo a oferta ser inferior ao valor a que alude o n.º 2 do artigo 889.º

4 – Cabe ao agente de execução fazer a adjudicação; mas, se à data do requerimento já estiver anunciada a venda por propostas em carta fechada, esta não se sustará e a pretensão só será considerada se não houver pretendentes que ofereçam preço superior.

5 – A adjudicação de direito de crédito pecuniário não litigioso é feita pelo valor da prestação devida, efectuado o desconto correspondente ao período a decorrer até ao vencimento, à taxa legal de juros de mora, salvo se, não sendo próxima a data do vencimento, o requerente pretender que se proceda nos termos do disposto no n.º 3 e nos artigos 876.º e 877.º

6 – A adjudicação de direito de crédito é feita a título de dação *pro solvendo*, se o requerente o pretender e os restantes credores não se opuserem, suspendendo-se a instância quando a execução não deva prosseguir sobre outros bens.

7 – Sendo próxima a data do vencimento, podem os credores acordar, ou o juiz determinar, a suspensão da execução sobre o crédito penhorado até ao vencimento.

8 – Rendas, abonos, vencimentos, salários ou outros rendimentos periódicos podem ser directamente entregues ao adjudicatário, nos termos do n.º 3 do artigo 861.º

I – Rectificado pela declaração de rectificação n.º 5-C/2003, de 30 de Abril.

II – Para além de se permitir expressamente a adjudicação para pagamento meramente parcial do crédito exequendo, a principal alteração introduzida nos n.ºs 1 a 4 deste preceito traduz-se em cometer ao agente de execução a competência para fazer a adjudicação, prescindindo-se, pois, de despacho judicial.

III – As inovatórias disposições, constantes dos n.ºs 5 a 8, visam permitir, em certos casos, a adjudicação sem necessidade de propostas de preço.

Assim, se tiver sido penhorado direito de crédito pecuniário não litigioso, a adjudicação pode fazer-se imediatamente pelo valor da prestação devida, efectuando-se o desconto dos juros legais de mora pelo tempo correspondente ao período a decorrer até ao vencimento. Sendo próxima a data do vencimento, podem as partes acordar ou o juiz determinar a suspensão da execução, nos termos do n.º 7.

Só assim não será se – não sendo próxima a data do vencimento – o requerente pretender que se proceda antes nos termos gerais, indicando o preço que oferece e seguindo-se o procedimento de publicitação e adjudicação, previsto nos artigos 876.º e 877.º. Competirá naturalmente ao agente executivo, em primeira linha, a concretização do conceito indeterminado de *"proximidade"* da data do vencimento, sem prejuízo da possibilidade de ser suscitada ao juiz a prolação da *"última palavra"* sobre tal questão.

A adjudicação do direito de crédito pode ser feita a título de dação *"pro solvendo"*, nos termos do artigo 840.º do Código Civil, ficando, deste modo, a eficácia liberatória condicionada à efectiva satisfação do direito do exequente: tal regime depende de requerimento do pretendente e da não oposição dos demais credores, suspendendo-se, neste caso, a instância quando a execução não tenha por objecto outros bens.

IV – O n.º 8 – em consonância com o n.º 3 do artigo 861.º – permite a adjudicação directa de quaisquer rendimentos periódicos penhorados.

ARTIGO 876.º
Publicidade do requerimento

1 – Requerida a adjudicação, é esta publicitada nos termos do artigo 890.º, com a menção do preço oferecido.

2 – O dia, a hora e o local para a abertura das propostas são notificados ao executado, àqueles que podiam requerer a adjudicação e, bem assim, aos

titulares de direito de preferência, legal ou convencional com eficácia real, na alienação dos bens.

3 – A abertura das propostas tem lugar perante o juiz, se se tratar de bem imóvel, ou, tratando-se de estabelecimento comercial, se o juiz o determinar, nos termos do artigo 901.º-A; nos restantes casos, o agente de execução desempenha as funções reservadas ao juiz na venda de imóvel, aplicando-se, devidamente adaptadas, as normas da venda por propostas em carta fechada.

I – O n.º 2 esclarece que apenas tem cabimento a notificação aos titulares de direito de preferência legal ou convencional com eficácia real – excluindo, pois, a notificação aos titulares de direito de preferência meramente convencional.

II – No que se refere à articulação de competências entre juiz e agente de execução, estabelece-se (n.º 3) que:

– a abertura das propostas tem lugar perante o juiz, se se tratar de bem imóvel ou de estabelecimento comercial "*de valor consideravelmente elevado*", em consonância com o preceituado no artigo 901.º-A – cabendo, neste caso, ao juiz a designação do dia, hora e local para a abertura das propostas;

– nos demais casos, tais funções são exercidas pelo agente de execução, que actuará as competências atribuídas ao juiz na venda mediante propostas em carta fechada.

ARTIGO 877.º
Termos da adjudicação

1 – Se não aparecer nenhuma proposta e ninguém se apresentar a exercer o direito de preferência, aceitar-se-á o preço oferecido pelo requerente.

2 – Havendo proposta de maior preço, observar-se-á o disposto nos artigos 893.º e 894.º

3 – Se o requerimento de adjudicação tiver sido feito depois de anunciada a venda por propostas em carta fechada e a esta não se apresentar qualquer proponente, logo se adjudicarão os bens ao requerente.

A única alteração, introduzida no n.º 3, consiste em substituir a referência à "*venda judicial*" por venda por propostas em carta fechada.

ARTIGO 878.º
Regras aplicáveis à adjudicação

É aplicável à adjudicação de bens, com as necessárias adaptações, o disposto nos artigos 887.º e 888.º, no n.º 2 do artigo 897.º, nos n.ᵒˢ 1 a 3 do artigo 898.º e nos artigos 900.º, 901.º e 908.º a 911.º

Alterado pelo Decreto-Lei n.º 199/03, que adequou as remissões ao novo articulado do processo executivo.

SUBSECÇÃO IV
Consignação de rendimentos

ARTIGO 879.º
Termos em que pode ser requerida e efectuada

1 – Enquanto os bens penhorados não forem vendidos ou adjudicados, o exequente pode requerer ao agente de execução que lhe sejam consignados os rendimentos de imóveis ou de móveis sujeitos a registo, em pagamento do seu crédito.

2 – Sobre o pedido é ouvido o executado, sendo a consignação de rendimentos efectuada, se ele não requerer que se proceda à venda dos bens.

3 – Não tem lugar a citação dos credores quando a consignação seja antes dela requerida e o executado não requeira a venda dos bens.

4 – A consignação efectua-se por comunicação à conservatória, aplicando-se, com as devidas adaptações, o disposto nos n.ᵒˢ 1, 2, 6 e 7 do artigo 838.º

5 – O registo da consignação é feito por averbamento ao registo da penhora.

I – O n.º 1 atribui competência para deferir a consignação de rendimentos ao agente de execução, dispensando, deste modo, a intervenção do juiz, salvo na sequência de eventual reclamação do acto do agente executivo, a quem competirá proceder à audição do executado, prevista no n.º 2.

II – Ao registo da consignação é aplicável – confundindo-se, de algum modo, a forma do acto, com a do respectivo registo – o regime previsto no artigo 838.º, sendo o mesmo efectuado mediante averbamento ao registo de penhora, como já decorria da anterior redacção do n.º 2 do artigo 881.º.

ARTIGO 880.º
Como se processa em caso de locação

1 – A consignação de rendimentos de bens que estejam locados é notificada aos locatários.

2 – Não havendo ainda locação ou havendo de celebrar-se novo contrato, os bens são locados pelo agente de execução, mediante propostas ou por meio de negociação particular, observando-se, com as modificações necessárias, as formalidades prescritas para a venda de bens penhorados.

3 – Pagas as custas da execução, as rendas serão recebidas pelo consignatário até que esteja embolsado da importância do seu crédito.

4 – O consignatário fica na posição de locador, mas não pode resolver o contrato, nem tomar qualquer decisão relativa aos bens, sem anuência do executado; na falta de acordo, o juiz decidirá.

As alterações introduzidas são meramente consequenciais da outorga ao agente de execução da competência para proceder à consignação de rendimentos de bens locados – eliminando-se, deste modo, referência ao despacho judicial (n.º 1) e atribuindo-se competência ao agente executivo para locar os bens que ainda o não estivessem.

O n.º 4 mantém, porém, no âmbito da competência do juiz a dirimição de conflitos acerca de qualquer decisão relativa aos bens.

De salientar – face ao preceituado no art. 879.º, n.º 4 – que, no momento da notificação aos locatários, já estará constituída a consignação de rendimentos, em consequência do respectivo registo, operado por via telemática.

ARTIGO 881.º
Efeitos

1 – Efectuada a consignação e pagas as custas da execução, a execução extingue-se, levantando-se as penhoras que incidam em outros bens.

2 – Se os bens vierem a ser vendidos ou adjudicados, livres do ónus da consignação, o consignatário será pago do saldo do seu crédito pelo produto da venda ou adjudicação, com a prioridade da penhora a cujo registo a consignação foi averbada.

3 – O disposto nos números anteriores é aplicável, com as necessárias adaptações, à consignação de rendimentos de títulos de crédito nominativos, devendo a consignação ser mencionada nos títulos e averbada nos termos da respectiva legislação.

A alteração, constante do n.º 1, é mera decorrência da eliminação do despacho que julga extinta a execução.
A eliminação do anterior n.º 2 decorre da nova redacção dada ao artigo 879.º, n.º 5.

SUBSECÇÃO V
Do pagamento em prestações

ARTIGO 882.º
Requerimento para pagamento em prestações

1 – É admitido o pagamento em prestações da dívida exequenda, se exequente e executado, de comum acordo, requererem a suspensão da instância executiva.

2 – O requerimento para pagamento em prestações é subscrito por exequente e executado, devendo conter o plano de pagamento acordado e podendo ser apresentado até à transmissão do bem penhorado ou, no caso de venda mediante propostas em carta fechada, até à aceitação de proposta apresentada.

I – A presente subsecção regula, em termos inovatórios, a possibilidade de pagamento em prestações da dívida exequenda – cujo regime, de um ponto de vista sistemático, devia logicamente preceder as normas que dispõem sobre a venda dos bens penhorados.

Para além de parecer razoável a genérica consagração, no processo civil, de tal possibilidade, desde que credor e devedor nela acordem e tal acordo não frustre os direitos dos outros credores, a previsão deste regime impunha-se como forma de suprir a lacuna que decorria da circunstância de o Tribunal Constitucional, no acórdão n.º 451/95 (in DR-I-A, de 3/8/95) ter declarado inconstitucional, com força obrigatória geral, a norma constante da primeira parte do n.º 1 do art. 300.º do Cód. Processo Tributário, que estabelecia a impossibilidade de os bens penhorados pelas repartições de finanças serem apreendidos, penhorados ou requisitados por qualquer outro tribunal.

Estando há muito consagrado no processo tributário a possibilidade de pagamento em prestações da dívida exequenda, impunha-se regular as questões suscitadas pela articulação dos processos executivos fiscais em que foi autorizado o pagamento em prestações – mantendo-se a penhora efectuada – com execuções cíveis em que – na sequência da referida jurisprudência constitucional – hajam sido penhorados os mesmos bens. Cfr. a anotação II ao art. 871.º.

II – O pagamento em prestações da dívida exequenda pressupõe o acordo entre exequente e executado, formalizado no processo até à notificação do despacho que determine a venda ou as outras diligências para pagamento, implicando a sustação da execução.

III – Tal acordo não carece naturalmente de autorização judicial, sem prejuízo do uso pelo juiz da faculdade que lhe é conferida pelo art. 665.º; o requerimento conjunto das partes deverá conter o plano de pagamento acordado, já que tal matéria será relevante para aferir de uma pretensa e ulterior falta de pagamento de alguma das prestações, nos termos do art. 884.º.

IV – A alteração introduzida no n.º 2 pelo DL n.º 38/03 é meramente consequencial da eliminação do despacho do juiz que ordena a realização da venda: o termo final para apresentação de requerimento visando o pagamento em prestações passa a ser:
 – a transmissão do bem penhorado;
 – no caso de venda mediante propostas em carta fechada, a aceitação da proposta.

ARTIGO 883.º
Garantia do crédito exequendo

1 – Na falta de convenção em contrário, vale como garantia do crédito exequendo a penhora já feita na execução, que se manterá até integral pagamento, sem prejuízo do disposto no artigo 885.º

2 – O disposto no número anterior não obsta a que as partes convencionem outras garantias adicionais, ou substituam a resultante da penhora.

I – Mantém-se, em regra, como garantia do crédito exequendo a penhora já realizada, que subsistirá até integral pagamento.

Tal regra (n.º 2) não prejudica naturalmente a autonomia da vontade de exequente e executado, que poderão convencionar outras garantias do crédito, adicionais à penhora ou substitutivas desta; e sempre podendo naturalmente o credor renunciar à garantia emergente da penhora por ele promovida.

II – A subsistência da penhora, como garantia a favor do exequente – permanecendo sustada a execução – será, por outro lado, precludida pelo mecanismo instituído pelo art. 885.º, que visa assegurar os interesses de outros credores que movimentarem com a sua actuação processual a execução suspensa.

III – Disposição inalterada pelo DL n.º 38/03.

ARTIGO 884.º
Consequência da falta de pagamento

A falta de pagamento de qualquer das prestações, nos termos acordados, importa o vencimento imediato das seguintes, podendo o exequente requerer o prosseguimento da execução para satisfação do remanescente do seu crédito.

Disposição inalterada pelo DL n.º 38/03.

O executado tem o estrito dever de cumprir escrupulosamente o plano de pagamento acordado, implicando a falta de pagamento de qualquer das prestações, que lhe seja imputável, o vencimento imediato dos restantes, permitindo ao exequente requerer o prosseguimento da execução até então sustada.

ARTIGO 885.º
Tutela dos direitos dos restantes credores

1 – Fica sem efeito a sustação da execução se algum credor reclamante, cujo crédito esteja vencido, requerer o prosseguimento da execução para satisfação do seu crédito.

2 – No caso previsto no número anterior é notificado o exequente para, no prazo de 10 dias, declarar se:

a) Desiste da garantia a que alude o n.º 1 do artigo 883.º;

b) Requer também o prosseguimento da execução para pagamento do remanescente do seu crédito, ficando sem efeito o pagamento em prestações acordado.

3 – A notificação a que alude o número anterior é feita com a cominação de, nada dizendo o exequente, se entender que desiste da penhora já efectuada.

4 – Desistindo o exequente da penhora, o requerente assume a posição de exequente, aplicando-se, com as necessárias adaptações, o disposto nos n.ºˢ 2 a 4 do artigo 920.º

5 – O disposto nos números anteriores é aplicável quando o exequente e o executado acordem na suspensão da instância, nos termos do n.º 4 do artigo 279.º

I – Institui um mecanismo de tutela dos direitos dos restantes credores com legitimidade para intervir na execução suspensa em consequência do acordado pagamento em prestações – sendo manifesto que os bens penhorados não poderiam ficar indefinidamente congelados à ordem do exequente e como garantia do seu crédito, em detrimento dos demais credores a quem interessasse o prosseguimento da execução, com a venda de tais bens.

II – Face ao preceituado n.º 1, cuja letra foi clarificada pelo DL n.º 180/96, o termo da sustação da execução, a requerimento de outro credor (que não o exequente), ocorrerá em duas situações:

a) na primeira delas, pressupõe-se que já tinha ocorrido, na execução sustada, a fase de reclamação de créditos, em momento anterior ao do acordo para o pagamento em prestações. Neste caso, é lícito a qualquer credor com garantia real que reclamou o seu crédito e o viu admitido liminarmente, nos termos do art. 866.º, n.º 1, requerer o prosseguimento da execução, desde que demonstre que tal crédito já está vencido – em termos, aliás, idênticos aos que estão previstos no n.º 2 do art. 920.º, para o caso de extinção da execução;

b) na segunda situação – que ocorrerá, nomeadamente, quando o acordo de pagamento a prestações tiver precedido a fase de convocação de credores – prevê-se o prosseguimento da execução sustada, a requerimento e no interesse do credor que, através de outra execução, obteve a penhora dos mesmos bens que garantiam o pagamento a prestações. Na realidade, o acordo entre exequente e executado não tem naturalmente virtualidades para (como sucedia no processo tributário) pôr os bens penhorados e que garantem o pagamento em prestações a coberto da acção dos restantes credores.

Obtida, por qualquer destes, a penhora dos mesmos bens noutra execução – e reclamado tal crédito na execução sustada, nos termos do art. 871.º, n.º 2 – fica naturalmente em crise o acordo celebrado entre exequente e executado, devendo a execução prosseguir em homenagem ao interesse do credor que não foi parte naquele acordo.

III – Apresentado por qualquer credor requerimento com que pretende pôr termo à sustação da execução, acordada entre exequente e executado, é notificado o exequente para tomar posição sobre tal matéria, podendo renunciar à garantia emergente da penhora ou – como será mais provável – requerer, também ele, o prosseguimento da execução, caducando o pagamento em prestações acordado e retomando a execução suspensa o seu curso normal.

IV – O n.º 3 estabelece que a notificação ao exequente é feita com a cominação de o seu silêncio valer como renúncia à penhora efectuada.

V – Se o exequente desistir da penhora (n.º 4) é aplicável o regime de subrogação estabelecido nos n.ºs 2 a 4 do art. 920.º, para o caso de extinção da execução.

VI – A alteração introduzida no n.º 1 pelo DL 38/03 é meramente consequencial da nova tramitação do apenso de verificação de créditos, expressa na eliminação do despacho liminar e na flexibilização do momento da apresentação da reclamação do credor, como consequência da admissibilidade de dedução de reclamações *"tardias"* dos credores que não hajam sido pessoalmente citados (bem como da eliminação do prazo que constava da anterior redacção do artigo 871.º).

VII – O n.º 5 vem estabelecer, de forma expressa, a possibilidade de suspensão da instância, por acordo do exequente e executado, nos termos do artigo 279.º, n.º 4.

SUBSECÇÃO VI
Venda

DIVISÃO I
DISPOSIÇÕES GERAIS

ARTIGO 886.º
Modalidades de venda

1 – A venda pode revestir as seguintes modalidades:
a) Venda mediante propostas em carta fechada;
b) Venda em bolsas de capitais ou de mercadorias;
c) Venda directa a pessoas ou entidades que tenham direito a adquirir os bens;
d) Venda por negociação particular;
e) Venda em estabelecimento de leilões;
f) Venda em depósito público.

2 – O disposto nos artigos 891.º e 901.º para a venda mediante propostas em carta fechada aplica-se, com as devidas adaptações, às restantes modalidades de venda e o disposto nos artigos 892.º e 896.º a todas, exceptuada a venda directa.

I – Rectificado pela declaração de rectificação n.º 5-C/2003, de 30 de Abril.

II – Elimina-se a distinção entre venda judicial e extrajudicial (continuando, porém, a venda, mediante propostas em carta fechada, de imóveis e do estabelecimento comercial de valor consideravelmente elevado, a configurar-se como verdadeira "*venda judicial*", atento o papel atribuído ao juiz).

III – Para além disso, o n.º 1 amplia o âmbito da venda directa – permitindo-a a "*pessoas*" que tenham direito a adquirir os bens (o titular de promessa com eficácia real, nos termos do artigo 903.º) – e cria a nova modalidade de venda em depósito público, prevista no artigo 907.º-A.

IV – Estabelece, com clareza, que determinadas normas – atinentes ao regime da venda mediante propostas em carta fechada – são, afinal, normas "*gerais*" da venda executiva: os artigos 891.º (obrigação de mostrar os bens) e 901.º (entrega dos bens adquiridos) valem quanto a todas as modalidades de venda.

Por outro lado, as normas atinentes à notificação dos pre-ferentes e ao exercício do direito de preferência aplicam-se a todas as modalidades de venda, com excepção da venda directa.

ARTIGO 886.º-A
Determinação da modalidade de venda e do valor base dos bens

1 – Quando a lei não disponha diversamente, a decisão sobre a venda cabe ao agente de execução, ouvidos o exequente, o executado e os credores com garantia sobre os bens a vender.

2 – A decisão tem como objecto:

a) A modalidade da venda, relativamente a todos ou a cada categoria de bens penhorados, nos termos da alínea *e)* do artigo 904.º, da alínea *b)* do n.º 1 do artigo 906.º e do n.º 3 do artigo 907.º;

b) O valor base dos bens a vender;

c) A eventual formação de lotes, com vista à venda em conjunto de bens penhorados.

3 – Quando o considere vantajoso ou algum dos interessados o pretenda, pode o agente de execução fazer preceder a fixação do valor base dos bens das diligências necessárias à determinação do respectivo valor de mercado.

4 – A decisão é notificada ao exequente, ao executado e aos credores reclamantes de créditos com garantia sobre os bens a vender.

5 – Se o executado, o exequente ou um credor reclamante discordar da decisão, cabe ao juiz decidir; da decisão deste não há recurso.

I – As alterações introduzidas são consequência de se haver transferido para o agente de execução a competência para proferir decisão sobre a modalidade de venda e fixar o valor base dos bens a vender, em consonância com o estatuído nas várias disposições legais que regulam – em termos mais apertados e rígidos – esta matéria.

Assim, (n.º 1) a decisão sobre a venda não cabe naturalmente ao agente executivo quando determinado preceito legal a cometer ao juiz (cfr., artigos 886.º-C e 901.º-A).

O contraditório das partes, mantido no n.º 1, passa, pois, a dever ser actuado pelo agente de execução, que deverá ouvi-las antes de tomar decisão sobre as matérias referidas no n.º 2.

II – A decisão sobre a venda – cometida, em primeira linha, ao agente executivo, e não ao juiz – continua a ter como objecto as matérias previstas no n.º 2, importando apenas salientar que o concurso das normas que dispõem sobre as várias modalidade de venda restringem os poderes decisórios do agente de execução: este só tem margem de discricionariedade para a decidir acerca da modalidade de venda nos casos tipificados:

– no artigo 904.º, alínea e);
– no artigo 906.º, n.º 1, alínea b);
– no artigo 907.º, n.º 3.

III – Atribui-se, porém, ao agente de execução uma ampla possibilidade para – com base em juízo de oportunidade – proceder a diligências destinadas ao apuramento do valor de mercado dos bens (quer se trate de móveis ou de imóveis), independentemente de já se mostrarem ou não avaliados no auto de penhora.

IV – O contraditório das partes sobre a decisão do agente executivo deve naturalmente ser actuado por este (n.º 4), cabendo reclamação do decidido para o juiz – e mantendo-se a regra segundo a qual da decisão do juiz não há recurso (quer no que respeita ao valor dos bens, quer quanto à própria modalidade de venda ou formação de lotes).

ARTIGO 886.º-B
Instrumentalidade da venda

1 – A requerimento do executado, a venda dos bens penhorados sustar-se-á logo que o produto dos bens já vendidos seja suficiente para pagamento das despesas da execução, do crédito do exequente e dos credores com garantia real sobre os bens já vendidos.

2 – Na situação prevista no n.º 7 do artigo 828.º, a venda inicia-se sempre pelos bens penhorados que respondam prioritariamente pela dívida.

3 – No caso previsto no artigo 842.º-A, pode o executado requerer que a venda se inicie por algum dos prédios resultante da divisão, cujo valor seja suficiente para o pagamento; se, porém, não conseguir logo efectivar-se a venda por esse valor, serão vendidos todos os prédios sobre que recai a penhora.

I – Consagra expressamente o princípio do carácter instrumental da venda dos bens penhorados, que se destina à satisfação do interesse do credor, devendo cessar logo que tal interesse se mostre satisfeito (tal como o interesse do Estado em arrecadar as custas da execução, que saem precípuas, bem como os direitos dos credores com garantia real sobre os bens penhorados que hajam sido vendidos, e que normalmente irão prevalecer, na hierarquia da graduação de créditos, sobre o crédito do exequente).

Tal princípio já era, aliás, aflorado no n.º 1 do art. 899.º, na sua anterior redacção a propósito da arrematação – passando agora a integrar-se nas disposições gerais sobre a venda.

II – Constitui ónus do executado o acompanhamento das diligências em que se traduz a venda, cumprindo-lhe requerer a sustação desta logo que se verifique a suficiência dos bens vendidos para satisfazer os fins da execução; não constituirá, deste modo, irregularidade a circunstância de, por se não ter oficiosamente detectado a situação prevista nesta norma, se haver, porventura, procedido à venda de mais bens do que os necessários, sendo tal situação da responsabilidade do próprio executado.

III – Os n.ºs 2 e 3 constituem afloramento deste princípio geral: assim, nos casos em que a penhorabilidade de certos bens é meramente subsidiária, por depender da verificação da falta ou insuficiência dos bens que integram o património autónomo prioritariamente vinculado à responsabilidade pelo crédito exequendo, a venda inicia-se obrigatoriamente pelos bens penhorados que integram este património.

IV – Se se procedeu à divisão do prédio penhorado, nos termos consentidos pelo art. 842.º-A, tem o executado a faculdade de requerer que a venda se inicie apenas por algum ou alguns dos prédios objecto de divisão ou destacamento, de modo a que a venda apenas se venha a consumar sobre a totalidade do objecto da penhora quando o valor daqueles se configure como insuficiente.

V – A alteração introduzida no n.º 2 pelo DL n.º 38/03 é mera consequência da renumeração do artigo 828.º.

ARTIGO 886.º-C
Venda antecipada de bens

1 – Pode o juiz autorizar a venda antecipada de bens, quando estes não possam ou não devam conservar-se, por estarem sujeitos a deterioração ou depreciação, ou quando haja manifesta vantagem na antecipação da venda.

2 – A autorização pode ser requerida, tanto pelo exequente ou executado, como pelo depositário; sobre o requerimento são ouvidas ambas as partes ou aquela que não for o requerente, excepto se a urgência da venda impuser uma decisão imediata.

3 – Salvo o disposto nos artigos 902.º e 903.º, a venda é efectuada pelo depositário, nos termos da venda por negociação particular, ou pelo agente de execução, nos casos em que o executado ou o detentor dos bens tenha assumido as funções de depositário.

I – Rectificado pela declaração de rectificação n.º 5-C/2003, de 30 de Abril.

II – Corresponde, no essencial, ao regime que constava do artigo 851.º, na sua anterior redacção – mantendo-se no juiz a competência para decidir acerca da venda antecipada dos bens penhorados.

III – O n.º 3 estabelece que a venda será realizada, em regra, pelo depositário ou pelo agente executivo (que não seja já o próprio depositário) quando o executado ou o detentor dos bens tenham assumido o respectivo depósito.

ARTIGO 887.º
Dispensa de depósito aos credores

1 – O exequente que adquira bens pela execução é dispensado de depositar a parte do preço que não seja necessária para pagar a credores gradua-

dos antes dele e não exceda a importância que tem direito a receber; igual dispensa é concedida ao credor com garantia sobre os bens que adquirir.

2 – Não estando ainda graduados os créditos, o exequente não é obrigado a depositar mais que a parte excedente à quantia exequenda e o credor só é obrigado a depositar o excedente ao montante do crédito que tenha reclamado sobre os bens adquiridos.

3 – No caso referido no número anterior, os bens imóveis adquiridos ficam hipotecados à parte do preço não depositada, consignando-se a garantia no título de transmissão e não podendo esta ser registada sem a hipoteca, salvo se o adquirente prestar caução bancária em valor correspondente; os bens de outra natureza são entregues ao adquirente quando este preste caução correspondente ao seu valor.

4 – Quando, por efeito da graduação de créditos, o adquirente não tenha direito à quantia que deixou de depositar ou a parte dela, é notificado para fazer o respectivo depósito em 10 dias, sob pena de ser executado nos termos do artigo 898.º, começando a execução pelos próprios bens adquiridos ou pela caução.

I – Rectificado pela declaração de rectificação n.º 5-C/2003, de 30 de Abril.

II – Os n.ºs 2 e 3 correspondem ao desdobramento do regime que constava da anterior redacção do n.º 2 do preceito, com uma alteração: o ter-se concedido ao exequente ou credor que adquiriu imóveis antes da graduação de créditos a possibilidade de – em vez de estes ficarem hipotecados à parte do preço não depositado – ser prestada caução bancária em valor correspondente, assegurando, deste modo, a livre e imediata disponibilidade do bem.

ARTIGO 888.º
Cancelamento dos registos

Após o pagamento do preço e do imposto devido pela transmissão, o agente de execução promove o cancelamento dos registos dos direitos reais que caducam nos termos do n.º 2 do artigo 824.º do Código Civil e não sejam de cancelamento oficioso pela conservatória.

Deixa de competir ao juiz a prolação do despacho (oficioso) que determinava o cancelamento dos registos dos direitos reais que caducaram com a venda executiva, nos termos do artigo 824.º, n.º 2, do Código Civil – dispensando-se o adquirente do ónus de promover a inscrição de tal acto no registo.

133

Assim, é o agente de execução que passará a deter competência para apurar de tal caducidade e, ocorrendo esta, promover o respectivo cancelamento no registo, salvo se for caso de cancelamento oficioso pela conservatória.

DIVISÃO II
VENDA MEDIANTE PROPOSTAS EM CARTA FECHADA

ARTIGO 889.º
Valor base e competência

1 – Quando a penhora recaia sobre bens imóveis que não hajam de ser vendidos de outra forma, são os bens penhorados vendidos mediante propostas em carta fechada.

2 – O valor a anunciar para a venda é igual a 70% do valor base dos bens.

3 – A venda faz-se no tribunal da execução, salvo se o juiz, oficiosamente ou a requerimento dos interessados, ordenar que tenha lugar no tribunal da situação dos bens.

I – A venda mediante propostas em carta fechada apenas passa a ser possível:
– quando os bens penhorados sejam imóveis;
– que não devam ser vendidos de outra forma (em consequência do exercício do direito de execução específica, nos termos do artigo 903.º, ou por se haver frustrado a venda por propostas, nos termos do artigo 904.º, alínea d);
– quando se trate de estabelecimento comercial de valor consideravelmente elevado, nos termos do artigo 901.º-A.

II – A venda dos imóveis passa a realizar-se, em regra, no tribunal de execução, salvo se o juiz determinar que deva antes ter lugar no tribunal de situação dos bens penhorados.

III – Elimina-se – n.º 2 – a possibilidade de o juiz afastar prudencialmente a reagra de que o valor a anunciar para venda é igual a 70% do valor base dos bens.

ARTIGO 890.º
Publicidade da venda

1 – Determinada a venda mediante propostas em carta fechada, designa-se o dia e a hora para a abertura das propostas, com a antecipação

necessária para ser publicitada mediante editais, anúncios e inclusão na página informática da secretaria de execução, sem prejuízo de, por iniciativa oficiosa ou sugestão dos interessados na venda, serem utilizados ainda outros meios que sejam considerados eficazes.

2 – Os editais são afixados pelo agente de execução, com a antecipação de 10 dias, nas portas da secretaria de execução e da sede da junta de freguesia em que os bens se situem, bem como na porta dos prédios urbanos a vender.

3 – Os anúncios são publicados, com igual antecipação, em dois números seguidos de um dos jornais mais lidos da localidade da situação dos bens, ou, se na localidade não houver periódico ou este se publicar menos de uma vez por semana, de um dos jornais que nela sejam mais lidos, salvo se o agente de execução, em qualquer dos casos, os achar dispensáveis, atento o diminuto valor dos bens.

4 – Nos editais e anúncios menciona-se o nome do executado, a secretaria por onde corre o processo, o dia, hora e local da abertura das propostas, a identificação sumária dos bens, o valor base da venda e o valor apurado nos termos do n.º 2 do artigo anterior.

5 – Se a sentença que se executa estiver pendente de recurso ou estiver pendente oposição à execução ou à penhora, faz-se menção do facto nos editais e anúncios.

I – Rectificado pelo Decreto-Lei n.º 199/03, no que respeita à redacção do n.º 4.

II – O n.º 1 estabelece, como forma de publicitação, a inclusão do anúncio da venda na página informática da secretaria.

III – Competindo ao juiz a abertura das propostas, é naturalmente ele que designa o dia e hora para tal acto.

Os demais actos de publicitação incumbem ao agente executivo (n.os 2 e 3).

IV – A alteração introduzida ao n.º 5 é meramente consequen-cial da denominação da oposição à execução, em substituição da figura dos embargos de executado – impondo-se identicamente que se advirtam os interessados da eventual pendência de oposição à penhora.

ARTIGO 891.º
Obrigação de mostrar os bens

Durante o prazo dos editais e anúncios é o depositário obrigado a mostrar os bens a quem pretenda examiná-los; mas pode fixar as horas em que, durante o dia, facultará a inspecção, tornando-as conhecidas do público por qualquer meio.

Preceito inalterado pelo DL n.º 38/03.

ARTIGO 892.º
Notificação dos preferentes

1 – Os titulares do direito de preferência, legal ou convencional com eficácia real, na alienação dos bens são notificados do dia, da hora e do local aprazados para a abertura das propostas, a fim de poderem exercer o seu direito no próprio acto, se alguma proposta for aceite.

2 – A falta de notificação tem a mesma consequência que a falta de notificação ou aviso prévio na venda particular.

3 – À notificação prevista no n.º 1 aplicam-se as regras relativas à citação, salvo no que se refere à citação edital, que não terá lugar.

4 – A frustração da notificação do preferente não preclude a possibilidade de propor acção de preferência, nos termos gerais.

I – O n.º 1 estabelece como momento idóneo para o exercício do direito de preferência o acto de abertura das propostas, regulado no art. 893.º – devendo, deste modo, os preferentes nele comparecerem, a fim de exercerem o seu direito se alguma das propostas for aceite.

II – A notificação dos preferentes é uma das "notificações pessoais" previstas genericamente no art. 256.º – o que implica que a mesma se não considere naturalmente consumada com o mero envio de aviso postal registado para o domicílio do preferente, pressupondo a aplicação das regras atinentes à efectivação da citação pessoal.

Se esta, porém, não for viável, não terá lugar a citação edital dos preferentes, cujos direitos ficam, neste caso, assegurados através do estipulado no n.º 4 deste artigo: a frustração da notificação pessoal do preferente deixa-lhe aberta a possibilidade de propor acção de preferência, nos termos gerais.

III – Em consonância com o estatuído no artigo 876.º, n.º 2, limita-se, pelo DL 38/03, aos titulares de preferência legal ou convencional, com eficácia real, a notificação para exercerem o seu direito.

IV – Sobre as consequências da omissão de notificação do preferente, aqui prevista, e o seu reflexo na legitimidade das partes na subsequente acção de preferência, considerando que carecem de legitimidade, quer o exequente, quer o executado, enquanto tais, quer o Estado, por não ser "réu alienante", veja-se o Ac. Rel. in CJ V/01, pág. 185.

ARTIGO 893.º
Abertura das propostas

1 – As propostas são entregues na secretaria do tribunal e abertas na presença do juiz, devendo assistir à abertura o agente de execução e podendo a ela assistir o executado, o exequente, os reclamantes de créditos com garantia sobre os bens a vender e os proponentes.

2 – Se o preço mais elevado for oferecido por mais de um proponente, abre-se logo licitação entre eles, salvo se declararem que pretendem adquirir os bens em compropriedade.

3 – Estando presente só um dos proponentes do maior preço, pode esse cobrir a proposta dos outros; se nenhum deles estiver presente ou nenhum quiser cobrir a proposta dos outros, procede-se a sorteio para determinar a proposta que deve prevalecer.

4 – As propostas, uma vez apresentadas, só podem ser retiradas se a sua abertura for adiada por mais de 90 dias depois do primeiro designado.

Mantém a regra de que as propostas são entregues na secretaria do tribunal (e não ao agente de execução): este, porém, deve obrigatoriamente assistir à respectiva abertura, feita na presença do juiz, podendo as partes e os proponentes assistir ao acto.

ARTIGO 894.º
Deliberação sobre as propostas

1 – Imediatamente após a abertura ou depois de efectuada a licitação ou o sorteio a que houver lugar, são as propostas apreciadas pelo executado, exequente e credores que hajam comparecido; se nenhum estiver presente, considera-se aceite a proposta de maior preço, sem prejuízo do disposto no n.º 3.

2 – Se os interessados não estiverem de acordo, prevalece o voto dos credores que, entre os presentes, tenham maioria de créditos sobre os bens a que a proposta se refere.

3 – Não serão aceites as propostas de valor inferior ao previsto no n.º 2 do artigo 889.º, salvo se o exequente, o executado e todos os credores com garantia real sobre os bens a vender acordarem na sua aceitação.

Disposição inalterada pelo DL n.º 38/03, mantendo-se a regra de que, salvo unanimidade dos interessados, não serão aceites as propostas de valor inferior ao previsto no

137

n.º 2 do art. 889.º (n.º 3). No sentido de que é legítimo ao exequente – único interessado presente – opor-se à aceitação da proposta que, excedendo embora os 70% do valor base dos bens, é inferior ao valor real dos mesmos, decorrente de avaliação realizada, vide Ac. Rel. in CJ II/00, pág. 178.

ARTIGO 895.º
Irregularidades ou frustração da venda por meio de propostas

1 – As irregularidades relativas à abertura, licitação, sorteio, apreciação e aceitação das propostas só podem ser arguidas no próprio acto.

2 – Na falta de proponentes ou de aceitação das propostas, tem lugar a venda por negociação particular.

Na falta de proponentes ou de aceitação das propostas, o n.º 2 determina que se proceda à venda por negociação particular, nos termos do artigo 904.º, alínea d) – eliminando a decisão casuística do juiz, que estava prevista na anterior redacção do preceito.

ARTIGO 896.º
Exercício do direito de preferência

1 – Aceite alguma proposta, são interpelados os titulares do direito de preferência presentes para que declarem se querem exercer o seu direito.

2 – Apresentando-se a preferir mais de uma pessoa com igual direito, abre-se licitação entre elas, sendo aceite o lance de maior valor.

3 – Aplica-se ao preferente, devidamente adaptado, o disposto no n.º 1 do artigo seguinte.

O preferente deixa de estar vinculado ao depósito da totalidade do preço (n.º 3), passando a beneficiar do regime geral aplicável ao proponente.

ARTIGO 897.º
Caução e depósito do preço

1 – Os proponentes devem juntar à sua proposta, como caução, um cheque visado, à ordem do solicitador de execução ou, na sua falta, da secreta-

ria, no montante correspondente a 20% do valor base dos bens, ou garantia bancária no mesmo valor.

2 – Aceite alguma proposta, é o proponente, ou preferente, notificado para, no prazo de 15 dias, depositar numa instituição de crédito, à ordem do solicitador de execução ou, na sua falta, da secretaria, a totalidade ou a parte do preço em falta, com a cominação prevista no artigo seguinte.

    I – Rectificado pela declaração de rectificação n.º 5-C/2003, de 30 de Abril.
    II – O n.º 1 reinstitui a exigência de prestação imediata, pelo proponente (ou preferente), de uma garantia pecuniária, que assegure a seriedade na consumação da proposta apresentada (que a reforma de 1995/96 havia eliminado). Tal garantia é, porém, agora calculada em função de uma certa percentagem do valor-base dos bens – 20% – (e não do preço oferecido); e consuma-se mediante apresentação de cheque visado, à ordem do solicitador de execução (ou, na sua falta, da secretaria), podendo tal caução ser substituída por garantia bancária no mesmo valor.
    III – As alterações introduzidas no n.º 2 destinam-se a facultar ao proponente ou preferente o depósito da totalidade ou parte do preço em falta em qualquer instituição de crédito – em regra, à ordem do solicitador de execução.

ARTIGO 898.º
Falta de depósito

1 – Quando o proponente ou o preferente não deposite o preço, o agente de execução liquida a respectiva responsabilidade, devendo ser promovido perante o juiz o arresto em bens suficientes para garantir o valor em falta, acrescido das custas e despesas, sem prejuízo de procedimento criminal, e sendo o proponente ou preferente, simultaneamente, executado no próprio processo para pagamento daquele valor e acréscimos.

2 – O arresto é levantado logo que o pagamento seja efectuado, com os acréscimos calculados.

3 – Ouvidos os interessados na venda, o agente de execução pode, porém, determinar, no caso previsto no n.º 1, que a venda fique sem efeito, aceitando a proposta de valor imediatamente inferior ou determinando que os bens voltem a ser vendidos mediante novas propostas em carta fechada ou por negociação particular, não sendo o proponente ou preferente remisso admitido a adquiri-los novamente e perdendo o valor da caução constituída nos termos do n.º 1 do artigo 897.º

4 – O preferente que não tenha exercido o seu direito no acto de abertura e aceitação das propostas pode efectuar, no prazo de cinco dias, conta-

dos do termo do prazo do proponente ou preferente faltoso, o depósito do preço por este oferecido, independentemente de nova notificação, a ele se fazendo a adjudicação.

I – Rectificado pela declaração de rectificação n.º 5-C/2003, de 30 de Abril.

II – Adapta o processamento das sanções cominadas ao proponente ou preferente faltoso à nova fisionomia da acção executiva, atribuindo ao agente de execução competência para:
 – liquidar a responsabilidade do faltoso e promover perante o juiz o arresto, em termos que se mantêm idênticos aos previstos no artigo 854.º, n.ºs 2 e 3, para o depositário infiel (n.ºs 1 e 2);
 – determinar, após audição dos interessados, o procedimento sequencial, podendo – em termos inovatórios – optar pela aceitação da proposta de valor imediatamente inferior.

III – O incumprimento da obrigação de depositar o preço determina, para o proponente ou preferente, a perda do valor da caução constituída (dispensando-se, deste modo, a liquidação, em concreto, da sua responsabilidade (n.º 3, parte final).

IV – O n.º 4 assegura os direitos do preferente que não exerceu o seu direito no acto de abertura e aceitação das propostas, no caso de ocorrer falta de depósito do preço pelo proponente (ou preferente) faltoso, facultando-lhe o depósito do preço oferecido, no prazo de 5 dias, contados do termo do prazo do faltoso, sem necessidade de nova notificação, com vista a alcançar a adjudicação dos bens.

ARTIGO 899.º
Auto de abertura e aceitação das propostas

Da abertura e aceitação das propostas é, pelo agente de execução, lavrado auto em que, além das outras ocorrências, se mencione, para cada proposta aceite, o nome do proponente, os bens a que respeita e o seu preço. Os bens identificar-se-ão pela referência à penhora respectiva.

Atribui ao agente de execução competência para lavrar o auto de abertura e aceitação das propostas.

ARTIGO 900.º
Adjudicação e registo

1 – Mostrando-se integralmente pago o preço e satisfeitas as obrigações fiscais inerentes à transmissão, os bens são adjudicados e entregues ao propo-

nente ou preferente, emitindo o agente de execução o título de transmissão a seu favor, no qual se identificam os bens, se certifica o pagamento do preço ou a dispensa do depósito do mesmo e se declara o cumprimento ou a isenção das obrigações fiscais, bem como a data em que os bens foram adjudicados.

2 – Seguidamente, o agente de execução comunica a venda ao conservador do registo predial competente, o qual procede ao respectivo registo e, oficiosamente, ao cancelamento das inscrições relativas aos direitos que tenham caducado com a venda, aplicando-se, com as necessárias adaptações, os n.ᵒˢ 1, 2, 6 e 7 do artigo 838.º

I – O n.º 1 dispensa a intervenção judicial na entrega dos bens ao proponente ou preferente, cometendo ao agente de execução competência para emitir o título de transmissão, sem precedência de qualquer despacho judicial.

II – O n.º 2 atribui ao agente executivo competência para a promoção e efectivação do registo da aquisição, em articulação com o regime geral estabelecido no artigo 838.º, n.ᵒˢ 1, 2, 6 e 7, para que remete. E comete ao conservador o encargo de realizar "*oficiosamente*" o cancelamento das inscrições relativas aos direitos que tenham caducado com a venda: de notar que, na situação paralela, prevista no artigo 888.º, é ao agente executivo que está, em regra, cometida a tarefa de promover o cancelamento dos registos dos direitos que caducam, salvo se forem de cancelamento "*oficioso*" pela conservatória.

ARTIGO 901.º
Entrega dos bens

O adquirente pode, com base no título de transmissão a que se refere o artigo anterior, requerer contra o detentor, na própria execução, a entrega dos bens, nos termos prescritos no artigo 930.º, devidamente adaptados.

A alteração introduzida é meramente consequencial da eliminação do despacho de adjudicação, substituído pelo título de transmissão, emitido pelo agente executivo. Por outro lado, deixa-se claro que ao procedimento aqui previsto é, de imediato, aplicável o preceituado no artigo 930.º (sem que, como é óbvio, tivessem lugar os actos previstos nos artigos 928.º e 929.º).

ARTIGO 901.º-A
Venda de estabelecimento comercial

1 – A venda de estabelecimento comercial de valor consideravelmente elevado tem lugar mediante propostas em carta fechada, quando o juiz o

141

determine, sob proposta do agente de execução, do exequente, do executado ou de um credor que sobre ele tenha garantia real.

2 – O juiz determina se as propostas serão abertas na sua presença, sendo-o sempre na presença do agente de execução.

3 – Aplicam-se, devidamente adaptadas, as normas dos artigos anteriores.

I – Regula a matéria de venda do estabelecimento comercial de *"valor consideravelmente elevado"*, cabendo ao juiz naturalmente a concretização deste conceito indeterminado: neste caso, a venda realiza-se mediante propostas em carta fechada, se tal for requerido por alguma das partes ou pelo agente executivo.

II – Cabe ao juiz determinar se as propostas serão ou não abertas na sua presença (equiparando-se, neste caso, o procedimento da venda à dos imóveis); não fazendo tal determinação, as propostas serão abertas pelo agente de execução, que desempenhará no acto o papel reservado ao juiz.

DIVISÃO III
OUTRAS MODALIDADES DE VENDA

ARTIGO 902.º
Bens vendidos nas bolsas

1 – São vendidos nas bolsas de capitais os títulos de crédito que nelas tenham cotação.

2 – Se na área de jurisdição do tribunal da execução houver bolsas de mercadorias, nelas se venderão as mercadorias que aí forem cotadas.

Disposição inalterada pelo DL n.º 38/03.

ARTIGO 903.º
Venda directa

Se os bens houverem, por lei, de ser entregues a determinada entidade, ou tiverem sido prometidos vender, com eficácia real, a quem queira exercer o direito de execução específica, a venda ser-lhe-á feita directamente.

Adita expressamente à hipótese de venda directa, prevista na anterior redacção, a situação consistente em haver contrato promessa com eficácia real, exercendo o respectivo titular o direito de execução específica – cabendo, neste caso, ao agente de execução proceder à venda directa dos bens ao promitente comprador.

ARTIGO 904.º
Casos em que se procede à venda por negociação particular

A venda é feita por negociação particular:

a) Quando o exequente propõe um comprador ou um preço, que é aceite pelo executado e demais credores;

b) Quando o executado propõe um comprador ou um preço, que é aceite pelo exequente e demais credores;

c) Quando haja urgência na realização da venda, reconhecida pelo juiz;

d) Quando se frustre a venda por propostas em carta fechada, por falta de proponentes, não aceitação das propostas ou falta de depósito do preço pelo proponente aceite;

e) Quando se frustre a venda em depósito público, por falta de proponentes ou não aceitação das propostas, e, atenta a natureza dos bens, tal seja aconselhável.

I – Tipifica, em termos de maior rigidez, os casos em que tem lugar a venda por negociação particular, eliminando, como regra, a intervenção inicial do juiz (salvo no caso previsto na alínea c)), cabendo o controlo dos pressupostos de admissibilidade desta modalidade de venda ao agente executivo.

A primeira hipótese (alíneas a) e b)) de venda por negociação particular é o acordo das partes – exequente, executado e credores reclamantes – sobre esta modalidade, decorrente de exequente ou executado proporem *"um comprador ou um preço"* – *"aceite"* pelas demais partes na causa. Não bastará, deste modo, que as partes se limitem a acordar acerca desta modalidade de venda, tendo, pelo menos, de definir ou o comprador ou o preço dos bens.

Parece-nos, todavia, evidente que a necessidade de acordo expresso das partes acerca do comprador ou do preço, como *"conditio"* da admissibilidade desta modalidade de venda, não terá lugar quando os bens a vender sejam móveis – ou direitos que sobre eles incidam – que se não encontrem em depósito público (cfr., artigo 907.º-A): a forma *"normal"* de proceder à venda executiva será, neste caso, a negociação particular, pelo que o agente executivo dela terá de lançar mão (salvo se optou pela venda em estabelecimento de leilão, nos termos do artigo 906.º, n.º 1, alínea b)) – independentemente de haver ou não acordo das partes sobre a modalidade de venda, o preço ou o comprador.

A relevância do acordo das partes surgirá, deste modo, a propósito da venda de imóveis, como consequência de as partes prescindirem da venda mediante propostas em carta fechada, optando – por unanimidade – pela venda do bem, ou por certo preço, ou a

143

pessoa determinada – e cumprindo naturalmente ao encarregado da venda (se o acordo das partes não incidir simultaneamente sobre o preço e a pessoa do comprador) integrar o elemento em falta – naturalmente de acordo com o valor base dos bens a vender, fixado nos termos do artigo 886.º-A.

II – A segunda hipótese de venda por negociação particular é decorrência do preceituado no artigo 886.º-C.

III – Finalmente, a venda por negociação particular surge como consequência da frustração de outra modalidade de venda:
 – de imóveis (ou estabelecimento comercial, nos termos do artigo 901.º-A), por ficar sem efeito a venda mediante propostas em carta fechada, por falta de proponentes, não aceitação das propostas ou falta de depósito do preço, originando que a venda fique sem efeito, nos termos da primeira parte do n.º 3 do artigo 898.º.
 – de móveis, por se frustrar a venda em depósito público, prevista no artigo 907.º-A – e não ser caso de venda em estabelecimento de leilão, nos termos do artigo 906.º.

ARTIGO 905.º
Realização da venda por negociação particular

1 – Ao determinar-se a venda por negociação particular, designa-se a pessoa que fica incumbida, como mandatário, de a efectuar.

2 – Da realização da venda pode ser encarregado o solicitador de execução, por acordo de todos os credores e sem oposição do executado, ou, na falta de acordo ou havendo oposição, por determinação do juiz.

3 – Não se verificando os pressupostos do número anterior, para a venda de imóveis é preferencialmente designado mediador oficial.

4 – O preço é depositado directamente pelo comprador numa instituição de crédito, à ordem do solicitador de execução ou, na sua falta, da secretaria, antes de lavrado o instrumento da venda.

5 – Estando pendente recurso da sentença que se executa ou oposição do executado à execução ou à penhora, faz-se disso menção no acto de venda.

6 – A venda de imóvel em que tenha sido, ou esteja sendo, feita construção urbana, ou de fracção dele, pode efectuar-se no estado em que se encontre, com dispensa da licença de utilização ou de construção, cuja falta de apresentação o notário fará consignar na escritura, constituindo ónus do adquirente a respectiva legalização.

I – As alterações introduzidas nos n.ºs 1 a 6 são, no essencial, consequência da nova fisionomia do processo executivo, cabendo a determinação e o controlo da venda por negociação particular ao agente executivo.

O n.º 2 estabelece que o encarregado da venda será o próprio solicitador de execução:
– por acordo de todos os credores e sem oposição do executado;
– por determinação do juiz, na falta de acordo, provocada nos termos do artigo 809.º, n.º 1, alínea d).

No caso de imóveis, a verificação destes pressupostos determinará que a venda seja feita pelo solicitador de execução – e não por mediador oficial (n.º 3).

O preço é depositado em qualquer instituição de crédito, à ordem do solicitador de execução ou, na sua falta, da secretaria, devendo advertir-se o comprador da pendência – não apenas de recurso da sentença que se executa ou de oposição à execução – mas também da eventual oposição à penhora (n.ºs 4 e 5).

II – O n.º 6 vem permitir a venda por negociação particular de prédios urbanos em construção ou ainda não licenciados, prescindindo da licença de utilização ou de construção. Neste caso, constitui ónus do adquirente a respectiva legalização (o que normalmente implicará depreciação do valor da venda). Como parece evidente, esta venda, realizada com preterição das normais exigências legais, só deverá ser determinada pelo agente executivo após audição das partes.

ARTIGO 906.º
Venda em estabelecimento de leilão

1 – A venda é feita em estabelecimento de leilão:

a) Quando o exequente, o executado, ou credor reclamante com garantia sobre o bem em causa, proponha a venda em determinado estabelecimento e não haja oposição de qualquer dos restantes; ou

b) Quando, tratando-se de coisa móvel, o agente de execução entenda que, atentas as características do bem, se deve preterir a venda por negociação particular nos termos da alínea *e)* do artigo 904.º

2 – No caso previsto na alínea *b)* do número anterior, o agente de execução, ao determinar a modalidade da venda, indica o estabelecimento de leilão incumbido de a realizar.

3 – A venda é feita pelo pessoal do estabelecimento e segundo as regras que estejam em uso, aplicando-se o n.º 5 do artigo 905.º e, quando o objecto da venda seja uma coisa imóvel, o disposto no n.º 6 do mesmo artigo.

4 – O gerente do estabelecimento deposita o preço líquido em instituição de crédito, à ordem do solicitador de execução, ou, na sua falta, da secretaria, e apresenta no processo o respectivo conhecimento, nos cinco dias posteriores à realização da venda, sob cominação das sanções aplicáveis ao infiel depositário.

I – Dada a amplitude da alínea a) do n.º 1 e o disposto no n.º 3, passa a ser admissível a venda – não apenas de móveis, mas também de imóveis – em estabelecimento de leilão, no caso de acordo das partes. Note-se que, neste caso – ao contrário do que parece resultar do "*lugar paralelo*" integrado pelas alíneas a) e b) do artigo 904.º – não se exige a expressa aceitação pelas partes não requerentes, bastando a "*não oposição*" à proposta de venda em determinado estabelecimento. Afigura-se, porém, por aplicação das regras gerais, que esta modalidade de venda não dispensa a ulterior realização de escritura notarial, o que parece ser confirmado pela remissão para o disposto no n.º 6 do artigo 905.º (que expressamente a refere).

II – A alínea b) permite – no caso de móveis – que o agente executivo possa optar – em termos algo discricionários – pela venda por negociação particular ou em estabelecimento de leilão, no caso de anteriormente se ter frustrado a venda em depósito público.

III – A determinação do estabelecimento em que ocorrerá a venda é feita, ou pelas partes que sobre ela acordam, no caso da alínea a) do n.º 1, ou pelo agente executivo, no caso da alínea b).

IV – Os n.os 3 e 4 correspondem, no essencial, ao regime que estava previsto no n.º 2 do artigo 906.º – cumprindo, porém, ao pessoal do estabelecimento advertir os interessados da ocorrência de qualquer das situações previstas no artigo 905.º, n.º 5, e, tratando-se de venda de imóvel em construção ou não legalizado, nos termos do n.º 6 do artigo 905.º, devendo mencionar-se tal deficiência na escritura notarial.

ARTIGO 907.º
Irregularidades da venda

1 – Os credores, o executado e qualquer dos licitantes podem reclamar contra as irregularidades que se cometam no acto do leilão. Para decidir as reclamações o juiz pode examinar ou mandar examinar a escrituração do estabelecimento, ouvir o respectivo pessoal, inquirir as testemunhas que se oferecerem e proceder a quaisquer outras diligências.

2 – O leilão será anulado quando as irregularidades cometidas hajam viciado o resultado final da licitação, sendo o dono do estabelecimento condenado na reposição do que tiver embolsado, sem prejuízo da indemnização pelos danos que haja causado.

3 – Sendo anulado, o leilão repete-se noutro estabelecimento e, se o não houver, procede-se à venda por propostas em carta fechada, se for caso disso, ou por negociação particular.

Mantém no juiz a competência para dirimir as reclamações e anular o leilão.

A alteração introduzida no n.º 3 substitui o termo *"venda judicial"* por venda mediante propostas em carta fechada – que naturalmente só terá cabimento quando a venda em estabelecimento de leilão tiver incidido sobre imóveis ou estabelecimento comercial de valor consideravelmente elevado (cfr., artigos 889.º e 901.º-A).

ARTIGO 907.º-A
Venda em depósito público

1 – São vendidos em depósito público os bens que tenham sido para aí removidos e não devam ser vendidos por outra forma.

2 – As vendas referidas neste artigo têm periodicidade mensal e são publicitadas em anúncios publicados nos termos do n.º 3 do artigo 890.º e mediante a afixação de editais no armazém e na página informática da secretaria de execução, contendo a relação dos bens a vender e a menção do n.º 5 do artigo 890.º

3 – O modo de realização da venda em depósito público é objecto de regulamento próprio, que tem em conta a natureza dos bens a vender.

I – Dispõe sobre a nova forma de venda, prevista no artigo 886.º, n.º 1, alínea f), aplicável quanto a bens móveis que, na altura da penhora, tenham sido removidos para depósito público e não devam ser vendidos de outra forma, nos termos, nomeadamente, dos artigos 903.º, 904.º, alíneas a) e b) e 906.º, n.º 1, alínea a).

II – O regime fundamental desta forma de venda consta do n.º 2, sendo adjectivada por regulamento constante da portaria n.º 941/03, de 5 de Setembro.

DIVISÃO IV
DA INVALIDADE DA VENDA

ARTIGO 908.º
Anulação da venda e indemnização do comprador

1 – Se, depois da venda, se reconhecer a existência de algum ónus ou limitação que não fosse tomado em consideração e que exceda os limites normais inerentes aos direitos da mesma categoria, ou de erro sobre a coisa transmitida, por falta de conformidade com o que foi anunciado, o comprador pode pedir, no processo de execução, a anulação da venda e a indemni-

zação a que tenha direito, sendo aplicável a este caso o disposto no artigo 906.º do Código Civil.

2 – A questão é decidida pelo juiz, depois de ouvidos o exequente, o executado e os credores interessados e de examinadas as provas que se produzirem, salvo se os elementos forem insuficientes, caso em que o comprador é remetido para a acção competente, a intentar contra o credor ou credores a quem tenha sido ou deva ser atribuído o preço da venda.

3 – Feito o pedido de anulação do negócio e de indemnização do comprador antes de ser levantado o produto da venda, este não será entregue sem a prestação de caução; sendo o comprador remetido para a acção competente, a caução será levantada, se a acção não for proposta dentro de 30 dias ou estiver parada, por negligência do autor, durante três meses.

I – O n.º 2 estabelece que a dirimição incidental do litígio acerca da anulação da venda incumbe naturalmente ao juiz.

II – É eliminado o n.º 4 do preceito, na sua redacção anterior – o que implica que a acção de anulação, prevista na parte final do n.º 2, passe a ser processada autonomamente, nos termos gerais, deixando de ser dependência do processo executivo (e não se situando, deste modo, no âmbito da competência do tribunal dotado de competência específica em matéria executiva, onde estiver instalado).

ARTIGO 909.º
Casos em que a venda fica sem efeito

1 – Além do caso previsto no artigo anterior, a venda só fica sem efeito:

a) Se for anulada ou revogada a sentença que se executou ou se a oposição à execução ou à penhora for julgada procedente, salvo quando, sendo parcial a revogação ou a procedência, a subsistência da venda for compatível com a decisão tomada;

b) Se toda a execução for anulada por falta ou nulidade da citação do executado, que tenha sido revel, salvo o disposto no n.º 3 do artigo 921.º;

c) Se for anulado o acto da venda, nos termos do artigo 201.º;

d) Se a coisa vendida não pertencia ao executado e foi reivindicada pelo dono.

2 – Quando, posteriormente à venda, for julgada procedente qualquer acção de preferência ou for deferida a remição de bens, o preferente ou o remidor substituir-se-ão ao comprador, pagando o preço e as despesas da compra.

3 – Nos casos previstos nas alíneas *a)*, *b)* e *c)* do n.º 1, a restituição dos bens tem de ser pedida no prazo de 30 dias a contar da decisão definitiva, devendo o comprador ser embolsado previamente do preço e das despesas de compra; se a restituição não for pedida no prazo indicado, o vencedor só tem direito a receber o preço.

Apenas é alterada pelo DL n.º 38/03 a alínea a) do n.º 1, passando a referir-se à oposição à execução (em substituição dos embargos de executado) e incluindo no elenco de situações susceptíveis de implicarem caducidade da venda a oposição à penhora julgada procedente (naturalmente nos casos em que a execução não foi suspensa, nos termos previstos no n.º 3 do artigo 863.º-B).

ARTIGO 910.º
Cautelas a observar no caso de protesto pela reivindicação

1 – Se, antes de efectuada a venda, algum terceiro tiver protestado pela reivindicação da coisa, invocando direito próprio incompatível com a transmissão, lavrar-se-á termo de protesto; nesse caso, os bens móveis não serão entregues ao comprador senão mediante as cautelas estabelecidas nas alíneas *b)* e *c)* do n.º 1 do artigo 1384.º e o produto da venda não será levantado sem se prestar caução.

2 – Se, porém, o autor do protesto não propuser a acção dentro de 30 dias ou a acção estiver parada, por negligência sua, durante três meses, pode requerer-se a extinção das garantias destinadas a assegurar a restituição dos bens e o embolso do preço; em qualquer desses casos o comprador, se a acção for julgada procedente, fica com o direito de retenção da coisa comprada, enquanto lhe não for restituído o preço, podendo o proprietário reavê-lo dos responsáveis, se houver de o satisfazer para obter a entrega da coisa reivindicada.

I – Disposição inalterada pelo DL n.º 38/03. O Tribunal Constitucional, no acórdão n.º 14/2000 (in ***Acórdãos do Tribunal Constitucional***, 46.º vol., pág. 133) julgou não inconstitucional a norma constante do n.º 1 deste artigo, na interpretação segundo a qual não pode lavrar protesto o cônjuge do executado que, citado para a execução nos termos do artigo 825.º, não tiver deduzido qualquer oposição, de modo oportuno e eficaz, depois de penhorado o bem comum do casal.

II – Qualificando o protesto de reivindicação como providência cautelar e considerando que a acção de reivindicação não suspende a execução veja-se o Ac. Rel. in CJ I/03, pág. 7.

III – No sentido de que a reivindicação não é o meio adequado para o cônjuge que – perante a penhora de bens comuns – não requereu a separação, nem deduziu qualquer impugnação, vide Ac. Rel. in CJ II/02, pág. 194.

ARTIGO 911.º
Cautelas a observar no caso de reivindicação sem protesto

O disposto no artigo anterior é aplicável, com as necessárias adaptações, ao caso de a acção ser proposta, sem protesto prévio, antes da entrega dos bens móveis ou do levantamento do produto da venda.

Disposição inalterada pelo DL n.º 38/03.

SECÇÃO VI
Remição

ARTIGO 912.º
A quem compete

Ao cônjuge que não esteja separado judicialmente de pessoas e bens e aos descendentes ou ascendentes do executado é reconhecido o direito de remir todos os bens adjudicados ou vendidos, ou parte deles, pelo preço por que tiver sido feita a adjudicação ou a venda.

Mantém o regime que constava do n.º 1 do preceito, na sua anterior redacção – passando o regime referente ao depósito do preço (que constava do n.º 2) a integrar o n.º 2 do artigo 913.º. Sobre a titularidade de tal direito – que pressupõe que o remidor não seja executado – cf. Acs. do STJ de 28/3/95, in BMJ 445, 412 e da Rel. in CJ IV/00, pág. 177.

ARTIGO 913.º
Exercício do direito de remição

1 – O direito de remição pode ser exercido:
a) No caso de venda por propostas em carta fechada, até à emissão do título da transmissão dos bens para o proponente ou no prazo e nos termos do n.º 4 do artigo 898.º;

150

b) Nas outras modalidades de venda, até ao momento da entrega dos bens ou da assinatura do título que a documenta.

2 – Aplica-se ao remidor, que exerça o seu direito no acto de abertura e aceitação das propostas em carta fechada, o disposto no artigo 897.º, com as adaptações necessárias, bem como o disposto nos n.ºs 1 a 3 do artigo 898.º, devendo o preço ser integralmente depositado quando o direito de remição seja exercido depois desse momento, com o acréscimo de 5% para indemnização do proponente se este já tiver feito o depósito referido no n.º 2 do artigo 897.º, e aplicando-se, em qualquer caso, o disposto no artigo 900.º

I – Rectificado pela declaração de rectificação n.º 5-C/2003, de 30 de Abril.

II – As alterações introduzidas no texto do n.º 1 são, no essencial, decorrência da modificação das modalidades de venda executiva adoptadas pela reforma.

Assim, a alínea a) passa a reportar-se à venda mediante propostas em carta fechada, considerando como termo final relevante para o exercício do direito de remição a emissão do título de transmissão dos bens ao proponente, previsto no n.º 1 do artigo 900.º (por ter sido eliminado o despacho judicial de adjudicação dos bens), salvo se os bens vierem a ser adjudicados, na sequência da falta de depósito prevista no n.º 4 do artigo 898.º, em que o remidor beneficia do prazo suplementar aí previsto.

III – O n.º 2 regula a caução e depósito do preço pelo remidor, deixando de lhe ser exigido o depósito da totalidade do preço no momento da remição. Assim, sendo a venda mediante propostas em carta fechada, é-lhe aplicável o regime previsto no artigo 897.º para os proponentes, bem como as sanções, previstas no artigo 898.º, n.ºs 1 a 3, para a falta de subsequente depósito integral do preço devido pelos bens reunidos.

Quando, porém, o direito de remição seja exercido em momento ulterior ao acto de abertura e aceitação das propostas, deverá o remidor depositar logo a totalidade do preço, acrescido de 5% para indemnização do proponente que já tiver feito o depósito referido no n.º 2 do artigo 897.º.

O preceito esclarece ainda que é aplicável à remição o disposto no artigo 900.º, no que respeita à formalização da adjudicação e registo a favor do remidor.

ARTIGO 914.º
Predomínio da remição sobre o direito de preferência

1 – O direito de remição prevalece sobre o direito de preferência.

2 – Se houver, porém, vários preferentes e se abrir licitação entre eles, a remição tem de ser feita pelo preço correspondente ao lanço mais elevado.

Disposição inalterada pelo DL n.º 38/03.

ARTIGO 915.º
Ordem por que se defere o direito de remição

1 – O direito de remição pertence em primeiro lugar ao cônjuge, em segundo lugar aos descendentes e em terceiro lugar aos ascendentes do executado.

2 – Concorrendo à remição vários descendentes ou vários ascendentes, preferem os de grau mais próximo aos de grau mais remoto; em igualdade de grau, abre-se licitação entre os concorrentes e prefere-se o que oferecer maior preço.

3 – Se o requerente da remição não puder fazer logo a prova do casamento ou do parentesco, dar-se-lhe-á prazo razoável para a junção do respectivo documento.

Disposição inalterada pelo DL n.º 38/03.

SECÇÃO VII
Extinção e anulação da execução

ARTIGO 916.º
Cessação da execução pelo pagamento voluntário

1 – Em qualquer estado do processo pode o executado ou qualquer outra pessoa fazer cessar a execução, pagando as custas e a dívida.

2 – Quem pretenda usar desta faculdade, solicita na secretaria, ainda que verbalmente, guias para depósito da parte líquida ou já liquidada do crédito do exequente que não esteja solvida pelo produto da venda ou adjudicação de bens; feito o depósito, susta-se a execução, a menos que ele seja manifestamente insuficiente, e tem lugar a liquidação de toda a responsabilidade do executado.

3 – O pagamento pode também ser feito mediante entrega directa ao agente de execução.

4 – Quando o requerente junte documento comprovativo de quitação, perdão ou renúncia por parte do exequente ou qualquer outro título extintivo, suspende-se logo a execução e liquida-se a responsabilidade do executado.

I – Mantém o princípio de que é possível, em qualquer momento processual, ao executado ou a qualquer outra pessoa fazer cessar a execução, pagando a dívida e as cus-

tas – adequando, porém, a tramitação do pagamento voluntário às novas competências do agente executivo, e prescindindo da intervenção do juiz. Assim:
– o pagamento pode ser feito directamente ao agente de execução (n.º 3);
– pode continuar, porém, a requerer-se o pagamento à ordem da secretaria mediante a emissão de guias, sustando-se a execução, por decisão do agente executivo, salvo se o depósito for manifestamente insuficiente (n.º 2);
– na junção de documento comprovativo de quitação ou de qualquer outro facto executivo da obrigação, cabe ao agente de execução decidir da imediata suspensão da execução.

II – É eliminado o regime que constava da anterior redacção do n.º 4, por não haver normalmente lugar, na venda executiva, a expedição de carta precatória (cfr., artigos 889.º, n.º 3 e 808.º, n.º 5).

ARTIGO 917.º
Liquidação da responsabilidade do executado

1 – Se o requerimento for feito antes da venda ou adjudicação de bens, liquidar-se-ão unicamente as custas e o que faltar do crédito do exequente.

2 – Se já tiverem sido vendidos ou adjudicados bens, a liquidação tem de abranger também os créditos reclamados para serem pagos pelo produto desses bens, conforme a graduação e até onde o produto obtido chegar, salvo se o requerente exibir título extintivo de algum deles, que então não é compreendido; se ainda não estiver feita a graduação dos créditos reclamados que tenham de ser liquidados, a execução prossegue somente para verificação e graduação desses créditos e só depois se faz a liquidação.

3 – A liquidação compreende sempre as custas dos levantamentos a fazer pelos titulares dos créditos liquidados e é notificada ao exequente, aos credores interessados, ao executado e ao requerente, se for pessoa diversa.

4 – O requerente depositará o saldo que for liquidado, sob pena de ser condenado nas custas a que deu causa e de a execução prosseguir, não podendo tornar a suspender-se sem prévio depósito da quantia já liquidada, depois de deduzido o produto das vendas ou adjudicações feitas posteriormente e depois de deduzidos os créditos cuja extinção se prove por documento. Feito este depósito, ordenar-se-á nova liquidação do acrescido, observando-se o preceituado nas disposições anteriores.

5 – Se o pagamento for efectuado por terceiro, este só fica sub-rogado nos direitos do exequente mostrando que os adquiriu nos termos da lei substantiva.

Disposição inalterada pelo DL n.º 38/03, sendo a competência para proceder, a final, à liquidação atribuída à secretaria (cf. art. 805.º, n.ᵒˢ 2 e 3).

ARTIGO 918.º
Desistência do exequente

1 – A desistência do exequente extingue a execução; mas, se já tiverem sido vendidos ou adjudicados bens sobre cujo produto hajam sido graduados outros credores, a estes será paga a parte que lhes couber nesse produto.

2 – Se estiver pendente oposição à execução, a desistência da instância depende da aceitação do opoente.

Limita-se a adequar a redacção do n.º 2 à nova denominação da oposição à execução.

ARTIGO 919.º
Extinção da execução

1 – A execução extingue-se logo que se efectue o depósito da quantia liquidada, nos termos do artigo 917.º, ou depois de pagas as custas, tanto no caso do artigo anterior como quando se mostre satisfeita pelo pagamento coercivo a obrigação exequenda ou ainda quando ocorra outra causa de extinção da instância executiva.

2 – A extinção é notificada ao executado, ao exequente e aos credores reclamantes.

O DL 38/03 elimina a sentença que julga extinta a execução. Deste modo, passará a competir ao agente de execução a decisão sobre a extinção do processo – não apenas no caso de pagamento coercivo, como também de extinção por qualquer outra causa.

A extinção da execução – apreciada e determinada pelo agente executivo – é notificada a todas as partes, incluindo os credores reclamantes (deixando naturalmente de relevar a admissão liminar das reclamações, já que tal despacho se mostra banido).

ARTIGO 920.º
Renovação da execução extinta

1 – A extinção da execução, quando o título tenha trato sucessivo, não obsta a que a acção executiva se renove no mesmo processo para pagamento de prestações que se vençam posteriormente.

2 – Também o credor cujo crédito esteja vencido e haja reclamado para ser pago pelo produto de bens penhorados que não chegaram entretanto a ser

vendidos nem adjudicados, pode requerer, no prazo de 10 dias contados da notificação da extinção da execução, o prosseguimento desta para efectiva verificação, graduação e pagamento do seu crédito.

3 – O requerimento faz prosseguir a execução, mas somente quanto aos bens sobre que incida a garantia real invocada pelo requerente, que assumirá a posição de exequente.

4 – Não se repetem as citações e aproveita-se tudo o que tiver sido processado relativamente aos bens em que prossegue a execução, mas os outros credores e o executado são notificados do requerimento.

I – Rectificado pela declaração de rectificação n.º 5-C/2003, de 30 de Abril.

II – A alteração introduzida ao n.º 2 é mera decorrência da eliminação do despacho liminar no apenso de reclamação e graduação de créditos – passando a relevar a dedução da reclamação do credor com garantia real, que beneficia do prazo de 10 dias, contados da notificação de que a execução se extinguiu, para a impulsionar.

ARTIGO 921.º
Anulação da execução, por falta ou nulidade de citação do executado

1 – Se a execução correr à revelia do executado e este não tiver sido citado, quando o deva ser, ou houver fundamento para declarar nula a citação, pode o executado requerer a todo o tempo, no processo de execução, que esta seja anulada.

2 – Sustados todos os termos da execução, conhece-se logo da reclamação; e, se for julgada procedente, anula-se tudo o que no processo se tenha praticado.

3 – A reclamação pode ser feita mesmo depois de finda a execução; se, porém, a partir da venda tiver decorrido já o tempo necessário para a usucapião, o executado ficará apenas com o direito de exigir do exequente, no caso de dolo ou de má fé deste, a indemnização do prejuízo sofrido, se esse direito não tiver prescrito entretanto.

Disposição inalterada pelo DL n.º 38/03.

SECÇÃO VIII
Recursos

ARTIGO 922.º
Apelação

Cabe recurso de apelação, nos termos do n.º 1 do artigo 678.º, das decisões que tenham por objecto:
 a) A liquidação não dependente de simples cálculo aritmético;
 b) A verificação e graduação dos créditos;
 c) Oposição fundada nas alíneas g) ou h) do artigo 814.º ou na 2.ª parte do artigo 815.º, ou constituindo defesa de mérito à execução de título que não seja sentença.

I – Mantendo a regra de que a admissibilidade da apelação deve ser aferida em função dos critérios gerais que constam do art. 678.º, n.º 1,
 O DL n.º 38/03 procura adequar integralmente o regime dos recursos em processo executivo à dicotomia, genericamente estabelecida, no artigo 691.º, entre apelação e agravo.
 Assim, só cabe o recurso de apelação das decisões incidentes sobre matéria tida por substantiva, o que conduz:
 – a estatuir que, no âmbito da liquidação, só cabe apelação da sentença proferida na sequência do regime estabelecido no n.º 4 do artigo 805.º, por a liquidação do título extra-judicial não depender de simples cálculo aritmético;
 – a distinguir, no campo da oposição à execução, as sentenças que integram verdadeira decisão sobre o mérito da causa ou a resolução de meras questões de natureza adjectiva ou procedimental, devendo ser impugnadas mediante agravo.
 II – Foram eliminadas as normas que constavam dos n.ºs 2 e 3 do preceito, na sua anterior redacção.
 Assim, quanto ao efeito da apelação, passa a aplicar-se o regime geral, constante do artigo 692.º, de onde decorre a regra do efeito meramente devolutivo – sendo excepção a tal efeito a prestação de caução pelo interessado, nos termos do n.º 3 de tal preceito, conjugado com o art. 818.º. Parece-nos, porém, evidente que o prosseguimento da execução, na pendência do recurso de apelação, pressupõe a subsistência do título executivo, a qual resulta abalada com a prolação de sentença que julgue a oposição deduzida totalmente procedente, o que ditará a respectiva suspensão na pendência do recurso do exequente.
 III – Às apelações interpostas em enxertos declaratórios processados por apenso continuará a aplicar-se o regime que constava do n.º 3: subida no apenso respectivo, na hipótese-regra de a apelação ter efeito meramente devolutivo.

ARTIGO 923.º
Agravo

Das decisões não previstas no artigo anterior cabe agravo só até à Relação, sem prejuízo dos n.ᵒˢ 2 e 3 do artigo 678.º e da ressalva do n.º 2 do artigo 754.º

I – Rectificado pela declaração de rectificação n.º 5-C/2003, de 30 de Abril.

II – Eliminam-se as particularidades do recurso de agravo, interposto no âmbito do processo executivo, que passa a subordinar-se integralmente ao regime geral, constante dos artigos 734.º e segs.
Se a aplicação deste regime geral não suscita qualquer problema no âmbito dos enxertos declaratórios, já originará dúvidas quanto à subida de agravos retidos, interpostos no âmbito da própria acção executiva, dada a inexistência de uma decisão (judicial) que ponha termo ao processo (cfr., artigo 919.º) – pelo que, a nosso ver, teria sido útil a manutenção do regime que constava da anterior redacção da alínea c) do n.º 1 do artigo 923.º.

III – A redacção actual do preceito exclui categoricamente a admissibilidade do agravo em 2.ª instância, apenas permitindo tal recurso *"até à Relação"*; e manda aplicar ao agravo o regime geral, previsto nos artigos 678.º, n.ᵒˢ 2 e 3 (recurso sempre admissível independentemente do valor da causa) e no artigo 754.º, n.º 2, relativamente à limitação vigente quanto à interposição dos agravos em 2.ª instância (sendo certo que, na acção executiva, nunca pode ocorrer a situação prevista no artigo 734.º, n.º 1, alínea a) – e ressalvada pela parte final do n.º 3 do artigo 754.º – por inexistir decisão judicial que ponha termo ao processo).

ARTIGO 924.º

Revogado pelo DL 38/2003, de 8 de Março.

ARTIGO 925.º

Revogado pelo DL 38/2003, de 8 de Março.

ARTIGO 926.º

Revogado pelo DL 38/2003, de 8 de Março.

ARTIGO 927.º

Revogado pelo DL 38/2003, de 8 de Março.

SUBSECÇÃO III
Da execução para entrega de coisa certa

ARTIGO 928.º
Citação do executado

Na execução para entrega de coisa certa, o executado é citado para, no prazo de 20 dias, fazer a entrega ou opor-se à execução.

Rectificado pelo Decreto-Lei n.º 199/03.
A eliminação da norma que constava do n.º 2, na anterior redacção do preceito – determinando a aplicação do processamento sumário à execução da sentença que condenou na entrega de coisa certa – vai tornar desnecessariamente duvidoso – em termos que nos parecem injustificáveis, face à substancial ampliação dos casos de dispensa da citação prévia na execução para pagamento de quantia certa – se a citação do executado deverá preceder sempre (mesmo na execução de sentença) as diligências para entrega da coisa.
Afigura-se que – por aplicação da regra geral constante do artigo 466.º, n.º 2 – deverá aplicar-se a este tipo de execução de sentença o disposto nos artigos 812.º-A, n.º 1, alínea a) e 812.º-B, n.º 1, conduzindo à dispensa do despacho liminar e da citação prévia nas execuções deste tipo, baseadas em sentença, bem como do disposto nos n.os 2 e 3 do art. 812.º-B, permitindo a dispensa judicial casuística da citação prévia do executado.

ARTIGO 929.º
Fundamentos e efeitos da oposição

1 – O executado pode deduzir oposição à execução pelos motivos especificados nos artigos 814.º, 815.º e 816.º, na parte aplicável, e com fundamento em benfeitorias a que tenha direito.

2 – Se o exequente caucionar a quantia pedida a título de benfeitorias, o recebimento da oposição não suspende o prosseguimento da execução.

3 – A oposição com fundamento em benfeitorias não é admitida quando, baseando-se a execução em sentença condenatória, o executado não haja oportunamente feito valer o seu direito a elas.

I – Continua a admitir-se, como específico fundamento de oposição do executado, a invocação de benfeitorias que tenha feito na coisa cuja entrega lhe é requerida, regulando os n.ᵒˢ 2 e 3 aspectos particulares desta situação processual.

Assim, o n.º 2 estabelece que o exequente tem sempre o direito de paralizar o efeito suspensivo sobre a marcha da execução que tem – nos termos gerais – o recebimento dos embargos e a eventual prestação de caução pelo executado: ainda que este haja prestado caução, nos termos do art. 818.º, fica sem efeito a sustação de execução aí prevista se, por sua vez, o exequente se aprestar a caucionar, ele próprio, o valor das benfeitorias invocadas pelo executado.

E tal regime deixa de estar associado à circunstância de as benfeitorias autorizarem ou não a retenção da coisa: quer as benfeitorias autorizem ou não a retenção, é facultado ao exequente a paralização do efeito suspensivo decorrente do recebimento dos embargos, garantindo, mediante caução, a quantia que, a tal título, lhe é reclamada pelo executado.

É, por outro lado, evidente que – salvo este aspecto específico – tem aqui plena aplicação o regime geral estabelecido nos arts. 818.º e 819.º: compete ao executado que deduz embargos prestar caução, como condição para ver a execução suspensa. E a efectivação de entrega da coisa ao exequente, estando os embargos pendentes, pressupõe que este preste caução.

II – O n.º 3, em consonância com o que resultava do estatuído no n.º 3 do art. 753.º do Ant 1993, vem estabelecer que – fundando-se a execução em sentença condenatória – não são admissíveis os embargos baseados na invocação do direito a benfeitorias quando o executado não haja, no processo declarativo, feito valer o seu direito a elas.

Na verdade, tal meio de defesa deve considerar-se precludido em consequência do trânsito em julgado que condena na restituição da coisa, já que cumpria ao réu ter deduzido reconvenção, nos termos do art. 274.º, n.º 2, al. b).

E, desde que tenha tido oportunidade processual para o fazer – "maxime" porque tal direito não é de considerar superveniente, relativamente ao momento em que era oportuno deduzi-lo na acção declaratória – considera-se o mesmo precludido – não podendo ser invocado no âmbito da execução (cfr. Ac. Rel. Porto in CJ V/97, pág. 177).

III – No sentido de que este preceito só prevê como fundamento dos embargos as benfeitorias, e não as acessões, cfr. Ac. Rel. in CJ V/98, pág. 105.

IV – A alteração introduzida no n.º 1 pelo Decreto-Lei n.º 38/03 e nos n.ᵒˢ 2 e 3 pelo Decreto-Lei n.º 199/03 é mera decorrência da nova denominação da *"oposição à execução"*.

V – Sobre a aplicação no tempo do regime constante do n.º 3, tido por inovatório, veja-se o Ac. do STJ de 19/10/99, in CJ III/99, pág. 54.

ARTIGO 930.º
Entrega da coisa

1 – À efectivação da entrega da coisa são subsidiariamente aplicáveis, com as necessárias adaptações, as disposições referentes à realização da penhora, procedendo-se às buscas e outras diligências necessárias, se o executado não fizer voluntariamente a entrega; a entrega pode ter por objecto bem do Estado ou de outra pessoa colectiva referida no n.º 1 do artigo 823.º

2 – Tratando-se de coisas móveis a determinar por conta, peso ou medida, o agente de execução manda fazer, na sua presença, as operações indispensáveis e entrega ao exequente a quantidade devida.

3 – Tratando-se de imóveis, o agente de execução investe o exequente na posse, entregando-lhe os documentos e as chaves, se os houver, e notifica o executado, os arrendatários e quaisquer detentores para que respeitem e reconheçam o direito do exequente.

4 – Pertencendo a coisa em compropriedade a outros interessados, o exequente é investido na posse da sua quota-parte.

5 – Efectuada a entrega da coisa, se a decisão que a decretou for revogada ou se, por qualquer outro motivo, o anterior possuidor recuperar o direito a ela, pode requerer que se proceda à respectiva restituição.

I – A segunda parte do n.º 1 reproduz – no local tido por sistematicamente correcto – a norma que constava da anterior redacção do artigo 823.º, n.º 1, permitindo a apreensão de quaisquer bens do Estado o demais pessoas colectivas públicas, entidades concessionárias e pessoas colectivas de utilidade pública no âmbito da execução para entrega de coisa certa.

II – As alterações introduzidas nos n.os 2 e 3 limitam-se a transferir para o agente de execução as competências aí previstas quanto ao funcionário. Cfr., a alteração introduzida no artigo 827.º do Có-digo Civil, eliminado o qualificativo "*judicial*" quanto à entrega da coisa.

III – Os n.os 4 (na redacção do Decreto-Lei n.º 199/03) e 5 eliminam o qualificativo "*judicial*" quanto à restituição de bens, aí prevista, parecendo pretender atribuir ao agente de execução a competência para a determinar e a ela proceder.

IV – O n.º 5 permite ao executado o exercício do direito à restituição da coisa entregue ao exequente quando ocorram circunstâncias supervenientes que demonstrem que, afinal, o executado a ela tinha direito. No sentido do que este preceito é aplicável, não só quando o executado não deduza oposição nem faça a entrega, como também quando embargar a execução, mas os embargos não tiverem efeito suspensivo, cf. Ac. STJ de 29/10/98, in BMJ 480, 409.

ARTIGO 930.º-A
Desocupação de casa de habitação principal

1 – Se a execução se destinar à entrega de casa de habitação principal do executado, é aplicável o disposto no artigo 61.º do Regime do Arrendamento Urbano.

2 – Quando a entrega do imóvel suscite sérias dificuldades no realojamento do executado, o agente de execução comunica antecipadamente o facto às entidades assistenciais competentes.

Transfere para o agente de execução a competência para proceder à comunicação aí prevista.

ARTIGO 931.º
Conversão da execução

1 – Quando não seja encontrada a coisa que o exequente devia receber, este pode, no mesmo processo, fazer liquidar o seu valor e o prejuízo resultante da falta da entrega, observando-se o disposto nos artigos 378.º, 380.º e 805.º, com as necessárias adaptações.

2 – Feita a liquidação, procede-se à penhora dos bens necessários para o pagamento da quantia apurada, seguindo-se os demais termos do processo de execução para pagamento de quantia certa.

I – Continuando a estabelecer o n.º 1 deste preceito que a conversão da execução, no caso de não ser encontrada a coisa a entregar, tem lugar *"no mesmo processo"*, parece carecer de sentido a remissão feita para o disposto nos artigos 378.º e 380.º – que regulam a matéria atinente à liquidação, no precedente processo declaratório, de uma condenação genérica. Tal remissão não poderá, pois, ser entendida como significando que – no caso de frustração da entrega da coisa, determinada por sentença – carece o exequente de accionar o incidente de liquidação ali previsto, no âmbito do precedente processo de condenação.

Pensamos que, neste caso, será sempre aplicável o procedimento previsto no n.º 4 do artigo 805.º – mesmo que o título executivo seja uma sentença – já que, como se viu, se estatui expressamente que, neste caso, a liquidação se realiza no processo executivo.

II – A alteração introduzida no n.º 2 é mera consequência da eliminação do acto de nomeação de bens à penhora.

161

ARTIGO 932.º

Revogado pelo DL 38/2003, de 8 de Março.

SUBSECÇÃO IV
Da execução para prestação de facto

ARTIGO 933.º
Citação do executado

1 – Se alguém estiver obrigado a prestar um facto em prazo certo e não cumprir, o credor pode requerer a prestação por outrem, se o facto for fungível, bem como a indemnização moratória a que tenha direito, ou a indemnização do dano sofrido com a não realização da prestação; pode também o credor requerer o pagamento da quantia devida a título de sanção pecuniária compulsória, em que o devedor tenha sido já condenado ou cuja fixação o credor pretenda obter no processo executivo.

2 – O devedor é citado para, em 20 dias, deduzir oposição à execução, podendo o fundamento da oposição consistir, ainda que a execução se funde em sentença, no cumprimento posterior da obrigação, provado por qualquer meio.

3 – O recebimento da oposição tem os efeitos indicados no artigo 818.º, devidamente adaptado.

I – A execução para prestação de facto tem como objecto essencial obter a prestação do facto devido por outrém, se for fungível, ou – neste caso necessariamente – indemnização compensatória do dano sofrido com o incumprimento, se se tratar de prestação infungível.

Por evidentes razões de economia processual, o n.º 1 faculta ao exequente a dedução, no âmbito desta execução, de dois pedidos ou pretensões acessórias. Assim:

– pode propor-se obter, conjuntamente com o pedido de prestação do facto por outrém, a indemnização moratória a que tenha direito, em consequência do inevitável retardamento da prestação;

– tratando-se de prestação de facto infungível e em que, nos termos do art. 829.º-A do C. Civil, haja sido estabelecida sanção pecuniária compulsória, pode o exequente cumular com o pedido de indemnização compensatória o de obtenção da quantia eventualmente devida a título de sanção compulsória.

II – A alteração introduzida no n.º 1 pelo DL n.º 38/03 visa estabelecer a possibilidade de o exequente obter, no âmbito da própria execução por facto positivo, a condenação do executado em sanção pecuniária compulsória, mesmo nos casos em que esta não tivesse sido previamente estabelecida no processo declaratório, sempre que se verifiquem os pressupostos estabelecidos no artigo 829.°-A do Código Civil.

Faculta-se, deste modo, ao exequente uma ampliação (objectiva) do título executivo, no âmbito da própria execução, de modo a sancionar o executado – devedor de prestação de facto infungível – pelo seu reiterado incumprimento espontâneo da obrigação exequenda, o que implica naturalmente que o processo deve ser liminarmente presente ao juiz, para ficar tal sanção compulsória, referida pelo exequente.

III – As alterações dos n.ºs 2 e 3 são simples consequência da redenominação da oposição à execução.

ARTIGO 934.°
Conversão da execução

Findo o prazo concedido para a oposição à execução, ou julgada esta improcedente, tendo a execução sido suspensa, se o exequente pretender a indemnização do dano sofrido, observar-se-á o disposto no artigo 931.°

A alteração introduzida pelo DL n.° 38/03 é mera consequência da redenominação da oposição à execução.

ARTIGO 935.°
Avaliação do custo da prestação e realização da quantia apurada

1 – Se o exequente optar pela prestação do facto por outrem, requererá a nomeação de perito que avalie o custo da prestação.

2 – Concluída a avaliação, procede-se à penhora dos bens necessários para o pagamento da quantia apurada, seguindo-se os demais termos do processo de execução para pagamento de quantia certa.

A alteração introduzida no n.° 2 pelo DL 38/03 é mera consequência do desaparecimento da nomeação de bens à penhora.

ARTIGO 936.°
Prestação pelo exequente

1 – Mesmo antes de terminada a avaliação ou a execução regulada no artigo anterior, pode o exequente fazer, ou mandar fazer sob sua direcção e

163

vigilância, as obras e trabalhos necessários para a prestação do facto, com a obrigação de dar contas no tribunal da execução; a liquidação da indemnização moratória devida, quando pedida, tem lugar juntamente com a prestação de contas.

2 – Na contestação das contas é lícito ao executado alegar que houve excesso na prestação do facto, bem como, no caso previsto na última parte do número anterior, impugnar a liquidação da indemnização moratória.

I – Disposição inalterada pelo DL n.º 38/03.
As alterações introduzidas nos n.ºs 1 e 2 deste preceito visam adjectivar a possibilidade conferida ao exequente no art. 933.º, n.º 1, que lhe faculta a dedução de pedido pela indemnização moratória a que entenda ter direito.
A liquidação de tal indemnização moratória terá lugar juntamente com a prestação de contas pelo exequente no tribunal da execução, podendo o executado impugnar a liquidação de tal indemnização moratória conjuntamente com a contestação das contas.
II – A contestação do custo da prestação tem lugar aquando da apresentação de contas, concretizando-se, pois, através de incidente processual próprio – cf. Ac. Rel. in CJ 169, pág. 173.

ARTIGO 937.º
Pagamento do crédito apurado a favor do exequente

1 – Aprovadas as contas, o crédito do exequente é pago pelo produto da execução a que se refere o artigo 935.º

2 – Se o produto não chegar para o pagamento, seguir-se-ão, para se obter o resto, os termos estabelecidos naquele mesmo artigo.

Disposição inalterada pelo DL n.º 38/03.

ARTIGO 938.º
Direito do exequente quando não se obtenha o custo da avaliação

Tendo-se excutido todos os bens do executado sem se obter a importância da avaliação, o exequente pode desistir da prestação do facto, no caso de não estar ainda iniciada, e requerer o levantamento da quantia obtida.

Disposição inalterada pelo DL n.º 38/03.

ARTIGO 939.º
Fixação do prazo para a prestação

1 – Quando o prazo para a prestação não esteja determinado no título executivo, o exequente indica o prazo que reputa suficiente e requer que, citado o devedor para, em 20 dias, dizer o que se lhe oferecer, o prazo seja fixado judicialmente; o exequente requer também a aplicação da sanção pecuniária compulsória, nos termos da 2.ª parte do n.º 1 do artigo 933.º

2 – Se o executado tiver fundamento para se opor à execução, deve logo deduzi-la e dizer o que se lhe ofereça sobre o prazo.

I – A alteração introduzida no n.º 1, parte final, visa permitir – em consonância com o disposto no n.º 1 do artigo 933.º – a aplicação de sanção pecuniária compulsória no âmbito da acção executiva.

II – A alteração introduzida no n.º 2 é mera consequência da redenominação da oposição à execução.

ARTIGO 940.º
Fixação do prazo e termos subsequentes

1 – O prazo é fixado pelo juiz, que para isso procederá às diligências necessárias.

2 – Se o devedor não prestar o facto dentro do prazo, observar-se-á, sem prejuízo da 2.ª parte do n.º 1 do artigo 939.º, o disposto nos artigos 933.º a 938.º, mas a citação prescrita no artigo 933.º é substituída por notificação e o executado só pode deduzir oposição à execução nos 20 dias posteriores, com fundamento na ilegalidade do pedido da prestação por outrem ou em qualquer facto ocorrido posteriormente à citação a que se refere o artigo anterior e que, nos termos dos artigos 814.º e seguintes, seja motivo legítimo de oposição.

A alteração introduzida no n.º 2 – para além de se passar naturalmente a reportar à figura da oposição à execução – visa ressalvar o regime de aplicação da sanção pecuniária compulsória, previsto na segunda parte do n.º 1 do artigo 939.º.

ARTIGO 941.º
Violação da obrigação, quando esta tenha por objecto um facto negativo

1 – Quando a obrigação do devedor consista em não praticar algum facto, o credor pode requerer, no caso de violação, que esta seja verificada por meio de perícia e que o tribunal ordene a demolição da obra que porventura tenha sido feita, a indemnização do exequente pelo prejuízo sofrido e o pagamento da quantia devida a título de sanção pecuniária compulsória, em que o devedor tenha sido já condenado ou cuja fixação o credor pretenda obter no processo executivo.

2 – O executado é citado, podendo no prazo de 20 dias deduzir oposição à execução nos termos dos artigos 814.º e seguintes; a oposição ao pedido de demolição pode fundar-se no facto de esta representar para o executado prejuízo consideravelmente superior ao sofrido pelo exequente.

3 – Concluindo pela existência da violação, o perito deve indicar logo a importância provável das despesas que importa a demolição, se esta tiver sido requerida.

4 – A oposição fundada em que a demolição causará ao executado prejuízo consideravelmente superior ao que a obra causou ao exequente suspende a execução, em seguida à perícia, mesmo que o executado não preste caução.

I – Em consonância com o estatuído no n.º 1 do artigo 933.º, permite-se – também no caso de obrigação de prestação de facto negativo – o estabelecimento de sanção pecuniária compulsória, nos termos regulados no artigo 829-A do Código Civil, no âmbito da própria acção executiva.

II – As alterações aos n.ᵒˢ 2 e 4 são mera consequência da nova fisionomia da oposição à execução.

ARTIGO 942.º
Termos subsequentes

1 – Se o juiz reconhecer a falta de cumprimento da obrigação, ordenará a demolição da obra à custa do executado e a indemnização do exequente, ou fixará apenas o montante desta última, quando não haja lugar à demolição.

2 – Seguir-se-ão depois, com as necessárias adaptações, os termos prescritos nos artigos 934.º a 938.º

Disposição inalterada pelo DL n.º 38/03.

ARTIGO 943.º

Revogado pelo DL 38/2003, de 8 de Março.

TÍTULO IV
Dos processos especiais

CAPÍTULO I
Das interdições e inabilitações

ARTIGO 944.º
Petição inicial

Na petição inicial da acção em que requeira a interdição ou inabilitação, deve o autor, depois de deduzida a sua legitimidade, mencionar os factos reveladores dos fundamentos invocados e do grau de incapacidade do interditando ou inabilitando e indicar as pessoas que, segundo os critérios da lei, devam compor o conselho de família e exercer a tutela ou curatela.

I – Passam a regular-se, em conjunto, os processos de interdição e inabilitação, qualquer que seja a respectiva causa determinante – daí a revogação dos arts. 959.º a 963.º, que regulamentavam as especificidades da interdição ou inabilitação por surdez-mudez ou cegueira, bem como a inabilitação por prodigalidade ou abuso de bebidas alcoólicas ou estupefacientes.

II – As alterações introduzidas neste preceito são decorrência de ter passado a haver uma única forma processual para decretar a interdição ou a inabilitação, cumprindo ao requerente indicar os factos reveladores do fundamento invocado, subsumíveis ao disposto nos arts. 138.º ou 152.º do C. Civil.

III – Sendo a legitimidade para desencadear o processo visando o decretamento da interdição ou da inabilitação uma legitimidade indirecta, conferida, designadamente, a determinados familiares do requerido pelo art. 141.º do C. Civil, continua a exigir-se que o requerente "deduza a sua legitimidade", isto é, alegue e demonstre a relação em que aquela se funda.

IV – Apesar de eliminada a intervenção do conselho de família no decretamento e no levantamento da providência, continua este órgão a exercer a função que resulta do preceituado no art. 1954.º do C. Civil, vigiando o modo por que são desempenhadas as funções do tutor do incapaz. Daí que este preceito continue a impor ao requerente o ónus de indicar as pessoas que devem compor o conselho de família.

V – A Lei de Saúde Mental (Lei n.º 36/98, de 24 de Julho) regula os procedimentos de internamento compulsivo de portadores de anomalia psíquica, bem como o respectivo internamento de urgência; parece-nos viável, ao abrigo da regra constante dos arts. 470.º, 31.º, n.º 2 e 265.º-A do CPC, autorizar a cumulação dos pedidos de interdição e internamento compulsivo já que (apesar de este último ser regido subsidiariamente pelo processo penal – cfr. art. 9.º daquela Lei) a tramitação não se revela "manifestamente incompatível" (a avaliação clínico-psiquiátrica substituiria, neste caso, o exame pericial previsto no art. 951.º). De salientar, porém, que a regra de competência material constante do art. 30.º, n.º 2, daquela Lei – ao atribuir competência ao tribunal dotado de competência especializada em matéria criminal, onde ele exista – inviabilizará, em muitas circunscrições judiciais, a referida acumulação de pretensões (art. 31.º, n.º 1 do CPC).

ARTIGO 945.º
Publicidade da acção

Apresentada a petição, se a acção estiver em condições de prosseguir, o juiz determina a afixação de editais no tribunal e na sede da junta de freguesia da residência do requerido, com menção do nome deste e do objecto da acção, e publicar-se-á, com as mesmas indicações, anúncio num dos jornais mais lidos na respectiva circunscrição judicial.

Mantém-se, como decorrência do estatuído no art. 234.º, n.º 4, alínea c), a exigência de despacho liminar do juiz na acção de interdição ou inabilitação, de forma a obstar à publicidade que lhe deve ser conferida, nos casos em que a acção não estiver em condições de prosseguir, por a petição carecer de aperfeiçoamento ou dever ser liminarmente indeferida.

A publicidade a conferir obrigatoriamente à propositura da acção pressupõe, pois, a prévia apreciação pelo juiz da sua regularidade formal e viabilidade substancial.

ARTIGO 946.º
Citação

1 – O requerido é citado para contestar, no prazo de 30 dias.

2 – É aplicável à citação o disposto na parte geral; a citação por via postal não terá, porém, cabimento, salvo quando a acção se basear em mera prodigalidade do inabilitando.

I – A garantia do contraditório e a concentração dos actos e fases processuais levaram a estabelecer, no n.º 1 deste preceito, que o requerido – estando a acção em condições de prosseguir – seja logo citado (e não apenas notificado para impugnar a legitimidade do requerente e a constituição do conselho de família, como ocorria com o regime que constava do n.º 1 do art. 947.º, na redacção anterior à reforma).

II – Relativamente à efectivação da citação, o n.º 2 deste artigo impõe relevante especialidade, decorrente da natureza do processo: em regra (salvo nas acções que visem apenas o decretamento da inabilitação com fundamento em mera prodigalidade) não é admissível a citação por via postal, de modo a permitir que o contacto pessoal com o citando possa logo desencadear o regime estabelecido no art. 242.º

ARTIGO 947.º
Representação do requerido

1 – Se a citação não puder efectuar-se, em virtude de o requerido se encontrar impossibilitado de a receber, ou se ele, apesar de regularmente citado, não tiver constituído mandatário no prazo de contestação, o juiz designa, como curador provisório, a pessoa a quem provavelmente competirá a tutela ou a curatela, que não seja o requerente, que será citada para contestar em representação do requerido; não o fazendo, aplica-se o disposto no artigo 15.º.

2 – Se for constituído mandatário judicial pelo requerido ou pelo respectivo curador provisório, o Ministério Público, quando não seja o requerente, apenas terá intervenção acessória no processo.

I – Altera-se o sistema de representação do requerido, tal como resultava do preceituado no art. 946.º, na redacção anterior à reforma, abandonando-se, designadamente, a sua imediata representação pelo M. P. – que teria sempre, deste modo, intervenção principal no processo, salvo nos casos de patrocínio do requerido por advogado.

Assim, se se frustrou a citação do requerido, nos termos previstos no art. 242.º, ou se ele – apesar de consumada a sua citação pessoal – não constituíu mandatário judicial, no prazo da contestação, o juiz designará como curador provisório na lide a pessoa a quem, nos termos da lei civil, deverá incumbir a tutela ou curatela, e que não esteja para tal impedida, em consequência de ser o próprio requerente. De seguida, será o curador provisório citado para contestar a acção.

Não se estabelecem, por outro lado, quaisquer limites ou restrições formais à constituição de advogado pelo próprio requerido.

II – A parte final do n.º 1 e o n.º 2 deste preceito dispõem sobre a intervenção na lide do M.P., em representação (passiva) do requerido.

Assim, o M. P. terá intervenção principal no processo, nos termos do art. 15.º, sempre que ocorra uma situação de revelia absoluta, por, nem o requerido, nem o respectivo curador provisório, terem deduzido tempestivamente oposição ou constituído mandatário judicial.

Se for constituído mandatário judicial, quer pelo requerido, quer pelo respectivo curador provisório, o M. P. – quando não seja o requerente – apenas terá intervenção acessória, nos termos regulados no art. 334.º

ARTIGO 948.º
Articulados

À contestação, quando a haja, seguir-se-ão os demais articulados admitidos em processo ordinário.

A fase dos articulados é decalcada da tramitação do processo ordinário, podendo consequentemente o requerente responder às excepções que o requerido haja, porventura, deduzido na sua contestação.

ARTIGO 949.º
Prova preliminar

Quando se trate de acção de interdição, ou de inabilitação não fundada em mera prodigalidade, haja ou não contestação, proceder-se-á, findos os articulados, ao interrogatório do requerido e à realização do exame pericial.

I – Especialidade relevante das acções de interdição e de inabilitação, não fundadas em mera prodigalidade, é a existência de uma fase preliminar ou antecipada de produção de prova, a realizar logo que se mostre finda a fase dos articulados, traduzida na efectivação de dois actos instrutórios: o interrogatório judicial do requerido e o respectivo exame por peritos médicos.
Tais diligências instrutórias têm lugar, quer a acção tenha sido contestada, quer não o haja sido, correndo à revelia.

II – Relativamente ao regime que vigorava anteriormente à reforma, foi eliminado o parecer do conselho de família, previsto no art. 948.º, atenta a normal passividade dos respectivos vogais, muitas vezes obrigados a deslocações por residirem fora da área da comarca, e o eventual conflito de interesses entre os familiares que integram tal conselho e o próprio requerido.
Mantêm-se, porém, as outras duas diligências típicas, caracterizadoras da tramitação nesta fase do processo de interdição – importando notar que, no esquema pro-

cessual ora adoptado, elas só têm lugar após findos os articulados (e não logo na fase liminar do processo).

ARTIGO 950.º
Interrogatório

O interrogatório tem por fim averiguar da existência e do grau de incapacidade do requerido e é feito pelo juiz, com a assistência do autor, dos representantes do requerido e do perito ou peritos nomeados, podendo qualquer dos presentes sugerir a formulação de certas perguntas.

I – Corresponde, no essencial, ao regime que decorria dos n.º 2 e 3 deste preceito, na redacção anterior à reforma. Porque os peritos médicos nomeados devem, em regra, assistir ao interrogatório do requerido, a sua nomeação deverá preceder esta diligência.

II – O interrogatório do requerido traduz verdadeira inspecção judicial, realizada antecipadamente à fase de julgamento, sendo-lhe, consequentemente, aplicável o estatuído no art. 615.º, devendo naturalmente lavrar-se auto de tal diligência.

ARTIGO 951.º
Exame pericial

1 – Logo após o interrogatório procede-se, sempre que possível, ao exame do requerido; podendo formar imediatamente juízo seguro, as conclusões da perícia são ditadas para a acta, fixando-se, no caso contrário, prazo para a entrega do relatório.

2 – Dentro do prazo marcado, pode continuar-se o exame no local mais apropriado e proceder-se às diligências que se mostrem necessárias.

3 – Quando se pronuncie pela necessidade da interdição ou da inabilitação, o relatório pericial deve precisar, sempre que possível, a espécie de afecção de que sofre o requerido, a extensão da sua incapacidade, a data provável do começo desta e os meios de tratamento propostos.

4 – Não é admitido segundo exame nesta fase do processo, mas quando os peritos não cheguem a uma conclusão segura sobre a capacidade ou incapacidade do arguido, será ouvido o requerente, que pode promover exame numa clínica da especialidade, pelo respectivo director, responsabilizando-se pelas despesas; para este efeito pode ser autorizado o internamento do arguido pelo tempo indispensável, nunca excedente a um mês.

I – Mantém-se, no essencial, o regime do exame pelos peritos médicos, já que a disciplina que constava deste preceito se mostra compatível com o regime da prova pericial em processo comum, subsidiariamente aplicável.

II – Em consonância com o estatuído no art. 569.º, a perícia tanto pode ser individual como colegial, consoante as circunstâncias: o art. 950.º reporta-se à assistência ao interrogatório "do perito ou peritos nomeados".

III – Continua – como especialidade relevante relativamente ao processo comum – a não ser admitida a realização de segunda perícia nesta fase do processo – originando a eventual inconcludência do exame o normal prosseguimento dos autos, nos termos do n.º 2 do art. 952.º

ARTIGO 952.º
Termos posteriores ao interrogatório e exame

1 – Se o interrogatório e o exame do requerido fornecerem elementos suficientes e a acção não tiver sido contestada, pode o juiz decretar imediatamente a interdição ou inabilitação.

2 – Nos restantes casos, seguir-se-ão os termos do processo ordinário, posteriores aos articulados; sendo ordenado na fase de instrução novo exame médico do requerido, aplicar-se-ão as disposições relativas ao primeiro exame.

I – O n.º 1 permite a prolação de decisão sumária, sempre que a acção não haja sido contestada e o interrogatório e exame pericial do requerido fornecerem elementos cabais no sentido da procedência do pedido.

II – Apenas se prevê esta forma de decisão, sumária e imediata, a propósito do deferimento da interdição, não contestada pelo requerido – mas já não como forma de indeferimento ou rejeição do pedido (como o permitia o preceito, na redacção anterior à reforma): na verdade, não pode, neste caso, ser o autor privado do direito de, nos termos gerais, fazer prova dos fundamentos do pedido que dirigiu ao tribunal.

III – Em todas as situações não previstas no n.º 1 deste artigo, seguir-se-ão os termos do processo ordinário, posteriores aos articulados.

ARTIGO 953.º
Providências provisórias

1 – Em qualquer altura do processo, pode o juiz, oficiosamente ou a requerimento do autor ou do representante do requerido, proferir decisão

provisória, nos próprios autos, nos termos previstos no artigo 142.º do Código Civil.

2 – Da decisão que decrete a providência provisória cabe agravo que sobe imediatamente, em separado e sem efeito suspensivo.

I – Em consonância com o preceituado no art. 142.º do C. Civil, estabelece-se a possibilidade de decretamento de providências provisórias em qualquer altura do processo, sempre que haja necessidade urgente de providenciar quanto à pessoa e bens do interditando ou do inabilitando.

II – Da decisão cautelar que decreta providência provisória cabe agravo com um específico regime de subida: imediata, em separado e sem efeito suspensivo da imediata exequibilidade do decidido.

III – A providência provisória poderá, em certos casos, consistir no internamento compulsivo do arguido, nos termos da Lei de Saúde Mental: porém, a regra de competência, constante do art. 30.º, n.º 2, da Lei 36/98, obstará a que, em muitas circunscrições judiciais, ela possa ser decretada pelo tribunal civil.

ARTIGO 954.º
Conteúdo da sentença

1 – A sentença que decretar, definitiva ou provisoriamente, a interdição ou a inabilitação, consoante o grau de incapacidade do arguido e independentemente de se ter pedido uma ou outra, fixará, sempre que seja possível, a data do começo da incapacidade e confirmará ou designará o tutor e o protutor ou o curador e, se for necessário, o subcurador, convocando o conselho de família, quando deva ser ouvido.

2 – No caso de inabilitação, a sentença especificará os actos que devem ser autorizados ou praticados pelo curador.

3 – Se a interdição ou inabilitação for decretada em apelação, a nomeação do tutor e protutor ou do curador e subcurador faz-se na 1.ª instância, quando baixe o processo.

4 – Na decisão da matéria de facto, deve o juiz oficiosamente tomar em consideração todos os factos provados, mesmo que não alegados pelas partes.

O n.º 4 deste preceito, aditado pelo DL 329-A/95, veio acentuar, com maior clareza, o reforço do princípio do inquisitório, mesmo quanto à matéria de facto, no âmbito deste processo especial: na verdade, o n.º 1 do art. 953.º, na redacção anterior à reforma, dispunha que a tramitação em conformidade com o processo ordinário era "sem a limitação estabelecida no art. 664.º"; estabelece-se agora expressamente que o juiz pode tomar oficiosamente em conta factos – mesmo essenciais – que as partes não hajam alegado, mas resultem da instrução e discussão da causa.

ARTIGO 955.º
Recurso de apelação

1 – Da sentença de interdição ou inabilitação definitiva pode apelar o representante do arguido; pode também apelar o requerente, se ficar vencido quanto à extensão e limites da incapacidade.

2 – A apelação tem efeito meramente devolutivo; subsiste, porém, nos termos estabelecidos, a representação processual do interdito ou inabilitado, podendo o tutor ou curador nomeado intervir também no recurso como assistente.

ARTIGO 956.º
Efeitos do trânsito em julgado da decisão

1 – Passada em julgado a decisão final, observar-se-á o seguinte:

a) Se tiver sido decretada a interdição, ou a inabilitação nos termos do artigo 154.º do Código Civil, serão relacionados no próprio processo os bens do interdito ou do inabilitado;

b) Se não tiver sido decretada a interdição nem a inabilitação, será dado conhecimento do facto por editais afixados nos mesmos locais e por anúncio publicado no mesmo jornal em que tenha sido dada publicidade à instauração da acção.

2 – O tutor ou curador pode requerer, após o trânsito da sentença, a anulação, nos termos da lei civil, dos actos praticados pelo arguido a partir da publicação do anúncio referido no artigo 945.º; autuado por apenso o requerimento, serão citadas as pessoas directamente interessadas e seguir-se-ão os termos do processo sumário.

ARTIGO 957.º
Seguimento da acção mesmo depois da morte do arguido

1 – Falecendo o arguido no decurso do processo, mas depois de feitos o interrogatório e o exame, pode o requerente pedir que a acção prossiga para o efeito de se verificar se existia e desde quando datava a incapacidade alegada.

2 – Não se procede neste caso a habilitação dos herdeiros do falecido, prosseguindo a causa contra quem nela o representava.

Sobre a articulação do prosseguimento da acção, aqui previsto, com a figura da impossibilidade superveniente da lide, e a inexistência de um ónus de o autor articular factos relativos a negócios jurídicos celebrados pelo interditando e afectados pela sua incapacidade, veja-se o ac. Rel. in CJ I/00, pág. 117.

ARTIGO 958.º
Levantamento da interdição ou inabilitação

1 – O levantamento da interdição ou inabilitação será requerido por apenso ao processo em que ela foi decretada.

2 – Autuado o respectivo requerimento, seguir-se-ão, com as necessárias adaptações, os termos previstos nos artigos anteriores, sendo notificados para deduzir oposição o Ministério Público, o autor na acção de interdição ou inabilitação e o representante que tiver sido nomeado ao interdito ou inabilitado.

3 – A interdição pode ser substituída por inabilitação, ou esta por aquela, quando a nova situação do incapaz o justifique.

I – O n.º 2 dispõe sobre o contraditório a exercer quando haja sido deduzido pedido de levantamento da interdição ou inabilitação, por quem tenha legitimidade, nos termos do disposto no art. 151.º do C. Civil, facultando-o ao M. P., ao autor na acção e ao representante nomeado ao incapaz, simplificando substancialmente o pesado regime que constava do preceito, na redacção anterior à reforma, nomeadamente no que se refere à audição dos "herdeiros presuntivos".

II – O n.º 3 continua a permitir a convolação da interdição para inabilitação, ou vice-versa, consoante a evolução da situação ou estado do incapaz.

Sobre a alterabilidade da sentença, com base em factos supervenientes, cf. Ac. STJ de 4/7/95, in CJ II/95, pág. 150.

(ARTIGOS 959.º A 963.º)
[...]

Revogados – art. 3.º do DL 329-A/95.

ARTIGOS 964.º A 980.º
[...]

Revogados pelo Decreto-Lei 321-B/90, de 15 de Outubro.

CAPÍTULO II
Dos processos referentes às garantias das obrigações

SECÇÃO I
Da prestação de caução

ARTIGO 981.º
Requerimento para a prestação provocada de caução

Aquele que pretenda exigir a prestação de caução indicará, além dos fundamentos da pretensão, o valor que deve ser caucionado, oferecendo logo as provas.

I – Regulam-se, no lugar sistematicamente adequado, isto é, como processos especiais funcionalmente ligados à efectivação das garantias das obrigações, as matérias que o CPC, na versão anterior à reforma, incluía no Capítulo V do Livro Terceiro, sob a epígrafe "cauções", tendo sido consequentemente revogados os arts. 428.º/443.º

II – Os arts. 981.º a 987.º regulam a prestação provocada de caução. Os arts. 988.º, 989.º e 990.º dispõem sobre as especialidades nos casos de prestação espontânea de caução, da prestação de caução a favor de incapazes e do processamento da caução como incidente.

III – O disposto neste preceito corresponde inteiramente ao que constava do n.º 1 do art. 429.º do CPC, na redacção anterior à reforma, cumprindo naturalmente ao requerente, na prestação provocada de caução, indicar a causa de pedir da sua pretensão e especificar o valor a caucionar.

Deverá identicamente oferecer logo as provas dos factos que alega, como, aliás, já resultava do n.º 4 do art. 428.º, que mandava aplicar à prestação de caução as regras próprias dos incidentes da instância.

ARTIGO 982.º
Citação do requerido

1 – O requerido é citado para, no prazo de 15 dias, deduzir oposição ou oferecer caução idónea, devendo indicar logo as provas.

2 – Na contestação pode o réu limitar-se a impugnar o valor da caução exigida pelo autor; se, porém, apenas impugnar este valor, deve especificar logo o modo como pretende prestar a caução, sob cominação de não ser admitida a impugnação.

Livro III – Do processo   art. 983.º

3 – Oferecendo-se caução por meio de hipoteca ou consignação de rendimentos, apresentar-se-á logo certidão do respectivo registo provisório e dos encargos inscritos sobre os bens e ainda a certidão do seu rendimento colectável, se o houver.

I – O requerido é citado para, em 15 dias, deduzir oposição ou – conformando-se inteiramente com os termos da pretensão deduzida – oferecer caução idónea.
Porém – e ao contrário do que sucedia face ao estatuído no n.º 2 do art. 429.º – foi eliminado o efeito cominatório pleno ali estabelecido para a falta de oposição: tal implica, à semelhança do que ocorre no domínio do processo comum, que a falta de oposição não dispensa o juiz de verificar se os fundamentos alegados pelo requerente justificam, do ponto de vista jurídico, a existência de uma obrigação de caucionar e se o valor indicado é com ela concludente.
II – À semelhança do que ocorre com o requerente, também o requerido que deduza oposição tem o ónus de indicar logo as provas dos fundamentos da oposição que invoque.
III – São três as atitudes que o requerido pode assumir:
– contestar a obrigação de prestar caução;
– impugnar apenas o valor de caução exigida;
– constituir-se em situação de revelia que, por aplicação subsidiária do regime do processo ordinário, poderá ser operante ou não operante, nos termos do disposto nos arts. 484.º e 485.º
A primeira situação – a que é naturalmente equiparado o caso de revelia inoperante – consta do art. 983.º; a segunda, é regulada no n.º 2 deste art. 982.º; e a terceira – revelia operante – está prevista no art. 985.º
IV – O regime constante do n.º 2 deste art. 982.º – impugnação limitada ao valor a caucionar – corresponde ao que constava do n.º 1 do art. 432.º, mantendo-se o ónus de o requerido, neste caso, especificar obrigatoriamente o modo como pretende prestar a caução, relativamente ao valor que considera correcto.
V – O regime constante do n.º 3 deste preceito corresponde ao que constava do n.º 1 do art. 428.º, impondo-se ao requerido que ofereça caução por hipoteca ou consignação de rendimentos o ónus de juntar logo determinados documentos essenciais para avaliar da respectiva credibilidade.

ARTIGO 983.º
Oposição do requerido

1 – Se o réu contestar a obrigação de prestar caução, ou se, não deduzindo oposição, a revelia for inoperante, o juiz, após realização das diligências probatórias necessárias, decide da procedência do pedido e fixa o valor da caução devida, aplicando-se o disposto no artigo 304.º.

177

2 – Seguidamente, é o réu notificado para, em 10 dias, oferecer caução idónea, seguindo-se, com as necessárias adaptações, o disposto acerca do oferecimento da caução ou da devolução ao autor do direito de indicar o modo da sua prestação.

3 – Se o réu tiver impugnado apenas o valor da caução, o autor impugnará na resposta a idoneidade da garantia oferecida, nos termos do disposto no artigo seguinte; à decisão do juiz que fixe o valor da caução é aplicável o disposto nos números anteriores.

I – Se o réu contestar a obrigação de prestar caução, o juiz, após realização das diligências probatórias necessárias, decide acerca da procedência do pedido e fixa logo o valor a caucionar.

À produção de prova e eventual registo dos depoimentos é aplicável o disposto acerca dos incidentes da instância, no art. 304.º

II – Relativamente ao regime que estava prescrito no art. 431.º, deixou de se prever a existência de um terceiro articulado (a resposta à contestação pelo requerente), naturalmente sem prejuízo do preceituado no art. 3.º, n.º 4.

Por outro lado – e por evidentes razões de celeridade – procedeu-se a uma concentração dos termos da controvérsia acerca das questões da existência da obrigação de caucionar e do respectivo valor, cumprindo ao juiz, se entender que o réu está obrigado a caucionar, fixar logo, na respectiva decisão, qual o valor da caução a prestar (pelo contrário, o n.º 2 do art. 431.º cindia as fases em que sucessivamente se discutia a existência da obrigação de caucionar e se impugnava ou aceitava o respectivo valor).

II – Fixada judicialmente a existência da obrigação de caucionar e o respectivo valor, é o réu notificado para, em 10 dias, oferecer caução idónea (n.º 2).

Se o fizer, aplica-se o disposto no art. 984.º, podendo então o autor impugnar a idoneidade da caução oferecida.

Se o não fizer, devolve-se ao autor o direito de indicar o modo de prestação da caução, de entre as modalidades previstas em convenção das partes ou na lei, em termos idênticos aos estabelecidos no art. 985.º.

III – Se o réu tiver impugnado apenas o valor da caução (n.º 3), especificou necessariamente – nos termos do art. 982.º, n.º 2 – o modo como pretende prestá-la, cumprindo então ao autor impugnar logo a idoneidade da garantia oferecida, nos termos do art. 984.º

Procede-se, deste modo, também aqui, a uma concentração dos termos do litígio, de modo a obstar ao respectivo arrastamento, desincentivando manobras dilatórias e permitindo que a mesma decisão judicial fixe qual o valor a caucionar (controvertido entre as partes) e, ao mesmo tempo, determine se a caução oferecida pelo réu é ou não idónea; e, não o sendo, devolve-se logo ao autor o direito a indicar o modo de prestação da caução, nos termos da parte final do n.º 3 do art. 984.º.

IV – O n.º 1 deste art. 983.º equipara a situação de revelia inoperante, decorrente da aplicação do preceituado no art. 485.º, à existência de contestação pelo requerido.

ARTIGO 984.º
Apreciação da idoneidade da caução

1 – Oferecida a caução ou indicado o modo de a prestar, pode o autor, em 15 dias, impugnar a idoneidade da garantia, indicando logo as provas de que dispuser.

2 – Na apreciação da idoneidade da garantia ter-se-á em conta a depreciação que os bens podem sofrer em consequência da venda forçada, bem como as despesas que esta pode acarretar.

3 – Sendo impugnada a idoneidade da garantia oferecida, o juiz profere decisão, após realização das diligências necessárias, aplicando-se o disposto no artigo 304.º; sendo a caução oferecida julgada inidónea, é aplicável o disposto no artigo seguinte.

I – Oferecida a caução e indicado o modo de a prestar (ou originariamente, ou na sequência da improcedência da oposição deduzida), tem o autor a faculdade de, em 15 dias, impugnar a idoneidade da garantia oferecida.

II – Ao litígio sobre a idoneidade da garantia são aplicáveis as normas que regem a dirimição do litígio acerca da obrigação de caucionar e do valor da caução a prestar, moldadas essencialmente sobre as regras procedimentais dos incidentes da instância (n.º 3).

III – A regra constante do n.º 2 deste preceito equivale à que constava do n.º 2 do art. 428.º.

ARTIGO 985.º
Devolução ao requerente do direito de indicar o modo de prestação da caução

Se o réu não contestar, devendo a revelia considerar-se operante, nem oferecer caução idónea ou indicar como pretende prestá-la, devolve-se ao autor o direito de indicar o modo da sua prestação, de entre as modalidades previstas em convenção das partes ou na lei.

I – Do preceituado nos arts. 429.º, n.º 2, e 430.º, n.º 1, do CPC resultava a existência de efeito cominatório pleno para a falta de oposição do requerido, conduzindo a revelia a que se considerasse confessado o pedido.

A eliminação de tal efeito cominatório, em consonância com o estabelecido em sede de processo comum, determina a aplicação do preceituado nos arts. 484.º e 485.º: a falta de oposição apenas conduz a que se considerem confessados os factos invocados pelo requerente – cabendo ao juiz valorar a sua concludência e suficiência jurídicas – e

179

sem prejuízo das situações em que o art. 485.º exclui tal efeito cominatório, implicando que a revelia não possa considerar-se operante.

II – Para além deste efeito genérico, coincidente com o que vigora no domínio do processo comum, a revelia operante do requerido conduz a um efeito específico, relativamente à determinação do tipo ou modo de prestação da caução: a devolução ao autor do direito de indicar o modo da sua prestação, de entre as modalidades convencionadas ou previstas na lei (arts. 623.º e 624.º do C. Civil).

Deste modo, a revelia e desinteresse do réu – que se não opõe ao pedido de prestação de caução e não indica minimamente que está disposto a prestá-la por certa forma – implica a imediata devolução ao autor do direito de escolher o modo de prestação de caução (sem que, neste caso, tenha lugar a notificação ao réu que era prevista no n.º 1 do art. 430.º).

ARTIGO 986.º
Prestação da caução

Fixado o valor que deve ser caucionado e a espécie da caução, esta julgar-se-á prestada depois de efectuado o depósito ou a entrega de bens, ou averbado como definitivo o registo da hipoteca ou consignação de rendimentos, ou após constituída a fiança.

Fixado judicialmente o valor a caucionar e determinada a espécie de caução a prestar – por iniciativa do réu ou do autor, consoante os casos – a caução considera-se prestada em termos idênticos aos que estavam previstos no art. 428.º, n.º 3, após a prática dos actos de execução especificados neste preceito.

ARTIGO 987.º
Falta de prestação da caução

1 – Se o réu não prestar a caução fixada no prazo que lhe for assinado, pode o autor requerer a aplicação da sanção especialmente prevista na lei ou, na falta de disposição especial, requerer o registo de hipoteca ou outra cautela idónea.

2 – Quando a garantia a constituir incida sobre coisas móveis ou direitos não susceptíveis de hipoteca, pode o credor requerer que se proceda à apreensão do respectivo objecto para entrega ao titular da garantia ou a um depositário, aplicando-se o preceituado quanto à realização da penhora e sendo a garantia havida como penhor.

3 – Se, porém, os bens que o autor pretende afectar excederem o necessário para suficiente garantia da obrigação, o juiz pode, a requerimento do réu, depois de ouvido o autor e realizadas as diligências indispensáveis, reduzir a garantia aos seus justos limites.

I – A falta de prestação da caução pelo requerido, na espécie determinada, conduz ao accionamento do regime estabelecido no art. 625.º do C. Civil. Assim – desde logo – a falta de prestação da caução determinará, nos casos especialmente previstos na lei civil, a aplicação de sanção especificamente estabelecida (cfr., v.g., arts. 93.º, n.º 3, 1470.º do C. Civil).
Na falta de preceito especial, tem o credor, nos termos do art. 625.º, n.º 1, do C. Civil, o direito de requerer registo de hipoteca ou outra "cautela idónea".
II – Face ao estipulado no n.º 3 do art. 430.º do CPC, tal cautela idónea era concebida como arresto dos bens do responsável – afastando, porém, o n.º 4 daquele preceito a aplicação de praticamente todas as normas que definiam o regime daquele procedimento cautelar.
Com vista a pôr termo a tal incongruência – derivada de o "arresto" ser, neste caso, um mero "nomen juris", sem desempenhar qualquer função de providência cautelar – o n.º 2 deste artigo veio estatuir que, quando a garantia a constituir deva incidir sobre coisas móveis ou direitos insusceptíveis de hipoteca, o credor possa requerer a apreensão do objecto. A tal apreensão são aplicáveis as normas processuais que regem sobre a efectivação da penhora e as normas substantivas que se reportam ao penhor.
III – Em consonância com o estatuído no art. 625.º, n.º 2, do C. Civil – e em termos análogos aos que já eram previstos na parte final do n.º 4 do art. 430.º CPC – o n.º 3 prevê a forma de redução da garantia aos bens suficientes para assegurar o direito do credor.

ARTIGO 988.º
Prestação espontânea de caução

1 – Sendo a caução oferecida por aquele que tem obrigação de a prestar, deve o autor indicar na petição inicial, além do motivo por que a oferece e do valor a caucionar, o modo por que a quer prestar.

2 – A pessoa a favor de quem deve ser prestada a caução é citada para, no prazo de 15 dias, impugnar o valor ou a idoneidade da garantia.

3 – Se o citado não deduzir oposição, devendo a revelia considerar-se operante, é logo julgada idónea a caução oferecida; no caso contrário, aplica-se, com as necessárias adaptações, o disposto nos artigos 983.º e 984.º.

4 – Quando a caução for oferecida em substituição de hipoteca legal, o devedor, além de indicar o valor dela e o modo de a prestar, formulará e jus-

tificará na petição inicial o pedido de substituição e o credor será citado para impugnar também este pedido, observando-se, quanto à impugnação dele, o disposto no número anterior relativamente à impugnação do valor e da idoneidade da caução.

I – Corresponde, no essencial, ao regime que o art. 433.º estabelecia para a prestação espontânea de caução.

Porém – e em consonância com o estabelecido no âmbito da prestação provocada de caução – é eliminado o efeito cominatório pleno, que se verficava sempre que o citado não deduzisse oposição, julgando-se imediatamente idónea a caução oferecida. Pelo contrário, o n.º 3 deste artigo exclui o efeito cominatório quando a revelia não deva considerar-se operante, nomeadamente quando ocorram as excepções previstas no art. 485.º – não implicando o silêncio do credor que deva presumir-se, sem mais, a garantia oferecida como idónea.

II – Se o credor – que, neste caso, funciona como requerido – pretender impugnar o valor ou a idoneidade da caução espontaneamente oferecida, aplica-se, com as adaptações necessárias, o procedimento instituído para a prestação provocada de caução.

III – Mantém-se integralmente o regime que constava do n.º 4 do art. 433.º, em conexão com o preceituado no art. 707.º, n.º 1, do C. Civil.

IV – Sobre a problemática da idoneidade de caução prestada mediante fiança bancária, associada ao prazo de vinculação do banco, vide Ac. Rel. in CJ 169, pág. 181.

ARTIGO 989.º
Caução a favor de incapazes

O disposto nos artigos antecedentes é aplicável à caução que deva ser prestada pelos representantes de incapazes ou ausentes, quanto aos bens arrolados ou inventariados, com as seguintes modificações:

a) A caução é prestada por dependência do arrolamento ou inventário;

b) Se o representante do incapaz ou do ausente não indicar a caução que oferece, observar-se-á o disposto para o caso de esse representante não querer ou não poder prestar a caução;

c) As atribuições do juiz relativas à fixação do valor, à apreciação da idoneidade da caução e à designação das diligências necessárias são exercidas pelo conselho de família, quando a este pertença conhecer da caução.

Corresponde inteiramente ao art. 434.º do CPC, regulando as especialidades da prestação de caução por representantes de incapazes, decorrente, v.g., do preceituado nos arts. 93.º, n.º 1, 107.º e 1898.º do C. Civil. Cfr. ainda o art. 706.º do CC.

ARTIGO 990.º
Caução como incidente

1 – O disposto nos artigos anteriores é também aplicável quando numa causa pendente haja fundamento para uma das partes prestar caução a favor da outra, mas a requerida é notificada, em vez de ser citada, e o incidente é processado por apenso.

2 – Nos casos previstos no n.º 4 do artigo 47.º, no n.º 3 do artigo 692.º, no n.º 4 do artigo 740.º e no n.º 1 do artigo 818.º, o incidente é urgente.

I – A norma constante do n.º 2 deste artigo, aditado pelo DL n.º 38/03, confere natureza urgente aos vários incidentes de prestação de caução que visem obter a suspensão dos efeitos da decisão recorrida ou do prosseguimento da execução – o que determinará, nomeadamente a aplicação do estatuído nos artigos 144.º, n.º 1, parte final, e 160.º, n.º 2, em sede de prazos.

II – Sobre a estrutura do procedimento de prestação de caução, distinguindo-se a controvérsia acerca da admissibilidade da caução da que incide sobre a respectiva prestação, considerando que a decisão proferida nesta segunda fase não preclude a controvérsia existente sobre a primeira matéria, pendente de recurso com subida diferida, cf. Ac. STJ de 18/5/99, in BMJ 487, 251.

SECÇÃO II
Do reforço e substituição das garantias especiais das obrigações

ARTIGO 991.º
Reforço ou substituição de hipoteca, consignação de rendimentos ou penhor

1 – O credor que pretenda exigir reforço ou substituição da hipoteca, da consignação de rendimentos ou do penhor justificará a pretensão, indicando o montante da depreciação ou o perecimento dos bens dados em garantia e a importância do reforço ou da substituição, apresentando logo as provas.

2 – O requerido é citado para, no prazo de 15 dias, contestar o pedido ou impugnar o valor do reforço ou da substituição e indicar os bens que oferece, devendo apresentar logo as provas.

3 – Se pretender impugnar apenas o valor, deve o réu indicar logo os bens com que pretende reforçar ou substituir a garantia, sob pena de não ser admitida a impugnação.

4 – Quando a obrigação de reforçar ou substituir a garantia incumbir a terceiro, será demandado este, e não o devedor, para os efeitos referidos nos números anteriores.

I – Corresponde, no essencial, ao regime que resultava do art. 437.º, adjectivando a matéria que consta dos arts. 701.º, 665.º e 678.º do C. Civil, ampliando para 15 dias o prazo de oposição.

II – O n.º 3 corresponde ao que vinha preceituado no n.º 3 do art. 438.º e no n.º 1 do art. 439.º.

III – Quando a obrigação de reforçar ou substituir a garantia incumba a terceiros, nos termos do art. 701.º, n.º 2, do C. Civil, é este terceiro que deve ser demandado – e, consequentemente, citado para a causa – e não o devedor.

ARTIGO 992.º
Oposição ao pedido

1 – Se o réu contestar a obrigação de reforço ou de substituição da garantia, ou se, não deduzindo oposição, a revelia for inoperante, feita a avaliação ou realizadas as outras diligências necessárias, o juiz decidirá se a garantia deve ser reforçada ou substituída e fixará o valor do reforço ou substituição, aplicando-se o disposto no artigo 304.º.

2 – O juiz pode ordenar o simples reforço quando, pedida a substituição, se conclua não ter havido perecimento dos bens.

3 – Seguidamente, é o réu notificado para, no prazo de 10 dias, oferecer bens suficientes para o reforço ou substituição decretados, aplicando-se, com as necessárias adaptações, o disposto no artigo 984.º.

4 – Se a nova garantia oferecida estiver sujeita a registo, deve efectuar-se logo o seu registo provisório.

5 – Se o réu impugnar apenas o valor do reforço ou substituição pretendidos, é aplicável o disposto no n.º 3 do artigo 983.º, com as necessárias adaptações.

I – Corresponde – com alterações decorrentes da harmonização do procedimento com o estabelecido para a prestação de caução – ao preceituado nos arts. 438.º e 439.º, n.º 1, regulando os termos da oposição ao pedido de reforço ou substituição da garantia.

Assim, o n.º 1 elimina qualquer efeito cominatório quando a revelia do requerido não deva considerar-se operante, nomeadamente por força do estatuído no art. 485.º

Procede-se identicamente a uma concentração dos termos do litígio, de modo a possibilitar que, no caso de controvérsia, a decisão judicial – a proferir após realização das diligências necessárias, a processar segundo as regras procedimentais dos incidentes (art. 304.º) – fixe simultaneamente se há lugar ao reforço ou substituição pretendidos e, bem assim, qual o respectivo valor.

II – Mantém-se (n.º 2) a possibilidade de convolação do pedido de substituição para o reforço da garantia.

III – Fixada judicialmente a existência da obrigação de reforçar ou substituir a garantia, bem como o respectivo valor, é (n.º 3) o réu notificado para oferecer bens suficientes, tendo então o autor a possibilidade de impugnar a respectiva idoneidade para operar o referido reforço ou substituição, nos termos previstos do art. 984.º para a impugnação da idoneidade da caução.

Mantém-se o ónus de o réu efectuar logo o registo provisório da garantia oferecida, quando este deva ter lugar (n.º 4).

IV – Se o réu impugnar apenas o valor do reforço ou substituição pretendidos, carece de indicar logo os bens que está disposto a afectar, nos termos previstos no n.º 3 do art. 991.º, cumprindo então ao autor impugnar seguidamente a respectiva idoneidade.

ARTIGO 993.º
Apreciação da idoneidade da garantia oferecida

Se o réu não contestar o pedido, nem impugnar o valor do reforço ou substituição, limitando-se a oferecer bens para este efeito, aplica-se, com as necessárias adaptações, o previsto no artigo 984.º.

Corresponde ao que vinha preceituado no n.º 2 do art. 439.º: se o réu, sem contestar o pedido ou impugnar o valor do reforço ou substituição, se limitar a oferecer bens para esse efeito, cumpre ao autor pronunciar-se sobre a respectiva idoneidade, em termos paralelos aos previstos no art. 984.º.

ARTIGO 994.º
Não oferecimento de bens em reforço
ou substituição da garantia

1 – Se o réu não deduzir oposição, devendo a revelia considerar-se operante, nem oferecer bens para reforço ou substituição da garantia, ou se os bens oferecidos forem julgados insuficientes, consideram-se reconhecidos os factos articulados pelo autor, cabendo ao juiz decidir sobre a falta de cumprimento da obrigação e seus efeitos.

2 – A execução destinada a exigir o cumprimento imediato da obrigação que a substituição ou o reforço se destinava a garantir segue no mesmo processo.

Corresponde ao preceituado no art. 440.°, com a particularidade de se haver eliminado o efeito cominatório pleno que ali estava prescrito. Assim, a revelia operante do réu tem os efeitos típicos do processo comum de declaração, considerando-se reconhecidos os factos articulados pelo autor (sem prejuízo do disposto no art. 485.°) e cumprindo ao juiz valorar juridicamente tais factos, na perspectiva da falta de cumprimento da obrigação que vinculava o requerido, aplicando o disposto, v.g., nos arts. 701.° e 780.° do C. Civil.

ARTIGO 995.°
Reforço e substituição da caução

1 – O disposto nos artigos anteriores é aplicável à exigência de prestação de uma nova forma de caução, por se ter tornado imprópria ou insuficiente a que fora anteriormente prestada.
2 – Quando o credor pretenda apenas o reforço da caução, observar-se-á o processo estabelecido para o reforço da garantia, mediante a qual a caução tenha sido prestada.
3 – Se a caução tiver sido constituída judicialmente, a prestação de nova forma ou o reforço dela será requerido no mesmo processo, devendo observar-se, quanto ao próprio reforço, o disposto nas alíneas b) e c) do artigo 989.°.

Corresponde inteiramente ao que vinha preceituado no art. 442.°.

ARTIGO 996.°
Reforço ou substituição da caução prestada como incidente

Quando a caução tenha sido prestada por uma das partes a favor da outra, como incidente de causa, a substituição ou o reforço será requerido no processo de prestação, observando-se, com as necessárias adaptações, os termos prescritos para a prestação.

Corresponde inteiramente ao que estava preceituado no art. 443.°.

ARTIGO 997.º
Reforço e substituição da fiança

O disposto nos artigos anteriores é aplicável ao reforço e substituição da fiança, mas o devedor é citado para oferecer novo fiador ou outra garantia idónea.

Corresponde inteiramente ao que estava preceituado no art. 491.º, adjectivando o disposto no art. 633.º do C. Civil.

CAPÍTULO III
Da expurgação de hipotecas e da extinção de privilégios

ARTIGO 998.º
Requerimento para a expurgação

Aquele que pretenda a expurgação de hipotecas, pagando integralmente aos credores hipotecários, requererá que estes sejam citados para receberem a importância dos seus créditos, sob pena de esta ser depositada.

ARTIGO 999.º
Citação dos credores inscritos

Feita a prova do facto que autoriza a expurgação, e junta certidão do registo de transmissão da coisa hipotecada a favor do requerente e das inscrições hipotecárias, marcar-se-á dia e hora para o pagamento, por termo, na secretaria, e ordenar-se-á a citação dos credores inscritos anteriormente ao registo de transmissão.

ARTIGO 1000.º
Cancelamento das hipotecas

Pagas as dívidas hipotecárias e depositadas as quantias que não sejam recebidas, são expurgados os bens e mandadas cancelar as hipotecas registadas a favor dos credores citados.

ARTIGO 1001.º
[...]
Revogado – art. 3.º DL 329-A/95.

A revogação deste preceito radicou em que, se a coisa hipotecada foi judicialmente vendida, a tutela dos direitos do credor hipotecário se realizou necessariamente através da reclamação, verificação e graduação do crédito hipotecário, nos termos dos arts. 864.º e segs. e 463.º, n.º 2, segunda parte.

ARTIGO 1002.º
Expurgação nos outros casos

1 – Em todos os outros casos, o requerente da expurgação declarará o valor por que obteve os bens, ou aquele em que os estima, se os tiver obtido por título gratuito ou não tiver havido fixação de preço, e requererá a citação dos credores para, em 15 dias, impugnarem esse valor, sob cominação de se entender que o aceitam.

2 – Não havendo impugnação e sendo a revelia operante, o adquirente depositará a importância declarada e os bens serão expurgados das hipotecas, mandando-se cancelar as respectivas inscrições e transferindo-se para o depósito os direitos dos credores.

3 – Em seguida são os credores notificados para fazer valer os seus direitos no mesmo processo, observando-se na parte aplicável o disposto nos artigos 865.º e seguintes.

I – O n.º 1 ampliou para 15 dias o prazo para os credores impugnarem o valor indicado pelo requerente da expurgação da hipoteca, nos termos da alínea *b)* do art. 721.º do C. Civil.

II – O n.º 2 exclui do efeito cominatório que associa à falta de impugnação os casos em que a revelia não seja operante, nomeadamente por força do preceituado no art. 485.º.

ARTIGO 1003.º
Impugnação do valor pelos credores

1 – Os credores podem impugnar o valor se mostrarem que a quantia declarada é inferior à importância dos créditos hipotecários registados e dos privilegiados.

2 – Deduzida a impugnação ou não sendo a revelia operante, são os bens vendidos, mediante propostas em carta fechada, pelo maior valor que obtiverem sobre o declarado pelo adquirente.

3 – Se não aparecerem propostas de valor superior ao referido no número anterior, subsiste o valor declarado, seguindo-se o disposto nos n.ᵒˢ 2 e 3 do artigo anterior.

As alterações introduzidas nos n.ᵒˢ 2 e 3 pelo DL 38/03 são mera consequência do desaparecimento da figura da *"venda judicial"*, denominada agora por venda mediante propostas em carta fechada.

ARTIGO 1004.º
Citação ou notificação dos credores

Se os bens forem vendidos, depositado o preço e expurgados os bens, nos termos do artigo 888.º, observar-se-á, com as necessárias adaptações, o disposto nos artigos 864.º e seguintes.

As alterações introduzidas são mero reflexo das modificações verificadas no âmbito do processo executivo.

ARTIGO 1005.º
Expurgação de hipotecas legais

O disposto nos artigos antecedentes é aplicável à expurgação das hipotecas legais, com as seguintes modificações:

a) Para a expurgação de hipoteca constituída a favor de incapaz, é sempre citado o Ministério Público e o protutor, ou o subcurador, quando o haja;

b) O juiz, ouvidos os interessados e na falta de acordo, fixa o destino ou a aplicação da parte do produto correspondente à hipoteca legal por dívida ainda não exigível.

Atribui-se (alínea *b*)) ao juiz o poder de fixar o destino ou a aplicação do produto da expurgação, ou de parte dele, nos casos em que o objecto de garantia – hipoteca legal – é uma dívida ainda não exigível, substituindo o arcaico regime de necessária imobilização do capital em "certificados da dívida inscrita".

ARTIGO 1006.º
Expurgação de hipoteca que garanta prestações periódicas

Se a obrigação garantida tiver por objecto prestações periódicas, o juiz, ouvidos os interessados, decidirá sobre o destino ou a aplicação do produto da expurgação da hipoteca.

Estabelece-se regime idêntico ao prescrito na alínea *b)* do art. 1005.º, relativamente à expurgação da hipoteca que garante prestações periódicas.

ARTIGO 1007.º
Aplicação à extinção de privilégios sobre navios

Os processos estabelecidos neste capítulo são aplicáveis à extinção de privilégios por venda ou transmissão gratuita de navios, devendo os credores incertos ser citados por éditos de 30 dias.

(ARTIGOS 1008.º A 1012.º)
[...]

Revogados – art. 3.º do DL 329-A/95.

CAPÍTULO IV
Da venda antecipada de penhor

ARTIGO 1013.º
Venda antecipada do penhor

1 – Se for requerida autorização para a venda antecipada, por fundado receio de perda ou deterioração da coisa empenhada, são citados para contestar, no prazo de 10 dias, o credor, o devedor e o dono da coisa, que não sejam requerentes, e em seguida o tribunal decidirá, precedendo as diligências convenientes.

2 – Se for ordenado o depósito do preço, ficará este à ordem do tribunal, para ser levantado depois de vencida a obrigação.

3 – Enquanto a venda não for efectuada, o autor do penhor pode oferecer em substituição outra garantia real, cuja idoneidade será logo apreciada, suspendendo-se entretanto a venda.

I – Eliminou-se o processo especial de venda e adjudicação do penhor – caracterizado pela sua natureza mista, simultaneamente declarativa e executiva – o que implicou a revogação dos arts. 1008.º a 1012.º: na verdade, a substancial ampliação do elenco dos títulos executivos, que passam a incluir os próprios documentos particulares que certificam as obrigações garantidas pelo penhor, veio tornar, na esmagadora maioria dos casos, perfeitamente inútil a preliminar fase declarativa, destinada a obter título executivo.

A venda judicial do penhor passará, deste modo – havendo título executivo – a processar-se segundo as regras próprias do processo de execução.

II – Relativamente à adjudicação do penhor, que estava regulada no art. 1011.º, considera-se que a intervenção do tribunal, prevista no n.º 2 do art. 675.º do C. Civil, destinada a fixar o valor da coisa empenhada, deverá ter lugar nos quadros da jurisdição voluntária, nos termos do processo do suprimento previsto nos arts. 1429.º e 1430.º, sendo este precisamente um dos "casos análogos" aos ali previstos, já que a intervenção do juiz visa apenas a concretização ou determinação de um valor não definido previamente pelas partes.

III – Manteve-se o regime que constava deste preceito para a venda antecipada dopenhor, em adjectivação do preceituado no art. 674.º do C. Civil, apenas se fixando em 10 dias o pazo de contestação.

CAPÍTULO V
Da prestação de contas

SECÇÃO I
Contas em geral

ARTIGO 1014.º
Objecto da acção

A acção de prestação de contas pode ser proposta por quem tenha o direito de exigi-las ou por quem tenha o dever de prestá-las e tem por objecto o apuramento e aprovação das receitas obtidas e das despesas realizadas por

191

quem administra bens alheios e a eventual condenação no pagamento do saldo que venha a apurar-se.

I – Fixa-se, em disposição introdutória, qual o objectivo e função desempenhados pelo processo de prestação de contas, que pode revestir as modalidades de prestação provocada (arts. 1014.º-A e seguintes) ou espontânea art. 1018.º. Destina-se tal processo a alcançar, por um lado (função puramente declarativa), o apuramento e aprovação das receitas obtidas e das despesas realizadas por quem administra bens alheios; e, por outro lado (função condenatória), a alcançar a eventual condenaçãodo requerido no pagamento do saldo que se venha a apurar.

II – Sobre o âmbito deste processo, relativamente ao do inquérito destinado à prestação de contas de gerência de sociedade comercial, nos termos do art. 67.º do CSC, vide Ac. STJ de 16/5/00, in BMJ 497, 406. Sobre a possibilidade de utilização do processo de prestação de contas no caso de sociedade irregular, veja-se o ac. Rel. in CJ V/98, pág. 91.

ARTIGO 1014.º-A
Citação para a prestação provocada de contas

1 – Aquele que pretenda exigir a prestação de contas requererá a citação do réu para, no prazo de 30 dias, as apresentar ou contestar a acção, sob cominação de não poder deduzir oposição às contas que o autor apresente; as provas são oferecidas com os articulados.

2 – Se o réu não quiser contestar a obrigação de prestação de contas, pode pedir a concessão de um prazo mais longo para as apresentar, justificando a necessidade da prorrogação.

3 – Se o réu contestar a obrigação de prestar contas, o autor pode responder e, produzidas as provas necessárias, o juiz profere imediatamente decisão, aplicando-se o disposto no artigo 304.º Se, porém, findos os articulados, o juiz verificar que a questão não pode ser sumariamente decidida, mandará seguir os termos subsequentes do processo comum adequado ao valor da causa.

4 – Da decisão proferida sobre a existência ou inexistência da obrigação de prestar contas cabe apelação, que subirá imediatamente, nos próprios autos e com efeito suspensivo.

5 – Decidindo-se que o réu está obrigado a prestar contas, é notificado para as apresentar dentro de 20 dias, sob pena de lhe não ser permitido contestar as que o autor apresente.

I – Corresponde, no essencial, (embora com alterações) ao regime que estava instituído no art. 1014.º do CPC, na redacção anterior à reforma, para a prestação provocada de contas.

II – Ampliam-se para 30 dias e 20 dias, respectivamente, os prazos para o réu contestar as contas ou as apresentar, depois de dirimido o litígio sobre a existência da obrigação de as prestar (n.ᵒˢ 1 e 5 deste preceito).

III – Havendo litígio sobre a obrigação de prestar contas, ele começa por ser apreciado através da aplicação das normas procedimentais típicas dos incidentes (art. 304.º). O n.º 3 estabelece, porém, que se o juiz verificar que a questão da existência da obrigação de prestar contas, atenta a sua complexidade, não pode ser objecto de decisão sumária, naqueles moldes, determinará que se sigam os termos do processo comum, posteriores aos articulados.

Deste modo, a especial complexidade da "questão preliminar" da existência ou inexistência da obrigação de prestar contas já não conduz à suspensão da instância (como resultava da redacção anterior do n.º 4), sendo dirimida no âmbito do próprio processo especial, embora segundo forma procedimental que assegura as garantias das partes e o acerto da decisão.

Cf., em aplicação deste regime, o ac. Rel. in BMJ 496, 306.

IV – Como decorrência da distinção que se estabeleceu entre os recursos de apelação e de agravo (art. 463.º, n.º 4), o n.º 4 dispõe que é de apelação o recurso próprio para impugnar a decisão – de mérito – proferida sobre a existência ou inexistência de obrigação de prestar contas.

ARTIGO 1015.º
Termos a seguir quando o réu não apresente as contas

1 – Quando o réu não apresente as contas dentro do prazo devido, pode o autor apresentá-las, sob a forma de conta corrente, nos 30 dias subsequentes à notificação da falta de apresentação, ou requerer prorrogação do prazo para as apresentar.

2 – O réu não é admitido a contestar as contas apresentadas, que são julgadas segundo o prudente arbítrio do julgador, depois de obtidas as informações e feitas as averiguações convenientes, podendo ser incumbida pessoa idónea de dar parecer sobre todas ou parte das verbas inscritas pelo autor.

3 – Se tiver sido citado editalmente e for revel, o réu pode, até à sentença, apresentar ainda as contas, seguindo-se, neste caso, o disposto nos artigos seguintes.

4 – Se o autor não apresentar as contas, o réu é absolvido da instância.

193

I – Estabelece duas inovações o n.º 1 deste preceito. A primeira delas traduz-se em determinar que o prazo de 30 dias para o autor apresentar as contas, no caso de o réu o não ter feito, apenas se inicia com a notificação da falta de apresentação daquelas pelo réu.

A segunda, consiste em – como decorrência do princípio da igualdade das partes – facultar também ao autor a possibilidade que o n.º 2 do art. 1014.º-A faculta ao réu, de requerer fundamentadamente a prorrogação do prazo para apresentação das contas.

II – O n.º 5 esclarece que – se, nem o réu, nem o autor tiverem apresentado contas – tem lugar a absolvição da instância.

ARTIGO 1016.º
Apresentação das contas pelo réu

1 – As contas que o réu deva prestar são apresentadas em forma de conta corrente e nelas se especificará a proveniência das receitas e a aplicação das despesas, bem como o respectivo saldo.

A inobservância desta disposição, quando não corrigida no prazo que for marcado oficiosamente ou mediante reclamação do autor, pode determinar a rejeição das contas, seguindo-se o disposto nos n.ºs 1 e 2 do artigo anterior.

2 – As contas são apresentadas em duplicado e instruídas com os documentos justificativos.

3 – A inscrição nas contas das verbas de receita faz prova contra o réu.

4 – Se as contas apresentarem saldo a favor do autor, pode este requerer que o réu seja notificado para, dentro de 10 dias, pagar a importância do saldo, sob pena de, por apenso, se proceder a penhora e se seguirem os termos posteriores da execução por quantia certa; este requerimento não obsta a que o autor deduza contra as contas a oposição que entender.

ARTIGO 1017.º
Apreciação das contas apresentadas

1 – Se o réu apresentar as contas em tempo, pode o autor contestá-las dentro de 30 dias, seguindo-se os termos, subsequentes à contestação, do processo ordinário ou sumário, conforme o valor da acção.

2 – Na contestação pode o autor impugnar as verbas de receita, alegando que esta foi ou devia ter sido superior à inscrita, articular que há receita não incluída nas contas ou impugnar as verbas de despesa apresenta-

das pelo réu; pode também limitar-se a exigir que o réu justifique as verbas de receita ou de despesa que indicar.

3 – Não sendo as contas contestadas, é notificado o réu para oferecer as provas que entender e, produzidas estas, o juiz decide.

4 – Sendo contestadas algumas verbas, o oferecimento e a produção das provas relativas às verbas não contestadas têm lugar juntamente com os respeitantes às das verbas contestadas.

5 – O juiz ordenará a realização de todas as diligências indispensáveis, decidindo segundo o seu prudente arbítrio e as regras da experiência, podendo considerar justificadas sem documentos as verbas de receita ou de despesa em que não é costume exigi-los.

I – O n.º 1, para além de ampliar para 30 dias o prazo de contestação das contas, manda seguir os termos, subsequentes à contestação, do processo ordinário ou sumário, consoante o valor da causa: implica isto que só haverá terceiro articulado – resposta à contestação – quando a defesa deduzida se não haja limitado à mera impugnação das contas apresentadas, trazendo à colação matéria de facto nova.

II – A supressão da parte final do n.º 4 deste artigo, na sua redacção anterior, é mera decorrência da eliminação do questionário.

III – A redacção do n.º 5 traduz um reforço dos poderes inquisitórios do juiz, facultando-lhe, em última análise, que decida segundo o seu prudente arbítrio: daqui decorre que, em regra, não deverá relegar-se para a fase executiva o exacto apuramento da matéria controvertida, cumprindo antes obter os elementos necessários para decidir com segurança através dos poderes de indagação oficiosa conferidos por este preceito – e suprindo dúvidas inultrapassáveis através de uma decisão prudencial do juiz.

Cf. Acs. Rel in CJ II/98, pág. 130 e BMJ 498, 273.

ARTIGO 1018.º
Prestação espontânea de contas

1 – Sendo as contas voluntariamente oferecidas por aquele que tem obrigação de as prestar, é citada a parte contrária para as contestar dentro de 30 dias.

2 – É aplicável neste caso o disposto nos dois artigos anteriores, devendo considerar-se referido ao autor o que aí se estabelece quanto ao réu, e inversamente.

Amplia para 30 dias o prazo para contestação das contas espontaneamente prestadas.

ARTIGO 1019.º
Prestação de contas por dependência de outra causa

As contas a prestar por representantes legais de incapazes, pelo cabeça--de-casal e por administrador ou depositário judicialmente nomeados são prestadas por dependência do processo em que a nomeação haja sido feita.

I – Mantém-se a regra da competência por conexão, relativamente à apreciação das contas a prestar por representantes legais de incapazes, pelo cabeça-de-casal ou por administrador ou depositário que hajam sido judicialmente nomeados: neste caso, o processo de prestação de contas é tramitado como dependência e por apenso à causa em que teve lugar a nomeação judicial.

II – À tramitação do processo de prestação de contas pelos representantes legais de incapazes ou pelo depositário judicial é ainda aplicável o disposto na secção seguinte.

III – Sempre que se trate de prestação de contas por parte de representantes legais do incapaz que hajam sido judicialmente nomeados, o processo é tramitado por apenso à causa em que ocorreu à nomeação, nos termos do art. 1019.º

SECÇÃO II
Contas dos representantes legais de incapazes e do depositário judicial

ARTIGO 1020.º
Prestação espontânea de contas do tutor ou curador

Às contas apresentadas pelo tutor ou pelo curador são aplicáveis as disposições da secção antecedente, com as seguintes modificações:

a) São notificados para contestar o Ministério Público e o protutor ou subcurador, ou o novo tutor ou curador, quando os haja, podendo contestar no mesmo prazo qualquer parente sucessível do interdito ou inabilitado;

b) Não havendo contestação, o juiz pode ordenar, oficiosamente ou a requerimento do Ministério Público, as diligências necessárias e encarregar pessoa idónea de dar parecer sobre as contas;

c) Sendo as contas contestadas, seguem-se sempre os termos do processo sumário;

d) O inabilitado é ouvido sobre as contas prestadas.

I – Regula o processo de prestação espontânea de contas, não apenas pelo tutor ou pelo curador, mas por qualquer representante legal do incapaz (cfr. art. 1022.º-A). As

particularidades de tramitação, que se mantêm, estão relacionadas com a especificidade do contraditório (alínea *a*)), com o reforço dos poderes inquisitórios do juiz, mesmo no caso de as contas apresentadas não terem sido contestadas (alínea *b*)) e com a simplificação do processado, que seguirá sempre os termos do processo sumário (alínea *c*)).
O disposto na alínea *d*) é decorrência da norma constante do art. 13.º
II – Este preceito, bem como o art. 1021.º, reporta-se à prestação de contas ao tribunal de família durante a incapacidade do representado.
Pelo contrário, o art. 1022.º refere-se à prestação de contas após o termo de incapacidade, bem como à eventual impugnação das contas aprovadas durante a incapacidade do representado, nos termos do art. 1947.º do C. Civil.

ARTIGO 1021.º
Prestação forçada de contas

1 – Se o tutor ou curador não prestar espontaneamente as contas, é citado para as apresentar no prazo de 30 dias, a requerimento do Ministério Público, do protutor, do subcurador ou de qualquer parente sucessível do incapaz; o prazo pode ser prorrogado, quando a prorrogação se justifique por juízos de equidade.

2 – Sendo as contas apresentadas em tempo, seguem-se os termos indicados no artigo anterior.

3 – Se as contas não forem apresentadas, o juiz ordenará as diligências que tiver por convenientes, podendo designadamente incumbir pessoa idónea de as apurar para, finalmente, decidir segundo juízos de equidade.

I – Regula o procedimento de prestação forçada de contas, durante a incapacidade do representado, ampliando para 30 dias o prazo para o representante legal apresentar as contas.
II – Por força do estatuído no n.º 3, não sendo as contas apresentadas, substitui-se a tabelar liquidação das contas pela secretaria por solução assente no reforço dos poderes inquisitórios do juiz, optando por regime análogo ao estabelecido na alínea *b*) do artigo anterior e no n.º 5 do art. 1017.º.

ARTIGO 1022.º
Prestação de contas, no caso de cessação da incapacidade
ou de falecimento do incapaz

1 – As contas que devem ser prestadas ao ex-tutelado ou ex-curatelado, nos casos de maioridade, emancipação, levantamento da interdição ou inabi-

litação, ou aos seus herdeiros, no caso de falecimento, seguem os termos prescritos na secção anterior, devendo ser ouvidos, no entanto, antes do julgamento, o Ministério Público e o protutor ou o subcurador, quando os haja.

2 – A impugnação das contas que tenham sido aprovadas durante a incapacidade faz-se no próprio processo em que foram prestadas.

3 – A impugnação será sempre deduzida no tribunal comum, sendo o processo de prestação requisitado ao tribunal onde decorreu.

I – O n.º 1 regula a prestação de contas, nos casos de cessação da incapacidade ou de falecimento do incapaz: neste caso, os termos do processo de prestação de contas são os genericamente estabelecidos na secção I, apenas se impondo, como especificidade relevante, o contraditório do M.P., do protutor ou do subcurador.

II – Os n.os 2 e 3 dispõem sobre a impugnação das contas aprovadas durante a incapacidade, nos termos do art. 1947.º do C. Civil. Neste caso, a impugnação é deduzida no tribunal comum, por já haver cessado a incapacidade, seguindo-se no demais os termos gerais prescritos no n.º anterior e na Secção I, e sendo requisitado ao tribunal de família o processo em que, durante a incapacidade, foram prestadas e aprovadas as contas ora impugnadas.

ARTIGO 1022.º-A

Os artigos anteriores são aplicáveis, com as necessárias adaptações:
a) Às contas a prestar no caso do artigo 1920.º, n.º 2, do Código Civil;
b) Às contas do administrador de bens do menor;
c) Às contas do adoptante.

ARTIGO 1023.º
Prestação de contas do depositário judicial

1 – As contas do depositário judicial são prestadas ou exigidas nos termos aplicáveis dos artigos 1020.º e 1021.º.

São notificadas para as contestar e podem exigi-las tanto a pessoa que requereu o processo em que se fez a nomeação do depositário, como aquela contra quem a diligência foi promovida e qualquer outra que tenha interesse directo na administração dos bens.

2 – O depositário deve prestar contas anualmente, se antes não terminar a sua administração, mas o juiz, atendendo ao estado do processo em que teve lugar a nomeação, pode autorizar que as contas sejam prestadas somente no fim da administração.

CAPÍTULO VI
Da consignação em depósito

ARTIGO 1024.º
Petição

1 – Quem pretender a consignação em depósito requererá, no tribunal do lugar do cumprimento da obrigação, que seja depositada judicialmente a quantia ou coisa devida, declarando o motivo por que pede o depósito.

2 – O depósito é feito na Caixa Geral de Depósitos, salvo se a coisa não puder ser aí depositada, pois nesse caso é nomeado depositário a quem se fará à entrega; são aplicáveis a este depositário as disposições relativas aos depositários de coisas penhoradas.

3 – Tratando-se de prestações periódicas, uma vez depositada a primeira, o requerente pode depositar as que se forem vencendo enquanto estiver pendente o processo, sem necessidade de oferecer o pagamento e sem outras formalidades; estes depósitos sucessivos consideram-se consequência e dependência do depósito inicial e o que for decidido quanto a este vale em relação àqueles.

4 – Se o processo tiver subido em recurso, os depósitos sucessivos podem ser feitos na 1.ª instância, ainda que não tenha ficado traslado.

ARTIGO 1025.º
Citação do credor

1 – Feito o depósito, é citado o credor para contestar dentro do prazo de 30 dias.

2 – Se o credor, quando for citado para o processo de consignação, já tiver proposto acção ou promovido execução respeitante à obrigação, observar-se-á o seguinte:

a) Se a quantia ou coisa depositada for a pedida na acção ou na execução, é esta apensada ao processo de consignação e só este seguirá para se decidir sobre os efeitos do depósito e sobre a responsabilidade pelas custas, incluindo as da acção ou execução apensa;

b) Se a quantia ou coisa depositada for diversa, em quantidade ou qualidade, da que é pedida na acção ou execução, é o processo de consignação, findos os articulados, apensado ao da acção ou execução e neste se apreciarão as questões suscitadas quanto ao depósito.

199

I – Ampliou-se, no n.º 1, para 30 dias o prazo para o credor contestar a consignação em depósito.

II – O regime constante dos arts. 1024.º e 1025.º foi julgado não inconstitucional pelo TC, no Ac. 114/01 (in Acs. TC, 49.º vol., pág. 443).

ARTIGO 1026.º
Falta de contestação

1 – Se não for apresentada contestação e a revelia for operante, é logo declarada extinta a obrigação e condenado o credor nas custas.

2 – Se a revelia do credor for inoperante, é notificado o requerente para apresentar as provas que tiver; produzidas estas e as que o juiz considerar necessárias, é proferida decisão, aplicando-se o disposto no artigo 304.º.

I – Em consonância com o estabelecido noutros processos, determinou-se a aplicação do regime geral das excepções ao efeito da revelia ao processo de consignação. Assim, o n.º 1 exclui do efeito cominatório nele prescrito – a declaração de extinção da obrigação – os casos em que a revelia não deva considerar-se operante, nomeadamente por ocorrer qualquer das situações previstas no art. 485.º (e não apenas, como sucedia perante o n.º 2 do preceito, na redação anterior à reforma, quando o credor fosse incapaz ou pessoa colectiva ou tivesse sido citado por éditos).

II – Sendo a revelia do credor inoperante, o processo seguirá os seus termos, procedendo-se à instrução e decisão – e especificando o n.º 2 deste artigo que é aplicável o regime procedimental dos incidentes da instância, estabelecido no art. 304.º.

ARTIGO 1027.º
Fundamentos da impugnação

O depósito pode ser impugnado:
a) Por ser inexacto o motivo invocado;
b) Por ser maior ou diversa a quantia ou coisa devida;
c) Por ter o credor qualquer outro fundamento legítimo para recusar o pagamento.

ARTIGO 1028.º
Inexistência de litígio sobre a prestação

1 – Se a eficácia liberatória do depósito for impugnada somente por algum dos fundamentos indicados nas alíneas *a)* e *c)* do artigo anterior, seguir-se-ão os termos do processo sumário, posteriores à contestação.

2 – Procedendo a impugnação, é o depósito declarado ineficaz como meio de extinção da obrigação e o requerente condenado nas custas, compreendendo as despesas feitas com o depósito. O devedor, quando seja o depositante, é condenado a cumprir, como se o depósito não existisse e, pagas as custas, efectuar-se-á o pagamento ao credor pelas forças do depósito, logo que ele o requeira; nas custas da acção, da responsabilidade do devedor, compreendem-se também as despesas que o credor haja de fazer com o levantamento do depósito.

3 – Se a impugnação improceder, é declarada extinta a obrigação com o depósito e condenado o credor nas custas.

O n.º 1 continua a prever a situação em que não há litígio sobre a prestação, circunscrevendo-se a controvérsia à eficácia liberatória do depósito, por ser recusado o motivo indicado pelo devedor ou por o credor ter fundamento legítimo para recusar o pagamento.

Esclarece-se que, neste caso, se seguem os termos do processo sumário, posteriores à contestação – o que implica que só haverá terceiro articulado quando, nos termos gerais, haja sido invocada na contestação matéria nova.

ARTIGO 1029.º
Impugnação relativa ao objecto da prestação

1 – Quando o credor impugnar o depósito por entender que é maior ou diverso o objecto da prestação devida, deduzirá, em reconvenção, a sua pretensão, desde que o depositante seja o devedor, seguindo-se os termos, subsequentes à contestação, do processo ordinário ou sumário, conforme o valor; se o depositante não for o devedor, aplica-se o disposto no artigo anterior, com as necessárias adaptações.

2 – Se o pedido do credor proceder, será completado o depósito, no caso de ser maior a quantia ou coisa devida; no caso de ser diversa, fica sem efeito o depósito, condenando-se o devedor no cumprimento da obrigação.

3 – O credor que possua título executivo, em vez de contestar, pode requerer, dentro do prazo facultado para a contestação, a citação do devedor, seja ou não o depositante, para em 10 dias completar ou substituir a prestação, sob pena de se seguirem, no mesmo processo, os termos da respectiva execução.

I – Continua a regular a impugnação do depósito com fundamento na alínea b) do art. 1027.º: ser maior ou diverso o objecto da prestação devida.

Procurou, no entanto, simplificar-se o regime procedimental do litígio referente à espécie ou quantitativo da obrigação, reformulando o que resultava das alíneas a), b) e c) do n.º 1 e do n.º 2 do preceito, na redação anterior à reforma.

Assim, distinguem-se claramente as hipóteses em que o depositante é o próprio devedor, daquelas em que é terceiro:

a) Sendo o depositante o próprio devedor, o credor deverá deduzir pretensão reconvencional, exigindo a prestação a que se considera com direito.

Neste caso, a reconvenção é permitida sem necessidade de específica demonstração dos requisitos de conexão objectiva previstos no art. 274.º, n.º 2. E, após ela, seguir-se-ão os termos do processo ordinário ou sumário, consoante o valor da causa.

b) Se o depositante não for o devedor, aplicar-se-á o previsto no art. 1028.º, seguin-do-se os termos do processo sumário, independentemente do valor, posteriores à contestação, com vista a declarar o depósito ineficaz como meio de extinção da obrigação ou – se a im-pugnação improceder – a declará-la extinta: tal regime substitui, pois, o que constava do n.º 2 do preceito, na redacção anterior à reforma.

II – Esclarece-se, pois, que o credor que impugna o depósito no confronto do devedor, simultaneamente depositante, deduz um verdadeiro pedido reconvencional. Eliminou-se, porém, a referência à hipótese, ressalvada pelo direito anterior, de o tribunal ser incompetente para conhecer do pedido "em razão da matéria ou da hierarquia": estando em causa a mesma obrigação e apenas se controvertendo o quantitativo ou a espécie de prestação devida, não é plausível admitir que este litígio possa extravazar a competência absoluta do tribunal: se este, atenta a natureza da obrigação invocada, é competente para a consignação em depósito, sê-lo-á também para a controvérsia referente à definição do objecto ou quantia devida.

Por outro lado – e no que se refere ao requisito da compatibilidade processual – é manifesto que a eventual diversidade de formas de processo aplicáveis não obsta à admissibilidade de reconvenção, nos termos do preceituado no art. 274.º, n.º 2, em conjugação com os n.º 2 e 3 do art. 31.º, presumindo-se neste caso que a cumulação é indispensável à justa composição do litígio.

III – O n.º 2 do art. 1029.º reproduz a norma que constava da alínea d) do n.º 1 do preceito, na redacção anterior à reforma, regulando os efeitos da procedência do pedido reconvencional do credor, consoante o litígio se reportasse apenas à quantidade ou contendesse também com a espécie da prestação.

ARTIGO 1030.º
Processo no caso de ser duvidoso o direito do credor

1 – Quando sejam conhecidos, mas duvidoso o seu direito, são os diversos credores citados para contestar ou para fazer certo o seu direito.

2 – Se, dentro do prazo de 30 dias, não for deduzida qualquer oposição ou pretensão, observar-se-á o disposto no artigo 1026.º, atribuindo-se aos credores citados direito ao depósito em partes iguais, quando o juiz não decida diversamente, nos termos do n.º 2 desse artigo.

3 – Se não houver contestação, mas um dos credores quiser tornar certo o seu direito contra os outros, deduzirá a sua pretensão dentro do prazo em que podia contestar, oferecendo tantos duplicados quantos forem os outros credores citados. O devedor é logo exonerado da obrigação e o processo continua a correr unicamente entre os credores, seguindo-se os termos do processo ordinário ou sumário, conforme o valor. O prazo para a contestação dos credores corre do termo daquele em que a pretensão podia ser deduzida.

4 – Havendo contestação, seguir-se-ão os termos prescritos nos artigos anteriores, conforme o fundamento.

5 – Com a impugnação fundada na alínea *b)* do artigo 1027.º pode qualquer credor cumular a pretensão a que se refere o n.º 3. Nesse caso ficam existindo no mesmo processo duas causas paralelas e conexas, uma entre o impugnante e o devedor, outra entre aquele e os restantes credores citados.

Amplia-se no n.º 2 para 30 dias o prazo para eventual dedução de oposição ou pretensão pelos diversos credores citados.

ARTIGO 1031.º
Depósito como acto preparatório de acção

1 – O depósito para os efeitos do artigo 474.º do Código Comercial e disposições semelhantes é mandado fazer a requerimento do interessado; feito o depósito, é notificada a pessoa com quem o depositante estiver em conflito.

2 – O depósito não admite nenhuma oposição e as suas custas serão atendidas na acção que se propuser, apensando-se a esta o processo de depósito.

3 – Salvo acordo expresso entre o depositante e o notificado, o depósito não pode ser levantado senão por virtude da sentença proferida na acção a que se refere o número anterior.

4 – Na sentença se fixará o destino da coisa depositada e se determinarão as condições do seu levantamento.

Reproduz as normas que constavam dos arts. 444.º e 445.º, na redacção anterior à reforma, sob a epígrafe "Depósitos", adjectivando diversos preceitos do Código Comercial.

ARTIGO 1032.º
Consignação como incidente

1 – Estando pendente acção ou execução sobre a dívida e tendo já sido citado para ela o devedor, se este quiser depositar a quantia ou coisa que julgue dever, há-de requerer, por esse processo, que o credor seja notificado para a receber, por termo, no dia e hora que forem designados, sob pena de ser depositada. Feita a notificação, observar-se-á o seguinte:
a) Se o credor receber sem reserva alguma, o processo finda; o credor é advertido desse efeito no acto do pagamento, consignando-se no termo a advertência feita;
b) Se receber com a declaração de que se julga com direito a maior quantidade, a causa continua, mas o valor dela fica reduzido ao montante em litígio, devendo seguir-se, quanto possível, os termos do processo correspondente a esse valor;
c) Não se apresentando o credor a receber, a obrigação tem-se por extinta a contar da data do depósito, se a final vier a julgar-se que o credor só tinha direito à quantia ou coisa depositada; se vier a julgar-se o contrário, seguir-se-á o disposto no n.º 2 do artigo 1029.º

2 – O disposto no número anterior é aplicável aos casos previstos no n.º 2 do artigo 30.º do Código das Sociedades Comerciais e ainda ao caso de cessação da impugnação pauliana fundada na oferta do pagamento da dívida.

I – A alteração constante da alínea *c)* do n.º 1 é mera consequência da nova sistemática adoptada no art. 1029.º, em que, como se referiu, o n.º 2 corresponde inteiramente à alínea *d)* do n.º 1 na redacção anterior à reforma.
II – O regime constante do n.º 2 mostra-se articulado com o estatuído no art. 30.º, n.º 2 do Cód. das Sociedades Comerciais, facultando à sociedade a ilisão do pedido do credor de efectivação das entradas não realizadas, mediante depósito dos respectivos créditos sobre a sociedade.

(ARTIGOS 1033.° A 1051.°)
[...]

Revogados – art. 3.° DL 329-A/95.

CAPÍTULO IX
Da divisão de coisa comum e regulação e repartição de avarias marítimas

SECÇÃO I
Divisão de coisa comum

ARTIGO 1052.°
Petição

1 – Todo aquele que pretenda pôr termo à indivisão de coisa comum requererá, no confronto dos demais consortes, que, fixadas as respectivas quotas, se proceda à divisão em substância da coisa comum ou à adjudicação ou venda desta, com repartição do respectivo valor, quando a considere indivisível, indicando logo as provas.

2 – Quando a compropriedade tenha origem em inventário judicial, processado no tribunal competente para a acção de divisão de coisa comum, esta corre por apenso ao inventário.

I – Das numerosas "acções de arbitramento" reguladas nos arts. 1052.° a 1068.°, na redacção anterior à reforma, apenas subsistem como processos especiais a divisão de coisa comum e a regulação e repartição de avarias marítimas.

II – Face ao estatuído no n.° 1 deste preceito, o contitular que pretende pôr termo à indivisão da coisa comum deduzirá a sua pretensão no confronto dos demais consortes (já que se trata de situação de litisconsórcio necessário natural).

Na petição, deverá tomar posição sobre a quota que considera pertencer-lhe, bem como sobre a natureza divisível ou indivisível da coisa comum, devendo indicar logo as provas. Sobre a repartição do ónus de alegação entre as partes, cf. Ac. Rel. in BMJ 495, 366.

III – O n.° 2 mantém inteiramente a regra de conexão processual, prevendo a tramitação deste processo como dependência de precedente inventário, desde que ambas as causas corram no mesmo tribunal.

Sobre a distinção entre o campo de aplicação deste processo e o inventário, destinado a pôr termo à comunhão hereditária, cf. Acs. Rel. in CJ II/00, pág. 129 e II/02, pág. 21.

ARTIGO 1053.º
Citação e oposição

1 – Os requeridos são citados para contestar, no prazo de 30 dias, oferecendo logo as provas de que dispuserem.

2 – Se houver contestação ou a revelia não for operante, o juiz, produzidas as provas necessárias, profere logo decisão sobre as questões suscitadas pelo pedido de divisão, aplicando-se o disposto no artigo 304.º; da decisão proferida cabe apelação, que subirá imediatamente, nos próprios autos e com efeito suspensivo.

3 – Se, porém, o juiz verificar que a questão não pode ser sumariamente decidida, conforme o preceituado no número anterior, mandará seguir os termos, subsequentes à contestação, do processo comum, adequados ao valor da causa.

4 – Ainda que as partes não hajam suscitado a questão da indivisibilidade, o juiz conhece dela oficiosamente, determinando a realização das diligências instrutórias que se mostrem necessárias.

5 – Se tiver sido suscitada a questão da indivisibilidade e houver lugar à produção de prova pericial, os peritos pronunciar-se-ão logo sobre a formação dos diversos quinhões, quando concluam pela divisibilidade.

I – Amplia-se para 30 dias o prazo de contestação dos consortes requeridos, devendo estes indicar logo as respectivas provas.

II – Em consonância com o estabelecido no âmbito de outros processos especiais, aplica-se o regime geral previsto no processo declarativo comum para os efeitos da revelia: assim, a falta de contestação dos requeridos não produzirá qualquer efeito cominatório quando se verifique, nomeadamente, alguma das excepções a que alude o art. 485.º.

III – Na tramitação deste processo especial procurou obstar-se a que nele acabassem por se enxertar, em regra, duas acções declaratórias sucessivas, sempre que ocorra litígio, quer acerca do pedido de divisão, quer sobre o laudo dos peritos.

IV – Como corolário do reforço dos poderes inquisitórios do tribunal, o n.º 4 consagra que, ainda que a indivisibilidade da coisa não haja sido controvertida, o juiz conhece sempre dela oficiosamente, procedendo para tal às diligências instrutórias que se mostrem necessárias. Tal conhecimento oficioso funda-se na circunstância de, em muitos casos, as causas de indivisibilidade radicarem em razões de interesse e ordem pública, subtraídas à livre disponibilidade das partes.

V – Por razões de economia processual, o n.º 5 estabelece que, havendo lugar à produção de prova pericial para apurar da divisibilidade ou indivisibilidade da coisa comum, os peritos – caso concluam pela divisibilidade – anteciparão logo o juízo sobre a formação dos diversos quinhões; concentra-se, deste modo, num único acto a perícia destinada a uma dupla função: solucionar a controvérsia sobre a divisibilidade da coisa e propor a formação dos quinhões, caso a mesma seja de considerar divisível.

VI – Estabelece o n.º 2 que – se for contestado o pedido de divisão ou, não o sendo, a revelia for inoperante, nos termos dos arts. 484.º e 485.º – o juiz proferirá, em regra, decisão sobre as questões suscitadas pela controvérsia segundo as regras procedimentais dos incidentes da instância (e não após tramitação de uma acção ordinária ou sumária, como decorria do n.º 1 deste preceito, na redacção anterior à reforma). Tal regime só não será aplicável se – n.º 3 do preceito – o juiz excepcionalmente verificar que a complexidade das questões suscitadas inviabiliza decisão sumária, nos termos do art. 304.º: neste caso – logo que constate a inviabilidade ou a inconveniência de tal forma de decisão – determinará que se sigam os termos do processo ordinário ou sumário, posteriores à contestação, consoante o valor da causa.

Da decisão (de mérito) proferida sobre a divisibilidade cabe apelação, nos termos do art. 463.º, n.º 4; a interposição do recurso suspende as diligências subsequentes a realizar na causa.

VII – Considerando que, em acção de divisão de coisa comum, é admissível a reconvenção com base na parte final da alínea a) do art. 274.º, pedindo os réus reconvintes, não só a improcedência do pedido dos autores, como a condenação daqueles a reconhecer serem os reconvintes donos de todo o prédio, ordenando-se o cancelamento de quaisquer registos porventura existentes, veja-se o Ac. Rel. in CJ I/01, pág. 7.

ARTIGO 1054.º
Perícia, no caso de divisão em substância

1 – Se não houver contestação, sendo a revelia operante, ou aquela for julgada improcedente e o juiz entender que nada obsta à divisão em substância da coisa comum, são as partes notificadas para, em 10 dias, indicarem os respectivos peritos, sob cominação de, nenhuma delas o fazendo, a perícia destinada à formação dos quinhões ser realizada por um único perito, designado pelo juiz.

2 – As partes são notificadas do relatório pericial, podendo pedir esclarecimentos ou contra ele reclamar, no prazo de 10 dias.

3 – Seguidamente, o juiz decide segundo o seu prudente arbítrio, podendo fazer preceder a decisão da realização de segunda perícia ou de quaisquer outras diligências que considere necessárias, aplicando-se o disposto no artigo 304.º.

I – O "arbitramento" que caracterizava este processo especial, na sua fisionomia anterior à reforma, é transformado em normal prova pericial, destinada a apurar da divisibilidade da coisa e a propor a formação dos quinhões, quando seja divisível.

Tal prova pericial terá lugar (sem prejuízo da antecipação prevista no n.º 5 do artigo anterior):

– se não tiver havido contestação (sendo a revelia operante), salvo se o juiz entender oficiosamente que a coisa é indivisível;

– se, tendo havido contestação, esta tiver sido julgada improcedente, na sequência da tramitação prevista nos n.ᵒˢ 2 ou 3 do artigo 1053.º.

II – Em consonância com o previsto no art. 569.º, n.º 1, alínea b), faculta-se às partes a realização de perícia colegial, se o requererem atempadamente. À designação dos peritos é aplicável subsidiariamente e com as adaptações necessárias o estipulado nos art. 568.º e seguintes.

III – O juízo dos peritos é expresso em relatório, que pode ser impugnado pelas partes, nos termos gerais (n.º 2)

IV – A controvérsia sobre as questões suscitadas na sequência do relatório pericial é sempre dirimida segundo as normas procedimentais dos incidentes da instância (n.º 3).

Deste modo – e ao contrário do que resultava do n.º 2 do art. 1054.º na redacção anterior à reforma – esta controvérsia nunca irá originar uma acção ordinária ou sumária, enxertada no processo especial da divisão de coisa comum.

V – Estabelece-se, por outro lado, como decorrência de se estar perante um mero juízo pericial (e não perante um "arbitramento" verdadeiro), uma muito maior latitude dos poderes do juiz na apreciação do "laudo": o juiz não está vinculado a "homologar" o acto dos peritos, devendo decidir segundo o seu prudente arbítrio, podendo fazer preceder a decisão de segunda perícia ou de qualquer diligência instrutória que repute conveniente.

ARTIGO 1055.º
Indivisibilidade suscitada pela perícia

Se não tiver sido suscitada a questão da indivisibilidade, mas a perícia concluir que a coisa não pode ser dividida em substância, seguem-se os termos previstos nos números 2 e 3 do artigo anterior, com as necessárias adaptações.

I – Prevê, no essencial, a situação que estava prevista no art. 1062.º, na redacção anterior à reforma.

Assim – e mesmo que as partes não hajam suscitado a questão da indivisibilidade, nem o juiz a haja levantado oficiosamente, nos termos do n.º 4 do art. 1053.º – podem os peritos suscitá-la, como "questão prévia" relativamente ao juízo pericial referente à formação dos quinhões. A questão será, neste caso, dirimida de forma sumária, sendo as partes ouvidas sobre tal conclusão dos peritos (n.º 2 do art 1054.º) e cumprindo ao juiz proferir decisão, segundo as regras procedimentais do art. 304.º.

II – Sendo confirmada a conclusão dos peritos, no sentido da indivisibilidade, tem lugar a conferência prevista no n.º 2 do art. 1056.º

ARTIGO 1056.º
Conferência de interessados

1 – Fixados os quinhões, realizar-se-á conferência de interessados para se fazer a adjudicação; na falta de acordo entre os interessados presentes, a adjudicação é feita por sorteio.

2 – Sendo a coisa indivisível, a conferência terá em vista o acordo dos interessados na respectiva adjudicação a algum ou a alguns deles, preenchendo-se em dinheiro as quotas dos restantes. Na falta de acordo sobre a adjudicação, é a coisa vendida, podendo os consortes concorrer à venda.

3 – Ao pagamento das quotas em dinheiro aplica-se o disposto no artigo 1378.º, com as necessárias adaptações.

4 – Se houver interessados incapazes ou ausentes, o acordo tem de ser autorizado judicialmente, ouvido o Ministério Público.

5 – É aplicável à representação e comparência dos interessados o disposto no artigo 1352.º, com as necessárias adaptações.

I – O n.º 1 corresponde ao preceituado no n.º 1 do art. 1059.º, na redacção anterior à reforma, prevendo a adjudicação aos interessados, no caso de a coisa comum ser considerada divisível.

II – O n.º 2 corresponde, no essencial, ao que estava disposto no n.º 2 do art. 1060.º, na redacção anterior à reforma, dispondo sobre a forma de adjudicação da coisa comum indivisível – e prevendo-se, na falta de acordo sobre esta, que se proceda à respectiva venda.

O preceito esclarece que – apesar de ser aplicável, por força da segunda parte do n.º 2 do art. 463.º, o regime da venda em processo executivo – os consortes podem a ela livremente concorrer.

III – O n.º 2 prevê que o acordo dos consortes poderá envolver a adjudicação da coisa comum a um (ou alguns) deles, inteirando-se os outros a dinheiro. Neste caso – sendo preenchidas a dinheiro as quotas de algum ou alguns consortes – são aplicáveis as regras constantes do art. 1378.º, referentes ao pagamento ou depósito das tornas devidas em processo de inventário.

IV – O n.º 4 reproduz a regra que já constava do n.º 2 do art. 1059.º, e da parte final do n.º 2 do art. 1060.º, na redacção anterior: havendo interessados incapazes ou ausentes, o acordo alcançado na presença do respectivo representante legal carece de ser judicialmente autorizado, ouvido o representante do M. P.

Tal autorização deverá competir, em termos incidentais, ao juiz da causa, já que o acordo alcançado se não configura como "transacção", nos termos e para os efeitos do n.º 1, alínea *o*) do art. 1889.º do C. Civil (de salientar, porém, que tal autorização do tribunal de Família foi indispensável para o representante do menor requerer em juízo a divisão de coisa comum – alínea *n*) do mesmo preceito).

V – Dada a analogia da situação, o n.º 5 considera aplicável o preceituado no art. 1352.º, relativamente à representação (n.º 2) e à comparência (n.ºs 4 e 5) dos interessados na conferência a que alude o presente artigo.

ARTIGO 1057.º
Divisão de águas

O disposto nos artigos anteriores é aplicável, com as necessárias adaptações, à divisão de águas.

Mantém-se no âmbito deste processo especial a divisão de águas, em adjectivação do disposto nos arts. 1399.º e 1400.º do C. Civil, tal como resultava da previsão constante do art. 1052.º, na redacção anterior à reforma.

(ARTIGOS 1058.º A 1062.º)
[...]

Revogados – art. 3.º DL 329-A/95.

SECÇÃO II
Regulação e repartição de avarias marítimas

ARTIGO 1063.º
Termos da regulação e repartição de avarias quando haja compromisso

1 – O capitão do navio que pretenda a regulação e repartição de avarias grossas apresentará no tribunal compromisso assinado por todos os interessados quanto à nomeação de repartidores em número ímpar não superior a cinco.

2 – O juiz mandará entregar ao mais velho dos repartidores o relatório de mar, o protesto, todos os livros de bordo e mais documentos concernentes ao sinistro, ao navio e à carga.

3 – Dentro do prazo fixado no compromisso ou designado pelo juiz, os repartidores exporão desenvolvidamente o seu parecer sobre a regulação das avarias, num só acto assinado por todos. O prazo pode ser prorrogado, justificando-se a sua insuficiência.

4 – Se as partes não tiverem expressamente renunciado a qualquer oposição, apresentado o parecer dos repartidores, seguem-se os termos previstos nos n.ᵒˢ 2 e 3 do artigo 1054.º. No caso de renúncia, é logo homologado o parecer dos repartidores.

5 – Observar-se-ão os mesmos termos quando, por falta de iniciativa do capitão, a regulação e repartição sejam promovidas pelo proprietário do navio ou por qualquer dos donos da carga. No caso de o requerente não apresentar os documentos mencionados no n.º 2, é notificado o capitão do navio para, no prazo que for marcado, os apresentar, sob pena de serem apreendidos; o processo segue mesmo sem os documentos referidos, que são substituídos pelos elementos que puderem obter-se.

I – A alteração introduzida no n.º 4 é mera consequência do regime estabelecido para a eventual impugnação do relatório dos peritos.

II – As normas que regulam a actuação do proprietário do navio e estabelecem as respectivas responsabilidades constam presentemente do DL n.º 202/98, de 10 de Julho

ARTIGO 1064.º
Anulação do processo por falta de intervenção, no compromisso, de algum interessado

Se vier a apurar-se que no compromisso não interveio algum interessado, será, a requerimento deste, anulado tudo o que se tenha processado. O requerimento pode ser feito em qualquer tempo, mesmo depois de transitar em julgado a sentença, e é junto ao processo de regulação e repartição.

ARTIGO 1065.º
Termos a seguir na falta de compromisso

1 – Na falta de compromisso, o capitão ou qualquer dos proprietários

211

do navio ou da carga requererá que se designe dia para a nomeação dos repartidores e se citem os interessados para essa nomeação.

2 – Se as partes não chegarem a acordo quanto à nomeação, o capitão ou, na sua falta, o representante do armador do navio, nomeia um, os interessados na respectiva carga nomeiam outro e o juiz nomeia um terceiro para desempate.

3 – Feita a nomeação, seguem-se os termos prescritos no artigo 1063.º.

ARTIGO 1066.º
Limitação do alcance da intervenção no compromisso ou na nomeação dos repartidores

A intervenção no compromisso ou na nomeação dos repartidores não importa reconhecimento da natureza das avarias.

ARTIGO 1067.º
Hipótese de algum interessado estrangeiro ser revel

Se na regulação e repartição for interessado algum estrangeiro que seja revel, logo que esteja verificada a revelia é avisado, por meio de ofício, o agente consular da respectiva nação, a fim de representar, querendo, os seus nacionais.

ARTIGO 1068.º
Prazo para a acção de avarias grossas

A acção de avarias grossas só pode ser intentada dentro de um ano, a contar da descarga, ou, no caso de alijamento total da carga, da chegada do navio ao porto de destino.

CAPÍTULO X
Da reforma de documentos, autos e livros

SECÇÃO I
Reforma de documentos

ARTIGO 1069.º
Petição e citação para a reforma de títulos destruídos

1 – Aquele que quiser proceder à reforma de títulos de obrigação destruídos descreverá os títulos e justificará sumariamente tanto o interesse que tenha na sua recuperação, como os termos em que se deu a destruição, oferecendo logo as provas de que dispuser.

2 – Se, em face das provas produzidas, se entender que o processo deve ter seguimento, é designado dia para a conferência dos interessados, sendo para ela citadas as pessoas que tenham emitido o título ou nele se tenham obrigado, bem como, sendo caso disso, os interessados incertos.

    I – Em adjectivação do disposto nos arts. 367.º do C. Civil e 484.º do Cód. Comercial, continua a regular-se neste capítulo o processo de reforma judicial dos documentos e títulos de crédito.
    II – Em consonância com o estabelecido noutros lugares paralelos, o n.º 1 faculta ao requerente o oferecimento de quaisquer meios de prova.
    III – Admite-se, no n.º 2, a citação de interessados incertos, eliminando-se, todavia, os aspectos regulamentares da respectiva citação que constavam do n.º 3 do preceito, passando tal citação edital, quando deva ter lugar, a processar-se nos termos gerais.
    IV – No sentido do que o desaparecimento do original da livrança apresentada como título executivo não é suprível pela junção de simples fotocópia, implicando o recurso ao processo de reforma de títulos, vide Ac. Rel in CJ IV/02, pág. 104.

ARTIGO 1070.º
Termos a seguir no caso de acordo

1 – A conferência é presidida pelo juiz.
Se todos os interessados presentes acordarem na reforma, é esta ordenada oralmente, consignando-se no auto os requisitos essenciais do título e a decisão proferida.

2 – Transitada em julgado a decisão, pode o autor requerer que o emitente ou os obrigados sejam notificados para, dentro do prazo que for fixado, lhe entregarem novo título, sob pena de ficar servindo de título a certidão do auto.

ARTIGO 1071.º
Termos no caso de dissidência

1 – Na falta de acordo, devem os interessados dissidentes deduzir a sua contestação no prazo de 20 dias, seguindo-se os termos do processo ordinário ou sumário, conforme o valor, subsequentes à contestação.
2 – Se não houver contestação, o juiz ordenará a reforma do título em conformidade com a petição inicial e, depois do trânsito em julgado da sentença, aplicar-se-á o disposto no n.º 2 do artigo anterior, sendo a certidão do auto substituída por certidão da petição e da sentença.

O n.º 1 amplia para 20 dias o prazo de contestação dos interessados dissidentes. E estabelece que, sendo deduzida contestação, se seguem logo os termos subsequentes do processo ordinário ou sumário – o que implica que só haverá resposta à contestação pelo autor quando haja sido deduzida defesa por excepção, nos termos gerais.

ARTIGO 1072.º
Regras aplicáveis à reforma de títulos perdidos ou desaparecidos

O processo estabelecido nos artigos anteriores é aplicável à reforma de títulos perdidos ou desaparecidos, com as seguintes modificações:
a) Publicar-se-ão avisos, num dos jornais mais lidos da localidade em que se presuma ter ocorrido o facto da perda ou desaparecimento, ou, não havendo aí jornal, num dos que forem mais lidos na localidade, identificando-se o título e convidando-se qualquer pessoa que esteja de posse dele a vir apresentá-lo até ao dia designado para a conferência;
b) Se o título aparecer até ao momento da conferência, finda o processo, entregando-se logo o título ao autor se os interessados nisso concordarem. Se aparecer posteriormente, mas antes de transitar em julgado a sentença de reforma, convoca-se logo nova conferência de interessados para resolver sobre a entrega, findando então o processo;

c) Se o título não aparecer até ser proferida a decisão, a sentença que ordenar a reforma declarará sem valor o título desaparecido, devendo o juiz ordenar que lhe seja dada publicidade pelos meios mais adequados, sem prejuízo dos direitos que o portador possa exercer contra o requerente;
   d) Quando o título reformado for algum dos indicados no artigo 484.º do Código Comercial, não se entregará novo título sem que o requerente preste caução à restituição do seu valor, juros ou dividendos.

A alteração introduzida na alínea c) impõe que, não aparecendo o título extraviado até à prolação da sentença que ordena a reforma, o juiz ordene que a esta seja dada publicidade pelos meios que considerar mais adequados.

ARTIGO 1073.º
Reforma de outros documentos

Tratando-se da reforma de documentos que não possam considerar-se abrangidos pelo artigo 1069.º, observar-se-á, na parte aplicável, o que fica disposto nesta secção.

SECÇÃO II
Reforma de autos

ARTIGO 1074.º
Petição para a reforma de autos

1 – Tendo sido destruído ou tendo desaparecido algum processo, pode qualquer das partes requerer a reforma, no tribunal da causa, declarando o estado em que esta se encontrava e mencionando, segundo a sua lembrança ou os elementos que possuir, todas as indicações susceptíveis de contribuir para a reconstituição do processo.
2 – O requerimento é instruído com todas as cópias ou peças do processo destruído ou desencaminhado, de que o autor disponha, e com a prova do facto que determina a reforma, feita por declaração da pessoa em poder de quem se achavam os autos no momento da destruição ou do extravio.

ARTIGO 1075.º
Conferência de interessados

1 – O juiz marcará dia para a conferência dos interessados, se, ouvida a secretaria, julgar justificado o facto que motiva a reforma, e mandará citar as outras partes que intervinham no processo anterior para comparecerem nesse dia e apresentarem todos os duplicados, contrafés, certidões, documentos e outros papéis relativos aos autos que se pretenda reformar.

2 – A conferência é presidida pelo juiz e nela será também apresentado pela secretaria tudo o que houver arquivado ou registado com referência ao processo destruído ou extraviado. Do que ocorrer na conferência é lavrado auto, que especificará os termos em que as partes concordaram.

3 – O auto supre o processo a reformar em tudo aquilo em que haja acordo não contrariado por documentos com força probatória plena.

ARTIGO 1076.º
Termos do processo na falta de acordo

Se o processo não ficar inteiramente reconstituído por acordo das partes, qualquer dos citados pode, dentro de 10 dias, contestar o pedido ou dizer o que se lhe oferecer sobre os termos da reforma em que haja dissidência, oferecendo logo todos os meios de prova.

I – A alteração introduzida neste preceito visa simplificar o contraditório, eliminando a existência de réplica e tréplica, "como em processo ordinário".

II – Sobre a admissibilidade de, com os articulados, se juntarem cópias de peças dos autos extraviados, encontrados pelas partes em momento ulterior à conferência, cf. Ac. Rel. in CJ V/97, pág. 95.

ARTIGO 1077.º
Sentença

Produzidas as provas, ouvidos os funcionários da secretaria, se for conveniente, e efectuadas as diligências necessárias, segue-se a sentença, que fixará com precisão o estado em que se encontrava o processo, os termos reconstituídos em consequência do acordo ou em face das provas produzidas e os termos a reformar.

ARTIGO 1078.º
Reforma dos articulados, das decisões e das provas

1 – Se for necessário reformar os articulados, na falta de duplicados ou de outros documentos que os comprovem, as partes são admitidas a articular outra vez.

2 – Tendo sido proferidas decisões que não seja possível reconstituir, o juiz decidirá de novo como entender.

3 – Se a reforma abranger a produção de provas, serão estas reproduzidas, sendo possível, e, não o sendo, substituir-se-ão por outras.

ARTIGO 1079.º
Aparecimento do processo original

Se aparecer o processo original, nele seguirão os termos subsequentes, apensando-se-lhe o processo da reforma. Deste processo só pode aproveitar-se a parte que se siga ao último termo lavrado no processo original.

ARTIGO 1080.º
Responsabilidade pelas custas

Os autos são reformados à custa de quem tenha dado causa à destruição ou extravio.

ARTIGO 1081.º
Reforma de processo desencaminhado ou destruído nos tribunais superiores

1 – Desencaminhado ou destruído algum processo na Relação ou no Supremo, a reforma é requerida ao presidente do tribunal, sendo aplicável ao caso o disposto nos artigos 1074.º e 1075.º Serve de relator o relator do processo desencaminhado ou destruído e, na sua falta, o que for designado em segunda distribuição.

2 – Se não houver acordo das partes quanto à reconstituição total do processo, observar-se-á o seguinte:

a) Quando seja necessário reformar termos processados na 1.ª instância, os autos baixam ao tribunal em que tenha corrido o processo original, juntando-se o traslado, se o houver, e seguirão nesse tribunal os trâmites prescritos nos artigos 1076.º a 1079.º, notificando-se os citados para os efeitos do disposto no artigo 1076.º; os termos processados em tribunal superior, que não possam ser reconstituídos, são reformados no tribunal respectivo, com intervenção, sempre que possível, dos mesmos juízes e funcionários que tenham intervindo no processo primitivo;

b) Quando a reforma for restrita a termos processados no tribunal superior, o processo segue nesse tribunal os trâmites estabelecidos nos artigos 1076.º a 1079.º, exercendo o relator as funções do juiz, sem prejuízo do disposto no n.º 3 do artigo 700.º; os juízes adjuntos intervêm quando seja necessário substituir algum acórdão proferido no processo original.

SECÇÃO III
Reforma de livros

ARTIGO 1082.º
Reforma de livros das conservatórias

1 – Havendo reclamações sobre a reforma de livros das conservatórias, recebido o processo remetido pelo conservador, são notificados os reclamantes e quaisquer outras pessoas interessadas para, dentro de dez dias, dizerem o que se lhes oferecer e apresentarem ou requererem quaisquer provas.

2 – Efectuadas as diligências necessárias e ouvido o Ministério Público, são as reclamações decididas.

3 – A secretaria enviará à conservatória certidão de teor da decisão final, logo que esta transite em julgado.

CAPÍTULO XI
Da acção de indemnização contra magistrados

ARTIGO 1083.º
Âmbito de aplicação

O disposto no presente capítulo é aplicável às acções de regresso contra magistrados, propostas nos tribunais judiciais, sendo subsidiariamente aplicável às acções do mesmo tipo que sejam da competência de outros tribunais.

A redacção deste preceito é a decorrente do artigo 4.º da Lei n.º 13/02, de 19 de Fevereiro, que aprovou o novo Estatuto dos Tribunais Administrativos e Fiscais e que entrou em vigor no dia 1 de Janeiro de 2004, face ao disposto na Lei n.º 4/A/ /03, de 19 de Fevereiro. Na sua nova redacção, o preceito deixa de regular os pressupostos substantivos da responsabilidade civil dos juízes, para incidir sobre matéria processual, regulamentando o âmbito deste processo especial, aplicável às acções de regresso contra magistrados judiciais que sejam da competência dos tribunais judiciais (cfr., artigo 4.º, n.º 3, alínea a), 24.º, n.º 1, alínea f) e 37.º, alínea c) do novo ETAF.

ARTIGO 1084.º
Tribunal competente

A acção será proposta na circunscrição judicial a que pertença o tribunal em que o magistrado exerça as suas funções ao tempo em que ocorreu o facto que serve de fundamento ao pedido.

Cfr. arts. 36.º c) e 56.º, n.º 1, b) da Lei n.º 3/99, de 13 de Janeiro.

ARTIGO 1085.º
Audiência do magistrado arguido

1 – Recebida a petição, se não houver motivo para ser logo indeferida, é o processo remetido pelo correio, sob registo e com aviso de recepção, ao magistrado arguido, para, no prazo de 20 dias, a contar do recebimento do processo, dizer o que se lhe ofereça sobre o pedido e seus fundamentos e juntar os documentos que entender.

2 – Até ao fim do prazo, o arguido devolverá os autos pela mesma via, com resposta ou sem ela, ou entregá-los-á na secretaria judicial.

3 – Se deixar de fazer a remessa ou a entrega, pode o autor apresentar nova petição nos mesmos termos da anterior e o réu é logo condenado no pedido.

ARTIGO 1086.º
Decisão sobre a admissão da causa

1 – Recebido o processo, decidir-se-á se a acção deve ser admitida.

2 – Sendo a causa da competência do tribunal de comarca, a decisão é proferida dentro de 15 dias. Quando for da competência da Relação ou do Supremo, os autos vão com vista aos juízes da respectiva secção, por cinco dias a cada um, concluindo pelo relator, e em seguida a secção resolve.

3 – O juiz ou o tribunal, quando não admitir a acção, condenará o requerente em multa e indemnização, se entender que procedeu com má fé.

ARTIGO 1087.º
Recurso de agravo

Da decisão do juiz de direito ou da Relação que admita ou não admita a acção cabe recurso de agravo.

ARTIGO 1088.º
Contestação e termos posteriores

1 – Admitida a acção, é o réu citado para contestar, seguindo-se os mais termos do processo ordinário.

2 – O relator exerce até ao julgamento todas as funções que competem, em 1.ª instância, ao juiz de direito, sendo, porém, aplicável o disposto nos n.ºs 3 e 4 do artigo 700.º.

ARTIGO 1089.º
Discussão e julgamento

1 – Na Relação ou no Supremo o processo, quando esteja preparado para o julgamento final, vai com vista por cinco dias a cada um dos juízes que compõem o tribunal e, em seguida, faz-se a discussão e o julgamento da causa em sessão do tribunal pleno.

2 – Na discussão e julgamento perante o tribunal pleno observar-se-ão as disposições dos artigos 650.º a 656.º, com excepção das que pressupõem a separação entre o julgamento da matéria de facto e da matéria de direito. Concluída a discussão, o tribunal recolhe à sala das conferências para decidir toda a questão e lavrar o respectivo acórdão; o presidente tem voto de desempate.

A Lei 3/99 atribui presentemente às secções do STJ e das Relações a competência para julgar as acções propostas contra magistrados – arts. 36.º c) e 56.º, n.º 1, b).

ARTIGO 1090.º
Recurso de apelação

1 – Do acórdão da Relação que conheça, em 1.ª instância, do objecto da acção cabe recurso de apelação para o Supremo.

2 – Este recurso é interposto, expedido e julgado como o recurso de revista. O Supremo só pode alterar ou anular a decisão da Relação em matéria de facto nos casos excepcionais previstos no artigo 712.º.

ARTIGO 1091.º
Tribunal competente para a execução

Condenado o réu no pagamento de quantia certa, é competente para a execução o tribunal da comarca do domicílio do executado ou o da comarca mais próxima, quando ele exerça funções de juiz naquela comarca.

Alterado pelo DL 38/03, em consonância com o estatuído nos artigos 90.º e 91.º, deixa de se impor a apensação da execução ao processo onde foi proferida a condenação.

ARTIGO 1092.º
Dispensa da decisão sobre a admissão da causa

Se uma sentença transitada em julgado tiver deixado direito salvo para a acção de indemnização a que se refere este capítulo, não é necessária a decisão prévia regulada no artigo 1086.º, sendo logo citado o réu para contestar.

ARTIGO 1093.º
Indemnização em consequência de procedimento criminal

Quando a indemnização for consequência necessária de facto pelo qual tenha sido promovido procedimento criminal, observar-se-ão, quanto à reparação civil, as disposições do Código de Processo Penal.

CAPÍTULO XII
Da revisão de sentenças estrangeiras

ARTIGO 1094.º
Necessidade da revisão

1 – Sem prejuízo do que se ache estabelecido em tratados, convenções, regulamentos comunitários e leis especiais, nenhuma decisão sobre direitos privados, proferida por tribunal estrangeiro ou por árbitros no estrangeiro, tem eficácia em Portugal, seja qual for a nacionalidade das partes, sem estar revista e confirmada.

2 – Não é necessária a revisão quando a decisão seja invocada em processo pendente nos tribunais portugueses, como simples meio de prova sujeito à apreciação de quem haja de julgar a causa.

I – Segundo o assento de 16/12/88 (in BMJ 382, pág. 187), a sentença estrangeira não revista nem confirmada pode ser invocada em processo pendente em tribunal português como simples meio de prova, cujo valor é livremente apreciado pelo julgador.

II – Interpretando extensivamente este preceito, em termos de equiparar a decisões judiciais as proferidas por autoridade estrangeira e que produzam efeitos idênticos, pela sua natureza, a actos jurisdicionais definitivos (no caso, o decretamento de divórcio) cfr. Ac. Rel. in CJ I/99, pág. 99.

III – Em consonância com outros lugares paralelos, o n.º 1 passa a reportar-se na redacção do DL 38/03 expressamente também às *"convenções"* e *"regulamentos comunitários"*.

IV – Em aplicação do regime que consta do n.º 2, vejam-se os acs. Rel. in CJ II/01, pág. 161, e I/02, pág. 156.

ARTIGO 1095.º
Tribunal competente

Para a revisão e confirmação é competente a Relação do distrito judicial em que esteja domiciliada a pessoa contra quem se pretende fazer valer a sentença, observando-se com as necessárias adaptações o disposto nos artigos 85.º a 87.º.

Cfr. o disposto no art. 56.º, n.º 1, *f)* da Lei n.º 3/99, de 13 de Janeiro.

ARTIGO 1096.º
Requisitos necessários para a confirmação

Para que a sentença seja confirmada é necessário:

a) Que não haja dúvidas sobre a autenticidade do documento de que conste a sentença nem sobre a inteligência da decisão;

b) Que tenha transitado em julgado segundo a lei do país em que foi proferida;

c) Que provenha de tribunal estrangeiro cuja competência não tenha sido provocada em fraude à lei e não verse sobre matéria da exclusiva competência dos tribunais portugueses;

d) Que não possa invocar-se a excepção de litispendência ou de caso julgado com fundamento em causa afecta a tribunal português, excepto se foi o tribunal estrangeiro que preveniu a jurisdição;

e) Que o réu tenha sido regularmente citado para a acção, nos termos da lei do país do tribunal de origem, e que no processo hajam sido observados os princípios do contraditório e da igualdade das partes;

f) Que não contenha decisão cujo reconhecimento conduza a um resultado manifestamente incompatível com os princípios da ordem pública internacional do Estado Português.

I – Relativamente à matéria dos requisitos necessários à confirmação da sentença estrangeira a rever, o DL n.º 329-A/95 adoptou as soluções propostas no Ant. 1993.

II – Assim – e no que se refere à alínea *c)* – passa-se da doutrina da "bilateralidade", em sede de competência internacional indirecta, para a teoria da "unilateralidade atenuada": bastará, deste modo, que o tribunal estrangeiro, que proferiu a decisão a rever, seja considerado, no país do foro, competente para a prolação de tal decisão. Exceptuam-se, porém, os casos em que tal competência foi provocada em fraude à lei, bem como aqueles em que a causa verse sobre matéria que, nos termos do 65.º-A, se integra no âmbito da competência exclusiva dos tribunais portugueses – cf. Ac. STJ de 1/3/01 in CJ I/01, pág. 133, considerando que a sentença, em acção de divórcio, que dispõe constitutivamente sobre os direitos dos cônjuges sobre imóveis sitos em Portugal conflitua com a reserva de jurisdição dos tribunais portugueses.

III – Na alínea *e*) consagra-se, em termos amplos, a necessidade de, no processo em que foi proferida a decisão revidenda, terem sido observados os princípios do contraditório e da igualdade das partes, deixando claro que também a ordem pública processual (como se referiu, tais princípios têm sido considerados ínsitos no próprio direito fundamental de acesso à justiça) – e não só a material – pode constituir obstáculo ao reconhecimento pretendido. Cf. v.g. Ac. Rel in CJ III/00, pág. 124.

IV – Aperfeiçoou-se o teor da alínea *f*), esclarecendo que o que releva, como obstáculo ao reconhecimento da sentença estrangeira, é a manifesta colisão do nela decidido com os princípios da ordem pública internacional do Estado português, em consonância com o teor do art. 22.º do C. Civil (cfr. Acs. Rel. in CJ II/99, pág. 71, I/01, pág. 251 e o Ac STJ de 31/1/02, in CJ I/02, pág. 67).

V – Eliminou-se o "privilégio da nacionalidade" que constava da alínea *g*), passando tal matéria a configurar um possível obstáculo ao reconhecimento, cuja invocação fica reservada à iniciativa da parte interessada, nos termos do art. 1100.º, n.º 2.

VI – Cfr. Revisão e Confirmação de Sentenças Estrangeiras no novo CPC de 1997, António Marques dos Santos, in Aspectos do Novo Processo Civil, 1997, pág. 105, e Rui Moura Ramos, A Reforma do Direito Processual Civil Internacional, in RLJ, 130, pág. 233.

ARTIGO 1097.º
Confirmação da decisão arbitral

O disposto no artigo anterior é aplicável à decisão arbitral, na parte em que o puder ser.

ARTIGO 1098.º
Contestação e resposta

Apresentado com a petição o documento de que conste a decisão a rever, é a parte contrária citada para, dentro de 15 dias, deduzir a sua oposição. O requerente pode responder nos 10 dias seguintes à notificação da apresentação da oposição.

Harmoniza-se o preceituado neste preceito, quanto à contestação e resposta, com regras gerais do processo, nomeadamente em sede de prazos, que passam a ser de 15 e 10 dias, respectivamente.

Por outro lado, o prazo da resposta só se inicia com a notificação da apresentação da oposição, em termos paralelos aos estabelecidos no art. 492.º.

ARTIGO 1099.º
Discussão e julgamento

1 – Findos os articulados e realizadas as diligências que o relator tenha por indispensáveis, é o exame do processo facultado, para alegações, às partes e ao Ministério Público, por 15 dias a cada um.

2 – O julgamento faz-se segundo as regras próprias do agravo.

I – O n.º 1 estabelece em 15 dias o prazo para produção de alegações.

II – O julgamento realiza-se integralmente segundo as regras próprias do agravo, sendo eliminadas as especificidades que resultavam da anterior redacção do preceito.

No sentido de que não é aplicável a este processo – que não é um "recurso" – o regime de deserção por falta de apresentação de alegação do requerente, nos termos previstos no n.º 3 do art. 690.º, veja-se o Ac. STJ de 15/5/03 in CJ II/03, pág. 62.

ARTIGO 1100.º
Fundamentos da impugnação do pedido

1 – O pedido só pode ser impugnado com fundamento na falta de qualquer dos requisitos mencionados no artigo 1096.º ou por se verificar algum dos casos de revisão especificados nas alíneas *a)*, *c)* e *g)* do artigo 771.º.

2 – Se a sentença tiver sido proferida contra pessoa singular ou colectiva de nacionalidade portuguesa, a impugnação pode ainda fundar-se em que o resultado da acção lhe teria sido mais favorável se o tribunal estrangeiro tivesse aplicado o direito material português, quando por este devesse ser resolvida a questão segundo as normas de conflitos da lei portuguesa.

I – Eliminado, como se referiu, o "privilégio da nacionalidade" que constava da alínea *g)* do art. 1096.º, entendeu-se, todavia, que seria razoável e adequado conferir algum grau de protecção à parte que tivesse nacionalidade portuguesa, quando o litígio devesse ser dirimido pelo direito material português, face às regras do nosso direito internacional privado.

Deste modo, não se sujeita a parte de nacionalidade portuguesa, que viu ser julgado contra si o pleito, a uma situação diferente (e mais desfavorável) da que decorreria da aplicação do direito material português, quando por este devesse ser julgada a causa, face às regras de conflitos da lei portuguesa.

O n.º 2 deste preceito considera, assim, como fundamento de impugnação, reservado à livre iniciativa da parte interessada, o prejuízo que lhe decorre do resultado substancial alcançado pelo tribunal estrangeiro, devendo demonstrar que o resultado da acção lhe teria sido mais favorável se o tribunal tivesse aplicado o direito material português, aplicável segundo as normas de conflitos da lei portuguesa.

II – Sobre a aplicabilidade da norma constante do n.º 2 do art. 31.º do CC a situações dirimidas judicialmente, de forma definitiva, no país da residência habitual dos interessados, em conformidade com a lei desse país, cfr. Moura Ramos (RLJ, ano 130, pág. 237) e os Acs. Rel. in CJ IV/96, pág. 40 e V/98, pág. 18. De salientar que, no segundo deste arestos, estava em causa sentença que decretara o divórcio sem explicitar minimamente os fundamentos de facto e de direito do decidido, o que – a nosso ver – era susceptível de criar dúvidas sérias sobre o respeito no processo estrangeiro dos princípios da igualdade e do contraditório (art. 1096.º, al. *e*).

III – Em aplicação do princípio mitigado da revisão formal, considerando inadmissível a rediscussão do mérito da causa, fora da enumeração taxativa do n.º 1, veja-se o Ac. STJ de 28/6/01, in CJ II/01, pág. 140.

ARTIGO 1101.º
Actividade oficiosa do tribunal

O tribunal verificará oficiosamente se concorrem as condições indicadas nas alíneas *a*) e *f*) do artigo 1096.º; e também negará oficiosamente a confirmação quando, pelo exame do processo ou por conhecimento derivado do exercício das suas funções, apure que falta algum dos requisitos exigidos nas alíneas *b*), *c*), *d*) e *e*) do mesmo preceito.

A alteração introduzida deriva da eliminação da alínea *g*) do art. 1096.º.

ARTIGO 1102.º
Recurso da decisão final

1 – Da decisão da Relação sobre o mérito da causa cabe recurso de revista.

2 – O Ministério Público, ainda que não seja parte principal, pode recorrer com fundamento na violação das alíneas *c*), *e*) e *f*) do artigo 1096.º.

Amplia-se a legitimação para recorrer do M. P., permitindo-lhe impugnar a decisão também nos casos de violação da ordem pública processual, previstos na alínea *e*) do art. 1096.º.

CAPÍTULO XIII
Da justificação da ausência

ARTIGO 1103.º
Petição – Citações

1 – Quem pretender a curadoria definitiva dos bens do ausente deduzirá os factos que caracterizam a ausência e lhe conferem a qualidade de interessado e requererá que sejam citados o detentor dos bens, o curador provisório, o administrador ou procurador, o Ministério Público, se não for o requerente, e quaisquer interessados certos e, por éditos, o ausente e os interessados incertos.

2 – O ausente é citado por éditos de seis meses; o processo segue entretanto os seus termos, mas a sentença não será proferida sem findar o prazo dos éditos.

3 – O processo de justificação da ausência é dependência do processo de curadoria provisória, se esta tiver sido deferida.

ARTIGO 1104.º
Articulados posteriores

1 – Os citados podem contestar no prazo de 30 dias, podendo o autor replicar, se for deduzida alguma excepção, no prazo de 15 dias, a contar da data em que for ou se considerar notificada a apresentação da contestação.

2 – As provas serão oferecidas ou requeridas com os articulados.

Articula-se o regime estabelecido neste preceito com os prazos previstos em lugares paralelos, bem como com o número de articulados próprios do processo comum.

ARTIGO 1105.º
Termos posteriores aos articulados

1 – Após os articulados, ou findo o prazo dentro do qual podia ter sido oferecida a contestação dos citados pessoalmente e dos interessados incertos, serão produzidas as provas e recolhidas as informações necessárias.

2 – Decorrido o prazo da citação do ausente, é proferida decisão, que julgará justificada ou não a ausência.

ARTIGO 1106.º
Publicidade da sentença

1 – A sentença que julgue justificada a ausência não produz efeito sem decorrerem quatro meses sobre a sua publicação por edital afixado na porta da sede da junta de freguesia do último domicílio do ausente e por anúncio inserto num dos jornais mais lidos da comarca a que essa freguesia pertença e também num dos jornais de Lisboa ou do Porto, que aí sejam mais lidos.

2 – Bastará a publicação do anúncio no jornal de Lisboa ou do Porto, se na comarca não houver jornal.

ARTIGO 1107.º
Conhecimento do testamento do ausente

1 – Decorrido o prazo fixado no artigo anterior, pedir-se-á à repartição competente informação sobre se o ausente deixou testamento.

2 – Havendo testamento, requisitar-se-á certidão dele, se for público, ou ordenar-se-á a sua abertura, se for cerrado, providenciando-se para que este seja apresentado à entidade competente com a certidão do despacho que tenha ordenado a abertura; aberto e registado o testamento cerrado, será junta ao processo a respectiva certidão.

3 – Quando pelo testamento se mostrar que o requerente carece de legitimidade para pedir a justificação, a acção só prosseguirá se algum interessado o requerer.

ARTIGO 1108.º
Entrega dos bens

1 – Para deferimento da curadoria e entrega dos bens do ausente, seguir-se-ão os termos do processo de inventário, com intervenção do Ministério Público e nomeação do cabeça-de-casal.

2 – São citadas para o inventário e intervirão nele as pessoas designadas no artigo 100.º do Código Civil.

3 – Nos 20 dias seguintes à citação, qualquer dos citados pode deduzir oposição quanto à data da ausência ou das últimas notícias, constante do processo, indicando a que considera exacta; havendo oposição, seguir-se-ão os termos do processo ordinário ou sumário, conforme o valor, notificando-se para contestar os restantes interessados.

4 – Quem se julgue com direito à entrega de bens, independentemente da partilha, pode requerer a sua entrega imediata; a decisão que a ordene nomeará os interessados curadores definitivos quanto a esses bens.

5 – A sentença final do inventário deferirá a quem competir a curadoria definitiva dos bens que não tiverem sido entregues nos termos do número anterior.

6 – Quando o tribunal exija caução a algum curador definitivo, e este a não preste, ordenar-se-á no mesmo processo, por simples despacho, a entrega dos bens a outro curador.

Amplia-se, no n.º 3, para 20 dias o prazo de oposição dos citados.

ARTIGO 1109.º
Aparecimento de novos interessados

1 – A partilha e as entregas feitas podem ser alteradas no próprio processo, a requerimento de herdeiro ou interessado que mostre dever excluir algum dos curadores nomeados ou concorrer com eles à sucessão, relativamente à data das últimas notícias do ausente; os curadores são notificados para responder.

2 – As provas serão oferecidas com o requerimento e as respostas.

3 – Na falta de resposta, será ordenada a emenda, deferindo-se a curadoria de harmonia com ela; havendo oposição, a questão será decidida depois de produzidas as provas indispensáveis, salvo se houver necessidade de mais ampla indagação, porque nesse caso os interessados serão remetidos para o processo comum.

ARTIGO 1110.º
Justificação da ausência no caso de morte presumida

O processo de justificação da ausência regulado nos artigos 1103.º a 1107.º é também aplicável ao caso de os interessados pretenderem obter a declaração da morte presumida do ausente e a sucessão nos bens ou a entrega deles, sem prévia instituição da curadoria definitiva.

ARTIGO 1111.º
Notícia da existência do ausente

Logo que haja fundada notícia da existência do ausente e do lugar onde reside, será notificado de que os seus bens estão em curadoria e de que assim continuarão enquanto ele não providenciar.

ARTIGO 1112.º
Cessação da curadoria no caso de comparecimento do ausente

1 – Se o ausente comparecer ou se fizer representar por procurador e quiser fazer cessar a curadoria ou pedir a devolução dos bens, requererá, no processo em que se fez a entrega, que os curadores ou os possuidores dos bens sejam notificados para, em 10 dias, lhe restituírem os bens ou negarem a sua identidade.
2 – Não sendo negada a identidade, faz-se imediatamente a entrega dos bens e termina a curadoria, caso exista.
3 – Se for negada a identidade do requerente, este justificá-la-á no prazo de 30 dias; os notificados podem contestar no prazo de 15 dias e, produzidas as provas oferecidas com esses articulados e realizadas quaisquer outras diligências que sejam julgadas necessárias, será proferida decisão.

Estabelecem-se, no n.º 3, prazos em conformidade com o previsto noutros lugares paralelos.

ARTIGO 1113.º
Liquidação da responsabilidade a que se refere o artigo 119.º do Código Civil

Se o ausente tiver direito a haver o preço recebido por bens alienados depois de declarada a sua morte presumida, esse preço é liquidado no processo em que se haja feito a entrega dos bens e nos termos aplicáveis dos artigos 378.º e seguintes.

Remete-se – DL 38/03 – o processamento da liquidação do preço recebido pelos bens alienados, após declaração de morte presumida, para o disposto nos artigos 378.º e seguintes, acerca do incidente de liquidação.

ARTIGO 1114.º
Cessação da curadoria noutros casos

Junta ao processo certidão comprovativa do falecimento do ausente, ou declarada a sua morte presumida, qualquer interessado pode pedir que a curadoria seja dada como finda e por extinta a caução que os curadores definitivos hajam prestado.

(ARTIGOS 1115.º A 1117.º)
[...]

Revogados – Art. 3.º DL 329-A/95.

Eliminou-se, por clara desnecessidade, o processo especial para justificação da qualidade de herdeiro: na verdade, não havendo litígio sobre tal matéria, configura-se como bastante e adequada a realização da escritura de habilitação notarial.

Havendo litígio sobre tal qualidade, terá a questão de ser dirimida nos quadros do incidente de habilitação, do inventário ou, em última análise, do processo comum de declaração.

CAPÍTULO XIV
Da execução especial por alimentos

ARTIGO 1118.º
Termos que segue

1 – Na execução por prestação de alimentos o exequente pode requerer a adjudicação de parte das quantias, vencimentos ou pensões que o executado esteja percebendo, ou a consignação de rendimentos pertencentes a este, para pagamento das prestações vencidas e vincendas, fazendo-se a adjudicação ou a consignação independentemente de penhora.

2 – Quando o exequente requeira a adjudicação das quantias, vencimentos ou pensões a que se refere o número anterior, é notificada a entidade encarregada de os pagar ou de processar as respectivas folhas para entregar directamente ao exequente a parte adjudicada.

3 – Quando requeira a consignação de rendimentos, o exequente indica logo os bens sobre que há-de recair e o agente de execução efectua-a relativamente aos que considere bastantes para satisfazer as prestações vencidas e vincendas, podendo para o efeito ouvir o executado.

4 – A consignação mencionada nos números anteriores processa-se nos termos dos artigos 879.º e seguintes, com as necessárias adaptações.

5 – O executado é sempre citado depois de efectuada a penhora e a sua oposição à execução ou à penhora não suspende a execução.

I – O regime constante dos n.ºs 1, 2, 3 e 4 na versão do DL n.º 38/03, corresponde, no essencial, ao estatuído na alínea d) do n.º 1 e nos n.ºs 2 e 3 da anterior redacção do preceito (cabendo, porém, a notificação para se proceder à adjudicação e consignação de rendimentos ao agente executivo).

II – O n.º 5 estabelece que a citação do executado, na execução de alimentos (qualquer que seja o título em que se funda) nunca é prévia à penhora e, bem assim, que a oposição à execução ou à penhora nunca suspendam o andamento desta execução especial (como já decorria do preceituado nas alíneas b) e c) do n.º 1, da anterior redacção).

III – Sobre a aplicabilidade do disposto no art. 860.º, n.º 3, no caso de adjudicação de quantias, cf. Ac. Rel in CJ III/00, pág. 102.

Sobre a problemática da aplicabilidade dos limites da penhora de vencimentos, veja-se comentário do art. 824.º.

IV – Sobre a articulação deste processo com o previsto no art. 189.º da OTM e o âmbito da responsabilidade do Fundo de Garantia de Alimentos, previsto no DL 164/99, vide Ac. Rel in CJ V/02, pág. 267.

ARTIGO 1119.º
Insuficiência ou excesso dos rendimentos consignados

1 – Quando, efectuada a consignação, se mostre que os rendimentos consignados são insuficientes, o exequente pode indicar outros bens e voltar-se-á a proceder nos termos do n.º 3 do artigo anterior.

2 – Se, ao contrário, vier a mostrar-se que os rendimentos são excessivos, o exequente é obrigado a entregar o excesso ao executado, à medida que o receba, podendo também o executado requerer que a consignação seja limitada a parte dos bens ou se transfira para outros.

3 – O disposto nos números anteriores é igualmente aplicável, consoante as circunstâncias, ao caso de a pensão alimentícia vir a ser alterada no processo de execução.

ARTIGO 1120.º
Cessação da execução por alimentos provisórios

A execução por alimentos provisórios cessa sempre que a fixação deles fique sem efeito, por caducidade da providência, nos termos gerais.

A caducidade das providências cautelares consta do art. 389.º.

ARTIGO 1121.º
Processo para a cessação ou alteração dos alimentos

1 – Havendo execução, o pedido de cessação ou de alteração da prestação alimentícia deve ser deduzido por apenso àquele processo.

2 – Tratando-se de alimentos provisórios, observar-se-ão termos iguais aos dos artigos 399.º e seguintes.

3 – Tratando-se de alimentos definitivos, são os interessados convocados para uma conferência, que se realizará dentro de 10 dias. Se chegarem a acordo, é este logo homologado por sentença; no caso contrário, deve o pedido ser contestado no prazo de 10 dias, seguindo-se à contestação os termos do processo sumário.

4 – O processo estabelecido no número anterior é aplicável à cessação ou alteração dos alimentos definitivos judicialmente fixados, quando não haja execução. Neste caso, o pedido é deduzido por dependência da acção condenatória.

I – O pedido de cessação ou alteração da prestação alimentícia, deduzido na pendência de execução, deve ser sê-lo, com autonomia procedimental, por apenso ao processo executivo (n.º 1).

II – As alterações introduzidas nos n.ᵒˢ 2 e 3 são mera decorrência da reformulação sistemática do capítulo das providências cautelares, da harmonização dos prazos processuais e da eliminação do efeito cominatório pleno, associado à falta de contestação.

ARTIGO 1121º-A
Garantia das prestações vincendas

Vendidos bens para pagamento de um débito de alimentos, não deverá ordenar-se a restituição das sobras da execução ao executado sem que se mostre assegurado o pagamento das prestações vincendas até ao montante que o juiz, em termos de equidade, considerar adequado, salvo se for prestada caução ou outra garantia idónea.

I – Reforça-se, com vista à tutela dos direitos e expectativas do credor da obrigação alimentar, a garantia das prestações vincendas. Assim, vendidos bens para pagamento do débito de alimentos, as sobras da execução não são restituídas ao executado sem que se mostre assegurado o pagamento das prestações vincendas, até ao montante que o juiz fixar, em termos de equidade, salvo se for prestada caução ou outra garantia idónea – evitando, deste modo, que o devedor possa dissipar ou ocultar tais bens, com vista a frustrar irremediavelmente o direito do credor quanto ao recebimento das prestações vincendas.

II – Sobre a garantia dos alimentos devidos a menores, veja-se a Lei n.º 75/98, de 19 de Novembro, e o DL n.º 164/99, de 13 de Maio.

CAPÍTULO XV
Da liquidação de patrimónios

SECÇÃO I
Da liquidação judicial de sociedades

ARTIGO 1122.º
Competência para a liquidação judicial

O processo de liquidação judicial do património das sociedades, quer comerciais, quer civis, segue os seus termos no tribunal correspondente à sede social e por dependência da acção de dissolução, declaração de inexistência, nulidade ou anulação da sociedade, quando a tenha havido.

I – Cfr. art. 89.º, n.º 1, *e*) da Lei n.º 3/99.

II – O processo especial, aqui previsto, é inadequado para nele se alcançar simultaneamente a declaração da existência de uma sociedade irregular e a posterior dissolução dessa sociedade e respectiva liquidação – Ac. Rel. in CJ 169, pág. 273.

ARTIGO 1123.º
Requerimento

Quando a liquidação deva efectuar-se ou prosseguir judicialmente, será requerida pela própria sociedade, por qualquer sócio ou credor, ou pelo Ministério Público, consoante os casos, devendo o requerente indicar logo quem deva exercer as funções de liquidatário, ou pedir a respectiva nomeação, se esta couber ao juiz.

I – Os preceitos inseridos nesta secção regulam a liquidação judicial de sociedade, em consonância com o estatuído nos arts. 146.º a 165.º do Cód. Sociedades Comerciais e 1011.º a 1020.º do C. Civil.

II – A redacção deste preceito acentua que o processo de liquidação judicial de sociedade se inicia com o requerimento em que se deduz a pretensão de liquidação e se propõe ou requer a nomeação do liquidatário.

Acentua-se ainda, em consonância com a situação prevista no art. 150.º, n.º 3, do C. Sociedades Comerciais, que a liquidação judicial tanto pode ter sido suscitada originariamente, como resultar do prosseguimento de liquidação, iniciada como extrajudicial, mas não tempestivamente encerrada.

III – Em consonância com a posição sustentada por Raul Ventura (Dissolução e liquidação da Sociedade, pág. 253) confere-se legitimidade para desencadear o processo de liquidação judicial à própria sociedade – para além dos casos em que tal legitimação cabe aos sócios, credores e ao M. P., nos termos estabelecidos no art. 172.º daquele código.

IV – Estando nomeados extrajudicialmente os liquidatários, o juiz – embora os não nomeie – deverá declarar que como tal funcionará no processo a pessoa designada, v.g., em cláusula do contrato de sociedade.

ARTIGO 1124.º
Designação dos liquidatários e fixação do prazo da liquidação

O juiz designará um ou mais liquidatários e fixará, se necessário, o prazo para a liquidação, podendo ouvir os sócios, administradores ou gerentes, sempre que o entenda conveniente.

I – Nos termos do art. 150.º, n.º 1, do C. Soc. Comerciais, a liquidação deve, em regra, estar encerrada no prazo de 3 anos, contados da dissolução da sociedade. Este preceito, ora em análise, admite, porém, que o juiz possa fixar um prazo inferior, quando o considerar necessário, podendo ouvir sobre tal matéria os interessados na liquidação.

II – Sobre a pessoalidade do cargo de liquidatário judicial, veja-se o Ac. Rel. in BMJ 496.°, 311.

ARTIGO 1125.°
Operações da liquidação

1 – Os liquidatários judiciais têm, para a liquidação, a mesma competência que a lei confere aos liquidatários extrajudiciais, salvo no que respeita à partilha dos haveres da sociedade.

2 – Os actos que para os liquidatários extrajudiciais dependem de autorização social ficam neste caso sujeitos a autorização do juiz.

3 – Se aos liquidatários não forem facultados os bens, livros e documentos da sociedade, ou as contas relativas ao último período da gestão, pode a entrega ser requerida ao tribunal, no próprio processo de liquidação.

O n.° 3 visa adjectivar a situação prevista nos arts. 149.° do C. Soc. Comerciais e 1014.°, n.° 1, do C. Civil: estando pendente liquidação judicial, tal pedido deverá ser formulado incidentalmente naquela acção – e não através do processo de jurisdição voluntária de investidura em cargos sociais, que será o próprio nos casos de liquidação extrajudicial.

ARTIGO 1126.°
Liquidação total

1 – Feita a liquidação total, devem os liquidatários, no prazo de 30 dias, apresentar as contas e o projecto de partilha do activo restante, seguindo-se o disposto no artigo 1018.°, devendo os interessados cumular a oposição às contas com a que eventualmente queiram deduzir ao projecto de partilha do activo remanescente; se o não fizerem, qualquer sócio pode requerer a prestação de contas, nos termos dos artigos 1014.°-A e seguintes.

2 – Aprovadas as contas e liquidado integralmente o passivo social, é o valor do activo restante partilhado entre os sócios, de harmonia com a lei.

3 – O credor social cujo crédito não tenha sido satisfeito ou assegurado pode intervir no processo de liquidação, alegando que esta não foi completa e exigindo a satisfação do seu direito.

4 – Na própria sentença que julgue as contas é distribuído o saldo existente pelos sócios, segundo a parte que a cada um couber.

I – Tal como ocorre na liquidação extrajudicial, perante o disposto no art. 157.º do Cód. Soc. Comerciais, feita a liquidação total (não tendo, consequentemente, lugar a partilha em espécie de quaisquer bens), os liquidatários deverão apresentar em 30 dias as contas e o projecto de partilha pelos vários sócios do activo remanescente, que sobra após garantia dos débitos da sociedade, a realizar em conformidade com o estatuído nos arts. 1018.º do C. Civil e 156.º do C. Soc. Comerciais.

II – De seguida, seguem-se os termos previstos para a prestação espontânea de contas, no artigo 1018.º, tendo os interessados o ónus de cumular neste procedimento, quer a oposição às contas, quer a dissidência quanto ao projecto de partilha do valor do activo remanescente.

III – Não sendo as contas espontaneamente apresentadas pelos liquidatários, poderá ser requerida a sua prestação provocada.

IV – Em conformidade com a tese sustentada por Raul Ventura, estabelece-se, no n.º 3, que o meio que fica ao credor social, cujo crédito não haja sido assegurado, nos termos do art. 154.º do C. Soc. Comerciais, ou logo satisfeito, é a apresentação de requerimento no processo de liquidação, deduzindo o seu direito e mostrando que a liquidação total não se mostra realizada, pelo que não deverá ser proferida a sentença a que alude o n.º 4.

V – Sendo a liquidação total – e não havendo, portanto, partilha de bens em espécie – o valor do activo remanescente (pagas ou asseguradas as dívidas sociais) é repartido entre os sócios, em conformidade com o estabelecido nos arts. 1018.º do C. Civil e 156.º do C. Soc. Comerciais.

Mantém-se a regra da simultaneidade do julgamento das contas e distribuição do saldo, sendo ambas as matérias – que foram controvertidas conjuntamente, nos termos do n.º 1 – decididas também conjuntamente.

ARTIGO 1127.º
Liquidação parcial e partilha em espécie

1 – Se aos liquidatários parecer inconveniente a liquidação da totalidade dos bens e for legalmente permitida a partilha em espécie, proceder-se-á a uma conferência de interessados, para a qual são também convocados os credores ainda não pagos, a fim de se apreciarem as contas da liquidação efectuada e se deliberar sobre o pagamento do passivo ainda existente e a partilha dos bens remanescentes.

2 – Satisfeitas as dívidas ou assegurado o seu pagamento, na falta de acordo sobre a partilha, são os bens entregues a um administrador nomeado pelo juiz, com funções idênticas às do cabeça-de-casal, podendo qualquer sócio requerer licitação sobre esses bens.

3 – Serão vendidos os bens que não forem licitados, organizando-se em seguida o mapa da partilha, que é homologado por sentença.

4 – À licitação, venda de bens e partilha são, neste caso, aplicáveis as disposições do processo de inventário, com as necessárias adaptações.

I – À liquidação total, prevista no artigo anterior, contrapõe-se a liquidação parcial, caracterizada pela circunstância de não ter sido vendida a totalidade dos bens que integravam o património social ou efectuada a cobrança total das dívidas activas, regulada neste preceito.

É o direito material que estabelece em que casos é admissível tal forma de liquidação (arts. 156.º n.º 1, do C. Soc. Comerciais e 1018.º, n.º 4, do C. Civil), condicionando-a à previsão no contrato ou ao acordo (unânime) dos sócios – o que implica a derrogação do regime que constava do n.º 3 do art 1127.º do CPC, na redacção anterior à reforma, em que a aceitação da liquidação parcial dependia de acordo meramente maioritário dos sócios.

II – A liquidação parcial pode ser determinada por inconveniência (nos termos deste artigo) ou por impossibilidade de obter a liquidação total, nos termos do art. 1128.º.

A liquidação parcial por inconveniência é de iniciativa dos liquidatários, que deverão suscitar motivadamente no processo a questão da inconveniência (nomeadamente económica) em proceder à alienação do todo o activo social. Tal requerimento é condicionado à circunstância de ser legalmente permitida a partilha em espécie, o que pressupõe, nos termos das disposições legais atrás citadas, a sua previsão no contrato ou a existência ou formação de acordo dos sócios, nomeadamente no âmbito da conferência prevista neste preceito.

III – Os termos subsequentes da liquidação parcial continuam a ser regulados com base na tramitação do processo de inventário (n.º 4). Assim:

– realiza-se conferência de interessados, com participação dos credores sociais, com vista a deliberar sobre a inconveniência na liquidação total, apreciar as contas da liquidação já efectuada e acordar sobre o pagamento do passivo e a partilha em espécie dos bens remanescentes;

– satisfeito o passivo ou assegurado o seu pagamento, se se frustrar o acordo sobre a partilha em espécie dos bens remanescentes, são estes entregues a um administrador, judicialmente nomeado, com função idêntica à do cabeça-de-casal;

– qualquer dos sócios pode licitar sobre tais bens, sendo vendidos os que não forem objecto de licitação;

– é organizado mapa de partilha, homologado por sentença.

ARTIGO 1128.º
Impossibilidade de obter a liquidação total

Se os liquidatários alegarem impossibilidade de proceder à liquidação total do activo da sociedade e o tribunal, ouvidos os sócios e os credores sociais ainda não pagos, entender que não é possível remover os obstáculos encontrados pelos liquidatários, seguir-se-ão os termos previstos no artigo anterior.

A principal diferença entre a situação regulada neste preceito e a que consta do artigo anterior consiste em que – neste caso – a liquidação terá de ficar como parcial apesar de o contrato não prever a partilha em espécie e os sócios a não terem deliberado unanimemente – valendo, de algum modo, a decisão do juiz como suprimento de tal deliberação.

ARTIGO 1129.º
Inobservância do prazo de liquidação

1 – Expirado o prazo fixado para a liquidação sem que esta se mostre concluída, podem os liquidatários requerer a sua prorrogação, justificando a causa da demora.

2 – Se os liquidatários não requererem a prorrogação ou as razões da demora forem tidas por injustificadas, pode o tribunal ordenar a destituição dos liquidatários e proceder à sua substituição.

I – Altera o regime que estava previsto no n.º 2 deste preceito, na redacção anterior à reforma.

Sendo o prazo de liquidação fixado pelo tribunal, e como tal prorrogável, faculta-se ao juiz actuação oficiosa sempre que os liquidatários excedam injustificadamente aquele prazo, sem ter de aguardar requerimento dos sócios nesse sentido (n.º 2).

II – Eliminou-se, por outro lado, o regime que se traduzia na prestação de contas nos termos do art. 1015.º, já que o requerente não tinha naturalmente ao seu alcance quaisquer elementos que lhe permitissem elaborar as contas que os liquidatários se recusaram a prestar: a única atitude possível, neste caso, traduz-se em o juiz ordenar a substituição do liquidatário, cumprindo ao substituto realizar tal tarefa.

ARTIGO 1130.º
Destituição dos liquidatários

Os liquidatários podem ainda ser destituídos, por iniciativa do juiz ou a requerimento do conselho fiscal da sociedade, de qualquer sócio ou credor, sempre que ocorra justa causa.

I – Sendo a liquidação judicial e tendo, consequentemente, competido ao juiz a designação ou nomeação do liquidatário (art. 1123.°), deverá identicamente competir-lhe a respectiva destituição, quando a entenda necessária ao bom andamento do processo.

Reconhece-se também aos interessados referidos nos art. 151.°, n.° 3, do Cód. Soc. Comerciais a possibilidade de requererem incidentalmente, no processo de liquidação, a destituição dos liquidatários, quando ocorra justa causa.

II – Foi eliminado o regime que constava deste preceito, na redacção anterior à reforma, e que previa a intervenção do tribunal na liquidação extrajudicial, mandando aplicar o disposto nos artigos anteriores.

Na realidade, a intervenção ocasional do tribunal numa liquidação extrajudicial deverá ter lugar segundo a forma processual adequada, nomeadamente através dos processos de jurisdição voluntária relativos ao exercício de direito sociais.

ARTIGO 1131.°
[...]

Revogado – Art. 3.° DL 329-A/95.

A revogação deste artigo é consequência da derrogação dos arts. 224.° e seguintes do Cód. Comercial, onde vinha prevista e regulada a conta em participação, pelo DL n.° 231/81, de 28 de Julho, que regulou os contratos de consórcio e de associação em participação – entendendo-se, por outro lado, que as normas que prevêm a liquidação da sociedade não são funcionalmente adequadas à regulação dos efeitos da extinção daquelas relações contratuais, normalmente em consequência da inexistência de fundos comuns.

SECÇÃO II
Da liquidação da herança vaga em benefício do Estado

ARTIGO 1132.°
Citação dos interessados incertos no caso de herança jacente

1 – No caso de herança jacente, por não serem conhecidos os sucessores, por o Ministério Público pretender contestar a legitimidade dos que se apresentarem, ou por os sucessores conhecidos haverem repudiado a herança, tomar-se-ão as providências necessárias para assegurar a conserva-

ção dos bens e em seguida são citados, por éditos, quaisquer interessados incertos para deduzir a sua habilitação como sucessores dentro de 30 dias depois de findar o prazo dos éditos.

2 – Qualquer habilitação pode ser contestada não só pelo Ministério Público, mas também pelos outros habilitandos nos 15 dias seguintes ao prazo marcado para o oferecimento dos artigos de habilitação.

3 – À contestação seguem-se os termos do processo ordinário ou sumário, conforme o valor.

Adequam-se os prazos estabelecidos neste preceito aos vigentes noutros lugares paralelos.

ARTIGO 1133.º
Liquidação no caso de herança vaga

1 – A herança é declarada vaga para o Estado se ninguém aparecer a habilitar-se ou se decaírem todos os que se apresentem como sucessores.

2 – Feita a declaração do direito do Estado, proceder-se-á à liquidação da herança, cobrando-se as dívidas activas, vendendo-se judicialmente os bens, satisfazendo-se o passivo e adjudicando-se ao Estado o remanescente.

3 – O Ministério Público proporá, no tribunal competente, as acções necessárias à cobrança coerciva de dívidas activas da herança.

4 – Os fundos públicos e os bens imóveis só são vendidos quando o produto dos outros bens não chegue para pagamento das dívidas; pode ainda o Ministério Público, relativamente a quaisquer outros bens, cujo valor não seja necessário para pagar dívidas da herança, requerer que sejam adjudicados em espécie ao Estado.

I – O n.º 3 confere expressamente ao M. P. competência para propor, no tribunal competente, as acções necessárias à cobrança coerciva de dívidas da herança declarada vaga para o Estado.

II – O n.º 4 estabelece regime mais flexível do que o que constava do n.º 3 do preceito, na redacção anterior, dispensando a venda de bens da herança quando haja um interesse do Estado em os receber em espécie e o respectivo valor não seja necessário à satisfação do passivo.

241

ARTIGO 1134.º
Processo para a reclamação e verificação dos créditos

1 – Os credores da herança, que sejam conhecidos, são citados pessoalmente para reclamar os seus créditos, no prazo de 15 dias, procedendo-se ainda à citação edital dos credores desconhecidos.

2 – As reclamações formam um apenso, observando-se depois o disposto nos artigos 866.º a 868.º Podem também ser impugnadas pelo Ministério Público, que é notificado do despacho que as receber.

3 – Se, porém, o tribunal for incompetente, em razão da matéria, para conhecer de algum crédito, será este exigido, pelos meios próprios, no tribunal competente.

4 – Se algum credor tiver pendente acção declarativa contra a herança ou contra os herdeiros incertos da pessoa falecida, esta prosseguirá no tribunal competente, habilitando-se o Ministério Público para com ele seguirem os termos da causa, mas suspendendo-se a graduação global dos créditos no processo principal até haver decisão final.

5 – Se estiver pendente acção executiva, suspendem-se as diligências destinadas à realização do pagamento, relativamente aos bens que o Ministério Público haja relacionado, sendo a execução apensada ao processo de liquidação, se não houver outros executados e logo que se mostrem julgados os embargos eventualmente deduzidos, aos quais se aplicará o disposto no número anterior.

6 – O requerimento executivo vale, no caso da apensação prevista no número anterior, como reclamação do crédito exigido.

7 – É admitido a reclamar o seu crédito, mesmo depois de findo o prazo das reclamações, qualquer credor que não tenha sido notificado pessoalmente, uma vez que ainda esteja pendente a liquidação. Se esta já estiver finda, o credor só tem acção contra o Estado até à importância do remanescente que lhe tenha sido adjudicado.

I – Amplia-se para 15 dias o prazo para reclamação de créditos, previsto no n.º 1.

II – O n.º 3 excluiu do procedimento incidental de reclamação e verificação dos créditos, previsto no n.º 2, os casos em que o tribunal onde pende o processo de liquidação da herança vaga for incompetente, em razão da matéria, para dele conhecer: neste caso, deverá o credor desencadear a pertinente acção declarativa ou executiva, no tribunal materialmente competente, aplicando-se o preceituado nos n.ºs 4 e 5. Tal regime já constava, aliás, do n.º 4 deste artigo, na redacção anterior à reforma.

III – Articula-se, em moldes inovatórios, o andamento do processo de liquidação com outras eventuais acções, declarativas ou executivas, pendentes contra a herança ou contra os herdeiros incertos do "de cujus", nos termos dos arts. 6.º a) ou 375.º do CPC.

Assim, tratando-se de acção declarativa, procura favorecer-se a economia processual, evitando a inutilização de toda a actividade processual anterior à fase de julgamento (tal como ocorria com a apensação prevista no n.º 3 do preceito, na anterior redacção): a acção condenatória prosseguirá normalmente no tribunal competente, qualquer que seja a fase em que se encontra, ficando a tutela dos interesses do Estado assegurada com a habilitação do M. P. nessa causa. A graduação final do crédito aguarda a decisão final aí proferida.

IV – Estando pendente acção executiva, o disposto no n.º 5 visa impedir que, paralelamente ao processo de liquidação da herança, prossigam execuções singulares, objectivo que se alcança através de respectiva apensação aos autos de liquidação.

Estabelecem-se, porém, dois limites à apensação das execuções:

a) o primeiro deles decorre da circunstância de haver outros executados, prosseguindo normalmente contra estes no tribunal competente, sem que, todavia, possam ser atingidos os bens já relacionados no processo de liquidação;

b) o segundo – de ordem temporal – prende-se com a fase em que se encontra a execução contra a herança – se houver embargos (oposição à execução), a apensação só se verificará após julgamento destes, devendo o M. P. habilitar-se neste enxerto declaratório da acção executiva.

V – Tendo lugar a apensação da acção executiva, o requerimento executivo vale como reclamação do respectivo crédito (n.º 6).

VI – Eliminou-se a regra constante do n.º 6 deste preceito, na redacção anterior à reforma, que não reconhecia, no âmbito deste processo, as preferências resultantes de penhora ou hipoteca judicial (e que correspondia ao estipulado no art. 1235.º, n.º 3, em sede de falência, entretanto revogado). Valem, pois, aqui integralmente as regras substantivas sobre a hierarquização das várias garantias reais.

ARTIGOS 1135.º A 1325.º
[...]

Revogados pelo Decreto-Lei n.º 132/93, de 23 de Abril.

CAPÍTULO XVI
Do inventário

SECÇÃO I
Disposições gerais

ARTIGO 1326.º
Função do inventário

1 – O processo de inventário destina-se a pôr termo à comunhão hereditária ou, não carecendo de realizar-se partilha judicial, a relacionar os bens que constituem objecto de sucessão e a servir de base à eventual liquidação da herança.

2 – Ao inventário destinado à realização dos fins previstos na segunda parte do número anterior são aplicáveis as disposições das secções subsequentes, com as necessárias adaptações.

3 – Pode ainda o inventário destinar-se, nos termos previstos nos artigos 1404.º e seguintes, à partilha consequente à extinção da comunhão de bens entre os cônjuges.

I – As alterações introduzidas no âmbito do processo de inventário radicam, no essencial, na disciplina instituída pelo DL n.º 227/94, de 8 de Setembro, completado – no que se refere à norma de direito transitório que constava do seu art. 11.º – pelo disposto no DL n.º 3/95, de 14 de Janeiro, que antecipou a eliminação da figura do inventário obrigatório (permitindo o arquivamento dos que estivessem pendentes, por a sucessão ter sido aberta antes da data da entrada em vigor do citado DL 227/94) e determinou a imediata aplicação do novo regime de tramitação aos processos pendentes, desencadeados após a data da sua entrada em vigor – mesmo que fundados em sucessão antes dela aberta.

II – As modificações introduzidas na tramitação do processo de inventário carecem, por outro lado, por ser articuladas com as alterações a diferentes preceitos do C. Civil, operadas pelo referido DL n.º 227/94 – muito em particular com a nova redacção dos arts. 2053.º e 2102.º, n.º 2, da qual decorre a eliminação da figura do inventário obrigatório resultante da imposição legal de aceitação beneficiária da herança (daí a eliminação da norma que constava do n.º 4 deste artigo). A tutela dos interesses do incapaz a quem a sucessão é deferida é assegurada, no caso de realização de partilha extrajudicial, pela autorização a conceder pelo tribunal de família (cfr. arts. 1889.º, n.º 1 al. *l*), 1890.º, n.º 4, 1892.º, n.º 1, 1937.º, al. *b*) e 1938.º, n.º 1, al. *c*) do C. Civil).

III – Esquematizam-se neste art. 1326.º as diferentes funções que o processo de inventário pode ser chamado a desempenhar:

– pôr termo à comunhão hereditária, através da realização da pertinente partilha judicial;
– arrolar os bens que constituem objecto de sucessão, servindo ainda de base à liquidação da herança, no caso de existir passivo;
– realizar a partilha consequente à extinção da comunhão de bens entre os cônjuges.

IV – A norma constante do n.º 2 corresponde, no essencial, à que constava do art. 1398.º, na redacção anterior à reforma, ressalvando as especificidades de tramitação do inventário destinado exclusivamente ao arrolamento dos bens e à eventual liquidação da herança.

Eliminou-se, porém, a referência que tal preceito fazia ao inventário destinado apenas à "verificação de que não há disposição inoficiosa", por se considerar que a redução de liberalidades inoficiosas pode ter lugar, tanto no âmbito de inventário pendente, como em consequência de acção autónoma de redução, intentada em conformidade com o preceituado no art. 2178.º do C. Civil. Cf. o Ac. Rel. in CJ V/01, pág. 177 em que se considera que, no caso de instauração de inventário, é em tal processo e não através de acção comum que deve fazer-se a redução das doações inoficiosas, independentemente de o donatário ser ou não herdeiro, aí se discutindo a eventual caducidade do direito de redução.

V – O regime ora instituído – e a eliminação da regra da aceitação beneficiária da herança, imposta pela lei civil – não derrogou normas especiais que imponham tal forma de aceitação, como sucedia com a Lei das Autarquias Locais (DL n.º 100/84, de 29 de Março), que continua a prescrever que a aceitação de herança pelos municípios ou freguesias deve ser "a benefício de inventário" (arts. 51.º, n.º 1, al *f*) e 15.º, n.º 1, al. *l*) – cfr. art. 64.º, n.º 1, al. *h*), da Lei n.º 169/99, de 18 de Setembro.

Relativamente à aceitação da herança e legados pelo Estado, importa atentar nas especificidades decorrentes do DL n.º 31 156, de 3/3/41, com a alteração decorrente do DL n.º 47 938, de 15/9/67.

ARTIGO 1327.º
Legitimidade para requerer ou intervir no inventário

1 – Têm legitimidade para requerer que se proceda a inventário e para nele intervirem, como partes principais, em todos os actos e termos do processo:

a) Os interessados directos na partilha;

b) O Ministério Público, quando a herança seja deferida a incapazes, ausentes em parte incerta ou pessoas colectivas.

2 – Quando haja herdeiros legitimários, os legatários e donatários são admitidos a intervir em todos os actos, termos e diligências susceptíveis de influir no cálculo ou determinação da legítima e implicar eventual redução das respectivas liberalidades.

3 – Os credores da herança e os legatários são admitidos a intervir nas questões relativas à verificação e satisfação dos seus direitos, cumprindo ao Ministério Público a representação e defesa dos interesses da Fazenda Pública.

I – Através do disposto neste artigo, procurou delimitar-se e definir-se, em termos genéricos, o âmbito da legitimidade de cada categoria de interessados no inventário, de modo a ultrapassar o casuísmo do regime anteriormente em vigor, traduzido em definir, a propósito de cada acto ou fase do processo, quem nele podia intervir.
Com tal objectivo, distinguem-se sucessivamente:
a) Os interessados directos na partilha (herdeiros e respectivos cônjuges, se casados sob o regime da comunhão geral de bens (cfr. Ac. Rel. in CJ I/99, pág. 219) ou quando tenham um interesse directo a defender aquando da partilha) e o M. P., quando a herança seja deferida a incapazes, ausentes ou pessoas colectivas – verdadeiras "partes principais", intervindo e participando irrestritamente em todo o processo.
b) Os legatários e donatários, quando haja herdeiros legitimários, que podem ver a consistência jurídica dos seus direitos atingida em consequência de uma eventual redução por inoficiosidade das liberalidades de que são beneficiários – e que estão consequentemente legitimados para intervir nos actos e diligências susceptíveis de influir no cálculo ou determinação da legítima, nos termos da lei civil (arts. 2168.° e seguintes do C. Civil);
c) Os meros titulares activos de encargos da herança – credores da herança e legatários, não sujeitos ao risco de redução por inoficiosidade – que apenas são admitidos a intervir no que concerne à verificação e satisfação dos seus direitos, "maxime" no âmbito da conferência de interessados, destinada a aprovar o passivo e a deliberar sobre a satisfação dos respectivos direitos (art. 1353.°, n.° 3, e 1354.° e segs.).
II – Perante a nova redacção do preceito, afigura-se que estará derrogada a doutrina que constava do Assento do STJ de 12/1/65, segundo a qual no domínio do CPC 1939, o cônjuge meeiro do herdeiro era também (e sempre) parte principal no processo de inventário: presentemente, o cônjuge do herdeiro será parte principal quando, por o regime matrimonial ser o da comunhão geral de bens, tiver um interesse directo na partilha, já que os bens integrados no acervo hereditário fazem parte do património comum, ou quando, independentemente do regime de bens, tiver um interesse directo a defender quanto a certos bens que integram o acervo da herança, nomeadamente por dela fazer parte o imóvel onde se situa a casa de morada de família (cfr. art. 1682.°-A, n.° 2, do CC) ou, vigorando o regime de comunhão de adquiridos, fazerem parte da herança a partilhar imóveis ou o estabelecimento comercial, carecendo a concretização da partilha do consentimento conjugal, nos termos do n.° 1 do art. 1682.°-A do CC.
III – A legitimação "principal" conferida ao M. P. carece de ser articulada com o preceituado no n.° 2 do art. 2102.° do C. Civil.
Apesar da eliminação da automática e obrigatória necessidade de instaurar inventário sempre que haja herdeiros incapazes, é evidente que é perfeitamente lícito ao representante legal do menor requerê-lo: na verdade, sendo o incapaz inquestionavelmente

"interessado directo na partilha", é óbvio que sempre poderá, através do seu representante legal, requerer que a partilha se opere através de inventário judicial, nos termos prescritos na lei de processo – o que naturalmente ocorrerá quando não haja acordo de todos os interessados na realização de partilha extrajudicial ou quando o representante legal considere que a integral tutela do concreto interesse do menor aconselha tal forma de partilha, a realizar no âmbito do inventário.

Tal legitimidade para requerer o inventário é subsidiariamente estendida ao M. P., por força do n.º 2 do art. 2102.º do CC, em conjugação com o disposto no n.º 1 deste art. 1327.º – importando notar que a actuação do M. P. se deve configurar como sendo do tipo oficioso (e não em simples representação do incapaz), aparecendo fundada directamente na norma do art. 5.º, n.º 1, al. *f*) do Estatuto do M. P. (já que esta intervenção se configura como suce-dâneo da que ocorria nos inventários "obrigatórios").

Estende-se, pois ao M. P. – perspectivado como órgão do Estado – colectividade – a legitimação para desencadear inventário em que seja interessado directo incapaz, ausente ou pessoa colectiva, sempre que o respectivo representante legal o não haja feito, quando entenda, face às circunstâncias específicas do caso concreto, que os interesses daqueles sujeitos só serão devidamente acautelados através da partilha judicial.

Com vista a permitir a formulação do aludido juízo de conveniência, o n.º 2 do art. 151.º do CCJ estabelece que, quando a herança haja sido deferida a incapazes, ausentes em parte incerta ou pessoas colectivas, os chefes das repartições de finanças enviarão ao M. P. cópia de relação de bens apresentada para efeitos de liquidação do imposto sucessório – cumprindo ao M. P. ajuízar, face nomeadamente ao valor, à natureza de bens e à especí-fica situação familiar do incapaz, da necessidade ou conveniência de requerer inventário.

IV – Da conjugação do n.º 1 deste preceito com o disposto no art. 2102.º do C. Civil, resulta, deste modo – ultrapassada a tabelar "obrigatoriedade" do inventário orfanológico – que se procederá a inventário quando:

– não houver acordo que permita realizar partilha extrajudicial;

– quando a realização desta for impossível, em consequência de algum dos herdeiros estar ausente em parte incerta (sem que a ausência tenha sido judicialmente justificada) ou incapacitado de facto (logo, sem representante legal designado) de modo permanente;

– quando o representante legal do incapaz ou da pessoa colectiva, ou o próprio M. P., considerarem, face à especificidade do caso concreto, que o interesse daqueles só será devidamente acautelado através de partilha realizada em inventário judicial.

ARTIGO 1328.º
Notificações aos interessados

As notificações aos interessados no inventário, ou respectivos mandatários judiciais, para os actos e termos do processo para que estão legitimados, nos termos do artigo anterior, e das decisões que lhes respeitem, são efectuadas conforme o disposto na parte geral deste Código.

I – Procedeu-se a uma radical alteração, no DL 227/94, do regime de notificações no processo de inventário, tal como constava do art. 1335.°, na anterior redacção. Assim, determinou-se a aplicação das normas gerais sobre notificações às partes, extraindo todas as consequências de estas terem há muito passado a fazer-se por via postal, o que tornava perfeitamente anacrónico e insustentável condicionar a feitura da notificação ao local da residência do notificando: aplica-se, pois, inteiramente o preceituado nos arts. 253.° e segs (cfr. Ac. Rel. in CJ I/99, pág. 200).

II – Estabelece-se, por outro lado, que os actos e decisões a notificar a cada uma das categorias de interessados depende do âmbito da respectiva legitimidade, tal como é definida no art. 1327.°.

ARTIGO 1329.°
Representação de incapazes e ausentes

1 – O incapaz é representado por curador especial quando o representante legal concorra com ele à herança ou a ela concorrerem vários incapazes representados pelo mesmo representante.

2 – O ausente em parte incerta, não estando instituída a curadoria, é também representado por curador especial.

3 – Findo o processo, os bens adjudicados ao ausente que carecerem de administração são entregues ao curador nomeado, que fica tendo, em relação aos bens entregues, os direitos e deveres do curador provisório, cessando a administração logo que seja deferida a curadoria.

Corresponde, no essencial, ao que dispunha o art. 1331.°, na redacção anterior ao DL n.° 227/94.

O n.° 1, porém, estabelece que o incapaz é representado no inventário por curador especial, não apenas quando concorra com ele à partilha, mas também quando a ela concorram vários incapazes representados pelo mesmo representante geral, em consonância com o estatuído no art. 11.° n.° 3, e no art. 1881.°, n.° 2, do C. Civil.

ARTIGO 1330.°
Intervenção principal

1 – É admitida, em qualquer altura do processo, a dedução de intervenção principal espontânea ou provocada relativamente a qualquer interessado directo na partilha.

Livro III – Do processo art. 1331.º

2 – O cabeça-de-casal e demais interessados são notificados para responder, seguindo-se o disposto nos artigos 1343.º e 1344.º.

3 – O interessado admitido a intervir tem os direitos processuais a que se refere o n.º 2 do artigo 1342.º.

4 – A dedução do incidente suspende o andamento do processo a partir do momento em que deveria ser convocada a conferência de interessados.

I – Procedeu-se neste preceito e no subsequente a uma genérica regulamentação do regime de intervenção dos interessados no processo de inventário em curso, distinguindo claramente a verdadeira intervenção principal dos interessados directos na partilha (art. 1330.º) da intervenção das outras categorias de interessados, cuja legitimação está delimitada nos n.ºˢ 2 e 3 do art. 1327.º (art. 1331.º).

II – O regime estabelecido neste preceito para a intervenção principal, espontânea ou provocada, dos interessados directos na partilha é, no essencial, análogo ao que resultava do preceituado no art. 1334.º, na redacção anterior ao DL n.º 227/94; tal intervenção é possível em qualquer altura do processo, o contraditório é estabelecido com o cabeça-de-casal e demais interessados directos, seguindo-se a tramitação prevista para a impugnação da legitimidade de tais interessados, aplicando-se o regime previsto para a falta de citação dos interessados directos na partilha; e a dedução da intervenção principal suspende o andamento do processo a partir do momento de convocação da conferência de interessados.

III – A alteração introduzida no texto do n.º 3 pelo DL n.º 329-A/95 foi mera consequência da reformulação sistemática do art. 1342.º.

ARTIGO 1331.º
Intervenção de outros interessados

1 – Havendo herdeiros legitimários, os legatários e donatários que não hajam sido inicialmente citados para o inventário podem deduzir intervenção no processo e nele exercer a actividade para que estão legitimados, nos termos do n.º 2 do artigo 1327.º, aplicando-se, com as necessárias adaptações, o disposto no artigo anterior.

2 – Os titulares activos de encargos da herança podem reclamar no inventário os seus direitos, mesmo que estes não hajam sido relacionados pelo cabeça-de-casal, até à realização da conferência de interessados destinada à aprovação do passivo; se não o fizerem, não ficam, porém, inibidos de exigir o pagamento pelos meios comuns, mesmo que hajam sido citados para o processo.

I – O n.º 1 deste preceito, em conexão com o n.º 2 do art. 1327.º, prevê a intervenção no processo de legatários e donatários, quando – por haver herdeiros legitimários – puder estar em crise a consistência dos seus direitos, sujeitos a uma eventual redução por inoficiosidade.

Neste caso, os requerentes serão admitidos a exercer no processo a actividade para que estão legitimados, relativamente aos actos susceptíveis de influir no cálculo ou determinação da legítima, aplicando-se – com a única especificidade traduzida nesta restrição ao âmbito da sua legitimidade para actuar no processo – o regime estabelecido a propósito da intervenção principal.

II – O n.º 2 prevê – em consonância com o preceituado no n.º 3 do art. 1327.º – a intervenção subsequente de titulares activos de encargos da herança, visando tal intervenção, de um ponto de vista funcional, a reclamação e efectivação dos seus direitos, adoptando-se regime semelhante ao que constava do art. 1345.º; limitou-se, porém, temporalmente esta forma de intervenção, até à realização da conferência de interessados destinada a aprovar o passivo, por não haver razão para perturbar o normal andamento do processo com a apreciação de reclamações tardias, ficando neste caso garantido ao credor menos célere a efectivação do seu direito através dos meios comuns.

ARTIGO 1332.º
Habilitação

1 – Se falecer algum interessado directo na partilha antes de concluído o inventário, o cabeça-de-casal indica os sucessores do falecido, juntando os documentos necessários, notificando-se a indicação aos outros interessados e citando-se para o inventário as pessoas indicadas.

2 – A legitimidade dos sucessores indicados pode ser impugnada quer pelo citado, quer pelos outros interessados notificados, nos termos dos artigos 1343.º e 1344.º; na falta de impugnação, têm-se como habilitadas as pessoas indicadas, sem prejuízo de os sucessores eventualmente preteridos deduzirem a sua própria habilitação.

3 – Os citados têm os direitos a que se refere o n.º 2 do artigo 1342.º, a partir do momento da verificação do óbito do interessado a que sucedem.

4 – Podem ainda os sucessores do interessado falecido requerer a respectiva habilitação, aplicando-se, com as necessárias adaptações, o disposto nos números anteriores.

5 – Se falecer algum legatário, credor ou donatário que tenha sido citado para o inventário, podem os seus herdeiros fazer-se admitir no processo, seguindo-se os termos previstos no número anterior, com as necessárias adaptações.

Livro III – Do processo art. 1332.º

6 – A habilitação do cessionário de quota hereditária e dos subadquirentes dos bens doados, sujeitos ao ónus de redução, faz-se nos termos gerais.

I – Este preceito, na redacção emergente do DL n.º 227/94, corresponde, no essencial, ao regime que constava dos artigos 1390.º e 1335.º, na anterior redacção – mantendo a específica tramitação do incidente, nos próprios autos do inventário, e cumprindo ao cabeça-de-casal, em regra, desencadeá-lo.

II – Opera-se uma separação absoluta entre os incidentes de intervenção principal e de habilitação, omitindo-se qualquer remissão dos termos deste para os da intervenção principal (como ocorria com o estatuído nos n.ᵒˢ 1 e 2 do art. 1390.º, na redacção anterior): na verdade, os sucessores do interessado falecido, indicados pelo cabeça-de-casal, não intervêm na causa como "partes novas", mas como sucessores de uma parte originária, entretanto falecida.

Daí que o n.º 3 deste preceito apenas permita aos habilitandos o exercício de direitos processuais a partir do momento do falecimento do interessado a que sucedem – e não a partir do início do processo, como ocorre no âmbito da intervenção principal (arts. 1330.º, n.º 3 e 1342.º, n.º 2).

III – O n.º 2 manda aplicar o regime estabelecido para a oposição e impugnações ao inventário, cumprindo aos interessados que já figuram como partes no inventário e ao citado em consequência da dedução da habilitação exercer as faculdades previstas nos arts. 1343.º e 1344.º.

Não sendo deduzida impugnação, têm-se como habilitados os interessados indicados pelo cabeça-de-casal, sem que fique precludida a possibilidade de os sucessores do falecido, indevidamente preteridos pela indicação do cabeça-de-casal, deduzirem espontaneamente a sua própria habilitação, nos termos previstos no n.º 4 deste preceito.

IV – Se o cabeça-de-casal omitir a tarefa que lhe comete o n.º 1, indicando os sucessores do interessado falecido, é lícito a estes deduzirem espontaneamente a respectiva habilitação no inventário (n.º 4).

V – O n.º 5 prevê a habilitação – não dos sucessores de interessado directo na partilha, falecido na pendência da causa – mas dos interessados a que aludem os n.ᵒˢ 2 e 3 do art. 1327.º (cujo âmbito de legitimação e intervenção no processo é menor do que o conferido às "partes principais", irrestritamente legitimadas para todos os actos e termos do processo): legatários, donatários e credores da herança.

A tramitação do incidente de habilitação é análoga à prevista nos números anteriores, devendo, todavia, ter-se em conta o (menor) âmbito da legitimação destes interessados – e, consequentemente, de quem venha a ser habilitado em seu lugar.

VI – O n.º 6 reproduz o regime que resultava do art. 1335.º, na versão anterior ao DL n.º 227/94, aplicando-se nestes casos, em que ocorre habilitação em consequência de acto "inter vivos", o regime-regra do incidente de habilitação. E esclarece-se que a habilitação do subadquirente dos bens doados só tem sentido e utilidade processual quando a doação estiver, nos termos da lei civil (art. 2118.º C. Civil), sujeita ao ónus da redução.

251

ARTIGO 1333.º
Exercício do direito de preferência

1 – A preferência na alienação de quinhões hereditários dos interessados na partilha pode ser exercida incidentalmente no processo de inventário, salvo se envolver a resolução de questões de facto cuja complexidade se revele incompatível com a tramitação daquele processo.

2 – Apresentando-se a preferir mais de um interessado, observar-se-á o disposto no n.º 2 do artigo 1464.º.

3 – O incidente suspende os termos do processo a partir do momento em que deveria ser convocada a conferência de interessados.

4 – O não exercício da preferência no inventário não preclude o direito de intentar acção de preferência, nos termos gerais.

5 – Se for exercido direito de preferência fora do processo de inventário, pode determinar-se, oficiosamente ou a requerimento de algum dos interessados directos na partilha, a suspensão do inventário, nos termos do artigo 279.º.

I – Regula o exercício incidental do direito da preferência no inventário, mantendo como base o regime que constava do art. 1336.º, na redacção anterior ao DL n.º 227/94: admite-se, porém, (n.º 1) o exercício da preferência, sempre que a complexidade das questões de facto por ela suscitadas não inviabilize a apreciação e decisão incidentais (mesmo que tal apreciação necessite da produção de outras provas, que não apenas a documental, como previa o n.º 1 do art. 1336.º).

II – Se se apresentar a preferir mais de um interessado, (n.º 2), o quinhão hereditário em questão será adjudicado a todos os preferentes, na proporção das suas quotas, em conformidade com o estatuído nos arts. 1464.º, n.º 2, do CPC e 2130.º do C. Civil.

III – O incidente de exercício de preferência implica suspensão do processo, a partir do momento de convocação da conferência de interessados (n.º 3).

IV – Esclarece-se (n.º 4) que o não exercício incidental do direito de preferência no inventário não tem eficácia preclusiva, pondo termo às dúvidas que a doutrina vinha suscitando sobre tal questão.

V – Sendo exercida autonomamente a preferência, fora do âmbito do inventário, permite-se (n.º 5) a suspensão do processo, determinada, quer oficiosamente, quer em consequência de requerimento de interessado directo na partilha, nos termos genericamente previstos no art. 279.º.

ARTIGO 1334.º
Tramitação dos incidentes do inventário

É aplicável à tramitação dos incidentes do processo de inventário, não especialmente regulados na lei, o disposto nos artigos 302.º a 304.º.

I – Prevê uma tramitação-tipo para quaisquer incidentes inseridos no inventário, baseada na aplicação subsidiária das regras gerais sobre incidentes da instância – o que permitiu dispensar a tipificação e regulamentação casuística dos incidentes que eram regulados nos arts. 1399.º a 1403.º, preceitos que foram consequentemente revogados.

II – O DL n.º 329-A/95 revogou a norma que constava do n.º 3 do art. 1399.º, que sancionava penalmente determinados comportamentos do cabeça-de-casal – e que não pudera ser eliminada através do DL n.º 227/94, por este ter sido editado sem precedência de autorização legislativa.

ARTIGO 1335.º
Questões prejudiciais e suspensão do inventário

1 – Se, na pendência do inventário, se suscitarem questões prejudiciais de que dependa a admissibilidade do processo ou a definição dos direitos dos interessados directos na partilha que, atenta a sua natureza ou a complexidade da matéria de facto que lhes está subjacente, não devam ser incidentalmente decididas, o juiz determina a suspensão da instância, até que ocorra decisão definitiva, remetendo as partes para os meios comuns, logo que os bens se mostrem relacionados.

2 – Pode ainda ordenar-se a suspensão da instância, nos termos previstos nos artigos 276.º, n.º 1, alínea *c*), e 279.º, designadamente quando estiver pendente causa prejudicial em que se debata algumas das questões a que se refere o número anterior.

3 – A requerimento das partes principais, pode o tribunal autorizar o prosseguimento do inventário com vista à partilha, sujeita a posterior alteração, em conformidade com o que vier a ser decidido, quando ocorra demora anormal na propositura ou julgamento da causa prejudicial, quando a viabilidade desta se afigure reduzida ou quando os inconvenientes no diferimento da partilha superem os que derivam da sua realização como provisória.

4 – Realizada a partilha nos termos do número anterior, serão observadas as cautelas previstas no artigo 1384.º, relativamente à entrega aos interessados dos bens que lhes couberem.

5 – Havendo interessado nascituro, o inventário é suspenso desde o momento em que se deveria convocar a conferência de interessados até ao nascimento do interessado.

I – O disposto neste artigo procura resolver, em termos genéricos, a matéria das questões prejudiciais, relativamente à realização da partilha em inventário pendente, bem

253

como a admissibilidade da suspensão da instância no inventário, quando estejam pendentes causas prejudiciais.

Neste preceito, apenas se regula o regime das questões ou causas prejudiciais "essenciais", de que dependa a admissibilidade do processo ou a definição dos direitos dos interessados directos na partilha, dispondo o art. 1350.º sobre a decisão das questões que apenas condicionam a exacta definição do acervo dos bens a partilhar no inventário.

II – Da conjugação dos n.ᵒˢ 1 e 3 deste preceito, decorre a solução dos casos em que ocorram questões prejudiciais de que depende a admissibilidade do próprio inventário (abarcando as situações que eram perspectivadas no âmbito da "oposição ao inventário", que era regulada no art. 1332.º) ou a definição dos direitos dos interessados directos na partilha (nomeadamente, as hipóteses de impugnação da legitimidade do interessado citado ou da invocação da existência de outros herdeiros, não indicados pelo cabeça-de-casal). Assim, inserindo-se alguma destas questões em inventário em curso, poderá o juiz:

a) decidir a questão no âmbito do próprio inventário, como decorrência da regra segundo a qual o tribunal da causa é competente para dirimir todos os incidentes e meios de defesa nela suscitados;

b) abster-se de tomar sobre ela decisão, remetendo os interessados para os meios comuns e suspendendo a instância, até que ocorra decisão definitiva – logo que os bens tenham sido relacionados – sempre que a natureza da questão impeça a sua decisão no próprio inventário (designadamente, porque ela só pode ser controvertida e decidida como objecto de uma acção de estado ou de registo) ou a complexidade da matéria de facto a ela subjacente desaconselhe tal decisão como incidental, já que esta não asseguraria suficientemente as garantias das partes (v.g., por se reportar à anulação de testamento ou a interpretações de cláusula testamentária de particular complexidade);

c) autorizar – a requerimento das partes principais (os interessados directos na partilha ou o M. P., nos termos do n.º 1 do art. 1327.º) – o prosseguimento do inventário com vista à realização de partilha provisória (sujeita a alteração em função do que vier a ser decidido acerca da questão prejudicial), em termos análogos aos que eram consentidos pelo n.º 2 do art. 1384.º, na anterior redacção; tal decisão será pertinente nas situações enunciadas no n.º 3 deste art. 1335.º: quando ocorra demora anormal na propositura ou julgamento da causa prejudicial, quando a viabilidade desta pareça (numa análise perfunctória) reduzida, quando os inconvenientes na suspensão do processo e no diferimento da partilha superem os que derivam da sua realização como meramente provisória.

III – O n.º 2 resolve a dúvida doutrinária sobre a aplicabilidade do regime geral de suspensão da instância por prejudicialidade, considerando expressamente aplicável o disposto nos arts. 276.º, n.º 1, *c*) e 279.º, relativamente à suspensão por determinação do juiz.

Competirá, deste modo, ao julgador a formulação de um juízo concreto sobre a conveniência de suspender ou não o inventário quando a realização da partilha esteja dependente do julgamento de outra causa já proposta; e podendo naturalmente optar, em termos paralelos aos previstos nos n.ᵒˢ 1 e 3, pela suspensão do inventário ou pelo seu prosseguimento, nos termos ali prescritos.

IV – O n.º 4 reproduz o regime que já constava do art. 1384.º; n.º 2, na redacção anterior à reforma, relativamente às cautelas a observar nos casos de realização de partilha provisória – pondo fim à aparente – e notada – contradição entre tal norma e a admissibilidade de um eventual decretamento da suspensão da instância.
V – O n.º 5 corresponde ao preceituado no n.º 2 do art. 1351.º, na anterior redacção.
VI – Aplicando este regime a uma hipótese em que a acção prejudicial visava a anulação do casamento do "de cujus", considerando prevalecente o "dever" de o juiz suspender o inventário de que tal causa é prejudicial, cf. Ac. Rel. in CJ V/99, pág. 93.

ARTIGO 1336.º
Questões definitivamente resolvidas no inventário

1 – Consideram-se definitivamente resolvidas as questões que, no inventário, sejam decididas no confronto do cabeça-de-casal ou dos demais interessados a que alude o artigo 1327.º, desde que tenham sido regularmente admitidos a intervir no procedimento que precede a decisão, salvo se for expressamente ressalvado o direito às acções competentes.

2 – Só é admissível a resolução provisória, ou a remessa dos interessados para os meios comuns, quando a complexidade da matéria de facto subjacente à questão a dirimir torne inconveniente a decisão incidental no inventário, por implicar redução das garantias das partes.

I – Regula a matéria que constava do art. 1397.º, na redacção anterior ao DL n.º 227//94: o valor e o carácter vinculativo das decisões proferidas no decurso do processo de inventário.

II – Esclarece-se que as decisões proferidas no decurso do inventário nunca constituem caso julgado relativamente a terceiros, que nele não sejam parte, intervindo no processo a título meramente incidental (v.g., o terceiro que requer a exclusão de bens indevidamente relacionados); tais decisões só gozam da definitividade típica do caso julgado relativamente às "partes" no inventário, aos interessados que nele intervenham, com o âmbito ou medida de legitimidade que lhes é conferido pelos diferentes números do art. 1327.º.

Por outro lado – e mesmo em relação às "partes" na causa – estabelece-se que o carácter definitivamente vinculativo da decisão depende do cumprimento de regra do contraditório, do facto de terem sido regularmente admitidas a intervir no procedimento que precede a decisão.

III – Excepção ao carácter definitivo da decisão proferida no confronto dos interessados directos é a que se traduz em o juiz proferir resolução meramente provisória, ressalvando – de forma expressa – o direito às acções competentes, nos termos previstos na parte final do n.º 1 deste preceito.

Para além disso, é lícito ao juiz abster-se de decidir certa questão (mesmo provisoriamente), remetendo os interessados para os meios comuns (cfr. arts. 1335.º, n.º 1 e 1350.º).

IV – Do disposto no n.º 2 deste preceito decorre que a abstenção de decidir (remessa para os meios comuns) ou a decisão com expressa ressalva do direito às acções competentes (decisão meramente provisória) depende essencialmente da possibilidade de o procedimento "incidental", diluído na tramitação do próprio inventário, assegurar ou não satisfatoriamente as garantias das partes – tendo particularmente em consideração a complexidade da matéria de facto subjacente à questão a dirimir – e não propriamente da possibilidade de uma instrução puramente "sumária", baseada apenas em certo tipo de meio probatórios, e à prolação "imediata" de uma decisão (como se sustentava a propósito de certas normas do direito anteriormente em vigor).

ARTIGO 1337.º
Cumulação de inventários

1 – É permitida a cumulação de inventários para a partilha de heranças diversas:

a) Quando sejam as mesmas as pessoas por quem hajam de ser repartidos os bens;

b) Quando se trate de heranças deixadas pelos dois cônjuges;

c) Quando uma das partilhas esteja dependente da outra ou das outras.

2 – No caso referido na alínea *c)* do número anterior, se a dependência for total, por não haver, numa das partilhas, outros bens a adjudicar além dos que ao inventariado hajam de ser atribuídos na outra, não pode deixar de ser admitida a cumulação; sendo a dependência parcial, por haver outros bens, pode o juiz indeferi-la quando a cumulação se afigure inconveniente para os interesses das partes ou para a boa ordem do processo.

3 – Não obsta à cumulação a incompetência relativa do tribunal para algum dos inventários.

I – Mantém-se a tipificação dos casos em que é permitida a cumulação de inventários, reproduzindo o n.º 1 as três hipóteses que já eram previstas no n.º 1 do art. 1394.º, na redacção anterior ao DL n.º 227/94.

II – No que se refere, porém, à situação prevista na alínea *c)* – cumulação de inventários com fundamento na dependência, total ou parcial, das partilhas – o n.º 2 deste preceito acentua que a regra é a da admissibilidade de cumulação, ainda que as partilhas sejam apenas parcialmente dependentes; deste modo, o juiz só deverá indeferir a requerida cumulação quando esta envolva sério inconveniente para os interesses das partes ou para a boa ordem do processo (adoptando-se, assim, uma solução análoga à estabelecida, em sede da coligação, no n.º 4 do art. 31.º).

III – O n.º 3 corresponde à norma que constava do n.º 2 do art. 1394.º, deixando, porém, de se reportar naturalmente à figura do inventário obrigatório.
Por outro lado, o n.º 4 do art. 77.º veio regulamentar expressamente qual o tribunal territorialmente competente para o processamento dos inventários cumulados.

SECÇÃO II
Das declarações do cabeça-de-casal e oposição dos interessados

ARTIGO 1338.º
Requerimento do inventário

1 – O requerente do inventário destinado a pôr termo à comunhão hereditária juntará documento comprovativo do óbito do autor da sucessão e indicará quem deve, nos termos da lei civil, exercer as funções de cabeça-de-casal.

2 – Ao cabeça-de-casal incumbe fornecer os elementos necessários para o prosseguimento do inventário.

I – Os n.ºs 1 e 2 correspondem, respectivamente, aos n.º 1 e 3 do art. 1326.º, na redacção anterior ao DL 227/94.
II – A legitimidade para requerer inventário cabe naturalmente às partes "principais", a que alude o n.º 1 do art. 1327.º.
III – O desaparecimento da figura do inventário obrigatório conduziu à eliminação da previsão que constava da anterior redacção do n.º 4 do art. 1326.º.

ARTIGO 1339.º
Nomeação, substituição, escusa ou remoção do cabeça-de-casal

1 – Para designar o cabeça-de-casal, o juiz pode colher as informações necessárias, e se, pelas declarações da pessoa designada, verificar que o encargo compete a outrem, deferi-lo-á a quem couber.

2 – O cabeça-de-casal pode ser substituído a todo o tempo, por acordo de todos os interessados directos na partilha e também do Ministério Público quando tiver intervenção principal no inventário.

3 – A substituição, escusa e remoção do cabeça-de-casal designado são incidentes do processo de inventário.

4 – Sendo impugnada a legitimidade do cabeça-de-casal, ou requerida escusa ou remoção deste, prossegue o inventário com o cabeça-de-casal designado, até ser decidido o incidente.

I – Os n.ᵒˢ 1 e 2 correspondem a idênticos preceitos do art. 1327.º, na redacção anterior ao DL n.º 227/94.
II – O n.º 3 é consequência da genérica previsão dos incidentes no inventário, constante do art. 1334.º – substituindo o regime que constava do art. 1399.º e seguintes.
III – O disposto no n.º 4 corresponde à regra que constava da parte final do n.º 3 do art. 1332.º, na sua anterior redacção, mantendo-se em funções o cabeça-de-casal designado até ser dirimido o incidente suscitado.

ARTIGO 1340.º
Declarações do cabeça-de-casal

1 – Ao ser citado, é o cabeça-de-casal advertido do âmbito das declarações que deve prestar e dos documentos que lhe incumbe juntar.

2 – Prestado o compromisso de honra do bom desempenho da sua função, o cabeça-de-casal presta declarações, que pode delegar em mandatário judicial, das quais deve constar:

a) A identificação do autor da herança, o lugar da sua última residência e a data e o lugar em que haja falecido;

b) A identificação dos interessados directos na partilha, bem como dos legatários, credores da herança e, havendo herdeiros legitimários, dos donatários, com indicação das respectivas residências actuais e locais de trabalho;

c) Tudo o mais necessário ao desenvolvimento do processo.

3 – No acto de declarações, o cabeça-de-casal apresentará os testamentos, convenções antenupciais, escrituras de doação e certidões de perfilhação que se mostrem necessárias, assim como a relação de todos os bens que hão-de figurar no inventário, ainda que a sua administração não lhe pertença, bem como as respectivas cópias, nos termos do artigo 152.º, n.º 2.

4 – Não estando em condições de apresentar todos os elementos exigidos, o cabeça-de-casal justificará a falta e pedirá fundamentadamente a prorrogação do prazo para os fornecer.

I – O disposto neste preceito corresponde, com alterações de pormenor, ao que constava dos n.ᵒˢ 3 e 4 do art. 1327.º, na redacção anterior ao DL n.º 227/94.
II – Para facilitar as citações, deve o cabeça-de-casal indicar as residências actuais e os locais de trabalho dos interessados que cumpre citar para o inventário.

Por outro lado, a circunstância de dever ser facultada aos interessados cópia da relação de bens, bem como dos demais documentos apresentados pelo cabeça-de-casal, justifica a exigência de cumprimento do disposto no n.º 2 do art. 152.º.

ARTIGO 1341.º
Citação dos interessados

1 – Quando o processo deva prosseguir, são citados para os seus termos os interessados directos na partilha, o Ministério Público, quando a sucessão seja deferida a incapazes, ausentes em parte incerta ou pessoas colectivas, os legatários, os credores da herança e, havendo herdeiros legitimários, os donatários.

2 – O requerente do inventário e o cabeça-de-casal são notificados do despacho que ordene as citações.

I – O art. 1341.º corresponde ao preceituado no n.º 1 do art. 1329.º; na redacção anterior ao DL n.º 227/94.

II – Face ao teor das declarações prestadas pelo cabeça-de-casal, compete ao juiz decidir do prosseguimento do inventário, nos termos do n.º 1, comportando, deste modo, este processo especial a prolação de um verdadeiro despacho liminar (cfr. art. 234.º, n.º 4, al. *a*) e 234-A, n.º 1), que era previsto no art. 1328.º, na redacção anterior, cumprindo ao juiz remover as dúvidas que se possam suscitar sobre a definição de quem sejam os interessados directos na partilha.

III – Quanto ao elenco dos citandos, o n.º 1 esclarece que não há lugar à citação, necessária e automática, do cônjuge do herdeiro – que apenas será citado quando, atento o regime de bens, for de considerar como interessado directo na partilha (cfr. anotação ao art. 1327.º).

Por outro lado – e em consonância com o âmbito e medida da legitimidade que lhes é conferida pelo n.º 2 do art. 1327.º – os donatários apenas serão citados quando existirem herdeiros legitimários, verificando-se, consequentemente, um risco de eventual redução por inoficiosidade das doações.

E o M. P. apenas é citado quando estiver em causa a partilha de herança deferida a incapazes, ausentes em parte incerta ou pessoas colectivas.

ARTIGO 1342.º
Forma de efectivar as citações

1 – O expediente a remeter aos citandos incluirá cópia das declarações prestadas pelo cabeça-de-casal, sendo os mesmos advertidos do âmbito da

sua intervenção, nos termos do artigo 1327.º, e da faculdade de deduzir oposição ou impugnação, nos termos dos artigos seguintes.

2 – Verificada, em qualquer altura, a falta de citação de algum interessado, é este citado com a cominação de que, se nada requerer no prazo de 15 dias, o processo se considera ratificado. Dentro desse prazo, é o citado admitido a exercer os direitos que lhe competiam, anulando-se o que for indispensável.

I – Relativamente à forma de efectivação das citações, o DL n.º 227/94 tinha optado, desde logo, pela via da citação postal, mesmo em relação a pessoas singulares.

A consagração genérica deste regime-regra, após a reforma operada pelo DL n.º 329-A/95, conduziu à eliminação do disposto nos n.ºˢ 1, 3 e 5 do preceito, mantendo-se apenas o seu n.º 2 – actual n.º 1 – segundo o qual, no acto de citação, devem os citandos (para além de ser advertidos da possibilidade de deduzir oposição e impugnação):

– receber cópia das declarações prestadas pelo cabeça-de-casal;
– ser advertidos e informados do âmbito e medida de legitimidade que lhes resulta do preceituado no art. 1327.º

II – O n.º 2 corresponde ao regime que constava do n.º 4 do art. 1329.º, na redacção anterior ao DL n.º 227/94, relativamente à falta de citação de algum interessado, ampliando para 15 dias o prazo para o mesmo se pronunciar.

Quanto aos credores da herança, cfr., porém, o limite que emerge do n.º 2 do art. 1331.º.

ARTIGO 1343.º
Oposição e impugnações

1 – Os interessados directos na partilha e o Ministério Público, quando haja sido citado, podem, nos 30 dias seguintes à citação, deduzir oposição ao inventário, impugnar a legitimidade dos interessados citados ou alegar a existência de outros, impugnar a competência do cabeça-de-casal ou as indicações constantes das suas declarações, ou invocar quaisquer excepções dilatórias.

2 – A faculdade prevista no número anterior pode também ser exercida pelo cabeça-de-casal e pelo requerente do inventário, contando-se o prazo de que dispõem da notificação do despacho que ordena as citações.

3 – Quando houver herdeiros legitimários, os legatários e donatários são admitidos a deduzir impugnação relativamente às questões que possam afectar os seus direitos.

I – Ampliam-se as situações em que é lícito aos interessados no inventário – dentro da medida da legitimidade que lhes é conferida art. 1327.º – deduzir oposição ao inventário ou impugnar a legitimação dos restantes ou qualquer matéria nele incluída. Assim – e relativamente aos interessados constantes da previsão do n.º 1 do art. 1327.º – é-lhes facultado, não apenas a dedução de oposição ao inventário ou a impugnação de legitimidade dos interessados citados e do cabeça-de-casal, mas também alegar a existência de outros interessados que no processo devam figurar, impugnar quaisquer das indicações constantes das declarações do cabeça-de-casal ou suscitar quaisquer excepções dilatórias (n.º 1).

II – O DL n.º 329-A/95 ampliou para 30 dias o prazo fixado no n.º 1 deste preceito, dada a pluralidade de fundamentos de impugnação invocáveis.

III – O n.º 2 corresponde à regra que constava do n.º 1 do art. 1333.º, na redacção anterior ao DL n.º 227/94.

IV – O disposto no n.º 3 constitui concretização, quanto aos donatários e legatários sujeitos a uma eventual redução por inoficiosidade, da regra formulada pelo n.º 2 do art. 1327.º.

Por outro lado – e como decorrência do disposto no n.º 3 deste art. 1327.º – continuam os meros credores da herança a não dispor de legitimidade para intervir ou requerer nestes incidentes, como afirmava o n.º 2 do art. 1333.º, na sua anterior redacção.

V – Por força do preceituado nos n.ºˢ 3 e 4 do art. 1348.º, quando o cabeça-de-casal tiver logo apresentado a relação de bens, estabelece-se o ónus de cumular a oposição e impugnações ao inventário com as eventuais reclamações contra aquela deduzidas, de modo a concentrar na fase inicial do processo a suscitação e discussão de todas as questões que possam relevar para o seu prosseguimento e realização ulterior da partilha.

ARTIGO 1344.º
Tramitação subsequente

1 – Deduzida oposição ou impugnação, nos termos do artigo anterior, são notificados para responder, em 15 dias, os interessados com legitimidade para intervir na questão suscitada.

2 – As provas são indicadas com os requerimentos e respostas; efectuadas as diligências probatórias necessárias, requeridas pelos interessados ou determinadas oficiosamente pelo juiz, é a questão decidida, sem prejuízo do disposto no artigo 1335.º.

I – Deduzida oposição ou impugnação, o processo de inventário continua a comportar um articulado-resposta, como já decorria, aliás, do preceituado no n.º 2 do art. 1332.º, na redacção anterior ao DL n.º 329-A/95, sendo notificados para responder à matéria da oposição ou impugnação os interessados que – de acordo com a medida de legitimidade que lhes é conferida pelo art. 1327.º – podem intervir na discussão da questão suscitada.

O regime das notificações é naturalmente, por força do estatuído no art. 1328.º, o da parte geral do CPC.

II – O DL n.º 329-A/95 ampliou para 15 dias o prazo do articulado-resposta.

III – Em sede de oposição, impugnações e resposta a elas deduzida, continua a vigorar a regra de que as provas são indicadas com os requerimentos e respostas, seguindo-se a prolação da decisão pelo juiz.

O disposto no n.º 2 deste preceito acentua, porém, em homenagem ao reforço dos poderes inquisitórios do juiz, a possibilidade de este determinar oficiosamente a realização de diligências probatórias.

IV – Ressalva-se, por outro lado, o regime estabelecido no art. 1335.º para as questões prejudiciais "essenciais" ao inventário, podendo o juiz abster-se de decidir (ou decidi-las provisoriamente) nos termos do citado art. 1335.º, n.ºs 1 e 3.

Deixa, por outro lado, de se exigir – como o fazia o n.º 2 do art. 1332.º, na redacção anterior à reforma – que as diligências probatórias a realizar sejam apenas as "estritamente indispensáveis" e que a decisão seja "imediatamente" proferida: na verdade, por força do preceituado nos arts. 1335.º e 1336.º, a decisão incidental de quaisquer questões no inventário não tem que ser uma "summaria cognitio", devendo o juiz decidir definitivamente – com o indispensável rigor e ponderação – quaisquer questões, salvo se a sua natureza e complexidade (atenta a necessidade de respeitar as garantias das partes) aconselhar a remessa dos interessados para os meios comuns ou a resolução meramente provisória da questão suscitada.

SECÇÃO III
Do relacionamento de bens

ARTIGO 1345.º
Relação de bens

1 – Os bens que integram a herança são especificados na relação por meio de verbas, sujeitas a uma só numeração, pela ordem seguinte: direitos de crédito, títulos de crédito, dinheiro, moedas estrangeiras, objectos de ouro, prata e pedras preciosas e semelhantes, outras coisas móveis e bens imóveis.

2 – As dívidas são relacionadas em separado, sujeitas a numeração própria.

3 – A menção dos bens é acompanhada dos elementos necessários à sua identificação e ao apuramento da sua situação jurídica.

4 – Não havendo inconveniente para a partilha, podem ser agrupados, na mesma verba, os móveis, ainda que de natureza diferente, desde que se destinem a um fim unitário e sejam de pequeno valor.

5 – As benfeitorias pertencentes à herança são descritas em espécie, quando possam separar-se do prédio em que foram realizadas, ou como simples crédito, no caso contrário; as efectuadas por terceiros em prédio da herança são descritas como dívidas, quando não possam ser levantadas por quem as realizou.

I – Quanto ao relacionamento dos bens objecto do inventário, as principais alterações introduzidas pelo DL n.º 227/94 traduziram-se na eliminação da primeira avaliação dos bens, cumprindo sempre ao cabeça-de-casal indicar o valor dos bens que relaciona, sujeito a subsequente contraditório dos interessados, bem como da formalidade consistente na descrição dos bens pela secretaria.

II – Os n.ºˢ 1, 2, 3 e 5 corrrespondem, no essencial, aos n.ºˢ 1, 2, 3 e 4 do art. 1337.º, na redacção anterior, impondo-se ao cabeça-de-casal (n.º 3) o fornecimento de todos os elementos relevantes para o apuramento da situação jurídica dos bens relacionados.

III – O disposto no n.º 4 deste artigo retoma solução que constava do n.º 4 do art. 901.º do Ant. 1993, permitindo o agrupamento de certas categorias de móveis, com vista a simplificar a realização da partilha.

ARTIGO 1346.º
Indicação do valor

1 – Além de os relacionar, o cabeça-de-casal indicará o valor que atribui a cada um dos bens.

2 – O valor dos prédios inscritos na matriz é o respectivo valor matricial, devendo o cabeça-de-casal exibir a caderneta predial actualizada ou apresentar a respectiva certidão.

3 – São mencionados como bens ilíquidos:

a) Os direitos de crédito ou de outra natureza, cujo valor não seja ainda possível determinar;

b) As partes sociais em sociedades cuja dissolução seja determinada pela morte do inventariado, desde que a respectiva liquidação não esteja concluída, mencionando-se, entretanto, o valor que tinham segundo o último balanço.

I – Corresponde, no essencial, ao regime que constava do art. 1338.º, na versão anterior ao DL n.º 227/94, com as modificações decorrentes de ter sido suprimida a primeira avaliação dos bens.

Ao cabeça-de-casal incumbe indicar o valor que atribui a todos os bens relacionados, apenas se procedendo a avaliação dos mesmos quando se frustrar o acordo acerca da partilha, surgindo tal avaliação como forma de evitar que a base de que se parte para as licitações possa estar falseada, permitindo eventualmente aos herdeiros mais abonados apropriar-se da totalidade do património hereditário (cfr. art. 1362.°).

II – No que se reporta à indicação do valor dos imóveis relacionados, o n.° 2 mantém a regra de determinação do seu valor, nesta fase inicial do relacionamento, com base na matriz existente – e não no respectivo valor "real" ou de mercado – de modo a obstar a um drástico agravamento, em todos os inventários, do valor das custas e, particularmente, do montante do imposto sucessório que seria devido: tal só ocorrerá se houver litígio entre os interessados, que os conduza a accionar o meio processual facultado pelo art. 1362.°.

III – O n.° 3 continua a mencionar como bens ilíquidos os direitos de crédito e as partes sociais, nas específicas circunstâncias que já eram previstas nos n.os 3 e 4 do art. 1338.°, na sua anterior redacção.

ARTIGO 1347.°
Relacionação dos bens que não se encontrem em poder do cabeça-de-casal

1 – Se o cabeça-de-casal declarar que está impossibilitado de relacionar alguns bens que estejam em poder de outra pessoa, é esta notificada para, no prazo designado, facultar o acesso a tais bens e fornecer os elementos necessários à respectiva inclusão na relação de bens.

2 – Alegando o notificado que os bens não existem ou não têm de ser relacionados, observar-se-á, com as necessárias adaptações, o disposto no n.° 3 do artigo 1349.°.

3 – Se o notificado não cumprir o dever de colaboração que lhe cabe, pode o juiz ordenar as diligências necessárias, incluindo a apreensão dos bens pelo tempo indispensável à sua inclusão na relação de bens.

I – Corresponde, no essencial, ao regime que constava do art. 1339.°, na redacção anterior ao DL n.° 227/94.

II – A alegação pelo notificado de que os bens que o cabeça-de-casal pretende relacionar não existem ou não devem ser incluídos no inventário é sujeita ao contraditório dos restantes interessados legítimos, nos termos previstos no n.° 3 do art. 1349.°, cumprindo ao juiz a dirimição da questão controvertida, em conformidade com o disposto no n.° 2 do art. 1344.°.

ARTIGO 1348.º
Reclamação contra a relação de bens

1 – Apresentada a relação de bens, são os interessados notificados de que podem reclamar contra ela, no prazo de 10 dias, acusando a falta de bens que devam ser relacionados, requerendo a exclusão de bens indevidamente relacionados, por não fazerem parte do acervo a dividir, ou arguindo qualquer inexactidão na descrição dos bens, que releve para a partilha.

2 – Os interessados são notificados da apresentação da relação de bens, enviando-se-lhes cópia da mesma.

3 – Quando o cabeça-de-casal apresentar a relação de bens ao prestar as suas declarações, a notificação prevista no número anterior terá lugar conjuntamente com as citações para o inventário.

4 – No caso previsto no número anterior, os interessados poderão exercer as faculdades previstas no n.º 1 no prazo da oposição.

5 – Findo o prazo previsto para as reclamações contra a relação de bens, dá-se vista ao Ministério Público, quando tenha intervenção principal no inventário, por 10 dias, para idêntica finalidade.

6 – As reclamações contra a relação de bens podem ainda ser apresentadas posteriormente, mas o reclamante será condenado em multa, excepto se demonstrar que a não pôde oferecer no momento próprio, por facto que não lhe é imputável.

I – Apresentada a relação de bens, os interessados com legitimidade para controverter a exacta delimitação do acervo dos bens hereditários são notificados, nos termos gerais, para deduzir, querendo, reclamação, destinada a (n.º 1):
– acusar a falta de bens;
– requerer a exclusão de bens nela indevidamente incluídos;
– arguir qualquer inexactidão na referenciação ou identificação dos bens, que possa relevar para a partilha;

II – A notificação é acompanhada de cópia de relação de bens (n.º 2), que o cabeça-de-casal teve de apresentar (art. 1340.º, n.º 3), devendo – sempre que possível – cumular-se esta reclamação com a oposição deduzida ao inventário, nos termos do art. 1343.º.

III – O DL 329-A/95 ampliou para 10 dias o prazo previsto nos n.ºˢ 1 e 5 deste artigo.

IV – Findo o prazo de reclamação dos interessados, é dada vista ao M. P., por 10 dias, quando tenha intervenção principal, nos termos do art. 1327.º, n.º 1, al. *b*), para exercer idêntica faculdade.

V – O n.º 6 vem esclarecer que a não apresentação de oportuna reclamação, no prazo legal, contra a relação de bens não tem efeito preclusivo, podendo ainda ser apresentada ulteriormente, mediante o pagamento de uma multa, quando se não baseie em factos objectiva ou subjectivamente supervenientes – adoptando, deste modo, regime análogo ao previsto para a junção tardia de documentos e pondo termo às dúvidas consentidas pelo n.º 3 do art. 1340.º, na redacção anterior ao DL 227/94. No sentido de que a reclamação contra a relação de bens pode ser apresentada a todo o tempo, até à sentença homologatória da partilha, vide Ac. STJ de 28/9/99, in BMJ 489, 280.

VI – Dada a remissão que o n.º 3 do art 1349.º faz para o perceituado no n.º 2 do art. 1344.º, os interessados têm o ónus de indicar as respectivas provas juntamente com a reclamação e a resposta (cfr. Ac. STJ in CJ I/98, pág. 54 e da Rel. in BMJ 486, 371).

ARTIGO 1349.º
Decisão das reclamações apresentadas

1 – Quando seja deduzida reclamação contra a relação de bens, é o cabeça-de-casal notificado para relacionar os bens em falta ou dizer o que se lhe oferecer sobre a matéria da reclamação, no prazo de 10 dias.

2 – Se o cabeça-de-casal confessar a existência dos bens cuja falta foi acusada, procederá imediatamente, ou no prazo que lhe for concedido, ao aditamento da relação de bens inicialmente apresentada, notificando-se os restantes interessados da modificação efectuada.

3 – Não se verificando a situação prevista no número anterior, notificam-se os restantes interessados com legitimidade para se pronunciarem, aplicando-se o disposto no n.º 2 do artigo 1344.º e decidindo o juiz da existência de bens e da pertinência da sua relacionação, sem prejuízo do disposto no artigo seguinte.

4 – A existência de sonegação de bens, nos termos da lei civil, é apreciada conjuntamente com a acusação da falta de bens relacionados, aplicando-se, quando provada, a sanção civil que se mostre adequada, sem prejuízo do disposto no n.º 2 do artigo 1336.º

5 – As alterações e aditamentos ordenados são sempre introduzidos pela secretaria na relação de bens inicialmente apresentada.

6 – O disposto neste artigo é aplicável, com as necessárias adaptações, quando terceiro se arrogue a titularidade de bens relacionados e requeira a sua exclusão do inventário.

I – Deduzida alguma reclamação contra a relação de bens, é o cabeça-de-casal notificado para sobre ela se pronunciar, em 10 dias (n.º 1).

Eliminou-se, no caso de se acusar a falta de bens relacionados, o efeito cominatório que estava previsto na segunda parte do n.º 1 do art. 1342.º, na redacção anterior ao DL n.º 227/94 – que podia conduzir a um insólito "ficcionar" de existência de bens no inventário, em função de um mero silêncio ou omissão negligente do cabeça-de-casal notificado.

Assim, se o cabeça-de-casal não confessar explicitamente que existem os bens cuja falta foi acusada, segue-se a tramitação subsequente prevista no n.º 3 deste preceito.

II – Se o cabeça-de-casal confessar a existência dos bens cuja falta foi acusada, procederá, logo que possível, ao aditamento da relação, sujeito a subsequente contraditório dos interessados com legitimidade para intervir na questão da definição do acervo hereditário (n.º 2).

III – No caso contrário – n.º 3 – (impugnação pelo cabeça-de-casal da reclamação deduzida, silêncio deste) são os demais interessados com legitimidade para intervir nesta controvérsia notificados, indicando logo as provas, cumprindo ao juiz decidir incidentalmente da questão da existência dos bens e da sua pertinência ao acervo hereditário, salvo se puder abster-se de proferir decisão sobre a matéria, nos termos previstos no art. 1350.º. Em sentido contrário, sustentando a existência daquele efeito cominatório, que pretende inferir das regras gerais, cf. Ac. RC in CJ III/01, pág. 30.

IV – O n.º 4 prevê o regime aplicável no caso de invocada sonegação de bens, nos termos do art. 2096.º do C. Civil, correspondendo, no essencial, ao disposto no art. 1343.º, na redacção anterior ao DL n.º 227/94.

Se a questão da sonegação – e respectivo sancionamento – não puder ser adequadamente solucionada, em termos incidentais, no âmbito do inventário, o juiz remeterá os interessados para os meios comuns, em conformidade com o genericamente estabelecido no n.º 2 do art. 1336.º.

V – Eliminada, como acto processual autónomo, a descrição de bens pela secretaria, o n.º 5 deste artigo manda inserir na relação de bens inicialmente apresentada quaisquer alterações consequentes à decisão das reclamações contra ela deduzidas.

VI – O n.º 6 corresponde ao regime que estava estabelecido no n.º 2 do art. 1344.º, na sua redacção anterior, relativamente à dedução por terceiros de pretensão sobre os bens relacionados.

ARTIGO 1350.º
Insuficiência das provas para decidir das reclamações

1 – Quando a complexidade da matéria de facto subjacente às questões suscitadas tornar inconveniente, nos termos do n.º 2 do artigo 1336.º, a decisão incidental das reclamações previstas no artigo anterior, o juiz abstém-se de decidir e remete os interessados para os meios comuns.

2 – No caso previsto no número anterior, não são incluídos no inventário os bens cuja falta se acusou e permanecem relacionados aqueles cuja exclusão se requereu.

3 – Pode ainda o juiz, com base numa apreciação sumária das provas produzidas, deferir provisoriamente as reclamações, com ressalva do direito às acções competentes, nos termos previstos no n.º 2 do artigo 1336.º.

I – Estabelece o regime aplicável no caso de insuficiência das provas para decidir das reclamações deduzidas quanto à relação de bens, aplicando nesta sede os princípios definidos pelo art. 1336.º.

Assim, se a complexidade da matéria de facto subjacente às questões suscitadas quanto ao relacionamento dos bens invializar a prolação de decisão incidental, no âmbito do próprio inventário, pode o juiz:
– abster-se de decidir, remetendo os interessados para os meios comuns, não sendo incluídos no inventário os bens cuja falta se acusou e permanecendo relacionados aqueles cuja exclusão se pretende;
– deferir provisoriamente as reclamações, com ressalva do direito às acções competentes, ficando os bens relacionados, embora a título precário e provisório.

II – Ao contrário do que ocorre com as questões prévias "essenciais", a que alude o art. 1335.º, a insuficiência de elementos para dirimir incidentalmente as reclamações deduzidas em sede de relacionamento dos bens nunca conduz à suspensão do processo, aplicando-se, no caso de remessa para os meios comuns, o disposto no n.º 2 deste artigo.

III – Como se referiu a propósito dos arts. 1335.º e 1336.º a decisão incidental das reclamações não pressupõe necessariamente que as questões suscitadas possam ser objecto, pela sua simplicidade, de uma indagação sumária, mediante apenas certos tipos de prova, "maxime" documental, seguida de decisão imediata: a regra é a de que o tribunal da causa tem competência para dirimir todas as questões que importem à exacta definição do acervo hereditário a partilhar, podendo excepcionalmente, em casos de particular complexidade – e para evitar redução das normais garantias das partes – usar as possibilidades que emergem do estatuído neste preceito.

IV – No sentido, de que as questões referentes à relação de bens só devem ser definitivamente decididas no inventário quando seja viável a formulação de um juízo com elevado grau de certeza, o que pressupõe que a matéria fáctica subjacente não revele grande complexidade, cf. Ac. STJ de 15/5/01, in CJ II/01, pág. 75.

ARTIGO 1351.º
Negação de dívidas activas

1 – Se uma dívida activa, relacionada pelo cabeça-de-casal, for negada pelo pretenso devedor, aplica-se o disposto no artigo 1348.º, com as necessárias adaptações.

2 – Sendo mantido o relacionamento do débito, a dívida reputa-se litigiosa; sendo eliminada, entende-se que fica salvo aos interessados o direito de exigir o pagamento pelos meios competentes.

I – Estabelece, no caso de negação de dívidas activas relacionadas pelo cabeça-de-casal, regime idêntico ao que já decorria do art. 1346.º, na redacção anterior ao DL n.º 227/94.

II – Distinguindo a situação, aqui prevista, de dívidas da herança sobre terceiros, dos casos em que está em causa um litígio entre os interessados directos na partilha acerca de um crédito do património comum sobre um deles – considerando que a decisão proferida no incidente de falta de relacionamento de bens é definitiva, podendo, após sentença homologatória da partilha, o interessado a que tal crédito for adjudicado executá-lo, vide Ac. Rel. in CJ IV/00, pág. 5.

SECÇÃO IV
Da conferência de interessados

ARTIGO 1352.º
Saneamento do processo e marcação da conferência de interessados

1 – Resolvidas as questões suscitadas susceptíveis de influir na partilha e determinados os bens a partilhar, o juiz designa dia para a realização de uma conferência de interessados.

2 – Os interessados podem fazer-se representar por mandatário com poderes especiais e confiar o mandato a qualquer outro interessado.

3 – Na notificação das pessoas convocadas faz-se sempre menção do objecto da conferência.

4 – Os interessados directos na partilha que residam na área do círculo judicial são notificados com obrigação de comparência pessoal, ou de se fazerem representar nos termos do n.º 2, sob cominação de multa.

5 – A conferência pode ser adiada, por determinação do juiz ou a requerimento de qualquer interessado, por uma só vez, se faltar algum dos convocados e houver razões para considerar viável o acordo sobre a composição dos quinhões.

I – Alcançada a fase da conferência de interessados, cumpre ao juiz o saneamento do processo, resolvendo as questões nele suscitadas que possam influir na partilha ou na determinação dos bens que integram o acervo hereditário.

Saneado o processo, é designada data para realização da conferência (n.º 1).

II – O n.º 2 deste artigo corresponde inteiramente ao n.º 2 do art. 1353.º, na redacção anterior ao DL n.º 227/94.

III – O disposto no n.º 3 corresponde ao preceituado no n.º 5 deste art. 1352.º, na sua anterior redacção. Sobre a necessidade de notificação dos interessados que não juntem procurações, cf. Ac. Rel. in CJ I/99, pág. 200.

IV – O n.º 4 impõe um dever de comparência aos interessados que residam na área do círculo judicial.

V – O disposto no n.º 5 é equivalente ao regime que constava do n.º 1 do art. 1353.º, na redacção anterior ao DL n.º 227/94. No sentido de que a renúncia de mandatário judicial, notificada logo ao interessado, não constitui motivo do adiamento da conferência, vide Ac. Rel. in CJ I/01, pág. 77.

ARTIGO 1353.º
Assuntos a submeter à conferência de interessados

1 – Na conferência podem os interessados acordar, por unanimidade, e ainda com a concordância do Ministério Público quando tiver intervenção principal no processo, que a composição dos quinhões se realize por algum dos modos seguintes:

a) Designando as verbas que hão-de compor, no todo ou em parte, o quinhão de cada um deles e os valores por que devem ser adjudicados;

b) Indicando as verbas ou lotes e respectivos valores, para que, no todo ou em parte, sejam objecto de sorteio pelos interessados;

c) Acordando na venda total ou parcial dos bens da herança e na distribuição do produto da alienação pelos diversos interessados.

2 – As diligências referidas nas alíneas *a)* e *b)* do número anterior podem ser precedidas de arbitramento, requerido pelos interessados ou oficiosamente determinado pelo juiz, destinado a possibilitar a repartição igualitária e equitativa dos bens pelos vários interessados.

3 – À conferência compete ainda deliberar sobre a aprovação do passivo e forma de cumprimento dos legados e demais encargos da herança.

4 – Na falta do acordo previsto no n.º 1, incumbe ainda à conferência deliberar sobre:

a) As reclamações deduzidas sobre o valor atribuído aos bens relacionados;

b) Quaisquer questões cuja resolução possa influir na partilha.

5 – A deliberação dos interessados presentes, relativa às matérias contidas no n.º 4, vincula os que não comparecerem, salvo se não tiverem sido devidamente notificados.

6 – O inventário pode findar na conferência, por acordo dos interessados e do Ministério Público, quando tenha intervenção principal, desde que o juiz considere que a simplicidade da partilha o consente; a partilha efectuada é, neste caso, judicialmente homologada em acta, da qual constarão todos os elementos relativos à composição dos quinhões e a forma da partilha.

I – O disposto nas alíneas *a*) e *b*) do n.º 1 deste preceito é idêntico ao que constava dos n.ºˢ 2 e 3 do art. 1352.º, na redacção anterior ao DL n.º 227/94.

Assim, podem os interessados acordar, por unanimidade, acerca da designação dos bens que hão-de integrar os respectivos quinhões e os valores por que devem ser adjudicados, bem como acerca da formação de verbas ou lotes para sorteio ulterior.

Tal acordo continua a carecer de acordo do M. P., quando se verifique situação enquadrável no art. 1327.º, n.º 1, al. *b*).

II – O preceituado na alínea *c*) do n.º 1 deste artigo é inovador, admitindo uma terceira modalidade de acordo entre os interessados, traduzido na venda, total ou parcial, dos bens da herança e repartição do produto da alienação pelos interessados, consoante as respectivas quotas – solução que já constava, aliás do art. 925.º, n.º 3, al. *c*) do Ant. 1993.

III – O n.º 2 admite que o acordo dos interessados acerca da composição dos quinhões, para adjudicação ou sorteio, possa ser precedida de "arbitramento", destinado a possibilitar a repartição igualitária e equitativa dos bens – aderindo, deste modo, à solução da nomeação de "partidores" que constava do art. 925.º, n.º 3, al. *d*) do Ant. 1993.

Tal arbitramento traduzir-se-á – após as alterações introduzidas pelos DL 329-A/95 e 180/96, "maxime" a eliminação das "acções de arbitramento" – na elaboração de um verdadeiro projecto de repartição dos bens por peritos, sendo aplicável à diligência o disposto quanto à prova pericial, com as adaptações necessárias, perspectivada como acto preparatório de um eventual acordo dos interessados directos na partilha (análogo à intervenção dos peritos na divisão em substância da coisa comum).

IV – Continua (n.º 3) a incumbir à conferência deliberar sobre a aprovação do passivo e forma de cumprimento dos legados e encargos da herança, nos termos regulados nos arts. 1354.º e seguintes.

V – Se se frustrar irremediavelmente o acordo sobre a partilha, admite-se que possa ser questionado o valor de quaisquer bens relacionados, com vista a obstar a que a base de que se parte para as licitações possa estar substancialmente falseada, permitindo aos interessados mais abonados apropriarem-se, com base em valores degradados, dos bens da herança.

Tais reclamações, deduzidas contra o valor que o cabeça-de-casal atribuíu aos bens relacionados, nos termos do art. 1346.º, serão – em regra – deduzidas e decididas na própria conferência, em conformidade com o disposto na alínea *a*) do n.º 4 deste art. 1353.º, conjugado com o art. 1362.º.

O art. 1362.º, permite, porém, a dedução destas reclamações sobre o valor até ao início das licitações, o que implica que a não dedução da reclamação sobre o valor dos bens relacionados não tem, até este preciso momento processual, eficácia preclusiva.

VI – O n.º 5 corresponde ao regime que resultava do disposto no n.º 6 do art. 1352.º, na redacção anterior ao DL n.º 227/94: a deliberação dos interessados presentes vincula os faltosos relativamente às matérias a que alude o n.º 4, salvo se tiver sido cometida a nulidade consistente na falta da respectiva notificação para a conferência.

VII – O n.º 6 prevê uma forma de decisão simplificada nos processos de inventário, em termos análogos aos que eram consentidos pelo art. 927.º do Ant. 1993: se a simplicidade do processo o permitir, alcançado o acordo na conferência sobre a composição e adjudicação dos quinhões, a partilha pode ser logo ditada e homologada em acta, dispensando-se a ulterior prolação do despacho a que alude o art. 1373.º e a elaboração do mapa, substituídos pelos elementos que ficam a constar da própria acta.

ARTIGO 1354.º
Reconhecimento das dívidas aprovadas por todos

1 – As dívidas que sejam aprovadas pelos interessados maiores e por aqueles a quem compete a aprovação por parte dos menores ou equiparados consideram-se judicialmente reconhecidas, devendo a sentença que julgue a partilha condenar no seu pagamento.

2 – Quando a lei exija certa espécie de prova documental para a demonstração da sua existência, não pode a dívida ser aprovada por parte dos menores ou equiparados sem que se junte ou exiba a prova exigida.

ARTIGO 1355.º
Verificação de dívidas pelo juiz

Se todos os interessados forem contrários à aprovação da dívida, o juiz conhecerá da sua existência quando a questão puder ser resolvida com segurança pelo exame dos documentos apresentados.

ARTIGO 1356.º
Divergências entre os interessados sobre a aprovação de dívidas

Havendo divergências sobre a aprovação da dívida, aplicar-se-á o disposto no artigo 1354.º à quota-parte relativa aos interessados que a aprovem; quanto à parte restante, será observado o determinado no artigo 1355.º.

ARTIGO 1357.º
Pagamento das dívidas aprovadas por todos

1 – As dívidas vencidas e aprovadas por todos os interessados têm de ser pagas imediatamente, se o credor exigir o pagamento.

2 – Não havendo na herança dinheiro suficiente e não acordando os interessados noutra forma de pagamento imediato, procede-se à venda de bens para esse efeito, designando o juiz os que hão-de ser vendidos, quando não haja acordo a tal respeito entre os interessados.

3 – Se o credor quiser receber em pagamento os bens indicados para a venda, ser-lhe-ão adjudicados pelo preço que se ajustar.

4 – O que fica disposto é igualmente aplicável às dívidas cuja existência seja verificada pelo juiz, nos termos dos artigos 1355.° e 1356.°, se o respectivo despacho transitar em julgado antes da organização do mapa da partilha.

ARTIGO 1358.°
Pagamento de dívidas aprovadas por alguns dos interessados

Sendo as dívidas aprovadas unicamente por alguns dos interessados, compete a quem as aprovou resolver sobre a forma de pagamento, mas a deliberação não afecta os demais interessados.

ARTIGO 1359.°
Deliberação dos legatários ou donatários sobre o passivo

1 – Aos legatários compete deliberar sobre o passivo e forma do seu pagamento, quando toda a herança seja dividida em legados, ou quando da aprovação das dívidas resulte redução de legados.

2 – Os donatários serão chamados a pronunciar-se sobre a aprovação das dívidas, sempre que haja sérias probabilidades de resultar delas a redução das liberalidades.

ARTIGO 1360.°
Dívida não aprovada por todos ou não reconhecida pelo tribunal

Se a dívida que dá causa à redução não for aprovada por todos os herdeiros, donatários e legatários ou não for reconhecida pelo tribunal, não poderá ser tomada em conta, no processo de inventário, para esse efeito.

ARTIGO 1361.º
Insolvência da herança

Quando se verifique a situação de insolvência da herança, seguir-se-ão, a requerimento de algum credor ou por deliberação de todos os interessados, os termos do processo de falência que se mostrem adequados, aproveitando-se, sempre que possível, o processado.

Tal preceito, na redacção do DL n.º 227/94, limitou-se a articular o regime de insolvabilidade da herança com o processo especial de recuperação da empresa e de falência – cfr. art. 27.º do respectivo CPE REF, aprovado pelo DL n.º 315/98 de 20 de Outubro – substituído actualmente pelo Código da Insolvência, aprovado pelo DL 53/04 (cfr. art. 2.º, n.º 1, al. *b*).

ARTIGO 1362.º
Reclamação contra o valor atribuído aos bens

1 – Até ao início das licitações, podem os interessados e o Ministério Público, quando tenha intervenção principal no inventário, reclamar contra o valor atribuído a quaisquer bens relacionados, por defeito ou por excesso, indicando logo qual o valor que reputam exacto.

2 – A conferência delibera, por unanimidade, sobre o valor em que se devem computar os bens a que a reclamação se refere.

3 – Não se altera, porém, o valor se algum dos interessados declarar que aceita a coisa pelo valor declarado na relação de bens ou na reclamação apresentada, consoante esta se baseie no excesso ou no insuficiente valor constante da relação, equivalendo tal declaração à licitação; se mais de um interessado aceitar, abre-se logo licitação entre eles, sendo a coisa adjudicada ao que oferecer maior lanço.

4 – Não havendo unanimidade na apreciação da reclamação deduzida, nem se verificando a hipótese prevista no número anterior, poderá requerer-se a avaliação dos bens cujo valor foi questionado, a qual será efectuada nos termos do artigo 1369.º

5 – As reclamações contra o valor atribuído aos bens podem ser feitas verbalmente na conferência.

I – Como atrás se referiu, o DL n.º 227/94 introduziu duas relevantes alterações ao processamento do inventário:

– eliminou a "primeira avaliação" dos bens (que estava prevista nos arts. 1347.º a 1349.º), cometendo sempre ao cabeça-de-casal a tarefa de indicar o valor dos bens relacionados, nos termos do art. 1346.º;
– derrogou o regime que constava dos arts. 1362.º e 1369.º, n.º 1, na sua anterior redacção, segundo o qual só era possível a reclamação por "excesso de avaliação" dos bens e a "segunda avaliação" só podia ter lugar nos casos excepcionais previstos na lei.

É sabido que a solução que vigorava anteriormente – e que confiava quase exclusivamente no mecanismo das licitações como forma de chegar ao apuramento do valor dos bens descritos no inventário por valor inferior ao real – sempre merecera reparos da doutrina, tendo o Ant. 1993, no seu art. 946.º, consentido aos interessados, em termos amplíssimos, a dedução de oposição ao resultado das licitações, requerendo avaliação de quaisquer bens, até ao encerramento do respectivo auto.

Este art. 1362.º limitou, porém, no n.º 1, o momento até ao qual é admissível o requerimento de avaliação de bens, de modo a evitar a inutilização de licitações já efectuadas, limitando tal faculdade, em consonância com os princípios da economia e da boa fé processual, "até ao início das licitações".

II – O reclamante pode impugnar o valor de quaisquer bens relacionados – por defeito ou por excesso – tendo, porém, o ónus de indicar logo o valor que reputa exacto (n.º 1).

III – Incumbe à conferência deliberar, por unanimidade, sobre o valor em que os bens se devem computar (n.º 2).

IV – O disposto no n.º 3 deste artigo tem correspondência com o que constava do n.º 2 do art. 1362.º, na redacção anterior ao DL n.º 227/94: não se altera o valor do bem relacionado se algum dos interessados declarar que aceita o mais alto dos valores em controvérsia, equivalendo tal declaração a licitação.

V – Não havendo unanimidade na apreciação pela conferência da reclamação deduzida – por excesso ou defeito – quanto ao valor (e não ocorrendo o caso previsto no n.º 3), pode o interessado requerer avaliação do bem em causa, a qual se processa nos termos simplificados do art. 1369.º (intervenção de um único perito, judicialmente designado).

VI – O disposto no n.º 5 coincide com o preceituado no n.º 4 do art. 1362.º, na redacção anterior ao DL n.º 227/94, valendo a forma simplificada e oral de dedução das reclamações contra o valor tanto para os casos de alegado defeito, como de excesso.

SECÇÃO V
Da avaliação dos bens e licitações

ARTIGO 1363.º
Abertura das licitações

1 – Não tendo havido acordo, nos termos do n.º 1 do artigo 1353.º, e resolvidas as questões referidas no n.º 4 deste artigo, quando tenham lugar, abre-se licitação entre os interessados.

2 – Estão excluídos da licitação os bens que, por força de lei ou de negócio, não possam ser dela objecto, os que devam ser preferencialmente atribuídos a certos interessados e os que hajam sido objecto de pedido de adjudicação, nos termos do artigo seguinte.

I – O n.º 2, aditado pelo DL n.º 227/94, trata de enumerar os bens que devem considerar-se excluídos das licitações, reportando-se, em primeiro lugar, aos que, por força da lei ou de negócio jurídico, dela não possam ser objecto. Tal previsão corresponde à que constava do n.º 3 do art. 1364.º, na sua redacção anterior.

II – O preceito vem admitir a adjudicação de bens – que consequentemente ficarão subtraídos às licitações – não apenas nos casos em que a lei civil estabelece atribuições preferenciais a certos interessados (art. 2103.º-A e 2103.º-B do C.Civil) e na hipótese prevista no n.º 1 do art. 1364.º (que já constava da anterior redacção do preceito), mas também quando algum interessado formular pedido de adjudicação relativamente a bens fungíveis ou títulos de crédito, na proporção da sua quota, nos termos prescritos no n.º 2 do art. 1364.º.

III – No sentido de que as licitações não têm outros limites que não sejam os do n.º 2 deste artigo e dos arts. 1376.º e 1377.º, nada obstando a que, em cumulações de inventários de cônjuges casados segundo o regime da comunhão geral, as licitações podem ser feitas pelos herdeiros de ambos, salvo se houver bens excluídos da comunhão cf. Ac. STJ de 23/3/00, in BMJ 495, 327.

IV – A transferência de propriedade dos bens licitados apenas ocorre com a sentença homologatória da partilha, pelo que os respectivos frutos civis pertencem, até esse momentos, ao acervo hereditário – Ac. Rel. in CJ IV/02, pág. 13.

ARTIGO 1364.º
Pedidos de adjudicação de bens

1 – Se estiverem relacionados bens indivisíveis de que algum dos interessados seja comproprietário, excedendo a sua quota metade do respectivo valor e fundando-se o seu direito em título que a exclua do inventário ou, não havendo herdeiros legitimários, em doação ou legado do autor da herança, pode requerer que a parte relacionada lhe seja adjudicada.

2 – Pode igualmente qualquer interessado formular pedido de adjudicação relativamente a quaisquer bens fungíveis ou títulos de crédito, na proporção da sua quota, salvo se a divisão em espécie puder acarretar prejuízo considerável.

3 – Os pedidos de adjudicação a que se referem os números anteriores são deduzidos na conferência de interessados; os restantes interessados pre-

sentes são ouvidos sobre as questões da indivisibilidade ou do eventual prejuízo causado pela divisão, podendo qualquer dos interessados requerer que se proceda à avaliação.

I – A hipótese prevista no n.º 1 corresponde, no essencial, à que constava dos n.ºˢ 1 e 2 do preceito, na redacção anterior ao DL n.º 227/94, reportando-se aos bens indivisíveis de que algum dos interessados na partilha seja comproprietário, por título de aquisição que não radique em liberalidade do inventariado ou – não havendo herdeiros legitimários (e, por-tanto, o risco de inoficiosidade) – por doação ou legado do "de cujus". Neste caso, continua a reconhecer-se ao contitular cuja quota excede metade do valor do bem a faculdade de requerer a adjudicação das restantes quotas, incluídas no inventário, deste modo consolidando na sua esfera jurídica a plena titularidade do bem em causa.

II – A hipótese regulada no n.º 2 é inovatória, fundando-se no regime que constava do n.º 2 do art. 937.º do Ant. 1993.

Com vista a propiciar uma justa repartição dos bens entre os herdeiros, permite-se que seja formulado pedido de adjudicação em espécie, na proporção da sua quota, relativamente a quaisquer bens fungíveis ou títulos de crédito, cuja divisão em espécie não acarrete dificuldade ou prejuízo considerável.

III – O n.º 3 estabelece a disciplina procedimental dos pedidos de adjudicação previstos nos n.ºˢ 1 e 2.

Tais pedidos devem ser deduzidos no decurso de conferência de interessados, são sujeitos ao contraditório dos demais interessados, no que se refere aos respectivos pressupostos, "maxime" a questão da divisibilidade ou indivisibilidade do bem, podendo qualquer deles requerer a respectiva avaliação, em termos semelhantes aos previstos no art. 1362.º – e cumprindo ao juiz dirimir a controvérsia sobre a divisibilidade, após produção das provas necessárias.

ARTIGO 1365.º
Avaliação de bens doados no caso de ser arguida inoficiosidade

1 – Se houver herdeiros legitimários e algum interessado declarar que pretende licitar sobre os bens doados pelo inventariado, a oposição do donatário, seja ou não conferente, tem como consequência poder requerer-se a avaliação dos bens a que se refira a declaração.

2 – Feita a avaliação e concluídas as licitações nos outros bens, a declaração fica sem efeito se vier a apurar-se que o donatário não é obrigado a repor bens alguns.

3 – Quando se reconheça, porém, que a doação é inoficiosa, observar-se-á o seguinte:

a) Se a declaração recair sobre prédio susceptível de divisão, é admitida a licitação sobre a parte que o donatário tem de repor, não sendo admitido a ela o donatário;

b) Se a declaração recair sobre coisa indivisível, abrir-se-á licitação sobre ela entre os herdeiros legitimários, no caso de a redução exceder metade do seu valor, pois se a redução for igual ou inferior a essa metade, fica o donatário obrigado a repor o excesso;

c) Não se dando o caso previsto nas alíneas anteriores, o donatário pode escolher, entre os bens doados, os necessários para o preenchimento da sua quota na herança e dos encargos da doação, reporá os que excederem o seu quinhão e sobre os bens repostos abrir-se-á licitação, se for requerida ou já o estiver, não sendo o donatário admitido a licitar.

4 – A oposição do donatário deve ser declarada no próprio acto da conferência, se estiver presente. Não o estando, deve o donatário ser notificado, antes das licitações, para manifestar a sua oposição.

5 – A avaliação pode ser requerida até ao fim do prazo para exame do processo para a forma da partilha.

As alterações introduzidas pelo DL n.º 227/94 nos n.ᵒˢ 1, 2 e 5 deste preceito são mera decorrência da eliminação da figura da "segunda avaliação" dos bens.

ARTIGO 1366.º
Avaliação de bens legados no caso de ser arguida inoficiosidade

1 – Se algum interessado declarar que pretende licitar sobre bens legados, pode o legatário opor-se nos termos do n.º 4 do artigo anterior.

2 – Se o legatário se opuser, não tem lugar a licitação, mas é lícito aos herdeiros requerer a avaliação dos bens legados quando a sua baixa avaliação lhes possa causar prejuízo.

3 – Na falta de oposição por parte do legatário, os bens entram na licitação, tendo o legatário direito ao valor respectivo.

4 – Ao prazo para requerer a avaliação é aplicável o disposto no n.º 5 do artigo anterior.

As alterações introduzidas nos n.ᵒˢ 2 e 4 do preceito pelo DL n.º 227/94 são mera consequência da eliminação da "segunda avaliação" dos bens.

ARTIGO 1367.º
Avaliação a requerimento do donatário ou legatário, sendo as liberalidades inoficiosas

1 – Quando do valor constante da relação de bens resulte que a doação ou o legado são inoficiosos, pode o donatário ou o legatário, independentemente das declarações a que se referem os artigos anteriores, requerer avaliação dos bens doados ou legados, ou de quaisquer outros que ainda o não tenham sido.

2 – Pode também o donatário ou legatário requerer a avaliação de outros bens da herança quando só em face da avaliação dos bens doados ou legados e das licitações se reconheça que a doação ou legado tem de ser reduzida por inoficiosidade.

3 – A avaliação a que se refere este artigo pode ser requerida até ao exame do processo para a forma da partilha.

Corresponde ao preceito idêntico, na redacção anterior ao DL n.º 227/94, com as alterações decorrentes do desparecimento da "primeira" e "segunda" avaliação.

Assim, o juízo liminar do donatário ou legatário sobre o risco de inoficiosidade terá de se fundar no valor constante da relação de bens (e não na "primeira avaliação"); e a avaliação que venha a ter lugar em consequência do requerimento previsto neste preceito será, em muitos casos, a "primeira avaliação" dos bens.

ARTIGO 1368.º
Consequências da inoficiosidade do legado

1 – Se o legado for inoficioso, o legatário reporá, em substância, a parte que exceder, podendo sobre essa parte haver licitação, a que não é admitido o legatário.

2 – Sendo a coisa legada indivisível, observar-se-á o seguinte:

a) Quando a reposição deva ser feita em dinheiro, qualquer dos interessados pode requerer avaliação da coisa legada;

b) Quando a reposição possa ser feita em substância, o legatário tem a faculdade de requerer licitação na coisa legada.

3 – É aplicável também ao legatário o disposto na alínea *c)* do n.º 3 do artigo 1365.º.

A alteração introduzida pelo DL n.º 227/94 na alínea *a)* do n.º 2 deste preceito é mera decorrência do desaparecimento da figura da "segunda avaliação" dos bens.

279

ARTIGO 1369.º
Realização da avaliação

A avaliação dos bens que integram cada uma das verbas da relação é efectuada por um único perito, nomeado pelo tribunal, aplicando-se o preceituado na parte geral do Código, com as necessárias adaptações.

I – Simplifica substancialmente o regime de avaliação dos bens relacionados, amplamente facultada aos interessados nos arts. 1353.º, n.º 4, al. *a*), 1362.º, 1364.º, n.º 3 e nos preceitos antecedentes, reportados aos casos de possível inoficiosidade.
Assim, tal avaliação é efectuada por um único perito, designado pelo tribunal, o que implica derrogação do preceituado no art. 569.º.
II – A remissão feita para a parte geral do Código não inviabiliza, em absoluto, a realização de segunda avaliação no inventário, cumprindo, porém, a quem a requeira convencer que ocorre deficiência na primeira perícia que dificulta substancialmente o alcançar dos fins do inventário (nomeadamente, quando fundadamente se alegue que ocorreu avaliação desproporcionada, susceptível de inquinar a base das licitações) – cfr., em sentidos diferentes, sobre esta questão os Acs. Rel. in CJ II/98, pág. 201 e IV/98, pág. 44.

ARTIGO 1370.º
Quando se faz a licitação

1 – A licitação tem lugar, sendo possível, no mesmo dia da conferência de interessados e logo em seguida a ela.
2 – É permitido desistir da declaração de que se pretende licitar até ao momento em que a respectiva verba seja posta a lanços; mas nem por isso a verba deixa de ser posta em licitação.

ARTIGO 1371.º
Como se faz a licitação

1 – A licitação tem a estrutura de uma arrematação a que somente são admitidos os herdeiros e o cônjuge meeiro, salvos os casos especiais em que, nos termos dos artigos anteriores, deva ser admitido o donatário ou o legatário.
2 – Cada verba é licitada de per si, salvo se todos concordarem na formação de lotes para este efeito, ou se houver algumas que não possam separar-se sem inconveniente.

3 – Podem diversos interessados, por acordo, licitar na mesma verba ou lote para lhes ser adjudicado em comum na partilha.

No sentido de que é válido o negócio jurídico pelo qual um interessado no inventário se obriga a pagar certa quantia a outro interessado, se este não licitar, cf. Ac. Rel in CJ IV/00, pág. 35.

ARTIGO 1372.º
Anulação da licitação

1 – Se o Ministério Público entender que o representante de algum incapaz ou equiparado não defendeu devidamente, na licitação, os direitos e interesses do seu representado, requererá imediatamente, ou dentro do prazo de 10 dias, a contar da licitação, que o acto seja anulado na parte respectiva, especificando claramente os fundamentos da sua arguição.

2 – Ouvido o arguido, conhecer-se-á da arguição e, sendo procedente, decretar-se-á a anulação, mandando-se repetir o acto e cometendo-se ao Ministério Público a representação do incapaz.

3 – No final da licitação de cada dia pode o Ministério Público declarar que não requererá a anulação do que nesse dia se tenha feito.

I – O DL n.º 329-A/95, para além de ampliar para 10 dias o prazo para o M. P. requerer a anulação de licitação, com fundamento em negligência do representante legal que nela participou, repristinou a redacção originária do n.º 1 do preceito (alterado pelo DL n.º 227/94) conferindo tal poder-dever, quer relativamente a "incapazes", quer a sujeitos a eles "equiparados" – de modo a abarcar, não apenas os ausentes, mas também as pessoas colectivas (art. 1327.º, n.º 1, al. *b*).

II – De salientar que o n.º 2, ao prever a repetição da licitação, apenas comete ao M. P. a representação do incapaz – o que parece implicar que, sendo licitante pessoa colectiva através do seu representante, não lhe competirá tal representação, cumprindo aos órgãos estatutários providenciar pela substituição do representante legal que haja, na primeira licitação, actuado de forma negligente.

SECÇÃO VI
Da partilha

ARTIGO 1373.º
Despacho sobre a forma da partilha

1 – Cumprido o que fica disposto nos artigos anteriores, são ouvidos sobre a forma da partilha os advogados dos interessados e o Ministério Público, nos termos aplicáveis do artigo 1348.º.

2 – Nos 10 dias seguintes proferir-se-á despacho determinativo do modo como deve ser organizada a partilha. Neste despacho são resolvidas todas as questões que ainda o não tenham sido e que seja necessário decidir para a organização do mapa da partilha, podendo mandar-se proceder à produção da prova que se julgue necessária. Mas se houver questões de facto que exijam larga instrução, serão os interessados remetidos nessa parte para os meios comuns.

3 – O despacho determinativo da forma da partilha só pode ser impugnado na apelação interposta da sentença da partilha.

I – Envolvendo a forma da partilha questões de direito, o n.º 1, na redacção do DL n.º 227/94, estabelece que sobre tal matéria apenas se deverão pronunciar os advogados dos interessados e o M. P., em consonância com a regra constante do n.º 3 do art. 32.º.

II – Do ponto de vista procedimental, o preceito manda seguir os termos do art. 1348.º, relativos à reclamação contra a relação de bens: tal implica que os advogados dos interessados são notificados para, no prazo de 10 dias, se pronunciarem sobre a forma da partilha, facultando-se de seguida o processo ao M. P.; que dispõe de idêntico prazo para a vista (art. 1348.º, n.º 5) quando tenha intervenção principal no inventário.

ARTIGO 1374.º
Preenchimento dos quinhões

No preenchimento dos quinhões observar-se-ão as seguintes regras:
a) Os bens licitados são adjudicados ao respectivo licitante, tal como os bens doados ou legados são adjudicados ao respectivo donatário ou legatário;
b) Aos não conferentes ou não licitantes são atribuídos, quando possível, bens da mesma espécie e natureza dos doados e licitados. Não sendo isto possível, os não conferentes ou não licitantes são inteirados em outros bens da herança, mas se estes forem de natureza diferente da dos bens doados ou

licitados, podem exigir a composição em dinheiro, vendendo-se judicialmente os bens necessários para obter as devidas quantias.

O mesmo se observará em benefício dos co-herdeiros não legatários, quando alguns dos herdeiros tenham sido contemplados com legados;

c) Os bens restantes, se os houver, são repartidos à sorte entre os interessados, por lotes iguais;

d) Os créditos que sejam litigiosos ou que não estejam suficientemente comprovados e os bens que não tenham valor são distribuídos proporcionalmente pelos interessados.

A modificação introduzida pelo DL n.º 329-A/95 no texto da alínea *b)* é mera decorrência da eliminação da hasta pública.

ARTIGO 1375.º
Mapa da partilha

1 – Recebido o processo com o despacho sobre a forma da partilha, a secretaria, dentro de 10 dias, organiza o mapa da partilha, em harmonia com o mesmo despacho e com o disposto no artigo anterior.

2 – Para a formação do mapa acha-se, em primeiro lugar, a importância total do activo, somando-se os valores de cada espécie de bens conforme as avaliações e licitações efectuadas e deduzindo-se as dívidas, legados e encargos que devam ser abatidos; em seguida, determina-se o montante da quota de cada interessado e a parte que lhe cabe em cada espécie de bens; por fim, faz-se o preenchimento de cada quota com referência aos números das verbas da descrição.

3 – Os lotes que devam ser sorteados são designados por letras.

4 – Os valores são indicados somente por algarismos. Os números das verbas da descrição serão indicados por algarismos e por extenso e quando forem seguidos apontam-se só os limites entre os quais fica compreendida a numeração. Se aos co-herdeiros couberem fracções de verbas, tem de mencionar-se a fracção.

5 – Em cada lote deve sempre indicar-se a espécie de bens que o constituem.

ARTIGO 1376.º
Excesso de bens doados, legados ou licitados

1 – Se a secretaria verificar, no acto da organização do mapa, que os bens doados, legados ou licitados excedem a quota do respectivo interessado ou a parte disponível do inventariado, lançará no processo uma informação, sob a forma de mapa, indicando o montante do excesso.

2 – Se houver legados ou doações inoficiosas, o juiz ordena a notificação dos interessados para requererem a sua redução nos termos da lei civil, podendo o legatário ou donatário escolher, entre os bens legados ou doados, os necessários a preencher o valor que tenha direito a receber.

O preceituado no n.º 2, na redacção do DL n.º 227/94, vem estabelecer que a redução dos legados ou doações que – face ao mapa de partilha – se verifique padecerem de inoficiosidade depende de iniciativa dos interessados, conforme resulta da lei civil (art. 2168.º e seguintes do C. Civil): estatui o art. 2169.º deste código que as liberalidades inoficiosas são redutíveis, a requerimento dos herdeiros legitimários ou dos seus sucessores, em tanto quanto for necessário para que a legítima seja preenchida.

Cumpre, deste modo, ao juiz, em consonância com a regra do dispositivo, ordenar a notificação daqueles interessados para exercerem, querendo, no inventário a faculdade que lhes é conferida por tal preceito.

ARTIGO 1377.º
Opções concedidas aos interessados

1 – Os interessados a quem hajam de caber tornas são notificados para requerer a composição dos seus quinhões ou reclamar o pagamento das tornas.

2 – Se algum interessado tiver licitado em mais verbas do que as necessárias para preencher a sua quota, a qualquer dos notificados é permitido requerer que as verbas em excesso ou algumas lhe sejam adjudicadas pelo valor resultante da licitação, até ao limite do seu quinhão.

3 – O licitante pode escolher, de entre as verbas em que licitou, as necessárias para preencher a sua quota, e será notificado para exercer esse direito, nos termos aplicáveis do n.º 2 do artigo anterior.

4 – Sendo o requerimento feito por mais de um interessado e não havendo acordo entre eles sobre a adjudicação, decide o juiz, por forma a conseguir o maior equilíbrio dos lotes, podendo mandar proceder a sorteio ou autorizar a adjudicação em comum na proporção que indicar.

I – No sentido de que o direito de escolha, previsto no n.º 3, só tem lugar quando tenha havido licitações, não tendo cabimento perante adjudicação consensual de verbas ou da composição dos quinhões, veja-se o Ac. Rel. in CJ V/98, pág. 12.

II – O despacho decisório da composição dos quinhões, previsto no n.º 4, não decorre directamente, nem está compreendido, no despacho determinativo da partilha, pelo que a sua impugnação é autónoma da referente à sentença homologatória (Ac. STJ in CJ III/98, pág. 82).

III – No sentido de que, nos casos de licitação em comum, não é lícito a cada um dos licitantes em excesso escolher individualmente os bens, optando por uma concreta verba antes licitada em grupo, cf. Ac. STJ de 25/3/99, in CJ II/99, pág. 35.

IV – Sobre o direito de escolha do licitante, previsto no n.º 3, cf. o Ac. Rel. in CJ I/03, pág. 249. Cf. ainda o Ac. STJ de 15/5/01, in CJ II/01, pág. 87, em que se entende que o direito de escolher as verbas necessárias para o preenchimento da sua quota é exclusivo do licitante, devendo o não licitante requerer a composição do seu quinhão em abstracto, não sendo vinculante a preferência que, porventura, indiquem.

ARTIGO 1378.º
Pagamento ou depósito das tornas

1 – Reclamado o pagamento das tornas, é notificado o interessado que haja de as pagar, para as depositar.

2 – Não sendo efectuado o depósito, podem os requerentes pedir que das verbas destinadas ao devedor lhes sejam adjudicadas, pelo valor constante da informação prevista no artigo 1376.º, as que escolherem e sejam necessárias para preenchimento das suas quotas, contanto que depositem imediatamente a importância das tornas que, por virtude da adjudicação, tenham de pagar. É aplicável neste caso o disposto no n.º 4 do artigo anterior.

3 – Podem também os requerentes pedir que, transitada em julgado a sentença, se proceda no mesmo processo à venda dos bens adjudicados ao devedor até onde seja necessário para o pagamento das tornas.

4 – Não sendo reclamado o pagamento, as tornas vencem os juros legais desde a data da sentença de partilhas e os credores podem registar hipoteca legal sobre os bens adjudicados ao devedor ou, quando essa garantia se mostre insuficiente, requerer que sejam tomadas, quanto aos móveis, as cautelas prescritas no artigo 1384.º.

Os juros relativos a tornas contam-se desde a data da sentença de partilhas, se não tiver sido reclamado o respectivo pagamento no momento do art. 1377.º, e contar-se-ão a partir do fim do prazo para efectuar o seu depósito, no caso de o pagamento ter sido reclamado, mas não realizado, sendo o procedimento referido no n.º 3 o adequado para exigir o pagamento coercivo dos juros relativos a tornas (Ac. STJ in BMJ 469, pág. 388). Cf. ainda os acs. Rel. in CJ II/98, pág. 36, e V/02, pág. 233, considerando-se neste que, requerendo o credor de tornas a venda dos bens, prevista no n.º 3, é suficiente para sustação desta o depósito das tornas devidas.

ARTIGO 1379.º
Reclamações contra o mapa

1 – Organizado o mapa, o juiz, rubricando todas as folhas e confirmando a ressalva das emendas, rasuras ou entrelinhas, pô-lo-á em reclamação.

2 – Os interessados podem requerer qualquer rectificação ou reclamar contra qualquer irregularidade e nomeadamente contra a desigualdade dos lotes ou contra a falta de observância do despacho que determinou a partilha.

Em seguida dá-se vista ao Ministério Público para o mesmo fim, se tiver intervenção principal no inventário.

3 – As reclamações são decididas nos 10 dias seguintes, podendo convocar-se os interessados a uma conferência quando alguma reclamação tiver por fundamento a desigualdade dos lotes.

4 – No mapa far-se-ão as modificações impostas pela decisão das reclamações. Se for necessário, organizar-se-á novo mapa.

A alteração introduzida no n.º 2 pelo DL n.º 227/94 é mera consequência da eliminação da figura do inventário "obrigatório". E o DL 329-A/95 ampliou o prazo referido no n.º 3.

ARTIGO 1380.º
Sorteio dos lotes

1 – Em seguida procede-se ao sorteio dos lotes, se a ele houver lugar, entrando numa urna tantos papéis quantos os lotes que devem ser sorteados, depois de se ter escrito em cada papel a letra correspondente ao lote que representa; na extracção dos papéis dá-se o primeiro lugar ao meeiro do inventariado; quanto aos co-herdeiros, regula a ordem alfabética dos seus nomes.

2 – O juiz tira as sortes pelos interessados que não compareçam; e, à medida que se for efectuando o sorteio, averba por cota no processo o nome do interessado a quem caiba cada lote.

3 – Concluído o sorteio, os interessados podem trocar entre si os lotes que lhes tenham cabido.

4 – Para a troca de lotes pertencentes a menores e equiparados é necessária autorização judicial, ouvido o Ministério Público; tratando-se de inabilitado, a troca não pode fazer-se sem anuência do curador.

ARTIGO 1381.º
Segundo e terceiro mapas

1 – Quando haja cônjuge meeiro, o mapa consta de dois montes; e determinado que seja o do inventariado, organiza-se segundo mapa para a divisão dele pelos seus herdeiros.

Se os quinhões destes forem desiguais, por haver alguns que sucedam por direito de representação, achada a quota do representado, forma-se terceiro mapa para a divisão dela pelos representantes.

Se algum herdeiro houver de ser contemplado com maior porção de bens, formar-se-ão, sendo possível, os lotes necessários para que o sorteio se efectue entre lotes iguais.

2 – Quando o segundo mapa não puder ser organizado e sorteado no acto do sorteio dos lotes do primeiro e quando o terceiro também o não possa ser no acto do sorteio dos lotes do segundo, observar-se-ão, não só quanto à organização mas também quanto ao exame e sorteio do segundo e terceiro mapas, as regras que ficam estabelecidas relativamente ao primeiro.

ARTIGO 1382.º
Sentença homologatória da partilha

1 – O processo é concluso ao juiz para, no prazo de cinco dias, proferir sentença homologando a partilha constante do mapa e as operações de sorteio.

2 – Da sentença homologatória da partilha cabe recurso de apelação, com efeito meramente devolutivo.

ARTIGO 1383.º
Responsabilidade pelas custas

1 – As custas do inventário são pagas pelos herdeiros, pelo meeiro e pelo usufrutuário de toda a herança ou de parte dela, na proporção do que

recebam, respondendo os bens legados subsidiariamente pelo pagamento; se a herança for toda distribuída em legados, as custas são pagas pelos legatários na mesma proporção.

2 – Às custas dos incidentes e recursos é aplicável o disposto nos artigos 445.º e seguintes.

ARTIGO 1384.º
Entrega de bens antes de a sentença passar em julgado

1 – Se algum dos interessados quiser receber os bens que lhe tenham cabido em partilha, antes de a sentença passar em julgado, observar-se-á o seguinte:

a) No título que se passe para o registo e posse dos bens imóveis declarar-se-á que a sentença não passou em julgado, não podendo o conservador registar a transmissão sem mencionar essa circunstância;

b) Os papéis de crédito sujeitos a arverbamento são averbados pela entidade competente com a declaração de que o interessado não pode dispor deles enquanto a sentença não passar em julgado;

c) Quaisquer outros bens só são entregues se o interessado prestar caução, que não compreende os rendimentos, juros e dividendos.

2 – Se o inventário prosseguir quanto a alguns bens por se reconhecer desde logo que devem ser relacionados, mas subsistirem dúvidas quanto à falta de bens a conferir, o conferente não recebe os que lhe couberem em partilha sem prestar caução ao valor daqueles a que não terá direito se a questão vier a ser decidida contra ele.

3 – As declarações feitas no registo ou no averbamento produzem o mesmo efeito que o registo das acções. Este efeito subsiste enquanto, por despacho judicial, não for declarado extinto.

I – O regime que constava do n.º 2 deste preceito, na redacção anterior ao DL n.º 227//94, conexo com o tema das questões prejudiciais "essenciais" ao inventário, passou a constar do n.º 4 do art. 1335.º; que regulamenta tal matéria.

II – A redacção do n.º 2 deste art. 1384.º reproduz o regime que constava do n.º 3 do art. 1341.º, na redacção anterior ao DL n.º 227/94.

III – No sentido de que o recebimento dos bens, aqui previsto, pressupõe a prolação (embora dispense o trânsito) da sentença, cf. Ac. Rel. in CJ III/98, pág. 187.

ARTIGO 1385.º
Nova partilha

1 – Tendo de proceder-se a nova partilha por efeito da decisão do recurso ou da causa, o cabeça-de-casal entra imediatamente na posse dos bens que deixaram de pertencer ao interessado que os recebeu.

2 – O inventário só é reformado na parte estritamente necessária para que a decisão seja cumprida, subsistindo sempre a avaliação e a descrição, ainda que haja completa substituição de herdeiros.

3 – Na sentença que julgue a nova partilha, ou por despacho, quando não tenha de proceder-se a nova partilha, serão mandados cancelar os registos ou averbamentos que devam caducar.

4 – Se o interessado deixar de restituir os bens móveis que recebeu, será executado por eles no mesmo processo, bem como pelos rendimentos que deva restituir, prestando contas como se fosse cabeça-de-casal; a execução segue por apenso.

SECÇÃO VII
Emenda e anulação da partilha

ARTIGO 1386.º
Emenda por acordo

1 – A partilha, ainda depois de passar em julgado a sentença, pode ser emendada no mesmo inventário por acordo de todos os interessados ou dos seus representantes, se tiver havido erro de facto na descrição ou qualificação dos bens ou qualquer outro erro susceptível de viciar a vontade das partes.

2 – O disposto neste artigo não obsta à aplicação do artigo 667.º.

ARTIGO 1387.º
Emenda da partilha na falta de acordo

1 – Quando se verifique algum dos casos previstos no artigo anterior e os interessados não estejam de acordo quanto à emenda, pode esta ser pedida em acção proposta dentro de um ano, a contar do conhecimento do erro, contanto que este conhecimento seja posterior à sentença.

2 – A acção destinada a obter a emenda segue processo ordinário ou sumário, conforme o valor, e é dependência do processo de inventário.

O STJ (Ac. in CJ II/97, pág. 160) considerou que o procedimento de emenda da partilha aqui previsto não tem lugar em casos de omissão ou indevida inclusão de bens na descrição, não se aplicando, nesta hipótese, o prazo de caducidade de um ano e sendo o processo a adoptar pelos interessados o declarativo.

ARTIGO 1388.º
Anulação

1 – Salvos os casos de recurso extraordinário, a anulação da partilha judicial confirmada por sentença passada em julgado só pode ser decretada quando tenha havido preterição ou falta de intervenção de algum dos co-herdeiros e se mostre que os outros interessados procederam com dolo ou má fé, seja quanto à preterição, seja quanto ao modo como a partilha foi preparada.

2 – A anulação deve ser pedida por meio de acção à qual é aplicável o disposto no n.º 2 do artigo anterior.

I – Sobre os pressupostos cumulativos da anulação da partilha, veja-se o Ac. do STJ de 4/5/93, in CJ II/93, pág. 76.

II – Sobre a articulação da anulação da partilha com o eventual recurso de revisão, decorrente de falta de citação de interessados dados falsamente como residentes em parte incerta, veja-se o Ac. Rel. in CJ I/03, pág. 92.

ARTIGO 1389.º
Composição da quota ao herdeiro preterido

1 – Não se verificando os requisitos do artigo anterior ou preferindo o herdeiro preterido que a sua quota lhe seja composta em dinheiro, requererá ele no processo de inventário que seja convocada a conferência de interessados para se determinar o montante da sua quota.

2 – Se os interessados não chegarem a acordo, consigna-se no auto quais os bens sobre cujo valor há divergência; esses bens são avaliados novamente e sobre eles pode ser requerida segunda avaliação. Fixar-se-á depois a importância a que o herdeiro tem direito.

3 – É organizado novo mapa de partilha para fixação das alterações que sofre o primitivo mapa em consequência dos pagamentos necessários para o preenchimento do quinhão do preterido.

4 – Feita a composição da quota, o herdeiro pode requerer que os devedores sejam notificados para efectuar o pagamento, sob pena de ficarem obrigados acompor-lhe em bens a parte respectiva, sem prejuízo, porém, das alienações já efectuadas.

5 – Se não for exigido o pagamento, é aplicável o disposto no n.º 4 do artigo 1378.º.

ARTIGOS 1390.º E 1391.º
[...]

Revogados pelo Decreto-Lei n.º 227/94, de 8 de Setembro.

SECÇÃO VIII
Partilha adicional e recursos

ARTIGO 1392.º
Inventário do cônjuge supérstite

Quando o inventário do cônjuge supérstite haja de correr no tribunal em que se procedeu a inventário por óbito do cônjuge predefunto, os termos necessários para a segunda partilha são lavrados no processo da primeira.

I – A secção VIII – que na versão anterior se reportava às "disposições gerais" do processo de inventário, que passaram a constar dos arts. 1326.º a 1337.º – passou a incidir sobre o regime da "partilha adicional e recursos", subsistindo apenas o n.º 1 do art. 1392.º, o art. 1395.º e o art. 1396.º, após a revogação operada pelo art. 3.º do DL n.º 227/94.

II – A matéria que constava dos arts. 1390.º, 1394.º, 1397.º e 1398.º passou a constar dos arts. 1332.º, 1337.º, 1336.º e 1326.º, n.º 2, respectivamente.

III – Foram eliminados os regimes que estavam estabelecidos nos arts. 1391.º e 1393.º (prosseguimento no mesmo processo do inventário, no caso de morte de algum dos interessados, posterior à partilha, e aproveitamento noutro processo da avaliação e da descrição de bens).

IV – O n.º 2 deste art. 1392.º perdeu utilidade, como consequência de eliminação da descrição de bens.

ARTIGOS 1393.° E 1394.°
[...]

Revogados pelo Decreto-Lei n.° 227/94, de 8 de Setembro.

ARTIGO 1395.°
Partilha adicional

1 – Quando se reconheça, depois de feita a partilha judicial, que houve omissão de alguns bens, proceder-se-á no mesmo processo a partilha adicional, com observância, na parte aplicável, do que se acha disposto nesta secção e nas anteriores.

2 – No inventário a que se proceda por óbito do cônjuge supérstite serão descritos e partilhados os bens omitidos no inventário do cônjuge predefunto, quando a omissão só venha a descobrir-se por ocasião daquele inventário.

ARTIGO 1396.°
Regime dos recursos

1 – Nos inventários de valor superior à alçada da Relação, o regime dos recursos é o do processo ordinário, subindo, porém, conjuntamente ao tribunal superior, em separado dos autos principais e no momento em que se convoque a conferência de interessados, os agravos interpostos até esse momento.

2 – Nos inventários cujo valor não exceda a alçada da Relação o regime de recursos é o do processo sumário.

I – A alteração introduzida no n.° 1, quanto ao regime de subida dos recursos, é consequência da eliminação da descrição de bens, devendo os agravos interpostos na fase inicial do processo subir à Relação na altura em que se convoque a conferência de interessados.

II – A eliminação da alínea b) do n.° 1 deste artigo é consequência da revogação dos arts. 1399.° a 1403.° – regendo sobre os incidentes inseridos no inventário o art. 1334.° e aplicando-se aos recursos neles interpostos o regime geral que consta do art. 739.°.

III – A eliminação do n.° 3 deste artigo é mera decorrência do desaparecimento do tribunal municipal.

ARTIGOS 1397.° E 1398.°
[...]

Revogados pelo Decreto-Lei n.° 227/94, de 8 de Setembro.

ARTIGO 1399.°
[...]

Revogado pelo Decreto-Lei n.° 227/94, de 8 de Setembro e – n.° 3 – pelo art. 3.° do DL 329-A/95.

ARTIGOS 1400.° A 1403.°
[...]

Revogados pelo Decreto-Lei n.° 227/94, de 8 de Setembro.

SECÇÃO IX
Partilha de bens em alguns casos especiais

ARTIGO 1404.°
Inventário em consequência de separação, divórcio, declaração de nulidade ou anulação de casamento

1 – Decretada a separação judicial de pessoas e bens ou o divórcio, ou declarado nulo ou anulado o casamento, qualquer dos cônjuges pode requerer inventário para partilha dos bens, salvo se o regime de bens do casamento for o de separação.

2 – As funções de cabeça-de-casal incumbem ao cônjuge mais velho.

3 – O inventário corre por apenso ao processo de separação, divórcio, declaração de nulidade ou anulação e segue os termos prescritos nas secções anteriores.

I – O STJ (Ac. in BMJ 470, pág. 523) considerou que o tribunal de círculo onde corre termos o processo de divórcio é o competente para o inventário para partilha dos bens do casal. Em sentido contrário, vide Ac. Rel. Coimbra in CJ II/99, pág. 31.

II – Decretada restituição provisória de posse a pedido de cabeça-de-casal em inventário de separação de meações, a acção de que a mesma é dependência é, não o referido inventário, mas a acção declarativa que vise fazer reconhecer que os bens possuidos respeitam ao acervo hereditário – Ac. STJ de 15/2/01, in CJ I/01, pág. 119.

Do mesmo modo, o arrolamento provisório à acção de divórcio é dependência, não do subsequente inventário, mas da acção de divórcio, pelo que não ocorre caducidade pelo facto de o inventário não ter sido requerido no prazo previsto no art. 382.º, n.º 1, al. a) – Ac. Rel. in CJ 169, pág. 166.

ARTIGO 1405.º
Responsabilidade pelas custas

As custas do inventário são pagas pelo cônjuge culpado; se o não houver, são pagas por ambos os cônjuges.

ARTIGO 1406.º
Processo para a separação de bens em casos especiais

1 – Requerendo-se a separação de bens nos termos do artigo 825.º, ou tendo de proceder-se a separação por virtude da falência de um dos cônjuges, aplicar-se-á o disposto no artigo 1404.º, com as seguintes alterações:

a) O exequente, no caso do artigo 825.º, ou qualquer credor, no caso de falência, tem o direito de promover o andamento do inventário;

b) Não podem ser aprovadas dívidas que não estejam devidamente documentadas;

c) O cônjuge do executado ou falido tem o direito de escolher os bens com que há-de ser formada a sua meação; se usar desse direito, são notificados da escolha os credores, que podem reclamar contra ela, fundamentando a sua queixa.

2 – Se julgar atendível a reclamação, o juiz ordena avaliação dos bens que lhe pareçam mal avaliados.

3 – Quando a avaliação modifique o valor dos bens escolhidos pelo cônjuge do executado ou falido, este pode declarar que desiste da escolha; nesse caso, ou não tendo ele usado do direito de escolha, as meações são adjudicadas por meio de sorteio.

I – As alterações introduzidas no n.º 1 deste preceito pelo DL n.º 329-A/95 são mera consequência da eliminação da autónoma situação de insolvência, contraposta à figura da falência – carecendo, naturalmente, de articular-se presentemente com a nova figura da insolvência, decorrente do Código aprovado pelo DL 53/04.

II – As alterações introduzidas nos n.ᵒˢ 2 e 3, pelo mesmo diploma legal, decorrem do novo regime da avaliação de bens no inventário, constante do art. 1369.º, realizada por um único perito, judicialmente nomeado.

III – No inventário para separação de meações, requerido em consequência de execução, não há lugar à licitação de bens (Ac. Rel. in CJ II/97, pág. 27).

IV – Sobre a tutela dos interesses do credor exequente – que deve ser citado para o inventário, de modo a poder exercer o controlo adequado sobre a escolha dos bens que integram a meação do cônjuge não executado, devendo ser notificado do despacho que ordena o exame do mapa da partilha, cf. Acs. Rel. in CJ V/01, págs. 7 e 8. Cf. ainda o Ac. Rel. in CJ V/01, pág. 17, em que se admite que o credor exequente possa, após o trânsito da sentença homologatória da separação de meações, pedir a venda dos bens adjudicados ao cônjuge do executado, devedor das tornas, para pagamento do seu crédito. Veja-se ainda o ac. Rel. in CJ I/01, considerando ineficaz em relação aos credores a partilha extrajudicial operada apesar da pendência de execução em que foi cumprido o disposto no art. 825.º.

CAPÍTULO XVII
Do divórcio e separação litigiosos

ARTIGO 1407.º
Tentativa de conciliação

1 – Apresentada a petição, se a acção estiver em condições de prosseguir, o juiz designará dia para uma tentativa de conciliação, sendo o autor notificado e o réu citado para comparecerem pessoalmente ou, no caso de estarem ausentes do continente ou da ilha onde correr o processo, se fazerem representar por mandatário com poderes especiais, sob pena de multa.

2 – Estando presentes ambas as partes e não sendo possível a sua conciliação, e não tendo resultado a tentativa do juiz no sentido de obter o acordo dos cônjuges para o divórcio ou a separação por mútuo consentimento, procurará o juiz obter o acordo dos cônjuges quanto aos alimentos e quanto à regulação do exercício do poder paternal dos filhos. Procurará ainda obter o acordo dos cônjuges quanto à utilização da casa de morada de família durante o período de pendência do processo, se for caso disso.

3 – Na tentativa de conciliação, ou em qualquer outra altura do processo, as partes poderão acordar no divórcio ou separação de pessoas e bens por mútuo consentimento, quando se verifiquem os necessários pressupostos.

4 – Estabelecido o acordo referido no número anterior, seguir-se-ão no próprio processo, com as necessárias adaptações, os termos dos artigos 1419.º e seguintes; sendo decretado o divórcio ou a separação definitivos por mútuo consentimento, as custas em dívida serão pagas, em partes iguais, por ambos os cônjuges, salvo convenção em contrário.

5 – Faltando alguma ou ambas as partes, ou não sendo possível a sua conciliação nem a hipótese a que aludem os n.ºˢ 3 e 4, o juiz ordenará a notificação do réu para contestar no prazo de 30 dias; no acto da notificação, a fazer imediatamente, entregar-se-á ao réu o duplicado da petição inicial.

6 – No caso de o réu se encontrar ausente em parte incerta, uma vez cumprido o disposto no artigo 244.º, a designação de dia para a tentativa de conciliação ficará sem efeito, sendo ordenada a citação edital daquele para contestar.

7 – Em qualquer altura do processo, o juiz, por iniciativa própria ou a requerimento de alguma das partes, e se o considerar conveniente, poderá fixar um regime provisório quanto a alimentos, quanto à regulação do exercício do poder paternal dos filhos e quanto à utilização da casa de morada da família; para tanto poderá o juiz, previamente, ordenar a realização das diligências que considerar necessárias.

I – Mantém, como processo especial, o divórcio e separação litigiosos, visando a alteração introduzida pelo DL n.º 329-A/95 na redação do n.º 1 proceder a uma articulação com o regime geral do despacho liminar no processo comum declaratório.

Mantém-se, neste caso, a apreciação liminar da petição pelo juiz (art. 234.º, n.º 4, al. a), cumprindo a este verificar se a acção está em condições de prosseguir (ou se deverá ser objecto de indeferimento, nos termos do art. 234.º-A), só então marcando a tentativa de conciliação.

II – O n.º 5 amplia para 30 dias o prazo da contestação.

III – A alteração introduzida no n.º 6 é mera consequência da nova localização sistemática do regime da ausência do citando, que consta do art. 244.º.

IV – O n.º 2 do art. 470.º autoriza a cumulação neste processo do pedido de alimentos.

V – A fixação de alimentos provisórios, feita nos termos deste preceito, é uma providência cautelar uma vez que tem por finalidade garantir, enquanto não se encontrar a solução definitiva, a satisfação das necessidades do cônjuge carecido, a qual perdura enquanto não se alcançar solução na acção de alimentos defintivos (Ac. STJ de 5/11/97 in BMJ 471, pág. 298).

Em sentido diverso, entendendo que tal providência "morre" com o trânsito em julgado do decidido na acção de divórcio, seja qual for o desfecho desta, cf. Ac. Rel. in CJ V/01, pág. 90.

Considerando que não há litispendência entre a providência cautelar prevista no n.º 7 e o procedimento cautelar de fixação de alimentos provisórios, previsto no art. 399.º, vide Ac. STJ de 6/6/00, in BMJ 498, 173.

Acentuando o diferente critério normativo que deve presidir à fixação dos alimentos provisórios num e noutro dos procedimentos – fundado, num caso, em critério de legalidade e, no outro, em critérios de oportunidade, vide Ac. Rel. in CJ II/01, pág. 181.

Sobre a peculiar configuração do processo previsto no n.º 7, cf. Ac. Rel. in CJ III/94, pág. 109 e V/00, pág. 23, em que se acentua a sua necessária subordinação ao princípio do contraditório.

VI – Sobre a ponderação dos critérios que devem conduzir à decisão sobre a atribuição provisória da casa de morada de família, vide Ac. Rel. in CJ IV/02, pág. 281 – sendo o decidido susceptível de alteração na pendência da acção de divórcio (Ac. Rel in CJ V/99, pág. 275).

VII – No sentido de que a conversão do divórcio litigioso em mútuo consentimento não envolve a extinção da instância primitiva, veja-se o ac. STJ de 29/2/96, in BMJ 454, 658.

ARTIGO 1408.º
Julgamento

1 – Havendo contestação, seguir-se-ão os termos do processo ordinário.

2 – Na falta de contestação, o autor será notificado para, em 10 dias, apresentar o rol de testemunhas, que não poderão exceder o número de oito, e requerer quaisquer outras provas.

3 – O juiz designa logo a data da audiência final, ponderada a duração provável das diligências a realizar antes dela.

4 – Encerrada a discussão, o tribunal colectivo, quando perante ele decorra o julgamento, conhecerá da matéria de facto e da matéria de direito e a decisão, tomada por maioria, será ditada para a acta pelo respectivo presidente, descrevendo os factos considerados provados e não provados.

5 – O presidente, bem como qualquer dos outros juízes, podem formular voto de vencido.

I – O n.º 2 ampliou para 10 dias o prazo de apresentação do requerimento probatório.

II – O regime estabelecido no n.º 3 está em consonância com o estatuído nos arts. 508.º-A, n.º 2, al. b) e 512.º, n.º 2, segundo o qual deve o juiz designar data para a audiência, tendo em conta a provável duração das diligências de produção antecipada de prova.

III – A alteração introduzida pelo DL n.º 329-A/95 no texto do n.º 4 visa articular o regime da decisão sobre a matéria de facto com o preceituado no art. 653.º, n.º 2, que impõe a enunciação dos factos que o tribunal considere não provados.

IV – O TC, no Ac. n.º 249/97 (in DR, II, 17/5/97) julgou não inconstitucional a norma constante do n.º 2 deste preceito, interpretada em termos de que, quando o réu não contesta a acção de divórcio, apenas o autor tem de ser notificado para oferecer o rol de testemunhas e requerer outras provas.

CAPÍTULO XVIII
Dos processos de jurisdição voluntária

SECÇÃO I
Disposições gerais

ARTIGO 1409.º
Regras do processo

1 – São aplicáveis aos processos regulados neste capítulo as disposições dos artigos 302.º a 304.º.

2 – O tribunal pode, no entanto, investigar livremente os factos, coligir as provas, ordenar os inquéritos e recolher as informações convenientes; só são admitidas as provas que o juiz considere necessárias.

3 – As sentenças são proferidas no prazo de 15 dias.

4 – Nos processos de jurisdição voluntária não é obrigatória a constituição de advogado, salvo na fase de recurso.

I – O n.º 2 ampliou o prazo da sentença para 15 dias.
II – O n.º 4 foi aditado pelo DL n.º 329-A/95, adoptando regime correspondente ao que consta do art. 151.º da OTM, visando a realização dos objectivos de economia, simplificação e informalidade típicos da jurisdição voluntária, dispensando o patrocínio mesmo em casos em que ele resultaria da aplicação das regras do art. 32.º (nomeadamente em causas que versem sobre interesses imateriais); na verdade, em muitos processos de jurisdição voluntária, o tribunal – mais do que decidir um litígio segundo critérios estritamente jurídicos – vai proferir um juízo de oportunidade ou conveniência sobre os interesses em causa (art. 1410.º).

ARTIGO 1410.º
Critério de julgamento

Nas providências a tomar o tribunal não está sujeito a critérios de legalidade estrita, devendo antes adoptar em cada caso a solução que julgue mais conveniente e oportuna.

Sobre a vigência, na jurisdição voluntária, do dever de fundamentação das decisões – e não podendo confundir-se os critérios de conveniência e oportunidade com a prevalência da subjectividade e discricionariedade do julgador, cf. Acs. Rel. in CJ II/99, pág. 106 e I/00, pág. 16.

ARTIGO 1411.º
Valor das resoluções

1 – Nos processos de jurisdição voluntária as resoluções podem ser alteradas, sem prejuízo dos efeitos já produzidos, com fundamento em circunstâncias supervenientes que justifiquem a alteração; dizem-se supervenientes tanto as circunstâncias ocorridas posteriormente à decisão como as anteriores, que não tenham sido alegadas por ignorância ou outro motivo ponderoso.

2 – Das resoluções proferidas segundo critérios de conveniência ou oportunidade não é admissível recurso para o Supremo Tribunal de Justiça.

I – O n.º 2 consagra a solução que já resultava, nomeadamente, do assento de 6/4/65, segundo a qual a limitação à recorribilidade da decisão, aqui prevista, apenas se aplica às resoluções que tenham sido proferidas segundo critérios de conveniência ou oportunidade. (Cfr. Ac. STJ in BMJ 475, pág. 600). No sentido da não inconstitucionalidade deste regime, veja-se o Ac. n.º 930/96 do TC (in DR, II, 7/12/96).

II – O STJ (Ac. de 21/5/98 in BMJ 477, pág. 394) considera que a solução constante do n.º 2 deste preceito não se repercute necessária e automaticamente nos processos de jurisdição voluntária regulados na OTM – já que, face ao preceituado no n.º 4 do art. 188.º, da sentença respeitante a alimentos devidos a menores apenas pode caber recurso para a 2.ª instância.

III – No sentido de que os acordos condicionantes do divórcio por mútuo consentimento, judicialmente homologados, não estão abrangidos pela alterabilidade prevista no n.º 2, cf. Acs. Rel. in CJ I/00, pág. 218 e III/03, pág. 279. Em sentido contrário, considerando que tal acordo é susceptível de alteração, com fundamento em circunstâncias supervenientes, vide Ac. Rel. in CJ III/03, pág. 91.

SECÇÃO II
Providências relativas aos filhos e aos cônjuges

ARTIGO 1412.º
Alimentos a filhos maiores ou emancipados

1 – Quando surja a necessidade de se providenciar sobre alimentos a filhos maiores ou emancipados, nos termos do artigo 1880.º do Código Civil, seguir-se-á, com as necessárias adaptações, o regime previsto para os menores.

2 – Tendo havido decisão sobre alimentos a menores ou estando a correr o respectivo processo, a maioridade ou a emancipação não impedem que o mesmo se conclua e que os incidentes de alteração ou de cessação dos alimentos corram por apenso.

Sobre a autonomia do direito a alimentos do filho menor e do filho maior, não podendo a sentença que lhe fixou alimentos enquanto menor ser vir do título executivo após a maioridade do beneficiário, cf. Ac. Rel. in BMJ 486, 373.

Cfr. os comentários ao DL 272/01.

ARTIGO 1413.º
Atribuição da casa de morada de família

1 – Aquele que pretenda a atribuição da casa de morada de família, nos termos do artigo 1793.º do Código Civil, ou a transferência do direito ao arrendamento, nos termos do artigo 84.º do Regime do Arrendamento Urbano, deduzirá o seu pedido, indicando os factos com base nos quais entende dever ser-lhe atribuído o direito.

2 – O juiz convoca os interessados ou ex-cônjuges para uma tentativa de conciliação a que se aplica, com as necessárias adaptações, o preceituado nos n.os 1, 5 e 6 do artigo 1407.º, sendo, porém, o prazo de oposição o previsto no artigo 303.º.

3 – Haja ou não contestação, o juiz decidirá depois de proceder às diligências necessárias, cabendo sempre da decisão apelação, com efeito suspensivo.

4 – Se estiver pendente ou tiver corrido acção de divórcio ou de separação litigiosos, o pedido é deduzido por apenso.

I – A matéria que estava regulada neste preceito (arrolamento como preliminar ou incidente do divórcio) passou a constar do art. 427.º, n.os 1 e 3.

II – O preceito, na redacção emergente do DL n.º 329-A/95, passa a conter um novo processo de jurisdição voluntária, adjectivando as situações de atribuição da casa de morada de família e de transferência do direito ao arrendamento, previstas nos arts. 1793.º do C. Civil e 84.º do RAU – procurando pôr termo às dúvidas que tal matéria suscitava no direito anterior. Cfr. os comentários ao DL 272/01.

III – Resulta, desde logo, claro que o pedido de atribuição da casa pode ser deduzido na pendência da acção de divórcio ou separação litigiosos, como dependência deste processo, com vista a que o juiz possa decidir, no mesmo momento temporal, da procedência daquela acção e da atribuição da casa a um dos cônjuges.

Durante a pendência da causa, poderá o juiz fixar um regime provisório, nos termos do n.º 2 do art. 1407.º, que preceda a decisão sobre a atribuição definitiva da casa de morada de família.

Cfr. o Ac. Rel. Porto em CJ, I/98, pág. 222, segundo o qual, sendo o pedido formulado na pendência da acção de divórcio, deverá sobrestar-se na decisão até que nela seja proferida sentença. No mesmo sentido, veja-se o Ac. STJ de 16/12/99, in BMJ 492, 410.

IV – O processo de jurisdição voluntária é dependência da acção de divórcio ou separação litigiosos – que estejam pendentes ou já tenham corrido – sendo deduzida a pretensão por apenso àqueles (n.º 4) – e sendo a competência do tribunal de família (art. 60.º a) da LOTJ, a que corresponde a al. a) do art. 81.º da Lei n.º 3/99); neste sentido, mesmo face ao direito anterior, vide Ac. STJ in BMJ 467, pág. 552.

V – A pretensão é deduzida com base nos factos que possam integrar a "fattispecie" que consta daqueles arts. 1793.º ou 84.º, moldando-se a tramitação subsequente (n.º 2) no estabelecido para o processo de divórcio no art. 1407.º:
– realização de uma tentativa prévia de conciliação, com participação dos cônjuges ou ex-cônjuges;
– notificação do réu para constestar o pedido, em 10 dias, se a conciliação se frustrar;
– dispensa da tentativa de conciliação – e citação edital do réu – no caso de este estar ausente em parte incerta.

VI – A falta de contestação não tem efeito cominatório, cabendo ao juiz proferir decisão, em consonância com os critérios da lei substantiva, após realização – eventualmente oficiosa – das diligências instrutórias necessárias.

VII – Da decisão do mérito proferida cabe sempre apelação, com efeito suspensivo da decisão sobre a atribuição definitiva da casa de morada de família (n.º 3).

VIII – No sentido de que esta providência, suscitada no decurso da acção de divórcio, não tem a natureza comum das providências cautelares, não dependendo da verificação do requisito "periculum in mora", vide Ac. Rel in BMJ 498, 273.

ARTIGO 1414.º
[...]

Revogado pela al. b) do art. 21.º do DL n.º 272/01.

ARTIGO 1414.º-A
[...]

Revogado pela al. b) do art. 21.º do DL n.º 272/01.

ARTIGO 1415.º
Desacordo entre os cônjuges

1 – Havendo desacordo entre os cônjuges sobre a fixação ou alteração da residência da família, pode qualquer deles requerer a intervenção dos tribunais para solução do diferendo, oferecendo logo as provas.

2 – O outro cônjuge será citado para se pronunciar, oferecendo igualmente as provas que entender.

3 – O juiz determinará as diligências que entender necessárias, devendo, salvo se lhe parecer inútil ou prejudicial, convocar as partes e quaisquer familiares para uma audiência, onde tentará a conciliação, decidindo em seguida.

4 – Da decisão cabe sempre recurso, com efeito suspensivo.

ARTIGO 1416.º
Contribuição do cônjuge para as despesas domésticas

1 – O cônjuge que pretenda exigir a entrega directa da parte dos rendimentos do outro cônjuge, necessária para as despesas domésticas, indicará a origem dos rendimentos e a importância que pretenda receber, justificando a necessidade e razoabilidade do montante pedido.

2 – Seguir-se-ão, com as necessárias adaptações, os termos do processo para a fixação dos alimentos provisórios e a sentença, se considerar justificado o pedido, ordenará a notificação da pessoa ou entidade pagadora dos rendimentos ou proventos para entregar directamente ao requerente a respectiva importância periódica.

ARTIGO 1417.º
Conversão da separação em divórcio

1 – O requerimento da conversão da separação judicial de pessoas e bens em divórcio é autuado por apenso ao processo da separação.

Livro III – Do processo art. 1419.º

2 – Requerida a conversão por ambos os cônjuges, é logo proferida a sentença.

3 – Requerida a conversão por um dos cônjuges, será o outro notificado pessoalmente ou na pessoa do seu mandatário, quando o houver, para no prazo de 15 dias deduzir oposição.

4 – A oposição só pode fundamentar-se na reconciliação dos cônjuges.

5 – Não havendo oposição, é logo proferida sentença.

I – A alteração introduzida no n.º 1 pelo DL n.º 329-A/95 é mera consequência da regra estabelecida no art. 1409.º, n.º 4, quanto à dispensa de patrocínio.

II – Em consonância com a tramitação do processo comum, é eliminado, no n.º 2, o visto do M. P.

III – A alteração introduzida no n.º 3 resulta do desaparecimento da figura da "notificação edital", já que o art. 256.º apenas manda aplicar aos casos de notificação pessoal, legalmente imposta, às partes as regras próprias da "citação pessoal".

IV – A alteração do n.º 5 decorre da eliminação do visto M. P.

V – Cfr. os comentários ao DL 272/01.

ARTIGO 1417.º-A
Conversão da separação em divórcio em caso de adultério

No caso do n.º 3 do artigo 1795.º-D do Código Civil, se o requerido contestar, passam a seguir-se os termos do processo ordinário.

ARTIGO 1418.º
[...]

Revogado pela al. b) do art. 21.º do DL n.º 272/01.

SECÇÃO III
Separação ou divórcio por mútuo consentimento

ARTIGO 1419.º
Requerimento

1 – O requerimento para a separação judicial de pessoas e bens ou para o divórcio por mútuo consentimento será assinado por ambos os cônjuges ou pelos seus procuradores e instruído com os seguintes documentos:

a) Certidão de narrativa completa do registo de casamento;
b) Relação especificada dos bens comuns, com indicação dos respectivos valores;
c) Acordo que hajam celebrado sobre o exercício do poder paternal relativamente aos filhos menores, se os houver;
d) Acordo sobre a prestação de alimentos ao cônjuge que careça deles;
e) Certidão da convenção antenupcial e do seu registo, se os houver;
f) Acordo sobre o destino da casa de morada da família.

2 – Caso outra coisa não resulte dos documentos apresentados, entende-se que os acordos se destinam tanto ao período da pendência do processo como ao período posterior.

Cfr. os comentários ao DL 272/01.

ARTIGO 1420.º
Convocação da conferência

1 – Não havendo fundamento para indeferimento liminar, o juiz fixará o dia da conferência a que se refere o artigo 1776.º do Código Civil, podendo para ela convocar parentes ou afins dos cônjuges ou quaisquer pessoas em cuja presença veja utilidade.

2 – O cônjuge que esteja ausente do continente ou da ilha em que tiver lugar a conferência ou que se encontre impossibilitado de comparecer poderá fazer-se representar por procurador com poderes especiais.

3 – A conferência poderá ser adiada por um período não superior a 30 dias quando haja fundado motivo para presumir que a impossibilidade de comparência referida no número anterior cessará dentro desse prazo.

ARTIGO 1421.º
Primeira conferência

1 – Se a conferência a que se refere o artigo 1776.º do Código Civil terminar por desistência do pedido por parte de ambos os cônjuges ou um deles, o juiz fá-la-á consignar na acta e homologá-la-á.

2 – No caso contrário, será exarado em acta o acordo dos cônjuges quanto à separação ou divórcio, bem como as decisões tomadas quanto aos acordos a que se refere o artigo 1775.º do Código Civil.

ARTIGO 1422.º
Suspensão ou adiamento da conferência

1 – A conferência já iniciada pode ser suspensa por período não superior a 30 dias, se houver fundada razão para crer que a suspensão facilitará a desistência do pedido.

2 – Quando algum dos cônjuges falte à conferência, o processo aguardará que seja requerida a designação de novo dia.

ARTIGO 1423.º
[...]

Revogado pela al. b) do art. 21.º do DL n.º 272/01.

ARTIGO 1423.º-A
Renovação da instância

1 – Tendo o processo de divórcio ou separação por mútuo consentimento resultado da conversão de divórcio ou separação litigiosa, nos termos do n.º 3 do artigo 1407.º, se não vier a ser decretado o divórcio ou a separação por qualquer motivo, que não seja a reconciliação dos cônjuges, pode qualquer das partes da primitiva acção pedir a renovação desta instância.

2 – O requerimento deverá ser feito dentro dos 30 dias subsequentes à data da conferência em que se tenha verificado o motivo para não decretar o divórcio ou separação por mútuo consentimento.

ARTIGO 1424.º
Irrecorribilidade do convite à alteração dos acordos

Não cabe recurso do convite à alteração dos acordos previstos nos artigos 1776.º e 1777.º do Código Civil.

SECÇÃO IV
Processos de suprimento

ARTIGO 1425.º
Suprimento de consentimento no caso de recusa

1 – Se for pedido o suprimento do consentimento, nos casos em que a lei o admite, com o fundamento de recusa, é citado o recusante para contestar.

2 – Deduzindo o citado contestação, é designado dia para a audiência de discussão e julgamento, depois de concluídas as diligências que haja necessidade de realizar previamente.

3 – Na audiência são ouvidos os interessados e, produzidas as provas que forem admitidas, resolver-se-á, sendo a resolução transcrita na acta da audiência.

4 – Não havendo contestação, o juiz resolve, depois de obter as informações e esclarecimentos necessários.

5 – *Revogado*.

I – A revogação, pelo DL n.º 329-A/95, do n.º 5 deste preceito é mera consequência de ter sido há muito revogada a norma que constava do art. 1072.º do C. Civil, por aquele adjectivada.

II – No sentido de que é a lei substantiva que fixa os casos em que a recusa do consentimento pode ser suprida – nomeadamente, o n.º 3 do art. 1684.º do CC – cf. os Acs. Rel. in CJ IV/02, pág. 271 e do STJ de 19/4/95, in CJ II/95, pág. 37. Cf. ainda o ac. Rel. in CJ II/01, pág. 170.

ARTIGO 1426.º
Suprimento de consentimento noutros casos

1 – Se a causa do pedido for a incapacidade ou a ausência da pessoa, serão citados o representante do incapaz ou o procurador ou curador do ausente, o seu cônjuge ou parente mais próximo, o próprio incapaz, se for inabilitado, e o Ministério Público; havendo mais de um parente no mesmo grau, é citado o que for considerado mais idóneo.

2 – Se ainda não estiver decretada a interdição ou inabilitação ou verificada judicialmente a ausência, as citações só se efectuarão depois de cumprido o disposto nos artigos 242.º ou 244.º; em tudo o mais se observará o preceituado no artigo anterior.

3 – Se a impossibilidade de prestar o consentimento tiver causa diferente, observar-se-á, com as necessárias adaptações, o disposto no n.º 1.

A alteração introduzida no n.º 2 pelo DL n.º 329-A/95 é mera consequência da nova localização sistemática dos preceitos que se referem à incapacidade e ausência do citando. Cfr. os comentários ao DL 272/01.

ARTIGO 1427.º
Suprimento da deliberação da maioria legal dos comproprietários

1 – Ao suprimento da deliberação da maioria legal dos comproprietários sobre actos de administração, quando não seja possível formar essa maioria, é aplicável, com as necessárias adaptações, o disposto no artigo 1425.º.

2 – Os comproprietários que se hajam oposto ao acto são citados para contestar.

ARTIGO 1428.º
Nomeação de administrador na propriedade horizontal

1 – O condómino que pretenda a nomeação judicial de administrador da parte comum de edifício sujeito a propriedade horizontal indicará a pessoa que reputa idónea, justificando a escolha.

2 – São citados para contestar os outros condóminos, os quais podem indicar pessoas diferentes, justificando a indicação.

3 – Se houver contestação, observar-se-á o disposto nos n.ºs 2 e 3 do artigo 1425.º; na falta de contestação, é nomeada a pessoa indicada pelo requerente.

ARTIGO 1429.º
Determinação judicial da prestação ou do preço

1 – Nos casos a que se referem o n.º 2 do artigo 400.º e o artigo 883.º do Código Civil, a parte que pretenda a determinação pelo tribunal indicará no requerimento a prestação ou o preço que julga adequado, justificando a indicação.

2 – A parte contrária é citada para responder em 10 dias, podendo indicar prestação ou preço diferente, desde que também o justifique.

3 – Com resposta ou sem ela, o juiz decidirá, colhendo as provas necessárias.

O n.º 2 ampliou para 10 dias o prazo para resposta dos citados.

ARTIGO 1430.º
Determinação judicial em outros casos

O disposto no artigo anterior é aplicável, com as necessárias adaptações, à divisão judicial de ganhos e perdas nos termos do artigo 993.º do Código Civil e aos casos análogos.

SECÇÃO V
Alienação ou oneração de bens dotais e de bens sujeitos a fideicomisso

ARTIGO 1431.º
Petição da autorização judicial

Com a petição inicial de autorização para alienar ou onerar bens dotais, formulada por um só dos cônjuges, deve juntar-se documento autêntico ou autenticado que prove o consentimento do outro cônjuge; se este recusar o consentimento ou não puder prestá-lo por incapacidade, ausência ou outra causa, deve cumular-se com o pedido de autorização judicial o de suprimento do consentimento.

ARTIGO 1432.º
Pessoas citadas

São citadas para contestar o pedido:
 a) O outro cônjuge, se tiver recusado o consentimento;
 b) As pessoas indicadas no artigo 1426.º, se for outra a causa da falta do consentimento;

c) O dotador;
d) Os herdeiros presumidos da mulher;
e) O Ministério Público, se os herdeiros presumidos da mulher forem incapazes ou estiverem ausentes.

ARTIGO 1433.º
Termos posteriores

Aos termos posteriores do processo é aplicável o disposto nos n.ºs 2 a 4 do artigo 1425.º.

ARTIGO 1434.º
Destino do produto da alienação por necessidade urgente

A decisão que autorizar a alienação dos bens para satisfazer necessidade urgente determinará o destino e as condições de utilização do respectivo produto.

ARTIGO 1435.º
Destino do produto da alienação por utilidade manifesta

1 – Quando o produto da alienação tenha de ser convertido em bens imóveis ou títulos de crédito nominativos, ajustada a compra destes e verificado o seu valor, com audiência dos interessados, é o preço directamente entregue ao vendedor, depois de registado ou averbado o ónus dotal.
2 – No caso de permuta não se cancela o registo do ónus dotal sem estar registado ou averbado esse ónus nos bens oferecidos em sub-rogação.

ARTIGO 1436.º
Conversão do produto em casos especiais

Se os bens forem expropriados por utilidade pública ou particular, ou reduzidos forçosamente a dinheiro por qualquer outro motivo, o produto deles será também convertido nos termos do artigo anterior.

ARTIGO 1437.º
Aplicação da parte sobrante

Se, depois de aplicado o produto dos bens ou de efectuada a conversão, ficarem sobras de tal modo exíguas que se torne impossível ou excessivamente oneroso convertê-las, serão entregues ao cônjuge que estiver na administração dos bens do casal, como se fossem rendimentos dos bens dotais.

ARTIGO 1438.º
Autorização judicial para alienar ou onerar bens sujeitos a fideicomisso

1 – A autorização judicial para alienação ou oneração de bens sujeitos a fideicomisso pode ser pedida tanto pelo fideicomissário como pelo fiduciário.

2 – O requerente justificará a necessidade ou utilidade da alienação ou oneração.

3 – Será citado para contestar, em 10 dias, o fiduciário, se o pedido for formulado pelo fideicomissário, ou este, se o pedido for deduzido pelo fiduciário.

4 – Com a contestação ou sem ela, o juiz decidirá, colhidas as provas e informações necessárias.

5 – Se a autorização for concedida, a sentença fixará as cautelas que devem ser observadas.

A alteração introduzida no n.º 3 ampliou para 10 dias o prazo para o citado contestar.

SECÇÃO VI
Autorização ou confirmação de certos actos

ARTIGO 1439.º
Autorização judicial

1 – Quando for necessário praticar actos cuja validade dependa de autorização judicial, esta será pedida pelo representante legal do incapaz.

2 – Será citado para contestar, além do Ministério Público, o parente sucessível mais próximo do incapaz ou, havendo vários parentes no mesmo grau, o que for considerado mais idóneo.

3 – Haja ou não contestação, o juiz só decide depois de produzidas as provas que admitir e de concluídas outras diligências necessárias, ouvindo o conselho de família, quando o seu parecer for obrigatório.

4 – O pedido é dependência do processo de inventário, quando o haja, ou do processo de interdição.

5 – É sempre admissível a cumulação dos pedidos de autorização para aceitar a herança deferida a incapaz, quando necessária, e de autorização para outorgar na respectiva partilha extrajudicial, em representação daquele; neste caso, o pedido de nomeação de curador especial, quando o representante legal concorra à sucessão com o seu representado, é dependência do processo de autorização.

I – O n.º 5, aditado pelo DL n.º 227/94, está conexionado com o novo regime de aceitação de liberalidades por incapazes e com a eliminação da regra da necessária aceitação beneficiária da herança que lhes seja deferida.

II – Do disposto na lei civil, resulta que o representante legal do incapaz – quando não requeira inventário, nos termos do art. 2102.º, n.º 2, do C. Civil, com base num juízo de conveniência acerca do interesse do seu representado – necessita de autorização judicial para:

– sendo a representação exercida pelos pais, aceitar herança, doação ou legado com encargos (art. 1889.º, n.º 1, l);

– competindo a representação ao tutor, aceitar herança, doação ou legado (art. 1938.º, n.º 1, c);

– em ambos os casos, convencionar partilha extrajudicial, relativamente à herança aceite (cfr. os mesmos preceitos, no segmento final, e art. 1892.º, n.º 1);

Por outro lado, e por força de regra constante do art. 1881.º, n.º 2, é manifesto que o representante legal que concorrer à sucessão com o incapaz por ele representado não pode intervir simultaneamente em nome e no interesse próprio e em representação do incapaz no acto de consumação da partilha extrajudicial, cumprindo a representação do menor a curador especial nomeado pelo tribunal.

III – O disposto no n.º 5 deste art. 1439.º é mera decorrência do preceituado no n.º 4 do art. 1890.º do C. Civil, visando facultar ao representante legal a cumulação, no mesmo processo, tramitado nos termos do art. 1439.º, dos três pedidos que eventualmente se configurem como necessários, já que todos são da competência do tribunal de família, nos termos do art. 61.º do LOTJ – art. 82.º da Lei n.º 3/99 – (afastando a objecção que poderia decorrer da eventual alegação de incompatibilidade processual) – permitindo-lhe, em homenagem aos princípios da concentração e da economia processual:

– requerer, mediante aprovação judicial do projecto de partilha, a autorização para aceitar a herança e outorgar no acto de partilha extrajudicial, em representação do incapaz;

— requerer a nomeação do curador especial que o represente naquele acto, nos casos de incompatibilidade de interesses, decorrente de o representante concorrer também à sucessão ou a ela concorrerem vários incapazes representados pelo mesmo representante.

IV – A concessão da autorização judicial para outorgar em partilha extrajudicial pressupõe que o requerente especifique os bens a partilhar e justifique que o projecto de partilha que pretende ver aprovado é razoável, na perspectiva do interesse do representado, tendo em conta a natureza e o valor dos bens que se pretende adjudicar ao incapaz.

V – Cfr. os comentários ao DL 272/01.

ARTIGO 1440.º
Aceitação ou rejeição de liberalidades em favor de incapazes

1 – No requerimento em que se peça a notificação do representante legal para providenciar acerca da aceitação ou rejeição de liberalidade a favor de incapaz, o requerente, se for o próprio incapaz, algum seu parente, o Ministério Público ou o doador justificará a conveniência da aceitação ou rejeição, podendo oferecer provas.

2 – O despacho que ordenar a notificação marcará prazo para o cumprimento.

3 – Se quiser pedir autorização para aceitar a liberalidade, o notificado deve formular o pedido no próprio processo da notificação, observando-se aí o disposto no artigo anterior e, obtida a autorização, no mesmo processo declarará aceitar a liberalidade.

4 – Se, dentro do prazo marcado, o notificado não pedir a autorização ou não aceitar a liberalidade, o juiz, depois de produzidas as provas necessárias, declará-la-á aceita ou rejeitada, de harmonia com as conveniências do incapaz.

5 – É aplicável a este caso o disposto no n.º 4 do artigo anterior.

Cfr. os comentários ao DL 272/01.

ARTIGO 1441.º
Alienação ou oneração dos bens do ausente ou confirmação de actos praticados pelo representante do incapaz

1 – O disposto no artigo 1439.º é também aplicável, com as necessárias adaptações:

a) À alienação ou oneração de bens do ausente, quando tenha sido deferida a curadoria provisória ou definitiva;

b) A confirmação judicial de actos praticados pelo representante legal do incapaz sem a necessária autorização.

2 – No caso da alínea *a)* do número anterior, o pedido é dependência do processo de curadoria; no caso da alínea *b),* é dependência do processo em que o representante legal tenha sido nomeado.

Cfr. os comentários ao DL 272/01.

SECÇÃO VII
Conselho de família

ARTIGO 1442.º
Constituição do conselho

Sendo necessário reunir o conselho de família e não estando este ainda constituído, o juiz designará as pessoas que o devem constituir, ouvindo previamente o Ministério Público e colhendo as informações necessárias, ou requisitará a constituição dele ao tribunal competente.

ARTIGO 1443.º
Designação do dia para a reunião

1 – O dia para a reunião do conselho será fixado pelo Ministério Público.
2 – Serão notificados para comparecer os vogais do conselho, bem como o requerente, quando o haja.

ARTIGO 1444.º
Assistência de pessoas estranhas ao conselho

No dia designado para a reunião, se o conselho deliberar que a ela assista o incapaz, o seu representante legal, algum parente ou outra pessoa, marcar-se-á dia para prosseguimento da reunião e far-se-á a notificação das pessoas que devam assistir.

ARTIGO 1445.º
Deliberação

1 – As deliberações são tomadas por maioria de votos; não sendo possível formar maioria, prevalece o voto do Ministério Público.
2 – A deliberação é inserta na acta.

SECÇÃO VIII
Dispensa do prazo internupcial

ARTIGO 1446.º
[...]

Revogado pela al. b) do art. 21.º do DL n.º 272/01.

(ARTIGOS 1447.º A 1450.º)
[...]

Revogados – art. 3.º DL 329-A/95.

SECÇÃO IX
Curadoria provisória dos bens do ausente

ARTIGO 1451.º
Curadoria provisória dos bens do ausente

1 – Quando se pretenda instituir a curadoria provisória dos bens do ausente, é necessário fundamentar a medida e indicar os detentores ou possuidores dos bens, o cônjuge, os herdeiros presumidos do ausente e quaisquer pessoas conhecidas que tenham interesse na conservação dos bens.
2 – São citados para contestar, além das pessoas mencionadas no número anterior, o Ministério Público, se não for o requerente, e, por éditos de 30 dias, o ausente e quaisquer outros interessados.

3 – Produzidas as provas que forem admitidas e obtidas as informações que se considerem necessárias, é lavrada a sentença.

ARTIGO 1452.º
Publicação da sentença

1 – A sentença que defira a curadoria é publicada por editais afixados na porta do tribunal e na porta da sede da junta de freguesia do último domicílio conhecido do ausente e por anúncio inserto no jornal que o juiz achar mais conveniente.
 2 – Os editais e o anúncio hão-de conter, além da declaração de que foi instituída a curadoria, os elementos de identificação do ausente e do curador.

ARTIGO 1453.º
Montante e idoneidade da caução

Sobre o montante e a idoneidade da caução que o curador deve prestar é ouvido o Ministério Público, depois de relacionados os bens do ausente.

ARTIGO 1454.º
Substituição do curador provisório

À substituição do curador provisório, nos casos em que a lei civil a permite, é aplicável o disposto nos artigos 302.º a 304.º.

A alteração deste preceito – que continua a adjectivar a norma do art. 97.º do C. Civil – é mera decorrência da eliminação do capítulo dos "incidentes do inventário", que passaram a processar-se nos termos genericamente regulados nos arts. 302.º a 304.º.

ARTIGO 1455.º
Cessação da curadoria

1 – Se o ausente voltar, os bens só lhe podem ser entregues pela forma regulada no artigo 1112.º.

2 – Logo que conste no tribunal a existência do ausente e haja notícia do lugar onde reside, será oficiosamente notificado, ou informado por carta registada com aviso de recepção, se residir no estrangeiro, de que os bens estão cm curadoria provisória; e, enquanto não providenciar, a curadoria continuará.

SECÇÃO X
Fixação judicial do prazo

ARTIGO 1456.º
Requerimento

Quando incumba ao tribunal a fixação do prazo para o exercício de um direito ou o cumprimento de um dever, o requerente, depois de justificar o pedido de fixação, indicará o prazo que repute adequado.

Sobre o âmbito deste processo – que adjectiva o art. 777.º, n.º 2, do CC – entendendo que o requerente apenas tem que justificar o pedido de fixação, mas não fazer a prova dos seus fundamentos, vide Ac. STJ de 11/4/00, in BMJ 496, 227. Para além das cláusulas de termo incerto em contrato-promessa, este procedimento tem sido aplicado em sede de reembolso de suprimentos a sociedades – cf. Ac. Rel. in CJ I/99, pág. 110.

ARTIGO 1457.º
Termos posteriores

1 – A parte contrária é citada para responder.
2 – Na falta de resposta, é fixado o prazo proposto pelo requerente ou aquele que o juiz considere razoável; havendo resposta, o juiz decidirá, depois de efectuadas as diligências probatórias necessárias.

A alteração introduzida pelo DL n.º 329-A/95 no texto do n.º 2 visa atenuar o efeito cominatório estabelecido para a falta de resposta, permitindo ao juiz estabelecer – não automaticamente o prazo proposto pelo requerente – mas o que considere razoável e adequado às circunstâncias do caso.

SECÇÃO XI
Notificação para preferência

ARTIGO 1458.º
Termos a seguir

1 – Quando se pretenda que alguém seja notificado para exercer o direito de preferência, especificar-se-ão no requerimento o preço e as restantes cláusulas do contrato projectado, indicar-se-á o prazo dentro do qual, segundo a lei civil, o direito pode ser exercido e pedir-se-á que a pessoa seja pessoalmente notificada para declarar, dentro desse prazo, se quer preferir.

2 – Querendo o notificado preferir, deve declará-lo dentro do prazo indicado nos termos do número anterior, mediante requerimento ou por termo no processo; feita a declaração, se nos 20 dias seguintes não for celebrado o contrato, deve o preferente requerer, nos 10 dias subsequentes, que se designe dia e hora para a parte contrária receber o preço por termo no processo, sob pena de ser depositado, podendo o requerente depositá-lo no dia seguinte, se a parte contrária, devidamente notificada, não comparecer ou se recusar a receber o preço.

3 – O preferente que não observe o disposto no número anterior perde o seu direito.

4 – Pago ou depositado o preço, os bens são adjudicados ao preferente, retrotraindo-se os efeitos da adjudicação à data do pagamento ou depósito.

5 – Não é admitida oposição à notificação com fundamento na existência de vícios do contrato em relação ao qual se vai efectivar o direito, susceptíveis de inviabilizar o exercício da preferência, os quais apenas pelos meios comuns podem ser apreciados.

6 – O disposto nos números anteriores é aplicável, com as necessárias adaptações, à obrigação de preferência que tiver por objecto outros contratos, além da compra e venda.

I – A notificação pessoal do preferente, prevista no n.º 1, efectua-se em conformidade com o previsto no art. 256.º.

II – O n.º 2 amplia para 10 dias o prazo para o preferente notificado requerer que se designe dia e hora para a parte contrária receber o preço, por termo no processo.

III – O disposto no n.º 5, na redacção emergente do DL n.º 329-A/95, visa ampliar as garantias do contraditório no processo de notificação para preferência – não inviabilizando toda e qualquer oposição, mas tão-somente a que se traduza em arguir vícios do contrato em relação ao qual se vai exercer o direito e susceptíveis de inviabilizar o exercício da preferência; pelo contrário, é lícito deduzir oposição baseada em diverso fundamento, v.g., impugnando o prazo dentro do qual se afirma que o direito pode ser exercido.

A invocação dos vícios do contrato projectado só poderão, pelo contrário, ser invocados em acção autónoma – a qual se configurará, quando intentada, como prejudicial relativamente a este processo de jurisdição voluntária.

IV – O n.º 6 decorre da possibilidade – inquestionável face ao preceituado no art. 423.º do C. Civil – da existência de pactos de preferência reportados a outros contratos, que não o de compra e venda, o que implicará a adaptação do processado nesta secção à respectiva especificidade, implicando nomeadamente a ausência do depósito do "preço".

V – A matéria que constava do n.º 6 do preceito, na redacção anterior ao DL n.º 329-A/95, passou a constar do art. 1459.º-B.

ARTIGO 1459.º
Preferência limitada

1 – Quando o contrato projectado abranja, mediante um preço global, outra coisa além da sujeita ao direito de preferência, o notificado pode declarar que quer exercer o seu direito só em relação a esta, requerendo logo a determinação do preço que deve ser atribuído proporcionalmente à coisa e aplicando-se o disposto no artigo 1429.º.

2 – A parte contrária pode deduzir oposição ao requerido, invocando que a coisa preferida não pode ser separada sem prejuízo apreciável.

3 – Procedendo a oposição, o preferente perde o seu direito, a menos que exerça a preferência em relação a todas as coisas; se a oposição improceder, seguem-se os termos previstos nos n.ºs 2 a 4 do artigo anterior, contando-se o prazo de 20 dias para a celebração do contrato do trânsito em julgado da sentença.

I – Continua a regular a preferência limitada, concentrando, todavia, no âmbito de um único processo a resolução da controvérsia que – anteriormente ao DL 329-A/95 – impunha a propositura de uma acção de arbitramento – espécie processual, aliás, banida pela reforma.

II – O regime constante deste artigo implica a fusão de dois processos de jurisdição voluntária: o de notificação para preferência e o de determinação judicial da prestação, regulado no art. 1429.º, no âmbito do qual se irá determinar a divisibilidade e a redução global, a atribuir proporcionalmente à coisa sujeita ao exercício da preferência.

ARTIGO 1459.º-A
Prestação acessória

1 – Se o contrato projectado abranger a promessa de uma prestação acessória que o titular do direito de preferência não possa satisfazer, requererá logo o preferente que declare exercer o seu direito a respectiva avaliação em dinheiro, quando possível, aplicando-se o disposto no artigo 1429.º, ou a dispensa da obrigação de satisfazer a prestação acessória, mostrando que esta foi convencionada para afastar o seu direito.

2 – Se a prestação não for avaliável pecuniariamente, pode o preferente requerer, nos termos do artigo 418.º do Código Civil, o exercício do seu direito, mostrando que, mesmo sem a prestação estipulada, a venda não deixaria de ser efectuada ou que a prestação foi convencionada para afastar a preferência.

3 – O prazo para a celebração do contrato conta-se nos termos previstos non.º 3 do artigo anterior.

I – Este preceito, aditado pelo DL n.º 329-A/95, traduz adjectivação do regime estabelecido no art. 418.º do C. Civil, permitindo que se dirima no âmbito do processo de notificação para preferência o conflito de interesses entre os sujeitos ali referenciados, cumulando-se, também aqui, o processo de jurisdição voluntária do art. 1429.º, para o efeito de avaliar a prestação acessória convencionada que o preferente deverá compensar em dinheiro.

II – Se tal prestação acessória não for avaliável pecuniariamente, recai sobre o titular do direito de preferência o ónus de alegar e demonstrar que, mesmo sem ela, o contrato projectado não deixaria de ser realizado ou que a prestação foi convencionada para afastar a preferência, nos termos prescritos no n.º 1 do art. 418.º do C. Civil (n.º 2).

III – O prazo para a celebração do contrato conta-se, também aqui, do trânsito da decisão que dirima aquele litígio.

ARTIGO 1459.º-B
Direito de preferência a exercer simultaneamente por vários titulares

Quando o direito de preferência for atribuído simultaneamente a vários contitulares, devendo ser exercido por todos em conjunto, serão notificados todos os interessados para o exercício do direito, aplicando-se o disposto nos artigos anteriores, com as necessárias adaptações, sem prejuízo do disposto nos artigos 1462.º e 1463.º.

I – Regula a situação em que existe pluralidade de preferentes, sendo, porém, único o direito de preferência, concedido conjuntamente a vários contitulares e devendo ser exercido por todos no interesse comum. Reporta-se, deste modo, o preceito aos casos em que o direito de preferência incide sobre bens que se encontram numa situação de compropriedade, contitularidade ou comunhão, devendo a aquisição que derivar do seu exercício reverter para os diversos contitulares.

II – A norma corresponde, no essencial, ao regime que constava do art. 1458.º, n.º 6, na redacção anterior ao DL n.º 329-A/95: a preferência deve, neste caso, ser exercida conjuntamente por todos os contitulares, em litisconsórcio necessário, como reflexo do princípio segundo o qual, nas situações de compropriedade ou comunhão, os direitos nela integrados devem ser exercidos em conjunto por todos os contitulares.

III – Ressalvam-se expressamente as situações previstas nos arts. 1462.º e 1463.º; a propósito do regime especial do exercício da preferência pela herança e pelos cônjuges. E tal especialidade traduz-se:

a) No caso dos cônjuges, na possibilidade de qualquer deles exercer, só por si, o direito de preferência comum, adquirindo, por sua iniciativa, os bens sobre que tal direito incide para a comunhão conjugal.

b) No caso da herança, em fazer depender o exercício ou não da preferência da deliberação maioritária dos interessados – em excepção à regra constante do art. 2091.º do C. Civil – a obter em conferência, nos termos do n.º 2 do art. 1462.º – salvo se já existir uma consolidada expectativa da aquisição dos bens a que se reporta o direito de preferência por algum dos herdeiros (em consequência de licitação ou inclusão no respectivo quinhão), já que neste caso o exercício direito de preferência cabe apenas ao interessado.

ARTIGO 1460.º
Direitos de preferência alternativos

1 – Se o direito de preferência competir a várias pessoas simultaneamente, mas houver de ser exercido apenas por uma, não designada, há-de o requerente pedir que sejam todas notificadas para comparecer no dia e hora que forem fixados, a fim de se proceder a licitação entre elas; o resultado da licitação é reduzido a auto, no qual se registará o maior lanço de cada licitante.

2 – O direito de preferência é atribuído ao licitante que ofereça o lanço mais elevado. Perdê-lo-á, porém, nos casos previstos no artigo 1459.º.

3 – Havendo perda do direito atribuído, este devolve-se ao interessado que tiver oferecido o lanço imediatamente inferior, e assim sucessivamente, mas o prazo de 20 dias fixado no artigo 1459.º fica reduzido a metade. À medida que cada um dos licitantes for perdendo o seu direito, o requerente da notificação deve pedir que o facto seja notificado ao licitante imediato.

4 – No caso de devolução do direito de preferência, os licitantes não incorrem em responsabilidade se não mantiverem o seu lanço e não quiserem exercer o direito.

As alterações introduzidas nos n.ᵒˢ 2 e 3 deste preceito pelo DL n.º 329-A/95 – que qualifica esta situação como preferência "alternativa" – são mera decorrência de se haverem intercalado no texto do CPC revisto os dois artigos precedentes, mantendo-se a remissão para o preceituado no art. 1459.º.

ARTIGO 1461.º
Direito de preferência sucessivo

1 – Competindo o direito de preferência a mais de uma pessoa sucessivamente, pode pedir-se que sejam todas notificadas para declarar se pretendem usar do seu direito no caso de vir a pertencer-lhes, ou pedir-se a notificação de cada uma à medida que lhe for tocando a sua vez em consequência de renúncia ou perda do direito do interessado anterior.

2 – No primeiro caso prossegue o processo em relação ao preferente mais graduado que tenha declarado querer preferir, mediante prévia notificação; se este perder o seu direito, proceder-se-á da mesma forma quanto ao mais graduado dos restantes e assim sucessivamente.

ARTIGO 1462.º
Direito de preferência pertencente a herança

1 – Competindo o direito de preferência a herança, pedir-se-á no tribunal do lugar da sua abertura a notificação do cabeça-de-casal, salvo se os bens a que respeita estiverem licitados ou incluídos em algum dos quinhões, porque neste caso deve pedir-se a notificação do respectivo interessado para ele exercer o direito.

2 – O cabeça-de-casal, logo que seja notificado, requererá uma conferência de interessados para se deliberar se a herança deve exercer o direito de preferência.

3 – O processo é dependência do inventário, quando o haja.

ARTIGO 1463.º
Direito de preferência pertencente aos cônjuges

Se o direito de preferência pertencer em comum aos cônjuges, é pedida a notificação de ambos, podendo qualquer deles exercê-lo.

No sentido de que a notificação de ambos os cônjuges, aqui prevista, só tem lugar se e quando o direito de preferência lhes pertencer em comum, ainda que se trate de a exercer quanto à casa de morada de família, veja-se o Ac. STJ de 1/2/00, in CJ I/00, pág. 53.

ARTIGO 1464.º
Direitos de preferência concorrentes

1 – Se o direito de preferência pertencer em comum a várias pessoas, será pedida a notificação de todas.

2 – Quando se apresente a preferir mais de um titular, o bem objecto de alienação é adjudicado a todos, na proporção das suas quotas.

I – Como resulta da epígrafe do preceito, estabelece-se nele o regime dos direitos de preferência concorrentes, exercidos no interesse individual de cada consorte – e, portanto, naturalmente sem a necessidade de exercício conjunto que caracteriza a hipótese regulada no art. 1459.º-B.

É, nomeadamente, esta a situação que decorre do preceituado nos arts. 1409.º e 1410.º do C. Civil, em que cada comproprietário beneficia, no caso da alienação a terceiro de algumas das quotas, do seu próprio direito de preferência, que concorre com os direitos dos restantes consortes, onerando-se todos eles em idêntica medida se todos optarem por preferir.

II – Como decorre do n.º 1 deste preceito, o preferente que queira exercer o seu direito deve requerer a notificação de todos os titulares de direitos concorrentes com o seu, o que origina uma situação de litisconsórcio necessário passivo, visando o rateio a que alude o n.º 2.

III – O regime estabelecido no n.º 2 – que diverge substancialmente do que estava previsto na anterior redacção do preceito – surge como decorrência do estatuído nos arts. 1409.º, n.º 3 e 2130.º do C. Civil, aplicáveis às demais situações de contitularidade de direitos, por força do disposto no art. 1404.º daquele Código.

Assim, se os diversos titulares de direitos concorrentes optarem por exercer a preferência, o bem sobre o qual a mesma incide é adjudicado a todos, na proporção das suas quotas.

ARTIGO 1465.º
Exercício da preferência quando a alienação já tenha sido efectuada e o direito caiba a várias pessoas

1 – Se já tiver sido efectuada a alienação a que respeita o direito de preferência e este direito couber simultaneamente a várias pessoas, o processo para a determinação do preferente segue os termos do artigo 1460.º, com as alterações seguintes:

a) O requerimento inicial é feito por qualquer das pessoas com direito de preferência;

b) O licitante a quem for atribuído o direito deve, no prazo de 20 dias, depositar a favor do comprador o preço do contrato celebrado e a importância da sisa paga, salvo, quanto a esta, se mostrar que beneficia de isenção ou redução e, a favor do vendedor, o excedente sobre aquele preço;

c) O licitante deve ainda, nos 30 dias seguintes ao trânsito em julgado da sentença de adjudicação, mostrar que foi proposta a competente acção de preferência, sob pena de perder o seu direito;

d) Em qualquer caso de perda de direito, a notificação do licitante imediato é feita oficiosamente.

2 – A apresentação do requerimento para este processo equivale, quanto à caducidade do direito de preferência, à instauração da acção de preferência.

3 – O disposto neste artigo é aplicável, com as necessárias adaptações, aos casos em que o direito de preferência cabe a mais de uma pessoa, sucessivamente.

I – Segundo a doutrina do Assento do STJ n.º 2/95, de 1 de Fevereiro (DR I-A, 20/4/95), vendido um prédio urbano a locatário habitacional de parte dele, sem que o proprietário tenha cumprido o disposto no art. 416.º, n.º 1, do CC quanto aos restantes locatários, o comprador não perde, pelo simples facto da aquisição, o respectivo direito legal de preferência. E qualquer desses locatários preteridos, como detentor de direito concorrente, não o poderá ver judicialmente reconhecido sem recorrer ao meio processual previsto no art. 1465.º do CPC, aplicável com as devidas adaptações. Cf. ainda a situação analisada no Ac. Rel in CJ III/99, pág. 86, em aplicação de tal doutrina.

II – No sentido de que os preferentes comuns não são obrigados a recorrer à notificação para preferência como acto prévio ao exercício do seu direito, não precludindo a propositura e o registo da acção de preferência a possibilidade de os demais exercerem o seu direito, sendo admissível reconvenção, face ao pedido de reconhecimento do direito de propriedade, para reconhecimento do seu melhor direito, cf. Ac. Rel. in CJ I/03, pág. 32.

ARTIGO 1466.º
Regime das custas

1 – As custas dos processos referidos nesta secção serão pagas pelo requerente, no caso de não haver declaração de preferência, e pela pessoa que declarou querer preferir, nos outros casos.
   Se houver vários declarantes, as custas são pagas por aquele a favor de quem venha a ser proferida sentença de adjudicação ou por todos eles, se não chegar a haver sentença.
   2 – Fora dos casos de desistência total, a desistência de qualquer declarante tem como efeito que todos os actos processuais que lhe digam respeito se consideram, para efeitos de custas, como um incidente da sua responsabilidade.
   3 – Quando os processos tenham sido instaurados depois de celebrado o contrato que dá lugar à preferência, aquele que vier a exercer o direito haverá as custas pagas da pessoa que devia oferecer a preferência.
   4 – *Revogado – art. 3.º DL 329-A/95.*

A eliminação, pelo DL n.º 329-A/95, da norma que constava do n.º 4 deste preceito é mera decorrência do desaparecimento da acção de arbitramento que estava prevista a propósito da preferência limitada, no art. 1459.º.

SECÇÃO XII
Herança jacente

ARTIGO 1467.º
Declaração de aceitação ou repúdio

1 – No requerimento em que se peça a notificação do herdeiro para aceitar ou repudiar a herança, o requerente justificará a qualidade que atribui ao requerido e, se não for o Ministério Público, fundamentará também o seu interesse.
   2 – A notificação efectua-se segundo o formalismo prescrito para a citação pessoal, devendo o despacho que a ordenar marcar o prazo para a declaração.
   3 – Decorrido o prazo marcado sem apresentação do documento de repúdio, julgar-se-á aceita a herança, condenando-se o aceitante nas custas; no caso de repúdio, as custas serão adiantadas pelo requerente, para virem a ser pagas pela herança.

I – O n.º 2 deste artigo, na redacção do DL n.º 329-A/95, considera expressamente como notificação pessoal, nos termos do art. 256.º, a que visa provocar a aceitação ou repúdio da herança pelo herdeiro.

II – Considerando aplicável o mecanismo previsto neste artigo no âmbito de um incidente de habilitação de herdeiros, como meio de efectivação do ónus dos sucessíveis requeridos de provar a não aceitação da herança, juntando documento de repúdio, veja-se o Ac. Rel. in CJ 169, pág. 194.

ARTIGO 1468.º
Notificação sucessiva dos herdeiros

Se o primeiro notificado repudiar a herança, a notificação sucessiva dos herdeiros imediatos, até não haver quem prefira ao Estado, será feita no mesmo processo, observando-se sempre o disposto no artigo anterior.

ARTIGO 1469.º
Acção sub-rogatória

1 – A aceitação da herança por parte dos credores do repudiante faz-se na acção em que, pelos meios próprios, os aceitantes deduzam o pedido dos seus créditos contra o repudiante e contra aqueles para quem os bens passaram por virtude do repúdio.

2 – Obtida sentença favorável, os credores podem executá-la contra a herança.

SECÇÃO XIII
Exercício da testamentaria

ARTIGO 1470.º
Escusa do testamenteiro

1 – O testamenteiro que se quiser escusar da testamentaria, depois de ter aceitado o cargo, deve pedir a escusa, alegando o motivo do pedido e identificando todos os interessados, que serão citados para contestar.

2 – O juiz decide, depois de produzidas as provas que admitir.

ARTIGO 1471.º
Regime das custas

Não sendo contestado o pedido de escusa, as custas são da responsabilidade de todos os interessados.

ARTIGO 1472.º
Remoção do testamenteiro

1 – O interessado que pretenda a remoção do testamenteiro exporá os factos que fundamentam o pedido e identificará todos os interessados.
2 – Só o testamenteiro, porém, é citado para contestar.

ARTIGO 1473.º
Dedução dos pedidos mencionados nos artigos precedentes

Os pedidos a que se referem os artigos anteriores são dependência do processo de inventário, quando o haja.

SECÇÃO XIV
Tutela da personalidade, do nome e da correspondência confidencial

ARTIGO 1474.º
Requerimento

1 – O pedido de providências destinadas a evitar a consumação de qualquer ameaça à personalidade física ou moral ou a atenuar os efeitos de ofensa já cometida será dirigido contra o autor da ameaça ou ofensa.
2 – O pedido de providências tendentes a impedir o uso prejudicial de nome idêntico ao do requerente será dirigido contra quem o usou ou pretende usar.
3 – O pedido de restituição ou destruição de carta missiva confidencial, cujo destinatário tenha falecido, será deduzido contra o detentor da carta.

ARTIGO 1475.º
Termos posteriores

O requerido é citado para contestar e, haja ou não contestação, decidir-se-á após a produção das provas necessárias.

SECÇÃO XV
Apresentação de coisas ou documentos

ARTIGO 1476.º
Requerimento

Aquele que, nos termos e para os efeitos dos artigos 574.º e 575.º do Código Civil, pretenda a apresentação de coisas ou documentos que o possuidor ou detentor lhe não queira facultar justificará a necessidade da diligência e requererá a citação do recusante para os apresentar no dia, hora e local que o juiz designar.

Sobre os pressupostos deste procedimento, vide, Ac. Rel. in CJ IV/00, pág. 98.

ARTIGO 1477.º
Termos posteriores

1 – O citado pode contestar no prazo de 15 dias, a contar da citação; se detiver as coisas ou documentos em nome de outra pessoa, pode esta contestar dentro do mesmo prazo, ainda que o citado o não faça.

2 – Na falta de contestação, ou no caso de ela ser considerada improcedente, o juiz designará dia, hora e local para a apresentação na sua presença.

3 – A apresentação far-se-á no tribunal, quando se trate de coisas ou de documentos transportáveis em mão; tratando-se de outros móveis ou de coisas imóveis, a apresentação será feita no lugar onde se encontrem.

O n.º 1 limitou-se a ampliar para 15 dias o prazo da contestação do citado.

ARTIGO 1478.º
Apreensão judicial

Se os requeridos, devidamente notificados, não cumprirem a decisão, pode o requerente solicitar a apreensão das coisas ou documentos para lhe serem facultados, aplicando-se o disposto quanto à efectivação da penhora, com as necessárias adaptações.

I – Regulamenta as consequências do eventual não acatamento da decisão que ordena a apresentação das coisas ou documentos, facultando a apreensão judicial, em termos análogos aos previstos a propósito da penhora, nomeadamente no art. 840.º

II – Foi derrogado o processo que visava a modificação da sentença ou acordo que houvesse fixado indemnização sob a forma de renda – e que integrava a secção XVI, na anterior versão do CPC.

Na verdade, se a indemnização foi fixada judicialmente, o meio próprio para rever e actualizar a renda arbitrada será o previsto no art. 292.º, requerendo-se incidentalmente, como dependência da acção indemnizatória, a revisão do decidido quanto à obrigação duradoura, com fundamento em alegadas circunstâncias supervenientes.

Se a indemnização em renda foi fixada fora do âmbito de um processo judicial e se verifica litígio das partes acerca da sua actualização, afigura-se que o problema transcende o âmbito da jurisdição voluntária, tendo tal litígio de ser dirimido pelos meios comuns.

SECÇÃO XVI
[...]

(Revogada).

SECÇÃO XVII
Exercício de direitos sociais

As acções compreendidas nesta secção situam-se no âmbito da competência material dos tribunais de comércio – art. 89.º, n.º 1, *c)* da Lei n.º 3/99, de 13 de Janeiro – salvo no que se refere ao previsto no art. 1485.º.

SUBSECÇÃO I
Do inquérito judicial à sociedade

ARTIGO 1479.º
Requerimento

1 – O interessado que pretenda a realização de inquérito judicial à sociedade, nos casos em que a lei o permita, alegará os fundamentos do pedido de inquérito, indicará os pontos de facto que interesse averiguar e requererá as providências que repute convenientes.

2 – São citados para contestar a sociedade e os titulares de órgãos sociais a quem sejam imputadas irregularidades no exercício das suas funções.

3 – Quando o inquérito tiver como fundamento a não apresentação pontual do relatório de gestão, contas do exercício e demais documentos de prestação de contas, seguir-se-ão os termos previstos no artigo 67.º do Código das Sociedades Comerciais.

I – Mantendo o inquérito judicial a sociedade como processo de jurisdição voluntária, realiza-se uma substancial reformulação do seu regime e tramitação, tendo nomeadamente em conta a necessidade de articulação de tal processado com as regras que dispõem sobre tal matéria no âmbito do Cód. Sociedades Comerciais, particularmente os arts. 67.º, 181.º, n.º 6, 216.º, 292.º e 450.º.

II – É o Cód. das Sociedades Comerciais que define, quer a legitimidade para requerer inquérito, quer as funções por este desempenhadas (e que presentemente transcendem o mero exame aos livros e papéis da sociedade). Incumbe ao interessado a que a lei comercial outorga legitimidade alegar os factos em que fundamenta o requerimento de inquérito, indicar ou especificar os pontos de facto que, através dele, interesse averiguar e formular a pretensão, requerendo as providências que – segundo o referido Código – podem incluir-se no seu âmbito (suprimento da falta de apresentação ou deliberação sobre as contas sociais, efectivação do direito dos sócios à informação, destituição ou nomeação do administrador, dissolução da sociedade, etc.).

III – Amplia-se a legitimidade passiva no processo de inquérito aos titulares de órgãos sociais a quem são imputadas irregularidades no exercício das suas funções, atento o seu manifesto interesse em contraditar a pretensão do autor, que pode mesmo visar a respectiva responsabilização ou destituição.

Para além disso, continua naturalmente a ser sempre citada a própria sociedade requerida.

IV – A tramitação do processo de inquérito exclusivamente destinado a suprir a falta de apresentação das contas e de deliberação sobre elas está regulada no art. 67.º do Cód. das Sociedades Comerciais – que, como norma especial, prevalece sobre a tramitação – tipo genericamente estabelecida no CPC (n.º 3).

V – Sobre a legitimidade do sócio para requerer inquérito, veja-se o Ac. Rel. in CJ II/00, pág. 198; e sobre os pressupostos do direito dos sócios a requerer inquérito, para efectivação do direito à informação, veja-se o Ac. Rel. in CJ IV/02, pág. 181.

ARTIGO 1480.º
Termos posteriores

1 – Haja ou não resposta dos requeridos, o juiz decidirá se há motivos para proceder ao inquérito, podendo determinar logo que a informação pretendida pelo requerente seja prestada, ou fixará prazo para apresentação das contas da sociedade.

2 – Se for ordenada a realização do inquérito à sociedade, o juiz fixará os pontos que a diligência deve abranger, nomeando o perito ou peritos que deverão realizar a investigação, aplicando-se o disposto quanto à prova pericial.

3 – Compete ao investigador nomeado, além de outros que lhe sejam especialmente cometidos, realizar os seguintes actos:

a) Inspeccionar os bens, livros e documentos da sociedade, ainda que estejam na posse de terceiros;

b) Recolher, por escrito, as informações prestadas por titulares de órgãos da sociedade, pessoas ao serviço desta ou quaisquer outras entidades ou pessoas;

c) Solicitar ao juiz que, em tribunal, prestem depoimento as pessoas que se recusem a fornecer os elementos pedidos, ou que sejam requisitados documentos em poder de terceiros.

4 – Se, no decurso do processo, houver conhecimento de factos alegados que justifiquem ampliação do objecto do inquérito, pode o juiz determinar que a investigação em curso os abranja, salvo se da ampliação resultarem inconvenientes graves.

I – Do n.º 1 deste preceito resulta que a falta de resposta dos requeridos não tem efeito cominatório, cumprindo ao juiz – tenha sido ou não deduzida oposição – decidir se tem fundamento sério e bastante a realização do pretendido inquérito.

O preceito prevê ainda a prolação de uma decisão sumária, nos casos em que o inquérito visa apenas a prestação de certa informação ao requerente ou a fixação de prazo para apresentação de contas da sociedade (arts. 292.º, n.º 2, e 67.º, n.º 2, do C. Sociedades Comerciais).

II – Se o pedido de inquérito tiver fundamento sério e bastante e não for caso da prolação da decisão sumária prevista no n.º 1, deverá o juiz regular a ulterior tramitação do processo, em termos análogos aos que estavam previstos neste preceito, na redacção anterior ao DL n.º 329-A/95:

Livro III – Do processo   art. 1482.º

– fixando os pontos de facto que importe averiguar e esclarecer;
– nomeando o perito ou peritos encarregados de efectivar a investigação, aplicando-se o disposto quanto à prova pericial, na parte geral, nomeadamente nos arts. 568.º a 574.º.

III – O n.º 3 corresponde ao que estava proposto no art. 1054.º, n.º 3, do Ant. 1993, dispondo sobre a competência "mínima" atribuída ao investigador ou perito nomeado, para além dos poderes que o tribunal, em concreto, lhe haja cometido, em consonância com os fins do inquérito.

IV – A definição do objecto do inquérito permanece como provisória, sendo mutável consoante a evolução do processo e o resultado das diligências realizadas, assistindo ao juiz (n.º 4) a possibilidade de ampliar os pontos a investigar, completando, deste modo, em função de dados supervenientes, o despacho que inicialmente proferiu, nos termos do n.º 2 deste preceito, desde que tal se revele compatível com a tramitação até aí seguida (cfr. arts. 31.º, n.º 4, e 265.º-A).

ARTIGO 1481.º
Medidas cautelares

Durante a realização do inquérito, pode o tribunal ordenar as medidas cautelares que considere convenientes para garantia dos interesses da sociedade, dos sócios ou dos credores sociais, sempre que se indicie a existência de irregularidades ou a prática de quaisquer actos susceptíveis de entravar a investigação em curso, aplicando-se, com as necessárias adaptações, o preceituado quanto às providências cautelares.

Continua a admitir-se a possibilidade de o juiz decretar, na pendência do próprio inquérito, medidas provisórias ou cautelares, esclarecendo que a sua aplicação se deverá fundamentalmente reger pelas disposições gerais sobre providências cautelares, constantes dos arts. 381.º e seguintes.

Podendo tais medidas cautelares visar a tutela, não apenas das "partes" na causa, mas também de terceiros, "maxime" dos credores sociais, não vigora nesta sede o princípio dispositivo, podendo tais providências ser adoptadas sempre que o tribunal as "considere convenientes".

ARTIGO 1482.º
Decisão

1 – Concluído o inquérito, o relatório do investigador é notificado às partes; e, realizadas as demais diligências probatórias necessárias, o juiz

331

profere decisão, apreciando os pontos de facto que constituíram fundamento do inquérito.

2 – Notificado o relatório, ou a decisão sobre a matéria de facto, podem as partes requerer, no prazo de 15 dias, que o tribunal ordene quaisquer providências que caibam no âmbito da jurisdição voluntária, designadamente a destituição dos responsáveis por irregularidades apuradas ou a nomeação judicial de um administrador ou director, com as funções previstas no Código das Sociedades Comerciais.

3 – Se for requerida a dissolução da sociedade ou formulada pretensão, susceptível de ser cumulada com o inquérito, mas que exceda o âmbito da jurisdição voluntária, seguir-se-ão os termos do processo comum de declaração.

4 – Se a decisão proferida não confirmar a existência dos factos alegados como fundamento do inquérito, podem os requeridos exigir a respectiva publicação no jornal que, para o efeito, indicarem.

I – Concluído o inquérito aos pontos que o tribunal considera que a diligência devia abranger, o seu resultado, expresso em relatório (como ocorre com a prova pericial), é notificado às partes, que podem reclamar, em termos análogos aos prescritos no art. 587.º, podendo ainda realizar-se quaisquer outras diligências instrutórias (nas quais se incluirá a realização eventual de "segunda perícia", nos termos do art. 589.º).

II – De seguida, ponderadas as razões aduzidas pelas partes, o juiz profere decisão sobre os pontos que considerara que a diligência devia abranger (n.º 1).

III – O disposto nos n.ºˢ 2 e 3 deste artigo é consequência de o Cód. Sociedades Comerciais atribuir ao inquérito finalidades que transcendem claramente a sua tradicional função de obtenção de informação pelos sócios.

Face, desde logo, ao relatório ou perante a decisão judicial ulteriormente proferida, gozam as partes do direito de ampliar a pretensão que inicialmente haviam deduzido, cumulando com o simples requerimento do inquérito à sociedade (e em função dos factos por ele revelados):

a) providência autónoma que se situe no âmbito dos processos de jurisdição voluntária, "maxime" o pedido de destituição de administrador ou de nomeação judicial de administrador ou director, regulado nos arts. 1484.º e seguintes;

b) providência – de natureza claramente contenciosa – que o Cód. das Sociedades Comerciais expressamente autoriza que se cumule supervenientemente no inquérito: v.g., a própria dissolução da sociedade (art. 292.º, n.º 2 *c*) ou a condenação do titular do órgão que incumpriu os seus deveres a indemnizar os prejudicados (art. 450.º, n.º 2).

No primeiro caso – e porque todas as pretensões se situam ainda no domínio da jurisdição voluntária, haverá apenas que "adaptar" o processado conjunto, integrando, v.g., no inquérito as regras que constam dos arts. 1484.º e seguintes.

No segundo caso, sendo licitamente cumulada pretensão de cariz inquestionavelmente contencioso – a cuja tramitação seria funcionalmente inadequado aplicar as regras próprias da jurisdição voluntária (por ex. a limitação do recurso ou livre alteração das resoluções previstas no art. 1411.º) determina o n.º 3 que a ulterior tramitação se processe nos quadros do processo comum de declaração. Neste caso, a competência do tribunal de comércio, quando não resulte já directamente do estatuído no art. 89.º n.º 1, resultará do preceituado no n.º 3 deste artigo da Lei n.º 3/99.

IV – O n.º 4 corresponde ao regime que constava do art. 1482.º, na redacção anterior ao DL n.º 329-A/95 (publicação dos resultados do inquérito).

ARTIGO 1483.º
Regime das custas

1 – As custas do processo são pagas pelos requerentes, salvo se forem ordenadas as providências previstas no artigo 1481.º, pois nesse caso a direcção ou gerência da sociedade responde por todas as custas. A responsabilidade dos requerentes pelas custas abrange as despesas com a publicação referida no artigo 1482.º, quando a ela haja lugar.

2 – Se, em consequência do inquérito, for proposta alguma acção, a responsabilidade dos requerentes pelas custas considera-se de carácter provisório: quem for condenado nas custas da acção paga também as do inquérito. O mesmo se observará quanto à responsabilidade da direcção ou gerência, se o resultado da acção a ilibar de toda a culpa quanto às suspeitas dos requerentes.

SUBSECÇÃO II
Nomeação e destituição de titulares de órgãos sociais

ARTIGO 1484.º
Nomeação judicial de titulares de órgãos sociais

1 – Nos casos em que a lei prevê a nomeação judicial de titulares de órgãos sociais, ou de representantes comuns dos contitulares de participação social, deve o requerente justificar o pedido de nomeação e indicar a pessoa que reputa idónea para o exercício do cargo.

2 – Antes de proceder à nomeação, o tribunal pode colher as informações convenientes, e, respeitando o pedido a sociedade cujo órgão de administração esteja em funcionamento, deve este ser ouvido.

3 – Se, antes da nomeação ou posteriormente, houver lugar à fixação de uma remuneração à pessoa nomeada, o tribunal decidirá, podendo ordenar, para o efeito, as diligências indispensáveis.

I – A presente secção cria um processo unitário para a nomeação e destituição de titulares de órgãos sociais (o CPC, na redacção anterior ao DL n.º 329-A/95, apenas previa, nos arts. 1484.º e 1485.º, a "destituição de administrador").
II – O n.º 1 deste preceito adjectiva numerosas disposições, designadamente do Cód. Sociedades Comerciais, que prevêem a nomeação judicial – não puramente incidental, para funcionar apenas no âmbito de uma causa determinada, nos termos do art. 1484.º-A – de titulares de órgãos sociais ou de representantes comuns dos titulares de participação social (cfr., v.g. arts. 223.º, n.º 3, 253.º, n.º 3, 358.º, n.º 2 e 394.º CSC).
III – Como se referiu, a nomeação ou destituição podem também ter lugar no âmbito do processo de inquérito judicial à sociedade.
IV – O requerente tem o ónus, para além de fundamentar o pedido de nomeação na verificação da "fattispecie" prevista na norma, de indicar logo a pessoa que reputa idónea para o exercício do cargo (n.º 1).
O n.º 2 impõe o contraditório do órgão da administração da sociedade, salvo se esta não estiver em funcionamento.
V – O n.º 3 reporta-se aos casos em que a própria lei impõe a fixação de uma remuneração à pessoa nomeada.
VI – É aplicável o processo especial previsto neste preceito quando seja deduzido pedido visando a nomeação de um vogal do conselho fiscal de uma sociedade, já que está em causa a nomeação de titulares de órgãos sociais (Ac. STJ de 31/3/98 in BMJ 475, pág. 600).

ARTIGO 1484.º-A
Nomeação incidental

1 – A nomeação que apenas se destine a assegurar a representação em juízo, em acção determinada, ou que se suscite em processo já pendente, é dependência dessa causa.

2 – Quando a nomeação surja em consequência de anterior destituição, decidida em processo judicial, é dependência deste.

I – Reporta-se às hipóteses de nomeação puramente incidental de representantes, no quadro de uma acção determinada, estabelecendo-se regime análogo. ao prescrito no art. 11.º – sendo neste caso a nomeação da competência do próprio juiz da causa.
II – O n.º 2 estabelece que o procedimento de nomeação do representante é dependência do processo em que tenha ocorrido anterior destituição do titular do órgão social, que se pretende agora preencher.

ARTIGO 1484.º-B
Suspensão ou destituição de titulares de órgãos sociais

1 – O interessado que pretenda a destituição judicial de titulares de órgãos sociais, ou de representantes comuns de contitulares de participação social, nos casos em que a lei o admite, indicará no requerimento os factos que justificam o pedido.

2 – Se for requerida a suspensão do cargo, o juiz decidirá imediatamente o pedido de suspensão, após realização das diligências necessárias.

3 – O requerido é citado para contestar, devendo o juiz ouvir, sempre que possível, os restantes sócios ou os administradores da sociedade.

4 – O preceituado nos números anteriores é aplicável à destituição que seja consequência de revogação judicial da cláusula do contrato de sociedade que atribua a algum dos sócios um direito especial à administração.

5 – Quando se trate de destituir quaisquer titulares de órgãos judicialmente designados, a destituição é dependência do processo em que a nomeação teve lugar.

I – Prevê a destituição judicial, em processo autónomo (cfr. n.º 5), de titulares de órgãos sociais ou de representantes comuns de contitulares de participação social, adjectivando os preceitos que a preveêm, nomeadamente quando ocorra "justa causa" (cfr. arts. 257.º, n.º 4, 358.º, n.º 3, e 403.º, n.º 3 do Cód. Sociedades Comerciais).

II – O n.º 2 reporta-se ao pedido de suspensão do cargo, configurado como verdadeira medida cautelar relativamente à pretendida destituição, conferindo naturalmente a tal matéria carácter urgente.

III – O contraditório, face ao pedido de destituição, cabe, desde logo, ao requerido, interessado directo em contradizer.

Para além disso, o n.º 3 determina a audição – sempre que possível – dos sócios ou da administração da sociedade, que não figura logo como requerida: tal "dever de audição", a realizar em conformidade com o princípio da adequação processual, não implica como é óbvio, a citação de todos estes interessados (sócios e administradores não requeridos).

Em certas situações, impõe-se que o pedido de destituição seja também deduzido contra a própria sociedade (art. 257.º, n.º 4, do C. Soc. Comerciais).

IV – O n.º 4 considera este procedimento aplicável também ao caso de se pretender a destituição judicial do sócio que tenha um direito especial à administração, fundado em cláusula do próprio contrato da sociedade.

Amplia-se, porém, o âmbito do procedimento, com vista a abarcar – para além da situação decorrente do estatuído no art.º 1484.º, na redacção anterior à reforma, que adjectivava a norma constante do art. 986.º do CC – também as previstas nos arts. 191.º e 257.º do C. Soc. Comerciais.

De salientar que, neste caso, deverá ser a própria sociedade a requerer a destituição do gerente, em execução de deliberação social (art. 257.º, n.º 3); ou sendo autor algum dos sócios, carece, neste caso, a sociedade de ser também demandada (n.º 4 do citado art. 257.º).

V – No sentido de que este procedimento é o adequado à destituição de um gerente de sociedade comercial com dois únicos sócios, veja-se o Ac. Rel. in CJ II/01, pág. 203. Sobre a articulação dos pedidos (cautelar) de suspensão e destituição – e exigências de contraditório quanto ao primeiro, podendo dispensar-se a audição do requerido cuja suspensão se pretende (mas não podendo deferir-se o pedido de destituição com base na prova sumariamente produzida para julgar a suspensão) vide, além daquele aresto, o Ac. Rel. in CJ III/01, pág. 191 e o juízo de não inconstitucionalidade formulado pelo TC no Ac. 131/02 (in DR, II série, 4/5/02).

VI – O n.º 5 estabelece regra análoga à constante do n.º 2 do art. 1484.º-A, considerando a destituição de órgãos judicialmente nomeados dependência do processo em que teve lugar tal nomeação pelo juiz.

ARTIGO 1485.º
Exoneração do administrador na propriedade horizontal

O processo do artigo anterior é aplicável à exoneração judicial do administrador das partes comuns de prédio sujeito a regime de propriedade horizontal, requerida por qualquer condómino com fundamento na prática de irregularidades ou em negligência.

A nomeação de uma nova administração pela assembleia de condóminos determina a inutilidade superveniente da lida quanto à acção em que se pedia a suspensão e destituição da anterior administração (Ac. Rel. in CJ IV/02, pág. 161).

SUBSECÇÃO III
Convocação de assembleia de sócios

ARTIGO 1486.º
Processo a observar

1 – Se a convocação de assembleia geral puder efectuar-se judicialmente, ou quando, por qualquer forma, ilicitamente se impeça a sua realização ou o seu funcionamento, o interessado requererá ao juiz a convocação.

Livro III – Do processo   art. 1487.º

2 – Junto o título constitutivo da sociedade, o juiz, dentro de 10 dias, procederá às averiguações necessárias, ouvindo a administração da sociedade, quando o julgue conveniente, e decidirá.

3 – Se deferir o pedido, designará a pessoa que há-de exercer a função de presidente e ordenará as diligências indispensáveis à realização da assembleia.

4 – A função de presidente só deixará de ser cometida a um sócio da sociedade quando a lei o determine ou quando razões ponderosas aconselhem a designação de um estranho; neste caso, será escolhida pessoa de reconhecida idoneidade.

I – Corresponde, no essencial, à previsão do preceito, na redacção anterior ao DL n.º 329-A/95, adjectivando, nomeadamente, o art. 375.º, n.º 6, do C. Soc. Comerciais.

II – O presente procedimento é também aplicável à convocação judicial de assembleias de obrigacionistas, nos termos do art. 355.º n.º 3, do Cód. Sociedades Comerciais.

SUBSECÇÃO IV
Redução do capital social

ARTIGO 1487.º
Autorização judicial para redução do capital

1 – A sociedade que pretenda obter autorização judicial para reduzir o seu capital instruirá a petição com a acta da respectiva assembleia geral, a convocatória correspondente e os documentos comprovativos da observância do disposto na lei sobre o novo capital.

2 – Verificada a regularidade da petição, o juiz ordena que a deliberação da assembleia geral seja publicada, nos termos previstos no artigo 167.º do Código das Sociedades Comerciais, com a indicação de ter sido requerida autorização judicial para se proceder à redução do capital.

3 – Nos 30 dias seguintes à publicação, pode qualquer sócio ou credor dissidente deduzir oposição à redução.

4 – Admitida alguma oposição, é suspensa a deliberação e notificada a sociedade para responder.

I – Corresponde, no essencial, ao regime que estava previsto nos arts. 1487.º a 1489.º do CPC, na redacção anterior ao DL n.º 329-A/95, adaptando-se, todavia, tal pro-

337

cedimento ao estipulado nos arts. 94.º e seguintes do C. Sociedades Comerciais, que definem as circunstâncias em que tal redução do capital social pode ter lugar, condicionando-a à prévia obtenção de autorização judicial.

II – O n.º 2 prevê um despacho liminar do juiz sobre a regularidade da pretensão, o qual precederá a publicação a que alude o art. 167.º do C. Soc. Comerciais.

III – O n.º 3 corresponde ao regime que constava do art. 1488.º.

IV – O n.º 4 corresponde ao regime que constava do n.º 2 do art. 1489.º, na redacção anterior, deixando porém, de se tramitar a oposição nos termos do processo sumário, processando-se a mesma inteiramente no quadro da jurisdição voluntária.

ARTIGO 1487.º-A
Redução não dependente de autorização judicial

1 – Quando a redução do capital for apenas destinada à cobertura de perdas e algum credor social pretender obstar à distribuição de reservas disponíveis ou de lucros do exercício, instruirá a petição com certidão do registo e publicação da deliberação de redução, fazendo prova da existência do seu crédito.

2 – A sociedade é citada para contestar ou satisfazer o crédito do requerente, se já for exigível, ou garanti-lo adequadamente.

3 – À prestação da garantia, quando tenha lugar, é aplicável o preceituado quanto à prestação de caução, com as adaptações necessárias.

I – Adjectiva o preceituado no n.º 3 do art. 95.º do Cód. Sociedades Comerciais, que dispensa a autorização judicial quando a redução do capital se destine apenas à cobertura de perdas.

II – Neste caso, o procedimento aqui previsto destina-se exclusivamente a facultar aos credores sociais a dedução de oposição à distribuição das reservas disponíveis ou dos lucros do exercício, em conformidade com o estatuído na alínea c) do n.º 4 daquele art. 95.º.

III – Em conformidade com tal preceito, pode a sociedade precludir a legitimidade do credor que se opõe à redução satisfazendo-lhe o crédito, ou garantindo-o adequadamente, aplicando-se à prestação desta garantia o disposto nos arts. 981.º e segs., com as adaptações necessárias à fisionomia de jurisdição voluntária.

SUBSECÇÃO V
Oposição à fusão e cisão de sociedades e ao contrato de subordinação

ARTIGO 1488.º
Processo a seguir

1 – O credor que pretenda deduzir oposição judicial à fusão ou cisão de sociedades, nos termos previstos no Código das Sociedades Comerciais, oferecerá prova da sua legitimidade e especificará qual o prejuízo que do projecto de fusão ou cisão deriva para a realização do seu direito.

2 – É citada para contestar a sociedade devedora.

3 – Na própria decisão em que julgue procedente a oposição, o tribunal determinará, sendo caso disso, o reembolso do crédito do opoente ou, não podendo este exigi-lo, a prestação de caução.

I – Regulamenta o procedimento de oposição dos credores à fusão ou cisão da sociedade, adjectivando o preceituado nos arts. 107.º, 108.º e 120.º do Cód. das Sociedades Comerciais.

II – Traduz verdadeira impugnação do projecto de cisão ou fusão, desencadeada pelos credores das sociedades nelas participantes, com fundamento no prejuízo que dele poderá decorrer para a realização dos seus créditos, que constitui verdadeira "causa petendi" (n.º 1).

III – O contraditório incumbe à sociedade devedora interessada no projecto de cisão ou fusão (n.º 2).

IV – Se julgar procedente a oposição, por o credor ter demonstrado a efectividade do prejuízo emergente daquele projecto, o tribunal, na decisão que proferir, determina o reembolso do crédito ou a prestação de caução, em consonância com o disposto no n.º 2 do art. 108.º do C. Soc. Comerciais.

Neste caso, a inscrição definitiva da fusão ou cisão no registo comercial fica dependente da satisfação do crédito ou da prestação da caução judicialmente fixada (alínea c) do n.º 1 do art. 108.º).

ARTIGO 1489.º
Oposição ao contrato de subordinação

O disposto no artigo anterior é aplicável, com as necessárias adaptações, à oposição deduzida pelo sócio livre ao contrato de subordinação, com fundamento em violação do disposto no Código das Sociedades Comerciais ou na insuficiência da contrapartida oferecida.

Adjectiva a situação prevista no art. 497.º do C. Sociedades Comerciais, cujo n.º 2 estabelece que a oposição dos sócios livres ao contrato de subordinação se rege pela forma prevista para a oposição de credores, no caso da fusão de sociedades.

SUBSECÇÃO VI
Averbamento, conversão e depósito de acções e obrigações

ARTIGO 1490.º
Direito de pedir o averbamento de acções ou obrigações

1 – Se a administração de uma sociedade não averbar, sem fundamento válido, dentro de oito dias, as acções ou obrigações que lhe sejam apresentadas para esse efeito, ou não passar, no mesmo prazo, uma cautela com a declaração de que os títulos estão em condições de ser averbados, pode o accionista ou obrigacionista pedir ao tribunal que mande fazer o averbamento.

2 – A sociedade é citada para contestar, sob pena de ser logo ordenado o averbamento.

3 – A cautela a que se refere o n.º 1 tem o mesmo valor que o averbamento.

I – Mantém, nos seus traços essenciais, o processo de averbamento, conversão e depósito de acções ou obrigações, traduzido – atenta a sua estrutura e função – num suprimento judicial da recusa do acto pela sociedade.

II – O prazo de 8 dias, estabelecido no n.º 1, decorre do estatuído no art. 335.º n.º 1, do Cód. Sociedades Comerciais.

III – O n.º 2 mantém o efeito cominatório pleno para a sociedade que não conteste o pedido de averbamento.

IV – Foram eliminados os n.ᵒˢ 3 e 4 do preceito, na redacção anterior ao DL n.º 329-A/95, o que implica a inexistência de um terceiro articulado e a admissibilidade de produção de quaisquer provas, que não apenas a documental.

V – O n.º 3 reproduz o regime que constava do n.º 5, na redacção anterior à reforma.

ARTIGO 1491.º
Execução da decisão judicial

1 – Ordenado definitivamente o averbamento, o interessado requererá que a sociedade seja notificada para, dentro de cinco dias, cumprir a decisão.

2 – Na falta de cumprimento, é lançado nos títulos o pertence judicial, que vale para todos os efeitos como averbamento.

O n.º 2 eliminou a sanção penal que constava do preceito, na redacção anterior ao DL n.º 329-A/95.

ARTIGO 1492.º
Efeitos da decisão

1 – Os efeitos do averbamento ordenado judicialmente retrotraem-se à data em que os títulos tenham sido apresentados à administração da sociedade.

2 – Os títulos e documentos são entregues ao interessado logo que o processo esteja findo.

ARTIGO 1493.º
Conversão de títulos

1 – O disposto nos artigos anteriores é aplicável ao caso de o accionista ou obrigacionista ter o direito de exigir a conversão de um título nominativo em título ao portador, ou vice-versa, e de a administração da sociedade se recusar a fazer a conversão.

2 – Ordenada a conversão, se a administração se recusar a cumprir a decisão, lançar-se-á nos títulos a declaração de que ficam sendo ao portador ou nominativos, conforme o caso.

Face ao disposto no Cód. Sociedade Comerciais (arts. 300.º e 344.º, nomeadamente) a conversão de títulos não é apenas a de nominativos em títulos ao portador, mas também a de títulos ao portador em nominativos ou de acções ordinárias em preferenciais: daí a previsão mais ampla deste preceito, na redacção emergente do DL n.º 329-A/95.

ARTIGO 1494.º
Depósito de acções ou obrigações

O depósito de acções ou obrigações ao portador, necessário para se tomar parte em assembleia geral, pode ser feito em qualquer instituição de crédito quando a administração da sociedade o recusar.

Admite que o depósito de títulos, indispensável à participação do interessado em assembleia geral, se possa realizar em qualquer instituição de crédito – e não apenas na Caixa Geral de Depósitos.

ARTIGO 1495.º
Como se faz o depósito

1 – O depósito é feito em face de declaração escrita pelo interessado, ou por outrem em seu nome, em que se identifique a sociedade e se designe o fim do depósito.

2 – A declaração é apresentada em duplicado, ficando um dos exemplares em poder do depositante, com o lançamento de se haver efectuado o depósito.

ARTIGO 1496.º
Eficácia do depósito

O presidente da assembleia geral é obrigado a admitir nela os accionistas ou obrigacionistas que apresentem o documento do depósito, desde que por ele se mostre terem os títulos sido depositados no prazo legal e possuir o depositante o número de títulos necessário para tomar parte na assembleia.

A eliminação, pelo DL n.º 329-A/95, do n.º 2 deste preceito é mera decorrência do desaparecimento das sanções penais que constavam do art. 1491.º.

SUBSECÇÃO VII
Regularização de sociedades unipessoais

ARTIGO 1497.º
Fixação de prazo para a regularização de sociedades unipessoais

1 – Quando se torne necessário regularizar judicialmente a situação da sociedade reduzida a um único sócio, o requerente, depois de justificar o pedido de fixação de um prazo para proceder à regularização, indicará o prazo que considera suficiente para o efeito.

Livro III – Do processo   art. 1498.º

2 – Mediante anúncios publicados nos termos do artigo 167.º do Código das Sociedades Comerciais, são convocados os credores da sociedade para se pronunciarem acerca do pedido formulado; o juiz decidirá em seguida, depois de efectuadas outras diligências que julgue convenientes.

3 – O juiz ordenará as providências que se mostrem adequadas à conservação do património social, durante o prazo fixado.

I – Processo novo, que visa adjectivar o preceituado no art. 143.º do Cód. Sociedades Comerciais relativamente à redução dos sócios a número inferior ao legal.

Do ponto de vista funcional, trata-se de um processo de fixação judicial de prazo, destinado a possibilitar a regularização da situação da sociedade sujeita a liquidação nos termos previstos na al. *a)* do n.º 1 do art. 142.º daquele Cód.

II – A convocação dos credores da sociedade faz-se mediante as publicações previstas no art. 167.º do Cód. Sociedades Comerciais.

III – O exame da escrituração e documentos, que era regulado nos arts. 1497.º/1499.º, na redacção anterior à reforma, tem cabimento no âmbito do inquérito judicial às sociedades (arts. 1479.º e segs. e 181.º, n.º 6, do C. Sociedades Comerciais).

SUBSECÇÃO VIII
Liquidação de participações sociais

ARTIGO 1498.º
Requerimento e perícia

1 – Quando, em consequência de morte, exoneração ou exclusão de sócio, deva proceder-se, nos termos previstos na lei, à avaliação judicial da respectiva participação social, o interessado requererá que a ela se proceda.

2 – O representante legal do incapaz, na hipótese prevista no n.º 6 do artigo 184.º do Código das Sociedades Comerciais, requererá a exoneração do seu representado e a liquidação em seu benefício da parte do sócio falecido, quando não deva proceder-se à dissolução da sociedade.

3 – Citada a sociedade, o juiz designará perito para proceder à avaliação, em conformidade com os critérios estabelecidos no artigo 1021.º do Código Civil, aplicando-se as disposições relativas à prova pericial.

4 – Ouvidas as partes sobre o resultado da perícia realizada, o juiz fixará o valor da participação social, podendo, quando necessário, fazer preceder a decisão da realização de segunda perícia, ou de quaisquer outras diligências.

I – Processo novo, que visa adjectivar as disposições que, nos casos de morte, exoneração ou exclusão de sócios, prevêm que tenha lugar a avaliação da participação social do sócio que perde tal qualidade (v.g. arts. 1021.º do C. Civil e 105.º, 184.º, n.º 5, 185.º, n.º 5, 186.º, n.º 4 e 205.º, n.º 3 do C. Sociedades Comerciais).

II – Na hipótese a que alude o n.º 6 do art. 184.º, do Código Sociedades Comerciais, visa a instauração do processo a realização de um duplo objectivo: requerer (e obter) a exoneração do incapaz que sucedeu ao sócio falecido (com fundamento em os restantes sócios não terem tomado as deliberações a que alude o n.º 5) e, consequencialmente, proceder à avaliação e liquidação do valor da parte do falecido, sempre que a sociedade deva subsistir, por não haver sido deliberada a respectiva dissolução.

III – Em consonância com a finalidade deste processo, a respectiva instrução vai consistir, no essencial, na realização de perícia, destinada a avaliar a participação social do sócio afastado, à qual se aplicam inteiramente as regras constantes dos arts. 568.º e seguintes.

Os critérios materiais que devem estar subjacentes à avaliação são os definidos no art. 1021.º do C. Civil, para que remetem as disposições da lei comercial, nomeadamente o art. 105.º, n.º 2 do C. Sociedades Comerciais.

IV – O n.º 4 faculta às partes o contraditório relativamente ao relatório pericial, permitindo ao juiz fazer preceder a decisão de segunda perícia ou de quaisquer outras diligências instrutórias que repute pertinentes.

ARTIGO 1499.º
Aplicação aos demais casos de avaliação

O disposto no artigo anterior é aplicável, com as necessárias adaptações, aos demais casos em que, mediante avaliação, haja lugar à fixação judicial do valor de participações sociais.

I – Este preceito, na redacção emergente do DL n.º 180/96, amplia o presente procedimento a quaisquer situações em que a lei mande proceder à avaliação judicial de participações sociais, mesmo que esta eventualmente não radique na morte, exoneração ou exclusão do sócio.

II – O disposto neste artigo abrange a situação prevista nos n.ᵒˢ 3 e 4 do art. 205.º do C. Sociedades Comerciais (que a redacção do DL n.º 329-A/95 referia explicitamente): na verdade, deduzindo o sócio remisso excluído oposição à deliberação social que visa a aquisição da sua quota e pretendendo os restantes sócios que tal oposição seja declarada ineficaz, nos termos do n.º 4 daquele preceito, o litígio incide sobre a avaliação da quota, cujo valor real terá de ser determinado nos termos do art. 1021.º do C. Civil.

SUBSECÇÃO IX
Investidura em cargos sociais

ARTIGO 1500.º
Processo a seguir

1 – Se a pessoa eleita ou nomeada para um cargo social for impedida de o exercer, pode requerer a investidura judicial, justificando por qualquer meio o seu direito ao cargo e indicando as pessoas a quem atribui a obstrução verificada.

2 – As pessoas indicadas são citadas para contestar, sob pena de deferimento da investidura.

3 – Havendo contestação, é designado dia para a audiência final, na qual se produzirão as provas oferecidas e as que o tribunal considere necessárias.

I – Da redacção do n.º 3, resulta que não há lugar, no processo de investidura em cargos sociais, a terceiro articulado, como sucedia perante o n.º 2 na versão anterior ao DL n.º 329-A/95.

II – Sobre a articulação deste processo com o inquérito judicial, considerando que a investidura em cargo social é o procedimento adequado para o sócio gerente alcançar os elementos necessários ao exercício da gerência, perturbada por outrém, vide Ac. Rel. in CJ I/02, pág. 103.

ARTIGO 1501.º
Execução da decisão

1 – Uma vez ordenada, é a investidura feita por funcionário da secretaria judicial na sede da sociedade ou no local em que o cargo haja de ser exercido e nesse momento se faz entrega ao requerente de todas as coisas de que deva ficar empossado, para o que se efectuarão as diligências necessárias, incluindo os arrombamentos que se tornem indispensáveis.

2 – O acto é notificado aos requeridos com a advertência de que não podem impedir ou perturbar o exercício do cargo por parte do empossado.

O n.º 2 eliminou a sanção penal que era especialmente cominada, na redacção anterior ao DL n.º 329-A/95.

SECÇÃO XVIII
Providências relativas aos navios e à sua carga

ARTIGO 1502.º
Realização da vistoria

1 – A vistoria destinada a conhecer do estado de navegabilidade do navio é requerida pelo capitão ao tribunal a que pertença o porto em que se achar surto o navio.

2 – Com o requerimento é apresentado o inventário de bordo.

3 – O juiz nomeia os peritos que julgue necessários e idóneos para a apreciação das diversas partes do navio e fixa o prazo para a diligência, que se realiza sem intervenção do tribunal nem das autoridades marítimas do porto.

4 – O resultado da diligência constará de relatório assinado pelos peritos e é notificado ao requerente.

ARTIGO 1503.º
Outras vistorias em navio ou sua carga

1 – Os mesmos termos se observarão em todos os casos em que se requeira vistoria em navio ou sua carga, fora de processo contencioso.

2 – Sendo urgente a vistoria, pode a autoridade marítima substituir-se ao juiz para a nomeação de peritos e determinação da diligência.

ARTIGO 1504.º
Aviso no caso de ser estrangeiro o navio

1 – Se o navio for estrangeiro e no porto houver agente consular do respectivo Estado, deve oficiar-se a este agente, dando-se-lhe conhecimento da diligência requerida.

2 – O agente consular é admitido a requerer o que for de direito, a bem dos seus nacionais.

ARTIGO 1505.º
Venda do navio por inavegabilidade

1 – Quando o navio não possa ser reparado ou quando a reparação não seja justificável por antieconómica, pode o capitão requerer que se decrete a sua inavegabilidade, para o efeito de poder aliená-lo sem autorização do proprietário.

2 – A vistoria é feita pela forma estabelecida no artigo 1502.º, notificando-se os interessados para assistirem, querendo, à diligência.

3 – Se os peritos concluírem pela inavegabilidade absoluta ou relativa do navio, assim se declarará e autorizar-se-á a venda judicial do navio e seus pertences.

4 – É aplicável ao caso regulado neste artigo o preceituado no artigo anterior.

ARTIGO 1506.º
Autorização judicial para actos a praticar pelo capitão

Quando o capitão do navio careça de autorização judicial para praticar certos actos, pedi-la-á ao tribunal do porto em que o navio se acha surto. A autorização é concedida ou negada, conforme as circunstâncias.

ARTIGO 1507.º
Nomeação de consignatário

1 – A nomeação de consignatário para tomar conta de fazendas que o destinatário se recuse ou não apresente a receber é requerida pelo capitão ao tribunal da comarca a que pertença o porto da descarga.

2 – O juiz ouve o destinatário ou o consignatário sempre que resida na comarca e, se julgar justificado o pedido, nomeia o consignatário e autoriza a venda das mercadorias por alguma das formas indicadas no artigo 886.º.

SECÇÃO XIX
Atribuição de bens de pessoa colectiva extinta

ARTIGO 1507.º-A
Precesso de atribuição dos bens

Quando, nos termos do artigo 166.º do Código Civil, se torne necessário solicitar ao tribunal a atribuição ao Estado ou a outra pessoa colectiva de todos ou de parte dos bens de uma pessoa colectiva extinta, o processo seguirá os termos descritos nos artigos seguintes.

ARTIGO 1507.º-B
Formalidades do requerimento

1 – O requerimento será acompanhado de todas as provas documentais necessárias e indicará um projecto concreto de determinação do destino dos bens a atribuir.

2 – Ao requerimento será dada publicidade por anúncio num dos jornais mais lidos da localidade onde se encontre a sede da pessoa colectiva e pela afixação de editais na mesma e na porta do tribunal.

ARTIGO 1507.º-C
Citações

1 – Serão citados para se pronunciarem, no prazo de 20 dias, a contar da última citação:

a) O Ministério Público, se não for o requerente;

b) Os representantes da pessoa colectiva a quem se propõe a atribuição dos bens, salvo o disposto no n.º 2 deste artigo;

c) Os liquidatários da pessoa colectiva extinta, se os houver e não forem os requerentes;

d) O testamenteiro ou testamenteiros do autor da deixa testamentária, se existirem e forem conhecidos.

2 – Sendo o Ministério Público o requerente e propondo a atribuição dos bens ao Estado, não há lugar à citação de qualquer outro representante deste.

3 – Qualquer pessoa que prove interesse legítimo, mesmo moral, na causa poderá nela intervir.

ARTIGO 1507.º-D
Decisão

1 – O juiz procederá às diligências que entender necessárias e em seguida decidirá.

2 – Na decisão, o juiz pode impor os deveres, restrições e cauções que entender necessários para assegurar a realização dos encargos ou fins a que os bens estavam afectos.

3 – Da decisão cabe sempre recurso, com efeito suspensivo.

SECÇÃO XX
Determinação do objecto do litígio a submeter a arbitragem

ARTIGO 1508.º
[...]

Revogado pelo art. 4.º DL n.º 38/03.

ARTIGO 1509.º
[...]

Revogado pelo art. 4.º DL n.º 38/03.

ARTIGO 1510.º
[...]

Revogado pelo art. 4.º DL n.º 38/03.

LIVRO IV
[...]

ARTIGOS 1511.º A 1524.º
[...]

(Revogados pela Lei n.º 31/86, de 29 de Agosto).

TÍTULO II
Do tribunal arbitral necessário

ARTIGO 1525.º
Regime do julgamento arbitral necessário

Se o julgamento arbitral for prescrito por lei especial, atender-se-á ao que nesta estiver determinado. Na falta de determinação, observar-se-á o disposto nos artigos seguintes.

Sobre a conformidade à Constituição dos tribunais arbitrais necessários – qualificando como tendo tal natureza o juízo arbitral proferido em processo expropriativo (não atentando a intervenção dos árbitros contra a reserva da função jurisdicional, nem contra a garantia de acesso aos tribunais) – vejam-se os Acs do TC n.ºˢ 757/95 (in DR, II, 27/3/96), 259/97 (in DR, II, 30/6/97) e 262/98 (in DR, II, 9/7/98).

ARTIGO 1526.º
Nomeação dos árbitros – Árbitro de desempate

1 – Pode qualquer das partes requerer a notificação da outra para a nomeação de árbitros, aplicando-se, com as necessárias adaptações, o estabelecido na lei da arbitragem voluntária.

351

2 – O terceiro árbitro vota sempre, mas é obrigado a conformar-se com um dos outros, de modo que faça maioria sobre os pontos em que haja divergência.

Adequa a remissão à vigência da Lei n.º 31/86, para que remete.

ARTIGO 1527.º
Substituição dos árbitros – Responsabilidade dos remissos

1 – Se em relação a algum dos árbitros se verificar qualquer das circunstâncias previstas no artigo 13.º da lei da arbitragem voluntária, procede-se à nomeação de outro, nos termos do artigo anterior, cabendo a nomeação a quem tiver nomeado o árbitro anterior, quando possível.

2 – Se a decisão não for proferida dentro do prazo, este será prorrogado por acordo das partes ou decisão do juiz, respondendo pelo prejuízo havido e incorrendo em multa os árbitros que injustificadamente tenham dada causa à falta; havendo nova falta, os limites da multa são elevados ao dobro.

Adequa a remissão feita no n.º 1 à vigência da Lei n.º 31/86.

ARTIGO 1528.º
Aplicação das disposições relativas ao tribunal arbitral voluntário

Em tudo o que não vai especialmente regulado observar-se-á, na parte aplicável, o disposto na lei da arbitragem voluntária.

Remete, em termos da aplicação subsidiária, para a Lei n.º 31/86, actualmente em vigor.

A – DIPLOMAS PREAMBULARES

Decreto-Lei n.º 329-A/95, de 12 de Dezembro
Decreto-Lei n.º 180/96, de 25 de Setembro
Decreto-Lei n.º 375-A/99, de 20 de Setembro
Decreto-Lei n.º 38/2003, de 8 de Março

DECRETO-LEI N.º 329-A/95
de 12 de Dezembro

Na área da justiça, integra o Programa do XII Governo Constitucional a afirmação inequívoca do prosseguimento de uma linha de «desburocratização e de modernização, ao mesmo tempo capaz de responder pela segurança e pela, estabilização do quadro jurídico-legislativo, em que se aponta, nomeadamente para a conclusão da revisão já iniciada pelo governo anterior do Código de Processo Civil, elaborando-se, complementarmente, os diplomas de desenvolvimento que lhes rentabilizem a eficácia».

Tal facto levou a que tenham sido delineadas as linhas mestras de um modelo de processo, apontando para uma clara opção de política legislativa e cujos objectivos impõem que se chegue a um quadro normativo que garanta, a par da certeza e da segurança do direito e da afirmação da liberdade e da autonomia da vontade das partes, a celeridade nas respostas, confrontando o direito processual civil com exigências de eficácia prática por forma a tornar a justiça mais pronta e, nessa medida, mais justa.

Estas linhas mestras assentam nos sequintes parâmetros:

Distinção entre o conjunto de princípios e de regras, que, axiologicamente relevantes, marcam a garantia do respeito pelos valores fundamentais típicos do Processo Civil, e aquele outro conjunto de regras, de natureza mais instrumental, que definem o funcionamento do sistema processual;

Recurso, no primeiro caso, à adopção de cláusulas gerais, prevendo-se, sempre que seja caso disso, a sua concretização em diplomas de desenvolvimento;

Garantia "de prevalência do fundo sobre a forma, através da previsão de um poder mais interventor do juiz, compensado pela previsão do princípio de cooperação, por uma participação mais activa das partes no processo de formação da decisão;

Maior intervenção das partes em matéria da comunicação dos actos e de recolha da prova;

Menor, judicialização do processo na fase dos articulados, com remissão do despacho liminar para o termo destes, com vista à marcação de uma primeira audiência e definição da respectiva ordem de trabalhos, tendo esta como objecto, além do mais, o conhecimento das excepções, a possível conciliação das partes, a fixação da matéria de facto aceite e controvertida e, quando possível, a discussão e o julgamento.

A explanação e a concretização destes princípios gerais encontram-se definidos nas «Linhas orientadoras da nova legislação processual civil», que, submetidas a debate público, mereceram um muito satisfatório acolhimento por parte dos diversos operadores judiciários, permitindo concluir que o caminho está traçado.

Pretende-se prosseguir uma linha de desburocratização e de modernização, com a vista a melhor atingir a qualidade na prestação de serviços ao cidadão que recorre aos tribunais, esforço esse que passa, nomeadamente, por uma verdadeira simplificação processual.

Visa, deste modo, a presente revisão do Código de Processo Civil torná-lo moderno, verdadeiramente instrumental no que toca à perseguição da verdade material, em que nitidamente se aponta para uma leal e sã cooperação de todos os operadores judiciários, manifestamente simplificado nos seus incidentes, providências, intervenção de terceiros e processos especiais, não sendo, numa palavra, nem mais nem menos do que uma ferramenta posta à disposição dos seus destinatários para alcançarem a rápida, mas segura, concretização dos seus direitos.

Pretende-se ainda que se opere uma mudança que também é uma opção por uma clara ruptura, não no sentido de ruptura com o passado, mas de ruptura manifesta com a actual legislação, com o objectivo de ser conseguida uma tramitação maleável, capaz de se adequar a uma realidade em constante mutação, de ser detentora de uma linguagem clara, acessível, que não prossiga e persiga velhas e ultrapassadas querelas doutrinárias, mas que aponte, a par da certeza e da segurança do direito e da afirmação da liberdade e da autonomia da vontade das partes, para claros índices de eficácia.

Ter-se-á de perspectivar o processo civil como um modelo de simplicidade e de concisão, apto a funcionar como um instrumento, como um meio de ser alcançada a verdade material pela aplicação do direito substantivo, e não como um estereótipo autista que a si próprio se contempla e impede que seja perseguida a justiça, afinal o que os cidadãos apenas pretendem quando vão a juízo.

É, assim, o processo civil um instrumento ou talvez mesmo uma alavanca no sentido de forçar a análise, discussão e decisão dos factos e não uma ciência que olvide esses factos para se assumir apenas como uma teorética de linguagem hermética, inacessível e pouco transparente para os seus destinatários.

Optou-se, na elaboração desta revisão do Código de Processo Civil por proceder a uma reformulação que, embora substancial e profunda de diversos institutos, não culmina na elaboração de um Código totalmente novo.

Na verdade, para além de tal desiderato se revelar, em boa medida, incompatível com os limites temporais estabelecidos para o encerramento dos trabalhos, não se procurou, através dela, uma reformulação dogmática ou conceptual das bases jurídico-processuais do Código, mas essencialmente dar resposta, tanto quanto possível pronta e eficaz, a questões e problemas colocados diariamente aos diferentes sujeitos e intervenientes nos processos, conferindo a este maior celeridade, eficácia e justiça na composição dos litígios.

Considera-se, para além disto, que a opção tomada – ao deixar, em larga medida, intocada a estrutura conceptual e sistemática do Código, em tudo aquilo que não colida com os princípios ordenadores do processo, a implementar através da presente revisão da lei de processo – facilitará a apreensão das novas soluções pelos operadores judiciários, que as irão encontrar plasmadas em normas e locais sistematicamente conhecidos e permitirá que as soluções mais inovadoras venham a ser testadas pela prática forense, de modo que, no futuro, a elaboração do verdadeiro novo Código de Processo Civil possa assentar e ser ponderado já em função do relevante contributo da experiência e da concreta prática do foro.

Foram tidos em consideração quer os valiosos contributos de anteriores trabalhos de revisão – cujas soluções se adoptaram sempre que se revelaram compatíveis com a filosofia lógica que se pretendeu imprimir ao novo processo civil – quer os resultados da útil e fecunda discussão pública que sobre eles incidiu, designadamente os contributos da Ordem dos Advogados e do grupo de trabalho constituído no âmbito do Centro de Estudos Judiciários.

Os princípios gerais estruturantes do processo civil, em qualquer das suas fases, deverão essencialmente representar um desenvolvimento, concretização e densificação do princípio constitucional do acesso à justiça.

Na verdade, tal princípio não se reduz à mera consagração constitucional do direito de acção judicial, da faculdade de qualquer cidadão propor acções em tribunal, implicando, desde logo, como, aliás, a doutrina vem referindo, que a todos seja assegurado, através dos tribunais, o direito a uma protecção jurídica eficaz e temporalmente adequada.

Tal garantia constitucional implica o direito ao patrocínio judiciário, sem limitações ou entraves decorrentes da condição social ou económica, mas, igualmente, a obter, em prazo razoável, decisão judicial que aprecie com força de caso julgado a pretensão regularmente deduzida em juízo, a faculdade de requerer, sem entraves desrazoáveis ou injustificados a providência cautelar que se mostre mais adequada a assegurar o efeito útil da acção e a possibilidade de, sempre que necessário, fazer executar, por via judicial, a decisão proferida e não espontaneamente acatada.

O direito de acesso aos tribunais envolverá identicamente a eliminação de todos os obstáculos injustificados à obtenção de uma decisão de mérito, que opere a justa e definitiva composição do litígio, privilegiando-se assim claramente a decisão de fundo sobre a mera decisão de forma.

A obtenção de uma decisão judicial que aprecie o mérito da pretensão deduzida ou ordene as providências cautelares ou executivas, destinadas a assegurá-la ou realizá-la coercivamente, dependerá estritamente da verificação dos pressupostos processuais de que a lei faz depender a regularidade da instância.

Como concretização desta ideia, importará fazer especial referência à revogação dos preceitos que, no regime vigente, condicionam o normal prosseguimento da instância e a obtenção de uma decisão de mérito, ou o uso em juízo de determinada prova documental, à demonstração do cumprimento de determinadas obrigações tributárias – salvo nos casos em que se trate de transmissão de direitos operada no próprio processo, dependente do pagamento de imposto de transmissão. Nos restantes casos, prescreve-se que o juiz se limita a comunicar à administração fiscal a infracção eventualmente detectada, sem que o andamento regular da causa ou a utilização dos meios probatórios resultem prejudicados.

No mesmo sentido, eliminam-se os preceitos que estabelecem reflexos gravosos e muitas vezes desproporcionados no andamento e decisão da causa do incumprimento de obrigações pecuniárias emergentes da legislação sobre custas, pondo-se termo, designadamente, à previsão, como causas de extinção da instância e de deserção do recurso, de falta de preparo inicial ou de pagamento de custas bem como à consagração, como excepção dilatória, da falta de pagamento de custas na acção anterior.

Entende-se, na verdade, que a conduta violadora de preceitos de natureza tributária deve sofrer uma sanção estritamente pecuniária, traduzida no agravamento, eventual e substancial, dos montantes devidos, sem que a falta deva ter influência no andamento do processo e sentido da decisão que dirime o litígio – possibilitando a eliminação de tais preceitos do Código de Processo Civil a ulterior revisão da legislação sobre custas, no sentido ora propugnado.

No mesmo sentido de privilegiar a decisão de fundo, importa consagrar, como regra, que a falta de pressupostos processuais é sanável.

Assim, para além de expressamente se consagrar, como princípio geral, que incumbe ao juiz providenciar oficiosamente pelo suprimento das excepções dilatórias susceptíveis de sanação, praticando os actos necessários à regularização da instância ou, quando estiver em causa a definição das partes, convidando-as a suscitar os incidentes de intervenção de terceiros adequados, prevê-se especificadamente a possibilidade de sanação da falta de certos pressupostos processuais, até agora tida como insanável. Assim, prescreve-se a possibilidade de sanação da falta de personalidade judiciária das sucursais, agências ou filiais; prevê-se o suprimento da coligação ilegal, facultando ao autor a indicação de qual a pretensão que quer ver apreciada no processo, quando se constate inexistir conexão objectiva entre os pedidos cumulados ou quando o juiz determine a separação de causas inicialmente cumuladas; consente-se, em certas circunstâncias, a sanação da própria ilegitimidade singular passiva, através da previsão da figura do litisconsórcio eventual ou subsidiário e da consequente possibilidade de intervenção principal provocada do verdadeiro interessado directo em contradizer.

Procura por outro lado, obviar-se a que regras rígidas, de natureza estritamente procedimental, possam impedir a efectivação em juízo dos direitos e a plena discussão acerca da matéria relevante para propiciar a justa composição do litígio.

Assim, estabelece-se como princípio geral do processo o princípio da adequação, facultando ao juiz, obtido o acordo das partes, e sempre que a tramitação processual prevista na lei não se adeqúe perfeitamente às exigências da acção proposta, a possibilidade de adaptar o processado à especificidade da causa, através da prática dos actos que melhor se adeqúem ao apuramento da verdade e acerto da decisão, prescindindo dos que se revelem inidóneos para o fim do processo.

Como concretização desta ideia chave, prevê-se a possibilidade de cumulação de causas, mesmo que aos pedidos correspondam formas de processo que, embora diversas, não sigam uma tramitação absolutamente incompatível, sempre que ocorra interesse relevante na respectiva cumulação ou quando a apreciação conjunta das pretensões se revele indispensável para a justa composição do litígio.

Elimina-se, por esta via – que identicamente se aplica em sede de procedimentos cautelares –, um os principais inconvenientes ligados à criação e previsão de processos especiais, com campos de aplicação rigidamente estabelecidos – tornando eventualmente inviável a cumulação de pretensões, substancialmente conexas, cuja apreciação conjunta e global será, em muitos casos, condição *sine qua non* para o perfeito entendimento dos termos do litígio e sua dirimição de forma adequada.

Significativo realce foi dado à tutela efectiva do direito de defesa, prevendo-se que nenhuma pretensão possa ser apreciada sem que ao legítimo contraditor, regularmente chamado a juízo, seja facultada oportunidade de deduzir oposição.

O incremento da tutela do direito de defesa implicará, por outro lado, a atenuação da excessiva rigidez de certos efeitos cominatórios ou preclusivos, sem prejuízo de se manter vigente o princípio da auto-responsabilidade das partes e sem que as soluções introduzidas venham contribuir, de modo significativo, para a quebra da celeridade processual.

Afirmam-se como princípios fundamentais, estruturantes de todo o processo civil, os princípios do contraditório, da igualdade das partes e da cooperação e procuram deles extrair-se consequências concretas, ao nível da regulamentação dos diferentes regimes adjectivos.

Assim, prescreve-se, como dimensão do princípio do contraditório, que ele envolve a proibição da prolação de decisões surpresa, não sendo lícito aos tribunais decidir questões de facto ou de direito, mesmo que de conhecimento oficioso, sem que previamente haja sido facultada às partes a possibilidade de sobre elas se pronunciarem, e aplicando-se tal regra não apenas na 1.ª instância mas também na regulamentação de diferentes aspectos atinentes à tramitação e julgamento dos recursos.

Aproxima-se decididamente o regime adjectivo da intervenção principal do Ministério Público do normal estatuto atribuído à parte principal, pondo termo aos «privilégios processuais» do Estado nos litígios de direito privado em que esteja envolvido: faculta-se a qualquer das partes a possibilidade de requerer e obter prorrogação do prazo para contestar (ou apresentar os articulados subsequentes à contestação) em termos paralelos e por período idêntico ao que se prevê para o Ministério Público; elimina-se a dispensa do efeito cominatório semipleno quando o réu seja uma pessoa colectiva, regularmente representada em juízo; limita-se a dispensa do ónus da impugnação especificada aos casos em que se controvertem situações jurídicas de que sejam titulares incapazes e ausentes; elimina-se o injustificado privilégio consistente em não poderem ser embargadas obras levadas a cabo por entidades públicas, convolando da proibição emergente do preceituado do artigo 414.° do Código de Processo Civil para o estabelecimento de uma mera regra de repartição de competências entre a jurisdição civil e a jurisdição administrativa, consoante a natureza privada ou pública – da relação material controvertida.

Consagra-se o princípio da cooperação, como princípio angular e exponencial do processo civil, de forma a propiciar que juízes e mandatários cooperem entre si, de modo a alcançar-se, de uma feição expedita e eficaz, a justiça do caso concreto, e procurando plasmar, mais uma vez, como adiante melhor se irá especificando, tal princípio nos regimes concretamente estatuídos (v.g., audiência preliminar, marcação de diligências, averiguação de existência de bens penhoráveis).

Tem-se, contudo, plena consciência de que nesta sede se impõe a renovação de algumas mentalidades, o afastamento de alguns preconceitos, de algumas inusitadas e esotéricas manifestações de um já desajustado individualismo, para dar lugar a um espírito humilde e construtivo, sem desvirtuar, no entanto, o papel que cada agente judiciário tem no processo, idóneo a produzir o resultado que a todos interessa – cooperar com boa fé numa sã administração da justiça.

Na verdade, sem a formação desta nova cultura judiciária facilmente se poderá pôr em causa um dos aspectos mais significativos desta revisão, que se traduz numa visão participada do processo, e não numa visão individualista, numa visão cooperante, e não numa visão autoritária.

Procede-se a uma ponderação entre os princípios do dispositivo e da oficiosidade, em termos que se consideram razoáveis e adequados.

Assim, no que se refere à exacta definição da regra do dispositivo, estabelece-se que a sua vigência não preclude ao juiz a possibilidade de fundar a decisão não apenas nos factos alegados pelas partes mas também nos factos instrumentais que, mesmo por indagação oficiosa, lhes sirvam de base. E, muito em particular, consagra-se – em termos de claramente privilegiar a realização da verdade material – a atendibilidade na decisão de factos essenciais à procedência do pedido ou de excepção ou reconvenção que, embora insuficientemente alegados pela parte interessada, resultem da instrução e discussão da causa, desde que o interessado manifeste vontade de os aproveitar e à parte contrária tenha sido facultado o contraditório.

Para além de se reforçarem os poderes de direcção do processo pelo juiz, conferindo-se-lhe o poder-dever de adoptar uma posição mais interventora no processo e funcionalmente dirigida à plena realização do fim deste, eliminam-se as restrições excepcionais que certos preceitos do Código em vigor estabelecem, no que se refere à limitação do uso de meios probatórios, quer pelas partes quer pelo juiz, a quem, deste modo, incumbe realizar ou ordenar, mesmo oficiosamente e sem restrições, todas as diligências necessárias ao apuramento da verdade e justa composição do litígio, quanto aos factos de que lhe é lícito conhecer.

Como reflexo e corolário do princípio da cooperação, consagram-se expressamente o dever de boa fé processual, sancionando-se como litigante de má fé a parte que, não apenas com dolo, mas com negligência grave, deduza pretensão ou oposição manifestamente dadas, altere, por acção ou omissão, a verdade dos factos relevantes, pratique omissão indesculpável do dever de cooperação ou faça uso reprovável dos instrumentos adjectivos, e o dever de recíproca correcção entre o juiz e os diversos intervenientes ou sujeitos processuais, o qual implica, designadamente, como necessário reflexo desse respeito mutuamente devido, a regra da pontualidade no início dos actos e audiências realizados em juízo.

Mantendo embora a estrutura conceitual e sistemática do Código de Processo Civil vigente, relativa à tipificação e enunciação dos pressupostos processuais nominados, introduzem-se modificações sensíveis na sua concreta regulamentação. Assim, no que se refere à personalidade judiciária, procura articular-se o regime da personalidade judiciária limitada das sociedades irregulares, constante do actual artigo 8.º do Código de Processo Civil, ao novo regime de aquisição da personalidade jurídica pelas sociedades comerciais, decorrente do artigo 5.º do Código das Sociedades Comerciais. E prevê-se expressamente a personalidade judiciária do condomínio resultante da propriedade horizontal.

Introduzem-se algumas correcções e aperfeiçoamentos, desde logo de índole sistemátia, na matéria da representação cumulativa do menor pelos pais que exercem o poder paternal (enxertada do Código através dos artigos 13.º-A a 13.º-E), prevê-se expressamente na lei de processo a possibilidade – há muito consagrada na Lei Orgânica do Ministério Público – de o Ministério Público propor acções em representação (activa) dos incapazes.

No que respeita à representação do Estado pelo Ministério Público, o n.º 1 do artigo 20.º passa a admitir a possibilidade de o próprio Estado-Administração ser patrocinado por advogado nos casos em que a lei especialmente o permitir – naturalmente através de preceito constante de lei da Assembleia da República ou de decreto-lei credenciado com a necessária autorização parlamentar, atento o disposto no artigo 168.º, n.º 1, alínea q), da Constituição. Tal hipótese tem sido, aliás, já hoje considerada admissível, designadamente ao abrigo do disposto no artigo 52.º da Lei Orgânica do Ministério Público nos casos de conflito de interesses entre entidades ou pessoas que o Ministério Público deva representar.

De acordo com o princípio da oficialidade no suprimento das excepções dilatórias, concede-se ao juiz poderes reforçados no sentido de sanar a incapacidade judiciária e a irregularidade de representação.

Decidiu-se, por outro lado, após madura reflexão, tomar expressa posição sobre a *vexata quaestio* do estabelecimento do critério de determinação da legitimidade das partes, visando a solução legislativa proposta contribuir para pôr termo a uma querela jurídico-processual que, há várias décadas, se vem interminavelmente debatendo na nossa doutrina e jurisprudência, sem que se haja até agora alcançado um consenso.

Partiu-se, para tal, de uma formulação da legitimidade semelhante à adoptada no Decreto-Lei n.º 224/82 e assente, consequentemente, na titularidade da relação material controvertida, tal como a configura o autor, próxima da posição imputada a Barbosa de Magalhães na controvérsia que historicamente o opôs a Alberto dos Reis.

Circunscreve-se, porém, de forma clara, tal problemática ao campo da definição da legitimidade singular e directa – isto é, à fixação do «critério normal» de determinação da legitimidade das partes, assente na pertinência ou titularidade da relação material controvertida – e resultando da formulação proposta que, pelo contrário, a legitimação extraordinária, traduzida na exigência do litisconsórcio ou na atribuição de legitimidade indirecta, não depende das meras afirmações do autor, expressas na petição, mas da efectiva configuração da situação em que assenta, afinal, a própria legitimação dos intervenientes no processo.

É que, enquanto o problema da titularidade ou pertinência da relação material controvertida se entrelaça estreitamente com a apreciação do mérito da causa, os pressupostos em que se baseia, quer a legitimidade plural – o litisconsórcio necessário – quer a legitimação indirecta (traduzido nos institutos da representação ou substituição processual), aparecem, em regra, claramente destacados do objecto do processo, funcionando logicamente como «questões prévias» ou preliminares relativamente à admissibilidade da discussão das partes dá relação material controvertida, dessa forma condicionando a possibilidade de prolação da decisão sobre o mérito da causa.

Consagram-se soluções tendentes a clarificar o controverso problema da legitimidade activa e passiva nas acções de preferência.

No que se refere à coligação, procuraram eliminar-se restrições tidas por infundadas à sua admissibilidade, baseadas no estatuído no artigo 30.º do Código de Processo Civil vigente; assim, para além de se consagrar a possibilidade de recurso a este instituto no âmbito dos processos especiais de recuperação da empresa e de falências, quando se trate de sociedades em relação de grupo, esclarece-se que qualquer relação de prejudicialidade que não apenas a estrita «dependência» dos pedidos – integra os requisitos de conexão objectiva expressos no artigo 30.º do Código de Processo Civil, e consagra-se a admissibilidade da coligação quando os pedidos deduzidos contra os vários réus se baseiam na invocação de uma relação cartular, quanto a uns, e da relação subjacente, quanto a outros, pondo termo às dúvidas surgidas na jurisprudência.

Como atrás se referiu, procurou ainda operar-se alguma flexibilização das regras de compatibilidade processual, prescritas no artigo 31.°, consentindo-se a cumulação de acções ou demandas, ainda que as formas de processo que lhes correspondam sejam diversas – embora não incompatíveis –, quando haja interesse relevante na sua apreciação conjunta ou esta se configure como indispensável para a realização do verdadeiro fim de todo o processo: operar a justa composição do litígio.

Faculta-se ainda – em homenagem ao princípio da economia processual – o suprimento da coligação ilegal, tal como se reduzem aos seus justos limites os efeitos do uso pelo juiz do poder de decretar a separação de causas, facultando ao interessado a escolha e indicação de pretensão a que ficará reduzido o objecto do processo, em vez de o inutilizar na totalidade, em consequência da absolvição da instância quanto a todos os pedidos deduzidos.

Dentro da mesma ideia base de evitar que regras de índole estritamente procedimental possam obstar ou criar dificuldades insuperáveis à plena realização dos fins do processo – flexibilizando ou, eliminando rígidos espartilhos, de natureza formal e adjectivo, susceptíveis de dificultarem, em termos excessivos e desproporcionados, a efectivação em juízo dos direitos – propõe-se a introdução no nosso ordenamento jurídico-processual da figura do litisconsórcio eventual ou subsidiário. Torna-se, por esta via, possível a formulação de pedidos subsidiários – na configuração que deles dá o artigo 469.° do Código de Processo Civil – contra réus diversos dos originariamente demandados, desde que com isso se não convole para uma relação jurídica diversa da inicialmente controvertida.

Supõe-se que, com esta solução inovadora, se poderão prevenir numerosas hipóteses de impossível «ilegitimidade» passiva, permitindo-se ao autor a formulação de um pedido principal contra quem considera ser o provável devedor e de um pedido subsidiário contra o hipotético titular passivo do débito (*v.g.*, em situações em que haja fundadas dúvidas sobre a identidade do verdadeiro devedor, designadamente por se ignorar em que qualidade interveio exactamente o demandado no negócio jurídico).

Quanto ao patrocínio judiciário, procede-se, no essencial, a uma reformulação do regime da renúncia do mandato judicial, procurando alcançar solução, que se supõe ponderada, entre a eventual inexigibilidade ao mandatário de prosseguir com o patrocínio do seu cliente e o interesse do autor em não ver o possível conflito entre o réu e o seu advogado repercutir-se negativamente na celeridade do andamento da causa.

Para além das alterações à competência dos tribunais, já especificados no diploma atinente ao pedido de autorização legislativa, procedeu-se à indispensável reformulação dos regimes adjectivos da incompetência absoluta e da incompetência relativa, desde logo, pela necessidade evidente e premente de harmonizar o regime, desta última com a figura da «incompetência em razão da estrutura» do tribunal, resultante da consagração, pelas leis de organização judiciária, da figura do tribunal de círculo como órgão jurisdicional autónomo relativamente aos tribunais singulares.

Consagra-se, deste modo, em sede da incompetência relativa – porque o seu efeito típico, a remessa do processo ao tribunal competente, desta se aproxima –, o verdadeiro regime de incompetência «mista», decorrente da violação das regras que ditam a definição de qual o tribunal competente em razão do valor de causa e da forma de processo aplicável (conhecida sempre oficiosamente e até ao termo do julgamento em 1.ª instância, quando se repercuta inelutavelmente na composição do tribunal apto a julgar a acção).

O capítulo referente aos actos processuais – um dos mais marcados pela erosão do tempo e pela aplicação das novas tecnologias à actividade forense – mereceu alterações de relevo, procedendo-se à reformulação de numerosas soluções do Código vigente, no sentido de obstar à manutenção de formalismos inúteis ou desproporcionados, operando uma real simplificação e desburocratização no andamento das causas.

Assim, restabelece-se a regra da continuidade dos prazos processuais, na sua forma mitigada (os prazos suspendem-se durante as férias judiciais) e temperada pela ampliação de 5 para 10 dias do prazo regra para a prática dos actos processuais das partes.

Faculta-se a possibilidade de prorrogação de qualquer prazo, havendo acordo das partes, desde que esta não conduza a exceder o dobro do prazo legalmente previsto, sem prejuízo do regime especial que se estatui quanto à prorrogabilidade do prazo para apresentação da contestação e dos articulados a ela subsequentes.

Revê-se o regime vigente relativo ao direito de praticar o acto processual nos três dias subsequentes ao termo de um prazo peremptório, no sentido de assegurar plenamente os princípios da proporcionalidade e da igualdade substancial das partes, facultando ao juiz a concreta adequação da sanção patrimonial correspondente ao grau de negligência da parte ou à eventual situação de carência económica do beneficiário do exercício de tal direito.

Flexibiliza-se a definição conceitual de «justo impedimento», em termos de permitir a uma jurisprudência criativa uma elaboração, densificação e concretização, centradas essencialmente na ideia de culpa, que se afastem da excessiva rigidificação que muitas decisões proferidas com base na definição constante da lei em vigor, inquestionavelmente revelam.

Mantendo-se intocada a possibilidade quer da prática de actos mediante telecópia quer o funcionamento das secretarias dos tribunais de comarca como extensão das secretarias dos tribunais de círculo, faculta-se às partes – no sentido de poupar inúteis deslocações a juízo e descongestionar as secretarias judiciais de um excessivo afluxo de pessoas – a remessa pelo correio, sob registo, directamente ao tribunal competente, de quaisquer peças ou documentos, valendo como data do acto a da expedição daquele registo postal.

Como clara decorrência do princípio da cooperação, estabelece-se a regra da marcação das diligências, máxime das audiências preliminar e final, mediante prévio acordo de agendas, especificando-se a forma que pareceu mais adequada, eficaz e desburocratizada de concretização de tal princípio, nos casos em que o andamento do processo não haja ainda propiciado o contacto directo entre os vários intervenientes na diligência (*v.g.*, na marcação da audiência preliminar). Supõe-se que a maior dificuldade na gestão da agenda pelo juiz seja, no sistema proposto, largamente compensada pela drástica redução do número de adiamentos das audiências finais – ao menos por falta de advogados – que o sistema preconizado seguramente implicará.

Prescrevem-se, em termos genéricos, quais as funções das secretarias judiciais, estabelecendo-se expressamente que a respectiva actuação processual se encontra na dependência funcional do magistrado competente, incumbindo à secretaria a execução dos despachos proferidos, cumprindo-lhe realizar oficiosamente as diligências necessárias a que o fim daqueles possa ser pronta e exaustivamente alcançado, e estabelece-se um especial dever de correcção e urbanidade dos funcionários de justiça nas relações com os mandatários judiciais e demais intervenientes nas causas.

Regulamenta-se, em subsecção própria, a matéria da publicidade e do acesso ao processo, consagrando-se a regra da publicidade, que apenas cederá, nos casos previstos excepcionalmente na lei, para garantia do direito à dignidade das pessoas, à intimidade da vida privada e familiar, à moral pública ou quando a eficácia da decisão a proferir seja afectada pelo acesso de terceiros aos autos.

Institui-se um sistema de identificação das pessoas que prestam serviços forenses no interesse e por conta dos mandatários judiciais, facilitando o respectivo contacto com as secretarias, de modo a obviar à inútil deslocação pessoal daqueles, designadamente para obter simples informações sobre o estado e andamento da causa.

No que se refere ao regime das cartas precatórias, elimina-se a dilação, estabelecendo-se, em sua substituição, um prazo regra de dois meses para o seu cumprimento, naturalmente susceptível de ser, pelo juiz, adequado à especificidade e às necessidades do caso concreto. Em harmonia com o princípio da verdade material, consigna-se que, não sendo a carta cumprida a tempo, pode o juiz determinar a comparência na audiência final de quem através dela devia depor, quando o repute essencial à descoberta da verdade e tal não represente sacrifício incomportável.

Por sua vez, o novo regime preconizado, como regra, para a citação pessoal – a via postal – implicou a total reformulação do tema da falta e nulidade da citação, abandonando-se o complexo sistema da distinção entre formalidades essenciais e secundárias (tipificadas pela lei de processo relativamente a cada modalidade de realização do acto), substituído pela inclusão de uma cláusula geral, segundo a qual ocorre falta de citação sempre que o respectivo destinatário alegue e demonstre que não chegou a ter conhecimento do acto por facto que lhe não seja imputável.

Os capítulos referentes à instância e seus incidentes foram objecto de revisão aprofundada.

365

Assim, no respeitante ao começo e desenvolvimento da instância importará referenciar, no que toca à admissibilidade da reconvenção, a consagração expressa da solução consistente na possibilidade de – envolvendo o pedido reconvencional outros sujeitos, diversos das partes primitivas, que, de acordo com os critérios gerais aplicáveis à pluralidade de partes, pudessem associar-se ao reconvinte e ao reconvindo – o réu suscitar, na própria contestação, a respectiva intervenção principal provocada; tal como se estabelece expressamente a regra da irrelevância da improcedência da acção ou da absolvição do réu da Instância na causa principal, relativamente à apreciação do pedido reconvencional regularmente deduzido.

Ampliam-se significativamente os casos de apensação de acções, estendendo-se tal possibilidade, propiciadora de um julgamento conjunto a todos os casos de acções conexas, por se verificarem os pressupostos do litisconsórcio, da coligação, da oposição ou da reconvenção, e estatuindo-se, em termos inovadores no nosso ordenamento jurídico, a possibilidade de o juiz determinar oficiosamente a apensação, quando se trate de causas que perante ele pendam.

Relativamente à alteração do pedido e da causa de pedir, estabelece-se a possibilidade de dedução superveniente de sanção pecuniária compulsória, perspectivada como mera «ampliação» consequente ao pedido primitivo, e esclarece-se que – conforme doutrina dominante – é admitida a modificação simultânea do pedido e da *causa petendi*, desde que tal não importe alteração da própria relação material controvertida.

No que se reporta à suspensão da instância por falecimento da parte, prescreve-se a nulidade de todos os actos processuais praticados após a data em que ocorreu o falecimento ou extinção da parte, em relação aos quais fosse admissível o exercício do contraditório, inviabilizado pela circunstância de ter deixado de existir uma das partes na causa.

Faculta-se ainda às partes a possibilidade de acordarem na suspensão da instância, por prazo que não exceda seis meses. E prevê-se, em termos amplos, a possibilidade de renovação da instância extinta, quando o objecto do processo seja uma obrigação duradoura, susceptível de ser alterada – tal como a obrigação de alimentos – em função de circunstâncias supervenientes à prolação de decisão.

Revê-se ainda o regime de suprimento da nulidade da transacção, desistência ou confissão que provenha unicamente da falta de poderes ou de irregularidade do mandato constante do actual n.º 5 do artigo 300.º do Código de Processo Civil.

Finalmente – e em sede de incidentes da instância – amplia-se a tramitação tipo, plasmada nos artigos 302.º a 304.º do Código de Processo Civil, ao processamento de todo e qualquer incidente, que não apenas aos incidentes da instância nominados, tipificados e regulados pela lei de processo, no capítulo em questão.

Simplifica-se a tramitação do incidente de falsidade, dispensando a citação do funcionário público que teve intervenção na criação do documento autêntico, cuja genuinidade é posta em causa, por se afigurar que a sua audição no processo garantirá resultados satisfatórios, e tendo em conta que a decisão proferida sobre a falsidade do documento obviamente o não poderá prejudicar, por não implicar qualquer preclusão dos meios de oposição ou defesa que sempre poderá usar nos procedimentos em que seja requerido ou arguido.

Cumpre fazer uma especial referência à reformulação da secção atinente à intervenção de terceiros, objecto de profunda reestruturação, quer a nível sistemático, quer em termos substanciais.

Era evidente a necessidade de proceder a uma racionalização das diversas formas de intervenção de terceiros em processo pendente, de modo a evitar a sobreposição dos campos de aplicação dos diferentes tipos de intervenção previstos na lei, articulando-os em função do interesse em intervir que os legitima, dos poderes, e do estatuto processual conferidos ao interveniente e da qualidade (terceiro ou parte primitiva) de quem suscita a intervenção (espontânea ou provocado) na lide.

Na verdade, a estruturação e concreta regulamentação processual do fenómeno da intervenção de terceiros no Código de Processo Civil vigente presta-se a críticas fundadas, já que ao intérprete e aplicador do direito se depara uma excessiva multiplicidade de formas ou tipos de intervenção de terceiros, delineados muitas vezes com base em critérios heterogéneos.

Tal situação determina a existência de sobreposição parcial dos campos de aplicação de diversos incidentes, de que resultam verdadeiros concursos de normas processuais, geradores de dúvidas e incertezas sérias na exacta delimitação do âmbito a cada um deles reservado, com inconvenientes no que respeita à certeza e segurança na aplicação do direito processual.

No articulado proposto, partiu-se essencialmente, numa primeira linha, da análise dos vários tipos de interesse em intervir (ou ser chamado a intervir) e das ligações que devem ocorrer entre tal interesse, invocado como fundamento da legitimidade do interveniente, e a relação material controvertida entre as partes primitivas, concluindo-se pela possibilidade de reconduzir logicamente a três as formas ou tipos de intervenção, distinguindo sucessivamente:

Os casos em que o terceiro se associa, ou é chamado a associar-se, a uma das partes primitivas, com o estatuto de parte principal, cumulando-se no processo a apreciação de uma relação jurídica própria do interveniente, substancialmente conexa com a relação material controvertida entre as partes primitivas, em termos de tornar possível um hipotético litisconsórcio ou coligação iniciais: é este o esquema que define a figura da intervenção principal, caracterizada pela igualdade ou paralelismo do interesse do interveniente com o da parte a que se associa;

As situações em que o interveniente, invocando um interesse ou relação conexo ou dependente da controvertida, se apresta a auxiliar uma das partes primitivas, procurando com isso evitar o prejuízo que indirectamente lhe decorreria da decisão proferida no confronto das partes principais, exercendo uma actividade pro-

367

cessual subordinada à da parte que pretende coadjuvar: são os traços fundamentais da intervenção acessória;

Finalmente, as hipóteses em que o terceiro faz valer no processo uma pretensão própria, no confronto de ambas as partes primitivas, afirmando um direito próprio e juridicamente incompatível, no todo ou em parte, com a pretensão do autor ou do reconvinte – direito este que, não sendo paralelo ou dependente dos interesses das partes originárias, não determina a associação na lide que caracteriza a figura da intervenção principal: é o esquema que caracteriza a figura da oposição.

Por sua vez, qualquer destes tipos ou formas de intervenção, quando perspectivados em função de quem tomou a iniciativa de a suscitar, podem surgir caracterizados nas modalidades de intervenção espontânea, se desencadeado pelo terceiro que pretende intervir em causa alheia pendente, ou de intervenção provocado, quando suscitada por alguma das partes primitivas, que chamou aquele terceiro a intervir na lide.

A recondução das diferentes formas de intervenção de terceiros a alguma daquelas três modalidades essenciais ditou o desaparecimento da previsão, como incidentes autónomos, da nomeação à acção, do chamamento à autoria e do chamamento à demanda, que o Código vigente previne e regula logo no início da secção referente à intervenção de terceiros.

Afigura-se inteiramente justificada a eliminação, pura e simples, da nomeação à acção, sendo certo que tal incidente perdeu já, mesmo no domínio do direito vigente, sentido e utilidade, por ter desaparecido o pressuposto base essencial em que assentava: na verdade, nem o mero «detentor» da coisa reivindicada – perante o estatuído no artigo 1311.º do Código Civil – nem aquele que actuou «por ordem ou em nome de terceiro» na prática de um facto danoso podem ser considerados partes ilegítimas nas acções de reivindicação e de efectivação da responsabilidade civil, pelo que não existirá nenhuma ilegitimidade passiva a ser suprida precisamente através da nomeação à acção, e resultando, consequentemente, inaplicável a previsão contida no n.º 3 do artigo 322.º do Código de Processo Civil – absolvição da instância, por ilegitimidade do demandado, quando, não aceitando o autor a nomeação, o juiz se convencer de que ele possui ou actuou em nome alheio.

Considera-se que, em ambos os casos, as hipóteses suscitadas encontrarão tratamento perfeitamente adequado nos quadros da intervenção principal, já que possuidor e detentor, comitente e comissário, se configuram como titulares de situações jurídicas paralelas, qualquer deles podendo ser demandado pelo reivindicante ou pelo lesado logo desde o início da causa ou em consequência de subsequente intervenção litisconsorcial na lide.

No que se refere ao chamamento à demanda, optou-se pela sua inclusão no âmbito da intervenção principal provocada passiva, já que, como sustentava o Prof. Castro Mendes, tal incidente, regulado no artigo 330.º do Código de Processo Civil vigente, mais não é que «uma sub espécie da intervenção principal, provocada pelo réu demandado como co-devedor e através da qual o mesmo réu chama para o seu lado os outros, ou alguns dos outros, co-devedores».

Preocupação fundamental nesta área foi obstar à previsão de incidentes, legalmente autonomizados, com campos de aplicação parcialmente sobrepostos, poupando às partes e à actividade judiciária os inconvenientes decorrentes da existência de dúvidas fundadas – expressos, muitas vezes, em correntes doutrinárias e jurisprudenciais divergentes – sobre qual desses incidentes é, em cada caso, o «próprio», como inquestionavelmente sucede, no direito vigente, com a delimitação do campo de aplicação do incidente de chamamento à autoria, chamamento à demanda e intervenção principal provocada passiva.

Com tal objectivo, propõe-se uma unificação do tratamento processual das situações susceptíveis de integrarem quer o actual chamamento à demanda, tipificadas no artigo 330.º do Código de Processo Civil quer a intervenção principal provocada passiva, a requerimento do réu (nos termos do artigo 356.º do mesmo Código), englobando todos os casos em que a obrigação comporte pluralidade de devedores, ou quando existam garantes da obrigação a que a acção se reporta, tendo o réu interesse atendível em os chamar à demanda, quer para propiciar defesa conjunta quer para acautelar o eventual direito de regresso ou sub-rogação que lhe possa assistir.

Em qualquer caso, o chamamento deve ser deduzido pelo réu no momento da defesa, por se considerar que a dualidade de regimes processuais, plasmada na lei vigente, propicia soluções de razoabilidade duvidosa: como compreender, por exemplo, que o devedor conjunto ou parciário possa requerer intervenção principal provocada passiva dos outros condevedores parciários até ao saneador, nos termos dos artigos 356.º, 357.º, n.º 1, e 354.º, n.º 1, do Código de Processo Civil enquanto o devedor solidário, cujo interesse em chamar à demanda os outros condevedores é bem mais forte, só os possa chamar a intervir no momento da contestação, por força do preceituado no artigo 331.º do Código de Processo Civil?

O que caracteriza as situações tipificadas no artigo 330.º do Código de Processo Civil é a circunstância de, existindo pluralidade de devedores ou garantes da obrigação, ter o condevedor ou garante demandado a possibilidade de repercutir sobre o chamado, no todo ou em parte, o sacrifício patrimonial resultante do cumprimento da obrigação que lhe é exigida, através das figuras da sub-rogação ou do direito de regresso. Daí que ao objectivo normalmente prosseguido com a intervenção litisconsorcial provocada – passiva operar uma defesa conjunta no confronto do credor, opondo-lhe os meios comuns de defesa que forem pertinentes acresça o interesse do réu em acautelar o referido direito de regresso.

A existência de tal «acção de regresso» vai implicar, deste modo, que se possa enxertar no processo, para além do básico conflito de interesses entre credor e devedor, outro conflito entre o devedor e o chamado, incidindo precisamente sobre o direito de regresso e respectivos pressupostos.

Daqui decorrerão precisamente as (únicas) especialidades que importará prevenir quanto ao figurino jurídico da intervenção principal provocada passiva, suscitada pelo réu.

Assim, tratando-se de obrigação solidária, admite-se expressamente que a finalidade do chamamento possa também consistir – para além do objectivo de possibilitar a dedução de uma defesa comum – em o réu obter o reconhecimento eventual do direito de regresso que lhe assistirá, se for compelido a pagar a totalidade do débito, munindo-se, por esta via desde logo, de título executivo contra o chamado e evitando a necessidade de, no futuro ter de propor nova acção condenatória na hipótese, altamente provável, de ter de cumprir na totalidade a obrigação solidária que lhe era exigida.

A outra especificidade a prevenir decorre também da fisionomia das obrigações solidárias, reportando-se à hipótese de apenas ser impugnada a solidariedade da dívida e a pretensão do autor poder logo ser julgada procedente: é evidente, neste caso, que o autor tem direito ao imediato reconhecimento judicial do seu crédito, prosseguindo a causa apenas entre chamante e chamado, circunscrita à questão do aludido direito de regresso.

Relativamente às situações presentemente abordadas e tratadas sob a égide do chamamento à autoria, optou-se por acautelar os eventuais interesses legítimos que estão na base e fundam o chamamento nos quadros da intervenção acessória, admitindo, deste modo, em termos inovadores, que esta possa comportar, ao lado da «assistência», também uma forma de intervenção (acessória) provocada ou suscitada pelo réu da causa principal.

Considera-se que a posição processual que deve corresponder ao titular da relação de regresso, meramente conexa com a controvertida – invocada pelo réu como causa do chamamento –, é a de mero auxiliar na defesa, tendo em vista o seu interesse indirecto ou reflexo na improcedência da pretensão do autor, pondo-se, consequentemente, a coberto de ulterior e eventual efectivação da acção de regresso pelo réu da demanda anterior, e não a de parte principal: mal se compreende, na verdade, que quem não é reconhecidamente titular ou contitular da relação material controvertida (mas tão-somente sujeito passivo de uma eventual acção de regresso ou indemnização configurada pelo chamante) e que, em nenhuma circunstância, poderá ser condenado caso a acção proceda (ficando tão-somente vinculado, em termos reflexos, pelo caso julgado, relativamente a certos pressupostos daquela acção de regresso, a efectivar em demanda ulterior) deva ser tratado como «parte principal».

A fisionomia atribuída a este incidente traduz-se, nesta perspectiva, numa intervenção acessória ou subordinada, suscitada pelo réu, na altura em que deduz a sua defesa, visando colocar o terceiro em condições de o auxiliar na defesa, relativamente à discussão das questões que possam ter repercussão na acção de regresso ou indemnização invocada como fundamento do chamamento.

Procurou, por outro lado, operar-se uma ponderação adequada entre os interesses do autor (que normalmente não terá qualquer vantagem em ver a linearidade e celeridade da acção que intentou perturbada com a dedução de um incidente, que lhe não aproveita, já que o chamado não é devedor no seu confronto, nunca podendo ser condenado mesmo que a acção proceda) e do réu, que pretende tornar, desde logo, indiscutíveis certos pressupostos de uma futura e eventual acção de regresso contra o terceiro, nele repercutindo o prejuízo que lhe cause a perda de demanda.

Assim, procurou limitar-se drasticamente o arrastamento temporal que caracteriza muitos dos incidentes de chamamento à autoria requeridos, ao abrigo do sistema vigente, muitas vezes com intuitos claramente dilatórios.

Neste sentido, cumpre, desde logo, ao juiz emitir um juízo liminar sobre a viabilidade da acção de regresso e a sua conexão com a matéria da causa principal, pondo rapidamente termo a incidentes manifestamente infundados.

Em nenhuma circunstância se procede à citação edital dos chamados, findando o incidente logo que se constate ser inviável a respectiva citação pessoal e ficando, neste caso, para livre discussão na acção de regresso ou indemnização a existência ou inexistência dos respectivos pressupostos.

Finalmente – e muito em particular – estabelece-se um limite temporal máximo de três meses para a duração do incidente na fase da citação dos chamados, assistindo ao autor a faculdade de requerer o prosseguimento da causa principal quando tal prazo se mostrar excedido.

No que respeita à intervenção principal – e para além da sua colocação sistemática à cabeça dos incidentes de intervenção de terceiros – as alterações mais significativas situam-se no campo da intervenção provocada.

Assim, o âmbito deste incidente resulta, desde logo, alargado, como reflexo da ampliação do campo de aplicação das figuras do litisconsórcio e coligação iniciais, tornando-se nomeadamente possível o chamamento destinado à formulação de pedido subsidiário contra o interveniente, o que possibilitará, em muitos casos, em termos inovatórios no nosso ordenamento jurídico processual, o suprimento da própria «ilegitimidade» singular, trazendo à causa e direccionando-a contra, afinal, o verdadeiro interessado directo em contradizer.

Impõe-se, por outro lado, ao chamante o ónus de indicar a causa do chamamento e alegar o interesse que, através dele, se pretende acautelar, como forma de clarificar liminarmente as situações a que o incidente se reporta e ajuizar com segurança a legitimidade e o interesse em agir de quem suscita a intervenção e é chamado a intervir.

No que se refere à definição do valor da sentença proferida no confronto do chamado «revel», que não intervenha efectivamente no processo, optou-se por uma solução intermédia entre o regime desproporcionado que consta do actual n.º 2 do artigo 359.º do Código de Processo Civil – que estende o caso julgado material a todas as hipóteses de intervenção litisconsorcial – e o regime restritivo que limita tal eficácia às hipóteses de litisconsórcio necessário.

Na verdade, para além desta hipótese – em que tal vinculação decorre da necessidade uma pronúncia unitária no confronto de todos os litisconsortes –, casos ocorrem em que o acto de chamamento se configura, por si só, como a dedução de verdadeira pretensão contra o chamado, visando o reconhecimento da existência de um direito no confronto deste (*v.g.*, intervenção provocada passiva, suscitada pelo autor e reportada ao chamamento de possíveis contitulares do débito) ou o reconhecimento da inexistência do direito em que o autor se funda (*v.g.*, intervenção provocada activa, suscitada por um devedor que pretende demonstrar a inexistência de créditos do interveniente, paralelos aos contra ele invocados pelo autor).

Neste caso, ponderada a estrutura do acto de chamamento, que se configura como verdadeira propositura de uma acção contra o chamado, enxertada na causa principal, afigura-se que a «revelia» deste não poderá obstar à apreciação da sua situação jurídica, em termos de caso julgado.

Relativamente à intervenção acessória – e para além da já referida inovação consistente em admitir o chamamento do terceiro, titular passivo, no confronto do réu, da acção de regresso ou indemnização, conexa com a relação material controvertida – estabelece-se o regime processual da intervenção acessória do Ministério Público, pondo termo à lacuna de regulamentação resultante da estatuição contida no n.º 2 do artigo 6.º da Lei Orgânica do Ministério Público e contemplando, no regime proposto, as especificidades de tal intervenção, imposta pela própria lei e destinada à tutela de interesses públicos.

São de pormenor as alterações introduzidas nos regimes da assistência e da oposição, espontânea e provocada, merecendo realce, todavia, a consagração da admissibilidade da oposição à pretensão deduzida pelo reconvinte.

A principal inovação, no que ao incidente de oposição respeita, é a inclusão no seu âmbito do processo de embargos de terceiros, perspectivados como verdadeira subespécie da oposição espontânea, caracterizada por se inserir num processo que comporta diligências de natureza executiva (penhora ou qualquer outro acto de apreensão de bens) judicialmente ordenadas, opondo o terceiro embargante um direito próprio, incompatível com a subsistência dos efeitos de tais diligências.

A eliminação das acções possessórias do elenco dos processos especiais, a ampliação, que se julga perfeitamente justificada, dos pressupostos de admissibilidade dos embargos de terceiro – que deixam de estar necessariamente ligados à defesa da posse do embargante, configurando-se como meio processual idóneo para este efectivar qualquer direito imcompatível com a subsistência de uma diligência de cariz executório, judicialmente ordenada – e a criação de um meio processual específico, destinado a facultar ao executado a reacção contra uma penhora, por qualquer motivo, ilegal – a oposição à penhora – obrigaram a equacionar e solucionar a questão de qual a inserção sistematicamente correcta do instituto dos embargos de terceiro.

Considerou-se que, em termos estruturais, o que realmente caracteriza os «embargos de terceiro» não é tanto o carácter «especial» da tramitação do processo através do qual actuam – que se molda essencialmente pela matriz do processo declaratório, com a particularidade de ocorrer uma fase introdutória de apreciação sumária da viabilidade da pretensão do embargante –, mas a circunstância de a pretensão do embargante se enxertar num processo pendente entre outras partes e visar a efectivação de um direito incompatível com a subsistência dos efeitos de um acto de agressão patrimonial, judicialmente ordenado no interesse de alguma das partes da causa, e que terá atingido ilegitimamente o direito invocado pelo terceiro embargante.

Relativamente ao regime proposto para os embargos de terceiro, salienta-se a possibilidade de, através deles, o embargante poder efectivar qualquer direito incompatível com o acto de agressão patrimonial cometido, que não apenas a posse. Permite-se, deste modo, que os direitos «substanciais» atingidos ilegalmente pela penhora ou outro acto de apreensão judicial de bens possam ser invocados, desde logo, pelo lesado no próprio processo em que a diligência ofensiva teve lugar, em vez de o orientar necessariamente para a propositura de acção de reivindicação, por esta via se obstando, no caso de a oposição do embargante se revelar fundada, à própria venda dos bens e prevenindo a possível necessidade de ulterior anulação desta, no caso de procedência de reivindicação.

Optou-se por manter a fase introdutória, visando a apreciação liminar da viabilidade dos embargos, com vista a prevenir e acautelar as hipóteses de dedução de embargos sem fundamento sério, esclarecendo-se que a sua rejeição liminar não preclude a propositura de acção de indicação pelo embargante.

Eliminou-se, por outro lado, o regime constante do actual artigo 1041.º do Código de Processo Civil, por se afigurar que a definição dos casos em que os embargos devem ser ou não rejeitados é matéria estritamente de direito civil – não competindo naturalmente à lei de processo enunciar regras sobre os critérios substanciais de decisão do pleito –, pondo-se termo à contradição entre o que consta de tal preceito e o regime substantivo da impugnação pauliana, designadamente nos termos dos artigos 612.º e seguintes do Código Civil.

A ampliação do fundamento dos embargos ditou, por outro lado, que os termos processuais subsequentes serão moldados segundo o processo ordinário ou sumário de declaração, conforme o valor – assim se assegurando os direitos dos interessados a verem apreciado o litígio com as mesmas garantias de que beneficiariam em acção autónoma – e conduzindo logicamente, por esta razão, o processo de embargos à formação de caso julgado material, relativamente à existência e titularidade dos direitos que dele foram objecto.

Igualmente relevantes e aprofundadas são as alterações introduzidas em sede de procedimentos cautelares.

373

Desde logo, em termos sistemáticos, institui-se um verdadeiro processo cautelar comum – em substituição das actuais e subsidiárias providências cautelares não especificadas –, comportando a regulamentação dos aspectos comuns a toda a justiça cautelar.

Institui-se, por esta via, uma verdadeira acção cautelar geral para a tutela provisória de quaisquer situações não especialmente previstas e disciplinadas, comportando o decretamento das providências conservatórias ou antecipatórias adequadas a remover o *perículum in mora* concretamente verificado e a assegurar a efectividade do direito ameaçado, que tanto pode ser um direito já efectivamente existente, como uma situação jurídica emergente de sentença constitutiva, porventura ainda não proferida.

Referentemente ao regime deste procedimento cautelar comum, procuraram acentuar-se duas vertentes essenciais da justiça cautelar, garantindo, na medida do possível, a urgência do procedimento e a efectividade do acatamento da providência ordenada.

Com tal objectivo, consagrou-se expressamente a «urgência» dos procedimentos cautelares, estabelecendo-se um prazo máximo para a sua decisão em 1.ª instância, determinando-se, consequentemente, uma gestão do andamento do processo, quer para as partes quer para o tribunal, compatível com o respeito por tal prazo máximo, e impondo-se um dever de justificação perante o presidente da Relação nos casos em que tenha ocorrido impedimento ao acatamento daquele prazo máximo.

No mesmo sentido, prescinde-se da citação edital – necessariamente geradora de delongas na tramitação da providência – dispensando o juiz a audiência do requerido quando se certificar da impossibilidade de o citar pessoalmente, regulamenta-se, em termos restritivos, a possibilidade de adiamentos da audiência final, privilegiando a suspensão da mesma, e substitui-se o complexo sistema de impugnação do decretamento da providência, mediante embargos ou agravo, constante da lei de processo em vigor, por um sistema que se limita a assegurar supervenientemente o contraditório, sempre que o requerido não tenha sido previamente ouvido, facultando-lhe a dedução da defesa que não teve oportunidade de produzir e consentindo ao juiz a eventual alteração da decisão proferida, face às razões aduzidas pelo requerido: procura, por esta via, obviar-se não só a que os embargos possam ter lugar nos casos em que já houve prévia audiência do requerido como ainda a que, no procedimento cautelar em questão, acabe por se enxertar a verdadeira acção declaratória em que os embargos à providência decretada actualmente se traduzem.

No que se reporta à garantia da efectividade da providência cautelar, propõe-se a incriminação como desobediência qualificada do acto traduzido no respectivo desrespeito, estabelecendo-se ainda, em termos amplos, a possibilidade do recurso à figura da sanção pecuniária compulsória, prevista no artigo 829.º-A do Código Civil.

Quanto às providências cautelares especificados, para além de se inserirem soluções praticamente e de há muito pacíficas – eliminação da injustificada proibição do arresto contra comerciantes, derrogação de limitações ao uso de meios probatórios ou imposição de efeitos cominatórios plenos desproporcionados, máxime no âmbito dos alimentos provisórios, limitação da injustificada prerrogativa do Estado e autarquias locais no que se refere ao embargo de obras ilegalmente efectuadas, etc. –, merece especial referência a instituição da inovadora providência de arbitramento de reparação provisória, ampliada em termos de abranger não apenas os casos em que se trata de reparar provisoriamente o dano decorrente de morte ou lesão corporal como também aqueles em que a pretensão indemnizatória se funde em dano susceptível de pôr seriamente em causa o sustento ou habitação do lesado.

Outro dos sectores em que são particularmente notórias as alterações é, naturalmente, o da marcha do processo declarativo, e, apesar de, nas suas linhas essenciais, se terem mantido, quanto aos seus objectivos nucleares, as respectivas fases, estas foram objecto de reestruturações que representam a actuação, em concreto, de uma nova filosofia de funcionamento dos princípios fundamentais, em sintonia com o preconizado nas já faladas «Linhas orientadoras».

E, mantendo-se, também, embora, na forma comum, a repartição pela tramitação ordinária, sumária e sumaríssima, reestruturou-se inovadora e profundamente a primeira e adequaram-se correlativamente as restantes.

Assim, no que toca à disciplina tipo – e que continuará a ser a do processo ordinário – antes de mais, houve que, além de reponderar alguns aspectos de relativo pormenor, se bem que relevantes no contexto global da revisão, introduzir adaptações decorrentes da supressão, como regra, da necessidade de despacho judicial determinativo da citação.

Desta forma, e em matéria de regulamentação dos aspectos atinentes à petição inicial, eliminou-se, pura e simplesmente, por se ter revelado, na prática concreta, substancialmente ineficaz e, aliás, nunca ter sido suficientemente objecto de inequívoco entendimento, a disciplina da alínea *f*) do n.º 1 do artigo 467.º. Foi também eliminado o n.º 3 deste artigo, aliás em consonância com o novo regime do artigo 280.º e a revogação dos artigos 281.º e 282.º, na perspectiva de que o eventual incumprimento de obrigações fiscais deve ser tratado em sede própria e sem influição causal na marcha do processo civil, até pela razão de o contrário se traduzir em manifesta e desrazoável desproporção entre os objectivos visados a nível de fiscalidade e o funcionamento dos princípios legitimantes do acesso à justiça e à obtenção de decisão pronta e eficaz. Ainda no concernente à petição inicial, há dois aspectos a salientar, no que aos termos de formulação do pedido respeita: assim, para os casos de cumulação, introduziu-se estatuição harmónica com o funcionamento do novo princípio da adequação, de forma que a simples incompatibilidade processual não redunde em obstáculo intransponível no sentido de uma desejável cumulação ser efectivamente actuada; e, quanto ao pedido genérico, tendo em vista pôr termo a entendimentos jurisprudenciais e doutrinais diversos que, entretanto, têm sido expendidos, legislou-se de modo a compatibilizar a alínea b) do n.º 1 do artigo 471.º com o disposto no artigo 569.º do Código Civil.

Por outro lado, clarificaram-se os casos de rejeição dos articulados pela secretaria, enunciando as hipóteses de deficiência manifesta de forma externa que a tal podem conduzir, devendo essa recusa, por uma questão de garantia dos direitos dos interessados, ser feita fundamentadamente, por escrito; disciplinou-se também, correspondentemente, o modo de reacção a eventual recusa de recebimento, mediante inicial reclamação para o juiz, cuja decisão confirmatória de recusa será eventualmente seguida de recurso de agravo, com independência do valor da causa. Em todo o caso, se recusado o recebimento da petição, sempre os efeitos da propositura da acção se reportarão à data da primeira apresentação, se outra petição for entregue, em condições de ser recebida, em 10 dias.

Esta clarificação do papel interventor da secretaria na fase do desencadear da acção tem ainda a ver com o acréscimo qualitativo dessa mesma intervenção, o que será particularmente notório no que toca à citação. Na verdade, há uma profunda reestruturação do acto de citação, que – salvaguardados os casos de citação edital por incerteza do lugar para onde se tenha ausentado o demandado, de justificado requerimento de citação prévia ou outros especiais, particularmente aqueles em que os interesses que sejam objecto da acção revistam especial melindre, como será o caso das acções de interdição e inabilitação –, como regra, se fará independentemente de despacho judicial prévio nesse sentido, incumbindo à secretaria o respectivo diligenciar. Por outro lado, a própria disciplina do acto, em aspectos substanciais e formais, foi profundamente alterada, na dupla perspectiva de se alcançar que a citação seja mais eficaz e celeremente alcançado e de que o réu fique com as suas garantias de efectiva defesa devidamente salvaguardadas, se bem que a citação edital se tenha mantido regulamentada sem alterações relevantes, por ter parecido não se justificarem de imediato, no contexto desta revisão. Assim, quanto à citação pessoal, flexibiliza-se o recurso a três modalidades, ou seja, a possibilidade de ser feita por via postal, mediante carta registada com aviso de recepção, ou por via de contacto pessoal de funcionário de justiça com o citando ou, ainda, através de contacto pessoal de mandatário judicial ou de pessoa por ele credenciada. De outra via, poderá a diligência, conforme se preveja mais passível de se conseguir resultado eficaz, ser tentada na residência ou no local de trabalho do citando, se for pessoa singular, ou na sede ou local de funcionamento normal da administração, se for pessoa colectiva ou sociedade. Será a secretaria que promoverá, de próprio ofício, as diligências que, em concreto, se mostrem mais adequadas à realização do acto ou à remoção das dificuldades em realizá-lo, sem prejuízo da cooperação dos restantes intervenientes, nomeadamente, do autor, a quem será dado conhecimento das incidências que possam estar na base da não obtenção da citação para que providencie o que tiver por idóneo, além de que, se a demora em obter a citação exceder prazo tido por razoável – e que se previu como situando-se em dois meses –, o processo deverá ser, devidamente informado, presente ao juiz, para que determine o que tiver por mais ajustado. Por sua vez, privilegia-se, na dicotomia citação postal-citação directa por funcionário, a primeira, de forma que, erigindo-a como modo normal de citação, generalizado em relação a pessoas singulares e colectivas, se processe com adequada tramitação, coordenada com as exigências próprias do acto e da disciplina postal, nomeadamente mediante recurso a modelo oficialmente aprovado e colaboração activa dos distribuidores postais; assim, a citação através de contacto directo de funcionário só caberá se a via postal se frustrar, admitindo-se que, em casos em que possa prefigurar-se haver nisso utilidade, o citando seja previamente convocado, por via postal, para comparecer na secretaria, a fim de viabilizar o contacto directo. Simplificou-se, sem quebra da exigibilidade de apreciação judicial dos motivos da incapacidade, o procedimento tendente a estabelecer a impossibilidade em que, de facto, se encontre o citando, em razão de anomalia psíquica ou outra incapacidade, em geral, pretendeu-se conseguir maior eficácia quanto à citação de pessoas colectivas e sociedades, permitindo-se que, em caso de não haver representante ou empregado na sede ou local de normal funcionamento da administração, se cite qualquer representante, na sua própria residência ou local de trabalho. No que concerne à citação feita em pessoa diversa do citando, que se apresenta com carácter essencialmente residual – ou seja, em casos de citação com hora certa (à qual igualmente se recorrerá, se houver recusa de assinatura do aviso de recepção ou de recebimento da carta remetida pela via postal) ou de empregado de pessoa colectiva ou sociedade –, estabeleceu-se a presunção, embora, naturalmente, ilidível, de oportuno conhecimento do citando, presunção esta extensiva aos casos em que o aviso de recepção não seja assinado pelo próprio destinatário. Paralelamente, como dito se deixou já, funcionará a possibilidade de citação por mandatário judicial. É certamente, uma inovação de largo alcance a possibilidade de a notícia da propositura da acção poder ser transmitida através de contacto pessoal do mandatário judicial ou de pessoa por ele credenciada.

Se é verdade que a abertura desta possibilidade mais não é que o desenvolvimento dos princípios da cooperação e boa fé, também não deixa de se reconhecer que a face mais responsável, adulta e civilizada da advocacia impõe a consagração de uma modalidade de citação que é inerente a um estatuto democratizado e cristalino da própria lide processual.

A advocacia portuguesa tem agora, nas suas próprias mãos, um poderoso instrumento de celeridade, podendo contribuir para a diluição de um dos momentos que, amiúde, provocam a paralisia da tramitação.

A modalidade ora prevista admite a citação através de contacto pessoal quer do mandatário quer de pessoa credenciada, abrindo-se, assim, a possibilidade de operar a citação por via de solicitador, devendo a identificação obter-se por via da respectiva cédula profissional, que agirá, no entanto, no interesse e sob a responsabilidade do advogado, salvo se o solicitador puder, por si, litigar.

Para além desta hipótese, o mandatário judicial pode alcançar a citação por intermédio da pessoa que presta serviços forenses, desde que a sua identificação se faça através de cartão a emitir pela Ordem dos Advogados ou pela Câmara dos Solicitadores.

O regime desta forma de citação comporta, no essencial, duas alternativas: ou a citação por via de mandatário é requerido logo na petição inicial ou, perante a frustração da diligência por via de qualquer modalidade, requer a sua assunção «em momento ulterior», sendo, em qualquer delas, a pessoa encarregada da diligência identificada pelo mandatário «com expressa menção de que foi advertida dos seus deveres».

Trata-se de uma inevitável chamada de atenção para os deveres e responsabilidades decorrentes de eventuais abusos ou infidelidades que serão inexoravelmente imputáveis ao mandatário judicial, sendo certo que a sua responsabilidade civil decorre de acções ou omissões «culposamente praticadas pela pessoa encarregada de proceder à citação [...]», o que implica uma criteriosa utilização do meio e uma cautelosa escolha da pessoa encarregada de proceder à citação.

Finalmente, como lógica decorrência deste global reponderar do acto de citação, além de se reequacionar a questão da dilação em termos mais actualizados e uniformizantes, houve que reformular as previsões dos respectivos casos de falta ou nulidade simples, incluindo naquela primeira categoria todas as situações de comprovado desconhecimento não culposo do mesmo acto.

Manteve-se a possibilidade de despacho judicial no sentido do aperfeiçoamento, mas, para lá de se generalizar, inequivocamente, por razões de igualdade das partes, a todos os articulados, diferiu-se, quanto ao momento do rito processual, a sua prolação, colocando-a, como princípio, após o termo da respectiva produção.

Inovação de largo alcance prático, até porque potenciadora de um mais adequado uso dos respectivos ónus processuais e representando a implementação concreta do princípio da efectiva igualdade das partes, será a instituição da possibilidade generalizada de, em casos justificados, se prorrogarem razoavelmente os prazos para apresentação dos articulados posteriores à petição inicial. Também no caso de desistência do pedido ou da instância em relação a alguns réus, antes de citados todos eles, por razões de certeza, estatuiu-se que os prazos para contestação dos restantes só se considerem iniciados a partir da notificação – de uma tal desistência. Ainda em matéria de contestação, por razões de clareza e em concretização do princípio da boa fé processual, estabeleceu-se, que o réu deverá deduzir especificada e discriminadamente a matéria relativa às excepções deduzidas e formular, a final, e em correspectividade com a exigência formal de dedução do pedido que é feita ao autor, as conclusões da sua defesa, sendo maleabilizado o ónus de impugnação especificada, de forma que a verdade processual reproduza a verdade material subjacente. Igualmente se aproveitou a oportunidade de, em matéria de excepções, introduzir alguns elementos clarificadores, nomeadamente, quanto à litispendência, salvaguardando a relevância que causas pendentes em tribunais estrangeiros possam assumir para esse efeito, em resultado de convenções internacionais, como será o caso típico decorrente da Convenção de Bruxelas, e qualificando – de acordo com a doutrina desde sempre sustentada pelo Prof. Castro Mendes – o caso julgado como verdadeira excepção dilatória, que obsta à reapreciação do mérito da causa já precedentemente julgada.

Quanto aos efeitos da revelia, afigurou-se adequado estatuir de forma que eles operem em relação às pessoas colectivas em geral, deste modo – além de se pôr termo a algumas dúvidas actuais de caracterização deste conceito, tal como tem estado previsto na alínea b) do artigo 485.º – se inovando, por se afigurar não haver qualquer razão socialmente válida para a não operância desse mesmo efeito apenas em relação a algumas entidades dentro deste tipo. Aproveitou-se ainda a oportunidade para prever e regulamentar a inoperância da revelia em caso de haver alguns réus citados editalmente, que se mantenham em situação de revelia absoluta, o que, representando, em certa medida, a ultrapassagem de dúvidas que, a esse respeito, se têm verificado na vigência do actual regime, traduz a preocupação de evitar julgamentos de mérito em sentido discrepante em relação à mesma situação factual e jurídica.

Reformulou-se, clarificando-a e conferindo-lhe maiores virtualidades, a matéria dos articulados supervenientes, referenciando a extemporaneidade da superveniência subjectiva restritivamente à atitude culposa da parte que dos novos factos pretenda socorrer-se e adequando-se a introdução dos novos factos aos diversos momentos do devir processual e à nova filosofia de prazos. Neste sentido, estabeleceu-se como balizas relevantes para trazer ao processo factos supervenientes o termo da audiência preliminar e um momento temporal anterior à data designada para o julgamento que se supõe suficiente para possibilitar o pleno exercício do contraditório, sem o risco de tal poder determinar o adiamento de audiência.

Sector em que, decididamente, as inovações são mais profundas, representando uma verdadeira alteração estrutural, é o da fase de saneamento e condensação, com o acentuar da cooperação, do contraditório e da auto-responsabilidade, tudo informado por um redimensionar dos poderes de direcção do juiz, a quem incumbirá um papel eminentemente activo e dinamizador.

Com efeito, e uma vez que o primeiro momento de efectivo controlo jurisdicional ocorrerá, em princípio, findos os articulados, ganha relevo a figura do pré-saneador, com a já falada possibilidade de convite ao aperfeiçoamento dos articulados e, bem assim, com a possibilidade alargada de se determinar no sentido do suprimento de pressupostos processuais em falta ou deficientemente preenchidos.

Mas onde, verdadeiramente, se inova de base é com a instituição da «audiência preliminar», que, visando sanear – e, sempre que disso for caso, decidir – o processo – e indo muito além, na sua fisionomia formal e substancial, da actual audiência preparatória, aliás, consabidamente descaracterizada, na prática judiciária concreta –, é erigida em pólo aglutinador de todas as medidas organizativas do mesmo processo e traduz a instituição de um amplo espaço de debate aberto e corresponsabilizante entre as partes, seus mandatários e o tribunal, de forma que os contornos da causa, nas suas diversas vertentes de facto e de direito, fiquem concertada e exaustivamente delineados; e se o manifesto apelo subjacente, nesta fase, a uma via de conciliação não for bem sucedido e a questão não se mover apenas e essencialmente no plano de direito, seguir-se-á a fixação comparticipada da base instrutória, com virtualidade de reclamação e decisão imediata das respectivas questões, assim se delimitando o objecto da futura audiência de discussão e julgamento. Por tudo isto se procurou rodear a respectiva disciplina de cautelas peculiares, de forma que, privilegiando-se a presença das partes em caso de interesses disponíveis, a sua realização seja realmente efectivada, por via de consenso de data e sem possibilidade de adiamento, nela se indicando, sendo caso disso, os meios probatórios e se fixando, também concertadamente, a data da audiência final.

Sem embargo, será de admitir que, quando a discussão a fazer, findos os articulados, tenha apenas por objecto fixação da base instrutória e esta se prefigure revestir simplicidade, o juiz possa dispensar a convocação da audiência preliminar, saneando e fixando essa base em despacho escrito, cuja reclamação poderá ser apresentada no início da audiência de julgamento.

Também no capítulo da produção dos meios de prova se procurou introduzir alterações significativas, com vincados apelos à concretização do princípio da cooperação, redimensionado não só em relação aos operadores judiciários como às instituições e cidadãos em geral, adentro de uma filosofia de base de obtenção, em termos de celeridade, eficácia e efectivo aproveitamento dos actos processuais, de uma decisão de mérito, o mais possível correspondente, em termos judiciários, à verdade material subjacente, sem embargo de se manter, como actualmente, e como momento de eleição para a respectiva produção, a audiência de discussão e julgamento, não se criando, assim, uma fase de instrução caracterizadamente diferenciada.

Deste modo, delimitando, embora, com rigor, as hipóteses de recusa legítima de colaboração em matéria probatória, institui-se, por via de fundamentada decisão judicial e com utilização restrita à respectiva indispensabilidade e impossibilidade de reutilização na feitura de eventuais novos ficheiros, a dispensa da mera confidencialidade de dados que estejam na disponibilidade de serviços administrativos, em suporte manual ou informático, e que, respeitando à identificação, residência, profissão e entidade empregadora ou permitindo apurar da situação patrimonial de alguma das partes, sejam essenciais ao regular andamento da causa ou à justa composição do litígio. Assim se acentuará a vertente pública da realização da justiça e a permanência desse valor, na tutela dos interesses particulares atendíveis dos cidadãos, enquanto tal, e se respeitará o conteúdo intrínseco e próprio dos diversos sigilos profissionais e similares, legalmente consagrados. Não obstante, o mesmo interesse público, conatural à função de administração da justiça, como valor intersubjectivo e de solidariedade e paz social, legitimará que o interesse de ordem pública que também preside à estatuição de tais sigilos ceda em determinados casos concretos, mediante a respectiva dispensa, e isso mesmo exactamente se consagra, admitindo a aplicação, ponderada em função da natureza civil dos interesses conflituantes, do regime previsto na legislação processual penal para os casos de legitimação de escusa ou dispensa do dever de sigilo.

Fizeram-se alguns ajustamentos pontuais no que respeita à produção de prova por doicumentos, nomeadamente acentuando o carácter de poder-dever do tribunal em determinar a respectiva obtenção, de ofício ou sob sugestão das partes, e colocando, mais uma vez, a tónica no princípio da verdade material, ao não se impedir a relevância de documentos que não preencham os requisitos das leis fiscais, sem prejuízo do sancionamento das eventuais infracções tributárias em sede própria.

Procurando ir ao encontro de sentidas necessidades de modernização e eficácia, remodelou-se, em bases essencialmente inovadoras, o processo de produção da prova pericial, instituindo-se, e ressalvados os regimes resultantes de leis especiais, como regra, o recurso a um único perito, de nomeação judicial, sem prejuízo de perícia colegial, por iniciativa do juiz, em casos de especial complexidade, ou a requerimento das partes; igualmente se simplificaram os regimes de impedimentos, escusa e recusa, e se eliminou a exigência, rígida, formal e preclusiva, de elaboração de «quesito» pelas partes; se definiu, em linhas gerais, o estatuto processual do perito e se fixaram os seus poderes e as respectivas obrigações; previu-se, também, que o modo normal de apresentação do resultado da perícia revestisse o carácter de relatório escrito – a complementar, eventualmente, pela mesma forma, se houver reclamações ou necessidade de responder a esclarecimentos – e que uma segunda perícia, que terá, em regra, estrutura colegial, se for requerida pelas partes, só terá lugar sob indicação de motivos concretos de discordância em relação aos resultados da primeira.

Quanto à prova por inspecção judicial, além de se expressar o ónus de a parte requerente fornecer ao tribunal os meios de viabilizar a realização da diligência, consagrou-se a redução da mesma a auto, independentemente da estrutura colegial ou singular do órgão julgador, até para melhor e mais efectivo exercício dos poderes de controlo, em matéria de em caso de recurso da respectiva matéria.

A prova testemunhal, além de maleabilizada, quanto ao seu oferecimento, mediante a possibilidade de alteração ou ampliação dos respectivos róis até datas muito próximas da efectiva realização da audiência final, foi objecto de aperfeiçoamentos, no que toca à capacidade, impedimentos e admissibilidade de recusa legítima a depor, possibilidade esta que, entre outros casos inovadores (como os de situações emergentes de união de facto) e em homenagem à busca da verdade material, alarga o leque de potenciais depoentes e redunda na eliminação da, até aqui consagrada, total inabilidade para depor por motivos de ordem moral. De registar ainda, neste domínio, e em reforço do princípio de imediação, que se pretendeu introduzir justificadas limitações à expedição de cartas precatórias, não a viabilizando entre comarcas do mesmo círculo judicial e só a permitindo, em relação a círculos diversos, quando ao tribunal se afigure não essencial a presença da testemunha em audiência e tal não redunde em sacrifício desrazoável para o depoente. Diversamente, e como alternativa ao uso da faculdade de substituição – faculdade esta, de sua vez, regulamentada em moldes mais amplos –, permite-se – aliás, à similitude do que sucede em outros ordenamentos jurídico-processuais, como o francês, com as *attestations* – em casos em que, fundadamente, a testemunha esteja impossibilitada ou tenha grave dificuldade de comparência que, ouvidas as partes, o tribunal aceite como válido depoimento prestado por escrito, rodeando-se a respectiva prestação de garantias idóneas, ao nível da sua datação e assinatura e da responsabilização penal, em caso de falsidade, ou ainda que, verificados idênticos pressupostos, o depoimento seja prestado por via telefónica ou outro meio idóneo de comunicação directa do tribunal com o depoente, com salvaguarda das garantias da autenticidade e plena liberdade da pessoa e afirmações do depoente; todavia, se o tribunal ou as partes entenderem que a imediação assim o justifica, poderá, em todos estes casos, ser renovado o depoimento presencialmente, perante o órgão julgador. Foram ainda introduzidos ajustamentos de pormenor, ao nível da produção deste tipo de prova, de modo a compaginá-la com a estrutura do tribunal de julgamento e o regime de registo de prova.

No que ao disciplinar da audiência de julgamento concerne, houve, além de alterações que representam mero ajuste de procedimento, outras bem significativas de uma nova filosofia de funcionamento dos princípios. Adentro de uma cada vez mais manifesta necessidade de um enquadramento interdisciplinar, reequacionaram-se os termos em que o tribunal e as partes podem provocar a intervenção, em audiência, de técnicos ou consultores especialmente qualificados em diversas áreas do saber e cujo contributo para a compreensão do exacto alcance a conferir à valoração da prova se revele importante. Na lógica decorrência do princípio instituído de fixação comparticipada da data de audiência final, restringiram-se as hipóteses de adiamento integral da mesma, apontando o sistema instituído para que, em princípio, a audiência se inicie, mesmo que nem todos os elementos probatórios estejam, de imediato, em condições de ser produzidos, sem embargo de oportuna interrupção dos trabalhos, por tempo relativamente curto, para viabilizar a produção dos elementos em falta, além de que a não comparência de qualquer das partes para permitir a tentativa de conciliação ou a ausência de poderes especiais do respectivo mandatário para transigir não constituirão, por si, causa de adiamento. Também a introdução de nova factualidade foi objecto de adequada regulamentação, necessariamente em sentido ampliativo, dada a preocupação da verdade processual à verdade material e em face do princípio da actualidade da decisão.

No que à sentença diz respeito, além de adequações resultantes de uma pretendida simplificação formal na sua elaboração, reclamadas pela nova filosofia de aquisição processual dos factos, nos termos já amplamente referidos, e pela compatibilização formal resultante, quanto aos limites da condenação, da eliminação das acções possessórias como processo especial, foi introduzida uma norma, certamente de largo alcance. Destarte, sempre na preocupação de realização efectiva e adequada do direito material e no entendimento de que será mais útil, à paz social e ao prestígio e dignidade que a administração da justiça coenvolve, corrigir que perpetuar um erro juridicamente insustentável, permite-se, embora em termos necessariamente circunscritos e com garantias de contraditório, o suprimento do erro de julgamento mediante a reparação da decisão de mérito pelo próprio juiz decisor, ou seja, isso acontecerá nos casos em que, por lapso manifesto de determinação da norma aplicável ou na qualificação jurídica, a sentença tenha sido proferida com violação de, lei expressa ou naqueles em que dos autos constem elementos, designadamente de índole documental, que, só por si e inequivocamente, impliquem decisão em sentido diverso e não tenham sido considerados igualmente por lapso manifesto. Claro que, para salvaguarda da tutela dos interesses da contraparte, esta poderá sempre, mesmo que a decisão inicial o não admitisse, interpor, recurso da nova decisão assim proferida.

E faculta-se ao juiz a possibilidade de reparar a decisão, relativamente às nulidades da sentença arguidas em via de recurso, face às alegações que as partes logo devem necessariamente produzir perante o tribunal *a quo,* adoptando-se, nesta sede, um regime análogo ao da reparação do agravo, relativamente à parte do recurso que se reporta às nulidades da decisão recorrida.

No que se refere à disciplina dos efeitos da sentença, assume-se a regulamentação dos efeitos do caso julgado penal, quer condenatório quer absolutório, por acções civis conexas com as penais, retomando um regime que, constando originariamente do Código de Processo Penal 1929, não figura no actualmente em vigor; adequa-se todavia, o âmbito da eficácia *erga omnes* da decisão penal condenatória às exigências decorrentes do princípio do contraditório, transformando a absoluta e total indiscutibilidade da decisão penal mera presunção, ilidível por terceiros, da existência do facto e respectiva autoria.

Relativamente ao tema dos recursos, optou-se por manter a dualidade de tipos que caracteriza o sistema vigente conservando a dicotomia entre as formas de apelação e revista/agravo, consoante se reportam à impugnação da decisão final de mérito ou de decisões proferidas sobre questões de índole processual, não se avançando, deste modo, para a criação de um recurso unitário.

Constitui razão fundamental desta opção ter parecido mais adequado manter tal diferenciação, em que assenta o regime de recursos vigente em processo civil, numa reforma que não pretende traduzir-se numa reformulação dogmática de conceitos e na criação de um Código absolutamente novo, mas tão-somente numa revisão e reformulação – embora substanciais e profundas – dos regimes constantes do Código em vigor, tendo em conta as prementes necessidades da vida forense.

Tal opção obrigaria, na verdade, a reformular praticamente todos os preceitos legais atinentes aos recursos, não ficando incólume virtualmente nenhum artigo do actual Código, para além de se revelar particularmente difícil a clara definição do regime de efeitos a atribuir ao «recurso unitário», que não poderá obviamente traduzir-se na mera «colagem» dos regimes actualmente estatuídos para a apelação e o agravo ou em acabar por ter de repescar, ao delinear os regimes, a diferenciação entre os recursos atinentes à decisão de mérito e os que incidem sobre a resolução de questões processuais.

Ponderou-se, por outro lado, que tal dualidade de tipos de recurso não acarreta problemas práticos significativos, sendo limitado o leque de situações em que se pode controverter, com fundamento minimamente razoável, qual o tipo de recurso admissível e podendo, aliás, o tribunal proceder à correcção sem que se verifiquem efeitos preclusivos para as partes.

E, aliás, possível, em boa medida, eliminar os casos residuais em que se discute qual o tipo de recurso adequado, esclarecendo-se, nomeadamente, que cabe apelação da sentença ou do saneador que «decidem do mérito da causa» (ou seja, que proferem decisão susceptível de produzir caso julgado material, independentemente da maior ou menor latitude dos poderes do julgador para «conhecer» de tal mérito, abrangendo-se, desta forma, as próprias sentenças homologatórias), e estatuindo que «decidem do mérito» a sentença ou o saneador que julgam quer da procedência quer da improcedência de excepções peremptórias.

Dentro desta perspectiva de racionalização do sistema vigente, prescreve-se ainda que cabe recurso de revista da decisão da Relação que conhece do mérito da causa, sem necessidade de tal decisão ter sido proferida na sequência de anterior recurso de apelação.

Procura, por outro lado, extrair-se algumas consequências práticas relevantes da citada diferenciação entre os recursos interpostos de decisões de mérito e de decisões de natureza meramente processual: assim, mantém-se a possibilidade de reparação do agravo (uma das dificuldades da unificação do regime de recursos traduzia-se precisamente na possível eliminação desta possibilidade do juiz *a quo,* já que nunca se poderá conceber numa «reparação da apelação» corri o mesmo âmbito) e, muito em particular, limita-se – nos termos adiante expostos – a possibilidade de agravar para o Supremo Tribunal de Justiça de decisões que versem sobre questões processuais e em que a Relação haja confirmado, por unanimidade, a decisão proferida pela 1.ª instância.

Um dos principais problemas práticos suscitados em sede de recursos – com consequências altamente nocivas em termos de celeridade processual – é a sobreposição de sucessivos graus de jurisdição, aditando-se aos três graus «normais» tradicionalmente existentes em processo civil o recurso para o tribunal pleno, visando a fixação de jurisprudência por meio de assento, e o recurso de constitucionalidade, em sede de fiscalização concreta, frequentemente usado (e abusado), em muitos casos, com fins puramente dilatórios.

Por outro lado, a implementação de um verdadeiro segundo grau de jurisdição no âmbito da matéria de facto, já resultante de diploma anteriormente aprovado, obriga a procurar formas, de aligeiramento das tarefas a cargo das relações nas outras áreas, sob pena de se correr o sério risco do seu rápido e irremediável afundamento.

É nesta perspectiva que se institui a inovadora figura do recurso *per saltum* da 1.ª instância para o Supremo Tribunal de Justiça, em substituição da normal apelação para a Relação, quando, segundo as regras gerais, a causa for susceptível de recurso até àquele Tribunal e as partes apenas tiverem suscitado questões de direito, que se configurem como objecto idóneo do recurso de revista.

Na verdade, inúmeros sistemas jurídicos comportam a possibilidade de recurso *per saltum*, nomeadamente sempre que haja acordo das partes: pareceu, todavia, que, ponderada a nossa cultura judiciária, tal regime se arriscaria a permanecer, na prática, letra morta, já que ao interesse de uma das partes na aceleração do processo corresponderá normalmente o interesse da outra no retardamento do trânsito em julgado da decisão, procurando esgotar, para tal, todas as instâncias de recurso possíveis. Daí que, no regime proposto, se não limite a admissibilidade do recurso *per saltum* ao acordo expresso e formal das partes, surgindo antes tal faculdade como verdadeiro direito potestativo de qualquer dos recorrentes, que pode ser unilateralmente exercitado sempre que o objecto do recurso se circunscreva à discussão de questões de direito referentes ao mérito a causa, susceptíveis de constituírem objecto idóneo e recurso de revista.

Havendo dúvidas, quer do juiz de 1.ª instância quer o relator no Supremo Tribunal de Justiça, sobre a efectiva limitação do objecto do recurso a «questões de direito», em termos de se ultrapassar o âmbito do recurso de revista, cessa irremediavelmente a admissibilidade desta forma de «convolação» da apelação em revista, não se admitindo que decisão proferida venha ser impugnada, a fim de evitar o arrastamento da controvérsia sobre tal qualificação.

Estabelece-se, por outro lado, a inadmissibilidade do agravo para o Supremo Tribunal de Justiça dos acórdãos as relações que – versando naturalmente sobre questões processuais – confirmem por unanimidade a decisão proferida em 1.ª instância, salvo se o recorrente mostrar que a decisão está em oposição com outra, provinda de qualquer tribunal superior, por esta via se procurando obstar a que um tribunal de revista como é, no nosso sistema judiciário, o Supremo, se veja sistematicamente solicitado para resolver questões meramente processuais, já decididas uniformemente nas várias instâncias e de acordo com jurisprudência pacífica.

Pretende-se, com este sistema, propiciar um certo grau de «especialização funcional» dos tribunais superiores, atribuindo naturalmente – no que ao processo ordinário se refere – à 2.ª instância competência para apreciar os recursos que envolvem controvérsia sobre matéria de facto ou a resolução de questões de natureza processual, e reservando o Supremo – que constitucionalmente surge caracterizado como verdadeiro «tribunal de revista» – para a apreciação dos recursos que versam sobre questões de direito atinentes ao mérito da causa e, portanto, à aplicação do direito substantivo, ao menos sempre que alguma das partes mostre interesse na «aceleração» do processo, e cumprindo-lhe ainda, subsidiariamente, a apreciação dos recursos que versarem sobre questões processuais, decididas de modo divergente nas instâncias ou na jurisprudência, ou apenas suscitados em alguma das instâncias.

No que se refere à tramitação dos recursos na fase de interposição e alegações, estabelece-se que o recebimento do recurso e a produção de alegações têm sempre lugar no tribunal recorrido, incumbindo, consequentemente, ao juiz as tarefas que, na apelação, a lei de processo reserva, como regra, ao relator, sendo, deste modo, o recurso remetido já devidamente instruído ao tribunal *ad quem*.

Nos casos em que o recurso se reporta à matéria de direito, cria-se um especial ónus a cargo do recorrente, que deve nas conclusões – em termos semelhantes aos prescritos no processo penal – tomar posição clara sobre as questões jurídicas que são objecto do recurso, especificando as normas que considera violadas, o erro de interpretação que imputa à decisão ou o erro de determinação da norma aplicável que considera ter sido realmente cometido.

Eliminam-se, por outro lado, todas as referências ou decorrências do regime de custas na tramitação processual dos recursos, de forma a permitir que a desejável reforma do Código das Custas Judiciais conduza à eliminação, designadamente, da conta do processo em cada instância.

A apelação interposta do saneador que decide parcialmente do mérito da causa deixa de suspender o andamento desta, apenas subindo, em regra, a final, mas prevenindo-se a possibilidade de subida imediata e em separado de tal recurso, quando reportado a decisões cindíveis relativamente às questões que subsistem para apreciação final, sempre que haja prejuízo na respectiva retenção. Pretende, deste modo, levar-se ao seu lógico e pleno desenvolvimento a reforma intercalar de 1985, na parte em que eliminou o regime de subida imediata e nos próprios autos do recurso do despacho proferido sobre as reclamações do questionário, por esta via se propiciando a aceleração do processo e a obtenção de decisão final sobre o litígio.

Amplia-se para 30 dias o prazo de produção de alegações, apenas se iniciando o prazo para contra-alegar com a notificação de que foi apresentada a alegação do apelante.

Altera-se, por outro lado, o sistema de prazos sucessivos para cada um dos recorrentes e recorridos alegar, propiciador de injustificadas demoras no caso de pluralidade significativa de recorrentes ou recorridos; havendo mais de um recorrente ou recorrido, ainda que representados por advogados diferentes, deverão as alegações de cada grupo de litigantes ser apresentadas no referido prazo de 30 dias, incumbindo à secretaria facultar, em termos igualitários, aos diferentes interessados o exame e consulta do processo.

No que se reporta ao julgamento do recurso, amplia-se muito significativamente o elenco das competências atribuídas ao relator, permitindo-lhe inclusivamente julgar, singular e liminarmente, o objecto do recurso, nos casos de manifesta improcedência ou de o mesmo versar sobre questões simples e já repetidamente apreciadas na jurisprudência. Pretende-se, com tal faculdade, dispensar a intervenção – na prática, em muitos casos, puramente formal – da conferência na resolução de questões que podem perfeitamente ser decididas singularmente pelo relator, ficando os direitos das partes acautelados pela possibilidade de reclamarem para a conferência da decisão proferida pelo relator do processo.

Elimina-se o «visto» do Ministério Público nos recursos, já que, se for parte principal na causa, o princípio da igualdade impõe que lhe cumpra alegar, nos termos gerais e por uma só vez; não sendo parte, tal «visto», que surge como mero reflexo do antigo «visto da má fé», já eliminado na 1.ª instância, configura-se como acto verdadeiramente inútil.

Procura conferir-se maior eficácia e celeridade – assegurando, simultaneamente, a indispensável ponderação ao julgamento em conferência dos recursos.

Assim, nos casos de maior simplicidade, ou que devam ser julgados com especial celeridade, prevê-se expressamente a possibilidade de substituição do sistema de vistos sucessivos pela entrega aos juízes que devem intervir no julgamento do recurso de cópia das peças processuais relevantes, como forma de acelerar a respectiva apreciação e julgamento.

Estabelece-se que na sessão do tribunal anterior ao julgamento do recurso deve o relator facultar aos juízes, que nele intervêm cópia do projecto de acórdão, permitindo uma apreciação ponderada das questões debatidas e dispensando a integral leitura do projecto de acórdão, no dia da sessão, substituída com vantagem por uma sucinta apreciação do mesmo.

Permite-se, em casos de particular complexidade, a elaboração de um memorando – à semelhança do que ocorre nos recursos perante o Tribunal Constitucional, nos termos do artigo 65.º da Lei n.º 28/82, de 15 de Novembro – contendo o enunciado das questões a decidir e a solução para elas proposta, com indicação sumária dos respectivos fundamentos. Deste modo, visa possibilitar-se à conferência a prévia resolução das principais questões controvertidas, evitando a perda de tempo que se traduz na elaboração de um integral projecto de acórdão que acaba, porventura, por não lograr vencimento quanto às questões fundamentais; nestes termos, o projecto de acórdão apenas será elaborado após ficarem assentes, no essencial, os traços fundamentais a que deve obedecer a decisão a proferir, cumprindo a sua elaboração logo ao vencedor.

Simplifica-se, por outro lado, a estrutura formal dos próprios acórdãos, caminhando decididamente no sentido do aligeiramento do relatório, permitindo a fundamentação por simples remissão para os termos da decisão recorrida, desde que confirmada inteiramente e por unanimidade; e facultando-se a remissão para a matéria de facto dada como provada no tribunal *a quo*, desde que não impugnada nem por qualquer forma alterada no tribunal de recurso.

Dando mais um passo no sentido de transformar as relações numa verdadeira 2.ª instância de reapreciação da matéria de facto decidida na 1.ª instância, ampliam--se os poderes que o artigo 712.º do Código de Processo Civil – com as alterações decorrentes do diploma referente ao registo das audiências, já aprovado – lhes confere, permitindo-se excepcionalmente a renovação de meios de prova que se revelem absolutamente indispensáveis ao apuramento da verdade material e ao esclarecimento cabal das dúvidas surgidas quanto aos pontos da matéria de facto impugnados.

Consagra-se expressamente a vigência da regra da substituição da Relação ao tribunal recorrido, ampliando e clarificando o regime que a doutrina tem vindo a inferir da lacónica previsão do artigo 715.º do Código de Processo Civil, por se afigurar que os inconvenientes resultantes da possível supressão de um grau de jurisdição são largamente compensados pelos ganhos em termos de celeridade na apreciação das questões controvertidas pelo tribunal *ad quem*. Neste sentido, estatui-se que os poderes de cognição da Relação incluem todas as questões que ao tribunal recorrido era lícito conhecer, ainda que a decisão recorrida as não haja apreciado, designadamente por as considerar prejudicadas pela solução que deu ao litígio, cumprindo à Relação, assegurado que seja o contraditório e prevenido o risco de serem proferidas decisões surpresa, resolvê-las, sempre que disponha dos elementos necessários.

Referentemente ao recurso da revista – e para além da já citada alteração estrutural, consistente em admiti-lo de qualquer decisão da Relação proferida sobre o mérito da causa, ainda que na sequência de precedente recurso de agravo –, estabelece-se a obrigatoriedade de interposição de um único recurso, cumulando na revista a invocação da violação de lei substantiva e, a título acessório, a ocorrência de alguma das nulidades da sentença ou acórdão recorridos, ao mesmo tempo que – através da nova redacção proposta para o n.º 3 do artigo 722.º do Código de Processo Civil – se afasta definitivamente a insólita possibilidade, reconhecida pela doutrina, de interpor recurso de revista de um acórdão já proferido pelo Supremo e em que este haja suprido as alegadas nulidades, declarando em que sentido deve considerar-se modificada a decisão.

No que ao recurso de agravo em 1.ª instância se refere, para além de se ampliar para 15 dias o prazo de apresentação das alegações, optou-se por eliminar a possibilidade de o agravante apenas alegar na altura em que o agravo retido deva subir: cumpre, deste modo, ao agravante expor desde logo as razões por que pretende impugnar a decisão recorrida, facultando-as à parte contrária e ao juiz, de modo a permitir a este uma eventual reparaçaõ, quando efectivamente lhe assista razão.

Por outro lado – e no que se refere aos agravos retidos que apenas sobem com um recurso dominante – impõe-se, com base no princípio da cooperação, um ónus para o recorrente, que deverá obrigatoriamente especificar nas alegações do recurso que motiva a subida dos agravos retidos quais os que, para si, conservam interesse, evitando que o tribunal superior acabe por ter de se pronunciar sobre questões ultrapassadas, para além de se correr o risco, em processos extensos e complexos, de «escapar» a apreciação de algum recurso não precludido. Na verdade, ninguém melhor que o recorrente estará em condições de ajuizar quais os recursos que efectivamente interpôs e qual a utilidade na sua apreciação final.

Procurou, por outro lado, articular-se a regra da substituição no julgamento dos agravos – constante do n.º 1 do artigo 753.º do Código de Processo Civil em vigor – com o princípio do contraditório: as necessidades de celeridade levam, na verdade, a manter o regime segundo o qual incumbe à Relação, nos agravos interpostos de decisão final, conhecer do pedido que o juiz de 1.ª instância haja deixado de conhecer, sempre que nada obste a tal apreciação do mérito da causa, devendo, todavia, facultar-se às partes a produção de alegações sobre tal questão.

No que se refere ao agravo em 2.ª instância, equipara-se o efeito do agravo interposto da decisão de mérito proferida pela Relação ao previsto no artigo 723.º – efeito meramente devolutivo – para o recurso de revista, pondo termo à incongruência, apontada por alguma doutrina, consistente em a decisão de mérito da Relação, impugnada por razões estritamente processuais, ver a sua eficácia suspensa durante a pendência do recurso de agravo.

Questão de particular complexidade é a que decorre da criação dos mecanismos processuais adequados à fixação de jurisprudência na área do processo civil, face às dúvidas reiteradamente afirmadas pela doutrina sobre a natureza «legislativa» – e a constitucionalidade – dos assentos e à necessidade de harmonizar o regime do actual recurso para o tribunal pleno com o decidido pela jurisprudência constitucional no Acórdão n.º 810/93, de 7 de Dezembro.

A solução encontrada baseou-se, no essencial, no regime da «revista ampliada», instituída e regulada no projecto do Código de Processo Civil como sucedâneo do actual recurso ordinário para o tribunal pleno; considera-se tal solução claramente vantajosa em termos de celeridade processual, eliminando uma «quarta instância» de recurso. e propiciando, mais do que o remédio *a posteriori* de conflitos jurisprudenciais já surgidos, a sua prevenção.

Faculta-se às partes, de forma clara, a faculdade de intervirem activamente na detecção e prevenção dos possíveis conflitos jurisprudenciais, sendo certo que tal intervenção será possibilitada e incrementada pelo indispensável cumprimento do princípio do contraditório e pela necessidade da sua prévia audição, de modo a prevenir a prolação de decisões surpresa.

Não se acompanhou, todavia, a solução consistente em tratar o acórdão das secções cíveis reunidas, proferido em julgamento ampliado do recurso de revista, como «assento», optando-se antes pela revogação de tal instituto típico e exclusivo do nosso ordenamento jurídico.

Na verdade, como se refere no citado Acórdão n.º 810/93 do Tribunal Constitucional, sempre seria condição indispensável à não caracterização do assento como acto normativo de interpretação e integração autêntica da lei o não ter a doutrina por ele fixada força vinculativa geral e estar sujeita «em princípio à contradita das partes e à modificação pelo próprio tribunal dela emitente».

Deste modo, para além de a doutrina do assento não poder vincular tribunais situados fora da ordem dos tribunais judiciais, não bastaria, para operar a «constitucionalização» do instituto dos assentos, prever a possibilidade de o próprio Supremo Tribunal de Justiça, em recursos que ulteriormente perante si decorressem, «revogar» o assento anteriormente emitido, sendo indispensável garantir às próprias partes, em qualquer instância, a possibilidade de impugnarem ou contraditarem a doutrina que nele fez vencimento.

Quebrada pela jurisprudência constitucional a força vinculativa genérica dos assentos e imposto o princípio da sua ampla revisibilidade – não apenas por iniciativa do próprio Supremo, no âmbito dos recursos perante ele pendentes, mas a requerimento de qualquer das partes, em qualquer estado da causa –, pareceu desnecessária a instituição dos necessariamente complexos mecanismos processuais que facultassem a revisão do decidido, por se afigurar que a normal autoridade e força persuasiva de decisão do Supremo Tribunal de Justiça, obtida no julgamento ampliado de revista – e equivalente, na prática, à conferida aos actuais acórdãos das secções reunidas –, será perfeitamente suficiente para assegurar, em termos satisfatórios, a desejável unidade da jurisprudência, sem produzir o enquistamento ou, cristalização das posições tomadas pelo Supremo.

É geralmente reconhecida a imperiosa necessidade de proceder a uma reformulação substancial do processo executivo que nos rege, com vista a conferir-lhe a eficácia que a realização prática dos direitos já reconhecidos exige, sendo efectivamente numerosos os escolhos que obstam ou dificultam seriamente a que o titular de um direito, mesmo que judicialmente reconhecido, consiga, com brevidade e eficácia, realizá-lo coercivamente.

Importa, desde já, reconhecer que as dificuldades inerentes a uma profunda reforma do processo executivo sobrelevam, em muito, as que respeitam à revisão do processo comum de declaração, já que, à concepção essencialmente «declarativista» da nossa doutrina processualiata, há que aditar a circunstância de ser notório um menor amadurecimento do debate acerca das possíveis soluções legais a implementar.

Optou-se, no articulado que ora se apresenta, por manter o figurino essencial da acção executiva e singular que presentemente nos rege: execução movida apenas por determinado credor, visando a satisfação do seu crédito, com intervenção limitada aos restantes credores com garantia real – a qual é ditada pelo regime estatuído no artigo 824.º, n.º 2, do Código Civil, segundo o qual os bens penhorados são vendidos livres dos direitos reais de garantia que porventura os onerarem, os quais caducam no momento da venda – ou aos credores comuns que hajam logrado obter outra penhora sobre os mesmos bens, nos termos decorrentes do preceituado no artigo 871.º do Código de Processo Civil.

Não se ignoram as críticas que alguma doutrina, partindo de uma perspectiva de justiça substancial no tratamento igualitário dos credores, vem formulando ao sistema vigente, que efectivamente pode propiciar a quebra da *par conditio creditorum*, beneficiando o credor que, muitas vezes por motivos perfeitamente aleatórios, conseguiu obter uma penhora prioritária no tempo.

Foram, porém, tidas em conta duas razões decisivas para não modificar substancialmente o regime vigente, quanto a este ponto. Assim, por um lado, o receio de que o retorno a uma execução de cariz tendencialmente universal, em que fosse amplamente admitida a intervecção de quaisquer credores comuns, concorrendo com o exequente, pudesse acabar por paralisar totalmente o andamento das execuções, transformando qualquer acção executiva em verdadeiro processo «quase-falimentar».

Por outro lado, considerou-se que a modificação do regime vigente envolveria uma drástica e radical alteração da fisionomia e estrutura do processo executivo, a guardar eventualmente para o momento da elaboração de um Código totalmente novo, revelando-se dificilmente compatível com a opção tomada de apenas proceder por ora a uma reformulação, embora razoavelmente profunda e substancial, do Código que nos rege.

Passando a enunciar as modificações que se consideram mais relevantes – e começando pelas que se reportam às disposições gerais sobre a acção executiva –, cumpre referir que se optou pela ampliação significativa do elenco dos títulos executivos, conferindo-se força executiva aos documentos particulares, assinados pelo devedor, que importem constituição ou reconhecimento de obrigações pecuniárias, cujo montante seja determinável em face do título, da obrigação de entrega de quaisquer coisas móveis ou de prestação de facto determinado. E conferiu-se eficácia suspensiva aos embargos de executado quando, fundando-se a execução em escrito particular com assinatura não reconhecida, o embargante alegar a não autenticidade da assinatura.

Supõe-se que este regime – que se adita ao processo de injunção já em vigor – irá contribuir significativamente para a diminuição do número das acções declaratórias de condenação propostas, evitando-se a desnecessária propositura de acções tendentes a reconhecer um direito do credor sobre o qual não recai verdadeira controvérsia, visando apenas facultar ao autor o, até agora, indispensável título executivo judicial.

Ampliam-se as circunstâncias em que os documentos autênticos ou autenticados podem servir de títulos executivos, quando neles se convencionam obrigações futuras.

Ampliaram-se as hipóteses em que é permitida quer a cumulação de execuções quer a coligação de exequentes ou executados.

Assim – e como decorrência do reconhecimento da figura do litisconsórcio no processo executivo – consagra-se a possibilidade de cumulação de execuções ou de coligação de partes quando forem os mesmos o grupo credor ou o grupo devedor, pondo termo às dúvidas surgidas sobre tal matéria perante o direito vigente, e, no mesmo sentido, considera-se que só deve constituir impedimento à cumulação a preterição das regras de competência absoluta, não obstando à cumulação objectiva ou subjectiva a derrogação das regras de competência relativa.

No que concerne ao complexo e controverso problema da definição da legitimidade das partes na acção executiva, quando o objecto desta seja uma dívida provida de garantia real, procurou tomar-se posição clara sobre a questão da legitimação do terceiro, possuidor ou proprietário dos bens onerados com tal garantia. Assim, concede-se tanto a um como a outro legitimidade passiva para a execução, quando o exequente pretenda efectivar tal garantia, incidente sobre bens pertencentes ou na posse de terceiro, sem, todavia, se impor o litisconsórcio necessário, quer entre estes – proprietário e possuidor dos bens – quer com o devedor.

Considera-se, na verdade, que cumpre ao exequente avaliar, em termos concretos e pragmáticos, quais as vantagens e inconvenientes que emergem de efectivar o seu direito no confronto de todos aqueles interessados passivos, ou de apenas algum ou alguns deles, bem sabendo que se poderá confrontar com a possível dedução de embargos de terceiro por parte do possuidor que não haja curado de demandar.

Quanto à definição das formas do processo de execução – para além da manutenção das distinções que derivam do fim com ela prosseguido –, operou-se uma fundamental diferenciação entre a execução de sentença. por um lado, e a execução de qualquer outro título executivo ou de decisão judicial condenatória que careça de ser liquidada em plena fase executiva, por outro, e reservando-se para a primeira – qualquer que seja a dilação temporal entre a data em que foi proferida a sentença e o momento da instauração da execução – o figurino da actual execução sumaríssima, traduzido na desnecessidade de citação inicial do executado, com imediata realização da penhora e concentração, em momento ulterior a esta, da reacção à admissibilidade, quer da própria execução quer da penhora efectuada.

Relativamente à tramitação do processo executivo, na sua fase introdutória e liminar, entendeu consagrar-se a possibilidade de indeferimento liminar – total ou parcial – do requerimento executivo, quando seja manifesta a falta ou insuficiência do título, ocorram excepções dilatórias insupríveis que ao juiz cumpra oficiosamente conhecer ou, fundando-se a execução em título negocial, seja manifesta a sua improcedência, em consequência de, face aos elementos dos autos, ser evidente a existência de factos impeditivos ou extintivos da obrigação exequenda que ao juiz cumpra conhecer oficiosamente.

Tal solução – claramente diferente da que se propugnou para o processo declaratório – radica nas especificidades próprias do fim do processo executivo: envolvendo a normal e típica tramitação do processo executivo, não propriamente a declaração ou reconhecimento dos direitos, mas a consumação de uma subsequente agressão patrimonial aos bens do executado, parece justificado que o juiz seja chamado, logo liminarmente, a controlar a regularidade da instância executiva.

Consagra-se a ampla possibilidade de aperfeiçoamento do requerimento executivo, antes de ordenada a citação do executado, desde logo como meio de actuar, também neste campo, a regra da sanabilidade da falta de pressupostos processuais e do aproveitamento, na medida do possível, da actividade processual já realizada.

No que se refere à oposição mediante dedução de embargos de executado, amplia-se para 20 dias o prazo da respectiva dedução e contestação e elimina-se o actual elenco taxativo das excepções dilatórias que fundamentam tal oposição do executado no caso de se tratar de execução de sentença, o que, desde logo, se impõe pela circunstância de ser necessário proceder à eliminação de um dos meios de defesa que a lei de processo em vigor lhe confere: o agravo da citação.

Na realidade, a verdadeira especificidade dos embargos à execução de decisões judiciais é a que resulta da necessidade de respeitar inteiramente o caso julgado formado na precedente acção declarativa, com a preclusão dos meios de defesa que lhe é inerente, não se vislunbrando razões que devam coarctar ao executado a genérica invocabilidade de quaisquer vícios ou irregularidades da própria instância executiva.

Mantém-se, no essencial, a tramitação dos embargos constante do Código vigente, a qual resulta, no entanto, reflexamente alterada em consequência das modificações introduzidas na marcha do processo declaratório. Assim, manteve-se o juízo liminar do juiz sobre a admissibilidade e viabilidade dos embargos, por se entender, também aqui, que a especificidade destes – enxertados no andamento de um processo que visa realizar material e coercivamente os direitos, do exequente, cuja tramitação irão necessariamente complicar e perturbar – aconselha a prolação de tal apreciação liminar da regularidade e viabilidade da pretensão do executado embargante.

Procedeu-se, porém, à revisão global do regime dos efeitos cominatórios decorrentes da falta ou insuficiência da contestação dos embargos, remetendo pura e simplesmente para as excepções ao efeito cominatório da revelia previstas para o processo declaratório, mas esclarecendo que, na falta de impugnação pelo exequente, se não consideram confessados os factos que estejam em oposição com o expressamente alegado no requerimento executivo, obstando-se, por esta via, à produção de um efeito, cominatório que se supõe desproporcionado, nos casos em que o exequente, não tendo embora contestado as razões apresentadas pelo embargante, já houvesse, no requerimento executivo, tomado clara e expressa posição sobre a questão controvertida.

Finalmente, consagra-se a ampla possibilidade de o juiz rejeitar oficiosamente a execução instaurada, até ao momento da realização da venda ou das outras diligências destinadas ao pagamento, sempre que se aperceba da existência de questões que deveriam ter conduzido ao indeferimento liminar da execução. Trata-se de solução que decorre de inexistência de uma específica fase de saneamento no processo executivo, visando reduzir ou limitar substancialmente o efeito preclusivo emergente simultaneamente do não conhecimento de certa questão pelo juiz, em sede liminar, e da não dedução de embargos pelo executado, quando o processo revele que é irremediavelmente irregular a instancia executiva ou manifestamente inexistente a obrigação exequenda.

A penhora – fase verdadeiramente nuclear do processo executivo – é objecto de significativa reformulação, quanto a alguns aspectos do regime vigente, no sentido de, por um lado, obstar à frustração da finalidade básica, do processo executivo, a satisfação efectiva do direito do exequente, e, por outro lado, garantir, em termos satisfatórios, os direitos ilegitimamente atingidos pela realização, conteúdo ou âmbito de tal diligência.

Assim, considera-se que o princípio da cooperação implica; desde logo, que o tribunal deva prestar o auxílio possível ao exequente quando este justificadamente alegue e demonstre existirem dificuldades sérias na identificação ou localização de bens penhoráveis do executado. Tem-se na verdade, como dificilmente compreensível que, mesmo quem tenha a seu favor sentença condenatória transitada em julgado, possa ver, na prática, inviabilizada a realização do seu direito se não lograr identificar bens que possa nomear à penhora, sendo por demais conhecidas as dificuldades, virtualmente insuperáveis, que, numa sociedade urbana e massificada, poderá frequentemente suscitar a averiguação pelo particular da efectiva situação patrimonial do devedor e confrontando-se ainda com a possível invocação de excessivos e desproporcionados «sigilos profissionais» sobre tal matéria.

Sem prejuízo de se prescrever a existência de um dever de informação, a cargo do executado, importa prever e instituir outras formas de concretização do aludido princípio da cooperação, facultando ao tribunal meios efectivos e eficazes para poder obter as informações indispensáveis à realização da penhora, o que, naturalmente, pressuporá alguma atenuação dos citados deveres de sigilo, nos termos já expostos no diploma atinente ao pedido de autorização legislativa.

No que se refere à determinação dos bens penhoráveis – e após se consagrar expressamente que apenas é possível a penhora de bens de terceiro quando a execução tenha sido movida contra ele –, realiza-se uma destrinça entre as figuras da impenhorabilidade absoluta, relativa, parcial e da penhorabilidade subsidiária (em substituição de hipóteses concreta e pontualmente previstas no Código vigente).

Na definição do que devam ser bens absoluta e relativamente penhoráveis foi-se colher alguma inspiração em soluções constantes da recente Lei n.º 91-650, de 9 de Julho de 1991, que, no direito processual civil francês procedeu à revisão de numerosos preceitos referentes ao processo de execução.

Quanto à penhorabilidade parcial – para além de se estabelecer que os regimes ora instituídos prevalecem sobre quaisquer disposições legais especiais que estabeleçam impenhorabilidades absolutas sem atender ao montante dos rendimentos percebidos, em flagrante violação do princípio constitucional da igualdade (cfr., nomeadamente, os Acórdãos n.ºs 3/91 e 411/93 do Tribunal Constitucional, sobre a impenhorabilidade absoluta das pensões,de segurança social, decorrente do artigo 45.º, n.º 4, da Lei n.º 28/84, de 14 de Agosto) –, são atribuídos ao juiz amplos poderes para, em concreto, determinar a parte penhorável das quantias e pensões de índole social percebidas à real situação económica do executado e seu agregado familiar, podendo mesmo determinar a isenção total de penhora quando o considere justificado.

Consagra-se a solução consistente em eliminar o injustificado privilégio da moratória forçada.Tal como se regulamenta o regime de penhora do estabelecimento comercial, sistematicamente inserido no capítulo da «penhora de direitos».

Optou-se por não alterar o regime da penhora de navios – à semelhança de opção identicamente tomada a propósito de outros regimes àqueles atinentes – por se entender que tal matéria – claramente carecida de actualização e reformulação – encontrará a sua sede própria a propósito da revisão do direito marítimo.

Procurou ainda introduzir-se alguma clarificação no tema da penhorabilidade dos bens do executado que estejam em poder de terceiro, esclarecendo que, não obstando naturalmente tal posse ou detenção, só por si, à realização da penhora, ela não é susceptível de precluir os direitos que ao terceiro seja lícito opor ao exequente, sendo certo que a determinação dos critérios de prevalência e oponibilidade entre tais direitos em colisão se situam claramente no campo do direito substantivo.

Procurou simplificar-se e desburocratizar-se o regime de efectivação da penhora de móveis, articulando as exigências de celeridade e eficácia com a indispensável tutela dos interesses do executado e de terceiros, eventualmente atingidos indevidamente pela diligência. Assim, o protesto no acto de penhora deixa de obstar à sua realização imediata, como provisória; permite-se que apenas se notifique ao executado o despacho que ordenou a penhora após a realização do acto, quando o juiz assim o determine, por haver fundado receio de que a prévia notificação ponha em risco a eficácia da diligência; facilita-se a actividade do exequente no que se refere ao registo da penhora, estabelecendo-se que a secretaria lhe deverá remeter certidão do termo e não obstando o registo meramente provisório ao prosseguimento da execução; procuram, por outro lado, assegurar-se direitos e interesses dignos de tutela do executado, estabelecendo, nomeadamente, regra sobre a efectivação coerciva da penhora de móveis em casa habitada e estabelecendo-se aplicabilidade à penhora de imóveis do regime de desocupação de casa habitada, previsto a propósito da execução para entrega de coisa certa e decalcado do estatuído sobre tal matéria no Regime do Arrendamento Urbano.

No que respeita à penhora de direitos, salienta-se a consagração da possibilidade de penhorar direitos ou expectativas de aquisição de bens determinados por parte do executado, e tenta proceder-se a uma regulamentação da forma de efectivação e efeitos da penhora de depósitos bancários, regulando, designadamente, a matéria da determinação e disponibilidade do saldo penhorado.

Institui-se, por outro lado – na perspectiva de tutela dos interesses legítimos do sujeito passivo da execução –, uma forma específica de oposição incidental do executado à penhora ilegalmente efectuada, pondo termo ao actual sistema que, não prevendo, em termos genéricos, tal possibilidade, vem suscitando sérias dúvidas na doutrina sobre qual a forma adequada de reagir contra uma penhora ilegal, fora das hipóteses em que o próprio executado é qualificado como terceiro, para efeitos de dedução dos respectivos embargos. Assim, se forem penhorados bens pertencentes ao próprio executado que não deviam ter sido a atingidos pela diligência – quer por inadmissibilidade ou excesso da penhora, quer por esta ter incidido sobre bens que, nos termos do direito substantivo, não respondiam pela dívida exequenda –, pode este opor-se ao acto e requerer o seu levantamento, suscitando quaisquer questões que não hajam sido expressamente apreciadas e decididas no despacho que ordenou a penhora (já que, se o foram, é manifesto que deverá necessariamente recorrer de tal despacho, de modo a obstar que sobre ele passe a recair a força do caso julgado formal).

Relativamente à fase do pagamento, merece particular referência o estabelecimento – totalmente inovador na área do processo civil – da possibilidade de pagamento em prestações da dívida exequenda, desde que nisso acordem o exequente e executado, ficando suspensa a execução e valendo, em regra, como garantia do crédito a penhora já efectuada. Estabelecem-se, porém, os indispensáveis mecanismos de tutela dos direitos dos restantes credores, ficando sem efeito a referida sustação da instância executiva, acordada pelas partes, se algum credor cujo crédito esteja vencido obtiver penhora dos mesmos bens, a efectivar na execução sustada e promover o respectivo prosseguimento.

Salienta-se que – em consequência de o Tribunal Constitucional ter julgado, nos Acórdãos n.os 494/94, 516/94 e 578/94, inconstitucionais as normas constantes quer do artigo 300.º do Código de Processo Tributário quer do artigo 193.º do Código de Processo das Contribuições e Impostos, que estabeleciam a impossibilidade de os bens penhorados em execuções fiscais serem apreendidos ou penhorados por qualquer outro tribunal – este regime passará também a reger as questões suscitadas pela articulação dos processos executivos fiscais, em que se acordou no pagamento em prestações da dívida exequenda, mantendo-se, todavia, a penhora efectuada, e das execuções cíveis, em que, na sequência daquela jurisprudência constitucional, passará a ser possível penhorar aqueles bens, apesar de previamente apreendidos e mantidos à ordem das execuções fiscais. Aliás, tal jurisprudência foi, entretanto, confirmada, com força obrigatória geral, pelo Acórdão n.º 451/95.

No que reporta à venda de bens penhorados – para além de se ampliarem e flexibilizarem as situações em que é possível proceder às diversas modalidades de venda extrajudicial –, estabelece-se como forma de venda judicial a venda mediante propostas em carta fechada, inspirada no regime já em vigor no Código de Processo Tributário, eliminando-se – por razões que obviamente se prendem com a indispensável «moralização» e transparência da acção executiva, nesta fase essencial – a arrematação em hasta pública, o que desde logo, obrigou a significativa reformulação sistemática do Código nesta área.

Dentro da mesma intenção de acautelar os interesse de exequente e executado e de salvaguardar o próprio prestígio do tribunal, estabelece-se quanto a todas a formas de venda que incumbe ao juiz, ouvidas as partes determinar quer a modalidade de venda quer o valor base dos bens a vender, deixando, consequentemente no que toca aos imóveis, de se partir do valor matricial muitas vezes perfeitamente ficcionado e sem a menor relação com o seu real valor. Quando o considere indispensável, nomeadamente por os interessados sugerirem valores substancialmente divergentes, pode o juiz determinar a avaliação, de modo a obstar a que as diligências de venda acabem por incidir sobre bens cujo real valor é, afinal totalmente incógnito, frustrando o exercício dos poderes de controlo que a lei de processo lhe deve facultar nesta fase da execução.

Por outro lado, e relativamente à venda por negociação particular de imóveis, prescreve-se que deverá designar-se preferencialmente como encarregado da venda mediador oficial.

Importa, para terminar, dar uma breve nota, acerca dos processos especiais, na linha do esforço de sistematização e simplificação que preside à actual reforma e que, de algum modo, dá continuidade à tarefa de reformulação dos processos especiais já encetada pelo legislador, em domínios de particular relevância. Referimo-nos, obviamente, à revisão do processo relativo à cessação do arrendamento, integrado no Regime do Arrendamento Urbano, aprovado pelo Decreto-Lei n.º 321--B/90, de 15 de Outubro, à concentração num único diploma – o Decreto-Lei n.º 132//93, de 23 de Abril (Código dos Processos Especiais de da Empresa e de Falências) – de toda a matéria falimentar, sem esquecer a recente reformulação da tramitação do processo de inventário, através do Decreto-Lei n.º 227/94, de 8 de Setembro.

Nesta área, partiu-se do princípio de que só devem subsistir como processos especiais aqueles cuja tramitação comporte desvios ou particularidades significativos que desaconselhem a recondução à matriz do processo declarativo.

Reconhecendo-se, embora, a pertinência das críticas dirigidos à actual sistemática do título IV do Código do Processo Civil, designadamente a de que não permite descortinar um critério racional que ordene os vários processos especiais, optou-se por manter, na medida do possível e quando daí não resultem inconvenientes sensíveis, a actual estrutura. Pretende-se, deste modo, evitar perturbações injustificadas e potenciadoras de instabilidade, com a consciência de que os inconvenientes de ordem teórica serão superados pelas vantagens práticas.

Por outro lado, e porque não se trata de criar um Código absolutamente novo, abdicou-se de introduzir alterações meramente formais que, embora justificados, pudessem eventualmente suscitar dificuldades interpretativas.

Salienta-se que um dos principais inconvenientes da excessiva proliferação de processos especiais – a impossibilidade de cumular na mesma causa pretensões substancialmente conexas, por motivos da incompatibilidade das formas de processos que lhes cabem – se mostra sensivelmente atenuado com a afirmação do princípio da adequação e o consequente reconhecimento ao juiz de admitir aquela cumulação, sempre que a tramitação processual correspondente aos vários pedidos se não revele totalmente incompatível e haja efectivas vantagens (ou necessidade) de operar um julgamento conjunto.

Por outro lado – e como traço comum às alterações introduzidas em todos os processos especiais –, cumpre salientar, como decorrência do regime fixado para o processo comum declaratório, a unificação dos prazos, a adopção de um único efeito – o cominatório semipleno – para todas as hipóteses de revelia, a eliminação de preceitos especiais que obstavam ao uso de determinados meios probatórios.

Enunciados os princípios que presidiram à revisão dos processos especiais, vejamos quais as principais alterações introduzidas, quer no plano da eliminação de processos especiais quer no plano da reformulação dos subsistentes.

Uma das mais significativas alterações consiste na eliminação dos capítulos VI e VII, que tratam, respectivamente, dos meios possessórios (acções possessórias propriamente ditas e embargos de terceiro) e da posse ou entrega judicial.

A única razão que justificava a autonomização das acções possessórias como processo especial era a possibilidade conferida ao réu de alegar a titularidade do direito de propriedade sobre a coisa que constitui objecto da acção. Com efeito, embora o projecto do Código de Processo Civil de 1939 sujeitasse as três acções possessórias previstas no Código de 1876 (acção possessória de prevenção, acção de manutenção em caso de esbulho violento, acção de manutenção sem esbulho violento) à tramitação do processo comum, estas acabaram por ser configuradas como processo especial devido à introdução da questão do domínio.

Ora, não se vislumbrando qualquer inconveniente na sujeição da questão da propriedade às regras gerais do pedido reconvencional, falece qualquer justificação à manutenção das acções possessórias como processo especial.

Por outro lado, e para evitar o ressurgimento das dificuldades de qualificação da providência pretendida, (manutenção ou restituição), que conduziram à solução constante do artigo 1033.º, n.º 2, ora revogado, reformulou-se o artigo 661.º, relativo aos limites da condenação, introduzindo-lhe um n.º 3, para onde transitou aquele regime: se tiver sido requerida a manutenção em lugar de restituição da posse, ou esta em lugar daquela, o juiz conhece do pedido correspondente à situação efectivamente verificada.

Procedeu-se, de igual modo, à eliminação, como categoria processual autónoma, das acções de arbitramento – espécie que, no Código vigente, abarca situações heterogéneas, amontoadas no artigo 1052.º e tendo como único elemento aglutinador comum a realização de um arbitramento, precedendo a decisão judicial, em muitos casos meramente homologatória do laudo dos árbitros.

Entende-se que a prova pericial – objecto, como se referiu, de profunda reformulação e flexibilização – se revelará perfeitamente idónea para dar resposta, no quadro do processo comum de declaração, às necessidades e interesses tutelados com a instituição da figura do «arbitramento», com a vantagem de outorgar ao juiz o poder-dever de valorar livremente os resultados da perícia a que seja necessário proceder.

Subsiste, deste modo, como acção especial autónoma a divisão de coisa comum, e ditando a sua autonomização como processo especial não a necessidade de produzir prova pericial acerca da divisibilidade da coisa ou da composição dos quinhões dos comproprietários mas a circunstância de tal processo implicar, mais do que a resolução de uma controvérsia entre partes em litígio, a formulação de um verdadeiro juízo divisório.

Por outro lado – e pelas razões já anteriormente expandidas – não se alterou, no âmbito da presente revisão, o regime da regulação e repartição de avarias marítimas, procedendo-se apenas às indispensáveis correcções e adequações sistemáticas do articulado em vigor.

O regime da tramitação da divisão de coisa comum foi objecto de profunda remodelação, tendo em vista essencialmente a realização e concretização, nesta área, dos princípios da economia processual e da cooperação.

Procurou aqui obstar-se – à semelhança do que se tentou alcançar noutros processos especiais – que, na sua tramitação, acabassem por se enxertar eventualmente duas acções declaratórias sucessivas, sempre que ocorra litígio, quer acerca do pedido de divisão quer sobre o laudo dos peritos.

Assim, se o pedido de divisão for contestado, apenas se seguirão os termos do processo declaratório comum quando o juiz, atenta a complexidade da questão, entenda que a não pode dirimir logo do forma sumária.

Por outro lado, a forma de reagir ao relatório através do qual os peritos se pronunciam sobre a divisão da coisa comum e formação dos diversos quinhões passará a ser a prevista, em geral, para a perícia – pedido de esclarecimento ou reclamação, seguidos de decisão do juiz, segundo o seu prudente arbítrio – sem que tal envolva o enxerto de uma acção ordinária, presentemente possibilitado pelo n.º 2 do artigo 1054.º do Código de Processo Civil.

Como corolário do reforço dos poderes inquisitórios do tribunal, consagra-se que, ainda que a indivisibilidade da coisa não seja questionada, o juiz conhece sempre dela, procedendo às diligências instrutórias que se mostrem necessárias. Por outro lado, e por razões de evidente economia processual, determina-se que, tendo sido suscitada a questão de indivisibilidade da coisa e havendo que produzir prova pericial, os peritos, quando concluam pela divisibilidade, se pronunciem logo sobre a formação dos diferentes quinhões.

Fixados os quinhões, procede-se à conferência de interessados. No caso de a coisa ser considerada indivisível e havendo acordo quanto à adjudicação a algum

399

ou alguns dos interessados, clarifica-se o regime do preenchimento da quota dos restantes, mandando-se aplicar ao preenchimento das quotas em dinheiro o que se dispõe no artigo 1378.º quanto ao pagamento de tornas em inventário.

Finalmente, e para prevenir eventuais dúvidas, previu-se expressamente que o regime de divisão de coisa comum é aplicável, com as necessárias adaptações, à divisão de águas fruídas em comum (artigo 1058.º).

Do ponto de vista sistemático, a única alteração significativa constitui em agrupar, um único capítulo, todos os processos referentes às garantias especiais das obrigações, nele incluindo a prestação de caução e o reforço e substituição das garantias especiais das obrigações, até agora regulado, sem justificação plausível, no título referente às disposições gerais do processo, quando, afinal, se trata de verdadeiros e próprios processos especiais.

Procedeu-se a uma reformulação do regime da prestação de caução, sobretudo no plano formal, com a finalidade de torná-lo mais lógico e coerente e, nessa medida, mais facilmente apreensível.

Do ponto de vista substancial – e para além da eliminação dos efeitos cominatórios plenos –, destacam-se duas alterações relevantes no processo relativo à prestação de caução: a devolução ao autor do direito de indicar o modo da prestação de caução, quando o réu não conteste nem ofereça caução ou indique como pretende prestá-la, e o aperfeiçoamento do regime aplicável no caso de o réu não prestar a caução fixada.

Assim, e no que à falta de prestação de caução concerne, prevê-se que, quando a garantia incida sobre coisas móveis ou direitos insusceptíveis de hipoteca, o credor possa requerer a apreensão do objecto, observando-se o disposto quanto à penhora, sendo a garantia assim constituída havida como penhor, em consonância, aliás, com o disposto na lei substantiva. Com esta alteração afasta-se mais uma incongruência da nossa lei processual, que contemplava o arresto para estas situações afastando, contudo, de seguida, a aplicação de praticamente todas as normas que definiam o seu regime, já que manifestamente a medida nada tem que ver com o tema dos procedimentos cautelares.

Relativamente ao processo expurgação de hipoteca que se mantém –, é de realçar a atribuição ao juiz do poder de fixar o destino ou a aplicação do produto de expurgação ou de parte dele, nos casos em que o objecto de garantias seja uma dívida ainda não exigível ou prestações periódicas, assim se substituindo o regime arcaico da conversão em «certificados da dívida inscrita».

Eliminou-se, por outro lado, o processo especial de venda do penhor – caracterizado pela sua natureza mista, simultaneamente declarativa e executiva –, passando a ficar sujeito às regras gerais do processo executivo. Considerou-se, para tanto, que a ampliação do elenco dos títulos executivos, os próprios documentos particulares que certificam a existência das obrigações pecuniárias garantidas pelo penhor, tornará, na esmagadora maioria dos casos, perfeitamente inútil a fase declarativa, destinada a obter título executivo.

Diplomas Preambulares

Apenas se manteve o processo destinado à venda antecipada do penhor, dada a necessidade de um processo célere e simplificado destinado a obviar ao risco de perda ou deterioração da coisa empenhada (artigo 1013.º).

Mantém-se como processo especial o de interdição e inabilitação, eliminando, todavia, os subprocessos tendentes a alcançar uma ou outra de tais finalidades e procedendo a uma reformulação substancial da sua tramitação, pondo termo a injustificados arcaísmos.

O principal desvio a registar relativamente à tramitação do processo comum consiste na apreciação liminar pelo juiz dos articulados, em ordem a determinar a afixação de editais, atenta a particular delicadeza das situações que estão na base destes processos e os danos que podem decorrer da liminar publicidade da acção.

O mesmo tipo de consideração justifica o afastamento do regime geral da citação postal, salvo no caso de prodigalidade.

Outra inovação a assinalar consiste na eliminação da intervenção do conselho de família, quer no decretamento quer no levantamento da providência. Ponderou-se, por um lado, a normal passividade dos vogais do conselho de família (por vezes obrigados a deslocações por residirem fora da área da comarca) cuja intervenção se limita ao mero cumprimento de uma formalidade legal, e, por outro, o eventual conflito de interesses que possa existir, designadamente quando os vogais sejam virtuais herdeiros do requerido.

A dispensa de intervenção do conselho de família é compensada com o reforço dos poderes de indagação oficiosa do juiz, que poderá efectuar as diligências que entender necessárias, para além daquelas que são tipificadas na lei: interrogatório do arguido e exame pericial.

Aperfeiçoou-se e adequou-se aos princípios gerais o regime de representação do requerido, que deixa de estar cometida ao Ministério Público, ou a defensor nomeado quando aquele seja o requerente, ou a advogado constituído, para passar a caber a um curador provisório nomeado pelo juiz. Com a finalidade clara de potenciar uma melhor defesa dos interesses do requerido, a nomeação deverá recair sobre a pessoa a quem caberá a tutela ou curatela.

Se, findos o interrogatório e exame, a acção tiver sido contestada, ou o processo, em qualquer caso, não oferecer elementos suficientes, a acção terá seguimento, como ordinária. De assinalar, como inovação de particular relevo, a consideração na decisão de todos os factos provados, ainda que não alegados pelas partes.

Refira-se ainda, como corolário dos propósitos de simplificação, a possibilidade não só de a interdição ser substituída por inabilitação (solução já consagrada), como a de, nos casos de anomalia psíquica, a inabilitação decretada poder vir a dar lugar a uma interdição.

No que toca às providências provisórias, adequou-se o regime processual ao disposto na lei substantiva, permitindo-se o seu decretamento em qualquer altura do processo.

A manutenção da prestação de contas como processo especial encontra justificação no princípio da economia processual e na especificidade dos fins de tal processo. Na verdade, comportando a prestação de contas uma fase essencialmente declarativa e uma fase de cariz executivo, a recondução à tramitação do processo comum poderia acarretar a necessidade de propositura de duas acções sucessivas, com os inerentes custos.

Em disposição preliminar, após afirmar-se paralelamente a legitimidade de quem tem o direito de exigi-las como de quem tenha o dever de prestá-las – e que pode ter legítimo interesse em se desonerar dessa obrigação –, especifica-se o objecto desta acção: o apuramento e aprovação das receitas obtidas e das despesas realizadas por quem administre bens alheios e a eventual condenação no pagamento do saldo que venha a apurar-se.

Na linha do propósito de clarificação que inspira esta revisão, é de assinalar, em sede de processo especial de prestação de contas, a consagração expressa dos poderes de indagação oficiosa do tribunal, cujos poderes de direcção são genericamente reforçados.

No tocante à contestação da obrigação de prestar contas, aduzida pelo réu, abandonou-se a solução consistente na suspensão da instância e consequente remessa para os meios comuns, privilegiando-se a decisão no âmbito do próprio processo de prestação de contas, sem prejuízo do necessário rigor. Assim, prevê-se que, na impossibilidade de a questão ser decidida de forma sumária, o juiz determine que se sigam os termos subsequentes do processo comum, o qual, recorde-se, está concebido de forma particularmente flexível, designadamente no tocante à possibilidade de o juiz adequar a tramitação a finalidades específicas.

Como corolário da eleição do princípio da igualdade substancial das partes como uma das traves mestras do processo civil, admite-se a possibilidade de o autor que apresente as contas em caso de omissão por parte do réu requerer a prorrogação do prazo para as apresentar, em paralelo com semelhante faculdade já reconhecida ao réu.

Finalmente, o processo de prestação de contas dos representantes legais de incapazes e do depositário judicial foi substancialmente simplificado para o caso de ter havido contestação, remetendo-se inteiramente para a tramitação do processo sumário.

O processo especial da consignação em depósito foi objecto de meros aperfeiçoamentos de técnica legislativa. Assim, e para além da adequação dos prazos e efeitos cominatórios já referida, cumpre assinalar a inserção, neste capítulo, da matéria relativa aos depósitos constava dos artigos 444.º e 445.º, bem como a necessária adaptação ao disposto no Código das Sociedades Comerciais.

Capítulo XI, referente à acção de indemnização contra magistrados, pese embora a manifesta desactualização do seu regime, não foi objecto de qualquer alteração por se entender que se trata de matéria cuja abordagem encontrará a sua sede própria no estatuto dos magistrados, atenta a interconexão do regime estatuído no Código de Processo Civil vigente com aspectos substantivos ligados à definição dos casos em que aos magistrados pode ser assacada responsabilidade civil pelas suas decisões.

O processo relativo à revisão de sentenças estrangeiras não se revelou carecido de revisão substancial, dado o seu reconhecido carácter aberto e progressista. Introduziram-se, contudo, algumas clarificações no seu regime, na esteira dos ensinamentos da mais moderna doutrina do direito internacional privado.

Assim, e no que toca aos requisitos da competência internacional indirecta, consagrou-se na alínea c) do artigo 1096.°, a mesma tese da unilateralidade, atribuindo-se especial relevo ao requisito da competência internacional do tribunal sentenciador.

Outra inovação a apontar consta da alínea e) do mesmo preceito, onde se consagra, em termos amplos, a necessidade de observância dos princípios do contraditório e da igualdade das partes, deixando claro que também a ordem pública processual – e não só a material – pode constituir obstáculo ao reconhecimento das sentenças estrangeiras.

Por outro lado, aperfeiçoa-se o teor da alínea f) do referido preceito, pondo-se a tónica no carácter ofensivo da incompatibilidade de decisão com a ordem pública internacional do Estado Português.

O designado «privilégio da nacionalidade» – aplicação das disposições do direito privado português quando fosse este o competente segundo as regras de conflitos do nosso ordenamento –, constante da alínea g) do mesmo preceito, deixou de ser considerado requisito do reconhecimento para ser configurado como obstáculo ao reconhecimento, cuja invocação fica reservada à iniciativa da parte interessada.

O processo especial para execução de alimentos, a que se reporta o capítulo XIV, manteve a sua traça, com importante alteração no que se refere à garantia das prestações vincendas.

Assim, vendidos bens para pagamento de um débito de alimentos, não são restituídas as sobras da execução ao executado sem que se mostre assegurado o pagamento das prestações vincendas até ao montante que o juiz fixar em termos de equidade, salvo se for prestada caução ou outra garantia idónea. Pretende-se, deste modo, desencorajar comportamentos tão frequentes quanto condenáveis por parte de alguns devedores de alimentos que não hesitam em se colocar dolosamente em situação de não pagar, dissipando ou ocultando as sobras da execução que inicialmente originaram e frustrando irremediavelmente o direito do credor da prestação alimentar.

Afigura-se, assim, ser possível alcançar um justo equilíbrio entre o interesse do credor de alimentos e o sacrifício imposto ao devedor.

Relativamente ao processo de liquidação de património, procurou adequar-se o processo de liquidação judicial de sociedades ao estatuído no Código das Sociedades Comerciais. E quanto à liquidação da herança vaga em benefício do Estado, introduzem-se alguns aperfeiçoamentos no regime vigente, designadamente articulando este processo especial como a tramitação de outros que visem reconhecer ou executar direitos do *de cujus* contra terceiros.

Optou-se, finalmente, por não introduzir alterações ao processo de divórcio litigioso, apesar de se reconhecer que é, pelo menos, duvidosa, a necessidade de o instituir como verdadeiro processo especial.

Considerou-se, porém, que o principal inconveniente que de tal qualificação decorre fica substancialmente atenuado com a flexibilização das regras de «compatibilidade processual», prescrevendo-se até expressamente a possibilidade de no divórcio cumular uma pretensão de alimentos entre os cônjuges.

Entendeu-se que o âmbito, os objectivos e os limites temporais estabelecidos para a elaboração desta revisão da lei processual em vigor não seriam compatíveis com uma reformulação profunda e total do capítulo dos processos de jurisdição voluntária, que passaria, desde logo e necessariamente, por uma reflexão de cariz dogmático sobre a própria fisionomia de tal instituto.

Assim sendo – e para além de se esclarecer que tais processos não exigem, na 1.ª instância, patrocínio obrigatório e que a preclusão do recurso para o Supremo Tribunal de Justiça só ocorre relativamente a resoluções proferidas segundo critérios de conveniência ou oportunidade –, introduziu-se, no âmbito dos processos de jurisdição voluntária relativos aos filhos e aos cônjuges, o do atribuição da casa de morada de família, pondo-se termo às dúvidas jurisprudenciais permitidas pela omissão da lei processual que nos rege.

Reduziu-se o insólito e arcaico processo de «verificação da gravidez» aos seus justos e razoáveis limites de possibilitar a rápida obtenção de decisão que dispense o decurso do prazo internupcial.

Clarifica-se o regime do processo de notificação para a preferência, em articulação com o estatuído acerca da legitimidade do preferente, e distinguindo claramente as diferentes hipóteses, verificáveis, em consonância com a melhor doutrina.

Finalmente – e será talvez a alteração mais relevante e significativa nesta área –, procurou realizar-se uma adequação entre o Código de Processo Civil e o Código das Sociedades Comerciais, adaptando numerosos preceitos deste, criando procedimentos expeditos para realizar interesses societários, nas hipóteses em que tal enquadramento pareceu justificável.

No uso da autorização legislativa concedida pela Lei n.º 33/95, de 18 de Agosto, e nos termos da alínea *b)* do n.º 1 do artigo 201.º da Constituição, o Governo decreta o seguinte:

Diplomas Preambulares

CAPÍTULO I
Alterações ao Código de Processo Civil

ARTIGO 1.º

Os artigos 2.º, 3.º, 6.º, 8.º, 10.º, 11.º, 12.º, 16.º a 18.º, 20.º, 21.º, 23.º, 24.º, 26.º, 30.º a 32.º, 34.º a 36.º, 39.º, 40.º, 42.º a 44.º, 46.º, 47.º, 50.º a 54.º 56.º, 58.º, 60.º, 62.º a 74.º, 77.º, 82.º, 87.º, 89.º, 98.º a 100.º, 102.º, 103.º, 105.º, 107.º a 111.º, 114.º a 116.º, 122.º, 124.º, 125.º, 138.º, 140.º, 142.º a 147.º, 150.º a 156.º, 159.º a 163.º, 167.º a 172.º, 174.º a 177.º, 179.º, 181.º, 182.º, 188.º, 193.º, 195.º, 198.º, 206.º, 216.º, 222.º, 225.º, 228.º, 229.º, 231.º a 248.º, 251.º, 253.º a 258.º, 260.º a 262.º, 264.º a 267.º, 269.º, 273.º a 277.º, 279.º, 280.º, 283.º, 291.º, 292.º, 300.º a 303.º, 311.º, 313.º, 319.º a 334.º, 337.º, 338.º, 342.º, 344.º a 346.º, 349.º, 350.º a 360.º, 362.º, 364.º, 369.º a 377.º, 380.º a 392.º, 395.º a 397.º, 399.º a 414.º, 419.º a 422.º, 427.º, 456.º, 457.º, 463.º, 465.º, 466.º, 470.º, 471.º, 473.º a 479.º, 484.º a 486.º, 488.º, 490.º, 492.º, 494.º a 497.º, 501.º a 504.º, 506.º a 513.º, 519.º, 521.º, 522.º-B, 527.º a 530.º, 534.º, 535.º, 552.º, 555.º, 556.º, 568.º a 591.º, 612.º, 615.º a 619.º, 623.º, 626.º, 629.º a 631.º, 633.º, 637.º a 639.º, 643.º a 647.º, 649.º a 653.º, 655.º a 661.º, 664.º, 668.º a 670.º, 676.º, 678.º, 679.º, 681.º a 683.º, 685.º, 687.º a 696.º, 698.º a 705.º, 707.º a 709.º, 712.º, 713.º, 715.º, 719.º a 722.º, 724.º, 725.º, 729.º, 730.º, 734.º, 735.º, 739.º, 740.º, 742.º a 744.º, 747.º, 748.º, 751.º a 756.º, 758.º, 760.º, 762.º, 771.º, 772.º, 774.º, 776.º, 781.º, 783.º a 788.º, 790.º a 796.º, 800.º a 804.º, 806.º a 813.º, 816.º a 828.º, 831.º a 833.º, 835.º a 840.º, 843.º, 848.º a 851.º, 856.º a 858.º, 862.º, 864.º a 873.º, 875.º, 877.º, 878.º, 880.º, 882.º a 890.º, 892.º, 894.º a 907.º, 909.º, 910.º, 913.º, 916.º, 919.º, 920.º, 922.º a 930.º, 933.º, 935.º, 936.º, 939.º a 941.º, 944.º a 954.º, 958.º, 981.º a 997.º, 1002.º a 1006.º, 1013.º a 1015.º, 1017.º a 1022.º, 1025.º, 1026.º, 1028.º a 1032.º, 1052.º a 1058.º, 1063.º, 1069.º, 1071.º, 1072.º, 1076.º, 1096.º, 1098.º a 1102.º, 1104.º, 1108.º, 1112.º, 1118.º, 1120.º, 1121.º, 1123.º a 1130.º, 1132.º a 1134.º, 1330.º, 1332.º, 1335.º, 1342.º a 1344.º, 1348.º, 1349.º, 1372.º, 1374.º, 1375.º, 1379.º, 1406.º a 1409.º, 1411.º, 1413.º, 1414.º, 1417.º, 1426.º, 1429.º, 1438.º, 1446.º, 1454.º, 1457.º a 1460.º, 1464.º, 1467.º, 1477.º a 1482.º, 1484.º, 1486.º a 1491.º, 1493.º, 1494.º e 1496.º a 1501.º do Código de Processo Civil passam a ter a seguinte redacção:

(Intercalado no lugar próprio).

ARTIGO 2.º

São aditados ao Código de Processo Civil os artigos 3.º-A, 26.º-A, 31.º-A, 31.º-B, 252.º-A, 265.º-A, 266.º-A, 266.º-B, 508.º-A, 519.º-A, 639.º-A, 639.º-B,

674.º-A, 674.º-B, 732.º-A, 732.º-B, 811.º-A, 811.º-B, 837.º-A, 842.º-A, 860.º-A, 861.º-A, 862.º-A, 863.º-A, 863.º-B, 864.º-A, 864.º-B, 886.º-A, 886.º-B, 930.º-A, 1014.º-A, 1121.º-A, 1459.º-A, 1459.º-B, 1484.º-A, 1484.º-B, 1487.º-A e 1508.º a 1510.º, com a seguinte redacção:
(Intercalado no lugar próprio).

ARTIGO 3.º

São revogados os artigos 13.º-A, 13.º-B, 13.º-C, 13.º-D, 13.º-E, 93.º, n.º 3, 104.º, 180.º, 190.º, 192.º, 228.º-A, 228.º-B, 234.º-A, 238.º-A, 249.º, n.º 3, 281.º, 282.º, 287.º, alínea *f*), 289.º, n.º 3, 361.º, n.º 3, 369.º, n.º 3, 416.º, 417.º, 428.º a 445.º, 467.º, n.ºˢ 1, alínea *f*), e 3, 473.º, 477.º, 491.º, 500.º, 536.º, 549.º, 551.º, 565.º, 592.º a 611.º, 647.º, 728.º, n.º 3, 746.º, 763.º a 770.º, 797.º, 798.º, 799.º, 959.º a 963.º, 1001.º, 1008.º a 1012.º, 1033.º a 1051.º, 1058.º a 1062.º, 1115.º a 1117.º, 1131.º, 1396.º, n.º 3, 1399.º, n.ºˢ 1 e 3, 1425.º, n.º 5, 1447.º a 1450.º e 1466.º, n.º 4.

CAPÍTULO II
Alterações ao Código Civil

ARTIGO 4.º

1 – O artigo 1696.º do Código Civil passa a ter a seguinte redacção:
ARTIGO 1696.º
[...]
1. Pelas dívidas da exclusiva responsabilidade de um dos cônjuges respondem os bens próprios do cônjuge devedor e, subsidiariamente, a sua meação nos bens comuns.
    2 – ....
    a) ....
    b) ....
    c) ....
2 – É revogado o artigo 2.º do Código Civil.

I – Na sequência da opção legislativa que já estivera subjacente ao Ant. 1993, a reforma operada pelo DL n.º 329-A/95 considerou não se justificar a manutenção do privilégio da moratória forçada, já que a tutela do interesse na conservação do património familiar comum não deve ser alcançada à custa do sacrifício do legítimo interesse dos credores em ver assegurado o efectivo pagamento de obrigações validamente assumidas por qualquer dos cônjuges.

II – Tal alteração à lei substantiva implicou a natural modificação do regime processual constante do art. 825.°, para cuja anotação se remete.

Por outro lado – e por força do preceituado no art. 27.° deste diploma preambular – tal alteração é imediatamente aplicável às causas pendentes.

III – No acórdão n.° 559/98, de 27 de Setembro (in DR, II de 12/11/98), o TC julgou inconstitucional, por violação do princípio da confiança, a norma que se extrai da conjugação do art. 27.° do DL n.° 329-A/95 com o art. 1696.°, n.° 1, do C. Civil, interpretada no sentido de que a penhora de bens comuns do casal, feita numa execução instaurada contra um só dos cônjuges, para cobrança de dívidas por que só ele era responsável, contra a qual o cônjuge do executado tinha deduzido embargos de terceiro, que a 1.ª instância e a Relação julgaram procedentes, em virtude de a execução estar, na altura, sujeita a moratória, passou a ser válida, desde que o exequente, ao nomear tais bens à penhora, tivesse pedido a citação desse cônjuge para requerer a separação de bens.

O que estava em causa, nesta situação, era apenas a licitude constitucional da interpretação normativa que conduzia a que se retirasse ao cônjuge do executado a possibilidade de defender o seu direito à meação, perante um novo e superveniente quadro legal, com o fundamento de que ela já tinha podido usar da faculdade de requerer a separação de meações quando – em momento muito anterior à eliminação do privilégio da moratória forçada – fora citado para os termos da execução (optando então por questionar fundamentadamente a comunicabilidade da dívida).

O juízo da inconstitucionalidade formulado em tal acórdão implicará a adopção da solução acolhida no acórdão do STJ de 17/2/98 (in BMJ, 474, pág. 397) –, que, a nosso ver, sempre seria ditada pelo princípio da adequação formal: a penhora dos bens comuns do casal (eventualmente inadmissível face à lei antiga, por a dívida ser incomunicável) consolida-se em consequência da entrada em vigor da lei nova (que eliminou o privilégio da moratória, permitindo a imediata penhora dos bens comuns do casal, nos termos do art. 825.°), com a condição, porém, de ser facultada ao cônjuge do executado a oportunidade processual de vir agora supervenientemente requerer a separação de meações (direito esse que não pode considerar-se precludido pelo facto de, quando foi citado para a execução, o cônjuge do executado ter antes optado, como lhe era lícito face ao quadro legal então em vigor, por questionar apenas a comunicabilidade do débito).

IV – Para além desta específica situação procedimental, correram no T. Constitucional dois recursos emergentes da recusa de aplicação pelo STJ, com fundamento em inconstitucionalidade, de normas atinentes a este novo regime das dívidas conjugais, estando em causa a penhora do imóvel onde se situava a casa de morada de família, por dívida contraída por um dos cônjuges e não comunicada ao outro: num caso, a norma transitória do art. 27.° (cfr. Ac. in *BMJ* 474, pág. 369, estando as alegações do M. P. publicadas na Revista do M. P., 75, pág. 155); e, no segundo daqueles processos (Ac. STJ in BMJ 476, pág. 341), questionando-se mesmo a constitucionalidade da norma (substantiva) do n.° 1 do art. 1696.° do CC, na sua actual redacção. Foi proferido o Ac. 508/99, in Acs. TC 44.° vol, pág. 789 que julgou não inconstitucional a norma constante do art. 27.° deste diploma, segundo a qual se aplica às execuções instauradas antes da sua entrada em vigor a supressão da moratória forçada constante da parte final da redacção do n.º 1 do art. 1696.º do CC anterior à alteração resultante do art. 4.º do DL n.º 329-A/95. Neste aresto, conclui o TC – ao contrário do que havia decidido o STJ – e acentuando a essencial diversidade entre a situação dos autos e aquela sobre que incidira o Ac. 559/98 – que a norma do citado art. 27.º (que não qualifica como tendo natureza estritamente processual) não é, nem orgânica, nem materialmente inconstitucional, não se mostrando, designadamente, violado o princípio da confiança. Quanto à outra recusa de aplicação pelo Supremo, não houve decisão de mérito do TC, já que (ac. 690/99) ocorreu extinção da instância por inutilidade superveniente.

IV – A revogação do art. 2.º do C. Civil é consequência do estabelecimento de um novo figurino para a uniformização da jurisprudência – o julgamento ampliado da revista, consagrado nos arts. 732.º-A e 732.º-B, para cuja anotação se remete.

O art. 17.º, para cuja anotação igualmente se remete, considera imediatamente aplicável este novo regime, substitutivo do recurso para o tribunal pleno, dispondo ainda sobre o valor dos assentos já proferidos no passado.

CAPÍTULO III
Alterações à Lei n.º 38/87, de 23 de Dezembro
(Lei Orgânica dos Tribunais Judiciais)

ARTIGO 5.º

É revogada a alínea *b)* do artigo 26.º da Lei n.º 38/87, de 23 de Dezembro.

A revogação da alínea *b)* do art. 26.º da Lei Orgânica dos Tribunais Judiciais – que cometia ao plenário do STJ competência para uniformizar a jurisprudência – é mera decorrência do novo regime globalmente adoptado nesta matéria, tendo passado a competir ao plenário das secções cíveis tal uniformização, nos moldes do julgamento ampliado da revista, por força do preceituado nos art. 732.º-A e 732.º-B do CPC.

Presentemente, rege o art. 35.º, n.º 1, *c)* da Lei n.º 3/99, de 13 de Janeiro, que comete ao pleno das secções, segundo a sua especialização, a tarefa de uniformizar a jurisprudência, nos termos da lei de processo.

CAPÍTULO IV
Disposições finais e transitórias

ARTIGO 6.º

1 – Sem prejuízo do disposto nos n.ºs 2 e 3, os prazos de natureza processual estabelecidos em quaisquer diplomas a que seja subsidiariamente aplicável o dis-

posto no artigo 144.º do Código de Processo Civil consideram-se adaptados à regra da continuidade pela forma seguinte:

a) Passam a ter a duração de 5 dias os prazos cuja duração seja inferior, salvo tratando-se de prazos para o expediente da secretaria ou para a prática pelos magistrados de actos de mero expediente ou em processos urgentes;

b) Passam a ser de 10 dias os prazos cuja duração seja igual ou superior a 5 e inferior a 9 dias;

c) Passam a ser de 15 dias os prazos cuja duração seja igual ou superior a 9 e inferior a 13 dias;

d) Passam a ser de 20 dias os prazos cuja duração seja igual ou superior a 13 e inferior a 18 dias;

e) Passam a ser de 30 dias os prazos cuja duração seja igual ou superior a 18 e inferior a 25 dias;

f) Passam a ser de 40 dias os prazos cuja duração seja igual ou superior a 25 e inferior a 40 dias.

2 – O disposto no número anterior não é aplicável aos prazos directamente estabelecidos nos diplomas que regem o processo constitucional.

3 – Mantém-se em vigor, para o efeito da remissão operada pelo n.º 1 do artigo 104.º do Código de Processo Penal, o disposto no n.º 3 do artigo 144.º do Código de Processo Civil, na redacção anterior à do Decreto-Lei n.º 329-A/95.

(Alterado pelo artigo 4.º do Decreto-Lei n.º 180/96, de 25 de Setembro).

(O n.º 3 foi entretanto revogado pela Lei n.º 59/98, de 25 de Agosto, que aprovou as alterações ao C.P.P.).

I – O disposto neste preceito prossegue um duplo objectivo:

– por um lado, evitar que a consagração da regra da continuidade na contagem dos prazos processuais redunde em prejuízo das partes, quando se trate de prazos daquela natureza que sejam estabelecidos em diplomas avulsos – a que se aplique subsidiariamente o regime constante do art. 144.º do CPC – e em que se não haja especialmente procedido (como sucedeu com os prazos estabelecidos no CPC) à adaptação à regra da continuidade;

– por outro lado, proceder a alguma racionalização e uniformização dos prazos processuais existentes no ordenamento adjectivo global, evitando a excessiva dispersão que caracterizava o nosso sistema, agrupando os prazos processuais em múltiplos de 5 dias (eliminando, deste modo, nomeadamente os prazos de 7, 8 e 14 dias).

II – As excepções constantes dos n.ºs 2 e 3 configuram-se como simples consequência dos limites inerentes à realização de uma reforma legislativa incidente apenas sobre o processo civil – não podendo invadir áreas – como o processo constitucional – que, por força dos arts. 164.º, alínea *c*) e 166.º, n.º 2, da Constituição, só podem ser reguladas por lei orgânica – e sendo certo que o art. 75.º, n.º 1, da Lei n.º 28/82 (na redacção emergente da lei n.º 85/89) estabelecia expressamente que o prazo de interposição do recurso de fiscalização concreta era de 8 dias.

Tal prazo manteve-se, pois, em vigor – sujeito à regra da continuidade, decorrente da remissão global para o disposto no art. 144.º do CPC – até ser modificado pela Lei n.º 13-

-A/98, da 26 de Fevereiro, que o harmonizou com as regras gerais do processo civil, estabelecendo também o prazo de 10 dias para interpor recurso para o Tribunal Constitucional.

III – Por outro lado, a não sincronização temporal das reformas do processo civil e do processo penal conduziu ao estabelecimento da regra constante do n.º 3 deste preceito, mantendo em vigor, no âmbito do processo penal, a redacção do art. 144.º do CPC, anterior ao DL n.º 329-A/95 – não se aplicando, pois, a regra da continuidade aos prazos previstos no CPP, antes da revisão deste.

Tal revisão veio a ser operada pela Lei n.º 59/98, de 25 de Agosto, cujo art. 8.º, alínea a), revogou o presente art. 6.º, n.º 3, passando consequentemente a vigorar no processo penal, por força da remissão contida no art. 104.º, n.º 1, do CPP, o regime da continuidade da contagem dos prazos, consagrado no processo civil pelo art. 144.º do CPC, na redacção emergente DL 329-A/95.

ARTIGO 7.º

Sem prejuízo da aplicação do regime do processo sumaríssimo, diploma próprio poderá regular a tramitação dos processos que corram termos nos tribunais de pequena instância cível.

A possibilidade contemplada neste preceito – visando essencialmente a criação de um processo alternativo, de tramitação particularmente informal e simplificada para a cobrança de dívidas de pequeno valor – veio a ser efectivada (embora sem específica ligação à competência dos tribunais de pequena instância) através do DL n.º 274/97, de 8 de Outubro (que ampliou o regime do processo sumário de execução às acções executivas para pagamento de quantia certa até 500.000$00, mesmo que fundadas em título extrajudicial), 269/98, de 1 de Setembro, (que criou o regime dos procedimentos para cumprimento de obrigações pecuniárias contratuais, de valor não superior à alçada dos tribunais de 1.ª instância) e 114/98, de 4 de Maio (que simplificou os meios de prova em matéria de créditos incobráveis para efeitos de IVA – desincentivando a propositura de acções que tivessem praticamente apenas tal objectivo em vista).

ARTIGO 8.º

(Revogado pelo artigo 5.º do Decreto-Lei n.º 180/96, de 25 de Setembro).

I – O disposto neste preceito, na redacção emergente do DL n.º 329-A/95, visava, desde logo, articular a eliminação do (necessário) despacho liminar em processo declaratório com preceitos, constantes de outros diplomas legais, que remetessem para o referido despacho de citação, condicionando determinado efeito jurídico à prolação deste, como ocorria, desde logo, nas acções de preferência.

Ao editar o DL n.º 180/96, considerou-se, porém, preferível regulamentar tal questão especificamente a propósito de tais acções, alterando a norma constante do art. 1410.º do C. Civil, tarefa que foi realizada pelo DL n.º 68/96, de 31 de Maio, cominando ao interessado em obter a preferência o ónus de depositar o preço devido nos 15 dias seguintes à propositura da acção.

II – Por sua vez, o disposto na alínea *b*) deste preceito visava articular a dita eliminação do despacho liminar – regra no processo declaratório – com a específica tramitação de incidentes que comportassem a apreciação liminar da viabilidade da matéria do próprio incidente – "maxime" como ocorria no âmbito do apoio judiciário.

Tal matéria veio, porém, a ser entretanto regulada através da Lei n.º 46/96, de 3 de Setembro, que estabeleceu alterações em sede de acesso ao direito e aos tribunais, modificando alguns preceitos do DL n.º 387-B/87, nomeadamente o art. 26.º, n.º 2, segundo o qual o pedido de apoio judiciário deve ser liminarmente indeferido quando for evidente que a pretensão do requerente ao apoio judiciário não pode proceder (deixando, deste modo, de poder o juiz proceder a uma avaliação liminar da viabilidade da pretensão substantivado requerente na causa para que era pedido o apoio judiciário).

ARTIGO 9.º

Consideram-se feitas para o processo executivo sumário que vise a execução de decisões proferidas em processo declarativo sumaríssimo quaisquer remissões feitas, designadamente, nas leis de organização judiciária para a execução sumaríssima.

A norma de adaptação processual constante deste preceito é consequência do desaparecimento da forma de execução sumaríssima – e da ampliação do âmbito da execução sumária, que passou a compreender, desde logo, todas as execuções de sentença, independentemente do valor; e, após edição do DL n.º 274/97, a própria execução de títulos extrajudiciais, de valor não superior a 500 000$00, desde que verificadas determinadas condições.

Deste modo – e com vista a não alterar as regras de competência dos tribunais, até que o legislador editasse uma nova lei orgânica dos tribunais judiciais – as remissões para a execução "sumaríssima" (nomeadamente as constantes da lei orgânica dos tribunais então em vigor) correspondem – não a qualquer execução com a forma "sumária" – mas tão-somente à execução sumária que se segue ao processo declarativo sumaríssimo, visando a realização coerciva da sentença nele proferida.

Cfr. os arts. 97.º n.º 1, *b*), 99.º, 101.º e 103.º da actual LOTJ, aprovada pela Lei n.º 3/99, de 13 de Janeiro.

Tal regime foi ultrapassado com a unificação da forma do processo executivo comum, operada pelo DL 38/03.

ARTIGO 10.º

No âmbito dos processos da competência dos tribunais judiciais, consideram-se feitas para a venda mediante propostas em carta fechada as remissões feitas noutros diplomas legais para a arrematação em hasta pública.
(Alterado pelo artigo 4.º do Decreto-Lei n.º 180/96, de 25 de Setembro).

I – A norma de adaptação constante deste preceito é mera decorrência de a reforma do processo civil ter eliminado a venda em hasta pública, considerando a venda mediante propostas em carta fechada a única modalidade admissível da venda judicial.

II – O DL n.º 180/96 especificou que tal norma só é naturalmente aplicável aos processos da competência dos tribunais judiciais – não valendo em diversas ordens judiciárias, como a tributária, em que se haja mantido, como forma possível de venda judicial, a arrematação em hasta pública.

ARTIGO 11.º

As remissões constantes de legislação avulsa para processos especiais ora eliminados consideram-se feitas para o processo comum correspondente.

A norma de adaptação constante deste preceito é consequência da eliminação de vários processos especiais, nomeadamente as acções de arbitramento e possessórias, passando naturalmente quaisquer remissões, constantes de lei avulsa, para tais processos especiais a ter de ser entendidas como remissão para o processo comum, que lhes sucedeu como forma de efectivação das pretensões daquela natureza.

ARTIGO 12.º

Não são invocáveis em processo civil as disposições constantes de legislação especial que estabeleçam a impenhorabilidade absoluta de quaisquer rendimentos, independentemente do seu montante, em colisão com o disposto no artigo 824.º do Código de Processo Civil.

I – Estabelece que a nova redacção conferida ao art. 824.º prevalece sobre quaisquer disposições especiais que instituam a impenhorabilidade absoluta de quaisquer rendimentos, atenta exclusivamente a sua natureza ou proveniência, sem conexão com o respectivo montante e a concreta situação patrimonial do executado.

Diplomas Preambulares

II – O Tribunal Constitucional vem decidindo, de forma reiterada, no sentido de que é inconstitucional a norma do art. 45.º, n.º 1, da Lei da Segurança Social (Lei n.º 28/84, de 14/8) na medida em que isenta de penhora a parte das prestações devidas pelas instituições de segurança social que excede o mínimo adequado a uma sobrevivência condigna do executado (cfr. Acs 411/93, 130/95, 570/96, 1122/96, 1200/96, 438/97, estando os dois primeiros publicados no DR, II série de 19/1/94 e de 24/4/95).

ARTIGO 13.º

1 – Consideram-se revogadas todas as disposições referentes a custas devidas em tribunais judiciais que imponham a contagem do processo ou de quaisquer incidentes nele suscitados durante a sua pendência, designadamente antes da subida de quaisquer recursos.

2 – No caso previsto no número anterior, o processo apenas é contado a final, após o trânsito em julgado da decisão, no tribunal que funcionou em 1.ª instância.

I – O regime constante deste preceito veio a a ser inteiramente consagrado no C. Custas Judiciais, designadamente nos arts. 50.º e 53.º.

II – O disposto neste preceito apenas se aplica às custas devidas em "tribunais judiciais", não abarcando, consequentemente, as que sejam devidas no âmbito dos recursos de fiscalização concreta da constitucionalidade, perante o Tribunal Constituicional, atento o regime especial consagrado na respectiva Lei Orgânica (art. 84.º) e diplomas complementares (DL n.º 303/98, de 7 de Outubro).

ARTIGO 14.º

1 – Consideram-se revogadas as disposições relativas a custas que estabeleçam cominações ou preclusões de natureza processual como consequência do não pagamento nos termos do Código das Custas Judiciais de quaisquer preparos ou custas, com ressalva dos efeitos da não efectivação do preparo para despesas e do disposto no n.º 3.

2 – *Revogado pelo art. 4.º, n.º 1, do DL n.º 324/03.*

3 – No caso de falta de pagamento de preparo inicial pelo autor, requerente de procedimento cautelar ou exequente, o processo não terá andamento enquanto não forem pagos o preparo em falta e a multa a que se refere o número anterior, podendo ainda ser requerido o cancelamento do registo da acção que entretanto tenha sido efectuado.

(Alterado pelo artigo 4.º do Decreto-Lei n.º 180/96, de 25 de Setembro).

I – A reforma operada pelo DL 329-A/95 assentou na ideia-base de que o eventual incumprimento de obrigações de natureza tributária pelas partes não devia condicionar o exercício do direito de acção judicial ou do direito de defesa, a livre produção de prova documental pelos interessados e a obtenção de uma decisão de mérito que dirimisse o litígio em função das regras jurídico-materiais aplicáveis, sem lhe introduzir perturbações ou distorções decorrentes da situação das partes perante a Administração Fiscal.

Transpondo esta mesma ideia para o plano da dívida de custas, procedeu-se, desde logo, à eliminação, por revogação, dos preceitos do CPC que estabeleciam reflexos gravosos e muitas vezes desproporcionados no andamento e decisão da causa do incumprimento de obrigações de natureza pecuniária emergentes da legislação sobre custas – pondo-se termo, designadamente, à previsão como causa de extinção da instância e deserção dos recursos da falta de preparo inicial (arts. 287.° *f*) e 292.°, n.° 1), bem como a consagração, como excepção dilatória, da falta de pagamento de custas na acção anterior (art. 494.° *j*)).

O objectivo deste art. 14.° traduziu-se em derrogar as próprias disposições do Cód. Custas Judiciais então em vigor que eram fonte originária de tais efeitos cominatórios ou preclusivos, influenciando nomeadamente a sorte e o despacho da causa em função do pontual cumprimento das obrigações de custas – "maxime" do art. 110.° daquele Código.

Tal matéria fora entretanto regulada no C. Custas Judiciais, constando o regime aplicável à omissão do pagamento pontual das taxas de justiça inicial ou subsequente do art. 28.°.

II – Assim, perante a verificação da omissão do pagamento pontual das taxas de justiça devia a secção notificar o interessado para, em 5 dias, efectuar o pagamento omitido, com acréscimo de taxa de justiça de igual montante, mas não inferior a 1 UC nem superior a 5 UC.

Se a pessoa obrigada ao pagamento desta taxa de justiça sancionatória persistisse no incumprimento da obrigação que sobre ela recai, o processo era concluso ao juiz para aplicação da multa prevista no n.° 2 deste art. 14.°, que a deveria graduar, consoante as circunstâncias concretas do caso (valor da causa, natureza do objecto do processo, situação económica do interessado, comportamento deste ao longo dos autos), entre o triplo e o décuplo da taxa de justiça em dívida, com o limite máximo de 20 UC.

III – Este preceito previa duas excepções à irrelevância no andamento e decisão da causa do incumprimento da obrigação de custas:

a) Assim, o n.° 1 ressalva, na sua parte final, os efeitos da não efectivação do preparo para despesas, estabelecendo o art. 45.° do C. Custas Judiciais as respectivas consequências processuais;

b) O n.° 3, aditado pelo DL n.° 180/96, veio estabelecer uma outra sanção de índole processual para o autor, requerente de procedimento cautelar ou exequente que persista em não satisfazer as quantias pecuniárias (taxa de justiça inicial, taxa de justiça sancionatória e multa) em dívida: a suspensão "ope legis" da instância até que tal débito se mostre pago.

Tal sanção, como é evidente, apenas é aplicada nas situações em que a paralização da causa é insusceptível de causar dano à parte contrária (daí que tal sanção – que não influencia a decisão da lide, nem o conteúdo da sentença a proferir pelo juiz – não se aplique ao réu, requerido ou recorrente, já que, como é óbvio, nestes casos a suspensão da instância não poderia deixar de afectar a parte contrária, não responsável pelos pagamentos em dívida). No sentido da não inconstitucionalidade deste regime, cf. Ac. 608/99 do TC, in Acs. TC 45.° vol., pág. 335.

Quando se trate de acção sujeita a registo, pode ainda a parte contrária – esgotado que seja o prazo de pagamento e suspensa a instância – requerer o cancelamento do registo que o autor ou requerente tinha efectuado, a fim de que a pendência deste durante o período de suspensão a não possa afectar.

IV – Este regime foi, porém, reformulado pelo DL n.° 324/03, que reintroduziu os efeitos cominatórios e preclusivos, decorrentes do não pagamento da taxa de justiça – cf. comentários aos arts. 150.°-A, 486.°-A, 512.°-B e 690.°-B do CPC.

ARTIGO 15.°

1 – O Código de Processo Civil aprovado pelo Decreto-Lei n.° 44 129, de 28 de Dezembro de 1961, é republicado em anexo, com as devidas correcções materiais.

2 – A nova sistemática decorrente das alterações introduzidas pelo presente diploma é a que consta do Código de Processo Civil agora republicado.

ARTIGO 16.°

Sem prejuízo do disposto no artigo 17.°, o Decreto-Lei n.° 329-A/95, de 12 de Dezembro, com as modificações decorrentes do presente diploma, entra em vigor em 1 de Janeiro de 1997 e só se aplica aos processos iniciados após esta data, salvo o estipulado no artigo 13.° e nos artigos seguintes.

(Alterado pelo artigo 4.° do Decreto-Lei n.° 180/96, de 25 de Setembro).

I – Integra norma de direito transitório especial, que dispõe sobre a entrada em vigor da reforma do processo civil e rege sobre o âmbito da aplicação dos novos regimes adjectivos aos processos em curso.

Na redacção emergente do DL n.° 329-A/95, tal diploma deveria entrar em vigor em 1/3/96, só se aplicando aos processos iniciados após esta data, salvo o estipulado no número seguinte (imediata aplicação de lei nova aos recursos interpostos de decisões proferidas após aquela data). O art. 1.° da Lei n.° 6/96, de 29 de Fevereiro estabeleceu como data do início da vigência do DL n.° 329-A/95, a de 15/9/96.

Posteriormente, o art. 5.° da Lei n.° 28/96, de 2 de Agosto, veio dar nova redacção a este art. 16.°, n.° 1, estabelecendo como data da entrada em vigor da reforma operada no processo civil a data de 1/1/97.

E, finalmente, o DL n.° 180/96 – conformando-se naturalmente com tal data de início de vigência – veio ampliar substancialmente os casos de aplicação imediata da lei nova aos processos pendentes.

II – Este artigo 16.º, na sua redacção inicial, para além de estabelecer a data da entrada em vigor do diploma legal em causa – prescrevia que as soluções dele constantes *só se aplicavam aos processos iniciados após aquela data*, estabelecendo apenas duas excepções:
– uma, constante do n.º 2 do artigo 16.º, vigente em sede de *recursos*, e que se traduzia em mandar aplicar as novas disposições aos recursos interpostos de decisões proferidas após a data do início de vigência da lei nova: entendeu-se, na verdade, que a relativa autonomia da instância de recurso relativamente à prolação da decisão recorrida, tornava relativamente simples a aplicação em bloco de todo o regime relativo a recursos às próprias causas pendentes – excluindo-se, porém, a aplicação das normas que, de algum modo, condicionavam ou limitavam o direito de recorrer (artigos 725.º e 754.º, n.º 2);
– outra, resultante do artigo 17.º, que mandava aplicar imediatamente o novo regime de uniformização da jurisprudência no processo civil, decorrente da declaração de inconstitucionalidade do instituto dos assentos e da necessidade de repensar uma figura processual que sempre lhe aparecera subordinada funcionalmente: o recurso para o Pleno do Supremo Tribunal de Justiça, previsto nos artigos 763.º a 770.º do Código de Processo Civil.

Foi substancialmente diversa a opção político-legislativa tomada pelo Governo, sob cuja égide veio a ser elaborado o Decreto-Lei n.º 180/96, a qual se traduziu em – sem consagrar, de forma irrestrita, a regra da imediata aplicação da lei nova – introduzir vários afloramentos pontuais de tal princípio doutrinário, instituindo um "sistema misto" que levasse a uma ampliação notória dos reflexos dos novos regimes adjectivos nas causas em curso nos tribunais.

Estabelecem-se, aliás, nas disposições transitórias constantes do referido Decreto-Lei n.º 180/96, dois níveis diferenciados de aplicação da lei nova aos processos em curso:

a) O nível que designaríamos por *"normal"*, constante das disposições dos artigos 16.º a 27.º, traduzindo a aplicação de determinados preceitos ou *"blocos normativos"* às acções pendentes – naquelas situações em que se considerou que certas soluções constantes da lei nova, por não contenderem, de forma decisiva, com a estrutura essencial e com a filosofia profunda que regia o processo desde o seu início, podiam ser transplantadas, sem dificuldades significativas de adequação, para os processos em curso, evitando-se, nomeadamente, que durante vários anos persistissem regimes perfeitamente paralelos e diferenciados (v.g. em sede de contagem de prazos, de regime de certos actos processuais ou de produção da prova) ou se mantivessem soluções processuais consideradas caducas ou menos razoáveis e adequadas (v.g. a vigência dos pressupostos fiscais da instância).

b) Um nível *mais profundo*, retratado nos artigos 28.º e 29.º, *dependente do acordo das partes*, e consistente na vigência prática do princípio doutrinário da imediata aplicação da nova lei de processo às causas pendentes em juízo, respeitando-se naturalmente a validade e eficácia dos actos já praticados, mas seguindo-se, a partir da entrada em vigor da lei, a nova estrutura da tramitação do processo declaratório (cfr. a parte final n.º 1 do artigo 28.º) – cumprindo ao juiz assegurar a homogeneidade do processo através do princípio da adequação formal, previsto no artigo 265.º-A – e aplicando-se de pleno a nova filosofia que visa privilegiar claramente a obtenção de uma solução definitiva do litígio (artigo 29.º).

III – Analisando a estrutura da norma constante do artigo 16.º do Decreto-Lei n.º 329--A/95, na redacção emergente do Decreto-Lei n.º 180/96, é possível distinguir nela diversos segmentos ou parcelas diferenciados:

a) Um *primeiro segmento* de tal preceito ressalva a imediata aplicação do novo regime de uniformização da jurisprudência no processo civil, estabelecido no artigo 17.º do Decreto-Lei n.º 329-A/95 e mandado aplicar imediatamente aos próprios recursos para o Pleno surgidos no decurso de causas pendentes.

A ressalva contida na primeira parte do preceito – *"sem prejuízo do disposto no artigo 17.º"* [do Decreto-Lei n.º 329-A/95, de 12 de Dezembro] – significa, pois, que a imediata vigência de tal regime em nada foi afectada ou prejudicada pelos sucessivos adiamentos da entrada em vigor da reforma global do processo civil, iniciada pelo citado Decreto-Lei n.º 329-A/95 e concluída pelo Decreto-Lei n.º 180/96.

b) A *técnica legislativa* utilizada, primeiro pelo Decreto-Lei n.º 329-A/95, depois pelo Decreto-Lei n.º 180/96, consistiu, desde o início da reforma, em introduzir todas as alterações no texto do Código de Processo Civil em vigor, no local sistematicamente adequado, quando necessário através do aditamento de preceitos legais. Idêntica técnica legislativa foi seguida pelo Decreto-Lei n.º 180/96 no que se reporta às próprias alterações introduzidas no capítulo IV, referente às disposições finais e transitórias que constavam dos artigos 6.º a 17.º do Decreto-Lei n.º 329-A/95: assim, o artigo 4.º do Decreto-Lei n.º 180/96 deu nova redacção aos artigos 6.º, 10.º, 14.º e 16.º daquele Decreto-Lei n.º 329-A/95; o artigo 5.º revogou o artigo 8.º do citado Decreto-Lei; e o artigo 6.º aditou ao Decreto-Lei n.º 329-A/95 os artigos 18.º a 20.º.

Tal técnica legislativa explica a formulação constante do segundo segmento deste artigo 16.º, na redacção emergente do Decreto-Lei n.º 180/96, na parte em que se dispõe sobre o momento da entrada em vigor da reforma do processo civil: determina-se a entrada em vigor, em 1 de Janeiro de 1997, do Decreto-Lei n.º 329-A/95 que, como se viu, incorpora alterações (artigo 1.º) aditamentos (artigo 2.º) e revogações (artigo 3.º) de normas do Código de Processo Civil, complementados como o capítulo das disposições finais e transitórias – com as modificações que – segundo idêntica sistemática – foram introduzidas em consequência da revisão operada pelo Decreto-Lei n.º 180/96.

Ou seja: tal segmento normativo significa, pois, que as modificações às normas do Código de Processo Civil, determinadas conjuntamente pelos artigos 1.º (alteração na redacção de preceitos que subsistem), 2.º (preceitos legais aditados ao texto do Código de Processo Civil) e 3.º (preceitos daquele Código revogados) dos Decretos-Leis n.ºs 329-A/95 e 180/96, bem como o capítulo que incorpora as "disposições finais e transitórias" (resultante, também ele, da *conjugação* daqueles dois decretos-leis) entram em vigor na data determi-nada no artigo 5.º da lei n.º 28/96-1 de Janeiro de 1997 (que, como se viu, se substituiu na ordem jurídica à data que resultava do disposto na Lei n.º 6/96).

c) Finalmente, dispõe o terceiro segmento do mesmo artigo 16.º, ora em apreciação, sobre a aplicação no tempo de todas as modificações introduzidas ao Código de Processo Civil, bem como das disposições finais e transitórias, constantes quer do Decreto-Lei n.º 329--A/95, quer do Decreto-Lei n.º 180/96 – estabelecendo que tal *"bloco normativo"*:

– *só se aplica aos processos iniciados após a referida data de 1 de Janeiro de 1997*, mantendo-se, deste modo, a regra que já havia sido traçada na redacção inicial do preceito, tal como constava do Decreto-Lei n.º 329-A/95;

– mas prevendo um muito maior leque de *excepções* à referida regra de aplicação exclusiva da lei nova aos processos iniciados após a data da sua entrada em vigor, ressalvando, quer o preceituado no artigo 13.º, quer o estatuído nos artigos 18.º a 29.º – preceitos novos, aditados precisamente através do referido Decreto-Lei n.º 180/96.

IV – A primeira excepção à regra da aplicação da lei nova apenas às causas futuras, iniciadas em momento ulterior ao início da vigência do *"bloco normativo"* constituído pelos Decretos-Leis n.ᵒˢ 329-A/95 e 180/96, é a constante do artigo 13.º daquele diploma legal – disposição que – para a hipótese de a revisão da legislação sobre custas, a decorrer paralelamente à do processo civil, não estar ainda ultimada e em vigor em 1 de Janeiro de 1997 – prescrevia a derrogação das disposições do Código das Custas Judiciais que impunham a prévia contagem do processo ou de quaisquer incidentes nele inseridos antes da subida dos recursos.

Considerou-se que tal norma devia ser de aplicação imediata aos próprios processos pendentes, dentro da perspectiva global da reforma que se traduz em alcançar a possível celeridade processual através da eliminação dos *"tempos mortos"* do processo, sem beliscar as garantias das partes e a ponderação da decisão.

Visava, deste modo, eliminar-se da ordem jurídico-processual uma causa de inconveniente morosidade no andamento útil das acções, não imputável às partes nem ligada a dificuldades e vicissitudes processuais, mas apenas dependente de um estrito interesse "financeiro" do Estado – configurando-se, aliás, como desproporcionada restrição ao direito de acesso aos tribunais, perspectivado como implicando a obtenção de uma decisão em prazo razoável, a circunstância de, muitas vezes por atrasos na elaboração da conta de custas, as partes – que até pretenderiam liquidar de imediato as custas devidas – verem inadmissivelmente retardada a justa composição do litígio.

V – Para maiores desenvolvimentos sobre a matéria desta norma e das subsequentes, cfr. A. Ribeiro Mendes – *Aspectos do Novo Processo Civil,* Lex 1997, págs. 9/30.

ARTIGO 17.º

1 – É imediatamente aplicável a revogação dos artigos 763.º a 770.º do Código de Processo Civil, sem prejuízo do disposto nos números seguintes.

2 – Os assentos já proferidos têm o valor dos acórdãos proferidos nos termos dos artigos 732.º-A e 732.º-B.

3 – Relativamente aos recursos para o tribunal pleno já intentados, o seu objecto circunscreve-se à resolução em concreto do conflito, com os efeitos decorrentes das disposições legais citadas no número anterior.

I – Este preceito estabeleceu um regime transitório especial, no que se refere à eliminação do recurso para o Tribunal Pleno e à força vinculativa dos assentos já proferidos – antecipando a entrada em vigor de certos traços do regime de uniformização da jurisprudência instituído nos arts. 732.º-A e 732.º-B.

A razão que essencialmente determinou tal antecipação prende-se com a circunstância de o Tribunal Constitucional já ter, através do acórdão n.º 810/93, julgado inconstitucional certo segmento ou dimensão normativa do instituto dos assentos, consagrado no art. 2.º do

C. Civil, obrigando a uma urgente reformulação legislativa do tema da uniformização da jurisprudência na área civil.
Cfr. para maior desenvolvimento C. Lopes do Rego, *A Uniformização da Jurisprudência no novo Direito Processual Civil*, Lex 1997 e A. Ribeiro Mendes, *Os recursos no Código de Processo Civil Revisto*, Lex, 1998, pág. 101 e segs.

II – Aos assentos já proferidos no passado foi atribuída a força vinculativa própria dos acórdãos do STJ tirados no âmbito da revista ampliada: tal implica, desde logo, a revisibilidade da doutrina neles contida pelo próprio STJ, oficiosamente ou por iniciativa das partes, bem como a admissibilidade de interposição de recurso de qualquer decisão que se não conforme com a doutrina firmada mediante assento, nos termos do preceituado no art. 678.°, n.° 6.

Em suma: por força desta disposição transitória, contida no n.° 2, deixam os assen-tos já proferidos de ter a força vinculativa genérica que dimanava do art. 2.° do C. Civil (vigente à data em que foram proferidos) para se configurarem como precedente judicial qualificado.

III – Da conjugação dos n.ºˢ 1 e 3 deste artigo resulta que:
– não é admissível a interposição de novos recursos para o Tribunal Pleno, mesmo em causas pendentes, a partir do momento em que entrou em vigor a norma contida neste art. 17.°;
– os recursos para o Tribunal Pleno já interpostos prosseguem os seus termos tendo, porém, o "assento" que neles venha a ser proferido o valor de precedente judicial qualificado, atrás referido – sendo, portanto, desprovido da força vinculativa genérica que anteriormente constituía traço essencial da figura.

IV – Foi suscitada, perante o T. Constitucional, a questão da constitucionalidade do n.° 1 deste art. 17.°, enquanto a norma revogatória do recurso para o Tribunal Pleno nele contida haja conduzido à supressão transitória dos mecanismos de uniformização da jurisprudência (já que o regime globalmente instituído pelo arts. 732.°-A e 732.°-B – e expresso no julgamento ampliado da revista – só entrou em vigor com o conjunto da reforma do processo civil).

Sustentou-se em alegações que tal inconstitucionalidade se não verifica, com base essencialmente em dois argumentos:
– o de que não pode considerar-se ínsito no direito de acesso à justiça a existência do 4.° grau de jurisdição em que se traduzia o referido recurso para o Pleno, só nascendo o direito ao recurso para a parte vencida no momento da prolação da decisão desfavorável que se pretende impugnar (e não obviamente no momento em que a acção foi proposta) – não podendo considerar-se constitucionalmente tutelada a expectativa das partes em aceder ao referido 4.° grau de jurisdição;
– o de que não é exacto que, no período temporal situado entre a imediata entrada em vigor do regime constante deste art. 17.° e a aplicação global da reforma, haja ficado privado de qualquer tutela o interesse na uniformização da jurisprudência civil pelo STJ quando sejam proferidos acórdãos contraditórios: na verdade, a norma que constava do n.° 3 do art. 728.° do CPC, que se manteve transitoriamente em vigor até 1/1/97, comportava solução análoga à que veio a ser, afinal, instituída pelo mecanismo processual da revista ampliada, permitindo – através do julgamento da revista pelas secções reunidas do Supremo – prevenir os eventuais conflitos jurisprudenciais que, naquele período transitório, pudessem ocorrer.

419

O Plenário do TC pronunciou-se sobre tal questão nos acórdãos n.º 574/98 e 575/98, de 14 de Outubro, considerando que a solução acolhida no n.º 1 do art. 17.º deste diploma legal não padece de inconstitucionalidade (in Acs. TC, 41.º vol., pág. 149 e 173).

ARTIGO 18.º
Prazos processuais

1 – Os prazos processuais em curso ou já fixados por decisão judicial à data da entrada em vigor do presente diploma continuam a reger-se pelas normas anteriormente vigentes, incluindo as que respeitam ao modo da respectiva contagem.

2 – Fora do caso previsto no número anterior, aos prazos processuais que, em processos pendentes, se iniciem no domínio da lei nova é aplicável o nela estabelecido quanto ao modo de contagem e à respectiva duração, sem prejuízo do disposto no n.º 3.

3 – Os prazos para a prática de actos processuais que deixem de ter lugar ao abrigo do presente diploma são, quanto à respectiva duração, adaptados nos termos previstos no artigo 6.º.

4 – É imediatamente aplicável, no que respeita aos actos processuais praticados após a entrada em vigor deste diploma, o disposto no artigo 145.º, no n.º 1 do artigo 146.º e no n.º 1 do artigo 150.º do Código de Processo Civil, na redacção por ele introduzida.

5 – É lícito às partes, nos processos pendentes, exercerem as faculdades a que aludem o n.º 2 do artigo 147.º e o n.º 4 do artigo 279.º do Código de Processo Civil, na redacção introduzida por este diploma.

(Aditado pelo artigo 6.º do Decreto-Lei n.º 180/96, de 25 de Setembro).

I – Os artigos 18.º a 22.º prevêm casos de excepcional aplicação imediata de preceitos da lei nova, situados sistematicamente na "Parte Geral" do Código de Processo Civil (Livros I e II e Título I do Livro III) às próprias causas pendentes.

II – A primeira dessas disposições respeita aos *prazos processuais* e consta do artigo 18.º: visa-se, com tal regime, evitar que subsistam indefinidamente dois regimes paralelos de contagem dos prazos processuais – um para as acções em curso, outro para as acções novas – com todas as dificuldades práticas que tal poderia implicar para os operadores judiciários.

Foi o seguinte o regime estabelecido:

a) Os prazos processuais em curso (v.g., iniciados com uma notificação que se considera feita em 30 de Dezembro de 1996) ou *fixados por decisão judicial proferida previamente a 1 de Janeiro de 1997* (v.g. fixação em 10 dias do prazo para produção de alegações, nos termos do artigo 705.º, n.º 1 do Código, por despacho proferido em 20 de Dezembro de 1996, embora apenas notificado às partes em 2 de Janeiro de 1997) continuam a reger-se inteiramente pelas normas do Código de Processo Civil anteriores à reforma instituída pelos Decretos-Leis n.ºˢ 329-A/95 e 180/96.

b) Aos prazos processuais que – em processos pendentes-se *iniciem* já no domínio da lei nova, ou seja, após 1 de Janeiro de 1997, é aplicável o nesta estabelecido, quer quanto ao *regime de contagem,* quer quanto à respectiva *duração.*

Assim, por exemplo, se, numa causa pendente, o réu for citado em 2 de Janeiro de 1997, será de 30 dias o prazo da contestação, *"ex vi"* do disposto no artigo 486.°, n.° 1, mas sendo tal prazo contado continuamente, por força do preceituado no artigo 144.°, ambos os preceitos na redacção emergente da reforma.

Expedida notificação para a parte praticar certo acto, no prazo normal subsidiário, em 31 de Dezembro de 1996 – e presumindo-se tal notificação feita no terceiro dia útil seguinte, nos termos do n.° 2 do artigo 254.° – será de 10 dias contínuos o prazo de que a parte dispõe para actuar no processo, *"ex vi"* da nova redacção dos artigos 144.° e 153.°.

III – Se se tratar de um prazo para a prática de um acto que deixa de ter lugar no esquema de tramitação processual adoptado na lei nova – mas que naturalmente subsiste nas causas pendentes, que continuam, em regra, a ser tramitadas pelas disposições da lei de processo anteriores à reforma – é *"repristinado"* o prazo processual constante da redacção originária do Código de Processo Civil, que se contará continuamente, nos termos da nova redacção do artigo 144.° – e sendo, por isso mesmo, *"adaptado"* à regra da continuidade, nos termos previstos no artigo 6.°.

Assim, o prazo para a dedução do incidente de falsidade – que deixa de ter lugar ao abrigo dos preceitos em que se consubstanciou a reforma do processo civil – continua a ser o previsto no artigo 360.° do Código de Processo Civil, ou seja, 8 dias.

Porém, porque tal prazo passa a correr continuamente, é adaptado à regra da continuidade, nos termos da alínea *b)* do n.° 1 do artigo 6.°, passando, consequentemente a parte a dispor de 10 dias contínuos para suscitar tal incidente.

O prazo para a dedução do processo especial de embargos de terceiro, subsequentes a penhora realizada antes de 1 de Janeiro de 1997 – e que deixa de ter cabimento, com essa fisionomia de *"processo especial"* – previsto no artigo 1039.° do Código de Processo Civil (20 dias) passará a ser de 30 dias contínuos, por força da adaptação decorrente da alínea *e)* do n.° 1 do mesmo artigo 6.°.

Em suma: tratando-se de prazo processual especialmente fixado no âmbito de uma figura ou instituto que – ao menos na configuração estrutural que lhe dava o Código de Processo Civil – desaparece na sequência da reforma – e que, portanto, no que respeita à sua duração, não é possível encontrar previsto nas disposições da lei nova – ele vai resultar da *"repristinação"* do segmento da lei anterior que o previa; e, para evitar que a aplicação do regime de continuidade possa prejudicar a parte, é o prazo *"adaptado"* a tal regra, nos termos estabelecidos no artigo 6.°.

IV – Relativamente aos *actos processuais* que, nas causas pendentes, possam ser oportuna ou tempestivamente praticados em juízo após 1 de Janeiro de 1997, estabelece-se um regime de *excepcional* e *imediata aplicação* de determinados pontos do regime constante da lei nova, que se reportam (n.° 4 do artigo 18.°):

a) ao novo regime de excepcional prorrogação dos prazos peremptórios, decorrente da nova redacção dos n.ºs 5, 6 e 7 do artigo 145.° do Código de Processo Civil (em particular permitindo-se o escalonamento do montante da multa devida, consoante a data em que o acto veio a ser praticado; e conferindo-se ao juiz a possibilidade de, como reflexo de um princípio

421

de proporcionalidade e como forma de assegurar a igualdade substancial dos litigantes, eventualmente reduzir o montante da multa ou mesmo de dispensar excepcionalmente a parte carenciada do seu pagamento);

b) à flexibilização do conceito de justo impedimento, decorrente da nova redacção do n.º 1 do artigo 146.º, traduzida num essencial apelo ao princípio da culpa e, portanto, à normal previsibilidade do evento impeditivo da prática atempada do acto – aplicável, portanto, a todos os casos em que se alegue esse *"justo impedimento"*, a partir de 1 de Janeiro de 1997.

c) ao novo regime de entrega e a remessa a juízo de documentos ou peças processuais, constante da nova redacção do n.º 1 do artigo 150.º, *"maxime"* da imediata vigência do regime que se traduz na possibilidade de valer como data da prática do acto o da efectivação do respectivo registo postal: assim, devendo a parte praticar certo acto em juízo até ao dia 6 de Janeiro de 1997, poderá fazê-lo através da remessa dos elementos em que o acto em questão se consubstancia por via postal, nos termos daquele preceito legal.

d) à imediata aplicação aos processos pendentes das *"soluções de consenso"* permitidas explicitamente pelos artigos 147.º, n.º 2 (prorrogação de quaisquer prazos em acções pendentes mediante acordo das partes) e 279.º, n.º 4 (acordo acerca da suspensão da instância) – n.º 5 do artigo 18.º.

ARTIGO 19.º
Citações e notificações

1 – Nos processos pendentes em que ainda não haja sido ordenada a citação, aplica-se o regime do acto de citação estabelecido na lei nova.

2 – Nas causas pendentes em que já haja sido ordenada a citação pessoal, é lícito ao autor, se aquela se não mostrar efectuada no prazo de 30 dias após o despacho que a tenha determinado, requerer que se proceda à citação nos termos do presente diploma, aplicando-se as disposições da lei nova que regulam a prática e o valor do acto, bem como a dilação concedida ao citando.

3 – É aplicável às notificações em processos pendentes, cujo expediente seja remetido após a entrada em vigor do presente diploma, o disposto nos artigos 253.º a 260.º do Código de Processo Civil, na redacção por aquele introduzida.

(Aditado pelo artigo 6.º do Decreto-Lei n.º 180/96, de 25 de Setembro).

I – A segunda das disposições legais que prescrevem a aplicação imediata às causas pendentes de certos regimes estabelecidos na lei nova, reporta-se ao regime das *citações e notificações* (artigo 19.º).

a) Assim, se em determinada causa pendente ainda não foi ordenada, em 1 de Janeiro de 1997, a citação do réu, aplica-se integralmente o regime da citação estabelecido na lei nova, designadamente a realização oficiosa de tal acto pela secretaria, com dispensa, em regra, do despacho liminar do juiz, nos termos previstos nos artigos 234.º e 234.º-A.

b) Nas causas pendentes em que já foi ordenada, ao abrigo da lei antiga, a *citação* do réu, mas em que tal despacho se não mostrar cumprido no prazo de 30 dias, pode o autor, a partir de 1 de Janeiro de 1997, requerer que se proceda à citação nos termos estabelecidos na lei nova, os quais se aplicarão integralmente, quer quanto ao modo de feitura do acto (citação por via postal, mesmo de pessoas singulares, citação por intermédio do mandatário, etc.), ao seu valor (artigos 195.º a 198.º) e à dilação de que goza o *citando* (artigo 252.º-A).

O objectivo deste regime é evidente: permitir o aceleramento de processos bloqueados na fase de citação (v.g., em consequência de dificuldades no cumprimento de cartas precatórias, expedidas para tal efeito), permitindo-se – a requerimento do autor – o aproveitamento integral das potencialidades inerentes às novas formas de realização do acto, por via postal ou através de mandatário judicial.

II – Quanto às *notificações em processos pendentes* que sejam expedidas a partir de 1 de Janeiro de 1977, é inteiramente aplicável o *"bloco normativo"* integrado pelos preceitos que, na lei nova, dispõem sobre tal matéria: salientamos a imediata aplicação do regime constante do artigo 254.º, agora perfeitamente articulado com o estatuído no Decreto-Lei n.º 121//76, de 11 de Fevereiro; a dispensa de notificação às partes em situação de revelia absoluta, nos termos da nova redacção dos n.ᵒˢ 2 a 4 do artigo 255.º; a dispensa da anacrónica *"requisição"* de funcionários públicos e empregados de empresas concessionárias que sejam intervenientes acidentais no processo, nos termos do n.º 4 do artigo 257.º; e a vigência da regra constante do n.º 3 do artigo 228.º, segundo a qual as notificações são sempre acompanhadas de todos os elementos e documentos indispensáveis à perfeita inteligibilidade do seu conteúdo.

ARTIGO 20.º
Marcação de diligências e adiamentos

1 – À marcação de diligências que se realize após a entrada em vigor do presente diploma é aplicável o disposto no artigo 155.º do Código de Processo Civil, na redacção por aquele introduzida.

2 – É aplicável aos adiamentos em actos ou audiências que hajam sido marcados em conformidade com o preceituado no número anterior o disposto na alínea c) do n.º 1 do artigo 651.º do Código de Processo Civil, na redacção introduzida pelo presente diploma.

(Aditado pelo artigo 6.º do Decreto-Lei n.º 180/96, de 25 de Setembro).

Relativamente à *marcação de diligências* que tenha lugar, em causas pendentes, a partir de 1 de Janeiro de 1997, determina-se a imediata aplicação do regime inovatoriamente estabelecido no artigo 155.º

E, consequentemente, passa a valer para os *adiamentos* de diligências que hajam sido marcadas em consonância com aquele preceito o disposto no artigo 651.º, n.º 1, alínea c).

ARTIGO 21.º
Obstáculos ao exercício do direito de acção

É imediatamente aplicável nas causas pendentes o disposto no artigo 280.º do Código de Processo Civil, na redacção introduzida por este diploma, bem como a revogação dos artigos 281.º, 282.º e 551.º, este na redacção anterior ao Decreto-Lei n.º 329-A/95, incumbindo à parte interessada requerer o prosseguimento da instância suspensa ou a consideração da prova documental afectada pelo incumprimento das leis fiscais.
(Aditado pelo artigo 6.º do Decreto-Lei n.º 180/96, de 25 de Setembro).

São imediatamente expurgadas da lei adjectiva – mesmo quanto às causas pendentes – as *limitações ao direito de acesso aos tribunais* e do *direito à produção de prova documental,* emergentes do estatuído nos artigos 280.º, 281.º, 282.º e 551.º, na redacção anterior à reforma.

Assim, estando a instância suspensa, nos termos daqueles preceitos, incumbirá à parte interessada requerer o seu normal prosseguimento, aplicando-se o regime emergente da nova redacção do artigo 280.º.

Se a parte estiver inibida de fazer uso de certo documento, em consequência do preceituado no artigo 551.º, incumbe-lhe requerer que tal prova documental venha a ser oportunamente tomada em consideração, em decisão que, nos termos gerais, o tribunal possa ainda proferir – e em que lhe seja lícito e oportuno valorar o documento – a partir do momento da entrada em vigor de lei nova, actuando-se previamente o princípio do contraditório, se porventura não teve ainda lugar.

ARTIGO 22.º
Procedimentos cautelares

Aos procedimentos cautelares requeridos na pendência da lei nova, ainda que como incidente de acções pendentes à data da sua entrada em vigor, é aplicável o nela estabelecido.
(Aditado pelo artigo 6.º do Decreto-Lei n.º 180/96, de 25 de Setembro).

A autonomia da *"instância"* em que se consubstanciam os procedimentos cautelares permite compreender o alcance da norma constante do artigo 22.º: aos procedimentos cautelares, requeridos a partir de 1 de Janeiro de 1997, é integralmente aplicável o *"bloco normativo"* integrado pelos artigos 381.º a 427.º, quer se trate de procedimentos que precedem a instauração da acção principal, quer de procedimentos que surgem incidentalmente no âmbito de uma causa principal, mesmo que já pendente em 1 de Janeiro de 1997.

ARTIGO 23.º
Instrução

1 – Às provas propostas em prazo iniciado após a entrada em vigor do presente diploma, bem como a quaisquer diligências instrutórias oficiosamente ordenadas após aquela data, é aplicável o regime de direito probatório emergente da lei nova, incluindo o disposto no artigo 512.º-A, bem como o preceituado no n.º 4 do artigo 181.º e no artigo 647.º do Código de Processo Civil, na redacção introduzida por este diploma.

2 – O disposto no número anterior é também aplicável à prova documental apresentada em juízo após a data da entrada em vigor do presente diploma.
(Aditado pelo artigo 6.º do Decreto-Lei n.º 180/96, de 25 de Setembro).

I – Os artigos 23.º a 25.º prescrevem – em termos algo restritos, no que se refere à tramitação em 1.ª instância – a imediata aplicação de alguns regimes inovatoriamente estabelecidos para a *tramitação dos processos declaratórios,* mesmo quanto às acções já pendentes em 1 de Janeiro de 1997.

II – Assim, em sede de *direito probatório,* o artigo 23.º estatui que é imediatamente aplicável o *"bloco normativo"* integrado pelos artigos 513.º a 645.º às próprias acções em curso, desde que se trate de provas propostas pelas partes em prazo iniciado após 1 de Janeiro de 1997 ou de diligências oficiosamente ordenadas pelo juiz em despacho proferido após aquela data.

Pretende-se, com este regime, tornar imediatamente operante o reforço dos poderes inquisitórios do juiz, mesmo nas acções pendentes, permitindo, nomeadamente, a dispensa da invocação de certos *"sigilos"* ou *"confidencialidades"* em processo civil (artigos 519.º e 519.º-A); simplificar a produção da prova pericial, mesmo em causas pendentes; e aplicar de imediato certos pontos inovatórios do regime de prova testemunhal (acentuação do dever de comparência pessoal em julgamento, com dispensa da expedição de cartas, nos termos do artigo 623.º; aplicação do regime do depoimento decorrente da nova redacção do n.º 1 do artigo 638.º; ampliação das possibilidades de inquirição por iniciativa do tribunal nos termos do artigo 645.º, etc.).

Deste modo – e em termos práticos – nas acções pendentes em juízo em que se inicie após 1 de Janeiro de 1997 o prazo a que alude o actual artigo 512.º do Código de Processo Civil, será aplicável o novo regime de direito probatório às provas que, nos termos de tal preceito, as partes vierem a requerer.

III – Para além disto, o n.º 1 do artigo 23.º estabelece a imediata aplicação às causas pendentes de determinados preceitos que, na sistemática do Código de Processo Civil, estão situados fora da fase da *"instrução de processo",* embora estritamente conexionados com esta:

a) é considerado de imediata aplicação o estipulado no artigo 512.º-A, relativamente à possibilidade de alteração do rol de testemunhas, até 20 dias antes da data de realização da audiência final.

Passa a ser, deste modo, lícito às partes alterarem, nos termos do citado preceito legal, o rol de testemunhas que hajam apresentado no domínio da lei nova, no seguimento de prazo nesta iniciado, mesmo que ao abrigo de notificação expedida no domínio da anterior redacção do artigo 512.º.

b) Considera-se imediatamente aplicável o disposto no n.º 4 do artigo 181.º: assim, perante o não cumprimento atempado de carta expedida na sequência de requerimento probatório apresentado em prazo iniciado após 1 de Janeiro de 1997, pode o juiz determinar a comparência pessoal do depoente na audiência final, quando a considere essencial à descoberta da verdade e tal não represente sacrifício desproporcionado.

c) Considera-se ainda de aplicação imediata o estipulado no artigo 647.º, relativamente à prova pericial, destinada ao apuramento dos danos, requerida na sequência de prazo iniciado após 1 de Janeiro de 1997, com vista a acelerar o andamento de acções indemnizatórias bloqueadas em consequência de demora anormal na produção da prova pericial.

d) Relativamente à prova documental, é aplicável o regime da lei nova no que se refere aos documentos apresentados em juízo após 1 de Janeiro de 1997 – o que implica como consequência que a parte contrária deverá, neste caso, em vez de suscitar o incidente de falsidade, impugnar a respectiva genuinidade, nos termos dos artigos 544.º e seguintes, na redacção emergente do Decreto-Lei n.º 180/96.

ARTIGO 24.º
Registo das audiências

É imediatamente aplicável aos processos de natureza civil, pendentes em quaisquer tribunais na data da entrada em vigor do presente diploma, o disposto no Decreto-Lei n.º 39/95, de 15 de Fevereiro, no que respeita ao registo das audiências.
(Aditado pelo artigo 6.º do Decreto-Lei n.º 180/96, de 25 de Setembro).

I – O artigo 24.º veio pôr termo à fase inicial e *"experimental"* de aplicação no tempo do regime instituído pelo Decreto-Lei n.º 39/95 para o registo das audiências e da prova nelas produzida, com vista a possibilitar às Relações o efectivo exercício de um segundo grau de jurisdição quanto à apreciação da matéria de facto – tendo tal regime, até então, vigorado apenas nas acções cíveis instauradas em tribunais de ingresso, a partir da data do início da vigência do referido diploma legal, por via do disposto no seu artigo 12.º, n.º 2.

Passa, assim, a ser lícito às partes, nas causas da natureza civil (no sentido que a esta expressão era dado pelo artigo 79.º da Lei n.º 38/87, isto é, como contraposição, entre outras às acções *"de família"* e *"de trabalho"*) pendentes em quaisquer tribunais (isto é, independentemente da sua *"categoria"*, nos termos do n.º 2 do artigo 12.º da Lei Orgânica dos Tribunais Judiciais) – e não apenas nos de ingresso – em 1 de Janeiro de 1997, usarem da faculdade prevista no artigo 522.º-B, n.º 2, do Código de Processo Civil (na redacção emergente daquele Decreto-Lei n.º 39/95) – e, deste modo, na sequência da notificação a que alude o artigo 512.º, requerem no prazo de 15 dias *"contínuos"* ("ex vi" da adaptação à regra da continuidade prevista no artigo 6.º, n.º 1, alínea *c)* em articulação com o artigo 18.º do

Decreto-Lei n.º 180/96) que a audiência final seja gravada, com a consequente dispensa de intervenção do colectivo, aplicando-se os demais preceitos do citado Decreto-Lei n.º 39/95, atinentes ao registo da audiência e da prova nela produzida, bem como ao eventual recurso da matéria de facto e acrescidos poderes cognitivos da Relação.

II – Nas acções pendentes nos tribunais de 1.º acesso ou de acesso final em que já se mostrar cumprida, antes de 1 de Janeiro de 1997, a notificação a que alude o artigo 512.º não será, a nosso ver, já possível às partes requererem aquele registo de prova – uma vez que a regra da imediata aplicação da lei nova, aflorada no artigo 24.º do Decreto-Lei n.º 180/96, não significa nem implica que às partes sejam concedidos prazos excepcionais ou adicionais para praticarem actos processuais cuja oportunidade, face às regras sobre a tramitação da causa, já passou – mas tão somente que aos actos que vierem a ser oportunamente praticados, após a vigência da lei nova, é aplicável o regime legal nesta estabelecido.

Será, porém, lícito ao tribunal, até ao início da audiência final, determinar oficiosamente a documentação da prova, ainda que as partes a não hajam podido ou querido requerer, nos termos do n.º 2 daquele artigo 522.º-B, na redacção do Decreto-Lei n.º 39/95.

III – Nos procedimentos cautelares pendentes em 1 de Janeiro de 1997 deverá ser dado cumprimento ao disposto no n.º 2 do artigo 381.º do Código de Processo Civil, na redacção do mesmo Decreto-Lei n.º 39/95, procedendo-se à gravação dos depoimentos quando o requerido não haja sido citado previamente para exercer o contraditório.

IV – No sentido da não inconstitucionalidade desta norma, veja-se o Ac. TC 78/03, in DR II 21/3/03.

V – Propugnando a interpretação restritiva deste art. 24.º, em termos de não ser admissível o requerimento de gravação de audiência, apresentado depois de aditado o questionário, na sequência de anulação da decisão inicialmente proferida sobre a matéria de facto, em que teve intervenção o colectivo, veja-se o Ac. Rel. in CJ I/01, pág. 130.

ARTIGO 25.º
Impugnação e efeitos da sentença

1 – É aplicável aos recursos interpostos de decisões proferidas nos processos pendentes após a entrada em vigor do presente diploma o regime estabelecido pelo Código de Processo Civil, na redacção dele emergente, com excepção do preceituado no artigo 725.º e no n.º 2 do artigo 754.º, bem como o disposto nos n.ºs 2 e 3 do artigo 669.º e no artigo 670.º.

2 – Às decisões proferidas após a entrada em vigor do presente diploma é ainda aplicável o disposto nos artigos 674.º-A e 674.º-B.

(Aditado pelo artigo 6.º do Decreto-Lei n.º 180/96, de 25 de Setembro).

I – No que se refere a *impugnação* das decisões judiciais, o n.º 1 do artigo 25.º consagra regime estritamente decalcado do que resultava do n.º 2 do artigo 16.º do Decreto-Lei n.º 329-A/95, na sua redacção originária: aplicação em bloco das disposições da lei nova sobre *recursos*, com excepção dos preceitos que impliquem restrições ou limitações de tal direito em causas pendentes.

Assim, são aplicáveis integralmente as disposições da lei nova a todos os recursos interpostos de decisões proferidas, mesmo nas causas pendentes, a partir de 1 de Janeiro de 1997, salvo no que se refere ao regime do recurso *"per saltum"* para o Supremo Tribunal de Justiça (artigo 725.°) e da limitação do direito ao recurso, em sede de agravo em 2.ª instância (n.° 2 do artigo 754.°).

II – A parte final do n.° 1 do artigo 25.°, bem como o n.° 2 deste preceito, pretendia considerar ainda de aplicação imediata dois pontos do regime estabelecido na lei nova quanto aos vícios e reforma da sentença e aos efeitos desta:

a) Assim, considera-se de aplicação imediata às decisões proferidas após 1/1/97, mesmo nos processos em curso, o disposto nos arts. 669.°, n.° 2 e 3, e 670.° – ou seja: a possibilidade de reforma da sentença, no caso de erro notório no julgamento.

Era esta a intenção, apesar da formulação pouco clara do preceito, que levou a jurisprudência a integrar o segmento final do n.° 1 deste art. 25.° no âmbito das "excepções" nele contempladas quando à imediata aplicação da lei nova.

Na verdade, o segmento final deste preceito não pretendia constituir mais uma excepção à regra da aplicação imediata das disposições da lei nova sobre recursos, mas continuar a enunciação dos casos em que tal regra devia ter cabimento (não se diz 'bem como do disposto'; mas "bem como *o* disposto").

b) Considera-se imediatamente aplicável (n.° 2) o regime de eficácia reflexa da decisão penal, condenatória ou absolutória, no âmbito do processo civil.

ARTIGO 26.°
Acção executiva

1 – Aos procedimentos de natureza declaratória enxertados em execuções pendentes e que devam ser deduzidos na sequência de prazos iniciados após a vigência do presente diploma são inteiramente aplicáveis as disposições da lei nova, incluindo as referentes ao respectivo processamento, segundo as disposições que regem o processo declarativo, ordinário ou sumário.

2 – É aplicável às penhoras ordenadas após a entrada em vigor do presente diploma o disposto nos artigos 821.° a 832.° e 837.°-A a 863.°-B do Código de Processo Civil, na redacção daquele emergente.

3 – Nas execuções que, à data da entrada em vigor do presente diploma, se encontrem pendentes, sem que se hajam ordenado ou iniciado as diligências necessárias para a realização do pagamento, são aplicáveis as disposições da lei nova, incumbindo, porém, ao juiz optar entre a venda judicial mediante propostas em carta fechada ou a arrematação em hasta pública; neste caso, são aplicáveis as disposições, ora revogadas, sobre tal modalidade de venda.

(Aditado pelo artigo 6.° do Decreto-Lei n.° 180/96, de 25 de Setembro).

I – A específica estrutura e fisionomia da acção executiva tornou viável um muito mais intenso e profundo reflexo, nas disposições transitórias que a regem, do princípio da imediata aplicação da lei nova às execuções pendentes.

II – Aos procedimentos de natureza declaratória inseridos em execuções pendentes – e que são susceptíveis de, pelo menos a partir de certa vicissitude ou fase processual, se moldarem segundo as regras do processo declaratório comum, ordinário ou sumário – e que seja oportuno deduzir no seguimento de prazos iniciados após 1 de Janeiro de 1997, é inteiramente aplicável o disposto na lei nova, processando-se a sua tramitação, nas fases em que se apliquem as disposições do processo ordinário ou sumário, em consonância com o novo figurino das acções declarativas.

Implica este regime de direito transitório que à *liquidação da obrigação exequenda*, aos *embargos de executado* e às *reclamações de créditos* que sejam deduzidos pelo interessado em prazo iniciado após 1 de Janeiro de 1997 são aplicáveis, tanto as disposições da lei nova situadas sistematicamente no âmbito do processo executivo (v.g., artigos 806.º/809.º, 812.º/820.º, 864.º/871.º), como as disposições gerais referentes à tramitação do processo declaratório ordinário ou sumário – se tais enxertos declarativos no processo executivo forem, a partir de certo momento, tramitados segundo tais formas processuais.

Entendeu-se, na verdade, que, tratando-se de verdadeiros processos de cariz declarativo inseridos numa execução, a sua tramitação integralmente segundo as disposições da lei nova em nada contendia com a *"homogeneidade"* do processado, apesar de as precedentes fases da execução terem sido, porventura, processadas em função da lei anterior à reforma do processo civil.

III – Considera-se imediatamente aplicável a todas as *penhoras* que, mesmo em execuções pendentes, venham a ser ordenadas a partir de 1 de Janeiro de 1997 todo o regime da lei nova relativo à determinação dos bens penhoráveis, ao modo de realização da penhora de móveis, imóveis e direitos e ao incidente de oposição à penhora: excluem-se apenas as disposições referentes à nomeação de bens à penhora (artigos 833.º a 873.º) por naturalmente tal matéria estar estritamente conexionada com actos que, na lógica do processo, naturalmente, precederem o despacho determinativo da penhora.

Por força das disposições conjugadas dos n.os 1 e 2 do artigo 26.º, afigura-se que aos embargos de terceiro que seja oportuno deduzir na sequência de penhora ordenada já após 1 de Janeiro de 1997, é aplicável o regime constante dos artigos 351.º a 359.º do Código de Processo Civil, na redacção emergente da reforma: na verdade, trata-se, por um lado, de um procedimento de cariz declaratório inserido no processo executivo; e, por outro lado, de uma forma de terceiros reagirem contra uma penhora que reputam de ilegal, por atingir ilegitimamente direitos com ela incompatíveis, carecendo esta forma de oposição de ser articulada com o meio processual decorrente do disposto nos artigos 863.º-A e 863.º-B.

Deste modo – e relativamente às penhoras ordenadas após 1 de Janeiro de 1997, mesmo nas execuções pendentes – se um qualquer terceiro – isto é, que não seja exequente nem executado – pretender opor um direito próprio, incompatível com o acto de penhora determinado ou realizado, deverá fazê-lo segundo o figurino dos artigos 351.º a 359.º do Código de Processo Civil, na redacção emergente da reforma. Se for o próprio executado a pretender reagir contra a penhora, deverá fazê-lo, mesmo nas causas pendentes, através do incidente de oposição à penhora, qualquer que seja o fundamento invocado, nos termos dos citados artigos 863.º-A e 863.º-B.

IV – Relativamente à fase do pagamento, estabelece o n.º 3 artigo 26.º que o *"bloco normativo"* referente a tal fase da acção executiva é imediatamente aplicável às próprias execuções pendentes, em que ainda se não hajam ordenado ou iniciado, em 1 de Janeiro de 1997, as diligências destinadas a possibilitar a satisfação do direito do credor.

No que se refere, porém, às modalidades da venda judicial, estabelece-se a "sobrevigência" das normas, revogadas pela reforma, respeitantes à venda em hasta pública, facultando-se ao juiz a opção entre esta modalidade e a única forma de venda judicial que passa, após 1 de Janeiro de 1997 e nas execuções novas, a subsistir: a venda mediante propostas em carta fechada.

ARTIGO 27.º
Moratória forçada

É aplicável nas causas pendentes à data da entrada em vigor deste diploma a nova redacção introduzida no artigo 1696.º do Código Civil.
(Aditado pelo artigo 6.º do Decreto-Lei n.º 180/96, de 25 de Setembro).

O artigo 27.º do Decreto-Lei n.º 180/96 considera de imediata aplicação, mesmo no âmbito das execuções pendentes, o novo regime estabelecido no artigo 1696.º do Código Civil, traduzido na eliminação do instituto da moratória forçada. Tal regime decorria, aliás, já implicitamente do preceituado no n.º 2 do artigo 26.º, na parte em que mandava aplicar às penhoras determinadas após 1 de Janeiro de 1997 o disposto no artigo 825.º, na nova redacção – que pressupunha exactamente o desaparecimento da referida "moratória forçada", emergente das disposições da lei civil.

É, pois, lícito, nas penhoras que venham a ser ordenadas após 1 de Janeiro de 1997, proceder à imediata penhora dos bens comuns do casal, nos termos do referido artigo 825.º, na redacção emergente do Decreto-Lei n.º 329-A/95. De salientar que o Ac. da Rel. Coimbra (in CJ II/98, pág. 17) considera mesmo que a nova redacção daquele preceito do CC é aplicável a quaisquer causas pendentes em 1/1/97, sendo indiferente que, nessa data, a penhora já tenha ou não sido ordenada ou efectuada.

Bem se compreende a imediata aplicação de tal regime, apesar de resultante da alteração de disposição da lei civil, se se tiver na devida conta a especificidade própria do processo executivo: na verdade – e assente que as modificações do regime das dívidas dos cônjuges são aplicáveis, em termos de direito material, independentemente da data de constituição do débito e da celebração do casamento – a não aplicação da lei nova no âmbito das execuções pendentes não seria sequer susceptível de garantir os interesses do outro cônjuge – afectados pela eliminação da moratória forçada – já que apenas levaria o exequente a desistir da execução pendente e instaurar uma nova acção executiva já em 1997 – na qual já lhe seria lícito agredir directamente os bens comuns do casal, sem aguardar pela dissolução do vínculo matrimonial. Ou seja, a não aplicação às causas pendentes do novo regime estabelecido sobre a responsabilidade pelas dívidas dos cônjuges apenas conduziria a custos e demoras acrescidas, no plano estritamente adjectivo, sem pôr os bens comuns do casal a coberto do direito de execução do credor, mesmo que a dívida exequenda tivesse sido contraída em momento anterior à entrada em vigor do artigo 4.º, n.º 1, do Decreto-Lei n.º 329-A/95.

Cfr. ainda anotação ao art. 4.º
No sentido da não inconstitucionalidade do regime constante deste preceito, cf. Acs. TC 508/99 (in Acs. TC 44.º vol., pág. 789), 29/00 (in Acs. TC 46.º vol., pág. 245) e 352/03.

ARTIGO 28.º
Adequação do processado, por acordo das partes

1 – Nos processos de declaração que sigam a forma ordinária ou sumária e que, à data da entrada em vigor do presente diploma, não estejam ainda conclusos para elaboração de despacho saneador, é lícito às partes, de comum acordo, requerer que, findos os articulados, se realize uma audiência preliminar, seguindo-se os ulteriores termos dos artigos 508.º e seguintes e 787.º do Código de Processo Civil, na redacção introduzida por este diploma.

2 – No caso previsto no número anterior, à tramitação posterior da causa e dos incidentes e procedimentos cautelares que nela venham a ser deduzidos, é aplicável o disposto no Código de Processo Civil, na redacção aprovada por este diploma, sem prejuízo de validade e eficácia dos actos praticados ao abrigo das disposições legais anteriores.

3 – Na decisão dos incidentes da instância inseridos nos processos a que for aplicável o preceituado nos números anteriores, ter-se-ão em conta as alterações que impliquem convolação para incidente diverso do indicado pelo requerente, com aproveitamento do processado e respeito pelas garantias das partes.

4 – Cumpre ao juiz, na hipótese prevista nos números anteriores, adequar o processado nos termos estabelecidos no artigo 265.º-A do Código de Processo Civil, de modo a obstar a que a imediata aplicação da lei nova possa implicar quebra da harmonia ou unidade dos vários actos ou fases do processo.

(Aditado pelo artigo 6.º do Decreto-Lei n.º 180/96, de 25 de Setembro).

Os artigos 28.º e 29.º visam consagrar a regra da plena aplicabilidade, mesmo no domínio da tramitação do processo declaratório em 1.ª instância, do princípio doutrinário da *imediata aplicação* da lei processual, condicionando-a, contudo, à existência de *acordo das partes* – o que, na prática, tornará a efectiva aplicação deste regime relativamente excepcional.

Assim, nas acções declaratórias, ordinárias ou sumárias, que estejam, em 1 de Janeiro de 1997, na fase dos articulados, podem as partes, de comum acordo, optar pela subordinação da fase de saneamento e condensação ao esquema inovatório da audiência preliminar (artigo 28.º, n.º 1), seguindo-se integralmente, na tramitação das fases subsequentes, o regime decorrente da reforma do processo civil.

Ressalva-se, porém, a validade e eficácia dos actos processuais já praticados à sombra da lei anterior; e outorgam-se ao juiz os poderes necessários para, como concretização do princípio da adequação formal, assegurar plenamente a *"homogeneidade"* do processo e o integral repeito pelos direitos e garantias das partes.

431

ARTIGO 29.º
Renovação da instância

Nos processos a que se aplique o disposto no artigo anterior, pode a parte interessada, no prazo de 30 dias a contar do trânsito em julgado da decisão final, requerer a renovação da instância, desde que seja suprível a falta de qualquer pressuposto processual que, nos termos da lei nova, pudesse ser suprida.
(Aditado pelo artigo 6.º do Decreto-Lei n.º 180/96, de 25 de Setembro).

Nos processos regidos em conformidade com a adequação do processado, por acordo das partes, nos termos previstos no artigo anterior, passa a admitir-se sempre o suprimento de quaisquer excepções dilatórias que, resultantes do preceituado nas disposições da lei anterior, hajam desaparecido – ou sido consideradas supríveis – pela lei nova, mesmo que já tenham determinado a absolvição da instância: a norma constante do artigo 29.º generaliza, pois, a todos os processos a que tenha sido aplicado o disposto no artigo 28.º um regime análogo ao vigente em sede de preterição do litisconsórcio necessário, contemplando a possibilidade de renovação da instância extinta, a requerimento da parte interessada na obtenção de uma decisão de mérito.

Visto e aprovado em Conselho de Ministros de 24 de Agosto de 1995. – *Aníbal António Cavaco Silva, Álvaro José Brilhante Laborinho Lúcio*

Promulgado em 13 de Outubro de 1995.

Publique-se.

O Presidente da República, Mário Soares.

Referendado em 15 de Outubro de 1995.

O primeiro-ministro, *Aníbal António Cavaco Silva.*

DECRETO-LEI N.° 180/96
de 25 de Setembro

Visa o presente diploma proceder – com inteiro respeito pelas linhas orientadoras da reforma do processo civil, oportunamente definidas – a pontuais aperfeiçoamentos de certos regimes e formulações acolhidos no Decreto-Lei n.° 329--A/95, de 12 de Dezembro.

Não se trata, pois, nem podia tratar, de uma segunda reforma do processo civil e muito menos de uma contra-reforma. No dilema entre a revogação, pura e simples, do citado decreto-lei, com o fundamento de que se não acompanham nem sufragam algumas das soluções nele consagradas, e a introdução no seu texto, sem o descaracterizar, de correcções havidas por necessárias, optou-se, decididamente, pelo segundo termo da alternativa. Aliás, e por um lado, são preponderantes os aspectos em que a reforma suscita a nossa adesão; por outro, é tão gritante a conveniência há muito sentida de intervir na área do processo civil, imune, há largas décadas, ao fenómeno de adaptação dos diplomas legais estruturantes às novas realidades da administração da justiça, que seria indesculpável o desperdício de um trabalho globalmente válido a pretexto de um utópico perfeccionismo, que protelaria ainda mais a satisfação de uma exigência comummente sentida pela comunidade jurídica.

Deste modo, e para que se dissipem equívocos, o objectivo perseguido por este decreto-lei foi o da melhoria da redacção de vários preceitos, na busca de uma uniformização e condensação das proposições legais, por forma a prevenir, na medida do possível, dúvidas interpretativas que, neste domínio, se pagam por elevado preço.

Para além disso, todavia, e onde se considerou mais necessário, alteraram-se algumas soluções da lei nova, que se substituíram por outras havidas como mais ajustadas, quer no plano dogmático, quer, sobretudo, no do mais correcto e eficaz funcionamento do sistema.

Assim, e quanto a este segundo aspecto: Começando pelas normas relativas à definição dos princípios fundamentais, substituiu-se, no n.° 3 do artigo 3.°, e no que se refere à prévia audição das partes para as precaver contra decisões surpresa, o critério fundado na «diligência devida» pelo da «manifesta desnecessidade» da audição, em consonância com o que, em sede de nulidades, já resulta do n.° 1 do artigo 207.° do Código de Processo Civil.

Quanto ao princípio da igualdade das partes, reintroduziu-se no artigo 3.º-A, tal como constava do projecto elaborado, a ideia de uma igualdade «substancial», adjectivação que se reputa fundamental.

No âmbito do princípio da adequação formal, a que dá guarida o artigo 265.º--A, princípio que é expressão do carácter funcional e instrumental da tramitação relativamente à realização do fim essencial do processo, regressa-se à formulação do projecto, condicionando a adequação à prévia audição – mas não ao acordo das partes. Efectivamente, a adequação não visa a criação de uma espécie de processo alternativo, da livre discricionariedade dos litigantes, mas possibilitar a ultrapassagem de eventuais desconformidades com as previsões genéricas das normas de direito adjectivo.

No tocante aos pressupostos processuais, entendeu-se suprimir o n.º 4 do artigo 26.º do Código de Processo Civil, por não fazer sentido que na questão crucial da definição da legitimidade das partes o legislador tivesse adoptado para a legitimidade singular a tese classicamente atribuída ao Prof. Barbosa de Magalhães e para a legitimidade plural a sustentada pelo Prof. Alberto dos Reis. A opção efectuada – discutível, como todas as opções – propõe-se circunscrever a querela sobre a legitimidade a limites razoáveis e expeditos, os quais, de resto, são os que a jurisprudência, por larga maioria, tem acolhido.

A eliminação deste normativo não significa que não existam especificidades a considerar no que concerne à definição e ao enquadramento do conceito de legitimidade plural decorrente da figura do litisconsórcio necessário: julga-se, porém, que tais particularidades não são de molde, na sua essência, a subverter o próprio critério definidor da legitimidade das partes.

Transferiu-se para o lugar adequado a matéria das «incapacidades conjugais», há muito pacificamente qualificadas pela doutrina como respeitantes à legitimidade dos cônjuges, com o que se revogaram os artigos 18.º e 19.º do Código de Processo Civil.

Optou-se ainda pela eliminação das regras que solucionavam alguns problemas de legitimidade nas acções de preferência, por se entender que na parte geral do Código não deviam ter cabimento previsões casuísticas.

Reformulou-se a definição dos termos em que é admitida inovatoriamente a figura doutrinária do «litisconsórcio subsidiário ou eventual» – que aparece definido como «pluralidade subjectiva subsidiária» –, para obviar à possível tendência para uma rígida qualificação das hipóteses nele subsumíveis como tendo natureza necessariamente litisconsorcial ou coligatória.

Adequou-se a redacção do artigo 26.º-A à constante da lei que regula o exercício da acção popular, entretanto publicada.

Finalmente – e no que se refere à definição da legitimidade na execução por dívida provida de garantia real – reformulou-se a solução que constava do artigo 56.º, estabelecendo-se que, quando os bens sobre que recaia a garantia estejam na posse de terceiro mas pertençam ao devedor, é contra este que a execução deve ser instaurada, sem prejuízo de se poder demandar também o possuidor.

No que concerne à disciplina dos actos processuais, merece realce a introdução de um limite à multa cominada no artigo 152.°, n.° 3, para a falta de apresentação pela parte de duplicados ou cópias.

Reconhecendo a relevância que crescentemente deve ser atribuída às modernas tecnologias, prevê-se de forma expressa a prática de actos processuais através de meios telemáticos, bem como o acesso ao processo, pelos mandatários judiciais, através de consulta de ficheiros informáticos existentes nas secretarias.

Amplia-se a relevância de certos casos de nulidade da citação, em hipóteses de particular gravidade – ter sido edital a citação, não ter sido indicado prazo para a defesa –, alargando-se o prazo para a respectiva arguição e facultando-se ao tribunal o seu conhecimento oficioso (artigos 198.°, n.° 2, 202.° e 206.°).

Procura clarificar-se o regime decorrente da genérica eliminação do despacho liminar, inserindo-se em preceito autónomo – o artigo 234.°-A – a regulamentação aplicável aos casos em que, por haver excepcionalmente lugar a tal despacho, pode ocorrer indeferimento in limine; assim, optou-se por manter o regime, mais garantístico, que faculta sempre ao autor o recurso até à Relação, em caso de rejeição liminar da acção ou do procedimento cautelar.

No que se refere à disciplina da citação, mantém-se a nota de citação, nos casos em que é efectuada pelo funcionário (artigo 239.°, n.° 1), e esclarece-se que a citação com hora certa vale naturalmente como citação pessoal, mesmo que realizada noutra pessoa ou através da afixação de nota, nos termos do n.° 3 do artigo 240.°

Nos capítulos da instância e dos procedimentos cautelares, deve salientar-se a circunstância de o artigo 269.°, como decorrência do princípio da economia processual, permitir a regularização da instância, no caso de absolvição por preterição do litisconsórcio necessário, se não em termos ampliados, ao menos em norma interpretativa do regime vigente.

Razões de economia processual decorrentes da necessária prevalência das decisões de fundo sobre as de mera forma – ultrapassando os obstáculos a uma verdadeira composição do litígio, fundados numa visão puramente lógico-conceptualista do processo – levaram identicamente à consagração, no n.° 3 do artigo 288.°, de um regime francamente inovador, segundo o qual a simples ocorrência de uma excepção dilatória não suprida não deverá conduzir irremediavelmente à absolvição da instância: assim, se o pressuposto processual em falta se destinar à tutela do interesse de uma das partes, se nenhuma outra circunstância obstar a que se conheça do mérito e se a decisão a proferir dever ser inteiramente favorável à parte em cujo interesse o pressuposto fora estabelecido, faculta-se ao juiz o imediato conhecimento do mérito da causa.

Simplifica-se a tramitação do incidente de habilitação perante os tribunais superiores, permitindo que, mesmo havendo lugar à produção de prova testemunhal, o relator possa não determinar a baixa dos autos à 1.ª instância (artigo 377.°, n.° 2).

Estabelece-se que o controlo do cumprimento das obrigações tributárias e a consequente comunicação das infracções detectadas às autoridades fiscais competentes é incumbência da secretaria.

Em sede de procedimentos cautelares acentua-se, de forma explícita, a sua admissibilidade como preliminar ou incidente na acção executiva.

Optou-se pela eliminação do dever de comunicação aos presidentes das Relações de eventuais atrasos nas decisões, revogando-se, consequentemente, o n.º 3 do artigo 382.º do Código, por incumbir naturalmente ao órgão de gestão da magistratura judicial a verificação do incumprimento de prazos e a análise da sua justificação.

Regulamenta-se expressamente a hipótese, omissa na lei de processo vigente, de ser requerida providência cautelar como dependência de acção proposta ou a propor no estrangeiro, por força de convenções internacionais vinculativas para o Estado Português (artigo 383.º, n.º 5).

Quanto à caducidade da providência cautelar, em consequência da não atempada propositura da acção principal, estabelece-se que o prazo de caducidade apenas se inicia com a notificação da decisão que haja ordenado a providência, de modo a evitar que o requerente tenha o ónus de intentar a acção principal sem conhecer a decisão que teve lugar no procedimento cautelar [artigo 389.º, n.º 1, alínea a), e 2], com o que se regressa ao regime actualmente em vigor. Inovou-se, porém, com a solução do n.º 2 do artigo, destinada a manter o secretismo da providência. Esclarece-se que a recusa da providência pelo tribunal, nos termos do n.º 2 do artigo 387.º, apenas pode ter lugar quando o prejuízo dela resultante para o requerido exceder «consideravelmente» o dano que com ela o requerente pretende evitar, privilegiando-se, no juízo de proporcionalidade ínsito nesta norma, a vertente da tutela dos direitos ameaçados. Para prevenir possíveis dúvidas na concretização deste regime, estabelece-se, à semelhança do direito ainda vigente, que ele não tem cabimento no âmbito de certos procedimentos cautelares nominados (artigo 392.º, n.º 1).

Estabelece-se que a improcedência ou caducidade de uma providência cautelar apenas obsta à repetição como dependência da mesma causa de igual procedimento (artigo 381.º, n.º 4).

Eliminou-se ainda a necessária dependência do arresto relativamente à acção de cumprimento, que poderia criar dúvidas sobre a sua admissibilidade no campo da acção executiva. E permitiu-se que, nos casos previstos no n.º 2 do artigo 407.º, a acção principal, visando a impugnação da aquisição de bens por terceiro, não tenha de ser sempre proposta antes de o arresto ser requerido, acautelando-se o sigilo deste procedimento cautelar.

Como reflexo do princípio da cooperação e dos deveres que lhe são inerentes, permite-se, sem quaisquer limitações, a condenação como litigante de má fé da própria parte vencedora, desde que o seu comportamento processual preencha alguma das previsões contidas no n.º 2 do artigo 456.º, sendo certo que a conduta censurável poderá não se reconduzir, apenas e necessariamente, à «má fé instrumental».

Por outro lado, faculta-se sempre o recurso, em um grau, da decisão que condene como litigante de má fé, independentemente do valor da causa e da sucumbência, assegurando, nesta sede, o integral respeito pela existência de um segundo grau de jurisdição, justificado pela relevância que a uma tal condenação, independentemente do montante da sanção cominada, sempre deverá atribuir-se.

No campo do processo ordinário de declaração, introduziram-se alguns aperfeiçoamentos – formais e, nalguns casos, substanciais – na nova disciplina instituída para a fase de saneamento e condensação, traduzida na realização de uma audiência preliminar.

Assim, prevê-se expressamente que o juiz, nas acções contestadas, ao seleccionar, após debate, a matéria de facto relevante, enuncie explicitamente tanto a que considera assente, como a que qualifica como controvertida, facultando às partes a imediata dedução das reclamações que considerem pertinentes, por se julgar que a expressa enumeração dos factos que devem considerar-se assentes – e não apenas a sua referenciação implícita, por omissão na base instrutória – poderá contribuir para a clarificação e boa ordem da subsequente tramitação da causa.

Regulamentou-se, por outro lado, em preceito autónomo – o artigo 508.º-B – a eventual dispensa da audiência preliminar, procurando fazer-se apelo a critérios facilmente apreensíveis: assim, no processo ordinário, a regra será a existência de uma audiência preliminar, a qual só não terá cabimento quando, destinando-se esta à fixação da base instrutória, a simplicidade da causa justificar a respectiva dispensa, e, bem assim, quando, destinando-se a facultar às partes a discussão de excepções dilatórias ou a produção de alegações sobre o mérito da causa – actuando, pois, o princípio do contraditório –, se verificar que se trata de matérias que as partes já debateram nos articulados, ou cuja apreciação se reveste de manifesta simplicidade. Deixa-se, pois, claro que a regra é a realização da audiência preliminar, em conformidade com a nova visão do processo que se institui.

De acordo com a melhor doutrina, insere-se no âmbito da prova documental a regulamentação da matéria referente à impugnação da genuinidade dos documentos e à ilisão da autenticidade ou força probatória dos mesmos, estabelecendo-se regime articulado com as soluções do Código Civil e derrogando-se, consequentemente, os preceitos que regulam o incidente de falsidade.

No depoimento de parte, elimina-se a parte final do n.º 1 do artigo 562.º do Código de Processo Civil, que proibia a instância do depoente pelos advogados.

Relativamente ao dever da comparência na audiência final, estabelece-se que os peritos nela deverão comparecer se alguma das partes o requerer. E, quanto às testemunhas, procurou articular-se a regra da necessária comparência das que residam na área do círculo judicial com algumas especificidades geográficas de sinais distintos: assim, quanto às Regiões Autónomas, admite-se que se expeça carta precatória quando a testemunha resida em comarca sediada em ilha diversa daquela em que se situa o tribunal de causa; nas áreas metropolitanas de Lisboa e Porto, elimina-se a expedição de cartas precatórias entre círculos limítrofes.

Limita-se o âmbito de aplicação das formas inovatoriamente previstas nos artigos 639.º e seguintes para a produção de prova testemunhal sem comparência pessoal em juízo – depoimento apresentado por escrito e comunicação directa do tribunal com o depoente –, condicionando-as ao prévio acordo das partes.

Em sede de adiamentos, optou-se por substituir a comunicação ao mandante da falta do seu advogado «para que, sentindo-se lesado, participe, querendo, à Ordem dos Advogados» pela que se traduz na mera dispensa de observância, quanto ao mandatário faltoso, do disposto no artigo 155.º, relativamente à marcação da data subsequente da audiência mediante «acordo de agendas».

Revogou-se a norma constante do n.º 3 do artigo 630.º, por se considerar que não há razões substanciais para tratar diferentemente a falta do advogado à audiência final ou a um acto de produção de prova – eventualmente decisivo – a ter lugar antecipadamente, por carta, noutro tribunal.

Estabelece-se que a discussão por escrito do aspecto jurídico da causa apenas terá lugar se as partes dela não prescindirem.

Revê-se o regime da reforma da sentença por erro manifesto de julgamento, aplicando solução semelhante à prevista para a arguição – e eventual suprimento de nulidades da sentença.

Quanto ao âmbito do processo sumaríssimo, admite-se que sigam esta forma as acções emergentes de acidente de viação, de valor não superior a metade da alçada dos tribunais de 1.º instância, deixando de se exigir que a indemnização seja sempre computada em quantia certa.

No que se refere aos recursos, estabelece-se – em complemento e estrito paralelismo com o regime instituído em sede de arrendamento urbano, quanto à acção de despejo – que, independentemente do valor da causa e da sucumbência, é sempre admissível recurso para a Relação nas acções em que se aprecie a validade ou a subsistência de contratos de arrendamento para habitação (n.º 5 do artigo 678.º).

No que respeita à uniformização da jurisprudência pelo Supremo Tribunal de Justiça, e no sentido do seu reforço, ampliou-se a possibilidade de recurso de decisões que a contrariem.

Alargou-se o regime instituído no artigo 684.º-A para a ampliação do âmbito do recurso, a requerimento do recorrido, facultando-se a própria arguição, a título subsidiário, da nulidade da sentença.

Adequou-se o regime do agravo em 2.ª instância (artigo 761.º) à regra da obrigatoriedade de imediata apresentação de alegações pelo agravante.

Procurou clarificar-se, quer o regime do recurso per saltum para o Supremo Tribunal de Justiça, quer o decorrente da limitação da recorribilidade no âmbito do agravo, inovatoriamente estabelecidos nos artigos 725.º e 754.º do Código de Processo Civil. Assim, dispõe-se que só terá cabimento o recurso *per saltum* quando não haja agravos retidos que devam subir, nos termos do n.º 1 do artigo 735.º, conjuntamente com o interposto da decisão de mérito que se pretende submeter directamente à apreciação do Supremo Tribunal de Justiça. E esclarece-se, em estrita consonância com o teor literal da autorização legislativa concedida pela Lei n.º 33/95, de 18 de Agosto, que o regime limitativo estabelecido no n.º 2 do artigo 754.º não é aplicável aos agravos referidos nos n.º 2 e 3 do artigo 678.º e na alínea a) do n.º 1 do artigo 734.º, deixando-se, deste modo, claro que a limitação do direito de recorrer apenas atinge os recursos interpostos de decisões interlocutórias.

No campo da acção executiva, merece particular referência a alteração introduzida no artigo 818.º, com vista a definir o efeito do recebimento dos embargos de executado quando a execução se funde em escrito particular, sem assinatura reconhecida, alegando-se a não genuinidade desta. Assim, a suspensão da execução apenas poderá ter lugar quando o embargante – que sustenta a não genuinidade da assinatura – juntar documento que constitua princípio de prova da sua alegação.

Adequa-se o regime da escolha da prestação por terceiro na obrigação alternativa ao disposto no Código Civil (n.º 3 do artigo 803.º do Código de Processo Civil).

Estabelece-se a possibilidade de o juiz isentar excepcionalmente de penhora quaisquer rendimentos auferidos a título de vencimentos, salários ou pensões, tendo em conta a natureza da dívida e as condições económicas do executado.

Faculta-se ao juiz, quando seja penhorada casa de habitação onde resida habitualmente o executado, a possibilidade de sustar a desocupação até ao momento da venda (artigo 840.º, n.º 4).

Estabelece-se que seguirá a forma sumária o processo destinado à verificação de algum crédito reclamado e impugnado, qualquer que seja o seu valor (artigo 868.º, n.º 1).

Esclarece-se, em articulação com o Código do Registo Predial e com o princípio da instância, nele previsto, como se opera o cancelamento dos registos que caducam, decorrente do preceituado no artigo 888.º do Código de Processo Civil, pondo termo a dúvidas persistentemente suscitadas na prática judiciária.

Elimina-se, na venda mediante propostas em carta fechada, a possibilidade de o executado se opor à aceitação das propostas, oferecendo pretendente que se responsabilize por preço superior.

Faculta-se ao executado, nas execuções sumárias de decisões não transitadas em julgado, a substituição dos bens penhorados por outros de valor suficiente.

O capítulo que integra as disposições finais e transitórias foi objecto de modificações relevantes, nomeadamente no que se refere à aplicação no tempo dos novos regimes processuais.

Assim, procuraram satisfazer-se, na medida do possível, dois interesses e objectivos em boa medida antagónicos: o que, por um lado, conduziria à imediata aplicação das disposições da lei nova à generalidade das causas pendentes e o que, por outro lado, levaria a restringir tal aplicação, com fundamento nas dificuldades inerentes à indispensável harmonização do respeito pela actividade processual já realizada e pela estabilidade dos efeitos já produzidos com a adaptação do processo a princípios e tramitações, nalguns casos substancialmente diversos e nem sempre facilmente compatibilizáveis.

A solução encontrada passou por uma significativa ampliação dos domínios a que será aplicável às causas pendentes o preceituado na lei nova, abarcando-se todos aqueles institutos cuja imediata aplicação às acções em curso não deverá presumivelmente suscitar dificuldades sérias ao intérprete e aplicador do direito.

Faculta-se ainda às partes a possibilidade de, por acordo, se poder proceder a uma mais ampla e profunda aplicação imediata da lei nova, realizando-se audiência preliminar e conferindo-se ao juiz a faculdade de, actuando o princípio da adequação formal, harmonizar a tramitação segundo a lei nova, obstando a que possa ocorrer quebra da harmonia ou unidade dos vários actos e fases do processo.

Ante a adopção da regra da contagem de continuidade dos prazos (novo artigo 144.º, n.º *l*) e a aplicação das disposições da lei de processo civil à contagem dos prazos de actos processuais no processo penal (remissão operada pelo artigo 104.º, n.º 1, do Código de Processo Penal), adviria um encurtamento destes últimos. Assim, e até futura revisão do Código de Processo Penal, em que se tomem as necessárias providências, importa manter em vigor, para o processo penal, o preceituado no n.º 3 do artigo 144.º do Código de Processo Civil, na redacção anterior à do Decreto-Lei n.º 329-A/95.º

Assim: No uso da autorização legislativa concedida pela Lei n.º 28/96, de 2 de Agosto, e nos termos das alíneas *a*) e *b*) do n.º 1 do artigo 201.º da Constituição, o Governo decreta o seguinte:

CAPÍTULO I
Alterações ao Código de Processo Civil

ARTIGO 1.º

Os artigos 3.º, 3.º -A, 6.º, 7.º, 8.º, 11.º, 23.º, 26.º, 26.º -A, 28.º -A, 31.º, 31.º-B, 35.º, 36.º, 39.º, 50.º, 53.º, 56.º, 58.º, 82.º, 86.º, 99.º, 122.º, 138.º, 145.º, 147.º, 150.º, 152.º, 154.º, 155.º, 167.º, 176.º, 198.º, 202.º, 206.º, 207.º, 216.º, 234.º, 239.º, 240.º, 244.º, 245.º, 246.º, 248.º, 251.º, 252.º-A, 264.º, 265.º, 265.º-A, 266.º, 266.º-B, 269.º, 273.º, 274.º, 280.º, 288.º, 292.º, 301.º, 303.º, 304.º, 324.º, 325.º, 326.º, 328.º, 329.º, 332.º, 334.º, 357.º, 376.º, 377.º, 381.º, 383.º, 385.º, 387.º, 388.º, 389.º, 390.º, 392.º, 400.º, 403.º, 406.º, 407.º, 419.º, 447.º, 456.º, 462.º, 463.º, 465.º, 470.º, 474.º, 475.º, 486.º, 488.º, 494.º, 496.º, 504.º, 508.º, 508.º-A, 509.º, 510.º, 511.º, 512.º, 513.º, 542.º, 544.º, 545.º, 546.º, 547.º, 548.º, 550., 552.º, 555.º, 556.º, 562.º, 569.º, 577.º, 588.º, 618.º, 623.º, 629.º, 639.º, 639.º-B, 643.º,

646.º, 651.º, 657.º, 660.º, 666.º, 669.º, 670.º, 674.º-A, 678.º, 684.º-A, 685.º, 686.º, 687.º, 688.º, 691.º, 698.º, 699.º, 700.º, 701.º, 712.º, 725.º, 726.º, 732.º-B, 748., 754.º, 761.º, 787.º, 790.º, 791.º, 792.º, 795.º, 801.º, 803.º, 811.º-B, 813.º, 818.º, 821.º, 822.º, 824.º, 828.º, 832.º, 833.º, 835.º, 838.º, 840.º, 845.º, 848.º, 861.º-A, 868., 885.º, 886.º-A, 888.º, 894.º, 901.º, 904.º, 922.º, 926.º, 1015.º, 1479.º, 1499.º, 1510.º, 1526.º, 1527.º e 1528.º do Código de Processo Civil, com as alterações decorrentes do disposto no Decreto-Lei n.º 329-A/95, de 12 de Dezembro, passam a ter a seguinte redacção:
(Intercalado no lugar próprio)

ARTIGO 2.º

São aditados ao Código de Processo Civil os artigos 209.º-A, 234.º-A, 508.º-B, 512.º-A, 549.º, 551.º, 551.º-A e 824.º-A, com a seguinte redacção:
(Intercalado no lugar próprio)

ARTIGO 3.º

São revogados os artigos 18.º, 19.º, 25.º, n.º 3, 360.º a 370.º, 382.º, n.º 3, 415.º, 423.º, n.º 3, 575.º, 630.º, n.º 3, 649.º, n.º 3, e 873.º, n.º 3, do Código de Processo civil.

CAPÍTULO II
Disposições finais e transitórias

ARTIGO 4.º

Os artigos 6.º, 10.º, 14.º e 16.º do Decreto-Lei n.º 329-A/95, de 12 de Dezembro, com a alteração decorrente da Lei n.º 6/96, de 29 de Fevereiro, passam a ter a seguinte redacção:
(Intercalado no lugar próprio)

ARTIGO 5.º

É revogado o artigo 8.º do Decreto-Lei n.º 329-A/95, de 12 de Dezembro.

ARTIGO 6.º

São aditados ao Decreto-Lei n.º 329-A/95, de 12 de Dezembro, os artigos 18.º a 29.º, com a seguinte redacção:
(Intercalado no lugar próprio)

ARTIGO 7.º

São rectificadas, para os devidos efeitos, as seguintes inexactidões do Decreto--Lei n.º 329-A/95, de 12 de Dezembro, e da republicação do Código de Proceso Civil, a ele anexa:
(Intercalado no lugar próprio)

Visto e aprovado em Conselho de Ministros de 14 de Agosto de 1996. – *António Manuel de Oliveira Guterres, José Eduardo Vera Cruz Jardim.*

Promulgado em 6 de Setembro de 1996.

Publique-se.

O Presidente da República, JORGE SAMPAIO.

Referendado em 11 de Setembro de 2996.

O Primeiro-Ministro, em exercício, *António Manuel de Carvalho Ferreira Vitorino.*

DECRETO-LEI N.º 375-A/99
de 20 de Setembro

Efectuada a avaliação da reforma do Código de Processo Civil operada pelo Decreto-Lei n.º 329-A/95, de 12 de Dezembro, e pontualmente aperfeiçoada pelo Decreto-Lei n.º 180/96, de 25 de Setembro, e decorridos cerca de dois anos e meio sobre a data da sua entrada em vigor, afigura-se oportuno proceder a algumas alterações, orientadas sobretudo no sentido da simplificação da lei processual. Sem unanimismo, que nesta, como em quase todas as matérias, dificilmente se alcança, as modificações a introduzir no Código de Processo Civil acolhem sugestões da maioria dos seus aplicadores.

Assim, estabelece-se agora, como regra, no processo declarativo comum ordinário, a intervenção do juiz singular na fase de julgamento, condicionando a requerimento das partes a intervenção do tribunal colectivo e mantendo o princípio de que esta fica precludida se alguma das partes tiver requerido a gravação da prova. Elimina-se ainda a intervenção do colectivo nas acções não contestadas que prossigam para julgamento em consequência das excepções ao efeito cominatório semipleno da revelia.

Permite-se, em aditamento ao n.º 4 do artigo 508.º-A, que o mandatário que não comparecer à audiência preliminar, que é inadiável, possa, em curto prazo, apresentar o respectivo requerimento probatório.

Admite-se, em certos casos, a eliminação da fase de saneamento e condensação no processo sumário, transitando-se directamente da fase dos articulados para a fase de julgamento.

Aproxima-se a tramitação do processo sumaríssimo à da acção especial regulada pelo Decreto-Lei n.º 269/98, que retirou, aliás, àquela forma de processo a parcela mais significativa do seu campo de aplicação.

Em sede de processo executivo, confere-se cobertura legal a práticas de cooperação do exequente para a realização da penhora de bens móveis, consagrando-se a equiparação das despesas por aquele efectuadas às custas da execução, com o que se permite o seu pagamento precípuo pelo produto da venda. Centraliza-se, ainda, no Banco de Portugal a identificação das instituições bancárias em que o executado é detentor de contas, do mesmo passo que, em consonância com o princípio da proporcionalidade, se impõe a imediata redução aos justos limites da penhora de depósitos bancários.

Em matéria de recursos, elimina-se o recurso para o Supremo Tribunal de Justiça de decisões proferidas em procedimentos cautelares. Elimina-se ainda o recurso para aquele Tribunal das decisões das Relações atinentes a matéria de facto, nos termos do artigo 712.º, à margem do âmbito da sua actual admissibilidade, que não é jurisprudencialmente pacífico. Também em matéria de recursos, como medida mais incisiva, avança-se na supressão dos agravos continuados para o Supremo relativos a decisões interlocutórias, alterando-se, nesse sentido, o n.º 2 do artigo 754.º Neste domínio, fica sempre aberta a admissibilidade de recurso nos casos de divergência previstos na ressalva constante daquele normativo.

Importa, com efeito, restituir ao Supremo Tribunal de Justiça a sua fisionomia de tribunal vocacionado para a interpretação e aplicação da lei substantiva, salvaguardando, no entanto, e ao menos por ora, a sua intervenção quando a decisão sobre lei adjectiva puser termo ao processo.

Nesta linha, institui-se a inadmissibilidade de recurso para o Supremo dos acórdãos da Relação sobre os actos dos conservadores dos registos e dos notários, bem como das decisões do Instituto Nacional da Propriedade Industrial. Radicando tais actos e decisões em autoridades administrativas com autonomia técnica, vinculadas a critérios de legalidade e de imparcialidade, mostra-se suficiente o recurso para o tribunal de 1.ª instância e, deste, para a Relação, evitando-se a anomalia da intervenção do Supremo Tribunal de Justiça como instância de recurso adicional.

Constrangendo a inadmissibilidade de recurso para o Supremo as cláusulas de salvaguarda contidas nos n.os 2, 3, 4 e 6 do artigo 678.º do Código de Processo Civil, que enunciam os casos em que o recurso é sempre admissível:

Assim: Nos termos da alínea *a*) do n.º 1 do artigo 198.º da Constituição, o Governo decreta, para valer como lei geral da República, o seguinte:

ARTIGO 1.º
Alterações ao Código de Processo Civil

Os artigos 462.º, 508.º-A, 512.º, 646.º, 712.º, 754.º, 787.º, 795.º, 796.º e 861.º-A do Código de Processo Civil passam a ter a seguinte redacção:
[Intercalado no local próprio]

ARTIGO 2.º
Aditamentos ao Código de Processo Civil

São aditados ao Código de Processo Civil os artigos 387.-A e 848.-A, com a seguinte redacção:
[Intercalado no local próprio]

ARTIGO 3.º
Alterações ao Código do Registo Predial

Os artigos 131.º e 147.º do Código do Registo Predial, aprovado pelo Decreto-Lei n.º 224/84, de 6 de Julho, passam a ter a seguinte redacção:

«Artigo 131.º
[...]
1 – Da sentença cabe recurso, com efeito suspensivo, para a Relação.
2 – ....
3 – ....
4 – Do acórdão da Relação não cabe recurso para o Supremo Tribunal de Justiça, sem prejuízo dos casos em que o recurso é sempre admissível.

Artigo 147.º
[...]
1 – ....
2 – ....
3 – Do acórdão da Relação não cabe recurso para o Supremo Tribunal de Justiça, sem prejuízo dos casos em que o recurso é sempre admissível.
4 – ....»

ARTIGO 4.º
Alterações ao Código do Registo Comercial

Os artigos 92.º e 106.º do Código do Registo Comercial, aprovado pelo Decreto-Lei n.º 403/86, de 3 de Dezembro, passam a ter a seguinte redacção:

«Artigo 92.º
[...]
1 – Da sentença cabe recurso, com efeito suspensivo, para a Relação.
2 – ....
3 – ....
4 – Do acórdão da Relação não cabe recurso para o Supremo Tribunal de Justiça, sem prejuízo dos casos em que o recurso é sempre admissível.

Artigo 106.º
[...]
1 – ....
2 – ....

3 – ....
4 – Do acórdão da Relação não cabe recurso para o Supremo Tribunal de Justiça, sem prejuízo dos casos em que o recurso é sempre admissível.»

ARTIGO 5.º
Alterações ao Código do Registo Civil

Os artigos 240.º, 251.º e 291.º do Código do Registo Civil, aprovado pelo Decreto-Lei n.º 131/95, de 6 de Junho, passam a ter a seguinte redacção:

«**Artigo 240.º**
[...]
1 – Da sentença cabe recurso, com efeito suspensivo, para a Relação, o qual é processado e julgado como o de agravo em matéria cível.
2 – ....
3 – Do acórdão da Relação não cabe recurso para o Supremo Tribunal de Justiça, sem prejuízo dos casos em que o recurso é sempre admissível.

Artigo 251.º
[...]
1 – Da sentença proferida podem os interessados interpor sempre recurso para a Relação, o qual é processado e julgado como o de agravo em matéria cível.
2 – Do acórdão da Relação não cabe recurso para o Supremo Tribunal de Justiça, sem prejuízo dos casos em que o recurso é sempre admissível.

Artigo 291.º
[...]
1 – ....
2 – Do acórdão da Relação não cabe recurso para o Supremo Tribunal de Justiça, sem prejuízo dos casos em que o recurso é sempre admissível.»

ARTIGO 6.º
Alteração ao Código do Notariado

O artigo 180.º do Código do Notariado, aprovado pelo Decreto-Lei n.º 207/95, de 14 de Agosto, passa a ter a seguinte redacção:

«**Artigo 180.º**
[...]
1 – ....

2 – Do acórdão da Relação não cabe recurso para o Supremo Tribunal de Justiça, sem prejuízo dos casos em que o recurso é sempre admissível.»

ARTIGO 7.º
Alteração ao Código da Propriedade Industrial

O artigo 43.º do Código da Propriedade Industrial, aprovado pelo Decreto-Lei n.º 16/95, de 24 de Janeiro, passa a ter a seguinte redacção:

«Artigo 43.º
[...]

1 – (O actual artigo.)
2 – Do acórdão da Relação não cabe recurso para o Supremo Tribunal de Justiça, sem prejuízo dos casos em que o recurso é sempre admissível.»

ARTIGO 8.º
Disposição transitória

1 – O disposto no artigo 646.º do Código de Processo Civil, na redacção do presente diploma, é apenas aplicável às causas em que ainda se não tenha iniciado o prazo para requerer a intervenção do tribunal colectivo.

2 – O disposto nos artigos 387.º-A, 712.º e 754.º do Código de Processo Civil e as disposições do Código do Registo Predial, do Código do Registo Comercial, do Código do Registo Civil, do Código do Notariado e do Código da Propriedade Industrial, na redacção do presente diploma, não se aplicam aos processos pendentes.

ARTIGO 9.º
Início de vigência

O presente diploma entra em vigor 30 dias após a data da sua publicação.

Visto e aprovado em Conselho de Ministros de 18 de Agosto de 1999. – *António Manuel de Oliveira Guterres – José Eduardo Vera Cruz Jardim.*

Promulgado em 17 de Setembro de 1999.

Publique-se. O Presidente da República, JORGE SAMPAIO.

Referendado em 20 de Setembro de 1999.

O Primeiro-Ministro, *António Manuel de Oliveira Guterres.*

DECRETO-LEI N.º 38/2003
de 8 de Março*

A revisão do Código de Processo Civil operada pelo Decreto-Lei n.º 329--A/95, de 12 de Dezembro, e pelo Decreto-Lei n.º 180/96, de 25 de Setembro, complementada pelo Decreto-Lei n.º 274/97, de 8 de Outubro, que alargou o âmbito do processo sumário de execução, e pelo Decreto-Lei n.º 269/98, de 1 de Setembro, que reformou, revitalizando-o, o processo de injunção, manteve, nas suas linhas gerais, o esquema dos actos executivos, cuja excessiva jurisdicionalização e rigidez tem obstado à satisfação, em prazo razoável, dos direitos do exequente. Os atrasos do processo de execução têm-se assim traduzido em verdadeira denegação de justiça, colocando em crise o direito fundamental de acesso à justiça.

Identificadas as causas e os factores de bloqueio do processo executivo português, o XIV Governo Constitucional preparou, submeteu a debate público e aperfeiçoou, sem ter chegado a aprová-lo, um projecto de reforma da acção executiva que, sem romper a sua ligação aos tribunais, atribuiu a agentes de execução a iniciativa e a prática dos actos necessários à realização da função executiva, a fim de libertar o juiz das tarefas processuais que não envolvem uma função jurisdicional e os funcionários judiciais de tarefas a praticar fora do tribunal.

Coube ao XV Governo Constitucional aprofundar a reforma projectada. Fê-lo suprimindo pontos de praticabilidade discutível, como o da atribuição de competências executivas às conservatórias do registo predial, demarcando mais nitidamente o plano da jurisdicionalidade, estendendo o esquema de garantias do executado e alargando o campo de intervenção do solicitador de execução, em detrimento do oficial de justiça e do de outros intervenientes acidentais no processo.

Dentro e fora do domínio estrito da execução, são alterados muitos outros pontos do regime processual vigente, bem como alguns preceitos de direito substantivo com eles conexos. Optou-se por conservar, tanto quanto possível, a ordem dos artigos do Código e procurou-se conciliar rigor, clareza e concisão na redacção dos preceitos, aproveitando-se, inclusivamente, para clarificar o sentido de algumas alterações recentes de interpretação duvidosa.

---

* Rectificado pela Declaração de Rectificação n.º 5-C/2003, no *Diário da República*, 1.ª Série--A, de 30 de Abril. Antes de entrar em vigor, o mencionado Decreto-Lei foi rectificado e alterado pelo Decreto-Lei n.º 199/2003, de 10 de Setembro, diploma, por sua vez, objecto de correcções através da Declaração de Rectificação n.º 16-B/2003, no *Diário da República*, 1.ª Série-A, de 31 de Outubro.

Não são alterados o elenco e os requisitos dos títulos executivos. Mas a natureza do título executivo constitui juntamente com o valor da execução, a natureza do bem a penhorar e a prévia notificação do executado, um dos factores que dispensam, em regra, o despacho liminar e a citação prévia, dando precedência à penhora.

Assim, mantém-se a regra da penhora sem necessidade de prévio despacho judicial para a execução de sentença e para o requerimento de injunção no qual tenha sido aposta a fórmula executória. Alarga-se, porém, esta regra às acções em que o título executivo é uma decisão arbitral ou um documento particular com determinadas características.

Assim, não há lugar a despacho liminar, nem a citação prévia do executado nas execuções baseadas em:

a) Documento exarado ou autenticado por notário, ou documento particular com reconhecimento presencial da assinatura do devedor desde que:
> *i)* O montante da dívida não exceda a alçada do tribunal da relação e seja apresentado documento comprovativo da interpelação do devedor, quando tal fosse necessário ao vencimento da obrigação;
> *ii)* Excedendo o montante da dívida a alçada do tribunal da relação, o exequente mostre ter exigido o cumprimento por notificação judicial avulsa;

b) Qualquer título de obrigação pecuniária vencida de montante não superior à alçada do tribunal da relação, desde que a penhora não recaia sobre bem imóvel, estabelecimento comercial, direito real menor que sobre eles incida ou quinhão em património que os inclua.

Pode, além disso, o juiz dispensar a citação prévia do executado quando se justifique o receio da perda da garantia patrimonial do crédito, o que, com economia processual, permite enxertar na execução um juízo de natureza cautelar.

Em todos estes casos, portanto, a execução começa pela penhora. Tendo esta circunstância em atenção, estabelece-se nestas situações o dever do funcionário judicial de suscitar a intervenção do juiz em todos os casos em que é admissível ou indeferimento liminar ou despacho de aperfeiçoamento.

Para a realização da penhora, a cargo do agente de execução, tem este acesso ao registo informático das execuções, que disponibilizará informação útil sobre os bens do executado, assim como sobre outras execuções pendentes contra o mesmo executado. Podendo o agente de execução recorrer à consulta de outras bases de dados, é, porém, salvaguardada a reserva da vida privada, mediante a imposição de despacho judicial prévio quando se trate de dados sujeitos a regime de confidencialidade. Quanto ao dever de informação do executado, intenta-se torná-lo mais efectivo, mediante a fixação de sanções pecuniárias compulsórias.

Simplificam-se os procedimentos da penhora, designadamente da de depósitos bancários, salvaguardada a necessidade de prévio despacho judicial, e da de bens sujeitos a registo, processados electronicamente e com eficácia imediata.

Efectuada a penhora, é citado o executado que inicialmente o não tenha sido, podendo então ter lugar a oposição à execução ou à penhora. A simultânea citação dos credores conhecidos, com supressão da citação edital dos desconhecidos e significativa limitação dos privilégios creditórios, assegura que a reclamação de créditos, a existir, corra paralelamente às oposições.

A limitação dos privilégios creditórios, nunca afectando direitos dos trabalhadores, concretiza-se através da limitação da sua possibilidade de reclamação, tratando-se de privilégio creditório geral, mobiliário ou imobiliário, quando:

a) A penhora tenha incidido sobre bem só parcialmente penhorável, outro rendimento periódico, ou veículo automóvel;

b) Sendo o crédito do exequente inferior a 190 UC, a penhora tenha incidido sobre moeda corrente, nacional ou estrangeira, ou depósito bancário em dinheiro;

c) Sendo o crédito do exequente inferior a 190 UC, este requeira procedentemente a consignação de rendimentos, ou a adjudicação, em dação em cumprimento, do direito de crédito no qual a penhora tenha incidido, antes de convocados os credores. Por outro lado, estabelece-se a regra segundo a qual a quantia a receber pelo credor com privilégio creditório geral é reduzida na medida do necessário ao pagamento de 50% do crédito do exequente, desde que não ultrapasse 50% do remanescente do produto da venda, nem exceda o valor correspondente a 250 UC.

Admite-se a formação, no próprio processo de execução, de título executivo parajudicial a favor do credor com garantia real, o que dispensará em muitos casos o recurso à acção do artigo 869.º do Código.

Igual possibilidade é admitida contra o cônjuge do executado, quando este ou o exequente pretendam que a dívida seja comum. Nomeadamente, quando o exequente tenha fundamentadamente alegado que a dívida, constante de título diverso de sentença, é comum, é ainda o cônjuge do executado citado para, em alternativa e no mesmo prazo, declarar se aceita a comunicabilidade da dívida, com a cominação de, se nada disser, a dívida ser considerada comum.

É favorecida a adjudicação de bens, que dispensará, em alguns casos, a pesada tramitação que hoje se segue ao requerimento do credor que a pretenda. Quanto à venda executiva, nela tem papel fundamental o agente de execução, que pode, em certas circunstâncias, ser encarregado da própria realização da venda por negociação particular. À abertura das propostas em carta fechada continua a presidir o juiz da execução, quando é imóvel o bem a vender ou quando, tratando-se dum estabelecimento comercial, ele próprio, solicitado para tanto, o determine. Tão-pouco é dispensável a intervenção do juiz na autorização da venda urgente. Mas, nos outros casos, a venda será realizada, em princípio, sem intervenção judicial, o mesmo acontecendo com o pagamento.

Nos casos em que tem lugar, a intervenção jurisdicional far-se-á através de magistrados judiciais afectos a juízos de execução e só através dos magistrados do tribunal de competência genérica quando não sejam criados esses juízos com competência específica. Visa-se assim conseguir maior eficácia e consequente celeridade na administração da justiça, nesta expectativa se fundando soluções como a de suspender a acção executiva quando o executado se oponha à execução após a penhora. São, aliás, estabelecidos prazos curtos para os despachos judiciais a proferir no processo de execução e para as decisões dos processos declarativos (de oposição ou reclamação) que nele se enxertam.

Passam os tribunais portugueses a ter competência internacional exclusiva para as execuções sobre bens existentes em território nacional, em consonância com o regime do Regulamento (CE) n.º 44/2001, de 22 de Dezembro de 2000.

Aproveita-se a nova figura do solicitador de execução para lhe atribuir a citação pessoal do réu na acção declarativa, simultaneamente se fazendo cessar a modalidade da citação postal simples. Mantém-se a regra da primeira tentativa de citação se fazer por via postal, mas sempre registada. Caso tal tentativa se frustre, a citação é feita por agente de execução através de contacto directo com o citando.

Em coerência, repristina-se a regra da notificação das testemunhas por aviso postal registado.

De entre as outras alterações ora introduzidas, destaque-se a que repristina a regra da decisão imediata das reclamações das partes sobre a selecção da matéria de facto, a que atribui, em regra, efeito suspensivo ao recurso da decisão da 1.ª instância, a que dispensa, em certos casos, a acção declarativa prévia ao recurso de revisão da sentença, a que no processo de falência, permite ao liquidatário impugnar os créditos reclamados e a que, no processo de arbitragem voluntária, exclui a intervenção judicial prévia na determinação do objecto do litígio sobre o qual não haja acordo das partes.

Foram ouvidos o Conselho Superior da Magistratura, a Ordem dos Advogados, a Câmara dos Solicitadores, a Comissão Nacional de Protecção de Dados, a Comissão do Mercado de Valores Mobiliários, a Associação Portuguesa de Bancos e as estruturas associativas e sindicais dos juízes e dos funcionários judiciais.

Assim:

No uso da autorização legislativa concedida pela Lei n.º 23/2002, de 21 de Agosto, e nos termos das alíneas a) e b) do n.º 1 do artigo 198.º da Constituição, o Governo decreta o seguinte:

CAPÍTULO I
Código de Processo Civil

ARTIGO 1.º
Alterações ao Código de Processo Civil

Os artigos 12.º, 46.º, 47.º, 49.º, 53.º, 56.º, 58.º, 60.º, 65.º, 65.º-A, 90.º a 95.º, 195.º, 233.º, 234.º, 234.º-A, 236.º, 238.º, 239.º a 242.º, 244.º, 252.º-A, 257.º,

261.º, 275.º, 301.º, 351.º, 378.º, 380.º, 385.º, 449.º, 454.º, 455.º, 463.º, 465.º a 467.º, 471.º, 508.º-B, 512.º, 550.º, 568.º, 621.º, 623.º, 629.º, 630.º, 647.º, 651.º, 661.º, 678.º, 692.º, 693.º, 740.º, 771.º a 773.º, 775.º, 777.º, 803.º a 811.º-A, 812.º a 821.º, 823.º, 824.º, 825.º, 826.º, 828.º, 830.º a 837.º, 838.º a 840.º, 843.º, 845.º a 848.º, 848.º-A, 849.º a 851.º, 856.º a 860.º, 861.º, 861.º-A, 862.º, 862.º-A, 863.º--A, 863.º-B, 864.º, 864.º-A, 865.º, 866.º, 868.º, 869.º, 871.º, 873.º a 876.º, 877.º, 879.º a 882.º, 885.º, 886.º, 886.º-A, 886.º-B, 887.º, 888.º a 890.º, 892.º, 893.º, 895.º a 900.º, 901.º, 903.º a 907.º, 908.º, 909.º, 912.º, 913.º, 916.º, 918.º a 920.º, 922.º, 923.º, 928.º a 930.º, 930.º-A, 931.º, 933.º a 935.º, 939.º a 941.º, 990.º, 1003.º, 1091.º, 1094.º, 1113.º e 1118.º do Código de Processo Civil, aprovado pelo Decreto-Lei n.º 44129, de 28 de Dezembro de 1961, alterado pelos Decretos-Leis n.os 47690, de 11 de Maio de 1967, e 323/70, de 11 de Julho, pela Portaria n.º 439//74, de 10 de Julho, pelos Decretos-Leis n.os 261/75, de 27 de Maio, 165/76, de 1 de Março, 201/76, de 19 de Março, 366/76, de 5 de Maio, 605/76, de 24 de Julho, 738/76, de 16 de Outubro, 368/77, de 3 de Setembro, e 533/77, de 30 de Dezembro, pela Lei n.º 21/78, de 3 de Maio, pelos Decretos-Leis n.os 513-X/79, de 27 de Dezembro, 207/80, de 1 de Julho, 457/80, de 10 de Outubro, 400/82, de 23 de Setembro, 242/85, de 9 de Julho, 381-A/85, de 28 de Setembro, e 177/86, de 2 de Julho, pela Lei n.º 31/86, de 29 de Agosto, pelos Decretos-Leis n.os 92/88, de 17 de Março, 321-B/90, de 15 de Outubro, 211/91, de 14 de Julho, 132/93, de 23 de Abril, 227/94, de 8 de Setembro, 39/95, de 15 de Fevereiro, 329-A/95, de 12 de Dezembro, 180/96, de 25 de Setembro, 375-A/99, de 20 de Setembro, e 183/2000, de 10 de Agosto, pela Lei n.º 30-D/2000, de 20 de Dezembro, pelos Decretos-Leis n.os 272/2001, de 13 de Outubro, e 323/2001, de 17 de Dezembro, e pela Lei n.º 13/2002, de 19 de Fevereiro, passam a ter a seguinte redacção:

Inserido no lugar próprio.

ARTIGO 2.º
Aditamentos ao Código de Processo Civil

São aditados ao Código de Processo Civil os artigos 198.º-A, 237.º-A, 380.º--A, 812.º-A, 812.º-B, 886.º-C, 901.º-A e 907.º-A, com a seguinte redacção:

Inserido no lugar próprio.

ARTIGO 3.º
Alterações ao livro III do Código de Processo Civil

São feitas as seguintes alterações na repartição dos títulos e subtítulos do livro III do Código de Processo Civil por capítulos, secções, subsecções e divisões:

Inserido no lugar próprio.

ARTIGO 4.º
Revogação de artigos do Código de Processo Civil

São revogados os artigos 236.º-A, 238.º-A, 792.º, 811.º-B, 829.º, 837.º-A, 841.º, 844.º, 864.º-B, 924.º a 927.º, 932.º, 943.º e 1508.º a 1510.º do Código de Processo Civil.

Inserido no lugar próprio.

CAPÍTULO II
Código Civil

ARTIGO 5.º
Alterações ao Código Civil

Os artigos 548.º, 565.º, 675.º, 735.º, 749.º, 751.º, 819.º, 827.º e 1285.º do Código Civil, aprovado pelo Decreto-Lei n.º 47344, de 25 de Novembro de 1966, alterado pelos Decretos-Leis n.os 67/75, de 19 de Fevereiro, 261/75, de 27 de Maio, 561/76, de 17 de Julho, 605/76, de 24 de Julho, 293/77, de 20 de Julho, 496/77, de 25 de Novembro, 200-C/80, de 24 de Junho, 236/80, de 18 de Julho, 328/81, de 4 de Dezembro, 262/83, de 16 de Junho, 225/84, de 6 de Julho, e 190/85, de 24 de Junho, pela Lei n.º 46/85, de 20 de Setembro, pelos Decretos-Leis n.os 381-B/85, de 28 de Setembro, e 379/86, de 11 de Novembro, pela Lei n.º 24/89, de 1 de Agosto, pelos Decretos-Leis n.os 321-B/90, de 15 de Outubro, 257/91, de 18 de Julho, 423/91, de 30 de Outubro, 185/93, de 22 de Maio, 227/94, de 8 de Setembro, 267/94, de 25 de Outubro, e 163/95, de 13 de Julho, pela Lei n.º 84/95, de 31 de Agosto, pelos Decretos-Leis n.os 329-A/95, de 12 de Dezembro, 14/96, de 6 de Março, 69/96, de 31 de Maio, 35/97, de 31 de Janeiro, e 120/98, de 8 de Maio, pelas Leis n.os 21/98, de 12 de Maio, 47/98, de 10 de Agosto, pelo Decreto-Lei n.º 343/98, de 6 de Novembro, pela Lei n.º 16/2001, de 22 de Junho, e pelos Decretos-Leis n.os 272/2001, de 13 de Outubro, 273/2001, de 13 de Outubro, e 323/2001, de 17 de Dezembro, passam a ter a seguinte redacção:

(...)

CAPÍTULO III
Código do Registo Predial

Artigo 6.º
Alterações ao Código do Registo Predial

Os artigos 48.º, 92.º e 95.º do Código do Registo Predial, aprovado pelo Decreto-Lei n.º 224/84, de 6 de Julho, alterado pelos Decretos-Leis n.os 355/85, de 2 de Setembro, e 60/90, de 14 de Fevereiro, pela Declaração de Rectificação de 31 de Março de 1990, pelos Decretos-Leis n.os 80/92, de 7 de Maio, 255/93, de 15 de Julho, e 227/94, de 8 de Setembro, pela Declaração de Rectificação n.º 263-A/94, de 31 de Dezembro, pelos Decretos-Leis n.os 67/96, de 31 de Maio, 375-A/99, de 20 de Setembro, e 533/99, de 11 de Dezembro, pela Declaração de Rectificação n.º 5--A/2000, de 29 de Fevereiro, pelos Decretos-Leis n.os 273/2001, de 13 de Outubro, e 323/2001, de 17 de Dezembro, passam a ter a seguinte redacção:

(...)

CAPÍTULO IV
Código dos Processos Especiais de Recuperação da Empresa e de Falência

ARTIGO 7.º
Alterações ao Código dos Processos Especiais de Recuperação da Empresa e de Falência

Os artigos 181.º, 183.º, 186.º, 187.º, 192.º e 195.º do Código dos Processos Especiais de Recuperação da Empresa e de Falência, aprovado pelo Decreto-Lei n.º 132/93, de 23 de Abril, com a redacção dada pela Declaração de Rectificação n.º 141/93, de 31 de Julho, e alterado pelos Decretos-Leis n.os 157/97, de 24 de Junho, 315/98, de 20 de Outubro, e 323/2001, de 17 de Dezembro, passam a ter a seguinte redacção:

(...)

CAPÍTULO V
Código de Procedimento e de Processo Tributário

ARTIGO 8.º
Alterações ao Código de Procedimento e de Processo Tributário

O artigo 252.º do Código de Procedimento e de Processo Tributário, aprovado pelo Decreto-Lei n.os 433/99, de 26 de Outubro, alterado pelas Leis n.os 3-B/2000, de 4 de Abril, 30-G/2000, de 29 de Dezembro, e 15/2001, de 5 de Junho, passa a ter a seguinte redacção:

(...)

CAPÍTULO VI
Código de Processo do Trabalho

ARTIGO 9.º
Alterações ao Código de Processo do Trabalho

Os artigos 90.º, 94.º e 98.º do Código de Processo do Trabalho, aprovado pelo Decreto-Lei n.º 480/99, de 9 de Novembro, passam a ter a seguinte redacção:

(...)

CAPÍTULO VII
Código dos Valores Mobiliários

ARTIGO 11.º
Alteração ao Código dos Valores Mobiliários

O artigo 82.º do Código dos Valores Mobiliários, aprovado pelo Decreto-Lei n.º 486/99, de 13 de Novembro, passa a ter a seguinte redacção:

(...)

CAPÍTULO VIII
Código Penal

ARTIGO 12.º
Aditamento ao Código Penal

É aditado ao Código Penal, aprovado pelo Decreto-Lei n.º 400/82, de 23 de Setembro, e alterado pela Lei n.º 6/84, de 11 de Maio, pelos Decretos-Leis n.os 132/93, de 23 de Abril, e 48/95, de 15 de Março, pelas Leis n.os 65/98, de 2 de Setembro, 7/2000, de 27 de Maio, 77/2001, de 13 de Julho, 97/2001, 98/2001, 99/2001 e 100/2001, de 25 de Agosto, e 108/2001, de 28 de Novembro, e pelo Decreto-Lei n.º 323/2001, de 17 de Dezembro, o artigo 227.º-A, com a seguinte redacção:

(...)

CAPÍTULO IX
Lei n.º 3/99, de 13 de Janeiro

ARTIGO 13.º
Alterações à Lei n.º 3/99, de 13 de Janeiro

Os artigos 64.º, 77.º, 96.º, 97.º e 103.º da Lei n.º 3/99, de 13 de Janeiro (Lei da Organização e Funcionamento dos Tribunais Judiciais), com a redacção dada pela

Declaração de Rectificação n.º 7/99, de 4 de Fevereiro, e alterada pela Lei n.º 101/99, de 26 de Julho, e pelo Decreto-Lei n.º 323/2001, de 17 de Dezembro, passam a ter a seguinte redacção:

(...)

CAPÍTULO X
Decreto-Lei n.º 269/98, de 1 de Setembro

ARTIGO 15.º
Alterações ao Decreto-Lei n.º 269/98, de 1 de Setembro

1 – O artigo 2.º do Decreto-Lei n.º 269/98, de 1 de Setembro, com a redacção dada pela Declaração de Rectificação n.º 16-A/98, de 17 de Setembro, e alterado pelos Decretos-Leis n.os 383/99, de 23 de Setembro, 183/2000, de 10 de Agosto, 323/2001, de 17 de Dezembro, e 32/2003, de 17 de Fevereiro, passa a ter a seguinte redacção:

2 – Os artigos 1.º-A e 21.º do Regime Anexo, aprovado pelo Decreto-Lei n.º 269/98, de 1 de Setembro, com a redacção dada pela Declaração de Rectificação n.º 16-A/98, de 17 de Setembro, e alterado pelos Decretos-Leis n.os 383/99, de 23 de Setembro, 183/2000, de 10 de Agosto, 323/2001, de 17 de Dezembro, e 32/2003, de 17 de Fevereiro, passam a ter a seguinte redacção:

Inserido no lugar próprio.

ARTIGO 16.º
Revogação de artigos do Decreto-Lei n.º 269/98, de 1 de Setembro

É revogado o artigo 6.º do Regime Anexo, aprovado pelo Decreto-Lei n.º 269/98, de 1 de Setembro, com a redacção dada pela Declaração de Rectificação n.º 16-A/98, de 17 de Setembro, e alterado pelos Decretos-Leis n.os 383/99, de 23 de Setembro, 183/2000, de 10 de Agosto, 323/2001, de 17 de Dezembro, e 32/2003, de 17 de Fevereiro.

CAPÍTULO XI
Lei n.º 31/86, de 29 de Agosto

Artigo 17.º
Alterações à Lei n.º 31/86, de 29 de Agosto

Os artigos 11.º e 12.º da Lei n.º 31/86, de 29 de Agosto, passam a ter a seguinte redacção:

(...)

CAPÍTULO XII
Código das Custas Judiciais

ARTIGO 18.º
Alterações ao Código das Custas Judiciais

Os artigos 32.º e 33.º do Código das Custas Judiciais, aprovado pelo Decreto-Lei n.º 224-A/96, de 26 de Novembro, com as alterações introduzidas pela Declaração de Rectificação n.º 4-B/97, de 31 de Janeiro, pelas Leis n.os 91/97, de 22 de Abril, e 59/98, de 25 de Agosto, e pelos Decretos-Leis n.os 304/99, de 6 de Agosto, 320-B/2000, de 15 de Dezembro, e 323/2001, de 17 de Dezembro, passam a ter a seguinte redacção:

(...)

CAPÍTULO XIII
Lei n.º 30-E/2000, de 20 de Dezembro

ARTIGO 19.º
Alterações à Lei n.º 30-E/2000, de 20 de Dezembro

Os artigos 15.º, 32.º e 33.º da Lei n.º 30-E/2000, de 20 de Dezembro (acesso ao direito e aos tribunais), passam a ter a seguinte redacção:

(...)

CAPÍTULO XIV
Disposições finais

ARTIGO 20.º
Republicação

O título III do livro III do Código de Processo Civil, com a redacção agora introduzida, é republicado em anexo, que é parte integrante do presente acto.

ARTIGO 21.º
Normas transitórias

1 – As alterações ao Código de Processo Civil, ao Código do Registo Predial, ao Código dos Processos Especiais de Recuperação da Empresa e de Falência, ao Código de Processo do Trabalho, ao Código de Procedimento e de Processo Tributário e ao Decreto-Lei n.º 269/98, de 1 de Setembro, bem como ao artigo 548.º do Código Civil, só se aplicam nos ou relativamente aos processos instaurados a partir do dia 15 de Setembro de 2003.

2 – Exceptuam-se do disposto no número anterior as normas dos artigos 806.º e 807.º do Código de Processo Civil, do artigo 186.º do Código dos Processos Especiais de Recuperação da Empresa e de Falência e do artigo 90.º do Código de Processo do Trabalho.

3 – As normas dos artigos 47.º, n.º 5, 378.º, n.º 2, 380.º, n.ºs 2, 3 e 4, 380.º-A e 661.º, n.º 2, do Código de Processo Civil aplicam-se nos ou relativamente aos processos declarativos pendentes no dia 15 de Setembro de 2003 em que até essa data não tenha sido proferida sentença em 1.ª instância.

4 – As normas dos artigos 301.º, n.º 2, 678.º, n.º 4, 692.º, 693.º, 740.º, n.º 4, 771.º, alíneas b), d), e) e f), 772.º, n.º 2, alínea a), 773.º, 775.º e 777.º do Código de Processo Civil, bem como a norma revogatória do artigo 4.º, com referência ao artigo 792.º do Código de Processo Civil, aplicam-se aos recursos interpostos, depois de 15 de Setembro de 2003, de decisões proferidas nos processos pendentes ou findos nessa data.

5 – A norma do artigo 257.º, n.º 1, do Código de Processo Civil aplica-se aos processos pendentes em 15 de Setembro de 2003 em que até essa data não tenha sido feita a notificação.

Os n.ºs 3, 4 e 5 foram aditados pelo DL n.º 199/03, de 10 de Setembro – cfr. o respectivo art. 4.º, referente à entrada em vigor de tal diploma.

Cfr. a nota introdutória, em que se analisam as disposições de *direito transitório especial* que constam deste preceito.

ARTIGO 22.º
Norma revogatória

É revogado o Decreto-Lei n.º 274/97, de 8 de Setembro.

ARTIGO 23.º
Entrada em vigor

O presente diploma entra em vigor no dia 15 de Setembro de 2003.

Visto e aprovado em Conselho de Ministros de 20 de Dezembro de 2002. – *José Manuel Durão Barroso – Maria Manuela Dias Ferreira Leite – Maria Celeste Ferreira Lopes Cardona – António José de Castro Bagão Félix.*

Promulgado em 17 de Fevereiro de 2003.

Publique-se.

O Presidente da República, JORGE SAMPAIO.

Referendado em 21 de Fevereiro de 2003.

O Primeiro-Ministro, *José Manuel Durão Barroso.*

B – LEGISLAÇÃO COMPLEMENTAR

I
AUTORIZAÇÃO LEGISLATIVA

Lei n.º 33/95, de 18 de Agosto
Lei n.º 6/96, de 29 de Fevereiro
Lei n.º 28/96, de 2 de Agosto
Lei n.º 23/2003, de 21 de Agosto

LEI N.º 33/95
de 18 de Agosto

Autoriza o Governo a rever o Código de Processo Civil

A Assembleia da República decreta, nos termos dos artigos 164.º, alínea e), 168.º, alínea q), e 169.º, n.º 3, da Constituição, o seguinte:

ARTIGO 1.º

Fica o Governo autorizado a rever o Código de Processo Civil, o Código Civil e as leis de organização judiciária, nos termos e com o âmbito resultantes da presente lei.

ARTIGO 2.º

As alterações a introduzir na execução desta autorização visam concretizar, no processo civil, o direito fundamental de acesso à justiça e aos tribunais, consagrando que tal direito envolve a obtenção, em prazo razoável, de uma decisão de mérito e afirmando como princípios estruturantes do processo civil o princípio do contraditório, designadamente na medida em que pressupõe que, em momento prévio à decisão, tenha sempre lugar a audição das partes sobre as questões de direito ou de facto suscitadas, e o princípio da igualdade das partes.

ARTIGO 3.º

Na lei de processo será consagrada a legitimidade para a tutela de interesses difusos nas acções que visem a defesa da saúde pública, do ambiente e qualidade de vida, do ordenamento do território e do património cultural, conferindo-a ao Ministério Público, às associações de defesa dos interesses em causa e aos cidadãos.

ARTIGO 4.º

No quadro dos princípios enunciados nos artigos anteriores, as alterações a introduzir na lei de processo, em matérias conexas com a competência dos tribunais e do Ministério Público, deverão contemplar:

a) A adequação plena à Lei Orgânica dos Tribunais Judiciais das normas de competência interna em razão da hierarquia, da matéria e da estrutura, procedendo, designadamente, à revogação dos artigos 63.º e 64.º do Código de Processo Civil e adaptando a competência para as questões reconvencionais à articulação entre tribunais de comarca e de círculo;

b) A articulação da competência para o cumprimento de cartas precatórias com a Lei Orgânica dos Tribunais Judiciais, esclarecendo, designadamente, os casos em que a competência é do tribunal de círculo ou do tribunal de comarca, bem como as hipóteses em que tal competência pertence a tribunais de competência especializada;

c) A regulação da competência internacional dos tribunais, aproximando e adequando tal matéria ao previsto na Convenção de Bruxelas e reformulando o regime dos pactos privativos e atributivos de jurisdição, bem como as condições da validade da eleição do foro;

d) A ampliação dos casos de competência territorial determinada em função da situação dos bens, por forma a abranger as acções referentes a direitos pessoais de gozo sobre imóveis, e a adequação de tal competência à eliminação das acções de arbitramento como categoria de processo especial, subsistindo apenas a divisão de coisa comum;

e) A ampliação da competência territorial determinada em função do lugar do cumprimento das obrigações aos casos de resolução por incumprimento, consagrando-se a possibilidade de escolha do credor entre os tribunais do local do cumprimento ou do domicílio do réu;

f) A clarificação do regime da competência territorial no caso de inventário por óbito dos cônjuges, quando vigore o regime de separação de bens, e a regulação expressa da atribuição de competência no caso de cumulação de inventários;

g) A adequação das normas sobre competência territorial para o processo de falência ao diploma que institui o processo especial de recuperação de empresas e de falência;

h) A integração da lacuna relativa à determinação da competência territorial no caso de cumulação de pedidos para que sejam competentes tribunais diversos, estabelecendo, como regra, o critério da escolha do autor, salvo nos casos de dependência dos pedidos ou de incompetência territorial de conhecimento oficioso para algum desses pedidos;

i) A clarificação do âmbito da competência dos tribunais judiciais no que respeita ao decretamento do embargo de obra nova realizada por entidades públicas, articulando-a com o estabelecido na Lei de Processo nos Tribunais Administrativos;

j) A adequação das disposições da lei processual civil à competência conferida ao Ministério Público pela respectiva Lei Orgânica para representar em juízo, do lado activo, os incapazes, propondo acções adequadas à defesa dos seus interesses, e a definição dos efeitos processuais da oposição a tal intervenção principal, quando deduzida pelo representante legal do incapaz;

l) A ampliação dos casos de impedimento do juiz às situações em que é parte na causa qualquer pessoa que com ele conviva em economia comum, adequando em conformidade o regime relativo às acções em que é parte o juiz ou seus familiares.

ARTIGO 5.º

As alterações a introduzir no regime da citação, no quadro dos princípios enunciados nos artigos 1.º a 3.º, contemplarão:

a) O alargamento às pessoas singulares da possibilidade de citação por via postal, sem prejuízo das garantias do citado;

b) A previsão da possibilidade de a citação ser realizada pelo mandatário judicial ou por pessoa por ele indicada, regulando-se o respectivo regime.

ARTIGO 6.º

As alterações à lei processual deverão consagar o dever de cooperação para a descoberta da verdade, a par da necessidade de uma adequada ponderação, em termos de proporcionalidade, eticamente fundada, entre o direito à reserva da intimidade da vida privada e a obtenção da verdade material e os direitos e interesses da contraparte, dentro do seguinte quadro:

a) Previsão, como regime geral, da legitimidade da recusa quando o cumprimento de tal dever de cooperação possa importar violação da integridade física ou moral das pessoas, intromissão na vida privada ou familiar, no domícilio, na correspondência ou nas telecomunicações ou violação do sigilo profissional e de outros deveres de sigilo previstos na lei;

b) No caso de invocação de sigilo profissional, remissão, com as adaptações impostas pela natureza civil dos interesses em causa, para o disposto no processo penal acerca da verificação da legitimidade da escusa e da dispensa do dever de sigilo invocado;

c) Em situações de mera confidencialidade de dados que se encontrem na disponibilidade de serviços administrativos e que se refiram à identificação, à residência, à profissão e à identificação da entidade empregadora, ou que permitam o apuramento da situação patrimonial da alguma das partes, atribuição ao juiz da causa da faculdade de, em despacho fundamentado e com vista, designadamente, à realização da citação ou à efectivação da penhora, determinar a prestação de informações ao tribunal, quando as considere essenciais ao regular andamento do processo ou à justa composição do litígio;

d) Relativamente ao exercício da faculdade prevista na alínea anterior, restrição da utilização dos elementos obtidos à medida indispensável para a realização dos fins que determinaram a sua requisição, excluindo a sua divulgação injustificada e a possibilidade de constituírem objecto de ficheiros de informações nominativas;

e) Admissão como causa de recusa legítima e depor como testemunha da existência de segredo profissional ou de outro legalmente tutelado, desde que o depoimento se reporte a factos abrangidos pelo dever de sigilo, remetendo-se, no que respeita a eventual quebra do segredo, para as disposições gerais sobre o direito probatório;

f) Regulação da matéria da publicidade, consulta e acesso ao processo, articulando o interesse do requerente com a tutela de eventuais direitos à reserva e intimidade das partes ou de terceiros.

ARTIGO 7.º

No que se refere ao regime dos recursos, as alterações a introduzir situar-se-ão dentro do seguinte quadro:

a) Ampliação dos poderes do relator no que se refere ao julgamento dos recursos, conferindo-se-lhe competência para proferir despachos interlocutórios e sobre incidentes suscitados e para julgar sumariamente o objecto do recurso quando a questão a decidir for simples, designadamente por ter já sido apreciada, de modo uniforme e reiterado, pela jurisprudência, ou quando o recurso for manifestamente infundado, sem prejuízo de a parte vencida reclamar para a conferência;

b) Instituição da possibilidade de recurso *per saltum* da 1.ª instância para o Supremo Tribunal de Justiça quando o valor da causa e da sucumbência for superior à alçada da Relação, circunscrevendo-se o objecto do recurso à decisão de questões de direito se algumas das partes requererem a subida directa do recurso àquele Supremo Tribunal.

c) Restrição, relativamente ao regime de agravo em 2.ª instância, do recurso de agravo para o Supremo Tribunal de Justiça às decisões da Relação que hajam confirmado as proferidas em 1.ª instância quando o recorrente demonstrar que o acórdão de que pretende recorrer está em oposição com outro, proferido por alguma das Relações, ou pelo Supremo Tribunal de Justiça, no domínio da mesma legislação e que haja decidido de forma divergente a mesma questão fundamental de direito;

d) Relativamente ao que dispõe a alínea anterior, salvaguardar o regime de recurso das decisões referentes ao valor da causa e daquelas a que se referem o n.º 2 do artigo 678.º e a alínea *a)* do n.º 1 do artigo 734.º do Código de Processo Civil, bem como das decisões a que se refere o artigo 621.º, quando declararem a inexistência de uma excepção peremptória;

e) Ampliação da competência das secções cíveis reunidas para, no âmbito de um julgamento ampliado da revista, proceder à uniformização da jurisprudência, oficiosamente ou a requerimento das partes, revogando, para tanto, a alínea *b)* do artigo 26.º da Lei Orgânica dos Tribunais Judiciais, eliminando o recurso para o tribunal pleno e revogando, concomitantemente, o artigo 2.º do Código Civil.

ARTIGO 8.º

Relativamente à acção executiva, fica o Governo autorizado a:

a) Rever o regime da penhorabilidade e impenhorabilidade dos bens, articulando-o com a lei substantiva, distinguindo as hipóteses de penhorabilidade absoluta, relativa, parcial e subsidiária e suprindo as lacunas referentes à penhora de depósitos bancários, estabelecendo o dever de comunicação ao tribunal do saldo da conta e regulando os termos da respectiva indisponibilidade pelo executado, e à penhora do estabelecimento comercial;

b) Alterar o Código Civil, eliminando a moratória forçada prevista no n.º 1 do artigo 1696.º e adequando a lei de processo a tal alteração;

c) Ampliar o formalismo da execução sumaríssima a todas as execuções fundadas em decisão judicial condenatória, dispensando-se a citação do executado previamente à realização da penhora.

ARTIGO 9.º

1 – Fica o Governo autorizado a expurgar do Código de Processo Civil preceitos avulsos que estabeleçam, desnecessariamente ou em colisão com a lei penal vigente, a tipificação como crimes de determinados comportamentos das partes ou de quaisquer intervenientes processuais.

2 – No âmbito previsto no número anterior, compreende-se na presente autorização:

a) A revogação dos segmentos dos artigos 243.º, n.º 2, 850.º, n.º 2, 1399.º, n.º 3, 1491.º, n.º 2, 1493.º, n.º 2, 1496.º, n.º 2, 1499.º, n.º 2, e 1501.º, n.º 2, do Código de Processo Civil na parte em que cominam sanções de natureza criminal;

b) A regulação da matéria de falta de restituição do processo pelo mandatário a quem foi confiado, reduzindo para cinco dias o prazo para entrega voluntária e prevendo que, findo tal prazo, o Ministério Público accionará o procedimento pelo crime de desobediência;

c) A adequação da tipificação como desobediência já estabelecida no n.º 4 do artigo 235.º à nova regulamentação da citação com hora certa;

d) A tipificação como crime de desobediência qualificada de todos os comportamentos que infrinjam a providência cautelar judicialmente decretada, eliminando, consequentemente, a referência à responsabilidade criminal do dono da obra que consta do n.º 2 do artigo 420.º;

e) A atribuição ao juiz, nos casos de impossibilidade ou de grave dificuldade de comparência no tribunal, da faculdade de autorizar que o depoimento da testemunha seja prestado por escrito, datado e assinado pelo seu autor, devendo dele constar relação discriminada dos factos a que assistiu ou que verificou pessoalmente e das razões de ciência invocadas e devendo ainda o depoente declarar expressamente que o escrito se destina a ser apresentado em juízo e que está consciente de que a falsidade das declarações dele constantes o fará incorrer em sanções penais;

f) A tipificação como crime de falso testemunho da conduta de quem, nos termos da alínea anterior, prestar depoimento falso.

ARTIGO 10.º

A presente autorização legislativa caduca no prazo de 120 dias.

Aprovada em 21 de Junho de 1995.

O Presidente da Assembleia da República, *António Moreira Barbosa de Melo.*

Promulgada em 28 de Julho 1995.

Publique-se.

O Presidente da República, MÁRIO SOARES.

Referendada em 1 de Agosto de 1995.

Pelo Primeiro-Ministro, *Manuel Dias Loureiro,* Ministro da Administração Interna.

LEI N.º 6/96
de 29 de Fevereiro

Altera a data de entrada em vigor do Decreto-Lei n.º 329-A/95, de 12 de Dezembro (revisão do Código de Processo Civil)

A Assembleia da República decreta, nos termos dos artigos 164.º, alínea *d*), e 169.º, n.º 3, da Constituição, o seguinte:

ARTIGO 1.º

O n.º 1 do artigo 16.º do Decreto-Lei n.º 329-A/95, de 12 de Dezembro, passa a ter a redacção seguinte: «O presente diploma entra em vigor em 15 de Setembro de 1996 e só se aplica aos processos iniciados após esta data, salvo o estipulado no n.º 2».

ARTIGO 2.º

A presente lei entra em vigor no dia imediato ao da sua publicação.

Aprovada em 7 de Fevereiro de 1996.

O Presidente da Assembleia da República, *António de Almeida Santos*.

Promulgada em 8 de Fevereiro de 1996.

Publique-se.

O Presidente da República, MÁRIO SOARES.

Referendada em 13 de Fevereiro de 1996.

O Primeiro-Ministro, *António Manuel de Oliveira Guterres*.

Esta lei foi revogada pelo art. 4.º da Lei n.º 28/96, de 2 de Agosto, sendo o regime que dela constava substituído pelo estatuído no art. 5.º.

LEI N.º 28/96
de 2 de Agosto

Autoriza o Governo a rever o Código de Processo Civil, designadamente com as alterações nele introduzidas pelo Decreto-Lei n.º 329-A/95, de 12 de Dezembro.

A Assembleia da República decreta, nos termos dos artigos 164.º, alínea *e*), 168.º, alínea *q*), e 169.º, n.º 3, da Constituição, o seguinte:

ARTIGO 1.º

É concedida ao Governo autorização para rever o Código de Processo Civil, incluindo o Decreto-Lei n.º 329-A/95, de 12 de Dezembro, que nele introduziu modificações.

ARTIGO 2.º

O sentido da legislação a aprovar visa manter em vigor, para o efeito da remissão operada pelo n.º 1 do artigo 104.º do Código de Processo Penal, n.º 3 do artigo 144.º do Código de Processo Civil, na redacção anterior à do Decreto-Lei n.º 329-A/95.

ARTIGO 3.º

Visa-se ainda:
   a) Adequar a regra da legitimidade estabelecida no artigo 26.º-A à regra correspondente do artigo 2.º da Lei n.º 83/95, de 31 de Agosto;
   b) Facilitar a utilização pelo juiz do princípio da adequação formal previsto no artigo 265.º-A;

c) Permitir, em alteração ao artigo 288.º, que o juiz conheça de mérito, mesmo que se verifique a existência de excepção dilatória não suprida, se a decisão for inteiramente favorável à parte em cujo interesse se estabelecera o pressuposto processual;

d) Acentuar o princípio da igualdade do sancionamento das partes no plano da litigância de má fé;

e) Tornar menos gravosa a inquirição de testemunhas que, residindo na área do círculo judicial, nos termos do n.º 1 do artigo 623.º, residam em ilha diferente da do tribunal da causa e eliminar a inquirição por carta precatória de testemunhas residentes nas áreas metropolitanas de Lisboa e do Porto, relativamente às acções pendentes naquelas áreas;

f) Alargar aos vencimentos ou salários auferidos pelo executado a possibilidade concedida ao juiz pelo n.º 3 do artigo 824.º;

g) Salvaguardar o direito de habitação do executado, permitindo, em certos casos, que a desocupação da casa prevista no n.º 4 do artigo 840.º se protraia para o momento da venda.

ARTIGO 4.º

É revogada a Lei n.º 6/96, de 29 de Fevereiro.

ARTIGO 5.º

O n.º 1 do artigo 16.º do Decreto-Lei n.º 329-A/95, de 12 de Dezembro, passa a ter a redacção seguinte:

«O presente diploma entra em vigor em 1 de Janeiro de 1997 e só se aplica aos processos iniciados após essa data, salvo o estipulado no n.º 2».

ARTIGO 6.º

A presente autorização legislativa caduca no prazo de 60 dias.

Aprovada em 4 de Julho de 1996.

O Presidente da Assembleia da República, *António de Almeida Santos.*

Promulgada em 19 de Julho de 1996.

Publique-se.

O Presidente da República, JORGE SAMPAIO.

Referendada em 23 de Julho de 1996.

O Primeiro-Ministro, *António Manuel de Oliveira Guterres.*

LEI N.º 23/2003
de 21 de Agosto

Autoriza o Governo a alterar o Código de Processo Civil no que respeita à acção executiva

A Assembleia da República decreta, nos termos da alínea d) do artigo 161.º da Constituição, o seguinte:

ARTIGO 1.º
Objecto

1 – Fica o Governo autorizado a rever os seguintes diplomas legais:

a) Código de Processo Civil, na redacção que lhe foi dada pelos Decretos-Leis n.os 329-A/95, de 12 de Dezembro, 180/96, de 25 de Setembro, 375-A/99, de 20 de Setembro, e 183/2000, de 10 de Agosto, pela Lei n.º 30-D/2000, de 20 de Dezembro, pelos Decretos-Leis n.os 272/2001, de 13 de Outubro, e 323/2001, de 17 de Dezembro, e pela Lei n.º 13/2002, de 19 de Fevereiro;

b) Estatuto da Câmara dos Solicitadores, aprovado pelo Decreto-Lei n.º 8/99, de 8 de Janeiro;

c) Lei da Organização e Funcionamento dos Tribunais Judiciais, aprovada pela Lei n.º 3/99, de 13 de Janeiro;

d) Código Penal, aprovado pelo Decreto-Lei n.º 400/82, de 23 de Setembro (Código Penal), e alterado pela Lei n.º 6/84, de 11 de Maio, pelos Decretos-Leis n.os 132/93, de 23 de Abril, e 48/95, de 15 de Março, pelas Leis n.os 65/98, de 2 de Setembro, 7/2000, de 27 de Maio, 77/2001, de 13 de Julho, 97/2001, 98/2001, 99//2001 e 100/2001, de 25 de Agosto, e 108/2001, de 28 de Novembro, e pelo Decreto-Lei n.º 323/2001, de 17 de Dezembro, o artigo 227.º-A;

e) Código de Processo do Trabalho, aprovado pelo Decreto-Lei n.º 480/99, de 9 de Novembro, e alterado pelo Decreto-Lei n.º 323/2001, de 17 de Dezembro, nos artigos 90.º, 94.º, 96.º e 98.º;

f) Código de Procedimento e de Processo Tributário, aprovado pelo Decreto-Lei n.º 433/99, de 26 de Outubro, e alterado pelas Leis n.os 3-B/2000, de 4 de Abril,

30-G/2000, de 29 de Dezembro, 15/2001, de 5 de Junho, e 109-B/2001, de 27 de Dezembro, nos artigos 218.°, n.° 3, e 252.°;

g) Os diplomas cuja necessidade de modificação decorra da alteração da legislação referida nas alíneas anteriores e em cujas matérias seja constitucionalmente admissível a sua intervenção.

2 – O sentido e a extensão das alterações a introduzir resultam dos artigos subsequentes.

ARTIGO 2.°
Tribunais ou juízos de execução

Fica o Governo autorizado a criar tribunais ou juízos de execução, com competência específica em matéria de processo executivo.

ARTIGO 3.°
Secretarias de execução

Fica o Governo autorizado a criar secretarias de execução com competência para, através de oficiais de justiça, efectuar as diligências necessárias à tramitação do processo de execução.

ARTIGO 4.°
Solicitador de execução

1 – Fica o Governo autorizado a criar a figura do solicitador de execução, com competência para, como agente executivo, proceder à realização das diligências incluídas na tramitação do processo executivo que não impliquem a prática de actos materialmente reservados ao juiz, nem contendam com o exercício do patrocínio por advogado.

2 – A lei de processo definirá o estatuto processual do solicitador de execução, especificando o âmbito da sua intervenção, consoante o tipo e a natureza do título executivo e o valor da execução, e enumerando os actos processuais que lhe podem ser cometidos, nomeadamente nas fases da penhora e da venda em processo executivo.

3 – Pode ainda ser atribuída ao solicitador de execução competência para, em processos de qualquer natureza, proceder à citação pessoal do réu, requerido ou executado, e elaborar, como oficial público, a certidão do respectivo acto.

ARTIGO 5.º
Competência do conservador

Fica o Governo autorizado a atribuir competência aos conservadores do registo predial para efectuar a venda de imóveis nas conservatórias, por meio de propostas em carta fechada, bem como para deferir a consignação dos respectivos rendimentos.

ARTIGO 6.º
Acesso a dados confidenciais e quebra de sigilo

Fica o Governo autorizado:

a) A permitir o acesso e a consulta pelo agente de execução dos elementos constantes de bases de dados, registos ou arquivos, necessários à plena realização das respectivas competências, sem prejuízo do dever de cooperação previsto nos artigos 519.º e 519.º-A do Código de Processo Civil; e

b) A rever o regime da penhora de depósitos bancários e valores mobiliários, permitindo ao agente de execução solicitar a cooperação das instituições competentes na averiguação da existência dos bens ou valores a penhorar e na realização da respectiva penhora.

ARTIGO 7.º
Registo informático de execuções

1 – Fica o Governo autorizado a prever a elaboração de um registo informático de execuções, do qual conste a identificação das partes, os bens indicados para penhora e os efectivamente penhorados, os créditos reclamados e quaisquer vicissitudes processuais relevantes, incluindo a frustração da acção executiva por não se haver conseguido satisfazer inteiramente os direitos do exequente.

2 – Podem, ainda, constar do registo referido no artigo anterior os processos de falência e de recuperação de empresas, assim como, no caso de não terem sido encontrados ou indicados bens para penhora, o arquivamento do processo laboral.

3 – O decreto-lei autorizado deverá prever a possibilidade de o titular dos dados requerer a rectificação ou actualização dos dados inscritos no registo referido no n.º 1, demonstrando, nomeadamente, perante o tribunal competente, que a obrigação exequenda foi integralmente cumprida, com vista à eliminação da respectiva menção.

4 – O decreto-lei autorizado definirá quais as entidades autorizadas à consulta do registo previsto no n.º 1.

ARTIGO 8.º
Dispensa de despacho liminar e contraditório prévio

O Governo fica autorizado a alterar a lei de processo de modo a definir as situações em que a penhora pode ser realizada sem precedência de despacho liminar e de citação do executado, tendo, nomeadamente, em conta a natureza do título executivo, o montante do crédito exequendo e o fundado receio de perda da garantia patrimonial.

ARTIGO 9.º
Alterações das regras processuais sobre competência

1 – O Governo fica autorizado a clarificar o alcance da norma constante da alínea d) do n.º 1 do artigo 65.º do Código de Processo Civil no sentido de facilitar a atribuição de competência internacional aos tribunais portugueses.

2 – Fica o Governo autorizado a estabelecer, como norma de competência internacional exclusiva, a competência dos tribunais portugueses para as execuções sobre bens situados em território português.

3 – O Governo fica, ainda, autorizado a atribuir competência ao tribunal do local da situação dos bens a executar, caso não exista outro elemento de conexão atributivo de competência territorial interna.

4 – Fica também o Governo autorizado a rever as demais normas sobre competência do tribunal no âmbito da acção executiva, adequando-as à existência de tribunais com competência específica em matéria de processo executivo.

5 – O Governo fica também autorizado a autonomizar do processo de execução a acção de anulação da venda, a que se referem os n.os 2 e 3 do artigo 908.º do Código de Processo Civil, sujeitando-a às normas gerais da competência territorial.

6 – Poderá, ainda, o Governo atribuir ao tribunal da causa competência incidental para a resolução do desacordo entre os pais acerca da conveniência de intentar a acção em representação do filho menor.

7 – Pode, finalmente, o Governo extinguir a competência do tribunal judicial para a determinação do objecto do litígio arbitral, atribuindo-a ao tribunal arbitral.

ARTIGO 10.º
Alterações às competências do Ministério Público

Fica o Governo autorizado a proceder à alteração das competências da magistratura do Ministério Público em matéria de promoção de execuções, articulando-as com a possível atribuição de competências ao agente executivo, e a rever a tramitação das execuções pelo não pagamento de coimas, custas e taxa de justiça, para assegurar a coerência com as alterações propostas na presente lei.

ARTIGO 11.º
Frustração de execução

1 – Fica o Governo autorizado a criminalizar o comportamento do devedor que, após prolação de sentença condenatória exequível, destruir, danificar, fizer desaparecer, ocultar ou sonegar parte do seu património, para dessa forma intencionalmente frustrar, total ou parcialmente, a satisfação do direito do credor, em termos equivalentes ao crime de insolvência dolosa, previsto e punido pelo artigo 227.º do Código Penal.

2 – Fica também o Governo autorizado a sujeitar o executado que, tendo bens, omita declarar que os tem a sanção pecuniária compulsória a definir pelo decreto-lei autorizado.

ARTIGO 12.º
Alterações ao Estatuto da Câmara dos Solicitadores

Fica o Governo autorizado a alterar o Estatuto da Câmara dos Solicitadores com o seguinte sentido e extensão:

a) Modificar a estrutura orgânica da Câmara dos Solicitadores;
b) Criar colégios da especialidade;
c) Modificar o âmbito geográfico dos conselhos regionais da Câmara;
d) Legislar sobre a eleição, constituição, composição e competências dos diferentes órgãos, determinando, designadamente, os órgãos competentes para a dispensa do segredo profissional;
e) Admitir a figura da escusa ou renúncia à titularidade de órgãos da Câmara;
f) Legislar sobre as condições de inscrição dos candidatos à Câmara dos Solicitadores, inclusivamente sobre o estágio de aprendizagem e admissão dos solicitadores oriundos de outros Estados-Membros da União Europeia, bem como de nacionais de outros Estados;
g) Definir as incompatibilidades da actividade de solicitadoria com as restantes actividades profissionais, bem como estabelecer o regime de impedimentos do solicitador;
h) Regular as infracções disciplinares e respectivas sanções a aplicar;
i) Impor a obrigatoriedade de comunicação à Câmara dos Solicitadores, por parte dos tribunais, das condenações e despachos de pronúncia emitidos contra solicitadores;

j) Criar a conta-cliente do solicitador e do solicitador de execução;

l) Prever a elaboração de uma lista de solicitadores permanentemente actualizada em suporte informático, onde conste, designadamente, a indicação dos solicitadores suspensos;

m) Definir as condições de alteração do Estatuto da Câmara dos Solicitadores.

ARTIGO 13.º
Estatuto do solicitador de execução

1 – Cabe ao Governo, no âmbito da presente lei, definir os aspectos específicos do estatuto profissional do solicitador de execução, incluindo regras estritas sobre a acreditação da actividade e estabelecimento de condições para o seu exercício, determinando, nomeadamente, a obrigatoriedade de os solicitadores de execução aplicarem as tarifas a aprovar pelo Ministério da Justiça.

2 – Fica o Governo autorizado a estabelecer o regime:

a) Das incompatibilidades do solicitador de execução, designadamente com o exercício do mandato judicial e com o exercício das funções de solicitador de execução por conta de entidade empregadora no âmbito do contrato de trabalho;

b) Dos impedimentos e suspeições;

c) Das infracções e sanções disciplinares.

ARTIGO 14.º
Duração

A autorização concedida pela presente lei tem a duração de 180 dias.

Aprovada em 11 de Julho de 2002.

O Presidente da Assembleia da República, *João Bosco Mota Amaral.*

Promulgada em 2 de Agosto de 2002.

Publique-se.

O Presidente da República, JORGE SAMPAIO.

Referendada em 6 de Agosto de 2002.

O Primeiro-Ministro, *José Manuel Durão Barroso.*

II
DIPLOMAS COMPLEMENTARES

- DL n.º 211/91, de 14 de Junho – institui o processo civil simplificado.
- DL n.º 28/92, de 27 de Fevereiro – permite a prática de actos mediante telecópia.
- DL n.º 39/95, de 15 de Fevereiro – estabelece a possibilidade de documentação ou registo das audiências finais e da prova nelas produzida.
- DL n.º 269/98, de 1 de Setembro – aprova o regime dos procedimentos para cumprimento de obrigações pecuniárias emergentes de contratos de valor não superior à alçada do tribunal de 1.ª instância.
- DL n.º 218/99, de 15 de Junho – estabelece o regime de cobrança de dívidas pelas instituições e serviços integrados no Serviço Nacional de Saúde.
- DL n.º 383/99, de 23 de Setembro – altera o DL n.º 269/98, de 1 de Setembro.
- DL n.º 272/2001, de 13 de Outubro – com as rectificações operadas pela declaração de rectificação n.º 20-AR/2001, de 30 de Novembro – estabelece as competências do M. P. e dos Conservadores do Registo Civil em processos de jurisdição voluntária.
- DL n.º 88/2003, de 26 de Abril – aprova o Estatuto da Câmara dos Solicitadores.
- DL n.º 200/2003, de 10 de Setembro – aprova o modelo de requerimento executivo previsto no CPC e prevê as respectivas formas de entrega.
- DL n.º 201/2003, de 10 de Setembro – regula o registo informático de execuções previsto no CPC.
- DL n.º 202/2003, de 10 de Setembro – regula o regime das comunicações por meios telemáticos entre as secretarias judiciais e os solicitadores de execução previsto no CPC.

DECRETO-LEI N.º 211/91
de 14 de Junho

(Estabelece o novo regime do processo civil simplificado)

Independentemente da revisão em curso do direito processual civil português, que alterará significativamente o regime jurídico vigente, justifica-se que se caminhe no sentido de criar um sistema alternativo que, sem diminuição de garantias, com aquele co-exista, inspirando-se em princípios idênticos, mas definido no pressuposto da compatibilização destes com outras exigências de uma cultura judiciária moderna. Assim, ter-se-á em conta o papel activo e dinâmico que deve reconhecer--se hoje ao advogado como efectivo colaborador da justiça que é, reconhecendo-lhe o direito a uma intervenção processual e pré-processual mais substantiva, do mesmo modo que importa assegurar, no processo civil, a previsão de mecanismos que apelem à adopção do princípio da cooperação.

Por outro lado, razões da eficácia do sistema, quando conformadas com a real afirmação do princípio da liberdade das partes, permitem conceber o recurso a mecanismos processuais da utilização facultativa, entendidos como alternativos ao sistema regra consagrado no Código que, assim, assume natureza supletiva.

Em certos aspectos, foi já esta perspectiva que conduziu à previsão do processo simplificado, introduzido pelo artigo 464.º-A do Código de Processo Civil e posteriormente regulamentado, em alguns pontos, pelos artigos 3.º e 4.º do Decreto--Lei n.º 212/89, de 30 de Junho, mas que não tem sido de utilização frequente nos nossos tribunais.

Visa agora o presente diploma condensar e desenvolver, em substituição dos normativos acima referidos, aquele esquema processual alternativo, facultando às partes delimitar, logo à partida, o verdadeiro objecto de litígio, permitindo ultrapassar as fases dos articulados e do saneamento e condensação, com evidentes benefícios em termos de celeridade, desburocratização e economia processual.

Trata-se, aliás, de solução que não é inédita em termos de direito comparado, bastando referir, em sistemas muito próximos do nosso, a figura da *requête conjointe,* vigente no direito processual civil francês.

Apresentando as partes petição conjunta, necessariamente subscrita, sendo o patrocínio obrigatório, pelos respectivos mandatários judiciais – e poderão fazê-lo sempre que a relação jurídica seja disponível –, a intervenção do tribunal limita-se à instrução, discussão e julgamento da causa, ou apenas ao julgamento, designadamente em termos de equidade, quando o dissídio seja apenas de direito.

Vale ainda o presente diploma para flexibilizar a indicação da prova testemunhal, permitindo a alteração do rol de testemunhas com muito maior largueza, relativamente ao rígido sistema vigente no actual processo civil.

Consagra-se também para os casos de maior complexibilidade a possibilidade da realização de uma audiência preliminar, destinada a delimitar, com mais precisão, o objecto em litígio e os factos que constituirão base instrutória da causa. Tal conferência, destinada a propiciar uma verdadeira cooperação entre os diversos intervenientes no processo, poderá ainda servir para a realização prévia de tentativa de conciliação.

Acentuam-se os benefícios para as partes em matéria de custas, estabelecendo-se que a taxa de justiça não poderá ultrapassar metade do montante correspondente a uma acção comum de igual valor. E, como contrapartida para a circunstância de as fases dos articulados e da condensação do processo decorrerem, de algum modo, entre os advogados, sem intervenção judiciária, estabeleceu-se destino especial para metade das importâncias que venham a ser cobradas a título de taxa de justiça.

Assim:

Nos termos da alínea *a*) do n.º 1 do artigo 201.º da Constituição, o Governo decreta o seguinte:

ARTIGO 1.º
Requisitos

Quando, em processo civil, a acção não tenha por objecto direitos indisponíveis, podem as partes iniciar a instância com a apresentação de petição conjunta, subscrita, sendo o patrocínio obrigatório, pelos respectivos mandatários judiciais, à qual se aplicam, com as adaptações necessárias,os requisitos previstos no Código de Processo Civil para a petição inicial.

ARTIGO 2.º
Objecto da petição conjunta

1 – Na petição a que se refere o artigo anterior, submetem as partes à apreciação judicial as respectivas pretensões, indicando os factos que admitem por acordo, sem prejuízo do disposto nas alíneas *c*) e *d*) do artigo 485.º do Código de

Processo Civil, e os factos controvertidos, requerendo logo as respectivas provas e tomando posição sobre as questões de direito relevantes.

2 – As testemunhas serão apresentadas pela parte que as ofereceu, salvo se for logo requerida a respectiva notificação para comparência.

3 – Excepcionalmente, quando as testemunhas residam fora da área do círculo judicial e a sua deslocação represente sacrifício incomportável, poderá requerer-se a expedição de carta precatória para a respectiva inquirição, nos termos previstos na lei processual.

4 – Para além dos casos em que o Código de Processo Civil admite a substituição das testemunhas, podem as partes alterar ou adicionar o respectivo rol, ocorrendo qualquer motivo justificado, desde que a parte contrária possa ser notificada da alteração até sete dias antes da data em que deva ter lugar o depoimento.

ARTIGO 3.º
Intervenção do tribunal

1 – Havendo matéria de facto controvertida, a intervenção do tribunal fica limitada à instrução, discussão e julgamento da causa, nos termos previstos na lei processual.

2 – Apresentada em juízo a petição conjunta, o juiz aprecia liminarmente da admissibilidade do uso da forma do processo e da existência de quaisquer excepções dilatórias de conhecimento oficioso.

3 – Se o processo houver de prosseguir, é logo designado dia para a audiência final, que deverá realizar-se, não havendo diligências de produção antecipada de prova, no prazo máximo de dois meses a contar da apresentação em juízo da petição conjunta.

4 – A fim de prevenir o risco de adiamento forçoso da diligência, deve o juiz marcar o dia e hora da sua realização mediante prévio acordo com os mandatários judiciais interessados.

ARTIGO 4.º
Audiência preliminar

1 – Quando a complexidade do processo o aconselhe, poderá o juiz fazer preceder a audiência final de uma conferência com os mandatários judiciais das partes, destinada a obter os esclarecimentos pertinentes para a correcta selecção de factos essenciais controvertidos, a averiguar em audiência, e a realizar, sendo caso disso, tentativa de conciliação das partes.

2 – A indicação dos factos a que se refere o número anterior pode ser feita sob a forma de quesitos a que o tribunal deverá responder, sendo, sempre que possível, logo ditada para a acta.

ARTIGO 5.º
Divergência limitada à solução jurídica do pleito

1 – Se a divergência das partes se limitar à solução jurídica do pleito, a intervenção do tribunal será restrita ao julgamento da causa, precedido de debate oral dos advogados relativamente à qualificação e efeitos jurídicos dos factos admitidos por acordo das partes.

2 – Nos casos previstos no artigo 4.º do Código Civil, podem as partes acordar em que o litígio seja resolvido segundo a equidade.

ARTIGO 6.º
Regime subsidiário

Em tudo aquilo que não estiver especialmente previsto neste diploma, é aplicável, a título subsidiário, o regime do Código de Processo Civil.

ARTIGO 7.º
Redução especial da taxa de justiça e seu destino

1 – Nas acções que sigam a forma processual prevista nos artigos anteriores, o juiz determinará a redução da taxa de justiça, tendo em conta a complexidade da causa, entre o mínimo de um quarto e o máximo de metade da que seria devida a final.

2 – No caso previsto no artigo 5.º, a taxa de justiça será reduzida ao mínimo de um oitavo e ao máximo de um quarto da que seria devida a final.

3 – Das importâncias recebidas a título de taxa de justiça é feita dedução de 50%, que terá o seguinte destino:
   a) 15% para o Conselho Geral da Ordem dos Advogados;
   b) 2% para o Conselho Geral da Câmara dos Solicitadores;
   c) 33% para a Caixa de Previdência dos Advogados e Solicitadores.

Disposição revogada pelo art. 2.º do diploma preambular do CCJ aprovado pelo DL n.º 224-A/96, de 26/11, estando substituída pelo regime constante do art. 14.º, n.º 1, al. u) deste Código, na versão em vigor.

ARTIGO 8.º
Revogação

São revogados o artigo 464.º-A do Código de Processo Civil e os artigos 3.º e 4.º do Decreto-Lei n.º 212/89, de 30 de Junho.

ARTIGO 9.º
Entrada em vigor

O presente diploma entra em vigor 30 dias após a sua publicação.

Visto e aprovado em Conselho de Ministros de 2 de Maio de 1991. – *Aníbal António Cavaco Silva – Álvaro José Brilhante Laborinho Lúcio.*

Promulgado em 27 de Maio de 1991.

Publique-se.

O Presidente da República, MÁRIO SOARES.

Referendado em 29 de Maio de 1991.

O Primeiro-Ministro, *Aníbal António Cavaco Silva.*

DECRETO-LEI N.° 28/92
de 27 de Fevereiro

Disciplina o regime do uso da telecópia na transmissão de documentos entre tribunais, entre tribunais e outros serviços e para a prática de actos processuais.

Visa o presente diploma introduzir alguns ajustamentos à disciplina dos actos processuais, contribuindo para, através do recurso às novas tecnologias – no caso concreto a utilização da telecópia –, desburocratizar e modernizar os serviços judiciais e facilitar o contacto destes com os respectivos utentes.

Desde logo, permite-se o recurso à telecópia na transmissão de quaisquer mensagens entre serviços judiciais ou entre estes e serviços públicos, entendendo-lhes o regime que o Decreto-Lei n.° 54/90, de 13 de Fevereiro, já havia instituído para os serviços dos registos e do notariado.

Importava, porém, ir mais além e, nomeadamente, facultar às partes e aos intervenientes em processos judiciais de qualquer natureza o uso da telecópia para a prática de actos processuais, evitando os custos e demoras resultantes de deslocações às secretarias judiciais.

Procurando conciliar estes objectivos com as indispensáveis cautelas que a natureza dos processos judiciais impõe, prevê-se um regime de «autenticação» das comunicações realizadas mediante telecópia particular de advogado, sociedade de advogados ou solicitador, consagrando que aqueles que pretendam servir-se de tal meio de comunicação para a prática de actos em processos comunicá-lo-ão à Ordem dos Advogados ou à Câmara dos Solicitadores, conforme os casos, enviando estas entidades a lista à Direcção-Geral dos Serviços Judiciários, que a circulará por todos os tribunais.

Tal regime permite fundamentar a força probatória que às telecópias é atribuída.

Afigurou-se, por outro lado, indispensável providenciar pela posterior remessa o juízo dos originais dos articulados e documentos autênticos ou autenticados apresentados, dada a especial relevância e força probatória que lhes cabe no processo. Relativamente aos demais actos e documentos optou-se por atribuir às partes o dever de conservação dos respectivos originais, com vista a obviar à sobrecarga burocrática que resultaria da sua remessa sistemática, garantindo, todavia, a possibilidade de realizar a todo o tempo a confrontação prevista no artigo 385.° do Código Civil.

Alguma complexidade podem apresentar questões relacionadas com a possível desconformidade entre a telecópia e os originais, a impossibilidade de transmitir a totalidade do documento, a ilegibilidade da telecópia recebida e, em geral, todos os incidentes de fiabilidade do sistema. Crê-se, todavia, que a solução das questões daí decorrentes deverá, por agora, encontrar-se por recurso às normas civis e processuais vigentes, nomeadamente as relativas ao erro, à culpa e ao justo impedimento.

A experiência prática resultante da adopção deste sistema e a análise ponderada das questões e problemas que dela decorram hão-de permitir minorar os riscos e inconvenientes e explorar todas as vantagens, de celeridade, de eficácia e de acrescida acessibilidade aos tribunais, que a telecópia pode oferecer à boa administração da justiça. Para isso, o Governo propõe-se acompanhar de perto a aplicação do diploma.

Foram ouvidos o Conselho Superior da Magistratura, a Procuradoria-Geral da República, a Ordem dos Advogados e a Câmara dos Solicitadores.

Assim:

Nos termos da alínea *a*) do n.º 1 do artigo 201.º da Constituição, o Governo decreta o seguinte:

ARTIGO 1.º
Requisição de informações ou envio de documentos

Pode efectuar-se por telecópia a transmissão de documentos, cartas precatórias e quaisquer solicitações, informações ou mensagens entre os serviços judiciais ou entre estes e outros serviços ou organismos dotados de equipamento de telecópia, aplicando-se, com as necessárias adaptações, o preceituado no artigo 3.º do Decreto-Lei n.º 54/90, de 13 de Fevereiro.

I – Cfr. art. 176.º, n.º 5, do CPC.

II – O art. 3.º do DL 54/90 foi revogado pelo DL n.º 461/99, de 5 de Novembro, constando a disciplina da transmissão e valor dos documentos recebidos por telecópia no âmbito dos serviços dos registos e notariado do art. 5.º deste diploma.

ARTIGO 2.º
Recurso à telecópia na prática de actos
das partes ou intervenientes processuais

1 – As partes ou intervenientes no processo e respectivos mandatários podem utilizar, para a prática de quaisquer actos processuais:

a) Serviço público de telecópia;

b) Equipamento de telecópia do advogado ou solicitador, constante da lista a que se refere o número seguinte.

2 – A Ordem dos Advogados e a Câmara dos Solicitadores organizarão listas oficiais dos advogados e solicitadores que pretendam utilizar, na comunicação e recepção de mensagens com os serviços judiciais, telecópia, donde constarão os respectivos números.

3 – A Ordem dos Advogados e a Câmara dos Solicitadores remeterão as listas referidas no número anterior à Direcção-Geral dos Serviços Judiciários, que as fará circular por todos os tribunais.

4 – A Direcção-Geral dos Serviços Judiciários informará a Ordem dos Advogados e a Câmara dos Solicitadores da remessa aos tribunais das listas a que se referem os números anteriores.

ARTIGO 3.º
Utilização da telecópia no âmbito do processo penal

1 – O disposto nos artigos anteriores é também aplicável aos actos praticados em processos de natureza criminal, desde que se mostre compatível com a observância dos princípios do processo penal, designadamente do disposto no artigo 86.º do Código de Processo Penal.

2 – A utilização da telecópia para acesso e transmissão de informação criminal ou do certificado de registo criminal, nos termos da Lei n.º 12/91, de 21 de Maio, pode ser conjugada com o uso de meios informáticos, observadas as garantias de segurança previstas na lei.

ARTIGO 4.º
Força probatória

1 – As telecópias dos articulados, alegações, requerimentos e respostas, assinados pelo advogado ou solicitador, os respectivos duplicados e os demais documentos que os acompanhem, quando provenientes do aparelho com o número constante da lista oficial, presumem-se verdadeiros e exactos, salvo prova em contrário.

2 – Tratando-se de actos praticados através do serviço público de telecópia, aplica-se o disposto no artigo 3.º do Decreto-Lei n.º 54/90, de 13 de Fevereiro.

3 – Os originais dos articulados, bem como quaisquer documentos autênticos ou autenticados apresentados pela parte, devem ser remetidos ou entregues na secretaria judicial no prazo de sete dias contado do envio por telecópia, incorporando-se nos próprios autos.

4 – Incumbe às partes conservarem até ao trânsito em julgado da decisão os originais de quaisquer outras peças processuais ou documentos remetidos por telecópia, podendo o juiz, a todo o tempo, determinar a respectiva apresentação.

5 – Não aproveita à parte o acto praticado através de telecópia quando aquela, apesar de notificada para exibir os originais, o não fizer, inviabilizando culposamente a incorporação nos autos ou o confronto a que alude o artigo 385.º do Código Civil.

6 – A data que figura na telecópia recebida no tribunal fixa, até prova em contrário, o dia e hora em que a mensagem foi efectivamente recebida na secretaria judicial.

I – Cfr. anotação aos arts. 143.º e 150.º do CPC. O prazo referido no n.º 3 deverá naturalmente adaptar-se à regra da continuidade, nos termos do art. 6.º do DL 329-A/95.

II – Tem originado dúvidas na jurisprudência, face ao quadro legal anterior à reforma do processo civil, a determinação das consequências que derivam da prática de acto processual por telecópia, proveniente de aparelho cujo número não conste das listas oficiais: o STJ vem considerando que a prática de tais actos só é permitida quando esta provenha de aparelho que conste daquelas listas (Cfr. Acs. in BMJ 455, pág. 394 e 469, pág. 455), tendo o TC considerado que tal interpretação normativa – que considera a inscrição nas listas comunicadas aos tribunais condição de admissibilidade legal da prática de actos no processo – não viola os arts. 13.º e 20.º da CRP (Ac. n.º 191/98, in DR, II, 24/7/98); pelo contrário, algumas Relações têm-se orientado por entendimento mais flexível, considerando que a exigência legal, formulada pelo n.º 1, apenas contende com a garantia de exactidão e genuinidade do acto, não pondo em causa o valor da telecópia, não impugnada, emitida por advogado devidamente identificado, que tenha feito dar entrada na secretaria aos respectivos originais (cfr. Acs. Rel. Porto, in CJ III/97, págs. 186 e da Rel. Évora, in CJ II/97, pág. 264). Cfr. ainda o Ac. Rel. in CJ II/97, pág. 266, que admitiu a apresentação de um articulado mediante fotocópia de papel saído de fax não constante da lista oficial. Veja-se ainda o Ac. Rel in CJ I/02, no que se refere ao ónus da parte de, no caso de desconformidade das datas de expedição e recepção, comprovar a expedição tempestiva da peça processual.

III – Cfr. anotação II ao art. 1.º e os comentários ao art. 150.º do CPC.

ARTIGO 5.º
Entrada em vigor

O presente diploma, com excepção do artigo 1.º, entra em vigor 90 dias após a data da sua publicação, devendo, neste prazo, a Ordem dos Advogados, a Câmara dos Solicitadores e a Direcção-Geral dos Serviços Judiciários providenciar pelo cumprimento do disposto nos n.ᵒˢ 2, 3 e 4 do artigo 2.º.

Visto e aprovado em Conselho de Ministros de 9 de Janeiro de 1992. – *Aníbal António Cavaco Silva – Jorge Braga de Macedo – Álvaro José Brilhante Laborinho Lúcio.*

Promulgado em 10 de Fevereiro de 1992.

Publique-se.

O Presidente da República, MÁRIO SOARES.

Referendado em 17 de Fevereiro de 1992.

O Primeiro-Ministro, *Aníbal António Cavaco Silva.*

DECRETO-LEI N.º 39/95
de 15 de Fevereiro

Estabelece a possibilidade de documentação ou registo das audiências finais e da prova nelas produzida.

Visa o presente diploma consagrar, na área do processo civil, uma solução legislativa que, embora corrente noutros ordenamentos jurídicos, é, no nosso, substancialmente inovadora, ao prever e regulamentar a possibilidade de documentação ou registo das audiências finais e da prova nelas produzida, pondo termo ao peso excessivo que a lei processual vigente confere ao princípio da oralidade e concretizando uma aspiração de sucessivas gerações de magistrados e advogados.

Tal admissibilidade do registo das provas produzidas ao longo da audiência de discussão e julgamento permitirá alcançar um triplo objectivo:

Em primeiro lugar, na perspectiva das garantias das partes no processo, as soluções ora instituídas implicarão a criação de um verdadeiro e efectivo 2.º grau de jurisdição na apreciação da matéria de facto, facultando às partes na causa uma maior e mais real possibilidade de reacção contra eventuais – e seguramente excepcionais – erros do julgador na livre apreciação das provas e na fixação da matéria de facto relevante para a solução jurídica do pleito.

É bem sabido que tal garantia, no sistema em vigor, se mostra, em larga medida, insuficiente, já que – salvo naturalmente nos casos excepcionalíssimos em que toda a prova relevante consta dos autos – a Relação, apesar de teoricamente conhecer de facto e de direito, se limitará, para além de reapreciar questões puramente jurídicas, a uma mera cassação de vícios lógicos ou intrínsecos patentes face ao texto da própria decisão recorrida e seus fundamentos, sendo, porém, perfeitamente inviável, perante o estatuído no artigo 712.º do Código de Processo Civil que o erro, ainda que manifesto, na livre apreciação das provas possa ser sindicado pelo tribunal *ad quem,* desde que não tenha inquinado as respostas à matéria de facto e a respectiva motivação, em termos de determinar a anulação do julgamento;

Em segundo lugar, o registo dos depoimentos prestados em audiência configura-se seguramente como meio idóneo para afrontar o clima de quase total impunidade e da absoluta falta de controlo que – precisamente por força do referido peso excessivo da oralidade da audiência – envolve o possível perjúrio do depoente que intencionalmente deturpe a verdade dos factos.

Importa, na verdade, reconhecer que a total falta de registo dos depoimentos prestados no decurso da audiência final poderá facilmente estimular os colaboradores da justiça menos escrupulosos a nem sempre serem fiéis à verdade dos factos e prudentes nas respectivas afirmações, encorajados pela muito remota possibilidade de, no futuro, virem a ser efectivamente confrontados com o teor das suas declarações e depoimentos e por elas responsabilizados;

Finalmente, o registo das audiências e da prova nelas produzida configura-se ainda como instrumento adequado para satisfazer o próprio interesse do tribunal e dos magistrados que o integram, inviabilizando acusações de julgamento à margem (ou contra) da prova produzida, com os benefícios que daí poderão advir para a força persuasiva das decisões judiciais e para o necessário prestígio da administração da justiça. O registo das provas permitirá ainda auxiliar de forma relevante o próprio julgador a rever e confirmar no momento da decisão, com maior segurança, as impressões pessoais que foi colhendo ao longo de julgamentos demorados, fraccionados no tempo e comportando a inquirição de numerosos depoentes sobre matérias complexas.

Daí que, no articulado proposto (artigo 522.º-B) se venha a permitir que seja o próprio tribunal a determinar oficiosamente a gravação da audiência, sempre que, apesar de as partes terem prescindido da documentação da prova, se entenda que os interesses da administração da justiça a reclamam.

O estabelecimento desta inovadora garantia das partes – consistente na possibilidade de requerer e obter o integral registo das audiências e a consequente efectividade de um 2.º grau de jurisdição na apreciação dos pontos questionados da matéria de facto – suscita, desde logo, a questão da sua articulação com a tradicional garantia decorrente da colegialidade da decisão sobre a matéria de facto. Deverá, designadamente, consentir-se na acumulação destas duas garantias, sobrepondo à intervenção do colectivo o integral registo das provas perante ele produzidas?

A opção tomada no presente diploma foi no sentido de considerar que o sistema de gravação integral da prova produzida, a requerimento de alguma das partes, e a simultânea intervenção do colectivo na respectiva produção e livre apreciação representariam uma desproporcionada duplicação de garantias, dificilmente justificável quando ponderada em função dos critérios de eficácia e economia processuais e da racionalidade no aproveitamento integral dos meios disponíveis.

Não pareceu, na realidade, que fizesse sentido colocar três juízes a apreciar a prova produzida no julgamento em 1.ª instância – a qual será inteiramente gravada – e que, quando impugnada, irá ser reapreciada, nos pontos concretamente questionados, por três juízes desembargadores.

Neste sentido – e no âmbito do processo ordinário – o requerimento de gravação da prova a produzir na audiência final determinará o surgimento de mais um caso em que a lei de processo – para a qual a Lei Orgânica dos Tribunais Judiciais, quanto a este ponto devolve – dispensa a intervenção do colectivo [alínea c) do n.° 2 do artigo 646.°].

No processo sumário, o requerimento em que alguma das partes solicita a gravação determina que fique sem efeito o eventual pedido de intervenção do colectivo que a outra parte proventura houvesse deduzido (n.ºs 2 e 4 do artigo 791.°).

A consagração de um efectivo duplo grau de jurisdição quanto à matéria de facto não deverá redundar na criação de factores de agravamento da morosidade na administração da justiça civil.

Importava, pois, ao consagrar tão inovadora garantia, prevenir e minimizar os riscos de perturbação do andamento do processo, procurando adoptar um sistema que realizasse o melhor possível o sempre delicado equilíbrio entre as garantias das partes e as exigências de eficácia e celeridade do processo de modo a obviar que o aparente reforço daquelas pudesse redundar na violação do fundamental e básico direito à obtenção de uma decisão final em prazo razoável.

A garantia do duplo grau de jurisdição em sede de matéria de facto nunca poderá envolver, pela própria natureza das coisas, a reapreciação sistemática e global de toda a prova produzida em audiência – visando apenas a detecção e correcção de pontuais, concretos e seguramente excepcionais erros de julgamento, incidindo sobre pontos determinados da matéria de facto, que o recorrente sempre terá o ónus de apontar claramente e fundamentar na sua minuta de recurso.

Não poderia, deste modo, em nenhuma circunstância, admitir-se como sendo lícito ao recorrente que este se limitasse a atacar, de forma genérica e global, a decisão de facto, pedindo, pura e simplesmente, a reapreciação de toda a prova produzida em 1.ª instância, manifestando genérica discordância com o decidido.

A consagração desta nova garantia das partes no processo civil implica naturalmente a criação de um específico ónus de alegação do recorrente, no que respeita à delimitação do objecto do recurso e à respectiva fundamentação.

Este especial ónus de alegação, a cargo do recorrente, decorre, aliás, dos princípios estruturantes da cooperação e da lealdade e boa fé processuais, assegurando, em última análise, a seriedade do próprio recurso intentado e obviando a que o alargamento dos poderes cognitivos das relações (resultantes da nova redacção do artigo 712.°) – e a consequente ampliação das possibilidades de impugnação das decisões proferidas em 1.ª instância – possa ser utilizado para fins puramente dilatórios, visando apenas o protelamento do trânsito em julgado de uma decisão inquestionavelmente correcta.

Daí que se estabeleça, no artigo 690.°-A, que o recorrente deve, sob pena de rejeição do recurso, para além de delimitar com toda a precisão os concretos pontos da decisão que pretende questionar, motivar o seu recurso através da transcrição das passagens da gravação que reproduzam os meios de prova que, no seu entendimento, impunham diversa decisão sobre a matéria de facto.

Tal ónus acrescido do recorrente justifica, por outro lado, o possível alargamento do prazo para elaboração e apresentação das alegações, consentido pelo n.º 6 do artigo 705.º.

No que se refere à forma de efectivar o registo das audiências, optou-se naturalmente – numa perspectiva de realismo e de integral aproveitamento dos meios já existentes – por consagrar a regra da gravação sonora, sem embargo de o artigo 522.º-C não inviabilizar o recurso a meios audiovisuais ou a outros processos técnicos semelhantes de que o tribunal possa eventualmente dispor.

O que seguramente não faria sentido seria protelar indefinidamente o início de vigência do novo regime, até que todos os tribunais pudessem vir a estar equipados com os dispendiosos equipamentos que permitissem a gravação em vídeo das audiências, para além de não ser absolutamente pacífica a supremacia da gravação em vídeo sobre o sistema sonoro.

Por outro lado – e como resulta claramente das considerações antecendentes –, o objecto do 2.º grau de jurisdição na apreciação da matéria de facto não é a pura e simples repetição das audiências perante a Relação, mas, mais singelamente, a detecção e correcção de concretos, pontuais e claramente apontados e fundamentados erros de julgamento, o que atenuará sensivelmente os riscos emergentes da quebra da imediação na produção da prova (que, aliás, embora em menor grau, sempre ocorreria, mesmo com a gravação em vídeo da audiência).

A adopção de soluções inovadoras como são as traduzidas na admissibilidade do registo das audiências e na efectividade do 2.º grau de jurisdição em sede de matéria de facto sempre teria, por razões óbvias, de realizar-se gradualmente, por fases, de modo a possibilitar a adaptação dos diferentes operadores judiciários às novas realidades processuais e às suas acrescidas exigências.

Daí que, numa primeira fase, o presente diploma apenas se vá aplicar aos processos iniciados após a sua vigência e que pendam em tribunais de ingresso, onde as repercussões da gravação das audiências serão presumivelmente menores, atento, desde logo, o volume do serviço.

Trata-se, porém, de solução claramente transitória, pelo que, a partir de 1 de Janeiro de 1996 – ou seja, pouco mais de seis meses após o início da sua vigência –, o presente diploma irá ser sucessivamente mandado observar nas restantes circunscrições judiciais do País.

Foi ouvida a Ordem dos Advogados.

Assim:

Nos termos da alínea *a*) do n.º 1 do artigo 201.º da Constituição, o Governo decreta o seguinte:

Artigo 1.º – Os artigos 304.º, 381.º, 463.º, 563.º, 630.º, 637.º, 639.º, 643.º, 646.º, 653.º, 705.º, 712.º,743.º e 791.º do Código de Processo Civil passam a ter a seguinte redacção: (intercalada a redacção actual dos preceitos)

Art. 2.º – São aditados ao Código de Processo Civil os artigos 522.º-A, 522.º--B, 522.º-C, 684.º-A e 690.º-A, com a seguinte redacção: (intercalada a redacção actual)

Art. 3.º – 1 – A gravação é, em regra, efectuada com o equipamento para o efeito existente no tribunal.

2 – O disposto no número anterior não prejudica a utilização de outro equipamento de que o tribunal possa dispor e considere idóneo.

Art. 4.º – A gravação é efectuada por funcionários de justiça.

Art. 5.º – 1 – As fitas magnéticas contendo a gravação das provas são conservadas durante o prazo de seis meses contado da data do trânsito em julgado da decisão final.

2 – O prazo a que alude o número anterior pode, a requerimento de alguma das partes, ser prorrogado desde que se alegue motivo atendível.

3 – É aplicável à reutilização das fitas magnéticas o estabelecido na Portaria n.º 330/91, de 11 de Abril, sobre eliminação e inutilização de documentos, com as adaptações necessárias.

Art. 6.º – 1 – A gravação é efectuada de modo a que facilmente se apure a autoria dos depoimentos gravados ou das intervenções e o momento em que os mesmos se iniciaram e cessaram, averbando-se estes elementos no invólucro da fita magnética.

2 – Concluída a gravação, incumbe ao funcionário accionar o mecanismo de prevenção contra gravações acidentais.

3 – As fitas gravadas são apensas ao auto, ou, se isso for impossível, devidamente guardadas depois de numeradas e identificadas com o processo a que se referem.

4 – De toda a abertura e encerramento dos registos guardados é feita menção no auto pela entidade que proceder à operação.

Art. 7.º – 1 – Durante a audiência são gravadas simultaneamente uma fita magnética destinada ao tribunal e outra destinada às partes.

2 – Incumbe ao tribunal que efectuou o registo facultar, no prazo máximo de oito dias após a realização da respectiva diligência, cópia a cada um dos mandatários ou partes que a requeiram.

3 – O mandatário ou a parte que use da faculdade a que alude o número anterior fornecerá ao tribunal as fitas magnéticas necessárias.

Art. 8.º – A audiência será interrompida pelo tempo indispensável sempre que ocorra qualquer circunstância que impossibilite temporariamente a continuidade da gravação.

Art. 9.º – Se, em qualquer momento, se verificar que foi omitida qualquer parte da prova ou que esta se encontra imperceptível, proceder-se-á à sua repetição sempre que for essencial ao apuramento da verdade.

Art. 10.º – O artigo 65.º do Código das Custas Judiciais passa a ter a seguinte redacção:

(Revogado; cfr. os arts. 32.º, n.º 1, *f)* e 89.º, n.º 1, *f)* do CCJ).

Art. 11.º – É revogado o artigo 564.º do Código de Processo Civil.

Art. 12.º – 1 – O presente diploma entra em vigor 60 dias após a data da sua publicação.

2 – O disposto no presente diploma é, na data da sua entrada em vigor, exclusivamente aplicável, em tribunais de ingresso, aos processos de natureza civil instaurados após essa data.

3 – A partir de 1 de Janeiro de 1996, mediante portaria do Ministro da Justiça, o presente diploma é sucessivamente mandado observar nos restantes tribunais do País, nos processos de natureza civil instaurados após a entrada em vigor da respectiva portaria.

Visto e aprovado em Conselho de Ministros de 15 de Dezembro de 1994. – *Aníbal António Cavaco Silva – Álvaro José Brilhante Laborinho Lúcio.*

Promulgado em 24 de Janeiro de 1995.

Publique-se.

O Presidente da República, MÁRIO SOARES.

Referendado em 26 de Janeiro de 1995.

O Primeiro-Ministro, *Aníbal António Cavaco Silva.*

DECRETO-LEI N.º 269/98 *
de 1 de Setembro

A instauração de acções de baixa densidade que tem crescentemente ocupado os tribunais, erigidos em órgãos para reconhecimento e cobrança de dívidas por parte dos grandes utilizadores, está a causar efeitos perversos, que é inadiável contrariar.

Na verdade, colocados, na prática, ao serviço de empresas que negoceiam com milhares de consumidores, os tribunais correm o risco de se converter, sobretudo nos grandes meios urbanos, em órgãos que são meras extensões dessas empresas, com o que se postergam decisões, em tempo útil, que interessam aos cidadãos, fonte legitimadora do seu poder soberano. Acresce, como já alguém observou, que, a par de um aumento explosivo da litigiosidade, esta se torna repetitiva, rotineira, indutora da «funcionalização» dos magistrados, que gastam o seu tempo e as suas aptidões técnicas na prolação mecância de despachos e de sentenças.

É impossível uma melhoria do sistema sem se atacarem a montante as causas que o asfixiam, de que se destaca a concessão indiscriminada de crédito, sem averiguação da solvabilidade daqueles a quem é concedido.

Não podendo limitar-se o direito de acção, importa que se encarem vias de desjudicialização consensual de certo tipo de litígios, maxime do que acima se apontou. Com efeito, a solução não é a de um quotidiano aumento de tribunais, de magistrados, de oficiais de justiça, na certeza de que sempre ficariam aquém das necessidades.

É elevadíssimo o número de acções propostas para cumprimento de obrigações pecuniárias, sobretudo nos tribunais dos grandes centros urbanos.

Como ilustração, atente-se em que, apenas nos tribunais de pequena instância cível de Lisboa, deram entrada nos anos de 1995, 1996 e 1997 respectivamente 46 760, 56 667 e 88 523 acções, quase todas com o referido objecto.

---

* Rectificado pela declaração de rectificação n.º 16-A/98, de 30 de Setembro e alterado sucessivamente pelos DL n.ºs 383/99, de 23 de Setembro, 183/2000, de 10 de Agosto, 323/2001, de 17 de Dezembro, 32/2003, de 17 de Fevereiro, 38/2003, de 8 de Março e 324/2003, de 27 de Dezembro, rectificado pela declaração de rectificação n.º 26/2004, de 24 de Fevereiro.

O artigo 7.º do Decreto-Lei n.º 329-A/95, de 12 de Dezembro, previu a possibilidade da criação de processos com tramitação própria no âmbito da competência daqueles tribunais.

É oportuno concretizar esse propósito, mas generalizando-o ao conjunto dos tribunais judiciais, pelo que se avança, no domínio do cumprimento de obrigações pecuniárias emergentes de contratos que não excedam o valor da alçada dos tribunais de 1.ª instância, com medida legislativa que, baseada no modelo da acção sumaríssima, o simplifica, aliás em consonância com a normal simplicidade desse tipo de acções, em que é frequente a não oposição do demandado.

Paralelamente, a injunção, instituída pelo Decreto-Lei n.º 404/93, de 10 de Dezembro, no intuito de permitir ao credor de obrigação pecuniária a obtenção, «de forma célebre e simplificada», de um título executivo, no mesmo triénio mereceu uma aceitação inexpressiva, que se cifra, em todo o País, em cerca de 2 500 providências por ano.

À margem da sensibilização dos grandes utilizadores para o preocupante fenómeno que se verifica, e que está a contar com a sua adesão, deu-se um passo relevante com o Decreto-Lei n.º 114/98, de 4 de Maio, que alterou o artigo 71.º do Código do Imposto sobre o Valor Acrescentado, permitindo retirar dos tribunais a tarefa de meras entidades certificadoras de incobrabilidade de dívidas de montante já significativo, apenas para que os credores pudessem conseguir a dedução do IVA.

Procura-se agora incentivar o recurso à injunção, em especial pelas possibilidades abertas pelas modernas tecnologias ao seu tratamento informatizado e pela remoção de obstáculos de natureza processual que a doutrina opôs ao Decreto-Lei n.º 404/93, nomeadamente no difícil, senão impraticável, enlace entre a providência e certas questões incidentais nela suscitadas, a exigirem decisão judicial, caso em que a injunção passará a seguir como acção.

Ao mesmo tempo que se eleva até à alçada dos tribunais de 1.ª instância o valor do procedimento de injunção, diminuem-se sensivelmente os montantes da taxa de justiça a pagar pelo requerente, não obstante o período já decorrido sobre a sua fixação, em Janeiro de 1994.

Assim, nos termos da alínea a) do n.º 1 do artigo 198.º e do n.º 5 do artigo 112.º da Constituição, o Governo decreta o seguinte:

DIPLOMA PREAMBULAR

ARTIGO 1.º
Procedimentos especiais

É aprovado o regime dos procedimentos destinados a exigir o cumprimento de obrigações pecuniárias emergentes de contratos de valor não superior à alçada do tribunal de 1.ª instância, publicado em anexo, que faz parte integrante do presente diploma.

I – O presente diploma cria dois procedimentos especiais destinados a exigir o cumprimento de:
– obrigações pecuniárias;
– emergentes de contratos;
– de valor não superior à alçada dos tribunais de 1.ª instância.

Tais procedimentos consistem na acção declarativa (arts. 1.º a 6.º do regime anexo) e na providência de injunção (regulada nos arts. 7.º a 22.º), que substitui a disciplina legal do instituto, que constava do DL n.º 404/93, expressamente revogado pelo art. 5.º do presente diploma legal. De salientar, porém que – após edição do DL 32/03, o procedimento de injunção passou a ser aplicável a obrigações emergentes de transacções comerciais, independentemente do respectivo valor (cf. art. 7.º).

II – A fim de desincentivar o recurso à acção condenatória, com o objectivo prático exclusivo de obter documento que constitua prova bastante, para efeitos de dedução do IVA, das diligências de cobrança foi publicado o DL n.º 114/98, de 4 de Maio.

ARTIGO 2.º
Fixação de domicílio das partes

1 – Nos contratos reduzidos a escrito que sejam susceptíveis de desencadear os procedimentos a que se refere o artigo anterior podem as partes convencionar o local onde se consideram domiciliadas, para efeito de realização da citação ou da notificação, em caso de litígio.

2 – A alteração do domicílio convencionado nos termos do número anterior está sujeita, com as necessárias adaptações, ao regime de oponibilidade do n.º 2 do artigo 237.º-A do Código de Processo Civil.

I – A matéria constante dos n.ºs 1 e 2 deste preceito, aditado pelo DL n.º 383/99, de 23/9, tem uma evidente dimensão substantiva ou material – embora produtora de relevantes efeitos processuais (cfr. art. 1.º-A do Regime anexo) – ao prever a possibilidade de, nos contratos escritos, as partes estipularem – e estabilizarem – um local que valerá para o devedor ser encontrado (e citado) em caso de litígio emergente dessa relação contratual.

Atenta a sua relevância em termos de "presunção de estabilidade de domicílio", é evidente que a indicação de residência, constante do n.º 1, deve figurar em cláusula contratual, reduzida a escrito, não decorrendo da simples e informal indicação de um local de residência, feita por um dos contraentes.

II – O regime ora estabelecido visa essencialmente acautelar o interesse do credor da relação contratual que careça de cobrar judicialmente o seu crédito através dos procedimentos tipificados neste diploma, dificultando substancialmente as habituais manobras dilatórias do devedor que pretenda frustrar e adiar a respectiva citação, "maxime" postal.

Daí que – por força do princípio da boa fé no domínio dos contratos – a estipulação do domicílio contratual possa constituir um verdadeiro dever lateral ou acessório dos contraentes, sendo obviamente ilegítima, face a tal princípio, a recusa de um dos contraentes em estipular (e estabilizar) domicílio onde possa ser encontrado.

Tal recusa – se infundamentada – poderá, nomeadamente, determinar a legítima recusa de celebração do contrato por parte de quem fornece bens ou serviços, mesmo nos casos em que exista um dever de contratar (v.g. por se tratar de serviços prestados em regime de monopólio ou na sequência de contrato promessa).

III – A estipulação de um domicílio contratual poderá naturalmente ter lugar em quaisquer contratos novos que sejam celebrados por escrito. Para além disso, é manifesto que as partes sempre poderão estipular, nas relações contratuais que subsistam à data da entrada em vigor do presente diploma (nomeadamente por serem de execução continuada), tal cláusula, que valerá para os litígios que, no futuro, possam ocorrer entre as partes.

IV – O específico regime de estabelecimento de um domicílio contratual (com as relevantes consequências processuais previstas em sede de citação) apenas foi inicialmente instituído no âmbito dos contratos que originem obrigações pecuniárias, de valor não superior a 750 contos, susceptíveis de legitimar o uso dos procedimentos instituídos por este diploma legal (não valendo, então, com idênticas consequências, no domínio do processo comum).

V – O disposto no n.º 2 visa conciliar a imutabilidade do domicílio dos contraentes com a liberdade de deslocação e estabelecimento de residência – criando o ónus de – relativamente aos contratos em que foi estipulado domicílio, nos termos do n.º 1, e que ainda se não hajam extinguido – a parte que muda de residência notificar adequada e tempestivamente a contraparte de tal facto: no prazo de 30 dias, contados de tal alteração da residência e mediante carta registada com aviso de recepção (sem prejuízo do uso de meio mais solene ou seguro v.g., notificação judicial avulsa).

O incumprimento de tal ónus torna o facto da mudança de residência inoponível à parte contrária, não podendo, consequentemente, constituir fundamento para o afastamento ou ilisão da presunção da citação pessoal.

VI – A alteração introduzida pelo Decreto-Lei n.º 38/03 no n.º 2 é consequência de o mecanismo de fixação do domicílio das partes ter sido "*absorvido*" pelo próprio Código de Processo Civil (passando, deste modo, a transcender o estrito quadro da cobrança de "*pequenas dívidas*") – remetendo-se consequentemente para o estipulado, em termos gerais, no artigo 237.º-A, n.º 2, do Código de Processo Civil, que passa a vigorar também no âmbito dos procedimentos aqui regulados – e para cuja anotação se remete.

ARTIGO 3.º
Recusa de assinatura do aviso ou de recebimento da carta

Se o citando ou o notificando recusarem a assinatura do aviso de recepção ou o recebimento da carta, o distribuidor postal lavra nota do incidente antes de a devolver, considerando-se efectuada a citação ou a notificação pessoal face à certificação da ocorrência.

O regime estabelecido neste preceito coincide presentemente com o instituído pelo n.º 3 do art. 237.º-A do CPC, valendo a recusa do citando, devidamente certificada, como citação.

ARTIGO 4.º
Contagem de prazos

À contagem dos prazos constantes das disposições do regime aprovado pelo presente diploma são aplicáveis as regras do Código de Processo Civil, sem qualquer dilação.

I – São inteiramente aplicáveis, no âmbito dos procedimentos ora regulados, as normas do CPC respeitantes a prazos, nomeadamente os arts. 144.º a 147.º, bem como o art. 153.º.

II – Excepciona-se, porém, a aplicação dos preceitos que, no referido Código, estabelecem o benefício da dilação, "maxime" o art. 252.º-A, que manda acrescer um prazo dilatório ao prazo de defesa do citando.

ARTIGO 5.º
Alteração ao Código de Processo Civil

O artigo 222.º do Código de Processo Civil passa a ter a seguinte redacção: (Intercalado no CPC)

ARTIGO 6.º
Pagamento de taxa de justiça

Mediante portaria do Ministro da Justiça, podem ser aprovadas outras formas de pagamento da taxa de justiça diversas das previstas no Código das Custas Judiciais e no regime em anexo.

Foi publicada a Portaria n.º 903/98, de 16 de Outubro, revogada (e substituída) pela Portaria n.º 233/03, de 17 de Março.

ARTIGO 7.º
Revogação

São revogados o Decreto-Lei n.º 404/93, de 10 de Dezembro, e a Portaria n.º 4/94, de 3 de Janeiro.

ARTIGO 8.º
Entrada em vigor

O presente diploma entra em vigor no dia 1 do 2.º mês posterior ao da sua publicação.

Visto e aprovado em Conselho de Ministros de 25 de Junho de 1998. – *António Manuel de Oliveira Guterres – José Manuel da Costa Monteiro Consiglieri Pedroso – José Eduardo Vera Cruz Jardim.*

Promulgado em 31 de Julho de 1998.

Publique-se.

O Presidente da República, JORGE SAMPAIO.

Referendado em 20 de Agosto de 1998.

Pelo Primeiro-Ministro, *Jaime José Matos da Gama,* Ministro dos Negócios Estrangeiros.

ANEXO

REGIME DOS PROCEDIMENTOS A QUE SE REFERE O ARTIGO 1.º DO DIPLOMA PREAMBULAR

CAPÍTULO I
Acção declarativa

ARTIGO 1.º
Petição e contestação

1 – Na petição, o autor exporá sucintamente a sua pretensão e os respectivos fundamentos, devendo mencionar se o local indicado para citação do réu é o do domicílio convencionado, nos termos do n.º 1 do artigo 2.º do diploma preambular.

2 – O réu é citado para contestar no prazo de 15 dias.

3 – A petição e a contestação não carecem de forma articulada, devendo ser apresentadas em duplicado, nos termos do n.º 1 do artigo 152.º do Código de Processo Civil.

4 – O duplicado da contestação será remetido ao autor simultaneamente com a notificação da data da audiência de julgamento.

I – O processo especial, de natureza declaratória, ora instituído apresenta, no que se refere ao seu âmbito de aplicação, uma relação de interferência com o processo sumaríssimo, a que se reporta o art. 462.º do CPC: na verdade, por um lado, este processo especial apenas é aplicável quando esteja em causa o cumprimento de obrigações pecuniárias (incluindo a de juros) emergentes de contrato (não se sobrepondo, deste modo, ao processo comum sumaríssimo quando estiver em causa a exigência de obrigações pecuniárias emergentes de outras fontes das obrigações, de natureza extracontratual, a indemnização por dano e a entrega de coisas móveis).

Por outro lado – e pelo facto de este processo especial ser aplicável à exigência do cumprimento de obrigações pecuniárias contratuais até à alçada dos tribunais de 1.ª instância – decorre que – neste âmbito – se sobrepôs, até à publicação do DL n.º 375-A/99, de 20/9 (que ampliou o âmbito do processo sumaríssimo), não apenas ao processo sumaríssimo, como também, parcialmente, ao processo sumário que, face ao preceituado no art. 462.º do CPC, seria aplicável quando o valor da causa excedesse metade do valor fixado para a alçada da 1.ª instância.

II – A tramitação deste processo especial é, no essencial, moldada nos termos do processo declarativo sumaríssimo, com algumas simplificações.

Assim, na fase dos articulados, regulada neste artigo 1.º, as principais modificações, relativamente ao estatuído nos arts. 793.º e 794.º do CPC, traduzem-se em:
– as provas serem oferecidas na audiência, e não necessariamente com os articulados (art. 3.º, n.º 3);
– a contestação só ser notificada ao autor simultaneamente com a notificação da data da audiência de julgamento.

III – A alteração introduzida no n.º 1 pelo DL 383/99 impôs ao autor o ónus de especificar na petição se ao domicílio do réu será aplicável o disposto no art. 2.º do diploma preambular – e consequentemente no art. 1.º-A deste diploma.

ARTIGO 1.º-A
Convenção de domicílio

Nos casos de domicílio convencionado, nos termos do n.º 1 do artigo 2.º do diploma preambular, a citação efectua-se nos termos dos n.ºˢ 3 a 5 do artigo 237.º-A do Código de Processo Civil, com o efeito disposto no n.º 2 do artigo 238.º do mesmo Código.

As alterações sucessivamente sofridas por este preceito legal são consequência das sucessivas alterações legislativas na forma de citação. Assim, o Decreto-Lei n.º 183/00 começou por modificar a redacção originária do preceito – eliminando a forma específica de citação que nele estava prevista – para remeter, pura e simplesmente, para os termos do regime de citação por via postal simples, então instituído.

Eliminada esta modalidade de citação, o Decreto-Lei n.º 38/03 alterou novamente a redacção deste preceito, remetendo para o regime estabelecido no Código de Processo Civil acerca da citação no domicílio convencionado (n.º 3 a 5 do artigo 237.º-A e 238.º, n.º 2, do Código de Processo Civil).

ARTIGO 2.º
Falta de contestação

Se o réu, citado pessoalmente, não contestar, o juiz, com valor de decisão condenatória, limitar-se-á a conferir força executiva à petição, a não ser que ocorram, de forma evidente, excepções dilatórias ou que o pedido seja manifestamente improcedente.

I – Cria um regime específico para as consequências da revelia do réu, que parece, de algum modo, moldado em torno da "aposição da fórmula executória" que caracteriza o procedimento da injunção.

Tratando-se, porém, de decisão judicial, tal atribuição de força executiva acaba por ter o valor de caso julgado próprio da sentença condenatória, o que naturalmente inviabiliza que, na fase executiva, possa ocorrer controvérsia sobre o bem fundado da condenação, estando obviamente precludida a suscitação de meios de defesa que podiam ter sido deduzidos no âmbito da acção declarativa.

II – Este regime cominatório parece, porém, ser substancialmente diferente do efeito cominatório pleno, que caracterizava o nosso sistema processual, anteriormente à reforma operada pelo DL 329-A/95: na verdade, ele não opera de modo automático, devendo o juiz – antes de condenar o réu no cumprimento da obrigação (condenação implícita, como se referiu, na atribuição de força executiva à petição) – verificar se:
– não ocorrem, de forma evidente, excepções dilatórias de que lhe seja lícito conhecer;
– o pedido deduzido não é de qualificar como manifestamente improcedente.

III – Este preceito apenas condiciona o específico efeito cominatório que institui à circunstância de o réu revel ter sido pessoalmente citado, não contemplando nenhuma das excepções aos efeitos cominatórios da revelia que estão previstas no art. 485.º do CPC.

Tal não significa, a nosso ver, que algumas dessas excepções ao efeito cominatório da revelia não acabem por ter aqui aplicação; assim:
– não deverá ter lugar a prolação da verdadeira condenação, aqui prevista, quando a vontade das partes for ineficaz para produzir o efeito jurídico que pela acção se pretende obter ou quando estejam em causa factos para cuja prova a lei exija documento escrito: na verdade – e nas raras hipóteses em que, porventura, alguma destas situações possa ocorrer no domínio das obrigações pecuniárias contratuais – seria de considerar manifestamente improcedente a pretensão, se exclusivamente fundada ou sustentada na inércia do réu, pessoalmente citado.
– se houver vários réus e algum deles tiver contestado matéria que importe à defesa de todos eles, não poderá ter lugar o efeito cominatório aqui previsto quando se trate de situação de litisconsórcio necessário (que imponha uma decisão unitária quanto a todas as partes) ou quando houver uma situação de prioridade lógico-jurídica entre a posição do contestante e a do réu revel (nomeadamente, por este ser um simples garante da obrigação); e ainda, nas outras situações de listisconsórcio voluntário ou de coligação, quando a defesa deduzida pelos contestantes parecer ao juiz susceptível de abalar os fundamentos da pretensão, em termos de criar dúvidas sérias sobre a respectiva procedência;
– finalmente, afigura-se que o réu incapaz ou equiparado revel, citado na pessoa do seu legal representante, nos termos do art. 231.º do CPC, ficará sujeito ao efeito cominatório instituído (tal como sucedia perante o efeito cominatório pleno, estabelecido pelo CPC, no âmbito da acção sumaríssima – art. 795.º, na redacção anterior à reforma).

ARTIGO 3.º
Termos posteriores aos articulados

1 – Se a acção tiver de prosseguir, pode o juiz julgar logo procedente alguma excepção dilatória ou nulidade que lhe cumpra conhecer ou decidir do mérito da causa.

2 – A audiência de julgamento realiza-se dentro de 30 dias, não sendo aplicável o disposto nos n.º 1 a 3 do artigo 155.º do Código de Processo Civil.

3 – As provas são oferecidas na audiência, podendo cada parte apresentar até três testemunhas.

I – O disposto neste art. 3.º, n.º 1, corresponde ao que dispõe o n.º 1 do art. 795.º do CPC, quanto ao processo sumaríssimo: se a acção tiver de prosseguir (por não se ter verificado o efeito cominatório a que alude o artigo anterior) não tem necessariamente lugar a audiência de julgamento, podendo o juiz proferir imediatamente decisão final, apreciando excepções dilatórias ou nulidades que lhe cumpra conhecer, ou decidindo do mérito.

II – Apesar de o preceito não ressalvar expressamente o disposto nos n.ᵒˢ 3 e 4 do art. 3.º do CPC parece-nos que terá de ser também aqui respeitado o princípio do contraditório, neles ínsito, não podendo tal decisão, sumária e antecipada da causa, constituir prolação de uma decisão surpresa, nem coarctar à parte o direito de resposta a excepções deduzidas na contestação, a realizar no âmbito da audiência final.

III –Não é aplicável neste processo especial o mecanismo de "acordo de agendas" instituído em geral no art. 155.º, n.º 1 a 3, do CPC – sendo certo que a falta dos próprios mandatários judiciais, ainda que justificada, não é motivo de adiamento da audiência, nos termos do n.º 2 do art. 4.º deste diploma.

IV – O n.º 3 estabelece que as provas são oferecidas na audiência – e não indicadas necessariamente nos articulados, como ocorre no processo sumaríssimo. Tal implica, por um lado, que as testemunhas serão sempre apresentadas pela parte interessada, que não disporá, deste modo, da alternativa (constante do n.º 4 do art. 796.º do CPC) de requerer a respectiva notificação para comparência. Por outro lado, este regime de oferecimento das provas acarreta necessariamente que cada uma das partes só tenha conhecimento das provas que a outra pretende produzir no próprio dia da audiência final – não beneficiando obviamente do prazo a que alude, em geral, o art. 512.º-A do CPC.

V – Pensamos que o regime estabelecido neste preceito se não aplicará à prova documental, valendo também no âmbito deste processo especial a regra de que os documentos devem ser apresentados conjuntamente com os articulados (art. 523.º do CPC).

VI – Estabelece-se, como limite ao número de testemunhas oferecidas, o número de três, derrogando o estipulado nos arts. 789.º e 796.º, n.º 1 do CPC – naturalmente sem prejuízo do exercício pelo juiz dos poderes de investigação oficiosa que lhe estão cometidos.

ARTIGO 4.º
Audiência de julgamento

1 – Se as partes estiverem presentes ou representadas, o juiz procurará conciliá-las; frustrando-se a conciliação, produzem-se as provas que ao caso couber.

2 – A falta de qualquer das partes ou seus mandatários, ainda que justificada, não é motivo de adiamento.

3 – Quando as partes não tenham constituído mandatário judicial ou este não comparecer, a inquirição das testemunhas é efectuada pelo juiz.

4 – Se ao juiz parecer indispensável, para boa decisão da causa, que se proceda a alguma diligência, suspenderá a audiência na altura que reputar mais conveniente e marcará logo dia para a sua realização, devendo o julgamento concluir-se dentro de 30 dias; a prova pericial é sempre realizada por um único perito.

5 – Finda a produção de prova, pode cada um dos mandatários fazer uma breve alegação oral.

6 – A sentença, sucintamente fundamentada, é logo ditada para a acta.

I – A principal modificação no regime da audiência de julgamento traduziu-se no estabelecimento da inadiabilidade desta quando falte o mandatário de alguma das partes, e ainda que tal falta haja sido justificada – solução esta que corresponde à vigente actualmente no processo sumaríssimo – cfr. art. 796.º, n.º 2, do CPC.

II – Por outro lado, a circunstância de as testemunhas serem oferecidas em plena audiência, sem que ao tribunal incumbisse proceder à respectiva notificação, torna naturalmente inaplicáveis as normas do CPC que dispõem sobre o adiamento da audiência com fundamento em falta de testemunhas que devessem ter sido notificadas para comparecer.

Neste quadro, cumpre ao juiz, através do exercício dos seus poderes inquisitórios – e através do decretamento da suspensão da audiência – obstar a que da falta de produção de uma prova essencial para o apuramento da verdade possa resultar a prolação de uma sentença porventura iníqua ou desajustada.

ARTIGO 5.º
Depoimento apresentado por escrito

1 – Se a testemunha tiver conhecimento de factos por virtude do exercício das suas funções, pode o depoimento ser prestado através de documento escrito, datado e assinado pelo seu autor, com indicação da acção a que respeita e do qual conste relação discriminada dos factos e das razões de ciência invocadas.

2 – O escrito a que se refere o número anterior será acompanhado de cópia de documento de identificação do depoente e indicará se existe alguma relação de parentesco, afinidade, amizade ou dependência com as partes ou qualquer interesse na acção.

3 – Quando o entenda necessário, poderá o juiz, oficiosamente ou a requerimento das partes, determinar, sendo ainda possível, a renovação do depoimento na sua presença.

I – Amplia substancialmente a admissibilidade do depoimento apresentado por escrito, previsto em geral nos arts. 639.º e 639.º-A do CPC; assim:
– tal forma de prestação do depoimento testemunhal não é condicionado à existência de acordo das partes, nem pressupõe a verificação de que existe impossibilidade ou grave dificuldade de comparência do depoente no tribunal;

– porém, condiciona-se a aplicação deste regime especial à circunstância de a testemunha ter conhecimento dos factos por virtude do exercício das suas funções (profissionais), públicas ou privadas.

II – Apesar de se não prever expressamente a aplicação do preceituado nos arts. 639.º, n.º 2, e 639.º-A n.º 2, do CPC – punição especial do depoimento falso – não nos parece de excluir a incriminação quando a conduta do agente seja enquadrável nas normas penais que, em geral, se reportam ao crime de falsidade de testemunho (art. 360.º, n.º 1 do C. Penal).

III – Relativamente aos requisitos formais do documento, o preceito não exige o reconhecimento notarial da assinatura, parecendo bastar-se com a apresentação de cópia de documento de identificação do depoente, em consonância com o estatuído no art. 2.º do DL n.º 250/96, de 24 de Dezembro.

ARTIGO 6.º
Execução

Revogado pelo DL 38/2003, de 8 de Março.

I – Revogado pelo Decreto-Lei n.º 38/03.

II – A revogação desta norma determina a aplicação das normas gerais referentes à fase introdutória da execução para pagamento de quantia certa.

CAPÍTULO II
Injunção

ARTIGO 7.º
Noção

Considera-se injunção a providência que tem por fim conferir força executiva a requerimento destinado a exigir o cumprimento das obrigações a que se refere o artigo 1.º do diploma preambular, ou das obrigações emergentes de transacções comerciais abrangidas pelo Decreto-Lei n.º 32/2003, de 17 de Fevereiro.

I – A noção de injunção corresponde ao conceito traçado no art. 1.º do DL n.º 404/93, ora revogado, continuando a ser qualificada como a providência destinada a conferir força executiva ao requerimento do credor, através do qual este pretende obter o cumprimento de obrigações pecuniárias emergentes de contrato.

Ampliou-se, porém, significativamente o valor das obrigações cujo cumprimento passa a poder ser exigido por esta via processual, já que apenas se exige que ele não seja superior à alçada dos tribunais de 1.ª instância.

II – O T. Constitucional foi chamado a pronunciar-se, em numerosos arestos, sobre a questão da constitucionalidade do regime da injunção, nos termos do DL n.º 404/93, de 10 de Dezembro, tendo entendido, de modo uniforme e reiterado, que as normas que o integravam não padeciam de inconstitucionalidade – afirmando, nomeadamente, que a intervenção do secretário judicial em tal procedimento não representa a prática de qualquer acto de natureza jurisdicional que possa caber na reserva de competência do juiz (cfr. Ac. 508/95, in *BMJ* 451, Suplemento, pág. 449).

III – A portaria n.º 433/99, do 16 de Junho, criou secretarias destinadas a assegurar a tramitação do procedimento de injunção em Lisboa e Porto.

IV – Alterado pelo Decreto-Lei n.º 32/03, de 17 de Fevereiro.

V – Em consonância com o estatuído no artigo 7.º do Decreto-Lei n.º 32/03, a injunção passa a ser a forma processual idónea para a formação de título executivo quanto às obrigações emergentes de transacções comerciais (tal como se mostram definidas no artigo 3.º de tal decreto-lei), independentemente do valor da dívida em atraso de pagamento – abrangendo, deste modo, as transacções entre empresas ou entre empresas e entidades públicas, que – independentemente da sua natureza, forma e designação, dê origem ao fornecimento de mercadorias ou à prestação de serviços – não incluindo, todavia, nos termos do art. 3.º do DL 32/03, designadamente, os contratos celebrados com consumidores, caso em que se mantém o limite do valor da alçada da 1.ª instância como condição para recorrer ao procedimento de injunção.

VI – A aplicação no tempo deste novo regime está prevista no artigo 9.º do Decreto-Lei n.º 32/03, aplicando-se às prestações de contratos de execução continuada ou reiterada que se vençam a partir da sua entrada em vigor, nos termos do artigo 10.º do mesmo diploma.

ARTIGO 8.º
Secretaria judicial competente

1 – O requerimento de injunção é apresentado, à escolha do credor, na secretaria do tribunal do lugar do cumprimento da obrigação ou na secretaria do tribunal do domicílio do devedor.

2 – No caso de existirem tribunais de competência especializada ou de competência específica, a apresentação do requerimento na secretaria deve respeitar as respectivas regras de competência.

3 – Havendo mais de um secretário judicial, o requerimento é averbado segundo escala iniciada pelo secretário do 1.º juízo.

4 – Podem ser criadas secretarias judiciais ou secretarias-gerais destinadas assegurar a tramitação do procedimento de injunção.

I – A regra de competência da secretaria formulada no n.º 1 deste preceito é mera decorrência do estatuído no n.º 1 do art. 74.º do CPC, que faculta ao credor que pretenda exigir o cumprimento da obrigação contratual a escolha entre o local do cumprimento da obrigação e o do domicílio do devedor.

Adopta-se, pois, no âmbito do procedimento de injunção (que, como se viu, não tem natureza jurisdicional) regra paralela à que o CPC estabelece para as causas atinentes ao cumprimento de obrigações contratuais.

II – O n.º 2 manda observar, no que respeita à determinação da secretaria competente para este procedimento, as regras de competência em razão da matéria e da forma do processo aplicável que vigorariam para a acção de cumprimento da obrigação: assim, onde existirem tribunais de competência especializada cível, deverá o procedimento decorrer perante as respectivas secretarias judiciais; e onde estiverem institucionalizados tribunais de competência específica (juízos cíveis, tribunais de pequena instância) deverá o procedimento de injunção ser desencadeado perante a secretaria judicial respectiva.

III – A regra de determinação do secretário a quem o procedimento de injunção é adjudicado corresponde inteiramente à que constava do n.º 2 do art. 2.º do DL n.º 404/93.

ARTIGO 9.º
Entrega do requerimento de injunção

O requerimento de injunção, num único exemplar, é entregue directamente na secretaria judicial ou a esta remetido pelo correio, sob registo, valendo, neste caso, como data do acto a do registo postal.

I – O disposto neste preceito configura-se como corolário do regime estabelecido no n.º 1 do art. 150.º do CPC, no que se refere à entrega ou remessa a juízo de peças processuais das partes.

II – Dado o disposto no n.º 1 do art. 22.º, não é automática a aplicação do regime prescrito no n.º 3 do art. 150.º do CPC e no DL n.º 28/92, ficando dependente de portaria a criação de outras formas de entrega do requerimento. Veja-se a portaria n.º 234/03, de 17 de Março.

III – O preceito dispensa a remessa de duplicados, ao estabelecer que será apresentado ou enviado um único exemplar do requerimento de injunção.

IV – A portaria n.º 234/03, de 17 de Março, aprovou o novo modelo de impresso para o requerimento de injunção e prevê a apresentação, em certas circunstâncias, de tal requerimento em ficheiro informático.

ARTIGO 10.º
Forma e conteúdo do requerimento

1 – Salvo manifesta inadequação ao caso concreto, o requerimento de injunção deve constar de impresso de modelo aprovado por portaria do Ministro da Justiça.

2 – No requerimento deve o requerente:

a) Identificar a secretaria do tribunal a que se dirige;
b) Identificar as partes;

c) Indicar o lugar onde deve ser feita a notificação, devendo mencionar se se trata de domicílio convencionado, nos termos do n.º 1 do artigo 2.º do diploma preambular;

d) Expor sucintamente os factos que fundamentam a pretensão;

e) Formular o pedido, com discriminação do valor do capital, juros vencidos e outras quantias devidas;

f) Indicar a taxa de justiça paga;

g) Indicar, quando for o caso, que se trata de transacção comercial abrangida pelo Decreto-Lei n.º 32/2003, de 17 de Fevereiro.

3 – Quando subscrito por mandatário judicial, é bastante a menção da existência do mandato e do domicílio profissional do mandatário.

I – O n.º 1 consagra a regra de que o requerimento de injunção deverá constar de impresso de modelo aprovado, ressalvando, porém, a manifesta inadequação deste à especificidade do caso concreto, e podendo ser recusado pela secretaria com tal fundamento, nos termos da alínea *e)* do n.º 1 do art. 11.º. Tal modelo foi inicialmente aprovado pela Portaria n.º 902/98, de 15 de Outubro, sendo de salientar que o n.º 3 permite, mediante autorização da Direcção Geral dos Serviços Judiciários, que tal requerimento possa ser apresentado através de ficheiro informático, em formato e suporte definido por aqueles serviços, podendo neste caso (n.º 4) o pagamento da taxa de justiça ser efectuado através de depósito em conta.

II – O n.º 2 especifica os requisitos do requerimento, em termos paralelos aos que o art. 467.º estabelece para a petição inicial, com as necessárias adaptações (dispensa de indicação de razões de direito, discriminação do valor do capital, juros vencidos e outras quantias devidas). O pagamento da taxa de justiça é regulado no art. 19.º.

III – O n.º 3 dispensa a junção de procuração do mandatário judicial que subscreva o requerimento de injunção.

IV – A alteração introduzida na al. *c)*, criando para o requerente o ónus de especificar a natureza do domicílio do requerido, está em consonância com o estatuído no art. 12.º-A na redacção introduzida pelo DL n.º 383/99.

V – O aditamento da alínea g), operada pelo Decreto-Lei n.º 32/03, é mera consequência de ter passado a ser possível a aplicação do procedimento de injunção a propósito de dívidas emergentes de transacções comerciais, independentemente do respectivo valor.

VI – O modelo de impresso do requerimento de injunção foi, entretanto, regulado pela Portaria n.º 234/03, de 17 de Março, que revogou a portaria n.º 902/98, atrás referida, dispondo ainda sobre a respectiva entrega mediante ficheiro informático.

ARTIGO 11.º
Recusa do requerimento

1 – O requerimento só pode ser recusado se:

a) Não tiver endereço ou não estiver endereçado à secretaria judicial competente;

b) Omitir a identificação das partes, o domicílio do requerente ou o lugar da notificação do devedor;
c) Não estiver assinado;
d) Não estiver redigido em língua portuguesa;
e) Não constar do impresso a que se refere o n.º 1 do artigo anterior, sem prejuízo da ressalva nele referida;
f) Não se mostrar paga a taxa de justiça devida;
g) O valor ultrapassar a alçada da 1.ª instância, sem que dele conste a indicação prevista na alínea *g)* do artigo anterior.

2 – Do acto de recusa cabe reclamação para o juiz ou, no caso de tribunais com mais de um juiz, para o que estiver de turno à distribuição.

I – Estabelece regime paralelo ao que consta do art. 474.º do CPC para a recusa da petição, afectada por vícios externos e manifestos, pela secretaria.

De salientar que o não pagamento da taxa de justiça devida sempre determinou, neste caso, rejeição liminar do requerimento, não se aplicando o preceituado no art. 14.º do DL n.º 329-A/95.

II – Os fundamentos da recusa obedecem, também aqui, a uma enumeração taxativa, devendo aplicar-se subsidiariamente a regra, constante do citado art. 474.º, segundo a qual a secretaria indicará por escrito o fundamento da rejeição, com vista a possibilitar ao requerente a dedução de eventual reclamação para o juiz (que pressupõe, como é evidente, o preciso conhecimento do fundamento da recusa).

III – O n.º 2 estabelece regime idêntico ao constante do n.º 1 do art. 475.º do CPC. Afigura-se, porém, que não será aplicável o regime especial constante do n.º 2 daquele art. 475.º, facultando excepcionalmente o recurso da decisão proferida pelo juiz sobre a reclamação, mesmo nas causas compreendidas na alçada dos tribunais de 1.ª instância.

Na verdade, não representando a apresentação do requerimento de injunção propositura de uma demanda, exercício do direito de acção judicial, valerão aqui somente as regras gerais sobre a impugnabilidade das decisões do juiz – não havendo recurso por o valor do procedimento o situar necessariamente dentro da alçada da 1.ª instância.

IV – O aditamento da alínea g) do n.º 1, operado pelo Decreto-Lei n.º 32/03, é consequência de o procedimento de injunção ter passado a ser aplicável a dívidas emergentes de transacções comerciais, qualquer que seja o seu valor – cabendo, consequentemente, ao requerente o ónus de, neste caso, excedendo a dívida a alçada da comarca, alegar que a mesma emerge da dita transacção.

ARTIGO 12.º
Notificação do requerimento

1 – No prazo de 5 dias, o secretário judicial notifica o requerido, por carta registada com aviso de recepção, para, em 15 dias, pagar ao requerente a quantia pedida, acrescida da taxa de justiça por ele paga, ou para deduzir oposição à pretensão.

2 – À notificação é aplicável, com as devidas adaptações, o disposto nos artigos 231.º e 232.º, nos n.ºˢ 2 a 5 do artigo 236.º e no artigo 237.º do Código de Processo Civil.

3 – No caso de se frustrar a notificação por via postal, nos termos do número anterior, a secretaria obtém, oficiosamente, informação sobre residência, local de trabalho ou, tratando-se de pessoa colectiva ou sociedade, sobre sede ou local onde funciona normalmente a administração do notificando, nas bases de dados dos serviços de identificação civil, da segurança social, da Direcção-Geral dos Impostos e da Direcção-Geral de Viação.

4 – Se a residência, local de trabalho, sede ou local onde funciona normalmente a administração do notificando, para o qual se endereçou a carta registada com aviso de recepção, coincidir com o local obtido junto de todos os serviços enumerados no número anterior, procede-se à notificação por via postal simples, dirigida ao notificando e endereçada para esse local, aplicando-se o disposto nos n.ºˢ 2 a 4 do artigo seguinte.

5 – Se a residência, local de trabalho, sede ou local onde funciona normalmente a administração do notificando, para o qual se endereçou a notificação, não coincidir com o local obtido nas bases de dados de todos os serviços enumerados no n.º 3, ou se nestas constarem várias residências, locais de trabalho ou sedes, procede-se à notificação por via postal simples para cada um desses locais.

6 – Se qualquer das pessoas referidas no n.º 2 do artigo 236.º do Código de Processo Civil, diversa do notificando, recusar a assinatura do aviso de recepção ou o recebimento da carta, o distribuidor postal lavra nota do incidente antes de a devolver.

7 – Não sendo possível a notificação nos termos dos números anteriores, a secretaria procederá conforme considere mais conveniente, tentando, designadamente, a notificação noutro local conhecido ou aguardando o regresso do requerido.

8 – O disposto no presente artigo não prejudica a notificação por solicitador de execução ou mandatário judicial, nos termos previstos no Código de Processo Civil para a citação.

I – O Decreto-Lei n.º 32/03 veio alterar substancialmente o regime de efectivação da notificação ao requerido/devedor, no âmbito do procedimento de injunção – procurando dificultar a frustração da notificação por via postal, *"repristinando"*, para tal, no âmbito da injunção, os mecanismos da *"citação por via postal simples"*, criados pelo Decreto-Lei n.º 183/00 (e revogados, em sede de processo civil *"comum"*, pelo Decreto-Lei n.º 38/03).
Assim:
– o n.º 2 mantém a aplicabilidade das regras gerais atinentes à feitura da citação por via postal registada, constantes do disposto no artigo 236.º, n.ºˢ 2 e 5 (e sendo obviamente de aplicar também o regime constante da actual redacção do artigo 238.º, que rege acerca da data e valor da citação postal registada). Deverá, deste modo, o secretário judicial começar por tentar a citação do devedor/requerido, expedindo carta registada com aviso de recepção;

— se se frustrar, porém, a notificação por via postal registada, em vez de se passar à notificação por contacto directo (tal como está regulada no actual artigo 239.°), tratou o legislador de *"repristinar"* o regime de *"segunda"* citação por via postal simples, tal como estava regulada no artigo 238.° do Código de Processo Civil (na redacção emergente do Decreto-Lei n.° 183/00), ora revogado pelo Decreto-Lei n.° 38/03. Assim, a secretaria deverá obter *"oficiosamente"* informação sobre a residência, local de trabalho ou sede do citando, junto das *"bases de dados"* aí referenciadas, expedindo carta simples para o local ou locais que forem identificados na consulta, considerando-se a citação efectuada com o mero depósito (e certificação pelo distribuidor do serviço postal) da carta na caixa de correio do notificando (ou deixando aquele aviso, na situação prevista no n.° 4 do artigo 12.°-A).

II — Como nos parece manifesto, a *"repristinação"*, no âmbito da injunção, do regime de citação por via postal simples — ora revogado pelo Código de Processo Civil — poderá originar as mesmas dúvidas de constitucionalidade que foram colocadas face ao Decreto-Lei n.° 183/00, particularmente pela verdadeira situação de impossibilidade prática em que o notificando se encontra para ilidir a presunção de recebimento e cognoscibilidade da carta simples, *"abandonada"* no receptáculo postal, em função de uma simples declaração ou atestação do funcionário postal — cfr., Acórdão n.° 287/03 do Tribunal Constitucional.

É certo que, na injunção, não está em causa uma condenação *"de preceito"* do citando por via postal simples, na sequência da sua revelia: porém, não pode olvidar-se que a aposição da fórmula executória irá determinar a formação de título executivo, imediatamente exequível sem contraditório prévio do executado, nos termos do artigo 812.°-A, n.° 1, alínea b); e, por outro lado, que a injunção passou a ser aplicável, não apenas à cobrança de *"pequenos débitos"*, mas de dívida de qualquer montante, desde que seja resultante de *"transação comercial"*.

III — Os n.os 6, 7 e 8 reproduzem inteiramente o teor dos precedentes n.os 3, 4 e 5, na redacção originária deste artigo — apenas prevendo a última dessas normas a possibilidade de citação por solicitador de execução.

É, porém, evidente que o mecanismo de citação por via postal simples, instituído nos n.os 3 a 5, tornará tal possibilidade puramente excepcional (só tendo cabimento quando se frustrar a consulta às quatro bases de dados referidas no n.° 3 do preceito).

ARTIGO 12.°-A
Convenção de domicílio

1 — Nos casos de domicílio convencionado, nos termos do n.° 1 do artigo 2.° do diploma preambular, a notificação do requerimento é efectuada mediante o envio de carta simples, dirigida ao notificando e endereçada para o domicílio ou sede convencionado.

2 — O funcionário judicial junta ao processo duplicado da notificação enviada.

3 — O distribuidor do serviço postal procede ao depósito da referida carta na caixa de correio do notificando e certifica a data e o local exacto em que a depositou, remetendo de imediato a certidão à secretaria.

4 — Não sendo possível o depósito da carta na caixa do correio do notificando,

o distribuidor do serviço postal lavra nota do incidente, datando-a e remetendo-
-a de imediato à secretaria, excepto no caso de o depósito ser inviável em virtude das
dimensões da carta, caso em que deixa um aviso nos termos do n.º 5 do artigo 236.º
do Código de Processo Civil.

I – Este preceito sofreu sucessivas alterações, em consonância com as modificações do regime geral da citação.

Assim, a redacção inicial do preceito mandava aplicar o regime de *"dupla tentativa de citação"*, instituído pelo artigo 1.º-A, para os casos de domicílio convencionado: tentativa de citação, no domicílio fixado, por via postal registada, seguida – no caso de frustração – de nova carta, depositada em tal domicílio, segundo certificação do funcionário postal.

O Decreto-Lei n.º 183/00 considerou aplicável o estatuído na redacção que conferiu ao artigo 236.º-A do Código de Processo Civil, substituindo o dito mecanismo de *"dupla citação"* pela mera remessa de carta simples para o domicílio fixado, presumindo-se a mesma recebida com a certificação de depósito.

Este regime – banido do Código de Processo Civil pelo Decreto-Lei n.º 38/03 – é, porém, *"repristinado"*, no âmbito da injunção, pelo Decreto-Lei n.º 32/03, correspondendo o regime prescrito neste artigo 12.º-A ao que estava contido nos n.ºs 1, 5, 6 e 7 do citado artigo 236.º-A – podendo suscitar as mesmas dúvidas, atrás referidas, quanto à sua compatibilidade com o princípio constitucional da *"proibição da indefesa"*, face à inexorável formação do título executivo, se o notificando desconhecer, porventura, o conteúdo da notificação presumida.

ARTIGO 13.º
Conteúdo da notificação

A notificação deve conter:
a) Os elementos referidos no n.º 2 do artigo 10.º;
b) A indicação do prazo para a oposição e a respectiva forma de contagem;
c) A indicação de que, na falta de pagamento ou de oposição dentro do prazo legal, será aposta fórmula executória ao requerimento, facultando-se ao requerente a possibilidade de intentar acção executiva;
d) A indicação de que, na falta de pagamento da quantia pedida e da taxa de justiça paga pelo requerente, são ainda devidos juros de mora desde a data da apresentação do requerimento e juros à taxa de 5% ao ano a contar da data da aposição da fórmula executória.

I – Estabelece quais os elementos que devem constar necessariamente da notificação feita pelo secretário judicial ao requerido:
– os elementos que integram obrigatoriamente o próprio requerimento de injunção, previstos no art. 10.º, n.º 2;

– a indicação do prazo de oposição e forma da respectiva contagem (cfr. art. 4.° do diploma preambular e 144.° CPC);

– a advertência das cominações em que incorre o requerido: aposição da fórmula executória (al. c)), vencimento de juros moratórios e aplicação da sanção pecuniária compulsória estabelecida na al. d) deste artigo.

II – A alínea d) contém a cominação ao requerido de verdadeira sanção pecuniária compulsória, traduzindo alargamento e adaptação à especificidade do processo de injunção da que está estabelecida no art. 829.°-A, n.° 4 do CC, segundo o qual são automaticamente devidos juros à taxa de 5% ao ano, nos casos em que, estando estipulado o pagamento de certa quantia pecuniária, o devedor a não cumprir, originando a prolação de sentença condenatória, transitada em julgado.

Tal sanção – que acresce naturalmente aos juros de mora devidos, nos termos gerais, a partir da apresentação do requerimento – constitui-se no momento da aposição da fórmula executória (que, para este efeito, é equiparada legalmente à condenação a que alude o n.° 4 do art. 829.°-A do C. Civil).

III – O n.° 2 do art. 21.° estabelece qual o destino da sanção compulsória prevista neste preceito, adoptando solução idêntica à que consta do n.° 3 do art. 829.°-A do C. Civil: os juros adicionais que a integram revertem, em partes iguais, para o credor-exequente e para o Estado (Cofre Geral dos Tribunais).

ARTIGO 14.°
Aposição da fórmula executória

1 – Se, depois de notificado, o requerido não deduzir oposição, o secretário aporá no requerimento de injunção a seguinte fórmula: «Este documento tem força executiva.»

2 – O secretário só pode recusar a aposição da fórmula executória quando o pedido não se ajuste ao montante ou finalidade do procedimento.

3 – Do acto de recusa cabe reclamação nos termos previstos no n.° 2 do artigo 11.°.

4 – Aposta a fórmula executória, a secretaria devolve ao requerente todo o expediente respeitante à injunção.

I – A aposição da fórmula executória – traduzida na criação de um título executivo extrajudicial – tem lugar sempre que o requerido – notificado nos termos dos arts. 12.° ou 12.°-A – não deduzir, no prazo legal, oposição.

II – O secretário só pode recusar a aposição da fórmula executória quando o pedido se não ajuste ao montante (de valor não superior à alçada da 1.ª instância salvo se estiver em causa obrigação emergente de "transacção comercial") ou à finalidade (obter o cumprimento de obrigação pecuniária emergente de contrato) do procedimento de injunção.

III – Do acto de recusa de aposição da fórmula executória cabe reclamação para o juiz, em termos idênticos aos previstos a propósito da recusa liminar do requerimento de injunção.

IV – O expediente em que se traduziu o procedimento de injunção é devolvido ao requerente, a fim de que este possa instaurar a execução nele fundada, nos termos do art. 21.º.

ARTIGO 15.º
Oposição

À oposição é aplicável o disposto no n.º 3 do artigo 1.º.

Regulamenta os termos formais em que se deve consubstanciar a oposição deduzida em procedimento de injunção, considerando aplicável o preceituado, quanto à contestação em acção declarativa, no n.º 3 do art. 1.º.

ARTIGO 16.º
Distribuição

1 – Deduzida oposição ou frustrada a notificação do requerido, o secretário apresenta os autos à distribuição que imediatamente se seguir.
2 – Salvo o disposto no n.º 2 do artigo 11.º e no n.º 3 do artigo 14.º, os autos são igualmente apresentados à distribuição, nos termos do número anterior, sempre que se suscite questão sujeita a decisão judicial.

I – O procedimento de injunção finda, "convertendo-se" em acção declarativa, tramitada nos termos do Capítulo I deste diploma ou segundo as regras do processo comum, no caso previsto no n.º 2 do art. 7.º do DL n.º 32/03, nas fases posteriores à apresentação da contestação, em três hipóteses:
– ter sido deduzida tempestivamente oposição pelo requerido;
– ter-se frustrado a notificação do requerido, a realizar nos termos do disposto do art. 12.º, sem prejuízo do disposto no art. 12.º-A (domicílio convencionado);
– ter sido suscitada, no âmbito do procedimento de injunção, alguma questão de natureza incidental, sujeita a apreciação jurisdicional, nos termos do n.º 2 deste art. 16.º.
II – Não tem lugar a "conversão" atrás referida no caso de ter sido deduzida reclamação contra a recusa de recebimento do requerimento ou de aposição da fórmula executória, nos termos do n.º 2 do art. 11.º e do n.º 3 do art. 14.º: neste caso, ou a reclamação é deferida, tendo normal sequência o procedimento de injunção; ou é julgada improcedente, findando consequentemente tal processo.
III – A "conversão" em acção declarativa, atrás referida, processa-se mediante distribuição, a realizar em conformidade com o preceituado no art. 222.º, espécie 3.ª, do CPC ou como processo comum, no caso previsto no art. 7.º, n.º 2, do DL n.º 32/03.

ARTIGO 17.º
Termos posteriores à distribuição

1 – Após a distribuição a que se refere o n.º 1 do artigo anterior, segue-se, com as necessárias adaptações, o disposto no n.º 4 do artigo 1.º e nos artigos 3.º e 4.º.

2 – Tratando-se de caso em que se tenha frustrado a notificação do requerido, os autos só são conclusos ao juiz depois de efectuada a citação do réu para contestar, nos termos do n.º 2 do artigo 1.º.

I – Os termos posteriores à distribuição como acção declarativa consubstanciam-se em regra, na tramitação prevista no n.º 4 do art. 1.º (notificação da oposição ao autor) e nos arts. 3.º e 4.º, relativamente ao saneamento do processo e à instrução e julgamento da causa.

Não pode, porém, perder-se de vista o estatuído no art. 7.º, n.º 2, do DL n.º 32/03, segundo o qual – quando o valor da obrigação, emergente de "transacção comercial", exceder a alçada de 1.ª instância, aplicar-se-à à tramitação subsequente a "forma de processo comum" adequada.

De salientar que, neste caso, perante a norma expressa do art. 15.º – que dispensa sempre a forma articulada na oposição à injunção – o requerido não poderá ser penalizado por não haver deduzido tal acto articuladamente, mesmo que se venham a seguir os termos do processo comum ordinário ou sumário.

II – Por força do princípio geral segundo o qual a citação incumbe, em regra, oficiosamente à secretaria, os autos só devem ser conclusos ao juiz – se a causa da distribuição foi a frustração da notificação pessoal da injunção ao requerido – depois de efectuada a citação do réu, cumprindo, pois, à secretaria proceder à respectiva citação, nos termos gerais do CPC.

ARTIGO 18.º
Valor processual

O valor processual da injunção e da acção declarativa que se lhe seguir é o do pedido, atendendo-se, quanto aos juros, apenas aos vencidos até à data da apresentação do requerimento.

Estabelece que o valor processual da injunção e da acção declarativa em que tal procedimento se venha, porventura, a converter é o do pedido deduzido, acrescido dos juros vencidos, mas apenas até à data da apresentação do requerimento.

Tal solução traduz adaptação da regra constante da parte final do n.º 2 do art. 306.º do CPC – segundo o qual, se se pedirem também juros vincendos, atende-se somente aos interesses já vencidos no momento da propositura da acção – à especificidade do procedimento de injunção "convertido" em acção declarativa, coligando o valor processual desta ao valor do pedido de injunção inicialmente deduzido.

ARTIGO 19.º
Custas

1 – A apresentação do requerimento de injunção e a dedução de oposição pressupõem o pagamento antecipado da taxa de justiça, através de estampilha apropriada, de modelo aprovado por portaria do Ministro da Justiça, no seguinte valor:
   a) Um quarto de UC, quando o procedimento tenha valor inferior a metade da alçada do tribunal de 1.ª instância;
   b) Metade de UC, quando o procedimento tenha valor igual ou superior a metade da alçada do tribunal de 1.ª instância e inferior a esta alçada;
   c) 1 UC, quando o procedimento tenha valor igual ou superior à alçada do tribunal de 1.ª instância e inferior a € 15 000;
   d) 2 UC, quando o procedimento tenha valor igual ou superior a € 15 000.

2 – Quando o procedimento tenha valor superior a € 30 000, ao valor referido na alínea *d)* do número anterior acresce, por cada € 15 000 ou fracção, e até ao limite máximo de € 250 000, 1/2 UC.

3 – Se o procedimento seguir como acção, são devidas custas, calculadas e liquidadas nos termos do Código das Custas Judiciais, devendo as partes efectuar o pagamento da taxa de justiça inicial no prazo de 10 dias a contar da data da distribuição, e atendendo-se na conta ao valor da importância paga nos termos do número anterior.

4 – Sem prejuízo do disposto no Código de Processo Civil relativamente à contestação, na falta de junção, pelo autor, do documento comprovativo do pagamento da taxa de justiça inicial no prazo referido no número anterior, é desentranhada a respectiva peça processual.

I – O n.º 1, na redacção do Decreto-Lei n.º 32/03, reformula os valores da taxa de justiça devida no processo de injunção (e que haviam sido convertidos em euros pelo Decreto-Lei n.º 323/01) – a pagar antecipadamente mediante estampilha apropriada, de modelo aprovado por portaria ministerial.

Tal regime foi alterado pelo Decreto-Lei n.º 324/03 rectificado pela declaração de rectificação n.º 26/2004, de 24 de Fevereiro, que:
– ampliou ao requerido que deduza oposição ao requerimento de injunção o ónus de pagar antecipadamente a taxa de justiça (n.º 1);
– estabeleceu (actual n.º 2) regras específicas para o cálculo da taxa de justiça, nos procedimentos de valor superior a 15 000 €.

II – Se o procedimento seguir como acção, passa a ser exigível às partes o pagamento de taxa de justiça inicial, devendo pagá-la nos 10 dias subsequentes à distribuição – e atendendo-se na conta final ao valor da importância paga pela apresentação do requerimento de injunção (ou oposição a este deduzida).

III – A não tempestiva junção do documento comprovativo do pagamento pelo autor da taxa de justiça devida determina a sanção processual estabelecida no actual n.º 4, resultante da redacção introduzida pelo Decreto-Lei n.º 324/03: desentranhamento da respectiva peça processual.

Relativamente ao réu ou requerido, o n.º 4 (na redacção do referido Decreto-Lei n.º 324/03) veio prever uma inovatória sanção processual, em conformidade com o estabelecido no artigo 486.º-A do Código de Processo Civil, com as necessárias adaptações: desentranhamento da contestação ou oposição, determinada pelo juiz após *"duplo convite"* ao suprimento da omissão pela parte.

IV – No acórdão n.º 625/03, o Tribunal Constitucional entendeu que o regime estatuído no n.º 3 deste artigo 19.º, na redacção anterior à introduzida pelo Decreto-Lei n.º 324/03 – ao prever então apenas uma sanção processual aplicável ao autor – não violava a Constituição.

V – A portaria n.º 233/03, de 17 de Março, regula as formas de pagamento da taxa de justiça pela apresentação do requerimento de injunção.

ARTIGO 20.º
Destino da taxa de justiça

A taxa de justiça paga em procedimento de injunção que termine antes da distribuição a que se refere o n.º 1 do artigo 16.º constitui receita do Cofre Geral dos Tribunais.

Constitui concretização do princípio constante do art. 131.º do CCJ.

ARTIGO 21.º
Execução fundada em injunção

1 – A execução tem como limites as importâncias a que se refere a alínea *d)* do artigo 13.º.

2 – Revertem, em partes iguais, para o exequente e para o Cofre Geral dos Tribunais os juros que acrescem aos juros de mora.

3 – Não há redução da taxa de justiça na oposição à execução.

I – O Decreto-Lei n.º 38/03 eliminou o regime que constava da redacção originária do n.º 1 deste preceito, por deixar de fazer sentido a remissão para o Decreto-Lei n.º 274/97, revogado pelo Decreto-Lei 38/03.

II – A redacção do n.º 3 foi adaptada à nova denominação da *"oposição à execução"*.

III – Sobre qual o tribunal competente para a acção executiva subsequente ao procedimento de injunção, veja-se os Acs. Rel in CJ I/00, pág. 129 e do STJ de 13/7/00, in CJ II/00, pág. 166.

ARTIGO 22.º
Forma de entrega do requerimento e modelo de carta registada

1 – Mediante portaria do Ministro da Justiça, podem ser aprovadas outras formas de entrega do requerimento para além das previstas no artigo 9.º

2 – Por despacho conjunto dos Ministros do Equipamento, do Planeamento e da Administração do Território e da Justiça, pode ser aprovado modelo próprio de carta registada com aviso de recepção para o efeito do n.º 1 do artigo 12.º, nos casos em que o volume de serviço o justifique.

I – Quanto ao n.º 1, veja-se a portaria n.º 234/03, de 17 de Março.

II – O n.º 2 faculta a criação do modelo próprio para a notificação, por carta registada com aviso de recepção, do requerido no procedimento de injunção.

DECRETO-LEI N.º 218/99
de 15 de Junho

A necessidade de estabelecer um regime processual específico para a cobrança dos créditos referentes aos cuidados de saúde tem sido reconhecida desde há muito.
Foi assim que o Decreto-Lei n.º 46 301 estabeleceu uma tramitação específica de cobrança destes créditos, na tradição do qual foi publicado o Decreto-Lei n.º 147/83, de 17 de Abril.
As alterações que entretanto foram introduzidas no sistema de saúde, designadamente no Serviço Nacional de Saúde, atribuíram às receitas próprias dos serviços e estabelecimentos de saúde maior importância. De acordo com a base XXXIII da Lei n.º 48/90, de 24 de Agosto (Lei de Bases da Saúde), os serviços e estabelecimentos do Serviço Nacional de Saúde podem cobrar receitas próprias, onde se incluem as referentes aos cuidados de saúde prestados e cujos encargos sejam suportados por outras entidades. Esta circunstância induziu a que se procurassem meios rápidos e eficazes de cobrar as dívidas hospitalares.
Neste enquadramento foi publicado o Decreto-Lei n.º 194/92, de 8 de Setembro, o qual veio atribuir a natureza de título executivo às certidões de dívidas emitidas pelos hospitais, na esteira do que já acontecia desde a Lei n.º 1981, de 3 de Abril de 1940, para os Hospitais Civis de Lisboa. No entanto, esta solução revelou-se inadequada aos objectivos enunciados. De facto, a existência de título executivo não veio conferir maior celeridade aos procedimentos judiciais de execução das dívidas hospitalares, porquanto, na generalidade dos casos, a existência do crédito recla-mado judicialmente e a verdadeira identidade do devedor eram discutidas em sede de embargos à execução, ou seja, seguindo a tramitação de uma acção declarativa.
Por outro lado, a existência de uma acção executiva sem que existisse a necessária certeza quanto à identidade do devedor gerou a necessidade de estabelecer um conjunto de regras complexas para determinar a legitimidade passiva na referida acção executiva e que na prática judiciária se revelaram de difícil aplicação, com indesejáveis dúvidas na jurisprudência.
Acresce a tudo isto que foram suscitados problemas de constitucionalidade de algumas normas na interpretação que delas foi feita.

Neste contexto, o Governo, na perspectiva de simplificar os procedimentos, mas sem afastar os princípios gerais de direito relativamente ao reconhecimento e execução dos direitos, entendeu proceder à alteração das regras processuais do regime de cobrança das dívidas hospitalares.

Assim, neste diploma é, de novo, e como regra geral, consagrada a acção declarativa, com algumas especialidades.

Afigurou-se ainda conveniente estabelecer uma regra sobre formulação do pedido em processo penal, com o dever de notificação oficiosa, para que as instituições e serviços integrados no Serviço Nacional de Saúde possam reclamar os seus créditos, concretizando assim o princípio da economia processual.

Consagram-se também formas consensuais de resolução dos litígios inerentes à cobrança das dívidas das entidades seguradoras, com o duplo objectivo de a tornar mais eficiente e simultaneamente diminuir o número de processos pendentes nas instâncias judiciais. Neste sentido, estabelece-se uma possibilidade genérica de recurso à arbitragem e admite-se a institucionalização desta forma de resolução de conflitos.

Com o objectivo de tornar mais célere o pagamento das dívidas às instituições e serviços integrados no Serviço Nacional de Saúde, estabelecem-se regras especiais no âmbito dos acidentes de viação abrangidos pelo seguro de responsabilidade civil automóvel, independentemente do apuramento de responsabilidade.

Foram ouvidos a Associação Portuguesa de Seguros e o Instituto de Seguros de Portugal.

Assim, ao abrigo do disposto no artigo 198.º, n.º 1, alínea *a*), da Constituição, o Governo decreta, para valer como lei geral da República, o seguinte:

SECÇÃO I
Disposições gerais

ARTIGO 1.º
Objecto

O presente diploma estabelece o regime de cobrança de dívidas pelas instituições e serviços integrados no Serviço Nacional de Saúde em virtude dos cuidados de saúde prestados.

ARTIGO 2.º
Pagamento

O pagamento dos cuidados de saúde prestados pelas entidades a que se refere o artigo anterior deve efectuar-se no prazo de 30 dias a contar da interpelação, a realizar por quaisquer das formas previstas no artigo 70.º do Código do Proce-dimento Administrativo.

ARTIGO 3.º
Prescrição

Os créditos a que se refere o presente diploma prescrevem no prazo de três anos, contados da data da cessação da prestação dos serviços que lhes deu origem.

ARTIGO 4.º
Responsabilidade

1 – As entidades a que se referem as alíneas *b)*, *c)* e *d)* do n.º 1 do artigo 23.º do Estatuto do Serviço Nacional de Saúde, aprovado pelo Decreto-Lei n.º 11/93, de 15 de Janeiro, podem ser directamente demandadas pelas instituições e serviços integrados no Serviço Nacional de Saúde pelos encargos resultantes da prestação de cuidados de saúde.

2 – Os assistidos devem indicar a existência de apólice de seguro válida e eficaz que cubra os cuidados de saúde prestados.

SECÇÃO II
Disposições processuais

ARTIGO 5.º
Alegação e prova

Nas acções para cobrança das dívidas de que trata o presente diploma incumbe ao credor a alegação do facto gerador da responsabilidade pelos encargos e a prova da prestação de cuidados de saúde, devendo ainda, se for caso disso, indicar o número da apólice de seguro.

I – Derroga o sistema instituído pelo DL 194/92, que havia conferido força executiva às facturas emitidas pelos estabelecimentos integrados no Serviço Nacional de Saúde, voltando à solução traduzida na exigência de propositura de acção condenatória contra os responsáveis pelos serviços prestados – tendo em conta a natural e frequente litigiosidade sobre quem é o devedor dos créditos hospitalares, por a sua responsabilidade ser, em muitos casos, indissociável da questão da responsabilidade pelo acidente que esteve na base dos tratamentos prestados aos sinistrados.

II – Apesar das dúvidas que se suscitaram acerca da constitucionalidade da criação de um título executivo administrativo pelo DL 194/92, o TC sempre se pronunciou, de forma reiterada, pela inexistência de violação de princípios ou preceitos de Constituição – cfr. por todos, v.g., os Acs. n.ᵒˢ 760/95 e 761/95 in DR, II, de 2/2/96).

III – Por sua vez, o STJ entendeu – relativamente às dúvidas suscitadas acerca de repartição do ónus da prova nos embargos deduzidos – que, no caso de utilização de certidão de dívida ao Serviço Nacional de Saúde como título executivo, nos termos do DL n.º 194/92, de 8/10, havendo embargos de executado, o exequente/embargado teria o ónus da alegação e prova da factualização demonstrativa da alegada responsabilidade do executado/embargante (Ac. STJ in BMJ 480, pág. 352).

IV – Embora se preveja, neste diploma, que os hospitais obtenham previamente sentença condenatória contra os responsáveis pelo pagamento dos tratamentos prestados, instituem-se formas consensuais, de natureza arbitral (art. 8.º), para determinar as responsabilidades das seguradoras, de forma a desjudicializar a resolução dos litígios emergentes, nomeadamente, de acidentes de viação, prevendo inclusivamente o pagamento sem apuramento de responsabilidade do segurado (arts. 9.º/12.º). E prevê-se a formulação de pedido enxertado no processo penal (art. 6.º).

V – Não se estabelecendo qualquer forma especial para o processo declaratório previsto neste preceito, será aplicável o processo comum (já que, não tendo as dívidas a cobrar natureza contratual, não será aplicável o estipulado no DL n.º 269/98), variando a forma em função do valor do pedido deduzido.

VI – Nas acções para cobrança das dívidas hospitalares, estaremos normalmente perante uma causa de pedir complexa, podendo ser nelas demandados, desde logo, os próprios utentes dos serviços médicos prestados (quando por eles devam ser responsáveis, nos termos da al *a*) do n.º 1 art. 23.º do DL n.º 11/93, de 15 de Janeiro) ou quem se tenha responsabilizado pela assistência, nos termos da al. *d*) do mesmo preceito; bem como – para além dos subsistemas de saúde, nos termos da al. *b*) de tal norma – o responsável pelo facto ilícito, nos termos do n.º 3 do art. 495.º do CC, bem como as seguradoras que hajam garantido o risco que estava subjacente ao sinistro que originou a necessidade de prestação dos cuidados de saúde a cobrar (cfr. art. 4.º, n.º 2 deste diploma).

Nesta perspectiva, incumbirá ao autor alegar e provar tais factos, integradores da referida "causa petendi" complexa:

– a prestação dos cuidados de saúde ao beneficiário ou utente;
– os factos constitutivos da responsabilidade civil, objectiva ou subjectiva, do autor do facto gerador do acidente;
– a existência de contrato de seguro, cobrindo o risco que se consubstanciou no sinistro.

VII – Sobre a aplicação no tempo deste diploma legal e a repartição do ónus de alegação e prova entre as partes, vide Ac. Rel. in CJ I/03, pág. 178.

ARTIGO 6.º
Formulação de pedido em processo penal

1 – As instituições e serviços integrados no Serviço Nacional de Saúde podem constituir-se partes civis em processo penal relativo a facto que tenha dado origem à prestação de cuidados de saúde, para dedução de pedido de pagamento das respectivas despesas.

2 – Para os efeitos previstos no número anterior, o despacho de acusação ou, não o havendo, o despacho de pronúncia é oficiosamente notificado às instituições e serviços integrados no Serviço Nacional de Saúde, para, querendo, deduzirem o pedido, em requerimento articulado, no prazo de 20 dias.

ARTIGO 7.º
Competência territorial

As acções previstas no presente diploma devem ser propostas no tribunal da sede da entidade credora.

I – Estabelece regra específica de competência territorial para as acções condenatórias destinadas à cobrança coerciva das dívidas pelas instituições e serviços integrados no Serviço Nacional de Saúde, que se pretende sobrepor ao preceituado no art. 74.º do CPC. Tal regime tem de se considerar *derrogado* com a publicação do Ac. 123/2004 do TC (DR I A, de 30/3/04) que declarou, com *força obrigatória geral*, a inconstitucionalidade da norma constante deste artigo 7.º, limitando, todavia, os efeitos da inconstitucionalidade de modo a que ela só produza efeitos após publicação do acórdão, exceptuando-se os processos pendentes em que tenha sido ou possa ainda ser possível arguir a incompetência relativa do tribunal, nos termos da lei de processo civil.

II – Foi identicamente questionada a constitucionalidade orgânica das regras de competência material e territorial que constavam do DL n.º 194/92, tendo o TC entendido que:
– era inconstitucional a norma que constava do art. 10.º de tal diploma, quando interpretada no sentido de que incumbia aos tribunais de competência genérica o processamento das execuções tendentes à cobrança coerciva das dívidas decorrentes de tratamentos consequentes a lesões sofridas por sinistrados em acidentes de trabalho (Ac. n.º 177/97, in BMJ 465, pág. 96);
– não era organicamente inconstitucional o mesmo art. 10.º enquanto aplicável à cobrança de dívidas emergentes de meros acidentes de viação, já que o foro aí estabelecido, no que se refere à competência territorial, se não configurava como inovatório relativamente ao previsto no CPC para as acções executivas destinadas à cobrança coerciva de obrigações de natureza pecuniária (arts. 94.º, n.º 1 do CPC e 774.º do CC) – cfr. Ac. 376/96, in DR II, 12/7/96.

ARTIGO 8.º
Arbitragem

1 – As instituições e serviços integrados no Serviço Nacional de Saúde e as entidades responsáveis pelos encargos decorrentes das prestações de saúde podem acordar no recurso à arbitragem, nos termos da lei, para a resolução de conflitos sobre a matéria a que respeita o artigo 1.º.

2 – O Instituto de Gestão Informática e Financeira da Saúde, em representação das instituições e serviços integrados no Serviço Nacional de Saúde, fica autorizado a realizar arbitragens voluntárias institucionalizadas, através da criação, por protocolo, de um centro de arbitragem de carácter especializado e permanente, que actuará no âmbito dos conflitos referidos no número anterior.

SECÇÃO III
Dívidas resultantes de acidentes de viação

ARTIGO 9.º
Pagamento sem apuramento de responsabilidade

1 – Independentemente do apuramento do responsável, as instituições e serviços integrados no Serviço Nacional de Saúde poderão exigir das seguradoras o pagamento dos encargos decorrentes dos cuidados de saúde prestados a vítimas de acidentes de viação, desde que abrangidos pelo seguro obrigatório de responsabilidade civil, válido e eficaz, e até ao limite de 1 000 contos por acidente e lesado, nos termos dos números seguintes.

2 – No caso de a assistência ser prestada aos ocupantes dos veículos envolvidos no acidente, cada seguradora suporta os encargos correspondentes às pessoas transportadas no veículo que segurar, com excepção do condutor.

3 – No caso de atropelamento, a seguradora do veículo atropelante suporta os encargos correspondentes à prestação de cuidados à vítima.

4 – O pagamento efectuado pela seguradora, nos termos previstos neste artigo, não faz presumir o reconhecimento de responsabilidade civil ou criminal pela produção do acidente, nem determina, por si só, a obrigação de reparar quaisquer outros danos dele emergentes.

5 – Às dívidas resultantes de acidentes de viação não incluídas na previsão do n.º 1 é aplicável o regime geral de cobrança de dívidas previsto neste diploma.

ARTIGO 10.º
Prazo de pagamento

1 – Os pagamentos a que se refere o artigo anterior devem ser feitos no prazo de 90 dias após a apresentação da factura.

2 – Sem prejuízo do disposto no n.º 1 do artigo 9.º, se a seguradora interpelada não se considerar responsável pelo pagamento dos cuidados de saúde, deve indicar, dentro do prazo referido no número anterior, os respectivos fundamentos.

3 – No caso de a factura suscitar dúvidas fundadas sobre a existência ou o montante da dívida, deverá a instituição credora, para que o crédito seja exigível, fazer prova dos factos em que baseia a reclamação, em conferência de médicos nomeados pelas partes.

ARTIGO 11.º
Sub-rogação

As seguradoras ficam sub-rogadas nos direitos das instituições e serviços integrados no Serviço Nacional de Saúde relativamente aos montantes pagos nos termos do artigo 9.º

ARTIGO 12.º
Reembolso

1 – As seguradoras têm direito ao reembolso por parte das instituições e serviços integrados no Serviço Nacional de Saúde, no caso de cuidados de saúde prestados à vítima a que se refere o n.º 3 do artigo 9.º, em virtude de acidente de viação da responsabilidade desta.

2 – O reembolso referido no número anterior deve ser feito no prazo de 90 dias após a data da interpelação.

SECÇÃO IV
Disposições transitórias e finais

ARTIGO 13.º
Disposição transitória

O disposto no artigo 9.º apenas se aplica aos créditos emergentes de cuidados de saúde prestados a vítimas de acidentes de viação ocorridos a partir das 0 horas do dia da entrada em vigor do presente diploma.

ARTIGO 14.º
Norma revogatória

É revogado o Decreto-Lei n.º 194/92, de 8 de Setembro, sem prejuízo da sua aplicação aos processos pendentes.

Visto e aprovado em Conselho de Ministros de 6 de Abril de 1999. – *António Manuel de Oliveira Guterres – João Carlos da Costa Ferreira da Silva – José Eduardo Vera Cruz Jardim – Maria de Belém Roseira Martins Coelho Henriques de Pina.*

Promulgado em 27 de Maio de 1999.

Publique-se.

O Presidente da República, JORGE SAMPAIO.

Referendado em 1 de Junho de 1999.

O Primeiro-Ministro, *António Manuel de Oliveira Guterres.*

DECRETO-LEI N.º 383/99
de 23 de Setembro

O Decreto-Lei n.º 269/98, de 1 de Setembro, com o confessado propósito de libertar os tribunais de dezenas de milhares de acções para reconhecimento e cobrança de dívidas de pequeno e médio montante, dispôs sobre o regime dos procedimentos destinados a exigir o cumprimento de obrigações pecuniárias emergentes de contratos de valor não superior à alçada do tribunal de 1.ª instância.

A experiência recolhida, desde 1 de Novembro de 1998 até ao presente, em especial sobre as alterações introduzidas pelo diploma ao procedimento de injunção, revela um importante factor de bloqueio, o da frustração da notificação postal, pelo não levantamento pelos destinatários das cartas registadas expedidas.

Não obstante, o sucesso do renovado procedimentos de injunção excedeu as expectativas, tendo-se conseguido inverter o alarmante processo de «colonização» dos tribunais por «acções de baixa densidade», na expressão do preâmbulo do Decreto-Lei n.º 269/98.

Visa-se, pelo presente diploma, mitigar o referido bloqueamento, estendendo a solução adoptada, por manifesto paralelismo, à acção declarativa.

Assim, introduz-se, no domínio dos contratos reduzidos a escrito, a possibilidade de fixação pelas partes de domicílio onde deva ser realizada a citação ou a notificação, em caso de litígio. Daqui decorre que, nos referidos procedimentos, se institua a presunção de citação ou de notificação pessoal em caso de insucesso na segunda tentativa.

No fundo, trata-se de fazer actuar um princípio básico processual civil, o princípio da cooperação, impondo à parte ou ao requerido relapso as inerentes consequências pela sua falta de colaboração.

Ainda em tais procedimentos se consideram efectuadas a citação ou a notificação, verificada que seja a situação prevista no n.º 6 do artigo 236.º do Código de Processo Civil, mas somente quando a recusa em assinar o aviso ou em receber a carta provier do citando ou do notificando.

As medidas adoptadas servirão de maior incentivo para a opção pelo procedimento de injunção, sobretudo pelos grandes utilizadores, que vêm reconhecendo nessa via desburocratizada e de reduzidos custos assinaláveis vantagens.

Assim:

Nos termos da alínea *a*) do n.º 1 do artigo 198.º da Constituição, o Governo decreta, para valer como lei geral da República, o seguinte:

ARTIGO 1.º
Alterações ao Decreto-Lei n.º 269/98

Os artigos 2.º, 3.º, 4.º, 5.º e 6.º do Decreto-Lei n.º 269/98, de 1 de Setembro, passam a ser respectivamente, os artigos 4.º, 5.º, 6.º, 7.º e 8.º.

ARTIGO 2.º
Aditamentos ao Decreto-Lei n.º 269/98

São aditados ao Decreto-Lei n.º 269/98, de 1 de Setembro, os artigos 2.º e 3.º, com a seguinte redacção:
(Intercalado no local próprio).

ARTIGO 3.º
Alterações ao regime anexo ao Decreto-Lei n.º 269/98

Os artigos 1.º, 10.º e 12.º do regime anexo ao Decreto-Lei n.º 269/98, de 1 de Setembro, passam a ter a seguinte redacção:
(Intercalado no local próprio).

ARTIGO 4.º
Aditamentos ao regime anexo ao Decreto-Lei n.º 269/98

São aditados ao regime anexo ao Decreto-Lei n.º 269/98, de 1 de Setembro, os artigos 1.º-A e 12.º-A, com a seguinte redacção:
(Intercalado no local próprio).

ARTIGO 5.º
Início de vigência

O presente diploma entra em vigor 30 dias após a data da sua publicação, não se aplicando aos procedimentos pendentes.

Visto e aprovado em Conselho de Ministros de 18 de Agosto de 1999. — *António Manuel de Oliveira Guterres — José Eduardo Vera Cruz Jardim.*

Promulgado em 3 de Setembro de 1998.

Publique-se.

O Presidente da República, JORGE SAMPAIO.

Referendado em 9 de Setembro de 1999.

O Primeiro-Ministro, *António Manuel de Oliveira Guterres.*

DECRETO-LEI N.º 272/2001
de 13 de Outubro

Competência do Ministério Público e Conservadores do Registo Civil no âmbito da jurisdição voluntária (com as rectificações operadas pela declaração de rectificação n.º 20-AR/2001, de 30 de Novembro)

Colocar a justiça ao serviço da cidadania é um dos objectivos estratégicos fundamentais assumidos pelo Governo nesta área, concretizado nomeadamente na tutela do direito a uma decisão em tempo útil. Neste sentido, importa desonerar os tribunais de processos que não consubstanciem verdadeiros litígios, permitindo uma concentração de esforços naqueles que correspondem efectivamente a uma reserva de intervenção judicial.

Assim, aproxima-se a regulação de determinados interesses do seu titular, privilegiando-se o acordo como forma de solução e salvaguardando-se simultaneamente o acesso à via judicial nos casos em que não seja possível obter uma composição pelas próprias partes.

Nestes termos, procede o presente diploma à transferência da competência decisória em processos cujo principal rácio é a tutela dos interesses dos incapazes ou ausentes, do tribunal para o Ministério Público, estatutariamente vocacionado para a tutela deste tipo de interesses, sendo este o caso das acções de suprimento do consentimento dos representantes, de autorização para a prática de actos, bem como a confirmação de actos em caso de inexistência de autorização.

Procede-se ainda à transferência de competências para as conservatórias de registo civil em matérias respeitantes a um conjunto de processos de jurisdição voluntária relativos a relações familiares – a atribuição de alimentos a filhos maiores e da casa de morada da família, a privação e autorização de apelidos de actual ou anterior cônjuge e a conversão da separação em divórcio –, na estrita medida em que se verifique ser a vontade das partes conciliável e sendo efectuada a remessa para efeitos de decisão judicial sempre que se constate existir oposição de qualquer interessado.

Passam ainda a ser decididos pelo conservador de registo civil os processos de reconciliação de cônjuges separados, aos quais, por natureza, não corresponde uma situação de litígio.

O processo conducente à declaração de dispensa de prazo internupcial, cuja margem decisória correspondia essencialmente à verificação da situação de não gravidez tendo em vista a celebração de casamento, passa a corresponder à simples verificação do facto, com base na apresentação de certificado médico como documento instrutório do processo de casamento.

Na senda da atribuição de competência decisória respeitante à separação e divórcio por mútuo consentimento ao conservador de registo civil, operada em 1995, à qual têm correspondido resultados altamente benéficos do ponto de vista dos requerentes do divórcio e da judicatura, com reflexos em toda a sociedade através da maior celeridade decisional, procede-se à atribuição a estas entidades de competência exclusiva nesta matéria, exceptuando os casos de conversão de divórcio litigioso, abolindo-se ainda a segunda conferência em todos os processos.

Paralelamente, passam a estar abrangidos os divórcios por mútuo consentimento em que existem filhos menores, cujos interesses são objecto de regulação com base na participação activa do Ministério Público.

Foram ouvidos o Conselho Superior da Magistratura, o Conselho Superior do Ministério Público, a Ordem dos Advogados, a Associação Sindical dos Juízes Portugueses, o Sindicato dos Magistrados do Ministério Público, o Sindicato dos Trabalhadores dos Registos e do Notariado, a Associação Sindical de Conservadores dos Registos, a Associação Portuguesa de Notários e a Associação Sindical dos Notários Portugueses.

Assim:

No uso da autorização legislativa concedida pela Lei n.º 82/2001, de 3 de Agosto, e nos termos da alínea b) do n.º 1 do artigo 198.º da Constituição, o Governo decreta o seguinte:

CAPÍTULO I
Objecto

ARTIGO 1.º
Objecto

O presente diploma determina a atribuição e transferência de competências relativas a um conjunto de processos especiais dos tribunais judiciais para o Ministério Público e as conservatórias de registo civil, regulando os correspondentes procedimentos.

I – Transfere determinadas competências, em sede de processos de jurisdição voluntária, para o Ministério Público e para o conservador do registo civil, procurando operar, nesse âmbito, um certo grau de desjurisdicionalização dos processos – envolvendo, nuns casos, a atribuição de competência exclusiva para a decisão à entidade não jurisdicional, e noutros apenas o cometimento a esta do procedimento tendente à eventual formação de acordo dos interessados, devendo os autos transitar para o tribunal, se tal acordo se frustrar.

II – A pouca cautela colocada pelo legislador na articulação deste novo regime, quer com as normas do Código de Processo Civil atinentes à jurisdição voluntária, quer com os próprios preceitos da Lei n.º 3/99 (de algum modo afectados, no que se refere ao elenco das competências dos Tribunais de Família) e da Organização Tutelar de Menores é susceptível de criar numerosas dúvidas e dificuldades na sua aplicação prática.

III – O regime de custas nos processos cometidos ao Ministério Público foi definido pelo Decreto-Lei n.º 36/02, de 26 de Fevereiro, limitando-se a mandar aplicar o disposto no Código das Custas Judiciais, no que se refere, nomeadamente, aos montantes e processo de cobrança, e mantido a isenção conferida ao Ministério Público.

CAPÍTULO II
Da competência do Ministério Público

ARTIGO 2.º
Competência

1 – São da competência exclusiva do Ministério Público as decisões relativas a pedidos de:

a) Suprimento do consentimento, sendo a causa de pedir a incapacidade ou a ausência da pessoa;

b) Autorização para a prática de actos pelo representante legal do incapaz, quando legalmente exigida;

c) Autorização para a alienação ou oneração de bens do ausente, quando tenha sido deferida a curadoria provisória ou definitiva;

d) Confirmação de actos praticados pelo representante do incapaz sem a necessária autorização.

2 – O disposto no número anterior não se aplica:

a) Às situações previstas na alínea a), quando o conservador de registo civil detenha a competência prevista na alínea a) do artigo 1604.º do Código Civil;

b) Às situações previstas na alínea b), quando esteja em causa autorização para outorgarem partilha extrajudicial e o representante legal concorra à sucessão com o seu representado, sendo necessário nomear curador especial, bem como nos casos em que o pedido de autorização seja dependente de processo de inventário ou de interdição.

I – O âmbito da competência atribuída ao Ministério Público neste preceito refere-se aos processos de jurisdição voluntária previstos nos artigos 1426.º, 1439.º e 1441.º do Código de Processo Civil.

Tais pretensões terão, pois, de ser necessariamente apresentadas ao representante do Ministério Público – salvo se ocorrerem as situações excepcionadas no n.º 2 deste artigo – para prolação de uma primeira decisão, no procedimento regulado nos artigos 3.º e 4.º – sendo, porém, lícito a qualquer interessado que nesse procedimento tenha deduzido oposição requerer a reapreciação judicial do seu pedido, através da propositura da correspondente acção (cfr., n.º 6 do artigo 3.º).

Tal solução (aditada pela declaração de rectificação n.º 20-AR/01) é manifestamente contraditória com a atribuição, pelo n.º 1 deste artigo 2.º, de competência *"exclusiva"* ao Ministério Público para as decisões relativas aos pedidos elencados nas alíneas a) a d).

II – Os artigos 1426.º, 1439.º e 1441.º do Código de Processo Civil continuam, pois, a vigorar, embora com um campo de aplicação restringido, aplicando-se:

– aos procedimentos de suprimento e autorização intentados pelo interessado/opoente, que discorda da decisão do Ministério Público, nos termos previstos no artigo 3.º, n.º 6;

– aos procedimentos de autorização que sejam dependência de processo de inventário ou de interdição, nos termos do n.º 4 do artigo 1439.º – e que nunca são atribuídos ao Ministério Público, face ao estatuído na alínea b) do n.º 2 deste artigo 2.º;

– ao procedimento regulado no n.º 5 do artigo 1439.º (em conjugação com o n.º 4 do artigo 1890.º do Código Civil), também pela referida alínea b) excluído do âmbito da competência do Ministério Público.

III – Independentemente do estado em que se encontre o processo de inventário findo ou pendente, o pedido para a prática do acto que esteja dele dependente ou com ele relacionado tem de ser sempre decidido pelo tribunal – Ac. Rel. in CJ I/03, pág. 245.

ARTIGO 3.º
Procedimento perante o Ministério Público

1 – O interessado apresenta o pedido ao agente do Ministério Público que exercer funções junto do:

a) Tribunal em que correu o processo de nomeação do representante, quando este tiver sido nomeado judicialmente;

b) Tribunal em que correu o processo de curadoria nas situações previstas na alínea c) do n.º 1 do artigo anterior;

c) Tribunal de 1.ª instância competente em razão da matéria no âmbito da circunscrição da residência do representante nos restantes casos.

2 – Juntamente com o pedido são apresentados os fundamentos de facto e de direito, indicadas as provas e junta a prova documental.

3 – São citados para, no prazo de 15 dias, apresentar oposição, indicar as provas e juntar a prova documental:

a) Nos casos previstos na alínea a) do n.º 1 do artigo anterior, o representante do incapaz ou o procurador ou curador do ausente, o seu cônjuge ou parente mais próximo e o próprio incapaz, se for inabilitado; havendo mais de um parente no mesmo grau, é citado o que for considerado mais idóneo;

b) Nas situações previstas na alínea b) do n.º 1 do artigo anterior, o parente sucessível mais próximo do incapaz ou, havendo vários parentes no mesmo grau, o que for considerado mais idóneo.

4 – Nos casos de suprimento do consentimento em que a causa de pedir seja a incapacidade ou a ausência da pessoa e ainda não esteja decretada a interdição ou inabilitação ou verificada judicialmente a ausência, aplica-se o disposto na alínea a) do número anterior, com as necessárias adaptações.

5 – O Ministério Público decide depois de produzidas as provas que admitir, de concluídas outras diligências necessárias e de ouvido o conselho de família, quando o seu parecer for obrigatório.

6 – No prazo de 10 dias contados da notificação da decisão, pode o requerente ou qualquer interessado que tenha apresentado oposição, requerer a reapreciação da pretensão através da propositura da correspondente acção no tribunal referido no n.º 1 do presente artigo.

I – A competência territorial do agente do Ministério Público para os procedimentos que lhe estão cometidos é definida no n.º 1 deste artigo, em função:
– da conexão com o tribunal onde foi nomeado o representante ou instituída a curadoria;
– do local da residência do representante.

II – As regras de legitimidade passiva são decalcadas, pelos n.ºs 3 e 4 deste artigo, das estabelecidas nos artigos 1426.º, n.º 1, e 1439.º, n.º 2, com a única especificidade de naturalmente não poder ser citado o Ministério Público/decisor da causa.

III – A tramitação é extremamente linear e simples, envolvendo regime idêntico ao dos incidentes da instância: apresentação de pedido, com indicação das provas e junção de documentos, citação (aparentemente, oficiosa pelos serviços do Ministério Público, já que se não prevê qualquer apreciação liminar), citação dos interessados em contradizer, com a possibilidade de dedução de oposição e apresentação de meios probatórios, em 15 dias, e decisão do Ministério Público (que dispõe de amplos poderes oficiosos na ponderação de diligências probatórias, podendo rejeitar diligências requeridas, tidas por inúteis, ou realizar outras diligências que considere necessárias), precedida de audição do conselho de família *"quando o seu parecer for obrigatório"*.

IV – O n.º 6 prevê o meio idóneo para os interessados/opoentes – *"vencidos"* pela decisão do Ministério Público – obterem a reapreciação judicial da matéria controvertida, carecendo, neste caso, de propor a acção regulada nos artigos 1426.º, 1439.º e 1441.º, adequada à dirimição do litígio.

ARTIGO 4.º
Aceitação ou rejeição de liberalidades em favor de incapazes

1 – São da competência do Ministério Público as decisões relativas a pedidos de notificação do representante legal para providenciar acerca da aceitação ou rejeição de liberalidades a favor de incapaz.

2 – É aplicável o disposto nos n.ºs 1 e 2 do artigo anterior, devendo o requerente justificar a conveniência da aceitação ou rejeição e indicar o prazo para o cumprimento.

3 – O despacho que ordenar a notificação marca prazo para o cumprimento.

4 – Se quiser pedir autorização para aceitar a liberalidade, o notificado formula o pedido no próprio processo de notificação, observando-se o disposto no artigo anterior e, obtida a autorização, no mesmo processo declara aceitar a liberalidade.

5 – Se, dentro do prazo fixado, o notificado não pedir a autorização ou não aceitar a liberalidade, o Ministério Público, depois de produzidas as provas necessárias, declara-a aceite ou rejeitada, de harmonia com as conveniências do incapaz.

6 – À aceitação ou rejeição de liberalidades em favor de incapazes é aplicável o disposto no n.º 6 do artigo anterior.

I – Amplia as competências atribuídas ao Ministério Público pelo artigo 2.º ao procedimento de notificação do representante legal para aceitação ou rejeição de liberdades, previsto e regulado no artigo 1440.º do Código de Processo Civil.

II – A tramitação estabelecida nos n.ºs 2 a 5 é estritamente decalcada do preceituado nos n.ºs 1 a 4 do artigo 1440.º do Código de Processo Civil, apenas se transferindo para o Ministério Público as decisões ali previstas quanto ao juiz.

E, face ao disposto no n.º 6, é aplicável o regime de *"reapreciação"* da pretensão, previsto no n.º 6 do artigo 3.º.

III – Face a este preceito legal, o âmbito de aplicação do processo regulado no artigo 1440.º do Código de Processo Civil é restringido, aplicando-se nos casos em que tal matéria seja dependência de uma anterior acção (interdição ou inventário) ou quando o interessado oponente haja lançado mão do meio impugnatório previsto no n.º 6 deste artigo.

CAPÍTULO III
Do procedimento perante o conservador do registo civil

SECÇÃO I
Do procedimento tendente à formação de acordo das partes

ARTIGO 5.º
Objecto do procedimento tendente à formação de acordo das partes

1 – O procedimento regulado na presente secção aplica-se aos pedidos de:
a) Alimentos a filhos maiores ou emancipados;
b) Atribuição da casa de morada da família;
c) Privação do direito ao uso dos apelidos do outro cônjuge;
d) Autorização de uso dos apelidos do ex-cônjuge;
e) Conversão de separação judicial de pessoas e bens em divórcio.

2 – O disposto na presente secção não se aplica às pretensões referidas nas alíneas a) a d) do número anterior que sejam cumuladas com outros pedidos no âmbito da mesma acção judicial, ou constituam incidente ou dependência de acção pendente, circunstâncias em que continuam a ser tramitadas nos termos previstos no Código de Processo Civil.

I – Regula um elenco de procedimentos em que é cometida ao conservador do registo civil competência para a fase liminar, tendente à *"formação do acordo das partes"* – envolvendo, porém, a dedução de oposição a remessa dos autos a juízo (cfr., artigos 8.º e 9.º).
Tal regime é aplicável aos processos regulados nos artigos 1412.º, 1413.º, 1414.º, 1414.º-A e 1417.º, salvo se foram cumulados com outros pedidos, no âmbito de acção judicial, ou constituírem *"incidente ou dependência de acção pendente"* (cfr., n.º 2 deste artigo).
II – Daqui, decorre, por um lado, que tenham sido revogados os artigos 1414.º e 1414.º-A (que previam a dirimição do litígio atinente ao uso dos apelidos de outro cônjuge *"em processo próprio"*); e, por outro lado:
– que tenha de se considerar reduzido o âmbito dos outros procedimentos regulados nos artigos 1412.º e 1413.º, apenas se aplicando o processo regulado artigo 1413.º no caso previsto no n.º 4, em que o pedido é deduzido por apenso à acção de divórcio ou separação litigiosa; e o processo regulado no artigo 1412.º continuará a ser aplicável quando ocorra a situação prevista no n.º 2, constituindo o pedido de alimentos ao filho maior incidente do precedente processo de fixação de alimentos ao menor;
– por outro lado, afigura-se que o processo de conversão da separação em divórcio, regulado nos artigos 1417.º e 1417.º-A – que não foram revogados – não será aplicável quando a precedente separação judicial de pessoas e bens tiver sido litigiosa, sendo consequentemente os autos de conversão apensados a tal acção judicial, nos termos do n.º 1 do artigo 1417.º, e cabendo a decisão ao juiz.

ARTIGO 6.º
Competência

1 – É competente a conservatória do registo civil:

a) Da área da residência do requerido no que respeita aos processos previstos nas alíneas a), c) e d) do n.º 1 do artigo anterior;

b) Da área da situação da casa de morada da família no que respeita aos processos previstos na alínea b) do n.º 1 do artigo anterior;

c) Da área da residência de qualquer dos cônjuges ou outra por ambos escolhida e expressamente designada no que respeita aos processos previstos na alínea e) do n.º 1 do artigo anterior.

2 – Caso o requerimento seja apresentado em conservatória incompetente por violação das normas do número anterior, o mesmo não é recebido, sendo devolvido ao requerente juntamente com o despacho do conservador.

Dispõe sobre as regras de competência territorial da conser-vatória, estabelecendo o n.º 2 um regime de rejeição liminar para a infracção de tais normas.

ARTIGO 7.º
Procedimento na conservatória

1 – O pedido é apresentado mediante requerimento entregue na conservatória, fundamentado de facto e de direito, sendo indicadas as provas e junta a prova documental.

2 – O requerido é citado para, no prazo de 15 dias, apresentar oposição, indicar as provas e juntar a prova documental.

3 – Não sendo apresentada oposição e devendo considerar-se confessados os factos indicados pelo requerente, o conservador, depois de verificado o preenchimento dos pressupostos legais, declara a procedência do pedido.

4 – Tendo sido apresentada oposição, o conservador marca tentativa de conciliação, a realizar no prazo de 15 dias.

5 – O conservador pode determinar a prática de actos e a produção da prova necessárias à verificação dos pressupostos legais.

I – Regula o procedimento na conservatória, só dispondo o conservador (n.º 3) de competência decisória se não for apresentada oposição e se deverem considerar confessados os factos indicados pelo requerente – o que implicará que o conservador deva necessariamente valorar as consequências processuais da revelia do requerido, face ao disposto no artigo 485.º do Código de Processo Civil, nomeadamente a disponibilidade ou indisponibilidade da relação material controvertida.

II – Se for deduzida oposição (ou, não o sendo, a revelia não for operante), o conservador realiza tentativa de conciliação; e, se esta se frustrar, o processo transita para o tribunal competente, nos termos dos artigos 8.º e 9.º.

ARTIGO 8.º
Remessa do processo

Tendo havido oposição do requerido e constatando-se a impossibilidade de acordo, são as partes notificadas para, em oito dias, alegarem e requererem a produção de novos meios de prova, sendo de seguida o processo, devidamente instruído, remetido ao tribunal judicial de 1.ª instância competente em razão da matéria no âmbito da circunscrição a que pertence a conservatória.

I – Regula a tramitação do processo antes de se proceder à remessa a juízo, nos casos de oposição (ou revelia inoperante) e frustração da tentativa de conciliação, sendo as partes notificadas para, em 8 dias, alegarem e requererem a produção de novos meios de prova – e apenas devendo operar-se a remessa a juízo do processo *"devidamente instituído"*.

II – A competência material do tribunal é fixada em função das regras gerais – sendo certo que a eliminação de alguns processos do elenco dos de jurisdição voluntária (artigos 1414.º e 1414.º-A) *"relativos a cônjuges"* precludirá a competência do tribunal de família, estabelecida, por remissão para tal forma adjectiva, nos termos do artigo 81.º, alínea a), da Lei n.º 3/99.

Do ponto de vista territorial, será competente o tribunal da comarca em que está sediada a conservatória que tramitou o processo na fase pré-judicial.

ARTIGO 9.º
Processo judicial

1 – Remetido o processo ao tribunal judicial nos termos do artigo anterior, o juiz ordena a produção de prova e marca audiência de julgamento.

2 – É aplicável, com as necessárias adaptações, o disposto nos artigos 1409.º a 1411.º do Código de Processo Civil.

Remetidos os autos a juízo, o juiz ordena a produção de prova e marca audiência de julgamento, aplicando-se as disposições gerais referentes à jurisdição voluntária (e ainda, como nos parece evidente, as disposições especiais que constam dos artigos 1412.º, 1413.º, 1417.º e 1417.º-A, que continuam a subsistir no Código de Processo Civil e ganham plena actualidade, no momento em que a decisão final cabe ao juiz).

ARTIGO 10.º
Recursos

1 – Das decisões do conservador cabe recurso para o tribunal judicial de 1.ª instância competente em razão da matéria no âmbito da circunscrição a que pertence a conservatória.

2 – O prazo para a interposição do recurso é o do artigo 685.º do Código de Processo Civil.

I – Estabelece que das decisões do Conservador – decisões interlocutórias ou que hajam declarado a procedência do pedido, por se entender que se verificam os respectivos pressupostos legais (cfr. artigo 7.º, n.º 3) – cabe recurso para o tribunal de 1.ª instância, em termos análogos aos previstos no artigo 70.º do Código de Processo Civil, segundo regra de competência (material e territorial) idêntica à estabelecida na parte final do artigo 8.º.

II – O n.º 2 manda aplicar ao prazo de interposição de tal recurso o disposto no artigo 685.º do Código de Processo Civil.

ARTIGO 11.º
Conversão de separação judicial de pessoas e bens em divórcio

Quando a conversão é requerida por ambos os cônjuges, o conservador decide de imediato.

Contém norma idêntica à estabelecida no artigo 1417.º, n.º 2, do Código de Processo Civil: o requerimento de conversão da separação judicial de pessoas e bens (decretada por mútuo consentimento) é logo deferido pelo Conservador.

SECÇÃO II
Dos procedimentos da competência exclusiva do conservador

ARTIGO 12.º
Objecto, competência e procedimento

1 – São da exclusiva competência da conservatória de registo civil:
 a) A reconciliação dos cônjuges separados;
 b) A separação e divórcio por mútuo consentimento, excepto nos casos resultantes de acordo obtido no âmbito de processo de separação ou divórcio litigiosos;
 c) A declaração de dispensa de prazo internupcial.

2 – É competente para os processos previstos nas alíneas a) e b) do número anterior a conservatória de registo civil da residência de qualquer dos cônjuges ou outra por ambos escolhida e expressamente designada.

3 – A declaração de dispensa de prazo internupcial é efectuada pela conservatória de registo civil competente para a organização do processo preliminar de publicações para o casamento da requerente.

4 – No âmbito das competências previstas no n.º 1 do presente artigo, os interessados apresentam o pedido mediante a entrega de requerimento na conservatória, fundamentando de facto e de direito, indicando as provas e juntando a prova documental.

5 – O conservador verifica o preenchimento dos pressupostos legais, podendo determinar para esse efeito a prática de actos e a produção da prova eventualmente necessária, e declara, em seguida, a procedência do pedido.

Atribui ao conservador do registo civil competência exclusiva para os três procedimentos aqui tipificados, implicando este regime:
– a revogação dos artigos 1418.º e 1446.º do Código de Processo Civil, passando tais procedimentos a ser regulados pelos artigos 13.º e 15.º;
– a compressão do âmbito de aplicação do processo de separação e divórcio por mútuo consentimento (que continua a estar regulado nos artigos 1419.º a 1424.º), cujas disposições apenas serão aplicáveis quando o acordo dos cônjuges haja sido obtido no âmbito de um precedente processo litigioso.

ARTIGO 13.º
Reconciliação dos cônjuges separados

1 – A reconciliação de cônjuges separados efectua-se com base em acordo declarado por aqueles e homologado pelo conservador.

2 – É enviada certidão da decisão de reconciliação de cônjuges separados judicialmente ao processo de separação.

O regime instituído neste preceito substitui o processo regulado no artigo 1418.º do Código de Processo Civil, revogado pela alínea b) do artigo 21.º.

ARTIGO 14.º
Separação e divórcio por mútuo consentimento

1 – O processo de separação de pessoas e bens ou de divórcio por mútuo consentimento é instaurado mediante requerimento assinado pelos cônjuges ou seus procuradores na conservatória do registo civil.

2 – O pedido é instruído com o conjunto de documentos referido no artigo 272.º do Código de Registo Civil, a que é acrescentado acordo sobre o exercício do poder paternal quando existam filhos menores e não tenha previamente havido regulação judicial.

3 – Recebido o requerimento, o conservador convoca os cônjuges para uma conferência em que tenta conciliá-los; mantendo os cônjuges o propósito de se divorciar, e observado o disposto no n.º 5 do artigo 12.º, é o divórcio decretado, procedendo-se ao correspondente registo.

4 – Quando for apresentado acordo sobre o exercício do poder paternal relativo a filhos menores, o processo é enviado ao Ministério Público junto do tribunal judicial de 1.ª instância competente em razão da matéria no âmbito da circunscrição a que pertença a conservatória antes da fixação do dia da conferência prevista no número anterior, para que este se pronuncie sobre o acordo no prazo de 30 dias.

5 – Caso o Ministério Público considere que o acordo não acautela devidamente os interesses dos menores, podem os requerentes alterar o acordo em conformidade ou apresentar novo acordo, sendo neste último caso dada nova vista ao Ministério Público.

6 – Se o Ministério Público considerar que o acordo acautela devidamente os interesses dos menores ou tendo os cônjuges alterado o acordo nos termos indicados pelo Ministério Público, segue-se o disposto no n.º 3 do presente artigo.

7 – Nas situações em que os requerentes não se conformem com as alterações indicadas pelo Ministério Público e mantenham o propósito de se divorciar, o processo é remetido ao tribunal da comarca a que pertença a conservatória.

8 – É aplicável o disposto no n.º 2 do artigo 272.º do Código de Registo Civil e nos artigos 1420.º, 1421.º, 1422.º e 1424.º do Código de Processo Civil, com as necessárias adaptações.

I – Regula o procedimento de separação e divórcio por mútuo consentimento tramitado na conservatória – mesmo que existam filhos menores – salvo nos casos resultantes de acordo obtido no âmbito de processo litigioso – processando-se, neste caso, nos termos regulados nos artigos 1419.º e seguintes do Código de Processo Civil.

II – Ao contrário do que pareceria decorrer do n.º 1 do artigo 12.º – que afirma a competência *"exclusiva"* da conservatória do registo civil para este procedimento – existindo filhos menores cujo poder paternal urge regular, atribui-se competência, quer ao Ministério Público, quer ao próprio tribunal.

Assim, o acordo referente ao exercício do poder paternal implica a necessária remessa dos autos ao Ministério Público junto do Tribunal competente para se pronunciar sobre tal matéria, na perspectiva da adequada tutela dos interesses do menor (n.º 4). Se o Ministério Público entender que o acordo não acautela devidamente tal interesse, convida os requerentes a reformulá-lo ou substituí-lo, procedendo a nova valoração das modificações apresentadas, como condição do prosseguimento do processo, nos termos do n.º 6 (n.ºs 5 e 6). É, porém, lícito aos cônjuges dissentirem da valoração, feita pelo Ministério Público acerca do interesse do menor, requerendo neste caso a remessa dos autos ao *"tribunal da comarca a que pertença a conservatória"* (sendo manifesto que, onde funcionem tribunais competência especializada em matérias de família, serão estes os competentes, por força do preceituado nos artigos 81.º e 82.º, n.º 1, alínea d) da Lei n.º 3/99).

ARTIGO 15.º
Dispensa de prazo internupcial

A mulher que pretenda celebrar novo casamento antes do decurso do prazo internupcial apresenta, juntamente com a declaração prevista no n.º 1 do artigo 137.º do Código de Registo Civil, atestado de médico especialista em ginecologia--obstetrícia comprovativo da situação de não gravidez.

O procedimento aqui regulado substitui o que estava previsto no artigo 1446.º do Código de Processo Civil, revogado pela alínea b) do artigo 21.º.

CAPÍTULO IV
Disposições finais e transitórias

ARTIGO 16.º
Entidades competentes

As referências efectuadas à competência dos tribunais judiciais relativas aos processos previstos no presente diploma consideram-se efectuadas às entidades que, nos termos dos artigos anteriores, adquirem as correspondentes competências.

A norma da adaptação aqui prevista é consequência da desjudicialização operada nos processos aqui previstos – sendo, porém, evidente que – sob pena de inconstitucionalidade material por violação do princípio da *"reserva do juiz"* – ela nunca poderá atribuir funções materialmente jurisdicionais, quer ao Ministério Público, quer ao conservador do registo civil.

ARTIGO 17.º
Competência do conservador, substituição e incompatibilidades

1 – A decisão no âmbito dos processos previstos no capítulo anterior é da exclusiva competência do conservador.

2 – Quando, na conservatória em que tenha sido apresentado requerimento nos termos dos artigos 5.º ou 12.º, se verifique vacatura do lugar, licença ou impedimento do conservador que se presuma superior a 30 dias, é este substituído por conservador do registo civil do mesmo concelho ou de concelho limítrofe, nos termos fixados por despacho do director-geral dos Registos e do Notariado.

3 – O regime previsto no número anterior é aplicável às decisões dos demais processos especiais que, nos termos do Código de Registo Civil, são da exclusiva competência do conservador.

4 – As decisões do conservador no âmbito dos processos previstos no capítulo anterior produzem os mesmos efeitos, nomeadamente em termos fiscais, que produziriam sentenças judiciais sobre idêntica matéria.

5 – Ao conservador que exerça advocacia é vedado aceitar mandato nos processos previstos no presente diploma.

Regula a competência e a substituição e impedimento do conservador nos processos que lhe são atribuídos por este diploma.

ARTIGO 18.º
Actos de mero expediente

O prazo para a prática de actos de mero expediente pelos funcionários da conservatória de registo no âmbito dos processos referidos no capítulo anterior é de cinco dias.

Estabelece um prazo de 5 dias para a prática, pelos funcionários da conservatória, dos actos de secretaria nos processos cuja decisão está cometida ao conservador.

ARTIGO 19.º
Legislação subsidiária

É subsidiariamente aplicável aos processos previstos no presente diploma o Código de Processo Civil.

Face ao estatuído neste preceito, o direito subsidiário aplicável é constituído – não pelas normas do Código de Registo Civil atinentes aos procedimentos aí regulados – mas pelas disposições do Código de Processo Civil.

ARTIGO 20.º
Apoio judiciário

É aplicável aos processos regulados no capítulo anterior o disposto no artigo 300.º do Código de Registo Civil e o regime de apoio judiciário na modalidade de nomeação e pagamento de honorários de patrono ou, em alternativa, pagamento de honorários do patrono escolhido pelo requerente, nos termos da alínea c) do artigo 15.º da Lei n.º 30-E/2000, de 20 de Dezembro, com as necessárias adaptações.

Dispõe sobre a matéria de apoio judiciário, considerando aplicável – não apenas o regime previsto no Código de Registo Civil – mas também o preceituado no artigo 15.º, alínea c) da Lei n.º 30-E/2000, no que se refere ao patrocínio.

ARTIGO 21.º
Revogações

São revogados:
a) O artigo 1777.º do Código Civil;
b) Os artigos 1414.º, 1414.º-A, 1418.º, 1423.º e 1446.º do Código de Processo Civil.

Para além de se eliminar, no processo de separação e divórcio por mútuo consentimento (quer regulado no Código de Processo Civil, quer previsto no artigo 14.º deste diploma) a segunda conferência (revogando-se, consequentemente, quer o artigo 1777.º do Código Civil, quer o artigo 1423.º do Código de Processo Civil), eliminam-se do elenco de processos de jurisdição voluntária os previstos nos artigos 1414.º e 1414.º-A, 1418.º e 1446.º.

ARTIGO 22.º
Entrada em vigor

O presente diploma entra em vigor no dia 1 de Janeiro de 2002, não se aplicando aos processos pendentes.

Norma transitória, que exclui a aplicação aos processos pendentes.

DECRETO-LEI N.º 88/2003
de 26 de Abril

A reforma da acção executiva é uma prioridade da justiça, uma necessidade inadiável da sociedade portuguesa em geral. Tal reforma foi assumida como uma das prioridades de actuação do XV Governo Constitucional, que continuou, embora com algumas alterações de fundo, o trabalho prosseguido pelo governo que o antecedeu.

O diploma que concretizou essa reforma, alterando o Código de Processo Civil e um conjunto de legislação conexa, foi já aprovado pelo Decreto-Lei n.º 38/2003, de 8 de Março. Uma das suas linhas estruturantes relaciona-se com a criação de uma nova profissão – o agente de execução – com funções determinantes no desenrolar da acção executiva.

O agente de execução é, preferencialmente, recrutado de entre solicitadores de execução. Nos termos do presente Estatuto, o solicitador de execução é o solicitador que, sob fiscalização da Câmara e na dependência funcional do juiz da causa, exerce as competências específicas de agente de execução e as demais funções que lhe forem atribuídas por lei.

Em virtude da opção tomada, era indispensável criar um novo regime que regulasse esta nova profissão, nomeadamente quem a pode exercer e quais o seus direitos e deveres. Tornou-se, pois, necessário a alteração do Estatuto da Câmara dos Solicitadores, de forma a integrar estas novas regras.

Assumida esta necessidade, percebeu-se também como era importante adequar a própria estrutura da Câmara dos Solicitadores aos seus novos membros.

Estas duas alterações ao Estatuto implicaram, a final, uma nova regulamentação, que agora surge com a aprovação do presente decreto-lei.

A Câmara dos Solicitadores passa a ter como órgãos nacionais a assembleia geral, o presidente, o conselho geral, o conselho superior, o congresso e a assembleia de delegados. Como órgãos regionais, as assembleias regionais, os presidentes regionais, os conselhos regionais e as secções regionais deontológicas. Prevêem-se ainda órgãos locais (as delegações de círculos e comarcas) e colégios de especialidade. Estes terão como órgãos a assembleia, o conselho, as assembleias regionais e as delegações regionais. É, desde já, estruturada em colégio a especialidade de solicitador de execução.

Pretende-se, assim, adequar a Câmara dos Solicitadores à nova realidade que a criação dos solicitadores de execução certamente trará.

Do regime inteiramente novo relativo ao solicitador de execução, pode retirar-se como seu alicerce as seguintes normas:

Pode inscrever-se como solicitador de execução o solicitador que tenha três anos do exercício da profissão de solicitador nos últimos cinco anos e tenha sido aprovado nos exames finais do curso de formação do solicitador de execução;

É incompatível com o exercício da profissão de solicitador de execução o exercício do mandato judicial no processo executivo;

Está impedido de ser solicitador de execução o solicitador que haja participado na obtenção do título que serve de base à execução, assim como o que tiver representado judicialmente alguma das partes nos dois últimos anos.

O solicitador de execução é obrigado a aplicar na remuneração dos seus serviços as tarifas aprovadas por portaria do Ministro da Justiça. As tarifas podem compreender uma parte fixa, estabelecida para cada tipo de actividade processual e dependente do valor da causa, e uma parte variável, dependente da consumação do efeito ou resultado pretendido com a actuação do solicitador de execução.

Os solicitadores de execução, assim como todos os solicitadores, estão sujeitos ao poder disciplinar exclusivo da Câmara dos Solicitadores.

Cria-se, assim, um regime adequado à nova realidade da acção executiva e do processo civil em geral.

Foram ouvidas a Comissão Nacional de Protecção de Dados, a Câmara dos Solicitadores e a Ordem dos Advogados.

Assim:

No uso da autorização legislativa concedida pela Lei n.º 23/2002, de 21 de Agosto, e nos termos da alínea b) do n.º 1 do artigo 198.º da Constituição, o Governo decreta, para valer como lei geral da República, o seguinte:

ARTIGO 1.º
Objecto

É aprovado o Estatuto da Câmara dos Solicitadores, que se publica em anexo ao presente decreto-lei, do qual faz parte integrante.

ARTIGO 2.º
Norma revogatória

É revogado o Estatuto da Câmara dos Solicitadores, aprovado pelo Decreto-Lei n.º 8/99, de 8 de Janeiro.

ARTIGO 3.º
Regime especial

1 – Aos solicitadores regularmente inscritos na Câmara à data da publicação do presente diploma é reconhecida a plena qualidade profissional, independentemente de possuírem ou não os requisitos curriculares e académicos exigidos pelo presente Estatuto.

2 – O disposto no número anterior aplica-se aos estagiários que tenham sido ou venham a ser considerados aptos nos estágios iniciados até 8 de Janeiro de 2002, nos termos do artigo 48.º do Estatuto dos Solicitadores, aprovado pelo Decreto-Lei n.º 483/76, de 19 de Junho, desde que requeiram a inscrição no prazo de cinco anos contados da data da publicação do presente diploma ou em igual prazo após obterem aquela classificação.

ARTIGO 4.º
Regime transitório

1 – No prazo máximo de 90 dias após a aprovação deste Estatuto, o presidente da assembleia geral, ouvidos os presidentes das mesas das assembleias regionais, determina as datas para a eleição do conselho superior e das secções regionais deontológicas, que se deverão realizar nos subsequentes 90 dias.

2 – Em Dezembro de 2004 realizam-se eleições gerais para um novo mandato para todos os órgãos da Câmara.

3 – Até à realização das respectivas eleições, as competências previstas no presente Estatuto são respectivamente assumidas:
 a) As de presidente da Câmara, pelo presidente do conselho geral;
 b) As do conselho superior, pelo conselho restrito do conselho geral;
 c) As de segundo vice-presidente do conselho geral, por eleição de entre os actuais membros do conselho geral;
 d) As de presidentes regionais, pelos presidentes de conselho regionais.

4 – O conselho e os delegados dos colégios de especialidade são eleitos em data a determinar pelo conselho geral.

5 – O conselho geral e os conselhos regionais mantêm a mesma composição até às eleições previstas no n.º 2, passando a assistir às reuniões, com o estatuto de observadores e sem direito a voto, os representantes das secções regionais deontológicas e dos colégios de especialidade, logo que eleitos.

6 – Aos conselhos de instrução disciplinar existentes e ao conselho restrito do conselho geral compete instruir e decidir, respectivamente em primeira instância e em sede de recurso, todos os processos instaurados por força de factos ocorridos até à eleição referida no n.º 1.

7 – Os processos de laudo requeridos até à eleição prevista no n.º 1 são decididos pelos conselhos regionais com recurso para o conselho geral.

8 – Nas eleições previstas no n.º 2 é já respeitada a nova divisão regional estabelecida no artigo 3.º do Estatuto, sendo os processos individuais de solicitadores transferidos no prazo de 30 dias após as referidas eleições.

9 – Os processos disciplinares ou outros, pendentes ou instaurados antes da data da transferência referida no número anterior, mantêm-se na competência do respectivo conselho regional.

10 – Mantêm-se em vigor, pelo período estritamente necessário, as normas do Decreto-Lei n.º 8/99, de 8 de Janeiro, necessárias ao cumprimento do presente regime transitório.

ARTIGO 5.º
Entrada em vigor

O presente diploma entra em vigor no 30.º dia após a sua publicação.

Visto e aprovado em Conselho de Ministros de 20 de Fevereiro de 2003. – *José Manuel Durão Barroso – Maria Manuela Dias Ferreira Leite – Maria Celeste Ferreira Lopes Cardona.*

Promulgado em 4 de Abril de 2003.

Publique-se.

O Presidente da República, JORGE SAMPAIO.

Referendado em 9 de Abril de 2003.

O Primeiro-Ministro, *José Manuel Durão Barroso.*

ANEXO
Estatuto da Câmara dos Solicitadores

CAPÍTULO I
Disposições gerais

ARTIGO 1.º
Natureza e sede

1 – A Câmara dos Solicitadores, abreviadamente designada por Câmara, é a associação pública representativa dos solicitadores, gozando de personalidade jurídica.

2 – A Câmara tem sede em Lisboa.

ARTIGO 2.º
Selo e insígnia da Câmara

1 – A Câmara tem direito ao uso de selo e insígnia próprios.

2 – A insígnia é constituída pela figuração plana da esfera armilar com o escudo das armas nacionais, tendo sobreposta a balança da justiça e entrelaçada uma fita com a legenda Labor Improbus Omnia Vincit.

ARTIGO 3.º
Âmbito

1 – A Câmara exerce as atribuições e competências conferidas por este Estatuto no território nacional e está internamente estruturada em duas regiões, Norte e Sul, e em delegações de círculo e de comarca.

2 – As atribuições e competências da Câmara são extensíveis à actividade dos solicitadores, qualquer que seja a sua especialização, e aos solicitadores estagiários.

3 – A região Norte tem sede no Porto e abrange a área correspondente aos distritos judiciais do Porto e de Coimbra.

4 – A região Sul tem sede em Lisboa e abrange a área correspondente aos distritos judiciais de Lisboa e de Évora.

5 – A assembleia geral, sob proposta do conselho geral, pode criar novos conselhos regionais, fazendo-os coincidir com a área dos distritos judiciais a partir do momento em que no respectivo distrito existam mais de 400 solicitadores, sendo as

comissões instaladoras e as regras de transferência regulamentadas pelo conselho geral, ouvidos os conselhos regionais.

6 – As delegações da Câmara funcionam na sede dos círculos judiciais e das comarcas e abrangem as áreas correspondentes aos respectivos círculos e comarcas.

ARTIGO 4.º
Atribuições

São atribuições da Câmara:

a) Colaborar na administração da justiça, propondo as medidas legislativas que considere adequadas ao seu bom funcionamento;

b) Atribuir o título profissional de solicitador e das respectivas especialidades;

c) Elaborar e aprovar os regulamentos internos de natureza associativa e profissional;

d) Emitir parecer sobre os projectos de diplomas legislativos relacionados com as suas atribuições;

e) Defender os direitos e interesses dos seus membros;

f) Promover o aperfeiçoamento profissional dos solicitadores;

g) Exercer o poder disciplinar sobre os seus membros;

h) Contribuir para o relacionamento com a Ordem dos Advogados e outros órgãos associativos de juristas ou profissionais liberais em Portugal e no estrangeiro.

ARTIGO 5.º
Representação

A Câmara é representada, em juízo e fora dele, pelo presidente da Câmara ou pelos presidentes dos conselhos regionais, conforme se trate, respectivamente, do exercício das competências do conselho geral ou dos conselhos regionais.

ARTIGO 6.º
Constituição como assistente e patrocínio

Para a defesa dos seus membros, no âmbito do exercício da profissão ou do desempenho de cargos nos seus órgãos, pode a Câmara constituir-se assistente ou assegurar o seu patrocínio.

ARTIGO 7.º
Requisição de documentos

No exercício das suas atribuições podem os órgãos da Câmara requisitar cópias, certidões, informações e esclarecimentos, bem como requerer a confiança de processos.

ARTIGO 8.º
Laudos sobre honorários

A Câmara, quando lhe for solicitado pelos tribunais, pelos solicitadores ou pelos seus constituintes emite laudos sobre honorários, devendo ouvir o responsável pelo pagamento.

ARTIGO 9.º
Recursos

1 – Os actos dos órgãos da Câmara admitem recurso administrativo, nos termos do presente Estatuto.

2 – O prazo de interposição do recurso é de 10 dias, quando outro não esteja especialmente previsto.

3 – Dos actos e das deliberações dos órgãos da Câmara cabe recurso contencioso, nos termos da lei.

ARTIGO 10.º
Regulamentação de publicação obrigatória

Toda a regulamentação emergente dos competentes órgãos da Câmara, atinente ao exercício da profissão de solicitador, deve ser publicada na 2.ª série do Diário da República.

CAPÍTULO II
Organização

SECÇÃO I
Disposições gerais

ARTIGO 11.º
Órgãos da Câmara

1 – A Câmara compreende órgãos nacionais, regionais, locais e os colégios da especialidade e respectivos órgãos.
2 – São órgãos nacionais:
a) A assembleia geral;
b) O presidente da Câmara;
c) O conselho geral;
d) O conselho superior;
e) O congresso;
f) A assembleia de delegados.
3 – São órgãos regionais:
a) As assembleias regionais;
b) Os presidentes regionais;
c) Os conselhos regionais;
d) As secções regionais deontológicas.
4 – São órgãos locais as delegações de círculo e de comarca.
5 – São órgãos dos colégios de especialidade a assembleia, o conselho, as assembleias regionais e as delegações regionais.

ARTIGO 12.º
Requisitos de elegibilidade

1 – Só pode ser eleito como presidente da Câmara solicitador com inscrição em vigor há pelo menos 10 anos.
2 – Só podem ser eleitos para os órgãos nacionais, regionais e para os conselhos de especialidades solicitadores com inscrição em vigor há pelo menos cinco anos.
3 – Só podem ser eleitos para qualquer órgão solicitadores que não tenham sido disciplinarmente punidos com pena superior à de multa, salvo revisão ou reabilitação.
4 – Os membros que injustificadamente não tenham completado o mandato para que foram eleitos não podem candidatar-se para qualquer órgão nos cinco anos posteriores à cessação de funções.

ARTIGO 13.º
Duração do mandato

1 – O mandato dos titulares dos órgãos da Câmara tem a duração de três anos, salvo retardamento no acto eleitoral ou eleições intercalares, e cessa com a posse dos novos membros eleitos.

2 – Em caso de eleições intercalares, os órgãos eleitos em substituição asseguram o mandato até à realização de novas eleições, nas datas previstas no presente Estatuto e em simultâneo com os restantes órgãos.

3 – O presidente da Câmara, o presidente do conselho, os presidentes regionais, os presidentes das secções regionais deontológicas e os presidentes dos conselhos de especialidade não podem ser reeleitos para terceiro mandato consecutivo, nem fazer parte dos respectivos conselhos, nos três anos subsequentes ao termo do segundo mandato consecutivo, salvo se algum deles tiver sido de duração inferior a um ano.

ARTIGO 14.º
Apresentação de candidaturas

1 – O processo eleitoral para os órgãos nacionais e regionais da Câmara inicia-se com a apresentação de candidaturas perante os presidentes das mesas das respectivas assembleias.

2 – Os presidentes das assembleias anunciam com a antecedência de 30 dias a abertura do respectivo processo eleitoral e o prazo limite para apresentação de candidaturas.

3 – As listas de candidaturas para os órgãos nacionais e regionais são apresentadas:

a) No mês de Outubro do ano da realização das eleições previstas na alínea c) do artigo 34.º e na alínea c) do artigo 55.º;

b) Com 45 dias de antecedência relativamente à data da assembleia eleitoral, no caso de eleições intercalares ou extraordinárias.

4 – As listas para presidente da Câmara, mesa da assembleia geral, conselho geral e conselho superior são apresentadas em conjunto, são subscritas por um mínimo de um vigésimo dos solicitadores com inscrição em vigor e individualizam os respectivos cargos.

5 – Com as listas indicadas no número anterior, devem ser apresentadas as linhas gerais do respectivo programa.

6 – As listas para presidentes regionais, mesas das assembleias regionais, conselhos regionais e secções regionais deontológicas são apresentadas em conjunto, são subscritas por um mínimo de um décimo dos solicitadores com inscrição em vigor nos respectivos conselhos e individualizam os respectivos cargos.

7 – Das listas devem constar as declarações de aceitação de candidatura.
8 – Salvo se outro for expressamente indicado, considera-se como mandatário:
a) Das listas referidas no n.º 4, o candidato a presidente da Câmara;
b) Das listas referidas no n.º 6, os candidatos a presidentes regionais.

ARTIGO 15.º
Decisão sobre a elegibilidade dos candidatos

1 – Findo o prazo de apresentação das candidaturas, os presidentes das mesas das respectivas assembleias pronunciam-se, em três dias úteis, sobre a elegibilidade dos candidatos.

2 – São rejeitadas as listas relativamente às quais se julguem inelegíveis o candidato a presidente da Câmara, a presidente das mesas, a presidente regional ou mais de metade dos restantes candidatos.

ARTIGO 16.º
Afixação das listas admitidas e impugnação da decisão de rejeição

1 – Os presidentes das mesas da assembleia geral e das assembleias regionais comunicam aos respectivos mandatários a rejeição das listas apresentadas ou a exclusão de candidatos, que pode ser substituída nos três dias úteis seguintes.

2 – Verificada a elegibilidade dos novos candidatos, os presidentes das mesas fazem afixar na sede dos conselhos regionais as listas admitidas.

3 – Das decisões dos presidentes das mesas da assembleia geral e das assembleias regionais, sobre a inelegibilidade de candidatos ou rejeição de listas, cabe recurso para o conselho superior.

4 – É de cinco dias o prazo do recurso a que se refere o número anterior, sendo as decisões proferidas em igual prazo.

ARTIGO 17.º
Apresentação de candidaturas em caso de rejeição

1 – Não havendo apresentação de candidaturas ou sendo rejeitadas todas elas, a respectiva mesa fixa e divulga novas datas para apresentação de candidaturas e para eleições, devendo estas ocorrer no prazo máximo de 60 dias.

2 – Nos casos previstos no número anterior, os órgãos em funções, se ultrapassarem o seu mandato, asseguram a gestão corrente.

3 – Os elementos das listas que venham a ser eleitos nos termos do número anterior asseguram o mandato até às novas eleições previstas nos termos deste Estatuto.

ARTIGO 18.º
Do voto

1 – Têm direito de voto os solicitadores com inscrição em vigor na Câmara.

2 – O voto é secreto, pessoal e obrigatório, podendo ser exercido presencialmente, por correspondência ou por meios informáticos, competindo à assembleia geral aprovar a respectiva regulamentação, nos seguintes termos:

a) O voto por correspondência é efectuado em impresso fechado, do qual se retira um destacável contendo a identificação do solicitador e a sua assinatura autenticada pelo carimbo profissional ou por órgão da Câmara;

b) A regulamentação do voto por meios informáticos assegura a confidencialidade e a pessoalidade através de assinatura electrónica.

3 – O solicitador que deixar de votar sem motivo justificado paga multa de valor igual a duas vezes a quotização mensal.

4 – A justificação da falta deve ser apresentada pelo interessado, sem dependência de qualquer notificação, no prazo de 15 dias, em carta dirigida ao presidente do conselho superior, tratando-se de eleição de carácter nacional, ou ao presidente da secção regional de deontologia, tratando-se de eleição regional ou local.

5 – Na falta de justificação ou sendo esta considerada improcedente, a multa deve ser paga nos três dias imediatos à notificação, sob pena de serem aplicadas as disposições estatutárias para a falta de pagamento de multas em sede de processo disciplinar.

ARTIGO 19.º
Exercício do cargo

1 – O exercício de cargos nos órgãos da Câmara não é remunerado, salvo se impedir o exercício normal da actividade profissional de um membro.

2 – A assembleia geral regulamenta os casos em que pode haver direito a uma compensação nos termos do número anterior.

3 – No caso de ter sido eleito para mais de um cargo, deve o solicitador ser notificado pelo presidente da assembleia geral ou da assembleia regional, consoante o caso, para declarar, no prazo de cinco dias, qual pretende ocupar.

4 – Na falta da declaração a que se refere o número anterior, considera-se como não eleito.

ARTIGO 20.º
Escusa e renúncia do exercício do mandato

1 – Podem pedir escusa do cargo para que foram eleitos os solicitadores que fiquem impossibilitados do seu exercício normal, nomeadamente por motivo de

doença ou por transferência do seu escritório para localidade mais distante da respectiva sede.

2 – É admitida a renúncia ao cargo, apresentada junto do conselho superior e comunicada aos restantes membros, salvo quanto aos delegados, que a apresentam ao conselho regional respectivo.

3 – A renúncia produz efeitos 30 dias após a apresentação das declarações previstas no número anterior, se a substituição não for anterior.

ARTIGO 21.º
Perda do mandato

1 – Os membros dos órgãos da Câmara perdem o mandato:
a) Quando for suspensa ou cancelada a sua inscrição;
b) Quando faltarem injustificadamente a mais de três reuniões seguidas ou cinco reuniões interpoladas, durante o mandato do respectivo órgão;
c) Quando sejam disciplinarmente punidos com pena superior à de multa ou com duas ou mais penas de multa ou de gravidade inferior.

2 – A qualificação da falta referida na alínea b) do número anterior é deliberada pelo respectivo órgão no início da reunião seguinte.

3 – A perda do mandato nos casos referidos nas alíneas b) e c) do n.º 1 é determinada pelo próprio órgão, mediante deliberação tomada por três quartos dos votos dos respectivos membros.

4 – A perda do mandato de delegado nos casos referidos nas alíneas b) e c) do n.º 1 depende de deliberação do conselho regional que o tenha designado, tomada por três quartos dos votos dos respectivos membros.

ARTIGO 22.º
Substituição dos presidentes dos órgãos da Câmara

1 – Nos casos de escusa, renúncia, perda do mandato ou morte e ainda nos casos de impedimento permanente para o exercício do cargo de presidente da Câmara ou de presidentes regionais assumem as funções respectivamente os vice-presidentes do conselho geral e dos conselhos regionais.

2 – Se, nos termos da primeira parte do n.º 1, for necessário substituir o presidente de qualquer outro órgão da Câmara:
a) Havendo vice-presidente, este ocupa a presidência;
b) Não havendo vice-presidente, os restantes membros do órgão elegem de entre os seus membros novo presidente e, de entre os solicitadores elegíveis, designam o substituto para o lugar vago.

ARTIGO 23.º
Substituição dos restantes membros dos órgãos da Câmara

1 – A substituição de outros membros dos órgãos, em situações como as previstas no n.º 1 do artigo anterior, é efectuada por cooptação entre os solicitadores elegíveis.

2 – No caso referido no número anterior, os membros em exercício podem consensualmente optar pela redistribuição entre si dos lugares em falta.

3 – No preenchimento de vagas no conselho geral observa-se o disposto no n.º 3 do artigo 40.º

4 – Não podem ser preenchidos os lugares em falta se as vagas forem superiores a metade dos membros do respectivo órgão.

5 – Na situação prevista no número anterior realizam-se eleições intercalares, exclusivamente para o órgão a substituir.

ARTIGO 24.º
Impedimento temporário

1 – No caso de impedimento temporário de algum membro dos órgãos da Câmara, sem que esteja prevista a sua substituição, o órgão a que pertence o impedido delibera sobre as situações de impedimento e a necessidade de substituição temporária, a efectuar nos termos dos artigos anteriores.

2 – É aplicável o regime de impedimentos constante do Código do Procedimento Administrativo em tudo o que não contrarie o presente Estatuto.

ARTIGO 25.º
Substituição dos delegados de círculo ou de comarca

A substituição temporária dos delegados é decidida pelos respectivos conselhos regionais.

ARTIGO 26.º
Mandato dos substitutos

1 – Nas situações previstas nos artigos 22.º e 23.º, os membros designados em substituição exercem funções até ao termo do mandato do titular substituído.

2 – Nos casos de impedimento temporário, os substitutos exercem funções pelo tempo do impedimento.

ARTIGO 27.º
Órgãos dos colégios de especialidade

1 – É aplicável o disposto nos artigos anteriores da presente secção aos órgãos dos colégios de especialidade, com as necessárias adaptações.

2 – Compete ao conselho geral regulamentar as eleições para os respectivos órgãos.

ARTIGO 28.º
Títulos honoríficos e direito ao uso de insígnia

1 – O solicitador que tenha exercido cargos nos órgãos da Câmara conserva honorariamente a designação correspondente ao cargo mais elevado que haja ocupado.

2 – Os solicitadores que sejam ou tenham sido titulares de órgãos da Câmara, quando compareçam em actos de grande solenidade, podem usar sobre o trajo profissional insígnia de prata da Câmara, sendo de prata dourada a do presidente ou antigos presidentes da Câmara ou do conselho geral.

SECÇÃO II
Assembleia geral

ARTIGO 29.º
Composição

A assembleia geral é constituída por todos os solicitadores inscritos.

ARTIGO 30.º
Competência

1 – Compete à assembleia geral:

a) Eleger a mesa da assembleia geral, o presidente da Câmara, o conselho superior e o conselho geral;

b) Discutir e votar o orçamento, o relatório e as contas do conselho geral;

c) Aprovar o código deontológico;

d) Aprovar os regulamentos eleitorais, da caixa de compensações e dos funcionários dos solicitadores;

e) Regulamentar os modelos do trajo profissional e das insígnias, timbres e selos profissionais dos solicitadores, solicitadores honorários e solicitadores integrados em colégios de especialidade;

f) Aprovar outros regulamentos que lhe sejam submetidos pelo conselho geral;
g) Conceder a medalha de mérito profissional;
h) Conferir o título de solicitador honorário, desde que preenchidos os requisitos a estabelecer em regulamento próprio;
i) Exercer as demais competências não atribuídas a outros órgãos.

2 – As competências previstas nas alíneas d), e) e g) podem ser delegadas no conselho geral ou na assembleia de delegados, no todo ou em parte.

3 – Os regulamentos aprovados em assembleia geral vinculam todos os órgãos da Câmara.

ARTIGO 31.º
Mesa

1 – A mesa da assembleia geral é constituída pelo presidente e pelos primeiro e segundo-secretários.

2 – Em caso de falta ou impedimento, o presidente é substituído pelo primeiro-secretário e, na falta deste, pelo segundo-secretário.

3 – Na falta, total ou parcial, dos membros referidos nos números anteriores a assembleia geral escolhe de entre os solicitadores presentes os que devam constituir ou completar a mesa.

ARTIGO 32.º
Competência do presidente e da mesa

1 – Compete ao presidente da mesa:
a) Coordenar com os presidentes das mesas regionais as datas das realizações das respectivas assembleias que se possam sobrepor, prevalecendo as reuniões nacionais sobre as restantes;
b) Convocar a assembleia;
c) Verificar o número de presenças;
d) Dirigir os trabalhos, ouvindo a mesa;
e) Rubricar e assinar as actas;
f) Dar posse aos novos órgãos nos 15 dias seguintes à sua eleição.

2 – Compete aos restantes membros da mesa da assembleia coadjuvar o presidente nas respectivas decisões e assegurar a elaboração das actas, do escrutínio e do registo de presenças.

ARTIGO 33.º
Reuniões

1 – A assembleia geral reúne em Lisboa, em sessão ordinária ou extraordinária.

2 – A assembleia geral pode reunir extraordinariamente fora de Lisboa, no caso de a sua realização coincidir com o congresso ou a assembleia de delegados.

3 – A assembleia geral é convocada por aviso postal expedido com a antecedência mínima de 10 dias e por anúncio publicado em jornal diário publicado em Lisboa e Porto, com a indicação da ordem de trabalhos e dos documentos a apreciar.

4 – Os documentos referidos no número anterior devem estar patentes nas sedes do conselho geral e dos conselhos regionais e são enviados para as delegações de círculo.

5 – Não estando presente, à hora designada na convocatória, metade dos membros que constituem a assembleia esta reúne uma hora depois, sendo válidas as deliberações tomadas com qualquer número de presenças.

6 – Os avisos postais referidos no n.º 3 podem ser substituídos por comunicação efectuada através de correio electrónico, para morada indicada pelo solicitador.

ARTIGO 34.º
Assembleia geral ordinária

A assembleia geral ordinária reúne:

a) Em Dezembro de cada ano, para discutir e votar o orçamento do conselho geral para o ano seguinte;

b) Em Março de cada ano, para discutir e votar o relatório e as contas do conselho geral respeitantes ao exercício anterior;

c) Trienalmente, em Dezembro, para a realização das eleições mencionadas na alínea a) do n.º 1 do artigo 30.º

ARTIGO 35.º
Assembleia geral extraordinária

1 – A assembleia geral extraordinária reúne a requerimento do presidente da Câmara, do conselho geral ou de, pelo menos, um vigésimo dos solicitadores com inscrição em vigor.

2 – Do requerimento consta a ordem de trabalhos.

3 – O presidente da mesa convoca a assembleia no prazo de 10 dias, para reunir nos 20 dias seguintes.

4 – A assembleia pode ainda reunir por iniciativa do presidente da mesa.

ARTIGO 36.º
Deliberações da assembleia geral extraordinária

1 – A assembleia geral extraordinária só pode deliberar sobre os assuntos constantes da ordem de trabalhos.

2 – Os solicitadores que pretendam submeter algum assunto à assembleia geral podem requerer ao presidente da mesa, até 10 dias antes da reunião, que o faça inscrever na ordem de trabalhos, devendo o requerimento ser subscrito por um vigésimo dos solicitadores com inscrição em vigor.

3 – O aditamento à ordem de trabalhos é obrigatório e deve ser levado ao conhecimento dos membros da assembleia nos três dias imediatos à apresentação do pedido de inscrição.

ARTIGO 37.º
Assembleia de alteração do presente Estatuto

1 – A assembleia geral extraordinária convocada para apreciar propostas de alteração do presente Estatuto apresentadas pela Câmara só pode reunir estando presentes ou representados 10% dos solicitadores inscritos.

2 – A assembleia delibera por dois terços dos votos presentes.

3 – A representação só pode ser conferida a solicitador por carta com assinatura reconhecida.

4 – O mandatário não pode representar mais de cinco solicitadores.

SECÇÃO III
Presidente da Câmara

ARTIGO 38.º
Presidente da Câmara

O presidente da Câmara é, por inerência, o presidente do congresso, do conselho geral e da assembleia de delegados.

ARTIGO 39.º
Competência do presidente

1 – Ao presidente da Câmara compete:
a) Representar a Câmara perante os órgãos de soberania, em juízo e fora dele;

b) Convocar e presidir às reuniões do conselho geral e orientar os trabalhos;
c) Presidir ao congresso e à assembleia de delegados;
d) Presidir à comissão da caixa de compensações;
e) Dirigir os serviços do conselho geral e providenciar pelo seu bom funcionamento;
f) Promover a execução das deliberações da assembleia geral e do conselho geral;
g) Dispensar da obrigação de segredo profissional os solicitadores que sejam ou tenham sido membros de órgãos nacionais ou regionais ou do conselho de especialidade e decidir em sede de recurso sobre a dispensa de segredo profissional;
h) Dirigir a revista da Câmara;
i) Assinar o expediente;
j) Assistir, querendo, às reuniões de todos os órgãos colegiais da Câmara, podendo intervir e fazer comunicações, devendo para o efeito informar antecipadamente o presidente do respectivo órgão;
l) Recorrer, sempre que o entenda, para o conselho superior das decisões das secções regionais deontológicas;
m) Exercer as demais competências que lhe sejam atribuídas por lei ou por regulamento.

2 – O presidente é substituído pelo 1.º vice-presidente do conselho geral nas suas faltas e impedimentos.

3 – O presidente pode delegar no todo ou em parte:
a) Nos vice-presidentes do conselho geral, as competências a que se referem as alíneas b), c), d), j) e l) do n.º 1;
b) Em qualquer membro do conselho geral, as competências previstas nas alíneas e), f) e h) do n.º 1.

4 – O presidente pode ainda delegar, em casos específicos, em quaisquer membros do conselho geral ou em delegados de círculo a competência a que se refere a alínea a) do n.º 1.

SECÇÃO IV
Conselho geral

ARTIGO 40.º
Composição

1 – O conselho geral é composto pelo presidente da Câmara, que preside, por dois vice-presidentes, secretário, tesoureiro e seis vogais, todos a eleger pela assembleia geral, e, por inerência, pelos presidentes dos conselhos regionais e presidentes dos colégios de especialidade.

2 – O presidente do conselho superior participa nas respectivas reuniões com o estatuto de observador, podendo intervir, mas sem direito a voto.

3 – As listas com os membros a eleger para o conselho geral têm de garantir a participação de, pelo menos, um membro proveniente da área de jurisdição de cada tribunal da relação.

4 – O conselho geral pode fazer-se assessorar por um secretário-geral, que cessa funções no termo do mandato do conselho.

ARTIGO 41.º
Competência

1 – Ao conselho geral compete:

a) Dirigir e coordenar a actividade da Câmara;

b) Cumprir e fazer cumprir as disposições do presente Estatuto, as deliberações do congresso e da assembleia geral;

c) Elaborar e submeter à apreciação da assembleia geral o orçamento, o relatório e as contas;

d) Propor as medidas normativas e emitir parecer sobre os projectos legislativos referidos, respectivamente, nas alíneas a) e d) do artigo 4.º;

e) Aprovar os regulamentos da sua competência, nomeadamente os referentes à definição dos requisitos para a inscrição e às regras próprias a que ficam sujeitos os solicitadores integrados em colégios da especialidade;

f) Elaborar propostas de regulamentos a submeter à assembleia geral;

g) Organizar, regulamentar e orientar o estágio dos solicitadores estagiários;

h) Aprovar os modelos de cédulas ou cartões profissionais;

i) Exercer o poder disciplinar sobre os funcionários ao seu serviço;

j) Regulamentar e organizar cursos de formação para os solicitadores e para os solicitadores integrados em colégios de especialidade;

l) Elaborar e manter actualizado o registo geral dos solicitadores e das sociedades de solicitadores;

m) Publicar a lista dos solicitadores e mantê-la actualizada em suporte informático público, nos termos do artigo 76.º;

n) Propor à assembleia geral a concessão do título honorário de solicitador ou a atribuição de medalhas de mérito profissional;

o) Promover a edição, pelo menos anualmente, de uma revista ou boletim informativo;

p) Constituir comissões de trabalho, nomear os seus membros e atribuir-lhes as respectivas funções;

q) Emitir pareceres vinculativos sobre omissões ou lacunas do Estatuto e regulamentos;

r) Exercer as demais competências que lhe sejam atribuídas por lei ou por regulamento.

2 – As competências previstas no número anterior nas alíneas i), o) e q) e nas alíneas d), l), m), o) e q) podem ser, respectivamente, delegadas no presidente da Câmara ou em comissões constituídas nos termos da respectiva alínea p).

ARTIGO 42.º
Reuniões

1 – O conselho geral reúne, pelo menos, de dois em dois meses, sendo convocado pelo presidente ou a solicitação da maioria absoluta dos seus membros.

2 – As reuniões têm lugar, em regra, em Lisboa ou nas cidades em que se situe a sede dos conselhos regionais.

3 – O conselho geral só pode deliberar com a presença da maioria absoluta dos seus membros, tendo o presidente, ou quem ocupe a presidência, voto de qualidade.

SECÇÃO V
Conselho superior

ARTIGO 43.º
Composição e funcionamento

1 – O conselho superior constitui o órgão superior da Câmara de fiscalização e controlo, sendo composto por um presidente, um vice-presidente, um secretário, seis vogais e pelos vice-presidentes dos conselhos dos colégios de especialidade.

2 – As listas com os membros a eleger para o conselho superior têm de garantir a participação de, pelo menos, um membro de cada distrito judicial.

3 – Os membros do conselho superior não podem ser titulares de quaisquer outros órgãos da Câmara ou agir em substituição daqueles.

4 – O conselho superior funciona na sede da Câmara, podendo reunir em qualquer local.

ARTIGO 44.º
Competência

Compete ao conselho superior:
a) Velar pela legalidade da actividade exercida pela Câmara e seus órgãos;

b) Apreciar os recursos das decisões do conselho geral, dos presidentes das mesas das assembleias e das secções regionais deontológicas;

c) Instruir e julgar os processos disciplinares que digam respeito a dirigentes, actuais ou antigos, dos órgãos nacionais ou regionais ou dos conselhos dos colégios de especialidade;

d) Decidir os pedidos de escusa e tomar conhecimento dos pedidos de renúncia apresentados pelos titulares dos órgãos da Câmara, à excepção dos delegados;

e) Decidir sobre impedimentos e perda do cargo dos seus membros e suspendê-los preventivamente, em caso de falta disciplinar, no decurso do respectivo processo;

f) Decidir os recursos sobre deliberações de perda de mandato;

g) Decidir os pedidos de revisão e reabilitação;

h) Proferir laudos sobre honorários em sede de recurso e, em primeira instância, quando o objecto respeite a honorários de qualquer dirigente referido na alínea c);

i) Conhecer, oficiosamente ou mediante petição de qualquer solicitador, dos vícios das deliberações da assembleia geral, das assembleias regionais e das delegações;

j) Convocar assembleias gerais e assembleias regionais, quando tenha sido excedido o prazo para a respectiva convocação;

l) Resolver os conflitos eleitorais;

m) Resolver conflitos de competência entre órgãos nacionais, regionais e locais da Câmara ou com as secções regionais deontológicas;

n) Elaborar e aprovar regulamentação em matéria disciplinar.

SECÇÃO VI
Congresso dos solicitadores

ARTIGO 45.º
Composição

1 – O congresso dos solicitadores representa todos os solicitadores com inscrição em vigor, os solicitadores honorários e os solicitadores cuja inscrição tenha sido cancelada por efeito de reforma.

2 – Podem ser convidados, como observadores, delegados de associações de juristas nacionais e estrangeiras.

3 – O congresso é composto pelos membros dos órgãos nacionais e regionais, pelos membros dos conselhos de especialidades e por delegados eleitos por cada círculo judicial segundo um sistema proporcional, de acordo com o método da média mais alta de Hondt.

4 – Os solicitadores que não sejam eleitos delegados, podem participar no congresso a título de observadores, podendo intervir sem direito de voto.

ARTIGO 46.º
Realização e organização

1 – O congresso realiza-se ordinariamente de três em três anos e extraordinariamente por deliberação tomada por maioria qualificada de três quartos dos membros do conselho geral ou por requerimento de 400 solicitadores, que nele indiquem os temas que pretendem ver debatidos.

2 – O congresso é convocado pelo presidente da Câmara, segundo a forma fixada para a convocação da assembleia geral, com a antecedência mínima de:
 a) Seis meses, caso reúna ordinariamente;
 b) Um mês, caso reúna extraordinariamente.

3 – O congresso é organizado por uma comissão constituída para o efeito, nomeada pelo conselho geral.

4 – A comissão organizadora designa a comissão de honra e um secretariado.

5 – O secretariado submete à aprovação da comissão organizadora o programa e o regulamento do congresso, assegurando a sua execução.

ARTIGO 47.º
Competência

Compete ao congresso pronunciar-se sobre o exercício da solicitadoria e sobre os problemas da ordem jurídica e as suas consequências sobre os direitos, liberdades e garantias dos cidadãos.

SECÇÃO VII
Assembleia de delegados

ARTIGO 48.º
Composição e periodicidade das reuniões

1 – A assembleia de delegados consiste na reunião de todos os delegados de círculo com o conselho geral e os conselhos regionais.

2 – A assembleia é dirigida pelo presidente da Câmara e nela participa um representante de cada delegação de círculo.

3 – Podem ainda participar na assembleia, sempre que convidados, mas sem direito de voto, os restantes membros dos órgãos nacionais e regionais e dos conselhos dos colégios de especialidade.

4 – Excepto nos anos em que se realize congresso, a assembleia de delegados reúne obrigatoriamente todos os anos em local, na data e com a ordem de trabalhos definida em convocatória do presidente da Câmara.

ARTIGO 49.º
Competência

Compete à assembleia de delegados:
a) Assumir as competências delegadas pela assembleia geral;
b) Pronunciar-se sobre o funcionamento das delegações;
c) Elaborar propostas de recomendação sobre os pontos da ordem de trabalhos.

SECÇÃO VIII
Assembleias regionais

ARTIGO 50.º
Composição

Em cada região funciona uma assembleia regional, constituída por todos os solicitadores com domicílio profissional aí fixado e com inscrição em vigor.

ARTIGO 51.º
Competência

Compete às assembleias regionais:
a) Eleger a mesa da assembleia regional, o presidente regional, os membros do conselho regional e da secção regional deontológica;
b) Discutir e votar o orçamento, o relatório e as contas dos conselhos regionais.

ARTIGO 52.º
Mesa da assembleia regional

1 – A mesa da assembleia regional é constituída pelo presidente e pelo primeiro e segundo-secretários.

2 – Em caso de falta ou impedimento, o presidente é substituído pelo primeiro-secretário e, na falta deste, pelo segundo-secretário.

3 – Não sendo possível operar as substituições referidas nos números anteriores, a assembleia regional escolhe, de entre os solicitadores presentes, os que devam constituir ou completar a mesa.

ARTIGO 53.º
Competência do presidente e das mesas de assembleia regionais

1 – Compete ao presidente da mesa da assembleia regional:
 a) Coordenar com o presidente da mesa da assembleia geral as datas das realizações das respectivas assembleias que se possam sobrepor;
 b) Convocar a assembleia regional;
 c) Verificar o número de presenças;
 d) Dirigir os trabalhos, ouvindo a mesa;
 e) Rubricar e assinar as actas;
 f) Dar posse aos novos órgãos regionais eleitos nos 15 dias seguintes à sua eleição.

2 – Compete aos restantes membros da mesa da assembleia regional assegurar a elaboração das actas, do escrutínio e do registo de presenças.

ARTIGO 54.º
Reuniões

1 – As assembleias regionais reúnem em sessão ordinária ou extraordinária.

2 – As assembleias são convocadas pelo presidente da mesa da assembleia regional por aviso postal expedido com a antecedência mínima de 15 dias e por anúncio publicado em jornal diário da sede da região, com indicação da ordem de trabalhos e dos documentos a apreciar, que devem estar patentes nas sedes dos respectivos conselhos regionais e ser remetidos para as delegações de círculo e de comarca.

3 – Não estando presente à hora designada metade dos membros que constituem a assembleia, esta reúne uma hora depois, sendo válidas as deliberações tomadas com qualquer número de presenças.

4 – Os avisos postais referidos no n.º 2 podem ser substituídos por comunicação efectuada através de correio electrónico, para morada indicada pelo solicitador.

ARTIGO 55.º
Assembleias regionais ordinárias

As assembleias regionais ordinárias reúnem:
a) Em Novembro de cada ano para discutir e votar o orçamento para o ano seguinte;
b) Em Fevereiro de cada ano para discutir e votar o relatório e as contas do conselho regional respeitantes ao exercício anterior;
c) Trienalmente em Dezembro para a realização das eleições previstas na alínea a) do artigo 51.º

ARTIGO 56.º
Assembleias regionais extraordinárias

1 – As assembleias regionais extraordinárias reúnem a requerimento do respectivo presidente regional, do conselho regional, do conselho geral ou de, pelo menos, um décimo dos solicitadores com inscrição em vigor na respectiva região.

2 – É aplicável às reuniões das assembleias regionais extraordinárias o disposto nos n.ºs 2 a 4 do artigo 35.º

ARTIGO 57.º
Deliberações das assembleias regionais extraordinárias

1 – Os solicitadores que pretendam introduzir alguma alteração à ordem de trabalhos podem requerer ao presidente da mesa da assembleia, até 10 dias antes da reunião, que o faça inscrever na ordem de trabalhos, devendo o requerimento ser subscrito por um décimo dos solicitadores com inscrição em vigor.

2 – É aplicável às deliberações das assembleias regionais extraordinárias o disposto nos n.ºs 2 e 3 do artigo 36.º

SECÇÃO IX
Presidentes regionais

ARTIGO 58.º
Competência dos presidentes regionais

1 – Compete aos presidentes regionais:
a) Representar o conselho regional no âmbito das suas competências;

b) Convocar e presidir às reuniões do conselho regional e orientar os seus trabalhos;

c) Dirigir os serviços do conselho regional e providenciar pelo seu bom funcionamento, designadamente no que respeita aos processos de admissão de solicitadores;

d) Recorrer, sempre que o entenda, para o conselho superior das decisões da secção regional deontológica;

e) Dispensar os solicitadores da sua região da obrigação de segredo profissional;

f) Assistir, sempre que o entenda, às reuniões regionais dos órgãos do colégio de especialidade e dos órgãos locais da sua região, podendo intervir e fazer comunicações, devendo informar antecipadamente, para o efeito, o presidente do respectivo órgão;

g) Assinar o expediente.

2 – O presidente é substituído pelo vice-presidente do conselho regional nas suas faltas e impedimentos.

3 – O presidente pode delegar:

a) No vice-presidente do conselho regional, as competências referidas no n.º 1;

b) Em qualquer dos membros do conselho regional, as competências previstas nas alíneas a) e c) do n.º 1.

SECÇÃO X
Conselhos regionais

ARTIGO 59.º
Composição

1 – Em cada região funciona um conselho regional, presidido pelo presidente regional e constituído por um vice-presidente, um secretário, um tesoureiro e dois vogais eleitos em assembleia regional.

2 – Fazem ainda parte do conselho regional, como vogais, um delegado de cada colégio de especialidade.

3 – O presidente da secção regional deontológica assiste e participa nas reuniões do conselho regional, com o estatuto de observador, sem direito de voto.

ARTIGO 60.º
Competência

Aos conselhos regionais compete:
a) Representar a Câmara na respectiva área;

b) Colaborar com os demais órgãos da Câmara na prossecução das suas competências;

c) Cumprir e fazer cumprir as disposições do presente Estatuto e as deliberações das assembleias regionais;

d) Admitir solicitadores e reconhecer a sua especialidade;

e) Elaborar os mapas de distribuição dos serviços oficiosos, podendo delegar esta competência nos órgãos locais, garantindo a divulgação na lista informática referida no n.º 2 do artigo 76.º;

f) Suspender administrativamente os solicitadores que tenham dívidas à Câmara, nos termos do artigo 73.º;

g) Exercer o poder disciplinar sobre os funcionários ao seu serviço;

h) Elaborar e submeter à apreciação da assembleia regional o orçamento, o relatório e as contas;

i) Gerir os fundos do conselho regional, procedendo à elaboração de um balancete trimestral;

j) Aprovar os orçamentos das delegações de círculo e a respectiva comparticipação;

l) Decidir sobre qualquer conflito de competência entre órgãos locais da respectiva região;

m) Decidir sobre a oportunidade de criação de delegações de círculo e comarca, na sede do respectivo círculo judicial;

n) Proceder à nomeação de representantes junto de autoridades jurisdicionais, no âmbito da região;

o) Organizar e convocar as eleições para os órgãos locais, delegações de círculo ou de comarca;

p) Nomear delegados de círculo ou de comarca, nos termos dos artigos 64.º e 66.º;

q) Constituir comissões de trabalho de âmbito regional, nomear os seus membros e atribuir-lhes as respectivas funções;

r) Enviar ao conselho geral a lista e estatísticas relativas a todos os solicitadores inscritos, com a discriminação das especialidades, comunicando de imediato as suspensões, cancelamento de inscrições e substituições;

s) Promover a realização de cursos, seminários e conferências;

t) Elaborar estatísticas respeitantes ao movimento do conselho e ao exercício da profissão;

u) Proceder ao registo dos funcionários dos solicitadores, nos termos de regulamento a aprovar em assembleia geral;

v) Exercer as demais competências que lhe sejam atribuídas por lei ou por regulamento.

ARTIGO 61.º
Reuniões

1 – Os conselhos regionais reúnem pelo menos uma vez por mês.
2 – As reuniões dos conselhos regionais são convocadas pelo presidente ou a solicitação da maioria absoluta dos seus membros.
3 – Os conselhos regionais só podem deliberar com a presença da maioria absoluta dos seus membros, tendo o presidente, ou quem ocupe a presidência, voto de qualidade, em caso de empate.
4 – Os delegados de círculo judicial podem ser convidados, pelo presidente, a participar, sem direito a voto, na reunião do respectivo conselho, para tratar de assuntos relativos às suas delegações.

SECÇÃO XI
Secções regionais deontológicas

ARTIGO 62.º
Composição

1 – A secção regional deontológica é composta por um presidente, um vice-presidente e três vogais, eleitos pelas assembleias regionais dos solicitadores de cada conselho regional, e por um vogal da delegação regional do colégio de especialidade.
2 – Os membros das secções regionais deontológicas não podem ser titulares de quaisquer outros órgãos da Câmara ou agir em substituição daqueles.

ARTIGO 63.º
Competência

Compete à secção regional deontológica, relativamente aos solicitadores com domicílio profissional na área da respectiva região:
a) Instruir e julgar os processos disciplinares, com excepção dos previstos na alínea c) do artigo 44.º;
b) Assegurar o cumprimento das normas de deontologia profissional, podendo oficiosamente conduzir inquéritos e convocar para declarações;
c) Proceder a inspecções e fiscalizações aos solicitadores de execução;
d) Dar conhecimento ao presidente da Câmara e ao presidente regional das decisões susceptíveis de recurso, nos termos da alínea l) do n.º 1 do artigo 39.º e da alínea d) do n.º 1 do artigo 58.º;

e) Proferir, em primeira instância, os laudos mencionados no artigo 8.º, sem prejuízo do disposto na alínea h) do artigo 44.º;

f) Comunicar as decisões disciplinares transitadas, bem como as de natureza cautelar, ao conselho geral, ao conselho regional, à delegação local e, sendo caso disso, ao colégio de especialidade;

g) Aplicar as multas resultantes da violação da obrigação de votar;

h) Aprovar as sociedades de solicitadores com sede na região, comunicando a sua deliberação ao conselho geral e regional;

i) Aprovar os relatórios relativos à substituição de solicitadores de execução;

j) Exercer as demais competências que lhe sejam atribuídas por lei ou regulamento.

SECÇÃO XII
Delegações de círculo e de comarca

ARTIGO 64.º
Delegações de círculo

1 – As delegações de círculo estabelecem a ligação entre os solicitadores do círculo judicial e os demais órgãos da Câmara.

2 – Nos círculos judiciais com mais de 20 solicitadores e nas Regiões Autónomas dos Açores e da Madeira as delegações são compostas por 3 solicitadores, com a designação de presidente, secretário e tesoureiro.

3 – Nos círculos judiciais não incluídos no número anterior é eleito um só delegado.

4 – As delegações e os delegados são eleitos por sufrágio pessoal, directo e secreto, de entre todos os solicitadores com domicílio profissional no círculo judicial.

5 – As eleições decorrem no mês de Janeiro seguinte à assembleia geral referida na alínea c) do artigo 34.º

6 – Não se verificando a eleição, o respectivo conselho regional pode nomear um solicitador que exerça as respectivas funções.

7 – As delegações e os delegados asseguram o mandato até à sua substituição.

ARTIGO 65.º
Competências das delegações de círculo

Compete às delegações e aos delegados de círculo:

a) Defender, junto dos órgãos da Câmara, os direitos e interesses dos solicitadores do círculo;

b) Apresentar ao respectivo conselho regional, até 15 de Setembro de cada ano, o orçamento e o plano de actividades para o ano seguinte;

c) Manter actualizados os quadros dos solicitadores do círculo judicial e diligenciar pela sua afixação nas respectivas repartições, em colaboração com os delegados de comarca;

d) Promover sessões de actualização profissional, em colaboração com os restantes conselhos da Câmara;

e) Colaborar com os órgãos da Câmara na instrução de processos disciplinares, de fiscalizações ou de combate à procuradoria ilícita;

f) Colaborar na organização do processo de eleições dos delegados ao congresso;

g) Comunicar aos órgãos competentes da Câmara qualquer situação anómala ou prejudicial ao funcionamento da justiça, à actividade e à dignidade da profissão;

h) Colaborar na organização do apoio judiciário e da assistência jurídica, no respectivo círculo judicial;

i) Diligenciar pela boa gestão das instalações próprias ou colocadas à disposição dos solicitadores;

j) Fomentar as relações com os órgãos locais de outros operadores judiciários.

ARTIGO 66.º
Delegados de comarca

1 – Em todas as comarcas com mais de cinco solicitadores, que não sejam sede de círculo judicial, é eleito um delegado, aplicando-se o disposto no artigo 64.º

2 – Nas comarcas com menos de cinco solicitadores ou quando não seja possível a eleição, o conselho regional pode, ouvida a delegação de círculo, designar o delegado de entre os solicitadores da comarca ou, no seu impedimento, de entre os da comarca limítrofe.

3 – O delegado, sob coordenação do conselho regional e da delegação de círculo, assume as competências da delegação de círculo a nível da comarca.

SECÇÃO XIII
Colégios de especialidade

ARTIGO 67.º
Disposições gerais

1 – Os colégios de especialidade são compostos pelos membros efectivos que exerçam uma especialidade na profissão de solicitador.

2 – São órgãos dos colégios de especialidade:
a) A assembleia;
b) O conselho;
c) As assembleias regionais;
d) As delegações regionais.

3 – Os órgãos referidos nas alíneas a) e b) do número anterior funcionam na sede da Câmara.

4 – Os órgãos referidos nas alíneas c) e d) do n.º 2 funcionam nas sedes dos conselhos regionais.

5 – Incumbe aos colégios de especialidade:
a) Incentivar a valorização profissional e dar apoio formativo e documental aos membros do colégio;
b) Colaborar nas publicações da Câmara;
c) Apoiar os outros órgãos da Câmara, quando solicitados.

6 – Sem prejuízo das especialidades que venham a ser legalmente reconhecidas, é desde já estruturada em colégio a especialidade de solicitador de execução.

ARTIGO 68.º
Órgãos

1 – Os colégios são dirigidos por conselhos de especialidade, compostos por três membros eleitos em assembleia geral dos membros do colégio e pelos presidentes das delegações regionais da especialidade.

2 – As listas apresentadas a candidatura devem individualizar o presidente, o vice-presidente e o secretário.

3 – As assembleias regionais dos solicitadores da especialidade elegem a delegação regional do colégio de especialidade que é composta por um presidente e dois vogais.

4 – O 1.º e 2.º vogais dos conselhos dos colégios de especialidade são, por inerência, membros dos respectivos conselhos regionais e secções regionais deontológicas.

ARTIGO 69.º
Competências dos conselhos de especialidade

São competências dos conselhos de especialidade:
a) Convocar e presidir às reuniões da assembleia geral dos membros do colégio;
b) Propor à assembleia geral dos membros do colégio e ao conselho geral acções e regulamentos ou deliberações relacionados com a respectiva especialidade;
c) Dar parecer sobre questões relacionadas com matérias da especialidade;
d) Colaborar na formação dos solicitadores da especialidade;

e) Propor ao conselho geral a aprovação de uma quotização suplementar para os seus membros;

f) Dar conhecimento aos órgãos com competência em matéria disciplinar de qualquer comportamento susceptível de sanção por parte dos membros do colégio.

CAPÍTULO III
Regime financeiro

ARTIGO 70.º
Receitas e sua afectação

1 – Constituem receitas da Câmara:
a) As liberalidades, dotações e subsídios;
b) As quantias provenientes de inscrições, quotas, serviços, multas, taxas e quaisquer outras receitas que venham a ser aprovadas ou atribuídas;
c) O rendimento dos bens da Câmara;
d) O produto da alienação de quaisquer bens;
e) As importâncias relativas à procuradoria.

2 – As receitas destinam-se a satisfazer os encargos da Câmara na realização dos objectivos estatutários.

3 – A caixa de compensações dos solicitadores de execução é sujeita a regulamentação autónoma.

ARTIGO 71.º
Quotas

1 – A quota mensal corresponde a 7% do valor mais elevado do salário mínimo nacional em vigor no dia 31 de Dezembro do ano anterior.

2 – A cobrança das quotas compete aos conselhos regionais.

3 – A cobrança da quota é feita mensalmente, podendo o conselho geral, com o acordo dos conselhos regionais, determinar outra periodicidade.

4 – Têm direito à redução do valor da quota, em termos a regulamentar em assembleia geral:
a) Os novos solicitadores, nos primeiros três anos subsequentes à inscrição;
b) Os solicitadores reformados, desde que comprovem não ter auferido, por qualquer meio, no ano anterior, rendimento mensal equivalente ao triplo do salário mínimo nacional mais elevado;
c) Os solicitadores que procedam antecipadamente ao pagamento anual.

5 – O solicitador cuja inscrição seja cancelada não tem direito à restituição das quotas liquidadas até à data em que é notificado do cancelamento.

ARTIGO 72.º
Administração das receitas e repartição dos encargos

1 – As receitas do conselho geral provêm:
a) Das liberalidades, das dotações, dos rendimentos e do produto da alienação de quaisquer bens ou serviços;
b) Das verbas recebidas por inscrições como solicitador ou sociedade de solicitadores, multas, taxas provenientes do estágio, inscrições, cancelamentos, suspensões e quotas, na proporção de 25%;
c) Das importâncias recebidas nos termos da alínea e) do n.º 1 do artigo 70.º, na proporção de 50%.

2 – As receitas dos conselhos regionais provêm:
a) Dos valores recebidos pelos serviços efectuados pelo conselho ou pelos órgãos regionais;
b) Dos valores recebidos por força da alínea b) do n.º 1, na proporção de 75%;
c) Das importâncias recebidas nos termos da alínea e) do n.º 1 do artigo 70.º, na proporção de 50%.

3 – As receitas referidas na alínea c) do número anterior são divididas pelos conselhos regionais, na proporção do número de solicitadores inscritos.

4 – As importâncias recebidas nos termos da alínea e) do n.º 1 do artigo 70.º só podem ser utilizadas por qualquer dos conselhos para, no âmbito das respectivas competências, acorrer às despesas necessárias à prossecução das finalidades previstas na alínea f) do artigo 4.º, na alínea j) do n.º 1 do artigo 41.º, na alínea s) do artigo 60.º e no artigo 92.º do presente Estatuto.

5 – O conselho geral gere o orçamento dos órgãos nacionais e os conselhos regionais os orçamentos dos respectivos órgãos regionais.

6 – Os conselhos regionais disponibilizam às delegações de círculo, mediante aprovação de prévio orçamento, um montante até 5% do valor das quotas dos respectivos solicitadores.

7 – Cada conselho efectua a sua contabilidade e expediente.

8 – As quantias recebidas por um conselho, mas destinadas a outro órgão, são a estes entregues até ao dia 25 do mês seguinte.

9 – As despesas dos órgãos nacionais ou regionais do colégio de especialidade são suportadas respectivamente, pelo conselho geral e conselhos regionais, sem prejuízo da previsão de uma participação nas receitas da Câmara.

ARTIGO 73.º
Pagamentos à Câmara

1 – As quantias devidas por inscrições, serviços e quaisquer taxas são pagas no acto do pedido, sob pena de este não ser apreciado.

2 – Quaisquer outras importâncias devidas à Câmara devem ser pagas no prazo que vier a ser fixado pelo conselho competente, não inferior a 15 dias, cabendo ao respectivo tesoureiro notificar o devedor por carta registada, com aviso de recepção, para efectuar o pagamento no prazo estabelecido.

3 – Se o pagamento não for efectuado no prazo referido no número anterior, o conselho regional suspende administrativamente a inscrição, comunicando a deliberação ao interessado, ao conselho geral e à delegação ou delegado de círculo, devendo o tesoureiro extrair certidão da dívida, que constitui título executivo.

4 – A suspensão só cessa quando se mostrar paga a importância em dívida acrescida de 50%, sendo este acréscimo reduzido a metade se o pagamento se efectuar nos cinco dias posteriores ao termo do prazo a que se refere o n.º 2.

5 – Se, decorridos 90 dias após a comunicação referida no n.º 3, não tiver sido efectuado pagamento, nem apresentada justificação considerada satisfatória, o conselho regional comunica ao órgão competente para este instaurar o correspondente processo disciplinar.

ARTIGO 74.º
Contabilidade e gestão financeira

1 – O exercício económico da Câmara coincide com o ano civil.

2 – As contas da Câmara são encerradas com referência a 31 de Dezembro de cada ano.

3 – A contabilidade da Câmara obedece a regras uniformes de acordo com a lei, observando-se também os procedimentos estabelecidos pelo conselho geral.

4 – Constituem instrumentos de controlo de gestão:
 a) O orçamento;
 b) O relatório e as contas do exercício com referência a 31 de Dezembro.

5 – As propostas de orçamento são apresentadas:
 a) Aos conselhos regionais, pelas secções regionais deontológicas, delegações de círculo, delegações regionais dos colégios de especialidade, até 15 de Setembro;
 b) Ao conselho geral, pelos conselhos regionais, conselho superior e conselhos dos colégios de especialidade, até 15 de Outubro;
 c) À assembleia geral pelo conselho geral e às assembleias regionais pelos conselhos regionais.

6 – As contas de exercício são apresentadas:

a) Pelas delegações locais ao conselho regional, até 31 de Janeiro do ano seguinte;
b) Pelos conselhos regionais, sem prejuízo da aprovação em assembleia regional, ao conselho geral, até 28 de Fevereiro do ano seguinte;
c) Pelo conselho geral, para efeitos de aprovação em assembleia geral, até Março do ano seguinte.

7 – As contas da Câmara são objecto de certificação legal feita por revisor oficial de contas ou sociedade de revisores oficiais de contas, emitida no prazo de 30 dias.

CAPÍTULO IV
Solicitadores e solicitadores estagiários

SECÇÃO I
Solicitadores

SUBSECÇÃO I
Inscrição

ARTIGO 75.º
Obrigatoriedade da inscrição e cédula profissional

1 – É obrigatória a inscrição na Câmara para o exercício da profissão de solicitador.

2 – A cada solicitador inscrito é passada a respectiva cédula profissional, que serve de prova da inscrição na Câmara e do direito ao uso do título de solicitador ou de solicitador especializado.

3 – As cédulas profissionais são emitidas pelos respectivos conselhos regionais, de acordo com modelo aprovado pelo conselho geral.

ARTIGO 76.º
Lista dos solicitadores

1 – O conselho geral edita a lista dos solicitadores inscritos, devendo actualizá-la anualmente, indicando designadamente as inscrições em colégios de especialidade, as sociedades de solicitadores e os seus membros e a indicação dos solicitadores suspensos.

2 – A lista de solicitadores deve estar permanentemente actualizada em suporte informático público.

3 – Os solicitadores de execução serão mencionados em secção autónoma, em função das suas competências territoriais, contendo as listas sistemas de designação sequencial para a prestação de serviços decorrentes de nomeação judicial.

4 – Se o solicitador de execução estiver impossibilitado de exercer a sua especialidade, por motivo que não lhe permita a delegação prevista no artigo 128.º, será de imediato retirado da lista informática.

5 – Os conselhos regionais, por si ou através das delegações, devem enviar aos tribunais e aos serviços públicos relevantes as listas dos solicitadores com escritório no respectivo círculo judicial e comunicar às mesmas entidades as inscrições de novos solicitadores, bem como a suspensão e o cancelamento das inscrições.

ARTIGO 77.º
Requisitos de inscrição na Câmara

1 – São requisitos necessários para a inscrição na Câmara, além da aprovação no estágio:
   a) Ser cidadão português ou da União Europeia;
   b) Possuir as habilitações referidas no n.º 1 do artigo 93.º

2 – A inscrição de solicitadores nacionais de outros Estados membros e de Estados não pertencentes à União Europeia é feita nos termos e condições a definir em lei especial.

ARTIGO 78.º
Restrições ao direito de inscrição

1 – É recusada a inscrição:
   a) Àquele que não possua idoneidade moral para o exercício da profissão, nomeadamente por ter sido condenado pela prática de crime desonroso para o exercício da profissão ou ter sido sujeito a pena disciplinar superior a multa no exercício das funções de funcionário público ou equiparado, advogado ou membro de qualquer associação pública;
   b) A quem esteja enquadrado nas incompatibilidades definidas no artigo 114.º;
   c) A quem não esteja no pleno gozo dos seus direitos civis;
   d) A quem esteja declarado falido ou insolvente.

2 – Aos solicitadores ou solicitadores estagiários que se encontrem em qualquer das situações enumeradas no número anterior é suspensa ou cancelada a inscrição.

3 – A declaração de falta de idoneidade segue a tramitação prevista para o processo de inquérito disciplinar, com as necessárias adaptações, só podendo ser proferida mediante a obtenção de dois terços dos votos dos membros do conselho competente em efectividade de funções.

4 – Os condenados criminalmente que tenham obtido a reabilitação judicial podem obter a sua inscrição, desde que demonstrem idoneidade moral para o exercício da profissão e preencham os demais requisitos.

ARTIGO 79.º
Formalidades do pedido de inscrição

1 – A inscrição é requerida ao presidente regional da área onde se pretende abrir escritório, com indicação do respectivo domicílio profissional.

2 – Com a apresentação do requerimento é paga a taxa devida pela inscrição, a devolver em caso de indeferimento.

3 – O requerimento é acompanhado dos documentos necessários a comprovar a regularidade da inscrição, segundo regulamento a aprovar pelo conselho geral, ouvidos os conselhos regionais.

ARTIGO 80.º
Prazo para deliberação, registo de inscrição e inscrição única

1 – O conselho regional pronuncia-se sobre a inscrição requerida no prazo de 10 dias.

2 – No caso de admissão, lavra-se a inscrição no conselho regional competente, que deve comunicá-la ao conselho geral no prazo de 10 dias, para os fins da alínea l) do n.º 1 do artigo 41.º

3 – Não é permitida a inscrição simultânea em mais do que um conselho regional.

4 – O solicitador que abra mais um escritório escolhe de entre eles o seu domicílio profissional.

5 – O domicílio profissional determina a participação do solicitador nos órgãos regionais e locais, bem como na escolha dos seus titulares.

ARTIGO 81.º
Emissão do diploma e da cédula profissional

1 – Feita a inscrição, são emitidos diploma e cédula profissional, sendo aquele subscrito pelo presidente da Câmara e pelo presidente do conselho regional respectivo e esta assinada pelo presidente do mesmo conselho regional.

2 – O solicitador integrado em colégio de especialidade tem direito a diploma com características próprias, de modelo a aprovar pelo conselho geral.

3 – Os averbamentos nas cédulas profissionais destinam-se a actualizar os elementos constantes da inscrição e são assinados pelo respectivo presidente regional.

SUBSECÇÃO II
Suspensão da inscrição

ARTIGO 82.º
Causas de suspensão da inscrição de solicitador

É suspensa a inscrição do solicitador quando:
a) For punido com pena disciplinar de suspensão;
b) For ordenada a suspensão preventiva em processo disciplinar;
c) Não houver pagamento das multas fixadas em processo disciplinar;
d) Desobedecer à notificação que lhe seja feita no decurso da instrução de processo disciplinar e não der cumprimento, no prazo fixado, à decisão no mesmo proferida;
e) Não possuir domicílio profissional ou não comunicar a sua alteração, nos termos da alínea e) do artigo 109.º;
f) Não efectuar os pagamentos das dívidas que tenha para com a Câmara ou para com a Caixa de Previdência dos Advogados e Solicitadores;
g) For judicialmente declarado inabilitado;
h) For requerida pelo próprio, nos termos do artigo 84.º

ARTIGO 83.º
Casos de cessação da suspensão

A suspensão da inscrição cessa quando:
a) Nos termos da alínea a) do artigo anterior, se encontrem cumpridas as penas de suspensão;
b) Nos termos da alínea b) do artigo anterior, o solicitador for absolvido ou condenado em pena que não implique o cancelamento da inscrição;
c) Nos termos das alíneas c) e d) do artigo anterior, for efectuado o pagamento ou cumprida a decisão;
d) Nos termos da alínea e) do artigo anterior, indicar o domicílio profissional;
e) Nos termos da alínea f) do artigo anterior, for cumprido o disposto no artigo 73.º;

f) Nos termos da alínea g) do artigo anterior, for levantada a inabilitação;
g) Nos termos da alínea h) do artigo anterior, forem cumpridas as formalidades previstas nesta subsecção.

ARTIGO 84.º
Suspensão por iniciativa própria

1 – Os solicitadores podem requerer ao presidente regional, em pedido fundamentado, a suspensão da sua inscrição.

2 – Simultaneamente com o pedido de suspensão, é paga a respectiva taxa e são entregues a cédula profissional e os selos profissionais do solicitador.

3 – A suspensão da inscrição só pode ser requerida depois de decorrido um ano de exercício da profissão, não se incluindo neste o tempo de estágio, salvo se se verificar incompatibilidade superveniente.

4 – Não se aplica o prazo previsto no número anterior, quando o requerente prove que, depois de inscrito, passou a estar abrangido por algum dos impedimentos para o exercício da profissão ou alegue outros motivos ponderosos, a serem apreciados pela secção regional deontológica.

5 – O solicitador suspenso, nos termos do presente artigo, tem:
a) O direito de receber as publicações da Câmara e de participar nos cursos, seminários e conferências organizados pela Câmara;
b) O dever de manter o seu endereço actualizado junto dos serviços da Câmara e continuar a pagar uma quotização, correspondente a dois duodécimos da estabelecida para os solicitadores em exercício.

ARTIGO 85.º
Cessação da suspensão por iniciativa própria

1 – A suspensão da inscrição cessa a requerimento do interessado, do qual consta a declaração expressa de que não se encontra em situação de incompatibilidade.

2 – A declaração prevista no número anterior não prejudica a obtenção, por parte da Câmara, de outras informações ou documentos complementares.

3 – O pedido de cessação da suspensão da inscrição por iniciativa própria é dirigido ao presidente regional:
a) Antes do termo dos cinco anos referidos no n.º 1 do artigo 86.º;
b) Nos 30 dias seguintes ao envio da notificação prevista no n.º 2 do artigo 86.º, se posterior.

4 – Com o pedido é paga a respectiva taxa.

ARTIGO 86.º
Cancelamento da inscrição por decurso do prazo de suspensão

1 – A suspensão da inscrição só pode durar cinco anos, prorrogáveis por outros cinco, findos os quais é a inscrição cancelada.

2 – O conselho regional deve informar, por carta registada a enviar para a última residência constante do respectivo processo, com a antecedência de 30 dias, a data em que a inscrição é cancelada.

ARTIGO 87.º
Inibição do exercício da profissão por solicitadores com a inscrição suspensa

A suspensão da inscrição inibe o exercício da profissão e a invocação do título de solicitador.

ARTIGO 88.º
Cancelamento da inscrição

É cancelada a inscrição:
a) Por falecimento ou interdição do solicitador;
b) Quando aplicada a pena de expulsão;
c) Quando requerida pelo interessado;
d) Pelo decurso do prazo máximo de suspensão, previsto no artigo 86.º

ARTIGO 89.º
Nova inscrição

1 – Quem requeira nova inscrição na Câmara fica obrigado a cumprir os requisitos exigíveis para o exercício da actividade à data do novo pedido.

2 – Não estão abrangidos pelo previsto no número anterior aqueles que:
a) Tenham a sua inscrição cancelada há menos de 15 anos;
b) Tenham sido considerados aptos em estágio realizado há menos de 15 anos, embora não tenham inscrição.

3 – Em qualquer dos casos referidos no número anterior, devem os candidatos submeter-se a um exame de avaliação sobre a actualização dos seus conhecimentos jurídicos, éticos e deontológicos, em termos a regulamentar pela assembleia geral.

ARTIGO 90.º
Cassação da cédula profissional

A Câmara providencia para que seja cassada a cédula e os selos profissionais ao solicitador que tenha sido suspenso ou a quem tenha sido cancelada a inscrição, notificando-o para proceder à sua entrega no prazo de 15 dias, sob pena de dar publicidade à suspensão ou ao cancelamento por anúncio nos jornais e junto dos tribunais e dos serviços, em que entenda conveniente, sem prejuízo do procedimento judicial adequado.

SECÇÃO II
Solicitadores estagiários

ARTIGO 91.º
Regime aplicável

1 – As disposições deste Estatuto aplicam-se, com as necessárias adaptações, aos solicitadores estagiários, salvo no que se refere à capacidade eleitoral activa e passiva.

2 – A orientação geral do estágio compete à Câmara, através do conselho geral.

ARTIGO 92.º
Serviços de estágio

1 – São criados nos conselhos regionais centros de estágio, aos quais compete a instrução dos processos de inscrição dos solicitadores estagiários e a sua tramitação.

2 – Por deliberação do conselho geral, ouvidos os conselhos regionais, podem ser criados em círculos judiciais ou comarcas serviços de estágio, sob a direcção dos respectivos conselhos regionais e com a colaboração dos órgãos locais.

3 – Os centros de estágio e os serviços de estágio, designados genericamente por serviços de estágio, são constituídos por solicitadores, podendo ainda ser integrados por outros profissionais designados pelo conselho geral, sob proposta dos conselhos regionais.

ARTIGO 93.º
Inscrição, taxa e cartão

1 – Podem requerer a inscrição no estágio:
a) Os titulares de licenciatura em cursos jurídicos, que não estejam inscritos na Ordem dos Advogados, e os que possuam bacharelato em solicitadoria, ambos

com diploma oficialmente reconhecido em Portugal, sem prejuízo da realização de provas, nos termos do regulamento de inscrição;

b) Os nacionais de outro Estado da União Europeia que sejam titulares das habilitações académicas e profissionais requeridas legalmente para o exercício da profissão no respectivo Estado de origem.

2 – O conselho geral, ouvidos os conselhos regionais, fixa a taxa de inscrição a vigorar em cada estágio.

3 – O estagiário deve fazer-se acompanhar de cartão identificativo dessa qualidade, emitido pelos conselhos regionais, segundo regras e modelo definidos pelo conselho geral.

ARTIGO 94.º
Estágio

1 – A duração do estágio é de 12 a 18 meses.

2 – O estágio inicia-se uma vez por ano, em data a fixar pelo conselho geral e segundo as disposições do Estatuto e de regulamento a aprovar pelo conselho geral.

3 – Os requerimentos para a inscrição e os documentos que o acompanham são apresentados pelos candidatos até 30 dias antes da data do início de cada estágio.

ARTIGO 95.º
Período de estágio

1 – O estágio divide-se em dois períodos distintos, o primeiro com a duração mínima de 6 meses e o segundo com a duração máxima de 12 meses.

2 – O primeiro período de estágio destina-se a um aprofundamento técnico dos estudos ministrados nas escolas e ao relacionamento com as matérias directamente ligadas à prática da solicitadoria.

3 – O segundo período de estágio destina-se a integrar o solicitador estagiário no normal funcionamento de um escritório, dos tribunais e de outros serviços relacionados com a administração da justiça e com o exercício efectivo dos conhecimentos previamente adquiridos.

4 – O estágio tem por fim proporcionar ao solicitador estagiário o conhecimento dos actos e termos mais usuais da prática forense e dos direitos e deveres dos solicitadores.

5 – O conselho geral poderá isentar da frequência obrigatória dos cursos previstos para o primeiro período de estágio e reduzir os períodos de duração de estágio a um mínimo de seis meses, relativamente aos candidatos que frequentem cursos superiores que, através de protocolo, garantam formação nas áreas específicas da competência dos solicitadores e o desenvolvimento da sua prática profissional.

ARTIGO 96.º
Primeiro período de estágio

1 – Os serviços de estágio promovem, durante o primeiro período de estágio, a organização de cursos técnicos relacionados com as matérias directamente ligadas ao exercício da solicitadoria, podendo recorrer à participação de representantes de outras profissões e à colaboração de entidades ligadas à formação jurídica, designadamente centros de formação de magistrados e advogados.

2 – A comparência do solicitador estagiário nos cursos referidos no número anterior é obrigatória.

3 – Por decisão do conselho geral, ouvidos os conselhos regionais, pode ser exigida aos solicitadores estagiários a elaboração de trabalhos e relatórios sobre os temas desenvolvidos no primeiro período de estágio, de cuja apreciação pelos serviços de estágio, homologada pelo respectivo conselho regional, pode depender o acesso ou a continuidade no segundo período de estágio.

ARTIGO 97.º
Segundo período de estágio

1 – No segundo período de estágio devem os solicitadores estagiários:
 a) Desenvolver a sua formação, sob a direcção de um patrono com, pelo menos, cinco anos de exercício da profissão, livremente escolhido pelo estagiário ou, a pedido deste, nomeado pelo respectivo conselho regional;
 b) Enviar mensalmente ao centro de estágio competente um trabalho de natureza profissional;
 c) Comprovar a assistência a um mínimo de 10 julgamentos distribuídos pela área cível, penal e laboral, que podem ser utilizados para a elaboração dos relatórios referidos na alínea anterior;
 d) Apresentar, pelos menos, um trabalho sobre deontologia profissional.

2 – No segundo período de estágio, o candidato pode exercer todas as funções permitidas por lei às pessoas referidas no n.º 4 do artigo 161.º do Código de Processo Civil, promover citações sob a orientação do seu patrono, efectuar serviços de apoio ao escritório e acompanhar o patrono em todas as diligências nos tribunais ou repartições.

3 – O patrono nomeado nos termos da alínea a) do n.º 1 pode pedir escusa, desde que fundamentada.

4 – O pedido de escusa deve ser apresentado no prazo de cinco dias a contar da data em que lhe for comunicada a designação e é apreciado pelo respectivo conselho regional.

5 – É fundamento de escusa a circunstância de o patrono indicado ter três ou mais estagiários.

6 – Os conselhos regionais podem limitar o número máximo de estagiários por patrono.

ARTIGO 98.º
Inscrição como solicitador

1 – A inscrição como solicitador depende:
a) Da boa informação no estágio, prestada pelo patrono e pelos centros de estágio;
b) Da aprovação em exame de carácter nacional, elaborado nos termos de regulamento a aprovar pelo conselho geral.

2 – Através do regulamento de estágio podem ser dispensados da frequência do estágio e ou do exame referido na alínea anterior profissionais jurídicos de reconhecido mérito que já tenham prestado provas públicas no exercício de outras funções.

CAPÍTULO V
Do exercício da solicitadoria

ARTIGO 99.º
Exclusividade do exercício da solicitadoria

1 – Além dos advogados, apenas os solicitadores com inscrição em vigor na Câmara podem, em todo o território nacional e perante qualquer jurisdição, instância, autoridade ou entidade pública ou privada, praticar actos próprios da profissão, designadamente exercer o mandato judicial, nos termos da lei, em regime de profissão liberal remunerada.

2 – Só pode usar o título de solicitador quem estiver inscrito na Câmara.

3 – A actividade de solicitador de execução só pode ser exercida nos termos deste Estatuto e da lei.

ARTIGO 100.º
Direitos dos solicitadores

1 – Os solicitadores podem, no exercício da sua profissão, requerer, por escrito ou oralmente, em qualquer tribunal ou serviço público, o exame de processos, livros

ou documentos que não tenham carácter reservado ou secreto, bem como a passagem de certidões, sem necessidade de exibir procuração.

2 – A recusa do exame ou da certidão a que se refere o número anterior deve ser justificada imediatamente e por escrito.

3 – Os solicitadores têm direito de comunicar, pessoal e reservadamente, com os seus constituintes, mesmo quando estes se encontrem detidos ou presos.

4 – Os solicitadores, no exercício da profissão, têm preferência no atendimento e direito de ingresso nas secretarias judiciais e outros serviços públicos, nos termos da lei.

ARTIGO 101.º
Das garantias em geral

1 – Os magistrados, órgãos de polícia criminal e funcionários públicos devem assegurar aos solicitadores, quando no exercício da profissão, tratamento compatível com a dignidade da solicitadoria e condições adequadas ao cabal desempenho do mandato.

2 – Nas audiências de julgamento, os solicitadores dispõem de bancada.

ARTIGO 102.º
Sociedade de solicitadores

1 – Os solicitadores podem constituir ou participar em sociedades com o objecto exclusivo do exercício da solicitadoria.

2 – Enquanto não for objecto de diploma próprio, à constituição de sociedades de solicitadores é aplicável, com as necessárias adaptações, o disposto para as sociedades de advogados.

3 – Compete ao conselho geral regulamentar o registo das sociedades de solicitadores.

ARTIGO 103.º
Contrato de trabalho

O contrato de trabalho celebrado com o solicitador não pode afectar os seus deveres deontológicos e a sua isenção e autonomia técnica perante o empregador.

ARTIGO 104.º
Usurpação de funções

1 – Quem, sem estar inscrito na Câmara ou na Ordem dos Advogados, exercer funções ou praticar actos próprios da profissão de solicitador, com ou sem escritório, a título remunerado ou gratuito, ou se arrogar por qualquer forma dessa profissão incorre na pena estabelecida no artigo 358.º do Código Penal.

2 – A pena referida no número anterior é igualmente aplicável àqueles que dirijam escritórios de procuradoria ou de consulta jurídica, aos titulares dos escritórios, aos solicitadores que neles trabalham e aos que conscientemente facultem os respectivos locais.

3 – O disposto nos números anteriores não prejudica a existência de serviços de contencioso e de consulta jurídica de associações patronais ou sindicais ou de outras associações sem fim lucrativo e de interesse público, destinados à defesa, em juízo ou fora dele, dos interesses dos seus associados.

ARTIGO 105.º
Apreensão de documentos e buscas em escritório de solicitador

1 – A busca e apreensão em escritório de solicitador ou em qualquer outro local onde este faça arquivo é, sob pena de nulidade, presidida por um juiz, que avisa previamente o solicitador em causa e o presidente regional competente para que o mesmo, ou um seu delegado, possa estar presente.

2 – Não é permitida a apreensão de documentos abrangidos pelo segredo profissional, salvo se estes constituírem objecto ou elemento dos factos relacionados com a notificação judicial ou a investigação criminal.

CAPÍTULO VI
Direitos e deveres dos solicitadores

ARTIGO 106.º
Direitos perante a Câmara

Os solicitadores têm direito a:
  a) Requerer a intervenção dos órgãos da Câmara na defesa dos seus direitos e interesses profissionais;
  b) Requerer a convocação das assembleias nos termos do presente Estatuto e nelas intervir;

c) Candidatar-se a quaisquer cargos nos órgãos da Câmara ou dos colégios de especialidade, ser eleitos como delegados e ser nomeados para comissões;

d) Apresentar propostas e formular consultas nas conferências de estudo e debate sobre quaisquer assuntos que interessem ao exercício da solicitadoria;

e) Examinar, no momento devido, as contas e livros de escrituração da Câmara;

f) Reclamar, perante o conselho geral ou os conselhos regionais respectivos e ainda junto das suas delegações, de actos lesivos dos seus direitos.

ARTIGO 107.º
Trajo profissional

Os solicitadores têm direito ao uso de trajo profissional.

ARTIGO 108.º
Medalha de mérito profissional

São galardoados com a medalha de mérito profissional os solicitadores que se distingam por uma conduta exemplar.

ARTIGO 109.º
Deveres dos solicitadores

Sem prejuízo dos demais deveres consignados neste Estatuto, na lei, usos e costumes, aos solicitadores cumpre:

a) Não solicitar contra lei expressa, não usar meios ou expedientes ilegais, nem promover diligências inúteis ou prejudiciais para a correcta aplicação do direito e descoberta da verdade;

b) Declarar no acto de inscrição, para efeito de verificação de incompatibilidade, qualquer cargo ou actividade profissional que exerça;

c) Requerer a suspensão da inscrição na Câmara quando ocorrer incompatibilidade superveniente;

d) Pagar as quantias devidas a título de inscrições, quotas, assinatura da revista, multas e taxas;

e) Ter domicílio profissional e comunicar ao respectivo conselho regional a sua alteração, no prazo de 15 dias;

f) Manter os seus funcionários registados na Câmara, nos termos do regulamento aprovado em assembleia geral;

g) Recusar mandato ou nomeação oficiosa para causa que seja conexa com outra em que representem ou tenham representado a parte contrária;

h) Actuar com zelo e diligência relativamente a todas as questões que lhe sejam confiadas e proceder com urbanidade para com os colegas, magistrados, advogados e funcionários;

i) Prestar as informações que lhe sejam pedidas pela parte, relativas ao estado das diligências que lhe foram cometidas, e comunicar-lhe prontamente a sua realização ou a respectiva frustração, com indicação das suas causas;

j) Aplicar devidamente as quantias e coisas que lhe sejam confiadas;

l) Diligenciar no sentido do pagamento dos honorários e demais quantias devidas aos colegas ou aos advogados que os antecederam no mandato que lhes venha a ser confiado;

m) Não contactar ou manter relações com a parte contrária ou contra-interessados, quando representados por solicitador ou advogado, salvo se por eles for previamente autorizado;

n) Não desenvolver publicidade fora dos limites previstos por regulamento aprovado em assembleia geral;

o) Não solicitar nem angariar clientes por si ou por interposta pessoa;

p) Usar o trajo profissional quando pleiteiem oralmente.

ARTIGO 110.º
Segredo profissional

1 – O solicitador é obrigado a segredo profissional no que respeita:

a) A factos referentes a assuntos profissionais que lhe tenham sido revelados pelo cliente, por sua ordem ou comissão, ou conhecidos no exercício da profissão;

b) A factos que, por virtude de cargo desempenhado na Câmara, qualquer colega ou advogado, obrigado, quanto aos mesmos factos, a segredo profissional, lhe tenha comunicado;

c) A factos comunicados por co-autor, co-réu, co-interessado do cliente, pelo respectivo representante ou mandatário;

d) A factos de que a parte contrária do cliente ou o respectivo representante ou mandatário lhe tenha dado conhecimento durante negociações com vista a acordo.

2 – A obrigação do segredo profissional existe, independentemente de o serviço solicitado ou cometido envolver representação judicial ou extrajudicial e de dever ser remunerado, bem como de o solicitador ter aceite, desempenhado a representação ou prestado o serviço.

3 – Cessa a obrigação do segredo profissional em tudo quanto seja absolutamente necessário à defesa da dignidade, direitos e interesses legítimos do solicita-

dor, do cliente ou seus representantes, mediante prévia autorização do presidente do conselho regional.

4 – No caso de a dispensa ser requerida por membro actual ou antigo de órgão nacional ou regional ou por membro dos órgãos de colégio de especialidade, a decisão compete ao presidente da Câmara.

5 – Da decisão referida nos n.ºˢ 3 e 4 pode ser interposto recurso, respectivamente, para o presidente da Câmara e para o conselho superior.

6 – Não fazem prova em juízo as declarações feitas com violação do segredo profissional.

ARTIGO 111.º
Honorários

1 – Na fixação de honorários deve o solicitador proceder com moderação, atendendo ao tempo gasto, à dificuldade do assunto, à importância do serviço prestado, às posses dos interessados, aos resultados obtidos, ao esforço, à urgência do serviço, aos valores em causa, à praxe do foro e ao estilo da comarca.

2 – O solicitador pode exigir, a título de provisão, quantias por conta de honorários e despesas, podendo renunciar ao mandato se a exigência não for satisfeita.

3 – Sem prejuízo da possibilidade de ajuste prévio de honorários, não pode o solicitador exigir a título de honorários uma parte do objecto da dívida ou de outra pretensão ou estabelecer que o direito a honorários fique dependente do resultado da demanda ou negócio.

4 – O solicitador goza do direito de retenção de valores e objectos em seu poder até integral pagamento dos honorários e despesas a que tenha direito.

5 – Não se aplica o disposto no número anterior quando:
  a) Estejam em causa coisas necessárias para a prova do direito do cliente;
  b) A retenção possa causar prejuízos graves;
  c) Seja prestada caução arbitrada pelo conselho regional.

6 – Sempre que lhe seja solicitado, pode o conselho geral, ouvidos os conselhos regionais, fixar tabelas de honorários de referência para certos actos ou tipos de serviço, a aplicar em uma ou mais comarcas.

7 – É proibido ao solicitador repartir honorários, salvo com solicitadores ou advogados que tenham prestado colaboração.

ARTIGO 112.º
Conta-clientes

1 – As quantias detidas por solicitador por conta dos seus clientes ou de terceiros, que lhe sejam confiadas ou destinadas a despesas, devem ser depositadas em

conta ou contas abertas em instituição de crédito em nome do solicitador e identificadas como conta-clientes.

2 – O solicitador deve manter um registo rigoroso dos movimentos efectuados na conta-clientes relativamente a cada cliente, o qual é disponibilizado ao cliente respectivo sempre que solicitado e é diferenciado dos efectuados com as quantias detidas pelo solicitador a outro título.

3 – Só não existe a obrigação de depósito na conta-clientes das quantias em relação às quais o respectivo cliente tenha autorizado afectação diferente e nas de montante até 5 unidades de conta.

4 – Presume-se para todos os efeitos legais que as quantias depositadas em conta-clientes não constituem património próprio do solicitador.

5 – No âmbito de processo disciplinar, o solicitador pode ser notificado para apresentar o registo das contas-clientes.

6 – No caso de o solicitador falecer ou ficar impedido de exercer a profissão por um período que se preveja superior a 90 dias, os herdeiros ou seus representantes legais designam solicitador que assuma a liquidação das respectivas contas-clientes e proceda aos correspondentes pagamentos, devendo requerer a intervenção do conselho regional sempre que lhes surjam fundadas dúvidas sobre os proprietários.

7 – Sendo o solicitador impedido de exercer a profissão por decisão disciplinar, o respectivo conselho regional designa oficiosamente solicitador que assuma a liquidação das respectivas contas-clientes e proceda aos correspondentes pagamentos, devendo requerer a intervenção do conselho regional sempre que lhe surjam fundadas dúvidas sobre os proprietários.

8 – O solicitador designado nos termos dos n.ᵒˢ 6 e 7 recebe toda a colaboração das instituições de crédito e do solicitador impedido ou dos seus legais representantes, sendo-lhe entregues os registos das contas-clientes a liquidar.

9 – O solicitador não pode utilizar as quantias que lhe foram entregues pelos clientes ou terceiros para um fim específico, nomeadamente para se pagar dos seus honorários, salvo se tiver instruções nesse sentido.

10 – As disposições anteriores aplicam-se, com as necessárias adaptações, às contas-clientes abertas em nome de sociedades de solicitadores.

11 – O conselho geral regulamenta as contas-clientes.

ARTIGO 113.º
Segurança social

A segurança social dos solicitadores é assegurada pela Caixa de Previdência dos Advogados e dos Solicitadores, nos termos das disposições legais e regulamentares aplicáveis.

CAPÍTULO VII
Incompatibilidades e impedimentos

ARTIGO 114.º
Incompatibilidades

1 – O exercício da solicitadoria é incompatível com as seguintes funções:
a) Titular ou membro de órgão de soberania, com excepção da Assembleia da República, assessor, membro e funcionário ou agente contratado do órgão ou respectivos gabinetes;
b) Titular ou membro do Governo Regional e assessor, funcionário ou agente contratado dos respectivos gabinetes;
c) Provedor de justiça, adjunto, assessor, funcionário ou agente contratado do serviço;
d) Magistrado judicial ou do Ministério Público, efectivo ou substituto, e funcionário de qualquer tribunal;
e) Juiz de paz e mediador nos julgados de paz;
f) Assessor dos tribunais judiciais;
g) Administrador dos tribunais;
h) Presidente e vereador das câmaras municipais, quando desempenhem funções em regime de permanência;
i) Conservador dos registos ou notário e funcionário ou agente dos respectivos serviços;
j) Governador civil, vice-governador civil, chefe de gabinete, adjunto, assessor e funcionário dos governos civis;
l) Funcionário de quaisquer serviços públicos de natureza central, regional ou local, ainda que personalizados, com excepção dos docentes de qualquer disciplina e em qualquer estabelecimento de ensino;
m) Membro das Forças Armadas ou militarizadas no activo;
n) Gestor público, nos termos do respectivo Estatuto;
o) Funcionário ou agente da segurança social e das casas do povo;
p) Advogado;
q) Mediador e leiloeiro;
r) Quaisquer outras funções e actividades que por lei sejam consideradas incompatíveis com o exercício da solicitadoria.

2 – As incompatibilidades referidas no número anterior verificam-se qualquer que seja o título de designação, natureza e espécie de provimento e modo de remuneração e, em geral, qualquer que seja o regime jurídico das referidas funções.

3 – As incompatibilidades não se aplicam:
a) Aos que estejam na situação de aposentados, de inactividade, de licença sem vencimento de longa duração ou de reserva;

b) Aos funcionários e agentes administrativos providos em cargo de solicitador, expressamente previstos nos quadros orgânicos do correspondente serviço e aos contratados para o mesmo efeito.

4 – Para efeitos de candidatura ou concurso público, a Câmara deve emitir certidão comprovativa de que o candidato reúne as condições para ser inscrito, tendo este no entanto que requerer a inscrição na Câmara no prazo de 10 dias após a nomeação.

ARTIGO 115.º
Impedimentos

1 – Estão impedidos de exercer o mandato judicial:

a) Os deputados à Assembleia da República, como autores nas acções cíveis contra o Estado;

b) Os deputados às Assembleias Regionais, como autores nas acções cíveis contra as Regiões Autónomas;

c) Os vereadores, nas acções em que sejam partes os respectivos municípios;

d) Os funcionários ou agentes administrativos, na situação de aposentados, de inactividade, de licença ilimitada ou de reserva, em quaisquer assuntos em que estejam em causa os serviços públicos ou administrativos a que estiveram ligados, durante um período de três anos a contar da data em que tenham passado a estar numa daquelas referidas situações.

2 – O solicitador que foi solicitador de execução está impedido de exercer mandato judicial, em representação do exequente ou do executado durante três anos contados a partir da extinção do processo de execução no qual tenha assumido as funções de agente de execução.

CAPÍTULO VIII
Solicitador de execução

SECÇÃO I
Definição e inscrição

ARTIGO 116.º
Definição

O solicitador de execução é o solicitador que, sob fiscalização da Câmara e na dependência funcional do juiz da causa, exerce as competências específicas de agente de execução e as demais funções que lhe forem atribuídas por lei.

ARTIGO 117.º
Requisitos de inscrição

1 – Só pode exercer as funções de solicitador de execução o solicitador que:
a) Tenha três anos de exercício da profissão de solicitador, nos últimos cinco anos;
b) Não esteja abrangido por qualquer das restrições previstas no artigo 78.º;
c) Não tenha sido condenado em pena disciplinar superior a multa, enquanto solicitador;
d) Tenha sido aprovado nos exames finais do curso de formação de solicitador de execução, realizado há menos de cinco anos;
e) Tendo sido solicitador de execução, requeira dentro dos cinco anos posteriores à cessação da inscrição anterior, a sua reinscrição instruída com parecer favorável da secção regional deontológica, tendo em conta o relatório referido no n.º 5 do artigo 129.º;
f) Tenha as estruturas e os meios informáticos mínimos, definidos por regulamento aprovado pela assembleia geral.

2 – Na contagem do prazo previsto na alínea a) do número anterior não se inclui o tempo de estágio.

3 – No caso da alínea c) do n.º 1 pode o solicitador requerer a sua reabilitação.

ARTIGO 118.º
Curso do solicitador de execução

1 – O conselho geral organiza um curso de formação destinado aos solicitadores que pretendam inscrever-se no colégio de especialidade e que estejam ou possam vir a estar em condições de se inscreverem como solicitador de execução.

2 – O curso é organizado nos termos de regulamento e implica exames finais de aprovação perante júri pluridisciplinar.

ARTIGO 119.º
Inscrição definitiva e início de funções

1 – Verificado o cumprimento dos requisitos de inscrição, o respectivo conselho regional remete cópia do processo ao colégio da especialidade e ao conselho geral.

2 – O solicitador de execução só pode iniciar funções após a prestação de juramento solene em que, perante o presidentes do tribunal da relação e o presidente regional da Câmara, assume o compromisso de cumprir as funções de solicitador de execução nos termos da lei e deste Estatuto.

SECÇÃO II
Incompatibilidades e impedimentos

ARTIGO 120.º
Incompatibilidades

1 – É incompatível com o exercício das funções de solicitador de execução:
a) O exercício do mandato judicial no processo executivo;
b) O exercício das funções próprias de solicitador de execução por conta da entidade empregadora, no âmbito de contrato de trabalho;
c) O desenvolvimento no seu escritório de outra actividade para além das de solicitadoria.

2 – As incompatibilidades a que está sujeito o solicitador de execução estendem-se aos respectivos sócios e àqueles com quem o solicitador partilhe escritório.

3 – São ainda aplicáveis subsidiariamente aos solicitadores de execução as incompatibilidades gerais inerentes à profissão de solicitador.

ARTIGO 121.º
Impedimentos e suspeições do solicitador de execução

1 – É aplicável ao solicitador de execução, com as necessárias adaptações, o regime estabelecido no Código de Processo Civil acerca dos impedimentos e suspeições dos funcionários da secretaria.

2 – Constituem ainda impedimentos do solicitador de execução:
a) O exercício das funções de agente de execução quando haja participado na obtenção do título que serve de base à execução;
b) A representação judicial de alguma das partes, ocorrida nos últimos dois anos.

3 – Os impedimentos a que está sujeito o solicitador de execução estendem-se aos respectivos sócios e àqueles com quem o solicitador partilhe escritório.

4 – São ainda subsidiariamente aplicáveis aos solicitadores de execução os impedimentos gerais inerentes à profissão de solicitador.

ARTIGO 122.º
Pedido de escusa

1 – Os solicitadores de execução podem requerer à secção regional deontológica, em casos excepcionais e devidamente fundamentados, a suspensão de aceitar novos processos.

2 – Se a pretensão referida no número anterior for deferida, tal facto é imediatamente mencionado na lista a que se refere o n.º 3 do artigo 76.º

3 – O solicitador de execução que haja aceite a designação feita pela parte ou tenha sido nomeado pela secretaria, nos termos do artigo 811.º-A do Código de Processo Civil, só pode pedir escusa do exercício das suas funções:

a) Quando for membro de órgão nacional, regional, dos colégios de especialidade ou da direcção da Caixa de Previdência de Advogados e Solicitadores;

b) Se ocorrer motivo de impedimento ou suspeição.

4 – A invocação do impedimento e o pedido de escusa são feitos, no prazo máximo de 2 dias sobre o conhecimento do respectivo facto, perante a secção regional deontológica, com conhecimento à secretaria de execução, devendo ser apreciadas no prazo máximo de 10 dias.

5 – Se o motivo não for considerado justificado, o solicitador de execução tem de continuar a exercer as suas funções, sob pena de ser instaurado processo disciplinar.

ARTIGO 123.º
Deveres do solicitador de execução

Para além dos deveres a que estão sujeitos os solicitadores e sem prejuízo do disposto nos artigos seguintes, são deveres do solicitador de execução:

a) Praticar diligentemente os actos processuais de que seja incumbido, com observância escrupulosa dos prazos legais ou judicialmente fixados e dos deveres deontológicos que sobre si impendem;

b) Submeter a decisão do juiz os actos que dependam de despacho ou autorização judicial e cumpri-los nos precisos termos fixados;

c) Prestar ao tribunal os esclarecimentos que lhe forem solicitados sobre o andamento das diligências de que seja incumbido;

d) Prestar contas da actividade realizada, entregando prontamente as quantias, objectos ou documentos de que seja detentor por causa da sua actuação como solicitador de execução;

e) Conservar durante 10 anos todos os documentos relativos às execuções ou outros actos por si praticados no âmbito da sua função;

f) Ter contabilidade organizada de acordo com o modelo a aprovar pelo conselho geral;

g) Não exercer nem permitir o exercício de actividades não forenses no seu escritório;

h) Apresentar a cédula ou cartão profissional no exercício da sua actividade;

i) Utilizar o selo branco, as insígnias e os selos de autenticação de assinatura reconhecidos e regulamentados pela Câmara;

j) Ter um endereço electrónico nos termos regulamentados pela Câmara;

l) Contratar e manter seguro de responsabilidade civil profissional de montante não inferior a € 100000.

ARTIGO 124.º
Contas-clientes do solicitador de execução

1 – Os solicitadores de execução estão sujeitos às disposições sobre conta-clientes previstas neste Estatuto, acrescidas das especificidades constantes dos números seguintes.

2 – O solicitador deve ter em instituição de crédito conta à sua ordem, com menção da circunstância de se tratar de conta-clientes de solicitador de execução.

3 – Todas as quantias recebidas no âmbito de processos de execução, não destinadas ao pagamento de tarifas liquidadas, têm de ser depositadas numa conta-clientes de solicitador de execução.

4 – O registo de conta-clientes de solicitador de execução observa normas e procedimentos definidos em regulamento aprovado pelo conselho geral, que pode determinar um modelo em suporte informático e a obrigação de serem apresentados relatórios periódicos.

5 – Os juros creditados pelas instituições de crédito resultantes das quantias depositadas na conta-clientes de solicitador de execução são entregues proporcionalmente aos terceiros que a eles tenham direito.

6 – Os suportes documentais e informáticos das contas-clientes são obrigatoriamente disponibilizados, pela instituição de crédito e pelos solicitadores, à comissão de fiscalização do solicitador de execução prevista na presente secção, bem como ao instrutor de processo disciplinar.

7 – O solicitador de execução deve manter contas-clientes diferenciadas para serviços que não decorram da sua qualidade de agente de execução.

ARTIGO 125.º
Falta de provisão ou irregularidade na conta-clientes

1 – É imediatamente instaurado processo disciplinar no caso de se verificar falta de provisão em qualquer conta-clientes ou se houver indícios de irregularidade na respectiva movimentação.

2 – No caso previsto no número anterior, se a irregularidade não for corrigida ou sanada nas quarenta e oito horas a contar da data em que o solicitador de execução se considerar notificado, a secção regional deontológica determina as medidas cautelares que considere necessárias, podendo ordenar a sua suspensão preventiva, designando outro solicitador de execução que assuma a responsabilidade dos processos em curso e a gestão das respectivas contas-clientes.

3 – A notificação prevista no número anterior é efectuada pessoalmente ou por via postal, remetida sob registo para o domicílio profissional do solicitador de execução.

ARTIGO 126.º
Tarifas

1 – O solicitador de execução é obrigado a aplicar na remuneração dos seus serviços as tarifas aprovadas por portaria do Ministro da Justiça, ouvida a Câmara, a qual é objecto de revisão trienal.

2 – As tarifas previstas no número anterior podem compreender uma parte fixa, estabelecida para cada tipo de actividade processual e dependente do valor da causa, e uma parte variável, dependente da consumação do efeito ou resultado pretendido com a actuação do solicitador de execução.

3 – O solicitador de execução deve ter afixadas no seu escritório as tarifas aplicáveis nos processos de execução e, sempre que solicitado, fornecer aos interessados uma previsão dos custos.

As remunerações devidas ao solicitador de execução são as fixadas pela Portaria n.º 708/2003, de 4 de Agosto.

ARTIGO 127.º
Caixa de compensações

1 – As receitas da caixa de compensações são constituídas por uma permilagem dos valores recebidos por actos tarifados no âmbito das funções de solicitador de execução.

2 – A caixa destina-se a compensar as deslocações efectuadas por solicitador de execução, dentro da própria comarca ou para qualquer lugar, nos casos de designação oficiosa, quando os seus custos excedam o valor definido na portaria referida no artigo anterior.

3 – O saldo remanescente da caixa de compensações é utilizado nas acções de formação dos solicitadores de execução ou candidatos a esta especialidade e no pagamento dos serviços de fiscalização.

4 – A permilagem referida no n.º 1, a forma de cobrança e os valores de compensação a receber são definidos em portaria do Ministro da Justiça, depois de ouvida a Câmara.

5 – A caixa de compensações é gerida por uma comissão dirigida pelo presidente da Câmara, composta por dois membros indicados pelo conselho de especia-

lidade dos solicitadores de execução e por um representante de cada um dos conselhos regionais.

ARTIGO 128.º
Delegação

1 – O solicitador de execução pode delegar a execução de determinados actos noutro solicitador de execução, mantendo-se a responsabilidade a título solidário e comunicando prontamente tal facto à parte que o designou e ao tribunal.

2 – A delegação prevista no número anterior não pode exceder o prazo máximo de 60 dias, excepto se existir autorização expressa e devidamente fundamentada da secção regional deontológica, nomeadamente por se verificar incapacidade temporária do solicitador.

ARTIGO 129.º
Substituição do solicitador de execução

1 – No caso de morte ou incapacidade definitiva do solicitador de execução, bem como se este requerer a cessação das funções na especialidade, for suspenso por período superior a 10 dias ou expulso, o conselho regional indica o solicitador ou os solicitadores de execução que assumem a responsabilidade dos processos pendentes, quando o exequente não designar outro nos termos da lei de processo.

2 – Nos casos referidos no número anterior, o conselho regional decide num prazo de 10 dias.

3 – Ao solicitador de execução substituto é obrigatoriamente entregue:

a) O arquivo dos processos de execução pendentes;

b) Os registos e suportes informáticos de contabilidade, das contas-clientes do solicitador de execução e do processo;

c) Os bens móveis de que o substituído era fiel depositário, na qualidade de solicitador de execução.

4 – São oficiosamente transferidos para o solicitador de execução substituto, mediante a apresentação de certidão emitida pelo competente conselho regional:

a) Os saldos das contas-clientes de solicitador de execução;

b) A qualidade de fiel depositário em processo pendente.

5 – O solicitador substituto deve apresentar à secção regional deontológica um relatório sobre a situação dos processos, com os respectivos acertos de contas.

6 – A secção regional deontológica instaura processo disciplinar sempre que o relatório referido no número anterior indicie a existência de irregularidades.

ARTIGO 130.º
Destituição judicial do solicitador de execução

1 – A decisão judicial que determine a destituição do solicitador de execução num processo é imediatamente comunicada à secção regional deontológica, implicando obrigatoriamente a instauração de processo disciplinar, e admite recurso, a interpor pelo solicitador, em um grau, a subir imediatamente, em separado e com efeito meramente devolutivo.

2 – Aplica-se ao caso de destituição judicial o preceituado no artigo anterior.

ARTIGO 131.º
Fiscalização

1 – Os solicitadores de execução são fiscalizados, pelo menos bienalmente, por uma comissão composta por um máximo de três solicitadores de execução, designados pela secção regional deontológica, a quem apresentam um relatório no prazo de 15 dias após o termo da inspecção.

2 – A comissão referida no número anterior pode ser assessorada por profissionais especializados, sendo compensadas as despesas e perda de rendimentos profissionais, nos termos de regulamento a aprovar pelo conselho geral.

3 – A secção regional deontológica pode determinar nova inspecção por outra comissão, sempre que o considere necessário.

4 – O funcionamento da comissão é objecto de regulamento do conselho geral.

CAPÍTULO IX
Acção disciplinar

SECÇÃO I
Disposições gerais

ARTIGO 132.º
Responsabilidade disciplinar

1 – Os solicitadores estão sujeitos ao poder disciplinar exclusivo dos órgãos da Câmara, nos termos previstos no presente Estatuto e nos respectivos regulamentos.

2 – Durante o tempo de suspensão da inscrição, o solicitador continua sujeito ao poder disciplinar da Câmara.

3 – O cancelamento da inscrição não faz cessar a responsabilidade disciplinar por infracções anteriormente praticadas.

ARTIGO 133.º
Infracções disciplinares

1 – Constitui infracção disciplinar a violação, por acção ou omissão, dos deveres consagrados no presente Estatuto, nas demais disposições legais aplicáveis e nos regulamentos internos.

2 – Sem prejuízo do disposto na lei ou regulamentação da Câmara, as situações previstas no número anterior são puníveis por negligência.

ARTIGO 134.º
Infracções disciplinares do solicitador de execução

1 – É aplicável ao solicitador de execução, com as necessárias adaptações, o regime a que estão sujeitos os solicitadores, no que diz respeito a deveres e a responsabilidade disciplinar.

2 – Constituem ainda infracção disciplinar do solicitador de execução:
a) A recusa, sem fundamento, do exercício das suas funções;
b) Não conservar durante o período estipulado na alínea e) do artigo 123.º todos os documentos relativos às execuções ou outros actos por si praticados;
c) Impedir ou por qualquer forma obstruir a fiscalização;
d) Não entregar prontamente as quantias, objectos ou documentos de que seja detentor, em consequência da sua actuação enquanto solicitador de execução;
e) Não ter contabilidade organizada, nem manter as contas-clientes segundo o modelo e regras aprovadas pela Câmara;
f) Praticar actos próprios da sua qualidade de solicitador de execução, sem que para tal tenha sido designado, exceder o âmbito da sua competência ou usar meios ou expedientes ilegais ou desproporcionados no exercício das suas funções;
g) Prejudicar voluntariamente o exequente ou o executado;
h) Não prestar atempadamente as informações ou esclarecimentos que lhe sejam pedidos pela parte que o designou ou solicitados pelo tribunal ou não cumprir ou executar as decisões do juiz;
i) Não entregar ao cliente, à Câmara ou ao Estado as quantias a estes devidos decorrentes da sua intervenção nos processos executivos;
j) Contratar ou manter funcionários ou colaboradores sem cumprir o regulamento específico aprovado pela assembleia geral.

3 – A pena a que se refere a alínea c) do n.º 1 do artigo 142.º corresponde a pena disciplinar de exclusão da lista de solicitadores de execução, definitivamente

ou por um período determinado, a qual será aplicada cumulativamente com qualquer das penas previstas nas alíneas d) a h) do mesmo preceito legal.

ARTIGO 135.º
Prescrição do procedimento disciplinar

1 – O procedimento disciplinar prescreve no prazo de três anos sobre o conhecimento, por órgão da Câmara, da prática da infracção.

2 – As infracções disciplinares que constituam simultaneamente ilícito penal prescrevem no mesmo prazo que o processo criminal, quando este for superior.

3 – O prazo de prescrição do processo disciplinar suspende-se durante o tempo em que:

a) O processo disciplinar estiver suspenso, a aguardar despacho de acusação ou de pronúncia em processo penal;

b) O processo disciplinar estiver pendente, a partir da notificação da acusação;

c) A decisão do processo não puder ser notificada ao arguido, por motivo que lhe seja imputável.

ARTIGO 136.º
Desistência do procedimento disciplinar

A desistência do procedimento disciplinar pelo interessado extingue a responsabilidade disciplinar, salvo se a infracção imputada afectar a dignidade do solicitador visado ou o prestígio da Câmara ou da profissão.

ARTIGO 137.º
Participação pelos tribunais e outras entidades

1 – Os tribunais e quaisquer autoridades devem dar conhecimento à Câmara da prática, por solicitadores, de factos susceptíveis de constituírem infracção disciplinar.

2 – Sem prejuízo do disposto na lei de processo penal acerca do segredo de justiça, o Ministério Público e os órgãos de polícia criminal remetem à Câmara certidão das denúncias, participações ou queixas apresentadas contra solicitadores.

ARTIGO 138.º
Legitimidade procedimental

As pessoas com interesse directo, pessoal e legítimo relativamente aos factos participados podem intervir no processo, requerendo e alegando o que tiverem por conveniente.

ARTIGO 139.º
Instauração do processo disciplinar

1 – Qualquer órgão da Câmara e dos colégios de especialidade, oficiosamente ou tendo por base queixa, denúncia ou participação apresentada por pessoa devidamente identificada, contendo factos susceptíveis de integrarem infracção disciplinar, comunica os factos ao órgão competente para a instauração de processo disciplinar.
2 – O presidente da Câmara e o conselho superior podem, independentemente de participação, ordenar a instauração de processo disciplinar.
3 – Quando se conclua que a participação é infundada, dá-se dela conhecimento ao solicitador visado e são-lhe passadas as certidões que o mesmo entenda necessárias para a tutela dos seus direitos e interesses legítimos.

ARTIGO 140.º
Natureza secreta do processo disciplinar

1 – O processo é de natureza secreta até ao despacho de acusação.
2 – O instrutor pode, contudo, autorizar a consulta do processo pelo participante ou pelo participado, quando não haja inconveniente para a instrução.
3 – O instrutor pode, no interesse da instrução do processo, dar a conhecer ao participante ou ao participado elementos do processo para que estes se pronunciem.
4 – O participado ou interessado, quando solicitador, que não respeite a natureza secreta do processo incorre em responsabilidade disciplinar.

ARTIGO 141.º
Direito subsidiário

Aplicam-se subsidiariamente ao exercício do poder disciplinar da Câmara as normas do Código Penal e do Código de Processo Penal, com as necessárias adaptações.

SECÇÃO II
Das penas

ARTIGO 142.º
Penas disciplinares

1 – As penas disciplinares são as seguintes:
a) Advertência;
b) Censura;
c) Exclusão da lista de solicitadores para a prestação de serviços oficiosos, definitivamente ou por um período determinado;
d) Multa de € 500 a € 25000;
e) Suspensão até dois anos;
f) Suspensão superior a dois e até cinco anos;
g) Suspensão superior a 5 e até 10 anos;
h) Expulsão.

2 – Cumulativamente com qualquer das penas previstas neste Estatuto, pode ser imposta a sanção acessória de restituição de quantias, documentos ou objectos e, conjunta ou separadamente, a perda de honorários.

3 – As multas referidas na alínea d) do n.º 1 aplicadas a solicitadores de execução constituem receita da caixa de compensações, sendo as restantes receita do respectivo conselho regional.

ARTIGO 143.º
Averbamento da condenação em processo criminal

A condenação de solicitador em processo criminal é comunicada à Câmara, para efeito de averbamento no respectivo processo individual.

ARTIGO 144.º
Unidade e acumulação de infracções

Não pode aplicar-se ao mesmo solicitador mais de uma pena disciplinar:
a) Por cada infracção cometida;
b) Pelas infracções acumuladas que sejam apreciadas num único processo;
c) Pelas infracções apreciadas em mais de um processo, quando apensados.

ARTIGO 145.º
Medida e graduação da pena

1 – Na aplicação das penas deve atender-se aos antecedentes profissionais e disciplinares do solicitador, ao grau da culpa, às consequências da infracção e a todas as demais circunstâncias agravantes e atenuantes.

2 – A pena de advertência é aplicável a faltas leves no exercício da solicitadoria, com vista a evitar a sua repetição.

3 – A pena de censura é aplicável a faltas leves no exercício da solicitadoria e consiste num juízo de reprovação pela infracção disciplinar cometida.

4 – A pena de multa aplica-se nos casos de negligência.

5 – A pena de suspensão aplica-se nos casos de culpa grave, consistindo no afastamento total do exercício da solicitadoria durante o período de aplicação da pena.

6 – A pena de expulsão aplica-se às infracções disciplinares que afectem gravemente a dignidade e o prestígio profissionais, inviabilizando a manutenção da inscrição do solicitador, e consiste no seu afastamento do exercício da solicitadoria.

ARTIGO 146.º
Circunstâncias atenuantes

São circunstâncias atenuantes:
a) O exercício efectivo da solicitadoria por um período superior a cinco anos, seguidos ou interpolados, sem qualquer sanção disciplinar;
b) A confissão espontânea da infracção ou infracções.

ARTIGO 147.º
Circunstâncias agravantes

São circunstâncias agravantes:
a) A verificação de dolo, em qualquer das suas formas;
b) A premeditação, considerando-se como tal a vontade manifestada num período igual ou superior a dois dias antes da prática da infracção;
c) O conluio com outras pessoas;
d) A reincidência, sendo a mesma considerada como a prática de infracção antes de decorrido o prazo de um ano após o dia em que tiver findado o cumprimento da pena imposta por cometimento de infracção anterior;
e) A acumulação de infracções, sempre que duas ou mais infracções sejam cometidas no mesmo momento ou quando outra seja cometida antes de ter sido punida a anterior;

f) O facto de a infracção ou infracções serem cometidas durante o cumprimento de pena disciplinar ou no decurso do período de suspensão de pena disciplinar;

g) A produção de prejuízos de valor considerável, entendendo-se como tal sempre que exceda o valor de metade da alçada dos tribunais da relação.

ARTIGO 148.º
Causas de exclusão da culpa

São causas de exclusão da culpa as previstas na lei penal.

ARTIGO 149.º
Suspensão das penas

1 – Tendo em consideração o grau de culpa, o comportamento do arguido e as circunstâncias que rodearam a prática da infracção, as penas disciplinares inferiores à de expulsão podem ser suspensas por um período compreendido entre um e cinco anos.

2 – Cessa a suspensão da pena sempre que, relativamente ao solicitador punido, seja proferido despacho de acusação em novo processo disciplinar.

ARTIGO 150.º
Aplicação das penas de suspensão e de expulsão

1 – As penas previstas na alínea f) do n.º 1 do artigo 142.º só podem ser aplicadas por deliberação que reúna a maioria qualificada de dois terços dos membros do órgão competente.

2 – As penas previstas nas alíneas g) e h) do n.º 1 do artigo 142.º só podem ser aplicadas por deliberação que reúna a maioria qualificada de dois terços dos membros do órgão competente e, tratando-se de decisão da secção regional deontológica, após ratificação do conselho superior, aprovada por maioria de dois terços dos membros em efectividade de funções.

3 – Sempre que não haja a ratificação prevista no número anterior, o conselho superior decide a pena que julgue adequada.

ARTIGO 151.º
Prescrição

As penas disciplinares previstas no n.º 1 do artigo 142.º prescrevem nos seguintes prazos:

a) As das alíneas a), b), c) e d) em um ano;
b) A da alínea e) em dois anos;
c) As das alíneas f), g) e h) em quatro anos.

ARTIGO 152.º
Publicidade das penas

1 – Quando a pena aplicada for de suspensão efectiva ou de expulsão, e sempre que tal for determinado na deliberação que a aplique, deve ser-lhe dada publicidade através da revista da Câmara e de um dos jornais mais lidos na comarca onde o solicitador tenha domicílio profissional.

2 – Se for decidida suspensão preventiva ou aplicada pena de suspensão ou expulsão, o conselho geral deve inserir a correspondente anotação na lista permanente de solicitadores divulgada por meios informáticos.

SECÇÃO III
Do processo

SUBSECÇÃO I
Disposições gerais

ARTIGO 153.º
Formas do processo

1 – O processo disciplinar é comum ou especial.
2 – Constitui processo disciplinar especial a revisão.

ARTIGO 154.º
Dos actos processuais

1 – A forma dos actos processuais deve limitar-se ao indispensável e adequar-se ao fim a que se destina.

2 – O relator pode ordenar a realização das diligências reputadas como necessárias à descoberta da verdade.

ARTIGO 155.º
Prazos

1 – Em todos os processos regulados neste capítulo, ao modo de contagem dos prazos aplicam-se as regras do Código de Processo Penal.

2 – Na falta de disposição especial, é de 10 dias o prazo para a prática de qualquer acto no âmbito do procedimento disciplinar.

ARTIGO 156.º
Impedimentos, escusas e recusas

1 – Aos impedimentos, escusas e recusas do relator e demais membros do órgão com competência disciplinar são aplicáveis, com as necessárias adaptações, as regras constantes do Código do Processo Penal.

2 – O incidente é resolvido no prazo máximo de oito dias pelo conselho superior, o qual, se o julgar procedente, designará outro relator.

ARTIGO 157.º
Cumprimento dos prazos

Não sendo cumpridos os prazos consagrados neste capítulo, será o processo redistribuído a outro relator nos mesmos termos e condições, devendo os factos ser comunicados ao conselho superior para efeito de procedimento disciplinar, a instaurar contra o relator faltoso.

ARTIGO 158.º
Distribuição

No caso de iniciativa particular ou de entidades externas à Câmara, é efectuada a distribuição da participação a um dos membros do órgão competente para a sua apreciação liminar.

ARTIGO 159.º
Apreciação liminar

1 – A apreciação liminar destina-se apenas à aferição da possibilidade de a conduta do solicitador participado poder constituir infracção disciplinar, na versão

relatada na participação, e, em caso afirmativo, deve ser proposta pelo relator, ao órgão competente, a instauração de procedimento disciplinar.

2 – A apreciação liminar não comporta quaisquer diligências instrutórias, salvo o referido no número seguinte.

3 – A apreciação liminar pode, no entanto, comportar diligências instrutórias quando a participação apresentada não identifique claramente o solicitador visado.

4 – No caso previsto no número anterior, as diligências instrutórias devem cingir-se ao apuramento da identidade do participado.

SUBSECÇÃO II
Procedimento disciplinar comum

ARTIGO 160.º
Distribuição do processo

1 – Instaurado o processo disciplinar, é efectuada pelo órgão competente a distribuição do processo.

2 – Procede-se a nova distribuição em caso de impedimento permanente do relator ou nos seus impedimentos temporários, sempre que as circunstâncias o justifiquem.

3 – Procede-se ainda a nova distribuição sempre que o conselho superior aceite escusa do relator.

ARTIGO 161.º
Apensação de processos

1 – Estando pendentes vários processos disciplinares contra o mesmo arguido, ainda que em órgãos diferentes, são todos apensados ao mais antigo e proferida uma só decisão, excepto se da apensação resultar manifesto inconveniente.

2 – Estando pendentes vários processos disciplinares contra vários arguidos em simultâneo, serão extraídas as necessárias certidões, de modo a dar-se cumprimento ao disposto no número anterior.

ARTIGO 162.º
Instrução do processo

1 – Compete ao relator regular o andamento da instrução do processo e manter a disciplina nos respectivos actos.

2 – A instrução não poderá ultrapassar o prazo de 120 dias contados a partir da data do despacho de designação do relator.

3 – Em casos de excepcional complexidade ou com base noutros motivos devidamente justificados, pode o relator solicitar ao órgão que o designou a prorrogação do prazo previsto no número anterior, não podendo, no entanto, a instrução ultrapassar o limite máximo de 180 dias.

4 – Na instrução do processo são admissíveis todos os meios de prova em direito permitidos.

5 – Na fase de instrução, o solicitador participado deve ser sempre ouvido sobre a matéria da participação.

6 – O interessado e o solicitador participado podem requerer ao relator as diligências de prova que considerem necessárias ao apuramento da verdade.

7 – Na fase de instrução, o interessado e o solicitador participado não podem indicar, cada um, mais de 3 testemunhas por facto e 10 testemunhas no total.

8 – Consideram-se não escritos os nomes das testemunhas que no rol ultrapassem o número definido no número anterior.

ARTIGO 163.º
Termo da instrução

1 – Finda a instrução, o relator profere despacho de acusação ou emite parecer fundamentado em que conclua pelo arquivamento do processo.

2 – Não sendo proferido despacho de acusação, o relator apresenta o parecer na primeira sessão do órgão competente, a fim de ser deliberado o arquivamento do processo, o seu prosseguimento com realização de diligências complementares, ou o despacho de acusação, podendo ser designado novo relator de entre os membros que tenham votado a continuação do processo.

ARTIGO 164.º
Despacho de acusação

1 – O despacho de acusação deve revestir a forma articulada e especificar o solicitador acusado, os factos imputados e as circunstâncias de tempo, modo e lugar em que os mesmos foram praticados e as normas legais e regulamentares infringidas, devendo ainda fazer-se alusão às penas aplicáveis em abstracto e ao prazo para a apresentação da defesa.

2 – Simultaneamente, é ordenada a junção aos autos do extracto do registo disciplinar do solicitador acusado.

ARTIGO 165.º
Suspensão preventiva

1 – Após a audição do arguido, ou se este, notificado, não comparecer para ser ouvido, pode ser ordenada a sua suspensão preventiva, mediante deliberação tomada por maioria qualificada de dois terços dos membros em efectividade de funções do órgão competente.

2 – A suspensão a que se refere o número anterior só pode ser decretada nos casos em que à infracção disciplinar corresponda uma das sanções previstas nas alíneas e) a h) do n.º 1 do artigo 142.º

3 – A suspensão preventiva não pode exceder três meses e é sempre descontada nas penas de suspensão.

4 – No caso dos solicitadores de execução, a decisão de suspensão preventiva pode ser renovada pelos órgãos competentes até à decisão final do processo, desde que limitados os seus efeitos à actividade de agente de execução.

ARTIGO 166.º
Notificação da acusação

1 – As notificações são efectuadas pessoalmente ou por via postal.

2 – A notificação, quando feita por via postal, é remetida sob registo e com aviso de recepção, para o domicílio profissional ou para a residência do arguido, consoante a sua inscrição esteja ou não em vigor.

3 – Se o arguido estiver ausente do País ou for desconhecida a sua residência, é notificado por edital, com o resumo da acusação, a afixar nas instalações do conselho regional e na porta do seu domicílio profissional ou da última residência conhecida.

ARTIGO 167.º
Exercício do direito de defesa

1 – O prazo para a defesa é de 20 dias.

2 – Se o solicitador participado for notificado no estrangeiro ou por edital, o prazo para a defesa é fixado pelo relator, não podendo ser inferior a 30 dias nem superior a 60 dias.

3 – O relator pode, em caso de justo impedimento em condições análogas às estatuídas no Código do Processo Penal, admitir a defesa apresentada extemporaneamente.

4 – O solicitador participado pode nomear em sua defesa solicitador ou advogado especialmente mandatado para esse efeito.

5 – Se o solicitador participado estiver impossibilitado de organizar a sua defesa por motivo de incapacidade mental, devidamente comprovada, o relator nomear-lhe-á imediatamente um tutor para esse efeito, preferindo a pessoa a quem competiria a tutela, em caso de interdição, nos termos da lei civil.

6 – O representante do solicitador participado, nomeado de acordo com o disposto no número anterior, pode usar de todos os meios que seriam facultados ao seu representado.

7 – O incidente de incapacidade mental pode ser suscitado pelo relator, pelo próprio ou por qualquer familiar deste.

8 – Durante o prazo para a apresentação da defesa, o processo pode ser consultado na secretaria.

ARTIGO 168.º
Apresentação da defesa

1 – A defesa é feita por escrito e apresentada na secretaria do conselho regional respectivo, devendo expor clara e concisamente os factos e as razões que a fundamentam.

2 – Com a defesa, o solicitador participado deve apresentar o rol de testemunhas, não superior a 10 no total e a 3 por cada facto, juntar documentos e requerer quaisquer diligências, que podem ser recusadas quando sejam manifestamente impertinentes ou desnecessárias para o conhecimento dos factos e da responsabilidade do solicitador participado, bem como por constituírem repetição de diligências realizadas na fase de instrução.

3 – O solicitador participado deve indicar os factos sobre os quais incidirá a prova, sob pena de indeferimento na falta de indicação.

4 – O relator pode permitir que o número de testemunhas referido no n.º 2 seja acrescido das que considerar necessárias para a descoberta da verdade.

ARTIGO 169.º
Realização de novas diligências

1 – Além das requeridas pela defesa, o relator pode ordenar todas as diligências de prova que considere necessárias para o apuramento da verdade.

2 – O disposto no número anterior não deve ultrapassar o prazo de 60 dias, podendo a secção regional competente prorrogar o prazo por mais 30 dias, ocorrendo motivo justificado, nomeadamente em razão da excepcional complexidade do processo.

ARTIGO 170.º
Relatório final

1 – Realizadas as diligências referidas no artigo anterior, o relator elabora, no prazo de 10 dias, um relatório fundamentado, onde constem os factos apurados, a sua qualificação e gravidade e a pena que entende dever ser aplicada ou a proposta de arquivamento do processo.

2 – Seguidamente, no prazo máximo de cinco dias, o processo é entregue no órgão competente para julgamento.

ARTIGO 171.º
Julgamento

1 – O órgão competente julga o processo no prazo de 30 dias, reduzido a metade quando o solicitador participado estiver suspenso.

2 – O acórdão é notificado ao presidente regional, ao solicitador participado e aos interessados.

SECÇÃO IV
Recursos

ARTIGO 172.º
Deliberações recorríveis

1 – Das deliberações das secções regionais deontológicas cabe recurso para o conselho superior.

2 – Não admitem recurso as decisões de mero expediente ou de disciplina dos trabalhos.

ARTIGO 173.º
Legitimidade e prazo de interposição do recurso

1 – Têm legitimidade para interpor recurso o solicitador condenado, os interessados, o presidente da Câmara e o presidente regional.

2 – O prazo para a interposição dos recursos é de 10 dias a contar da notificação ou de 15 dias a contar da afixação do edital.

3 – O presidente da Câmara pode recorrer no prazo de 15 dias, mandando seguir o recurso mediante simples despacho.

ARTIGO 174.º
Subida e efeitos do recurso

1 – Os recursos interpostos de despachos ou acórdãos interlocutórios sobem com o da decisão final.

2 – Têm efeito suspensivo os recursos interpostos pelo presidente da Câmara, bem como o das decisões finais em que a pena aplicada seja superior à de multa.

ARTIGO 175.º
Alegações

1 – Admitido o recurso que subir imediatamente, são notificados o recorrente e o recorrido para apresentarem alegações em prazos sucessivos de 30 dias, sendo-lhes, para tanto, facultada a consulta do processo.

2 – Com as alegações pode qualquer das partes requerer outros meios de prova ou juntar os documentos que entenda convenientes, desde que os mesmos não pudessem ter sido requeridos ou apresentados até à decisão final objecto de recurso.

SECÇÃO V
Processo de revisão

ARTIGO 176.º
Legitimidade

1 – O pedido de revisão das decisões é formulado em requerimento fundamentado pelo interessado, pelo arguido condenado ou, tendo este falecido, pelos seus descendentes, ascendentes, cônjuge ou irmãos.

2 – O requerimento indica as circunstâncias ou meios de prova não considerados no processo disciplinar e que ao requerente pareçam justificar a revisão, sendo instruído com os documentos e demais provas que o mesmo entender convenientes.

3 – A simples alegação de ilegalidade, formal ou substancial, do processo e decisão disciplinares não constitui fundamento para a revisão.

4 – O presidente da Câmara pode apresentar ao conselho superior proposta fundamentada da revisão das decisões.

ARTIGO 177.º
Competência

A revisão das decisões disciplinares transitadas em julgado é da competência do conselho superior.

ARTIGO 178.º
Condições da concessão da revisão

A revisão é admitida quando se verifiquem circunstâncias ou haja meios de prova susceptíveis de demonstrar a inexistência dos factos que determinaram a condenação e que não pudessem ter sido utilizados no processo disciplinar, designadamente:

a) Quando se tenham descoberto novos factos ou novas provas documentais susceptíveis de alterar a decisão proferida;

b) Quando uma decisão transitada em julgado declare falsos quaisquer elementos de prova susceptíveis de terem determinado a decisão revidenda;

c) Quando se mostre, por exame psiquiátrico ou outra diligência, que a falta de integridade mental do solicitador condenado poderia ter determinado a sua inimputabilidade.

ARTIGO 179.º
Tramitação

1 – Apresentado pedido ou proposta de revisão é efectuada a distribuição e requisitado ao órgão que proferiu a decisão revidenda.

2 – A parte contrária é notificada para, no prazo de 20 dias, responder ao pedido de revisão.

3 – Com a resposta é oferecida toda a prova.

4 – Tratando-se de proposta do presidente da Câmara, são notificados os interessados e o arguido condenado ou absolvido, consoante os casos, para alegarem em prazos sucessivos de 20 dias, apresentando simultaneamente a sua prova.

ARTIGO 180.º
Julgamento

1 – Realizadas as diligências requeridas e as que tiverem sido consideradas necessárias, o instrutor elabora o seu parecer, seguindo depois o processo com vista a cada um dos vogais do conselho e, por último, ao presidente.

2 – Findo o prazo de vista, o processo é submetido à deliberação do conselho, que, antes de decidir, pode ainda ordenar a realização de novas diligências.

3 – Sendo ordenadas novas diligências, é efectuada a redistribuição do processo a um dos vogais do conselho que tenha votado nesse sentido.

4 – A concessão da revisão tem de ser votada por maioria de dois terços dos membros do conselho em efectividade de funções e da deliberação cabe apenas impugnação judicial.

ARTIGO 181.º
Apreciação do processo, averbamentos e publicidade

1 – Tendo sido concedida a revisão, o processo é instruído e julgado de novo pelo órgão responsável pela revisão revidenda.

2 – No caso de absolvição, são cancelados os averbamentos das decisões condenatórias.

3 – Ao acórdão proferido na sequência de novo julgamento em consequência da revisão será dada a publicidade devida, nos termos do artigo 152.º deste Estatuto.

SECÇÃO VI
Execução de penas

ARTIGO 182.º
Início de produção de efeitos das penas

1 – As penas disciplinares iniciam a produção dos seus efeitos legais no dia seguinte ao trânsito em julgado do acórdão.

2 – Quando, à data da notificação da pena, esteja suspensa ou cancelada a inscrição do arguido, o cumprimento da pena de suspensão tem início no dia imediato àquele em que tiver lugar o levantamento da suspensão ou a partir do termo de anterior pena de suspensão.

ARTIGO 183.º
Prazo para pagamento da multa

1 – As multas aplicadas nos termos da alínea d) do n.º 1 do artigo 142.º devem ser pagas no prazo de 30 dias a contar da data do trânsito em julgado do acórdão.

2 – Ao solicitador que não pague a multa no prazo referido no número anterior é suspensa a sua inscrição, mediante deliberação da secção regional deontológica, que lhe é comunicada.

3 – A suspensão só pode ser levantada após o pagamento da importância em dívida.

ARTIGO 184.º
Competência do presidente regional

Salvo disposição em contrário do presente Estatuto, compete ao presidente regional a execução das decisões proferidas nos processos em que sejam arguidos solicitadores com domicílio profissional na respectiva região.

SECÇÃO VII
Processo de reabilitação

ARTIGO 185.º
Regime

1 – No caso de o cancelamento ter resultado de medida disciplinar não expulsiva, pode ser requerida a reabilitação após o cumprimento da pena.

2 – No caso de aplicação de pena de expulsão, o solicitador pode ser reabilitado, desde que se preencham cumulativamente os seguintes requisitos:

a) Tenham decorrido mais de 15 anos sobre o trânsito em julgado da decisão que aplicou a pena expulsiva;

b) O reabilitado tenha revelado boa conduta, podendo, para o demonstrar, utilizar quaisquer meios de prova.

3 – À reinscrição do reabilitado é aplicável o disposto no artigo 78.º

4 – É aplicável ao processo de reabilitação, com as necessárias adaptações, o disposto no n.º 1 do artigo 179.º e nos artigos 180.º e 181.º

5 – Deliberada a reabilitação, o solicitador reabilitado recupera plenamente os seus direitos e é dada a publicidade devida, nos termos do artigo 152.º, com as necessárias adaptações.

DECRETO-LEI N.º 200/2003
de 10 de Setembro

O Decreto-Lei n.º 38/2003, de 8 de Março, procedeu a uma reforma profunda do regime da acção executiva, procurando, entre outros objectivos, conferir maior celeridade à tramitação processual.

Para prossecução de tal objectivo, prevê-se a existência de modelos predefinidos para a prática de determinados actos, sejam eles actos das partes, da secretaria ou do agente de execução.

No que respeita aos actos a praticar pelas partes, prevê o n.º 2 do artigo 810.º do Código de Processo Civil que o requerimento executivo conste de modelo aprovado por decreto-lei.

A uniformização deste acto processual facilita o registo de dados pelas secretarias judiciais, assim como a verificação da conformidade do requerimento executivo com os requisitos legais.

Por outro lado, a quantidade de acções executivas cíveis entradas em cada ano nos tribunais, em número superior a 300000, aconselha à adopção de um sistema de tratamento automatizado das peças processuais com que se iniciam tais processos.

Assim, prevê-se a entrega do requerimento executivo através de transmissão electrónica de dados, única forma que permite à secretaria judicial o tratamento imediato e automatizado dos dados do processo.

Nos casos de patrocínio obrigatório, a entrega deve ser efectuada por esse meio electrónico, seguida da entrega da cópia de segurança em papel.

Quando a parte não haja constituído mandatário, por o patrocínio não ser obrigatório, a entrega poderá ser efectuada em suporte de papel, nos termos do modelo ora aprovado.

A parte que, estando obrigada à entrega por transmissão electrónica, o faça somente em suporte papel fica obrigada a proceder ao pagamento, em simultâneo com o acto de entrega, da quantia de metade de unidade de conta, através de estampilha.

Considerando o disposto no n.º 2 do artigo 810.º do Código de Processo Civil:
Assim:
Nos termos da alínea a) do n.º 1 do artigo 198.º da Constituição, o Governo decreta o seguinte:

ARTIGO 1.º
Objecto

O presente diploma aprova o modelo de requerimento executivo em suporte de papel, constante de anexo ao presente diploma, sendo dele parte integrante.

ARTIGO 2.º
Divulgação do modelo

A existência do modelo referido no artigo anterior deve ser divulgada aos utentes de forma adequada pelas respectivas secretarias judiciais.

ARTIGO 3.º
Entrega em formato digital

1 – As partes que constituam mandatário devem entregar o requerimento executivo em formato digital, através de transmissão electrónica de dados, nos termos a regular por portaria do Ministro da Justiça.

2 – Ao requerimento executivo não se aplica o disposto na Portaria n.º 1178--E/2000, de 15 de Dezembro.

3 – A entrega do requerimento executivo em formato digital não dispensa a remessa à secretaria judicial da respectiva cópia de segurança e dos documentos que não hajam sido enviados.

4 – A parte que, estando obrigada à entrega por transmissão electrónica de dados, proceda à entrega do requerimento executivo apenas em suporte de papel fica obrigada ao pagamento imediato de uma multa, no valor de metade de unidade de conta, através de estampilha apropriada, de modelo aprovado pela Portaria n.º 233//2003, de 17 de Março, salvo alegação e prova de justo impedimento, nos termos previstos no artigo 146.º do Código de Processo Civil.

5 – O requerimento executivo pode igualmente ser entregue em lote, através de ficheiro informático, em termos a regular na portaria referida no n.º 1.

O n.º 1 foi alterado pelo art. 10.º do DL n.º 324/2003, de 27 de Dezembro. A Portaria n.º 985-A/2003, de 15 de Setembro, regulamenta a entrega em formato digital do requerimento executivo.

ARTIGO 4.º
Entrada em vigor

O presente diploma entra em vigor no dia 15 de Setembro de 2003, aplicando-se aos processos instaurados a partir desta data.

Visto e aprovado em Conselho de Ministros de 31 de Julho de 2003. – *José Manuel Durão Barroso – João Luís Mota de Campos.*

Promulgado em 2 de Setembro de 2003.

Publique-se.

O Presidente da República, JORGE SAMPAIO.

Referendado em 3 de Setembro de 2003.

O Primeiro-Ministro, *José Manuel Durão Barroso.*

DECRETO-LEI N.º 201/2003
de 10 de Setembro

O novo regime jurídico da acção executiva, aprovado pelo Decreto-Lei n.º 38/2003, de 8 de Março, tem como objectivo claro a simplificação e aperfeiçoamento do actual processo executivo, pondo termo a uma excessiva morosidade para a qual contribuía a forte jurisdicionalização e rigidez dos actos praticados no âmbito do mesmo.

Nessa medida, com o intuito de evitar o impulso processual que venha a revelar-se improfícuo, mas sobretudo de agilizar a fase processual da penhora, conferindo-lhe maior eficácia, o novo regime do processo executivo prevê a existência de um registo informático das execuções.

Pretende-se ainda, com este registo, prevenir potenciais litígios jurisdicionais através do acesso concedido à informação dele constante por parte de quem tenha uma relação contratual ou pré-contratual com o titular dos dados.

Cabe, aliás, referir que a informação constante deste registo informático já é, na sua totalidade, de acesso público, constando dos processos judiciais pendentes em tribunal.

Com essas finalidades, esse registo informático disponibilizará todas as informações necessárias à realização da penhora, nomeadamente um rol dos processos de execução pendentes contra o executado, bem como informação sobre os bens já penhorados no património do mesmo e ainda um elenco das acções instauradas contra o exequente que foram declaradas findas ou suspensas.

A qualidade e tratamento dos dados não foi descurada, pelo que o seu registo e actualização, bem como o registo diário dos pedidos de consulta, dos acessos ao registo informático e dos certificados emitidos, é assegurado pela secretaria. Ainda no âmbito desta matéria, foi atribuída ao titular dos dados a faculdade de requerer, a todo o tempo, a actualização ou rectificação dos dados inscritos no registo.

Com o fito de proteger os dados de acessos ilegítimos, estabelece-se que apenas poderão proceder à consulta do registo informático de execuções determinadas categorias de pessoas: os magistrados judiciais ou do Ministério Público, as pessoas capazes de exercer o mandato judicial ou os solicitadores de execução, quando munidos de título executivo, o mandatário constituído ou o agente de execução nomeado, o próprio titular dos dados e ainda qualquer pessoa que tenha uma relação contratual ou pré-contratual com o executado, neste último caso mediante autorização judicial e verificados determinados requisitos legais.

Ponderados a natureza dos dados inscritos no registo e os objectivos da reforma, as únicas entidades com acesso directo ao registo são os magistrados judiciais ou do Ministério Público; nas restantes situações, a consulta do registo de execuções depende de pedido formulado em requerimento cujo modelo consta de portaria do Ministro da Justiça.

Ainda em obediência a objectivos de garantia da segurança da informação contida no registo de execuções, foram adoptadas medidas legislativas adequadas a proteger os dados pessoais, cabendo ao director-geral da Administração da Justiça velar pela utilização das medidas eficazes à prossecução desse propósito.

Com este diploma dá-se, assim, cumprimento ao disposto no n.º 4 do artigo 807.º do Código de Processo Civil, na redacção que lhe foi conferida pelo Decreto--Lei n.º 38/2003, de 8 de Março.

Nos termos do n.º 2 do artigo 22.º da Lei n.º 67/98, de 26 de Outubro, foi ouvida a Comissão Nacional de Protecção de Dados.

Assim:

Nos termos da alínea a) do n.º 1 do artigo 198.º da Constituição, o Governo decreta o seguinte:

ARTIGO 1.º
Objecto e finalidade do registo

1 – O registo informático de execuções contém o rol dos processos cíveis e laborais de execução e dos processos especiais de falência.

2 – O registo informático tem como finalidade a criação de mecanismos expeditos para conferir eficácia à penhora e à liquidação de bens.

3 – O registo informático tem ainda como finalidade a prevenção de eventuais conflitos jurisdicionais resultantes de incumprimento contratual.

ARTIGO 2.º
Dados do registo

1 – O registo informático de execuções contém o rol dos processos de execução pendentes e, relativamente a cada um deles, a seguinte informação:

a) Identificação do processo;

b) Identificação do agente de execução, através do seu nome e, sendo solicitador de execução, domicílio profissional, números de cédula pessoal e de identificação fiscal ou, sendo oficial de justiça, número mecanográfico;

c) Identificação das partes, nos termos da alínea a) do n.º 1 do artigo 467.º do Código de Processo Civil, incluindo ainda, sempre que possível, o número de identificação de pessoa colectiva, a filiação, o número de identificação fiscal, o número de bilhete de identidade ou, na impossibilidade atendível da sua apresentação, os números de passaporte ou de licença de condução;

d) Pedido, indicando o fim e o montante, a coisa ou a prestação, consoante os casos;

e) Bens indicados para penhora;

f) Bens penhorados, com indicação da data e hora da penhora e da adjudicação ou venda;

g) Identificação dos créditos reclamados, através do seu titular e montante do crédito.

2 – Do mesmo registo consta também o rol das execuções findas ou suspensas, mencionando-se, além dos elementos referidos no número anterior:

a) A extinção com pagamento integral;

b) A extinção com pagamento parcial;

c) A suspensão da instância por não se terem encontrado bens penhoráveis, nos termos do disposto no n.º 3 do artigo 832.º e no n.º 6 do artigo 833.º do Código de Processo Civil.

3 – Na sequência de despacho judicial, procede-se ainda à introdução dos seguintes dados:

a) A declaração de insolvência e a nomeação de um administrador da insolvência, bem como o encerramento do processo especial de insolvência;

b) O arquivamento do processo executivo de trabalho, por não se terem encontrado bens para penhora.

4 – Os dados previstos no número anterior são acompanhados das informações referidas nas alíneas a) e c) do n.º 1.

5 – Não havendo indicação do número de identificação fiscal do titular dos dados ou, em alternativa, do número de bilhete de identidade, passaporte ou licença de condução, deve o solicitador de execução ser notificado pela secretaria, previamente à inscrição da execução no registo, para que aquele proceda, no prazo de 10 dias, à indicação de, pelo menos, um destes elementos identificativos.

6 – O solicitador de execução pode, se necessário para o fim previsto no número anterior, socorrer-se das bases de dados, arquivos e outros registos, nos termos previstos no artigo 833.º do Código de Processo Civil.

7 – Se o solicitador de execução não proceder à indicação dos elementos solicitados, com fundamento na inexistência dos mesmos, a secretaria inscreve a execução no registo informático sem tais elementos.

A alínea a) do n.º 3 foi alterada pelo art. 5.º do DL n.º 53/2004, de 18 de Março, entrando em vigor 180 dias após a data da sua publicação.

ARTIGO 3.º
Momento da inscrição

A secretaria inscreve o processo executivo no registo informático de execuções após a consulta prévia efectuada pelo agente de execução, nos termos do artigo 832.º do Código de Processo Civil.

ARTIGO 4.º
Modo de recolha e actualização

1 – Os dados do registo informático de execuções são inscritos e actualizados pela secretaria a partir dos elementos constantes dos autos.

2 – Os dados constantes dos n.ᵒˢ 1 e 2 do artigo 2.º são introduzidos diariamente pela secretaria onde corre o processo de execução.

ARTIGO 5.º
Actualização, rectificação e eliminação dos dados

1 – A actualização ou rectificação dos dados inscritos no registo informático de execuções pode ser requerida pelo respectivo titular, a todo o tempo, junto da secretaria onde corre o processo de execução.

2 – A extinção da execução por absolvição da instância ou por procedência da oposição à execução determina a eliminação oficiosa do registo da execução.

3 – O registo da execução finda com pagamento integral é igualmente eliminado oficiosamente, uma vez verificado o trânsito em julgado da decisão que determine ou verifique a extinção do processo.

4 – A menção de a execução ter findado com pagamento parcial ou suspensão da instância, nos termos das alíneas b) e c) do n.º 2 do artigo 2.º, pode ser eliminada a requerimento do devedor logo que este prove o cumprimento da obrigação.

É dificilmente compreensível o estatutído no n.º 3, uma vez que presentemente não há decisão judicial que ponha termo à execução, só quanto à decisão do juiz se podendo suscitar uma questão de "caso julgado".

ARTIGO 6.º
Legitimidade para consultar o registo informático

1 – A consulta do registo informático de execuções pode ser efectuada:
a) Por magistrado judicial ou do Ministério Público;

b) Por pessoa capaz de exercer o mandato judicial ou solicitador de execução, mediante exibição de título executivo contra o titular dos dados, antes de proposta a acção executiva;
c) Pelo mandatário constituído ou pelo agente de execução designado;
d) Pelo titular dos dados;
e) Por quem tenha relação contratual ou pré-contratual com o titular dos dados ou revele outro interesse atendível na consulta, mediante consentimento do titular ou autorização dada por entidade judicial.

2 – A consulta do registo informático de execuções para finalidades não determinantes da respectiva recolha depende de autorização da Comissão Nacional de Protecção de Dados, nos termos da legislação aplicável à protecção de dados pessoais.

ARTIGO 7.º
Competência para o acesso e consulta

1 – Proposta a acção executiva, o pedido de consulta é dirigido ao tribunal da causa.

2 – Não havendo ou não se conhecendo a acção proposta, o pedido de consulta é dirigido a qualquer tribunal cível.

ARTIGO 8.º
Formas de acesso

1 – A consulta do registo de execuções pode ser feito pelas formas seguintes:
a) Certificado passado pela secretaria do tribunal;
b) Acesso directo.

2 – O certificado deve transcrever integralmente todos os dados que o registo de execuções contém relativamente ao titular de dados.

3 – O certificado é passado no prazo máximo de três dias úteis a contar da data em que foi requerido.

4 – A passagem do certificado pode ser requerida com urgência, quando se alegue fundamento razoável, sendo o mesmo passado com preferência sobre o restante serviço, dentro do prazo máximo de vinte e quatro horas.

5 – Caso o requerimento seja enviado por telecópia ou correio electrónico, o prazo referido nos n.ºs 3 e 4 conta-se a partir da data em que é recebida a cópia de segurança.

6 – Pela passagem do certificado, é devida a quantia de um quarto de unidade de conta, que reverte, na sua totalidade, a favor do Cofre Geral dos Tribunais.

7 – No caso de a passagem do certificado ser requerida com urgência, a quantia referida no número anterior é elevada ao dobro.

8 – O certificado requerido por agente de execução nos termos da alínea c) do n.º 1 do artigo 6.º é expedido imediata e gratuitamente.

ARTIGO 9.º
Consulta por magistrados

1 – Os magistrados judiciais e do Ministério Público têm acesso directo ao registo informático.

2 – As pesquisas ou as tentativas de pesquisa directa de informação ficam registadas automaticamente por período nunca inferior a um ano.

ARTIGO 10.º
Consulta sem necessidade de autorização judicial

1 – Nos casos previstos nas alíneas b) a d) do n.º 1 do artigo 6.º, e ainda nos casos em que haja autorização do titular dos dados, o requerimento é dirigido ao oficial de justiça da secretaria do tribunal competente.

2 – O requerimento é formulado em modelo aprovado por portaria do Ministro da Justiça.

3 – A utilização do modelo para requerimento de certificado pode ser dispensada, em condições a fixar por despacho do director-geral da Administração da Justiça, quando o pedido é feito presencialmente nas secretarias judiciais.

4 – O requerimento é acompanhado de comprovativo do pagamento da quantia referida nos n.ᵒˢ 6 e 7 do artigo 8.º ou da estampilha aprovada pela Portaria n.º 233/2003, de 17 de Março, de igual valor.

5 – Nos casos da alínea b) do n.º 1 do artigo 6.º, o requerimento é ainda acompanhado do original ou da cópia do título executivo.

6 – O requerimento é assinado pelo requerente e contém a sua identificação bem como a indicação do titular dos dados a que respeita.

7 – A identificação do requerente é feita pelo nome, estado e residência sendo confirmada:

a) Pela exibição do bilhete de identidade ou de outro documento de identificação idóneo;

b) Pelo reconhecimento da assinatura ou pela aposição de assinatura electrónica.

8 – A passagem do certificado deve ser rejeitada se o requerente não tiver legitimidade ou não respeitar o disposto nos n.ᵒˢ 2 a 6, sendo o requerimento devolvido com decisão fundamentada do oficial de justiça.

A Portaria n.º 985-B/2003, de 15 de Setembro, regulamenta o modelo de requerimento de acesso ao registo informático de execução.

ARTIGO 11.º
Consulta com autorização do tribunal

1 – Nos casos referidos na alínea e) do n.º 1 do artigo 6.º, em que não haja autorização do titular dos dados, o requerimento de autorização para consulta do registo informático de execuções é dirigido ao juiz do tribunal competente, em modelo aprovado nos termos do n.º 2 do artigo anterior.

2 – No requerimento deve o requerente:

a) Designar o tribunal;

b) Identificar-se, indicando o seu nome, residência e, sempre que possível, filiação, número de bilhete de identidade e identificação fiscal;

c) Identificar o titular dos dados a consultar, indicando os elementos de identificação referidos na alínea anterior;

d) Expor os factos e as razões que servem de fundamento ao pedido.

3 – O requerente deve ainda juntar comprovativo do pagamento da quantia referida nos n.ºs 6 e 7 do artigo 8.º ou estampilha, aprovada pela Portaria n.º 233/ /2003, de 17 de Março, de igual valor.

4 – A secretaria recusa o recebimento do requerimento, indicando por escrito o fundamento da rejeição, quando o requerente não cumpra o disposto nos números anteriores.

5 – Do acto de recusa de recebimento cabe reclamação para o juiz, não havendo recurso do despacho que confirme o não recebimento.

6 – Recebido o requerimento, o juiz, no prazo de 10 dias, profere despacho fundamentado destinado a:

a) Recusar a consulta do registo informático;

b) Autorizar a consulta do registo informático, ordenando a secretaria a passar o respectivo certificado.

7 – Não cabe recurso dos despachos referidos no número anterior.

ARTIGO 12.º
Registo diário de acessos

1 – A secretaria assegura o registo diário dos pedidos de consulta, dos acessos ao registo informático de execuções e dos certificados emitidos, nos termos do disposto nos números seguintes, com o fim de evitar o acesso não autorizado aos dados pessoais recolhidos e de garantir o respectivo controlo administrativo.

2 – Feito o requerimento de consulta do registo de execuções, deve ser lançada a respectiva anotação no registo diário, que deve conter os seguintes elementos:
a) A data da entrada do requerimento;
b) O nome do requerente ou o seu cargo, quando se trate de entidade oficial que nessa qualidade assine o requerimento;
c) O nome e número de identificação fiscal do titular dos dados de que se pretende obter informação.

3 – O registo diário deve permitir ainda a identificação dos utilizadores do registo informático de execuções, a data e a hora dos respectivos acessos, bem como uma relação discriminada dos certificados emitidos.

4 – Apenas os funcionários da secretaria poderão consultar o registo diário, de harmonia com as indicações dadas pelos interessados.

5 – Aos dados constantes do registo diário de acessos aplica-se, com as devidas adaptações, o disposto no n.º 1 do artigo 5.º e no artigo seguinte.

ARTIGO 13.º
Conservação dos dados

Sem prejuízo do previsto no artigo 5.º relativamente à eliminação de determinados dados, os dados constantes do registo informático de execuções são conservados em registo até 10 anos após a extinção da instância.

ARTIGO 14.º
Consulta para fins de investigação criminal ou estatística

1 – Os dados registados na base de dados podem ser consultados, pelas entidades competentes, para efeitos de investigação criminal ou de instrução em processos judiciais, sempre que os dados não possam ou não devam ser obtidos através das entidades a quem respeitam.

2 – A informação contida nos dados pode ser divulgada para fins de estatística, desde que não possam ser identificáveis as pessoas a quem respeitam.

ARTIGO 15.º
Segurança dos dados

1 – São objecto de controlo, tendo em vista a segurança da informação:
a) Os suportes de dados, a fim de impedir que possam ser lidos, copiados, alterados ou eliminados por qualquer pessoa ou por qualquer forma não autorizada;

b) A inserção de dados, a fim de impedir a introdução, bem como qualquer tomada de conhecimento, transmissão, alteração ou eliminação não autorizada de dados pessoais;

c) O acesso aos dados de modo que as pessoas autorizadas só possam ter acesso aos dados que interessem ao exercício dos seus interesses reconhecidos por lei;

d) A transmissão de dados, para garantir que a sua utilização seja limitada às entidades autorizadas;

e) A introdução de dados, de forma a verificar-se quando e por quem foram introduzidos.

2 – Compete ao director-geral da Administração da Justiça garantir o respeito pelo disposto no número anterior, nomeadamente através da implementação de sistemas de acesso mediante palavras-passe, medidas de restrição de acessos aos equipamentos e aplicações, bem como auditorias para verificação dos acessos ao registo informático de execuções, a realizar através dos mecanismos previstos no artigo 12.º

ARTIGO 16.º
Regime transitório

No que respeita às acções entradas antes de 15 de Setembro de 2003, são desde já inscritos no registo informático das execuções os dados actualmente sujeitos a tratamento informático, sendo a inscrição dos restantes efectuada no prazo máximo de um ano a contar da entrada em vigor deste diploma.

ARTIGO 17.º
Entrada em vigor

O presente diploma entra em vigor no dia 15 de Setembro de 2003.

Visto e aprovado em Conselho de Ministros de 31 de Julho de 2003. – *José Manuel Durão Barroso – João Luís Mota de Campos.*

Promulgado em 2 de Setembro de 2003.

Publique-se.

O Presidente da República, JORGE SAMPAIO.

Referendado em 3 de Setembro de 2003.

O Primeiro-Ministro, *José Manuel Durão Barroso.*

DECRETO-LEI N.º 202/2003
de 10 de Setembro

O Decreto-Lei n.º 38/2003, de 8 de Março, procedeu a uma alteração profunda do regime da acção executiva, que se traduziu, entre outras inovações, na criação da figura processual do agente de execução.

Tal função será exercida, primacialmente, por solicitadores de execução, profissionais que exercerão competências até hoje atribuídas às secretarias judiciais, sendo assim investidos de competência para a prática de actos próprios de um oficial público.

A efectiva melhoria do funcionamento dos tribunais e a maior celeridade da tramitação desta espécie de acções depende não só da alteração legislativa já efectuada mas também do recurso a meios expeditos para a comunicação entre o solicitador de execução e as secretarias judiciais, devendo estas duas entidades funcionar em estreita colaboração.

Assim, introduz-se com o presente diploma, pela primeira vez, uma regulamentação do disposto no n.º 5 do artigo 176.º do Código de Processo Civil relativamente às comunicações por meios telemáticos a efectuar pelas secretarias judiciais. Na verdade, até hoje, tal matéria das comunicações só havia sido regulamentada no que respeita à telecópia, por meio do Decreto-Lei n.º 28/92, de 27 de Fevereiro.

As comunicações assim efectuadas permitirão uma mais célere transmissão dos actos praticados, ficando as reproduções em papel de tais comunicações por meios telemáticos a ter o valor probatório de certidões dos documentos transmitidos por tal via.

Por razões de prudência, impõe-se ainda que, no que respeita aos documentos relativos ao acto de citação, o solicitador de execução deve proceder à junção dos respectivos originais, independentemente da sua comunicação por meios telemáticos.

Por último, e como forma de assegurar a conformidade das reproduções transmitidas com os respectivos originais, confere-se ao juiz a faculdade de exigir a apresentação dos mesmos.

Considerando o disposto no n.º 5 do artigo 176.º do Código de Processo Civil.
Foi ouvida a Câmara dos Solicitadores.
Assim:

Nos termos da alínea a) do n.º 1 do artigo 198.º da Constituição, o Governo decreta o seguinte:

ARTIGO 1.º
Objecto

O presente decreto-lei estabelece o regime das comunicações por meios telemáticos entre a secretaria judicial e o solicitador de execução, no âmbito das competências a exercer por este último como agente de execução em sede de processo executivo.

ARTIGO 2.º
Utilização dos meios telemáticos

1 – Na transmissão de quaisquer documentos, informações, notificações ou outras mensagens dirigidas ao solicitador de execução pode a secretaria judicial utilizar meios telemáticos que garantam a segurança das comunicações, designadamente a respectiva confidencialidade e fiabilidade, bem como a identificação inequívoca do transmissor e do destinatário.

2 – Na transmissão de quaisquer documentos, informações ou outras mensagens dirigidas à secretaria judicial pode o solicitador de execução utilizar os mesmos meios telemáticos referidos no número anterior.

3 – Os meios telemáticos utilizados devem ainda garantir a manutenção de um registo das comunicações efectuadas, com identificação do respectivo emissor e destinatário, data de transmissão e número de processo a que a transmissão se refere.

4 – Os meios telemáticos a utilizar devem ser previamente aprovados por despacho do director-geral da Administração da Justiça, depois de ouvida a Câmara dos Solicitadores.

ARTIGO 3.º
Requisitos da transmissão

1 – Os meios telemáticos a utilizar devem assegurar que o conteúdo das comunicações seja susceptível de representação como declaração escrita.

2 – Podem ser transmitidas:

a) Reproduções dos originais dos documentos que se pretende dar a conhecer;

b) Meras reproduções narrativas do teor dos documentos que se pretende dar a conhecer.

3 – A secretaria judicial deve juntar aos autos uma reprodução em papel do

conteúdo da comunicação efectuada por meios telemáticos, que deve ser assinada pelo oficial de justiça.

4 – O solicitador de execução deve conservar no seu domicílio profissional, pelo prazo de 10 anos, os originais dos documentos cuja comunicação seja efectuada por meios telemáticos.

5 – No que respeita a quaisquer documentos respeitantes à efectivação do acto de citação, a comunicação por meios telemáticos não dispensa a junção aos autos pelo solicitador de execução dos respectivos originais.

ARTIGO 4.º
Força probatória

A reprodução em papel da comunicação efectuada por meios telemáticos nos termos do artigo anterior tem o valor de certidão do documento reproduzido, podendo tal força probatória ser invalidada ou modificada nos termos do artigo 385.º do Código Civil.

ARTIGO 5.º
Dever de apresentação

O juiz pode determinar, a todo o tempo, oficiosamente ou a requerimento de qualquer das partes, a apresentação, pelo solicitador de execução, do original do documento transmitido por meios telemáticos.

ARTIGO 6.º
Entrada em vigor

O presente diploma entra em vigor no dia 15 de Setembro de 2003, aplicando-se aos processos instaurados a partir desta data.

Visto e aprovado em Conselho de Ministros de 31 de Julho de 2003. – *José Manuel Durão Barroso – João Luís Mota de Campos.*

Promulgado em 2 de Setembro de 2003.

Publique-se.

O Presidente da República, JORGE SAMPAIO.

Referendado em 3 de Setembro de 2003.

O Primeiro-Ministro, *José Manuel Durão Barroso.*

ÍNDICE

TÍTULO III – Do processo de execução 5
SUBTÍTULO I – Das disposições gerais 5
SUBTÍTULO II – Da execução para pagamento de quantia certa 23
  CAPÍTULO ÚNICO – Do processo comum 23
    SECÇÃO I – Fase introdutória 23
    SECÇÃO II – Oposição à execução 38
    SECÇÃO III – Penhora 45
      Subsecção I – Bens que podem ser penhorados 45
      Subsecção II – Disposições gerais 62
      Subsecção III – Penhora de bens imóveis 71
      Subsecção IV – Penhora de bens móveis 79
      Subsecção V – Penhora de direitos 85
      Subsecção VI – Oposição à penhora 98
    SECÇÃO IV – Citações e concurso de credores 101
      Subsecção I – Citações 101
      Subsecção II – Concurso de credores 107
    SECÇÃO V – Pagamento 118
      Subsecção I – Modos de pagamento 118
      Subsecção II – Entrega de dinheiro 119
      Subsecção III – Adjudicação 120
      Subsecção IV – Consignação de rendimentos 123
      Subsecção V – Do pagamento em prestações 125
      Subsecção VI – Venda 129
        Divisão I – Disposições gerais 129
        Divisão II – Venda mediante propostas em carta fechada 134
        Divisão III – Outras modalidades de venda 142
        Divisão IV – Da invalidade da venda 147
    SECÇÃO VI – Remição 150
    SECÇÃO VII – Extinção e anulação da execução 152
    SECÇÃO VIII – Recursos 156

Subsecção III – Da execução para entrega de coisa certa 158
Subsecção IV – Da execução para prestação de facto 162

TÍTULO IV – Dos processos especiais.. 167
  CAPÍTULO I – Das interdições e inabilitações 167
  CAPÍTULO II – Dos processos referentes às garantias das obrigações 176
    Secção I – Da prestação de caução 176
    Secção II – Do reforço e substituição das garantias especiais das obrigações. 183
  CAPÍTULO III – Da expurgação de hipotecas e da extinção de privilégios 187
  CAPÍTULO IV – Da venda antecipada de penhor 190
  CAPÍTULO V – Da prestação de contas.. 191
    Secção I – Contas em geral... 191
    Secção II – Contas dos representantes legais de incapazes e do depositário
      judicial 196
  CAPÍTULO VI – Da consignação em depósito.. 199
  CAPÍTULO IX – Da divisão de coisa comum e regulação e repartição de avarias
    marítimas.. 205
    Secção I – Divisão de coisa comum 205
    Secção II – Regulação e repartição de avarias marítimas..................... 210
  CAPÍTULO X – Da reforma de documentos, autos e livros............................. 213
    Secção I – Reforma de documentos... 213
    Secção II – Reforma de autos... 215
    Secção III – Reforma de livros 218
  CAPÍTULO XI – Da acção de indemnização contra magistrados 218
  CAPÍTULO XII – Da revisão de sentenças estrangeiras 222
  CAPÍTULO XIII – Da justificação da ausência 227
  CAPÍTULO XIV – Da execução especial por alimentos 231
  CAPÍTULO XV – Da liquidação de patrimónios 234
    Secção I – Da liquidação judicial de sociedades 234
    Secção II – Da liquidação da herança vaga em benefício do Estado 240
  CAPÍTULO XVI – Do inventário 244
    Secção I – Disposições gerais 244
    Secção II – Das declarações do cabeça-de-casal e oposição dos interessados 257
    Secção III – Do relacionamento de bens 262
    Secção IV – Da conferência de interessados 269
    Secção V – Da avaliação dos bens e licitações 275
    Secção VI – Da partilha.. 282
    Secção VII – Emenda e anulação da partilha 289
    Secção VIII – Partilha adicional e recursos 291
    Secção IX – Partilha de bens em alguns casos especiais 293
  CAPÍTULO XVII – Do divórcio e separação litigiosos 295

Índice

CAPÍTULO XVIII – Dos processos de jurisdição voluntária		298
Secção I – Disposições gerais		298
Secção II – Providências relativas aos filhos e aos cônjuges		300
Secção III – Separação ou divórcio por mútuo consentimento		303
Secção IV – Processos de suprimento		306
Secção V – Alienação ou oneração de bens dotais e dos bens sujeitos a fideicomisso		308
Secção VI – Autorização ou confirmação de certos actos		310
Secção VII – Conselho de família		313
Secção IX – Curadoria provisória dos bens do ausente		314
Secção X – Fixação Judicial do prazo		316
Secção XI – Notificação para preferência		317
Secção XII – Herança jacente		324
Secção XIII – Exercício da testamentaria		325
Secção XIV – Tutela da personalidade, do nome e da correspondência confidencial		326
Secção XV – Apresentação de coisas ou documentos		327
Secção XVII – Exercício de direitos sociais		328
Subsecção I – Do inquérito judicial à sociedade		329
Subsecção II – Nomeação e destituição de titulares de órgãos sociais		333
Subsecção III – Convocação de assembleia de sócios		336
Subsecção IV – Redução do capital social		337
Subsecção V – Oposição à fusão e cisão de sociedades e ao contrato de subordinação		339
Subsecção VI – Averbamento, conversão e depósito de acções e obrigações		340
Subsecção VII – Regularização de sociedades unipessoais		342
Subsecção VIII – Liquidação de participações sociais		343
Subsecção IX – Investidura em cargos sociais		345
Secção XVIII – Providências relativas aos navios e à sua carga		346
Secção XIX – Atribuição de bens de pessoa colectiva extinta		348

LIVRO IV

TÍTULO II – Do tribunal arbitral necessário 351

A – DIPLOMAS PREAMBULARES

Decreto-Lei n.º 329-A/95 de 12 de Dezembro 355
    CAPÍTULO I – Alterações ao Código de Processo Civil 405

649

CAPÍTULO II – Alterações do Código Civil 406
CAPÍTULO III – Alterações à Lei n.º 38/87, de 23 de Dezembro (Lei Orgância dos Tribunais Judiciais) 408
CAPÍTULO IV – Disposições finais e transitórias 408

Decreto-Lei n.º 180/96 de 25 de Setembro 433
CAPÍTULO I – Alterações ao Código de Processo Civil 440
CAPÍTULO II – Disposições finais e transitórias 441

Decreto-Lei n.º 375-A/99 de 20 de Setembro 443

Decreto-Lei n.º 38/2003, de 8 de Março 449

B – LEGISLAÇÃO COMPLEMENTAR

I – AUTORIZAÇÃO LEGISLATIVA

Lei n.º 33/95 de 18 de Agosto 465

Lei n.º 6/96 de 29 de Fevereiro 471

Lei n.º 28/96 de 2 de Agosto 473

Lei n.º 23/2003, de 21 de Agosto 475

II – DIPLOMAS COMPLEMENTARES

Decreto-Lei n.º 211/91, de 14 de Junho
(Estabelece o novo regime do processo civil simplificado) 483

Decreto-Lei n.º 28/92, de 27 de Fevereiro 489

Decreto-Lei n.º 39/95 de 15 de Fevereiro 493

Decreto-Lei n.º 269/98 de 1 de Setembro 499

ANEXO
Regime dos procedimentos a que se refere o artigo 1.º do Diploma Preambular

CAPÍTULO I – Acção declarativa 505
CAPÍTULO II – Injunção 510

Decreto-Lei n.º 218/99 de 15 de Junho 525
SECÇÃO I – Disposições gerais 526

Secção II – Disposições processuais	527
Secção III – Dívidas resultantes de acidentes de viação	530
Secção IV – Disposições transitórias e finais	531
Decreto-Lei n.º 383/99, de 23 de Setembro	533
Decreto-Lei n.º 272/2001, de 13 de Outubro	537
Decreto-Lei n.º 88/2003, de 26 de Abril – aprova o Estatuto da Câmara dos Solicitadores	553
Decreto-Lei n.º 200/2003, de 10 de Setembro – aprova o modelo de requerimento executivo previsto no CPC e prevê as respectivas formas de entrega	629
Decreto-Lei n.º 201/2003, de 10 de Setembro – regula o registo informático de execuções previsto no CPC	633
Decreto-Lei n.º 202/2003, de 10 de Setembro – regula o regime das comunicações por meios telemáticos entre as secretarias judiciais e os solicitadores de execução previsto no CPC	643
ÍNDICE	647

651